How to 新HSK 모의고사 해설집 6급

지은이 한국중국어교육개발원
펴낸이 임준현
펴낸곳 넥서스CHINESE

초판 1쇄 인쇄 2010년 11월 25일
초판 1쇄 발행 2010년 11월 30일

출판신고 2001년 12월 5일 제313-2005-00004호
121-840 서울시 마포구 서교동 394-2
Tel (02)330-5500 Fax (02)330-5555

ISBN   978-89-5795-193-4   13720
       978-89-5795-183-5   (세트)

저자와 출판사의 허락 없이 내용의 일부를 인용하거나
발췌하는 것을 금합니다.
저자와의 협의에 따라서 인지는 붙이지 않습니다.

가격은 뒤표지에 있습니다.
잘못 만들어진 책은 구입처에서 바꾸어 드립니다.

www.nexusbook.com
넥서스CHINESE는 (주)도서출판 넥서스의 중국어 전문 브랜드입니다.

How to
新 HSK
모의고사 해설집

한국중국어교육개발원 지음

6급

넥서스CHINESE

序言

这套《How to 新HSK模拟考试》是为想通过中国新汉语水平考试一级到六级的外国学习者编写的辅导材料。它可以用作考前辅导班培训教材,也可作自测用书。

本套书以中华人民共和国国家汉办制定的《新汉语水平考试大纲》为依据,在模拟《新汉语水平考试样卷》的基础上写成的。本套书分为《六级试题集》、《六级解说集》、《五级试题集》、《五级解说集》、《四级试题集》、《四级解说集》、《三级试题集》、《三级解说集》、《一、二级试题集》、《一、二级解说集》共十册,是迄今为止最新最全的新HSK试题集和解说集。

《六级试题集》、《五级试题集》、《四级试题集》、《三级试题集》各由五套模拟题组成。《一、二级试题集》由一级四套题和二级四套题组成。每套题又包含三部分内容:试题(听力、阅读、书写)、参考答案及听力文本。《六级解说集》、《五级解说集》、《四级解说集》、《三级解说集》、《一、二级解说集》包含试题翻译和答案说明。

试题在词汇的选择上紧紧围绕着新考试词汇大纲,旨在帮助考生扩大词汇量、掌握新HSK相关词汇,为考生扫清词汇上的障碍。本书的语法点是参照样题及真题的语法项目进行设计的,突出考试重点。听力材料丰富、话题新颖、贴近生活,是当下人们感兴趣的话题,也是新汉语水平考试极易选择的话题。阅读部分的模拟题相对听力要难一些,这正是阅读题的特点,考生不要畏惧,只要坚持,必有成效。总体说来,这套《How to 新HSK模拟考试》,难度适宜、题量适中、取材广泛、内容丰富、体裁多样、测试点明确、覆盖面广。解说集的试题翻译和答案说明也很有实用价值。说明的内容具体周到,说明用语浅显易懂,易于理解。

该套书每个主编都具有多年的对外汉语教学经验,熟悉汉语水平考试的内容,主编过多部汉语水平考试著作。相信这本书一定能为您顺利通过各级考试助一臂之力!

作者

머리말

新HSK를 준비하는 수험생의 입장에서 〈How to 新HSK 모의고사〉 시리즈를 접하게 된 것은 행운이라고 생각합니다. 그중에서 〈How to 新HSK 모의고사 해설집 6급〉은 新HSK의 최고 급수인 6급을 준비하는 수험생들에게 꼭 필요한 책입니다. 이 책은 총 5회 분량의 모의고사 해설로 구성되어 있으며, 새롭게 바뀐 新HSK의 듣기, 독해, 쓰기의 모든 영역을 충실하게 반영하였습니다. 필자는 여러 해 동안 강의를 해 온 경험으로 수험생들에게 부족한 부분과 어려워하는 부분을 잘 알고 있기 때문에, 학습자들이 짧은 시간 내에 쉽고 효과적인 방법으로 각 부문별 문제 유형을 마스터하고 문제 풀이법을 터득할 수 있도록 많은 노력을 기울였습니다.

해설 중점 사항은 다음과 같습니다.

1 우리말 해석은 학습자의 혼동을 피하기 위하여 직역을 위주로 분명하게 했습니다.

2 문제와 관련된 어법적으로 꼭 알아 두어야 할 부분은, 별도로 어법 책을 찾아보지 않아도 되도록 Tip으로 따로 정리하여 보충 설명했습니다.

3 수험생들이 가장 어려워 하는 독해 1부분과 2부분을 집중적으로 최대한 자세하게 설명했습니다. 2부분에는 유사어에 관한 차이를 설명하고 호응 관계를 부축하여 주어진 문제 이외의 문제를 푸는 데도 도움이 되도록 했습니다.

4 새로운 형식의 쓰기에 맞추어 본문을 단락별로 나누어 요약하는 방법으로 자세하게 설명했습니다. 요약을 할 때 꼭 필요한 부분과 필요치 않은 부분을 구분하고, 요약 문장을 만드는 요령을 익힐 수 있도록 노력했습니다.

5 본문에 나오는 대부분의 어휘를 제시하고 정리하여 사전을 찾는 수고를 덜고 빠른 시간에 본문을 이해할 수 있게 했습니다.

강의와 집필을 동시에 하느라 육체적, 정신적으로 무척 고된 작업이었지만 6급의 관문을 가뿐히 통과하고 기뻐할 수험생들을 생각하면 가슴이 벅찹니다. 출간에 이르기까지 아낌없는 도움과 조언을 주신 넥서스 편집진, 박용호 선생님께 깊은 감사의 말씀을 전합니다.

박이영

이 책의 특징 및 활용법

문제
문제집을 다시 보지 않고 해설집만으로도 학습할 수 있도록 문제집의 문제를 그대로 다시 한 번 수록하였습니다.

정답 표시
정답을 한눈에 바로 체크할 수 있도록 굵은 글씨로 표시하였습니다.

해설
문제에 대한 해설을 상세히 달아 이해를 도왔습니다.

단어
주요 단어의 뜻과 발음을 정리하여 어휘 학습에도 도움이 되도록 하였습니다. 또한 단어의 품사를 정확히 파악할 수 있도록 표시해 주었고, 여러 품사의 단어일 경우 품사별로 나누어 주었습니다.
(품사별 약어는 p7 하단 박스 참조)

해석
원문과 해석을 대조하기 편하도록 문제 바로 옆에 해석을 제시하였습니다.

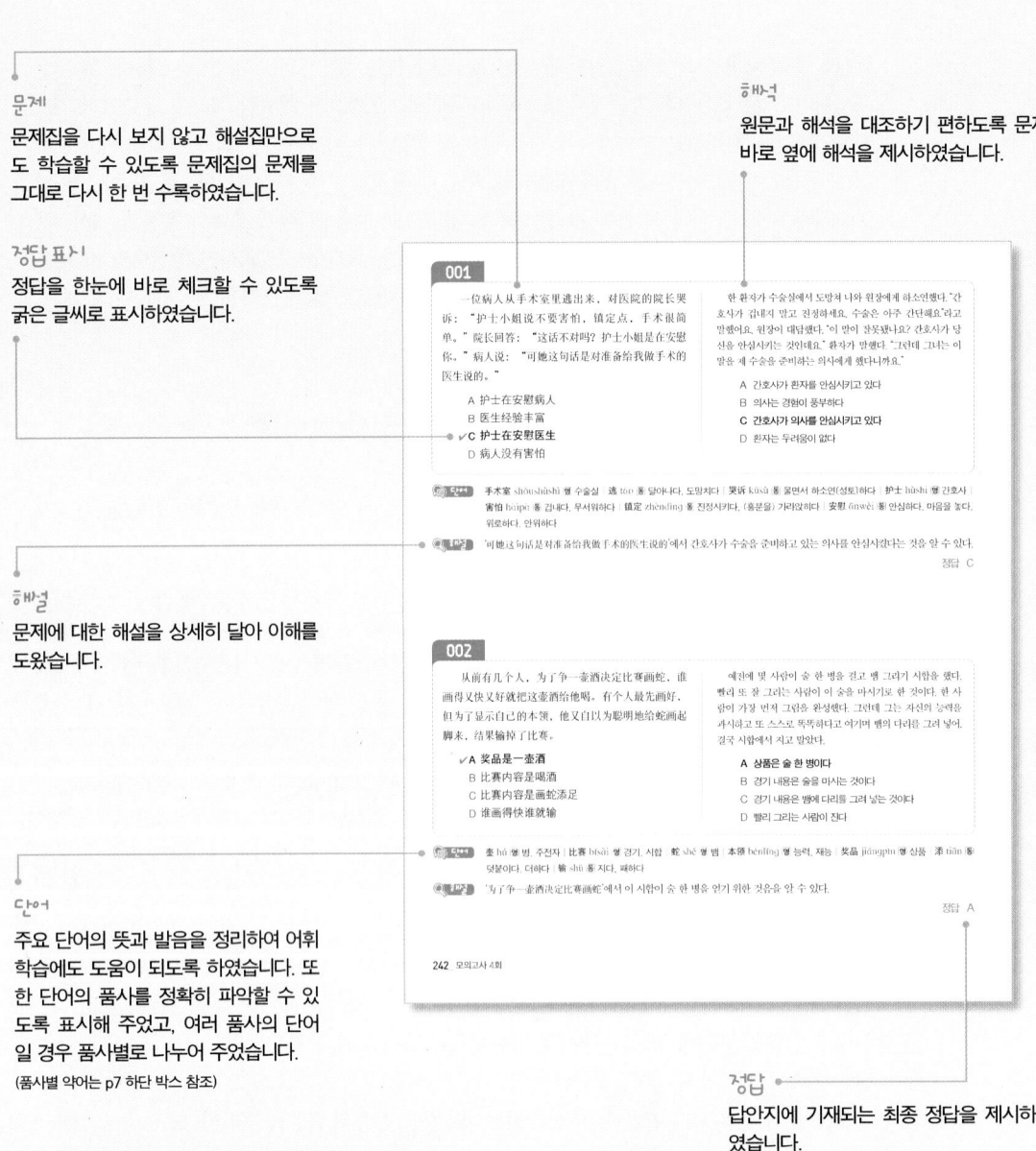

정답
답안지에 기재되는 최종 정답을 제시하였습니다.

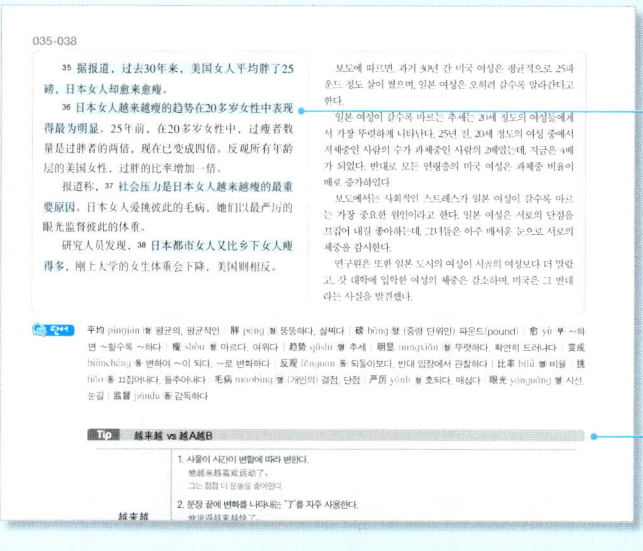

문제 풀이 힌트
긴 지문의 경우 문제를 풀 때 참고가 되는 부분을 지문에 별도로 표시하여 한눈에 알아볼 수 있도록 하였습니다.

Tip
문제와 관련된 어휘나 어법에 대한 Tip을 달아 학습자들이 효과적으로 학습할 수 있도록 하였습니다.

단락별 요약
쓰기 부분에서는 긴 문장을 어떻게 요약하는지를 과정을 단락별로 나누어 상세하게 설명하고 정리하였습니다.

약어

명 → 명사	동 → 동사	대 → 대사	형 → 형용사	부 → 부사	전 → 전치사
접 → 접속사	수 → 수사	감 → 감탄사	조 → 조사	양 → 양사	성 → 성어
조동 → 조동사	수량 → 수량사	접미 → 접미사	의 → 의성어, 의태어		

新HSK 6급 유형별 공략법

1. 听力(듣기)

第一部分

유형 하나의 단문으로 구성된 문제를 듣고, 단문 내용과 일치하는 것을 고르는 문제이다. 이야기의 주제는 유머, 교훈적인 내용, 시사적이고 정보를 주는 내용 등으로 다양하게 출제된다.

공략법 1 문제가 나오기 전에 보기를 먼저 보고 어떤 내용인지 파악하라.

예

气候变暖正在成为威胁生物多样性的一个重要原因。科学家们预测，如果全球变暖的状况不加控制地持续下去，1/4的动植物将在未来的50年内因无法找到适宜的栖息地而灭绝。按此比例，世界上100多万个物种将在半个世纪后从地球上消失。

✓ A 全球变暖威胁生物
B 全球变暖对生物没有影响
C 生物即将灭亡
D 1/2的生物即将灭亡

기후 온난화는 생물의 다양성을 위협하는 중요한 원인 중의 하나가 되었다. 과학자들은 만일 지구 온난화 현상이 통제되지 않고 지속된다면 4분의 1의 동식물이 미래 50년 내에 알맞은 서식지를 찾지 못하여 멸종하게 되고, 이 비율대로 나간다면 세계의 백여만 종의 생물이 반세기 이후에 지구에서 사라진다고 예측하고 있다.

A 지구 온난화는 생물을 위협한다
B 지구 온난화는 생물에 영향을 끼치지 않는다
C 생물은 곧 멸망한다
D 1/2의 생물이 곧 멸망한다

➡ 문장을 들을 때 보기를 미리 보면 어떤 내용의 글인지 파악할 수 있을 뿐만 아니라, 보기에 나오는 부분을 집중하고 들을 수 있어 정답을 찾는 데 훨씬 도움이 된다. 위에 예시된 문제도 보기 D를 보면 1/2이 나온다. 이런 숫자가 나온 부분을 집중해서 듣기 때문에 답을 찾을 확률이 높다.

공략법 2 시사적이고 정보를 주는 내용의 문제는 앞부분이 포인트이다.

예

看电视时，人的眼睛与电视要保持一定的距离。这个距离的长度要根据电视机荧光屏的尺寸大小来决定。一般来说，眼睛与电视的距离是电视机高度的7—8倍。看电视时除了要保持一定距离以外，还要注意人眼的高度应该高于荧光屏3—5厘米，这样眼睛才不会感觉疲劳。

A 看电视要离得很近
B 看电视伤害眼睛
✓C 看电视时要保持一定距离
D 看电视要尽可能远

TV를 볼 때, 사람의 눈은 일정한 거리를 유지해야 한다. 이 거리의 길이는 TV 화면의 치수를 기준으로 결정된다. 일반적으로 말해서, 눈과 TV의 거리는 TV 높이의 7~8배이다. TV를 볼 때 일정한 거리를 유지하는 것 외에도, 또 사람 눈의 높이가 화면보다 3~5cm 높아야 함을 주의해야 하는데, 이렇게 해야 눈은 피로감을 느끼지 않는다.

A TV를 보려면 거리가 아주 가까워야 한다
B TV를 보면 눈이 나빠진다
C TV를 볼 때 일정한 거리를 유지해야 한다
D TV를 볼 때 가능한 한 멀어야 한다

⇨ 시사적이고 정보를 주는 내용도 많은 부분을 차지한다. 이런 문제의 포인트는 대부분이 앞부분이다. 앞부분에서 결론을 내고, 뒷부분에서 설명하는 형식의 지문이 많기 때문에 앞부분을 집중해서 들어야 한다.

第二部分

유형 인터뷰 형식으로 구성되어 각각의 인터뷰에 대해 5개의 질문을 하는 문제이다. 내용이 비교적 길고, 인터뷰의 내용이 다방면에서 출제되어 어려워하는 부분이다.

예

主持人： 今天我们请来了著名的导演贾樟柯先生。贾先生，您好！您想在现在拍的片子上有一个突破，那您的着眼点在哪儿呢？

贾导演： 其实我觉得对我来说最大的挑战并不在于题材上的改变，而是在制作模式和经济模式上有所改变。比如从演员组合上来说，以前我们一直是以非职业演员为主，然后有固定的几个长期的合作伙伴。因为不同的演员可以拍出不同的题材，所以经济模式也不一样，带来的市场效果也不一样。

主持人： 您在拍摄的时候有没有想要表达一些东西，却觉得表达不出来的感觉？

贾导演： 这倒没有，我觉得每部影片不可能把人在这个世界上的感受全部表达出来。人们有各种各样的感情，比如友

사회자: 오늘 저희들은 유명한 감독님이신 지아장커 선생님을 모셨습니다. 지아 감독님, 안녕하세요! 감독님은 이번 작품에서 새로운 시도를 하셨다고 하던데 그 착안점을 어디에 두고 계십니까?

지아 감독: 사실 저에게 있어서 제일 큰 도전은 작품 소재의 변화에 있는 것이 아니라 제작 양식과 경제 양식에서 조금 변화가 생긴 것입니다. 예를 들면 배우들의 구성에서 보면 예전에 우리는 늘 아마추어 배우 위주였는데, 나중에는 그 밖에 장기적인 합작 파트너들이 있었습니다. 왜냐하면 각기 다른 연기자는 각기 다른 소재의 작품을 연기할 수 있기 때문에 경제 양식도 다르고 그에 따른 경제적 효과 역시 다릅니다.

사회자: 감독님께서는 촬영을 하시면서 표현하고 싶은 것이 있는데 표현해 내지 못했다고 느끼신 적은 없나요?

지아 감독: 그런 건 없습니다. 저는 영화마다 사람이 이 세상에서 느끼는 감정을 전부 표현할 수는 없다고 생각합니다. 사람에게는 여러 가지 감정이 있습니다.

情、爱情、亲情等等。如果你试图用一部影片把人生的全部感受解释出来，那是非常困难的。 主持人：您的电影的特点是有一种浓郁的乡土气息，您觉得这会影响观众对您影片的喜爱吗？	예를 들면 우정, 애정, 혈육의 정 등이 있습니다. 만약 한 작품으로 인생의 모든 감정을 해석해 내려고 한다면 그건 정말 어려울 것입니다. 사회자: 감독님의 영화의 특징은 일종의 짙은 향토적 색채가 있다는 것인데, 이것이 감독님의 영화에 대한 관객들의 호감에 영향을 미친다고 생각하시나요?

공략법 1 인터뷰 대상의 신분이나 직업 등을 정확하게 파악하라.

인터뷰의 대상이 의사, 교사, 배우, 작가, 어떤 방면의 전문가 등 다방면의 사람들을 대상으로 삼고 있다. 인터뷰 받는 사람은 대부분 초반에 소개를 하는 경우가 많지만 자신의 이력을 나열하는 방식의 문장이라면 끝까지 잘 들어야 제대로 파악할 수 있다.

공략법 2 5개의 문제가 대부분 순서대로 나오기 때문에 문제의 보기를 보면서 들어라.

하나의 인터뷰에 5개의 문제가 주어진다. 이때 대부분의 인터뷰 내용에 따라 문제가 순서대로 배열되어 있다. 그러므로 보기에 나오는 단어들이나 문장을 보며 파악하면서 들으면 내용을 파악하는데 훨씬 용이하다.

공략법 3 사회자의 질문을 주의해서 들어라.

인터뷰 내용이기 때문에 사회자가 질문을 하고, 인터뷰를 받는 사람이 대답하는 형식이다. 출제되는 문제가 사회자가 질문한 것이 출제되는 경우도 있기 때문에 사회자가 어떤 질문을 하는지 주의해서 들어야 한다.

第三部分

유형 단문으로 구성되며, 각각의 내용에 대해 3~5개 정도의 질문에 답하는 형식의 문제이다.

공략법 1 성어나 속담에 관해서 정리해 두자.

예

有一天，一只老虎抓住了一只狐狸，正要将它作为自己的午餐时，狡猾的狐狸编出了一个谎言，它对老虎说：" 我是上天派到山林中来当百兽之王的，你要是吃了我，上天是不会饶恕你的。" 老虎不太相信狐狸的话，便问："你当百兽之王，有什么证据？" 狐狸赶紧说："你如果不相信，可以跟我到山林中走一走，我就能让你亲眼看到百兽害怕我的样子。" 于是老虎就跟在狐狸身后，一起向森林中走去。

森林中的野兔、山羊、花鹿、黑熊等动物们远远地看见老虎来了，一个个都吓得半死，纷纷逃命。狐狸洋洋得意地对老虎说道："现在你知道森林中的动物都怕我了吧？"

这就是 "狐假虎威" 的故事。现在，人们用它来比喻倚仗别人的势力来欺负人。

어느 날 호랑이 한 마리가 여우 한 마리를 잡아서, 막 점심으로 삼으려 할 때, 교활한 여우는 거짓말로 꾸며 내어 호랑이에게 말했다. "나는 하늘이 숲속으로 내려보낸, 모든 동물의 왕인데, 네가 만약에 나를 먹는다면, 하늘이 너를 가만두지 않을거야." 호랑이는 여우의 말을 그다지 믿지 않아서 이렇게 물었다. "네가 모든 모든 동물의 왕이라는 무슨 증거가 있느냐?" 여우는 황급히 말했다. "네가 만약 믿지 않는다면, 나와 함께 숲속으로 가서 한번 걸어 보자고, 모든 동물들이 나를 무서워하는 모습을 너에게 직접 보여 줄 수 있어." 그래서 호랑이는 여우의 뒤를 따라서, 함께 숲속으로 걸어갔다.

숲속의 산토끼, 산양, 꽃사슴, 흑곰 등의 동물들은 멀리서 호랑이가 오는 것을 보고, 모두 매우 깜짝 놀라 잇달아 도망갔다. 여우는 득의양양하게 호랑이에게 말했다. "숲속의 동물들이 모두 나를 무서워한다는 것을 이제 알겠지?"

이것이 바로 '호가호위'의 이야기이다. 사람들은 다른 사람의 권력을 이용하여 타인을 괴롭히는 것을 이 이야기를 이용해 비유한다.

⇨ 예시한 지문은 '호가호위'라는 성어와 관련된 이야기이다. 이렇게 성어나 속담과 관련된 이야기들이 출제되는 경우가 있으므로 성어나 속담의 뜻만 외우는 것이 아니라 관련된 이야기도 알아 두는 것이 좋다.

공략법 2 숫자가 나올 경우에는 들리는 숫자가 무엇에 관한 설명인지 파악하라.

> **예**
>
> | | |
> |---|---|
> | 据报道，过去30年来，美国女人平均胖了25磅，日本女人却愈来愈瘦。

日本女人越来越瘦的趋势在20多岁女性中表现得最为明显。25年前，在20多岁女性中，过瘦者数量是过胖者的两倍，现在已变成四倍。反观所有年龄层的美国女性，过胖的比率增加一倍。

报道称，社会压力是日本女人越来越瘦的最重要原因。日本女人爱挑彼此的毛病，她们以最严厉的眼光监督彼此的体重。

研究人员发现，日本都市女人又比乡下女人瘦得多，刚上大学的女生体重会下降，美国则相反。 | 보도에 따르면, 과거 30년 간 미국 여성은 평균적으로 25파운드 정도 살이 쪘으며, 일본 여성은 오히려 갈수록 말라 간다고 한다.

일본 여성이 갈수록 마르는 추세는 20세 정도의 여성들에게서 가장 뚜렷하게 나타난다. 25년 전, 20세 정도의 여성 중에서 저체중인 사람의 수가 과체중인 사람의 2배였는데, 지금은 4배가 되었다. 반대로 모든 연령층의 미국 여성은 과체중 비율이 배로 증가하였다.

보도에서는 사회적인 스트레스가 일본 여성이 갈수록 마르는 가장 중요한 원인이라고 한다. 일본 여성은 서로의 단점을 끄집어 내길 좋아하는데, 그녀들은 아주 매서운 눈으로 서로의 체중을 감시한다.

연구원은 또한 일본 도시의 여성이 시골의 여성보다 더 말랐고, 갓 대학에 입학한 여학생의 체중은 감소하며, 미국은 그 반대라는 사실을 발견했다. |

⇒ 예시한 지문에는 '30年, 25磅, 20多岁, 25年前, 两倍, 四倍' 등 여러 개의 숫자들이 나온다. 이런 숫자를 적는 것이 아니라 이 숫자들이 무엇에 관한 설명인지 파악하는 것이 중요하다.

공략법 3 정보, 시사적인 내용이 많이 출제되므로 신문이나 CCTV를 통해 최신 정보와 소식에 대해 많이 알아 두자.

제1부분과 제3부분에는 CCTV(中央电视台)에서 나왔던 내용들도 많이 다루고 있기 때문에 평소에 규칙적으로 보면서 최신 정보도 접하고, 청취 능력도 향상시켜야 한다.

2. 阅读(독해)

第一部分

유형 주어진 보기에서 올바르지 않은 문장을 찾는 문제이다.

공략법 1 의미를 파악하며 먼저 접속사를 살펴보자.

예

✔A 除非你亲自体验，否则你会真正理解的。	A 오직 당신이 직접 경험해야만 한다. 그렇지 않으면 진정으로 이해할 수 없을 것이다.
B 她在我心里留下了完美的形象。	B 그녀는 내 마음 속에 아름다운 이미지를 남겼다.
C 把责任看得无足轻重，这是很错误的想法。	C 책임을 대수롭지 않게 여기는 것은 잘못된 생각이다.
D 无论什么方法他都试过了，但每次都以失败告终。	D 어떤 방법을 막론하고 그는 모두 시도했지만, 매번 실패로 끝났다.

⇒ 예시된 문제의 A에서 '除非~否则'가 있기 때문에 뒤에는 부정형이 와야 한다. 이렇게 보기를 모두 해석해서 접속사의 관계가 맞는지 먼저 파악해야 한다. 가설 관계, 인과 관계, 조건 관계, 양보 관계, 점층 관계, 연속 관계인지 파악해야 한다. 이것은 문장에서 한눈에 바로 들어오는 것이 아니라 문장마다 정확하게 의미를 파악해야 알 수 있으므로 가장 먼저 접속사를 살펴야 한다.

공략법 2 동사와 목적어의 호응 관계를 잘 살펴보자.

예

A 在数学上要否定一个几何定理，找出一个反例就够了。	A 수학에서 하나의 기하 정리를 부정하려면 반대되는 예를 하나만 찾으면 된다.
B 凡具有神经系统的动物，都可以借反射的反应回答外界来的刺激。	B 신경 계통을 가진 동물은 모두 반사의 반응으로 외부에서 오는 자극에 응한다.
✔C 这种机车性能良好，能足够高原及寒冷地区铁路运输的需要。	C 이런 기관차의 성능은 양호하여 고원이나 한랭 지역의 철도 운송 수요를 만족시킬 수 있다.
D 我在靠着大门的房间里边写作业边看正在热播的电视剧。	D 나는 대문과 가까운 방에서 숙제를 하면서 한창 인기리에 방송 중인 드라마를 보고 있다.

⇒ 예시된 문제에서 C의 '足够'가 아니고, '需要'와 호응하는 '满足'를 써야 한다. 이렇게 단어마다 같이 자주 호응하는 단어들이 있다. 이 호응 관계에 어긋나게 단어를 배치하는 경우가 많으므로 동사와 목적어가 호응 관계를 이루는 단어인지 파악해야 한다.

공략법 3 '把'구문, '被'구문, 비교문 등 특수 구문을 주의해서 보라.

예

✔ A 新思想、新技术、新科技的产生，让保守和落后的思想统统删除，因此，精神文明发展得更快，社会也跟着进步了。

B 据了解，"华杯赛"是1986年始创的全国性大型少年数学竞赛活动，比赛成绩可作为重点中学录取新生的参考依据。

C 中国妇联最新公布的调查数据显示，九成以上的女大学生求职时，感受到性别歧视。

D 家长也不要对高考赋予更多不必要的内容，这不仅会增加考生的心理负担，更会让自己心神不定。

A 신사상, 신기술, 신과학기술의 탄생이 보수적이고 낙후된 사상을 전부 없앴다. 이로 인해 정신 문명의 발전은 더욱 빨라졌고 사회도 함께 진보했다.

B 알려진 바에 따르면 '화베이싸이'는 1986년에 시작된 전국 규모의 소년 수학 경시 대회이다. 경시 대회 성적은 명문 중·고등학교에서 신입생을 뽑는 참고 근거가 된다.

C 중화 전국 부녀 연합회가 최근 발표한 조사 데이터에 따르면 90% 이상의 여대생이 구직할 때 성별에 따른 차별 대우를 느낀다고 한다.

D 학부모들도 대학 입학 시험에 더 많은 불필요한 내용을 부여하는 것을 원하지 않는다. 이것은 수험생의 심리적 부담을 증가시킬 뿐 아니라 자신들의 심리도 불안하게 만든다.

⇒ 예시된 문제의 A에서 '让'을 사용하는 것이 아니고, '把'를 사용해야 한다. '把'구문, '被'구문, 비교문 등의 특수 구문의 어법적 특징은 기억해 두어야 하는 것들이 많다. 그러므로 이 특수 구문들이 어법적으로 맞게 문장이 이루어졌는지 파악해야 한다.

공략법 4 단어의 위치가 품사에 맞게 놓였는지 파악하라.

예

✔ A 长辈们受传统观念的影响，往往认为化妆是对学生来说不合适的，即使化淡妆，也是不可取的。

B 无论路途多么遥远，多么坎坷，只要充满信心，我们就一定能到达胜利的彼岸。

C 中国这些年经济虽然发展很快，但由于城乡不平衡、地区不平衡，再加上人口多、底子薄，我们确实还处于发展的初级阶段。

D 随着近年来上海对海归人才的吸引力不断增强，"海鸥"这一代表跨越大洋两边跑的留学人员的新鲜词汇逐渐进入了人们的视野中。

A 어른들은 전통 관념의 영향을 받아, 종종 화장은 학생에게 적합하지 않다고 여긴다. 설령 화장을 옅게 하더라도 받아들일 수 없다.

B 여정이 아무리 멀고 순탄하지 않다고 하더라도, 자신감만 충만하다면 우리는 반드시 승리의 고지에 도달할 수 있을 것이다.

C 중국은 요 몇 년간 경제가 빠르게 발전했지만 도시와 농촌의 불균형, 지역 불균형, 게다가 인구 과밀과 기반 부족으로 인해 확실히 발전의 초급 단계에 처해 있다.

D 최근 상하이의 해외귀국파 인재에 대한 흡인력이 끊임없이 높아짐에 따라 '海鸥(갈매기)'는 바다의 양쪽을 넘나드는 유학파들을 나타내는 신조어로 사람들의 시야에 들어오고 있다.

⇒ 예시된 문제의 A에서 '是'의 위치가 틀리다. '是~的' 강조 구문으로 강조하는 부분 앞에 '是'를 놓아야 하기 때문이다. 이렇게 각 단어마다 어법적으로 정해진 위치가 있다. 이 위치가 맞는지 파악해야 한다.

공략법 5 제1부분을 가장 나중에 풀어라.

다른 부분에 비해 비교적 짧은 문장으로 구성되어 있지만 난이도가 높아 문장들을 제대로 해석하고 의미를 파악하는데도 적지 않은 시간이 걸린다. 그런데 독해는 총 50문제를 45분 동안 풀어야 하기 때문에 제1부분에서 너무 많은 시간을 뺏기면 안 된다. 그리고 난이도가 가장 높은 문제이므로 시간을 많이 투자해서 다 맞으면 좋겠지만 그렇지 않은 경우가 많다. 그러므로 제1부분을 가장 나중에 푸는 것이 효과적이다.

第二部分

유형 하나의 단문에 3~5개의 빈칸이 있고, 앞뒤 문장을 근거로 하여 빈칸에 들어갈 알맞은 단어를 찾아 넣는 문제이다.

공략법 1 보기 중에서 맞는 것을 고르는 것보다 틀린 것을 먼저 골라라.

예

随着人类社会的<u>进步</u>，各国家和民族间的接触和交流会越来越<u>广泛</u>，越来越频繁，并在此过程<u>中</u>，<u>互相</u>学习，取长补短，<u>从而</u>促进了各国家和民族间的交流发展。	인류 사회의 <u>진보</u>에 따라서, 각 나라와 민족 간의 접촉과 교류는 더욱 <u>광범위</u>해지고 빈번해졌다. 그리고 그 과정에서 <u>서로</u> 배우고, 장점을 취하고 단점을 보완<u>함으로써</u> 각 나라와 민족의 교류와 발전을 촉진시켰다.
A 前进　宽泛　彼此　进而	A 앞으로 나아가다/넓다/피차/더 나아가
B 进行　宽广　相互　由此	B 앞으로 나아가다/(면적이나 범위가) 넓다/상호(간에)/이에 근거하여
✔C 进步　广泛　互相　从而	C 진보하다/광범(위)하다/서로/그렇게 함으로써
D 发展　广大　彼此　因而	D 발전하다/광대하다/피차/그러므로

⇨ 예시된 문제에서 첫 번째 칸에는 A, B가 틀리나. 그러므로 두 번째 칸부터는 C, D만 분석하면 된다. 이렇게 답을 찾는 과정에서 맞는 것을 고르는 것보다는 틀린 것을 골라 하나씩 제거하고 문제를 보는 것이 훨씬 빠르고, 답을 찾을 확률이 높다.

공략법 2 단어 뜻만 외우지 말고, 호응 관계까지 파악하라.

예

	韩国是中国的<u>近邻</u>，历史上相互交流，上下延伸几千年，在漫长的历史<u>进程</u>中有着密切的政治、经济、文化联系。两国人民都有<u>悠久</u>的历史文化传统，对东亚文明做出了<u>重大</u>的贡献，在很长的时期内同属一个文化圈，有相近的文化背景。			
A	附近	历程	久远	重要
✔B	近邻	进程	悠久	重大
C	邻居	程序	长久	伟大
D	隔壁	过程	悠远	主要

한국은 중국의 <u>가까운 이웃</u>으로, 역사적으로 서로 교류하며 몇천 년을 이어져 왔으며, 길고 긴 <u>역사 발전 과정</u> 중 서로 밀접한 정치, 경제, 문화적인 연계를 갖고 있다. 양국 국민들은 모두 <u>유구한</u> 역사 문화 전통을 갖고 있으며 동아시아 문명에 <u>중대한</u> 공헌을 하였다. 아주 긴 세월 속에서 동일한 문화권에 속하며 비슷한 문화 배경을 갖고 있다.

A 부근/겪은 과정/멀고 오래다/중요하다
B 이웃 나라/발전 과정/유구하다/중대하다
C 이웃집/순서/장구하다/위대하다
D 이웃집/과정/(시간이) 멀고 오래다/주요한

➡ 예시된 문제에서 두 번째 칸에 '历史'는 '进程'과 호응하고, 세 번째 칸에 '悠久'와도 호응한다. 단어 뜻만 외워서는 쉽게 답을 찾을 수가 없다. 호응 관계에 있는 단어까지 꼭 기억해 두자.

공략법 3 유의어 간의 차이점에 대해 집중적으로 공부하라.

예

	首尔是当今世界上<u>保留</u>儒教文化传统、礼仪传统最完整、最丰富的城市之一。<u>至今</u>还留有许多优良淳朴的儒家文化习俗，熏陶着韩国人民的忠厚、刚毅的性情。<u>至于</u>儒学的研究，其资料之多，人才之众、成果之丰，在国际儒学界是<u>有口皆碑</u>的。			
A	保存	现在	至多	家喻户晓
✔B	保留	至今	至于	有口皆碑
C	留存	迄今	甚至	举世闻名
D	保管	如今	起码	根深蒂固

서울은 현재 세계에서 유교 문화의 전통과 예의 전통이 가장 완전하고 풍부하게 <u>보존되고</u> 있는 도시 중 하나이다. <u>지금까지</u> 아주 우수하고 순박한 유교 문화의 풍속이 많이 남아 있으며, 한국인의 충직하고 강직한 정서에 영향을 끼치고 있다. 유학 연구<u>로 말하자면</u> 그 자료가 아주 많고, 인재도 많으며, 성과도 풍부하여 국제 유학계에서도 <u>칭송이 자자하다</u>.

A 보존하다/지금/기껏해야/사람마다 모두 알다
B 보존하다/지금까지/~에 관해서, ~로 말하면/칭송이 자자하다
C 남아 있다/지금까지 이르다/심지어/명성이 아주 크다
D 보관하다/오늘날/적어도/기초가 튼튼하여 쉽게 흔들리지 않다

➡ 예시된 문제에서는 '保存, 保留, 留存, 保管'의 차이에 대해서 알고 있어야 문제가 해결된다. 제2부분에는 유의어에 대한 문제가 많이 출제되므로 사전상의 기본적인 뜻은 같지만 쓰임에 있어서 정확하게 어떤 차이를 가지고 있는지 공부해야 한다.

第三部分

유형 문장 곳곳의 빈칸에 앞뒤 내용을 근거로 하여 알맞은 문장을 넣는 문제이다.

공략법1 보기의 문장이 의문문인지, 진술문인지 먼저 파악하라.

예

信息反馈到他那里，他思索了一下，把新员工召集到了一起，问道："我记得你们当中有一位是专修园林专业的，能不能出来回答我一个问题？"我就是那个学过园林专业的新员工，等我站起来后，他微笑着说："请您给大家介绍一下，天牛幼虫在树木里取食时，E 它的行走方向有什么特征？"	소식은 그에게까지 전해졌다. 그는 심사숙고한 뒤 신입 사원들을 소집했다. "저는 여러분들 중에서 누군가가 조경을 전공한 것으로 기억합니다. 나와서 제 질문에 답을 해 줄 수 있나요?" 내가 바로 조경을 전공한 신입 사원이었다. 내가 일어나자 그는 미소 지으며 말했다. "모두에게 소개해 주세요. 뽕나무하늘소 유충이 나무에서 먹이를 구할 때 E 그것의 이동 방향에는 어떤 특징이 있죠?"

➡ 제시된 빈칸에는 의문문이 들어가야 한다. 이렇게 앞뒤 내용을 파악하고, 빈칸의 문장이 의문문인지, 진술문인지를 파악한 후 보기 중에서 적절한 문장을 찾으면 된다.

공략법2 주어진 문제의 앞뒤에 나와 있는 포인트 단어와 보기에 나와 있는 포인트 단어의 공통점을 찾아라.

예

上有天堂，下有苏杭。苏州乃"园林之城"，D 素以众多精雅的园林名闻天下。苏州古典园林历史绵延2000余年，在世界造园史上有其独特的历史地位和价值。	하늘에는 천당이 있고, 땅에는 쑤저우와 항저우가 있다. 쑤저우는 '정원의 도시'로, D 전부터 많은 정교하고 우아한 정원으로 유명하다. 쑤저우 고전 정원은 2000여 년의 역사로 이어져 내려오고 있고, 세계 정원 조성의 역사상 그 독특한 역사적 지위와 가치를 가지고 있다.

➡ 빈칸 앞에 있는 포인트 단어는 '苏州'와 '园林'이다. 보기 중에 '园林'이 제시된 것은 D이므로 D가 답이 된다. 이렇게 주어진 문제의 앞뒤에 나와 있는 포인트 단어와 보기에 나와 있는 포인트 단어의 공통점을 찾아야 한다.

第四部分

유형 먼저 단문을 읽고, 그와 관련된 몇 개의 질문에 알맞은 답을 찾는 문제이다.

공략법 1 처음부터 풀려고 하지 말고, 난이도가 쉬운 지문부터 풀어라.

지문이 일반적으로 4~5개 정도 나온다. 이때 지문마다 난이도가 달라서 어떤 지문은 쉽고, 어떤 지문은 어렵다. 꼭 앞에서부터 풀려고 하지 말고, 난이도가 쉬운 것부터 푸는 것이 효과적이다. 그래야 시간을 절약하여 주어진 시간에 끝까지 풀 수 있다.

공략법 2 문제를 먼저 파악하여 틀린 것을 고르는 문제가 있거나 주제를 고르는 문제가 있을 경우에는 지문을 자세히 정확하게 파악하라.

시간이 촉박하다고 대충 지문을 읽을 경우에 틀린 것을 고르는 문제가 나오게 되면 본문을 다시 읽어야 하는 경우가 종종 발생한다. 그러므로 문제가 어떻게 구성되어 있는지 파악한 다음에 지문을 읽어야 한다.

3. 书写(쓰기)

유형 주어진 10분 동안 1,000자로 구성된 한 편의 서사문을 읽는다. 그 다음 35분 동안 읽은 내용을 400자 정도로 간략하게 요약하는 문제이다. 어울리는 제목을 붙일 수 있으나, 요약 내용은 반드시 원문의 내용을 중복 서술해야 하며, 자신의 관점이 들어가서는 안 된다.

공략법 1 5분 동안 글을 읽고, 나머지 시간 동안 중요한 단어와 문장을 외워라.

주어진 시간이 원래 10분이지만 문제를 배부하고, 회수하는 시간까지 포함한다면 대략 14분 정도의 시간이 주어진다. 이 시간을 잘 배분해야 한다. 먼저 5분 동안 글을 속독으로 읽어서 내용을 파악한 다음에 나머지 시간에 중요한 단어와 문장을 외워야 한다.

공략법 2 관형어, 부사어, 보어와 같은 수식하는 문장은 빼고, 주술목 구조의 문장으로 만들어라.

1,000자를 400자로 요약하는 요령 중의 하나는 수식어를 빼는 것이다. 관형어, 부사어, 보어는 수식하는 문장 성분으로 이것을 빼고 주술목 구조의 간단한 문장 구조로 만들어서 적어야 한다.

공략법 3 스토리와 관계가 없는 부분은 과감하게 생략하라.

만약 원문에 5가지 사건이 제시되어 있다면 적어도 2가지 사건을 빼야 400자로 만들 수 있다. 이때 글의 주제와 관계가 없는 부분이라면 과감하게 생략해야 한다.

공략법 4 대부분의 글은 뒷부분이 포인트이므로 뒷부분을 집중적으로 외워라.

앞부분을 집중적으로 읽고 외우다가 끝까지 글의 전체 내용을 파악하지 못하는 경우가 있다. 중국어의 대부분의 글은 뒷부분이 포인트이므로 뒷부분을 집중적으로 읽고 외워야 한다.

차례

머리말	4
이 책의 특징과 활용법	6
新HSK 6급 유형별 공략법	8
차례	20
모의고사 1회 해설	21
모의고사 2회 해설	93
모의고사 3회 해설	165
모의고사 4회 해설	241
모의고사 5회 해설	315

新HSK 모의고사 6級

1회 해설

一、听力

第一部分

● 1~15번 문제 : 들려주는 내용과 일치하는 것을 고르세요.

001

史密斯看到一群孩子围着一只小狗。他问："你们在干什么呀？"一个孩子说："我们在比赛说谎话，谁的谎话说得最大，谁就能得到这只小狗。"史密斯说："胡闹！我像你们这个年纪时，从来没有说过谎话。"那个孩子笑着说："史密斯先生，你赢了，这只小狗是你的。"

A 史密斯不喜欢说谎
B 史密斯说谎了
C 小孩子不懂礼貌
✓ D 那个孩子认为史密斯在说谎

스미스는 아이들이 강아지 한 마리를 에워싸고 있는 것을 보고 "너희들 무엇을 하고 있니?"라고 물었다. 한 아이가 말했다. "저희는 지금 거짓말하기 시합을 하고 있어요. 거짓말을 제일 잘 하는 사람이 이 강아지를 가질 수 있어요." 스미스는 말했다. "이 놈아! 내가 너희들만 할 때는 거짓말을 해 본 적이 없어." 그러자 그 아이가 웃으면서 말했다. "스미스 아저씨, 당신이 이겼어요. 이 강아지는 아저씨 거예요."

A 스미스는 거짓말 하는 것을 좋아하지 않는다
B 스미스는 거짓말을 했다
C 아이는 예의가 없다
D 그 아이는 스미스가 거짓말을 한다고 생각한다

단어 围 wéi 동 둘러싸다, 에워싸다 | 谎话 huǎnghuà 명 거짓말 | 得到 dédào 동 얻다, 받다 | 胡闹 húnào 동 제멋대로 굴다, 터무니없이 굴다 | 年纪 niánjì 명 나이, 연령 | 赢 yíng 동 이기다, 승리하다

해설 아이들이 거짓말을 누가 잘 하나 내기를 해서 강아지를 갖기로 했다는 사실을 안 스미스가 '난 너희만 할 때 거짓말을 해 본적이 없어'라고 말하자, 아이가 스미스에게 '你赢了, 这只小狗是你的'라고 한 것으로 보아 아이는 스미스가 한 말이 거짓말이라고 생각하고 있음을 알 수 있다.

정답 D

002

皮特从学校回到家里，很骄傲地告诉他父亲说："爸爸，你知道吗？今天我是在学校里唯一能回答出问题的人。"爸爸很满意地说："我很想听听，老师是怎样问你的？"皮特说："老师问'是谁把走廊上的玻璃打碎了？'"

A 皮特很开心
✓ B 是皮特把玻璃打碎了
C 皮特学习成绩不好
D 皮特学习成绩很好

피터는 학교에서 돌아오자 자랑스럽게 아버지한테 말했다. "아빠, 아세요? 오늘 제가 학교에서 유일하게 질문에 대답할 수 있는 학생이었어요." 아버지는 흐뭇해하며 말했다. "선생님께서 너한테 뭐라고 물으셨니?" 피터는 말했다. "선생님께서 '누가 복도의 유리를 깼니?'라고 물으셨어요."

A 피터는 매우 기뻐한다
B 피터가 유리를 깨뜨렸다
C 피터는 성적이 좋지 못하다
D 피터는 성적이 매우 우수하다

단어 骄傲 jiāo'ào 형 자랑스럽다, 스스로 자부심을 느끼다 | 告诉 gàosu 동 말하다, 알리다 | 唯一 wéiyī 형 유일한, 하나밖에 없는 | 满意 mǎnyì 동 만족하다, 만족스럽다 | 走廊 zǒuláng 명 복도, 회랑(回廊) | 玻璃 bōli 명 유리 | 打碎 dǎsuì 동 부수다, 깨지다

해설 선생님의 '是谁把走廊上的玻璃打碎了?'라는 질문에 피터가 유일하게 대답했다고 했으므로 피터가 유리를 깨뜨렸다는 것을 짐작할 수 있다.

정답 B

003

气候变暖正在成为威胁生物多样性的一个重要原因。科学家们预测，如果全球变暖的状况不加控制地持续下去，1/4的动植物将在未来的50年内因无法找到适宜的栖息地而灭绝。按此比例，世界上100多万个物种将在半个世纪后从地球上消失。

- ✓ A 全球变暖威胁生物
- B 全球变暖对生物没有影响
- C 生物即将灭亡
- D 1/2的生物即将灭亡

기후 온난화는 생물의 다양성을 위협하는 중요한 원인 중의 하나가 되었다. 과학자들은 만일 지구 온난화 현상이 통제되지 않고 지속된다면 4분의 1의 동식물이 미래 50년 내에 알맞은 서식지를 찾지 못하여 멸종하게 되고, 이 비율대로 라면 백만여 종의 생물이 반세기 후에 지구에서 사라질 것이라고 예측하고 있다.

- A 지구 온난화는 생물을 위협한다
- B 지구 온난화는 생물에 영향을 끼치지 않는다
- C 생물은 곧 멸망한다
- D 1/2의 생물이 곧 멸망할 것이다

단어 成为 chéngwéi 통 ~이(가) 되다, ~(으)로 되다 | 威胁 wēixié 통 (어떤 원인이) 위험을 조성하다, 위협하다 | 原因 yuányīn 명 원인 | 预测 yùcè 통 예측하다 | 状况 zhuàngkuàng 명 상황, 형편 | 控制 kòngzhì 통 통제하다, 제어하다 | 持续 chíxù 통 지속하다 | 植物 zhíwù 명 식물 | 适宜 shìyí 형 알맞다 | 栖息 qīxī 통 (새들이) 서식하다, 머물다 | 灭绝 mièjué 통 절멸하다, 멸절되다 | 比例 bǐlì 명 비, 비례 | 消失 xiāoshī 통 자취를 감추다, 사라지다 | 即将 jíjiāng 부 곧, 머지않아 | 灭亡 mièwáng 통 멸망하다

해설 '气候变暖正在成为威胁生物多样性的一个重要原因'이라고 했으므로 기후 온난화가 생물의 다양성을 위협하는 중요한 원인이라는 것을 알 수 있다.

정답_ A

004

如果我们做任何事都带着热情，生活就会变得多姿多彩，因为它能把困难转化为机会。热情有巨大的力量，鼓励我们以更快的节奏迈向人生的目标。我们如何才会有热情呢？我们可以尝试讲话有力、看事长远，以及用无比的决心去追求目标。

- ✓ A 热情有巨大的力量
- B 感恩的心很重要
- C 学会爱别人
- D 我们要有毅力

만약 우리가 어떤 일을 하든지 열정을 갖고 한다면, 생활이 다채로워질 것이다. 왜냐하면 열정은 시련을 기회로 전환시킬 수 있기 때문이다. 열정은 아주 큰 힘을 갖고 있으며 우리가 더욱 빠른 템포로 인생의 목표를 향해 나아갈 수 있도록 격려한다. 우리가 어떻게 하면 열정을 가질 수 있을까? 우리는 발언하는 데 힘이 있어야 하고, 사물을 멀리 내다보며 아주 굳은 결심으로 목표를 추구하는 등의 시도를 해볼 수 있다.

- A 열정은 아주 큰 힘이 있다
- B 은혜에 감사하는 마음이 중요하다
- C 다른 사람을 사랑하는 것을 배운다
- D 우리는 의지가 있어야 한다

단어 任何 rènhé 대 어떠한, 무슨 | 热情 rèqíng 명 열정, 열의 | 多姿多彩 duōzīduōcǎi 성 갖가지로 다양하다 | 困难 kùnnan 명 빈곤, 곤란 | 转化 zhuǎnhuà 통 바꾸다, 전환하다 | 巨大 jùdà 형 아주 크다(많다) | 力量 lìliang 명 능력, 힘 | 鼓励 gǔlì 통 격려하다, (용기를) 북돋우다 | 节奏 jiézòu 명 리듬, 흐름 | 迈 mài 통 내디디다, 나아가다 | 目标 mùbiāo 명 목표 | 尝试 chángshì 통 시도해 보다, 테스트해 보다 | 长远 chángyuǎn 형 길다, 원대하다 | 以及 yǐjí 접 및, 그리고 | 无比 wúbǐ 형 더 비할 바가 없다, 아주 뛰어나다 | 追求 zhuīqiú 통 추구하다, 탐구하다

해설 '热情有巨大的力量'에서 열정이 큰 힘을 가지고 있다고 본문에서 언급하고 있음을 알 수 있다.

정답_ A

005

　　一边吃饭一边看书，或者一边吃饭一边说笑，都是不好的习惯，会分散大脑的注意力，使消化器官的血液供应相对减少，影响肠胃的消化功能。而且，吃饭前后不宜生气动火，发闷犯愁，否则，不仅不利于消化，有时还能造成腹痛。

　A 吃饭的时候可以吵架
　B 吃饭的时候可以说笑
✓ C 不能一边吃饭一边看书
　D 吃饭的时候可以生气

밥을 먹으면서 책을 보거나, 혹은 밥을 먹으면서 담소를 나누는 것 모두 좋지 않은 습관이다. 이는 대뇌의 집중력을 분산시켜 소화기관의 혈액 공급을 상대적으로 감소시키기 때문에 위장의 소화 기능에 영향을 끼친다. 뿐만 아니라 식사 전후에 화를 내거나 고민하고 우울해하는 것도 좋지 않다. 만약 그렇지 않으면 소화에 좋지 않을 뿐만 아니라 경우에 따라서 복통을 일으킬 수도 있다.

　A 밥 먹을 때 말다툼을 할 수 있다
　B 밥 먹을 때 담소를 나눌 수 있다
　C 밥을 먹으면서 책을 보면 안 된다
　D 밥 먹을 때 화를 낼 수 있다

단어

分散 fēnsàn 동 분산시키다 | 大脑 dànǎo 명 대뇌 | 注意力 zhùyìlì 명 주의력 | 消化 xiāohuà 동 소화하다 | 器官 qìguān 명 (생물체의) 기관 | 血液 xuèyè 명 혈액, 피 | 供应 gōngyìng 동 제공하다, 공급하다 | 相对 xiāngduì 부 비교적, 상대적으로 | 减少 jiǎnshǎo 동 감소하다, 줄다 | 肠胃 chángwèi 명 창자와 위 | 功能 gōngnéng 명 기능, 작용 | 不宜 bùyí 동 적당하지 않다 | 动火 dònghuǒ 동 성내다, 화를 내다 | 发闷 fāmèn 동 번민하다, 고민하다 | 犯愁 fànchóu 동 근심하다, 걱정하다 | 否则 fǒuzé 접 만약 그렇지 않으면 | 利于 lìyú 동 ~에 이롭다, ~에 도움이 되다 | 腹 fù 명 배

해설

'一边吃饭一边看书，或者一边吃饭一边说笑，都是不好的习惯'에서 밥을 먹으면서 책을 보거나 담소를 나누는 것은 좋지 않은 습관이라고 말하고 있다.

정답_ C

Tip 前后 vs 左右 vs 上下

前后	左右	上下
시점을 나타낼 때 쓰이며, 시간(时段)을 나타내는 말에는 쓰이지 않는다. 예를 들어 '三天前后, 三个小时前后'에는 쓰이지 않는다. 예) 春节前后 / 六点半前后 / 十号前后 * 실제 수치와 차이가 많지 않음을 나타냄.	시간 명사에는 쓰지 않는다. 예를 들어 '春节左右, 天亮左右'라고 하지 않는다. 예) 一年左右 / 三天左右 / 十五个左右 / 十八岁左右 * 뜻은 左右와 같지만, 사용하는 범위는 좁음.	일반적으로 연령에 사용하는데 이때, 성인의 경우에만 사용할 수 있다. 예를 들어 '二十岁上下, 七十岁上下'는 되지만, '五岁上下'는 쓸 수 없다. 하지만 '左右'는 가능하다.

006

　　在对待生物的生存权的时候，人类不应该凭着自己的主观愿望随意地决定其生存还是死亡。然而在现实生活中，经常发生以人的利益为尺度，决定某生物是好、是坏，是保护还是消灭。我们要善待生灵，尊重各种生物的生存权利。

　　A 尊重生物的生活习惯
✓ B 尊重生物的生存权利
　　C 保护地球
　　D 保护人类

　　생물의 생존권을 대할 때 인류는 자기의 주관적인 바람으로 생물의 생존과 죽음을 마음대로 결정지어서는 안 된다. 하지만 현실 생활에서는 인류의 이익을 척도로 하여 어떤 생물이 좋은지 나쁜지, 보호해야 하는지 또는 없애야 하는지를 결정짓는 경우가 종종 발생한다. 우리는 만물을 소중히 대해야 하며, 모든 생물의 생존 권리를 존중해야 한다.

　　A 생물의 생활 습관을 존중해야 한다
B 생물의 생존 권리를 존중해야 한다
　　C 지구를 보호한다
　　D 인류를 보호한다

단어 对待 duìdài 동 다루다, (상)대하다 | 生存 shēngcún 명동 생존(하다) | 凭 píng 전 ~에 의거하여, ~에 근거하여 | 主观 zhǔguān 형 주관적인 | 愿望 yuànwàng 명 희망, 소망 | 随意 suíyì 부 (자기) 마음대로, 뜻대로 | 然而 rán'ér 접 그러나, 하지만 | 利益 lìyì 명 이익, 이득 | 尺度 chǐdù 명 척도, 표준 | 保护 bǎohù 동 보호하다 | 消灭 xiāomiè 동 소멸하다, 없어지다 | 善待 shàndài 동 잘 대접하다, 우대하다 | 生灵 shēnglíng 명 생명체 | 尊重 zūnzhòng 동 존중하다 | 权利 quánlì 명 권리

해설 '尊重各种生物的生存权利'라고 했으므로 모든 생물의 생존 권리를 존중해야 한다는 것을 알 수 있다.

정답_ B

007

　　很多人，尤其是男人，都不喜欢哭泣，认为流泪是懦弱的表现。但是，你知道吗？眼泪对保护眼睛是有一定的好处的，它可以冲洗眼球表面的灰尘，保持眼睛的清洁，防止细菌生长。同时，它还起到润滑作用，使角膜保持湿润和透明。

　　A 女人的眼睛比男人的眼睛好
✓ B 眼泪对眼睛有一定的好处
　　C 眼睛流眼泪容易生病
　　D 男人应该哭泣

　　많은 사람들, 특히 남자들은 우는 것을 싫어한다. 왜냐하면 우는 것은 나약하다는 표현이라고 생각하기 때문이다. 하지만 눈물이 눈을 보호하는데 어느 정도 좋은 점이 있다는 것을 알고 있는가? 눈물은 안구 표면의 먼지를 씻어 내어 눈의 청결을 유지하며 세균의 번식을 방지한다. 동시에 눈물은 윤활 작용을 하여 각막을 촉촉하고 투명하게 유지시켜 준다.

　　A 여자의 눈은 남자의 눈보다 좋다
B 눈물은 눈에 어느 정도 좋은 점이 있다
　　C 눈에서 눈물이 나오면 쉽게 병에 걸린다
　　D 남자는 울어야 한다

단어 尤其 yóuqí 부 더욱이, 특히 | 哭泣 kūqì 동 (작은 소리로) 흐느껴 울다, 훌쩍훌쩍 울다 | 流泪 liúlèi 동 눈물을 흘리다 | 懦弱 nuòruò 형 연약하다, 나약하다 | 冲洗 chōngxǐ 동 (물로) 씻어 내다, 가시다 | 眼球 yǎnqiú 명 안구, 눈알 | 灰尘 huīchén 명 먼지 | 保持 bǎochí 동 (지속적으로) 유지하다, 지키다 | 清洁 qīngjié 형 깨끗하다, 청결하다 | 防止 fángzhǐ 동 방지하다 | 细菌 xìjūn 명 세균 | 润滑 rùnhuá 형 윤택하고 매끄럽다 | 角膜 jiǎomó 명 각막 | 湿润 shīrùn 형 축축하다, 촉촉하다 | 透明 tòumíng 형 투명하다

해설 '眼泪对保护眼睛是有一定的好处的'에서 눈물이 눈에 어느 정도 좋은 점이 있다는 것을 말하고 있으며, 그 다음에 눈물이 눈의 청결을 유지시키고, 세균 번식을 방지하고, 각막을 촉촉하고 투명하게 해주는 등의 좋은 점을 열거하고 있다.

정답_ B

008

　　一位老人教给子孙人生的道理。他说："在我内心深处，一直进行着战争。交战是在两只狼之间展开的。一只狼是恶的——它代表恐惧、生气、悲伤、贪心、自私和欺骗。另外一只是善的——它代表喜悦、和平、爱、希望和忠诚。同样，这样的交战也发生在你们内心深处。"孩子问："那么，哪一只狼能获胜呢？"老人说："你喂给食物的那只。"

✓ A 人的内心充满矛盾
　B 人的心里有狼
　C 恶的那只狼胜利
　D 善的那只狼胜利

　　한 노인이 자손들에게 인생의 도리를 가르쳐 주고 있었다. 그가 말하길 "내 마음속 깊은 곳에서는 늘 전쟁이 일어나고 있단다. 전쟁은 두 마리의 늑대 사이에 진행되고 있는데 그 중 한 마리는 '악'으로 공포, 화, 비통, 욕심, 이기심과 기만을 나타내고 있지. 다른 한 마리는 '선'으로 희열, 평화, 사랑, 희망과 충성을 나타낸단다. 마찬가지로 이러한 전쟁은 너희들 마음속 깊은 곳에서도 일어나고 있단다." 아이가 물었다. "그럼 어느 늑대가 이길 수 있나요?" 노인은 "네가 먹이를 준 그 늑대지."라고 말했다.

A 사람의 마음속은 갈등으로 가득 차 있다
B 사람의 마음속에는 늑대가 있다
C 악한 그 늑대가 승리하다
D 선한 그 늑대가 승리하다

단어 子孙 zǐsūn 몡 아들과 손자 | 深处 shēnchù 몡 깊숙한 곳, 심층 | 战争 zhànzhēng 몡 전쟁 | 交战 jiāozhàn 동 교전하다, 싸우다 | 展开 zhǎnkāi 동 (활동을) 전개하다, 벌이다 | 恐惧 kǒngjù 동 겁먹다, 두려워하다 | 悲伤 bēishāng 형 마음이 아프다, 마음이 상하다 | 贪心 tānxīn 몡 탐심, 탐욕 | 自私 zìsī 형 이기적이다 | 欺骗 qīpiàn 동 속이다, 사기치다 | 喜悦 xǐyuè 형 기쁘다, 즐겁다 | 忠诚 zhōngchéng 형 충성하다, 충실하다 | 获胜 huòshèng 동 승리를 얻다, 이기다 | 喂 wèi 동 (동물에게) 먹이를 주다 | 矛盾 máodùn 몡 갈등, 대립, 배척

해설 노인은 사람의 마음에는 악과 선이 있고, 그것이 계속 전쟁을 하고 있다고 말하고 있다. 네가 어떻게 하느냐에 따라 악이 이길 수도 있고, 선이 이길 수도 있다는 것을 마음속에서 선과 악을 나타내는 두 마리의 늑대가 전쟁하고 있다는 비유를 들어 설명하고 있다. A의 '人的内心充满矛盾'에서 '矛盾'은 '갈등, 대립'의 뜻으로 사람의 마음에는 갈등으로 가득 차 있다는 것을 알 수 있다.

정답 **A**

| **Tip** | 给의 여러 가지 용법 |

1. 주다(동사)
   '了, 过'가 올 수 있고, 목적어를 두 개 가질 수 있음.
   从来没有给过他钱。 그에게 돈을 준 적이 없다.

2. ~에게, ~을 향하여(= 向, 对)
   他给大家抱歉。 그는 모두에게 사과를 했다.

3. (~에게) ~를 시키다, ~도록 하다
   家里省下钱来给他上大学。
   집에서 아껴서 모은 돈으로 그를 대학에 다니게 했다.

4. (에게) ~를 당하다
   门给风吹开了。
   문이 바람에 의해 열렸다.

5. 주어+把+목적어+(给)+서술어+기타성분
   → 조사로써 해석되지 않으며, 안 써도 무방함.
   我们把房间都给收拾好了。
   우리는 방을 다 정리했다.

009

一个想减肥的病人对医生说："我服用减肥药片已经两个月了，但是我仍然不见消瘦。"医生说："您是每天吃8片吗？"病人说："当然啊，每顿饭后一片！"

A 减肥药没有效果
B 医生医术不好
C 病人没有按时吃药
✓ D 病人每天吃8顿饭

다이어트를 하고 싶은 환자가 의사에게 말했다. "다이어트 약을 두 달째 먹고 있는데 아직도 살이 빠지지 않아요." 의사가 말했다. "환자분은 매일 8알씩 드셨습니까?" 환자는 말했다. "당연하죠. 매번 식후에 한 알씩 먹었는걸요."

A 다이어트 약은 효과가 없다
B 의사의 의술이 좋지 않다
C 환자는 제때에 약을 먹지 않았다
D 환자는 매일 여덟끼를 먹는다

단어 减肥 jiǎnféi 동 살을 빼다 | 仍然 réngrán 부 변함없이, 여전히, 아직도, 원래대로 | 消瘦 xiāoshòu 동 (몸이) 여위다, 수척해지다

해설 의사가 '매일 8알을 드셨습니까?'라고 묻자, 환자가 '每顿饭后一片'라고 8알을 매번 식후에 1알씩 먹었다고 했으므로 하루에 매일 여덟끼를 먹었다는 것을 알 수 있다.

정답_D

010

铁很容易生锈，主要是由它的性质决定的。铁是一种较为活泼的金属，也就是说，它很容易与其他物质发生化学反应。在潮湿的环境中，铁很容易生锈，相反，在干燥的条件下，铁就不容易生锈。

✓ A 铁很容易生锈
B 铁不太容易生锈
C 铁不会生锈
D 铁不会发生变化

철은 아주 쉽게 녹이 스는데 그것은 철의 성질에 의해 결정된 것이다. 철은 비교적 쉽게 화학 반응을 일으키는 금속이다. 다시 말해서, 철은 아주 쉽게 다른 물질과 화학반응을 일으킨다. 습한 환경에서는 쉽게 녹이 슬지만 반대로 건조한 조건에서는 녹이 잘 쓸지 않는다.

A 철은 쉽게 녹이 슨다
B 철은 그다지 쉽게 녹슬지 않는다
C 철은 녹슬지 않는다
D 철은 변하지 않는다

단어 铁 tiě 명 쇠, 철 | 生锈 shēngxiù 동 녹이 슬다 | 性质 xìngzhì 명 성질, 성분 | 活泼 huópo 형 (물질의 움직임이 활발해 다른 물질과) 용이하게 화학 반응을 일으키다 | 金属 jīnshǔ 명 금속 | 反应 fǎnyìng 명 반응 | 潮湿 cháoshī 형 습하다, 축축하다 | 相反 xiāngfǎn 접 반대로, 거꾸로 | 干燥 gānzào 동 말리다, 건조하다

해설 본문에서 '铁很容易生锈'라고 했으므로 철이 쉽게 녹슨다는 것을 알 수 있다.

정답_A

011

　　我们都知道，血管是红色的，但是为什么很多血管看上去却是蓝色的呢？这是因为当光照射到皮肤上时，红色光波照射得深一些，被血管吸收。而这时光波中的蓝色光波大多数被反射回来，所以皮肤就呈现出蓝紫色色调了。

　　A 皮肤的颜色
✓ B 血管的颜色
　　C 光波是红色
　　D 光波中蓝色最多

　　혈관이 붉은 색이라는 것은 우리 모두가 알고 있는 사실이다. 그런데 왜 많은 혈관들이 파란색으로 보이는가? 그것은 빛이 피부에 비출 때 붉은색 광파가 더 깊이 비추어서 혈관에 흡수되기 때문이다. 하지만 이때 광파 중 파란색은 대부분 반사되어 돌아오기 때문에 피부의 혈관이 푸른 자줏빛을 띠는 것처럼 보이는 것이다.

　　A 피부의 색상
　　B 혈관의 색상
　　C 광파는 빨간색이다
　　D 광파 중 파란색이 가장 많다

단어 血管 xuèguǎn 명 혈관 | 照射 zhàoshè 동 비치다, 비추다 | 皮肤 pífū 명 피부 | 吸收 xīshōu 동 빨아들이다, 흡입하다 | 光波 guāngbō 명 광파 | 反射 fǎnshè 동 반사하다 | 呈现 chéngxiàn 동 나타나다, 드러나다 | 色调 sèdiào 명 색조 | 紫色 zǐsè 명 자색, 자줏빛

해설 '血管是红色的，但是为什么很多血管看上去却是蓝色的呢'에서 혈관은 원래 붉은색이지만, 파란색으로 보인다라고 말하고 있으며, 그 뒤에 이유를 설명하고 있으므로 전체 주제가 '혈관의 색상'임을 알 수 있다.

정답 **B**

012

　　如今，在我们的生活中流行的"快餐文化"由来已久。吃快餐、听通俗歌曲、玩儿电子游戏、看武侠电影、明星出书、美女作家等都是快餐文化的经典。它虽然有缓解精神紧张、身心疲惫的作用，但是却限制了我们的精神空间，更带来许多负面影响。

✓ A 快餐文化很流行
　　B 快餐文化只有积极影响
　　C 快餐文化没有积极影响
　　D 快餐文化很好

　　지금 우리들의 생활 중에서 유행되고 있는 '패스트푸드 문화'는 유래가 깊다. 패스트푸드를 먹고, 통속 음악을 듣고, 전자 게임을 하고, 무협 영화를 보고, 유명인들의 책 출간, 미녀 작가 등이 모두 패스트푸드 문화의 전형이다. 비록 그것들은 정신적인 긴장과 심신의 피로를 완화시켜주는 작용을 하지만 우리들의 정신적인 공간을 제한하고 있으며, 게다가 많은 부정적인 영향을 끼치고 있다.

　　A 패스트푸드 문화가 매우 유행이다
　　B 패스트푸드 문화는 긍정적인 영향만 있다
　　C 패스트푸드 문화는 긍정적인 영향이 없다
　　D 패스트푸드 문화는 매우 좋다

단어 如今 rújīn 명 지금, 이제 | 流行 liúxíng 동 유행하다, 성행하다 | 快餐 kuàicān 명 간편 음식, 패스트푸드(fast-food) | 由来已久 yóuláiyǐjiǔ 성 유래가 이미 오래되다, 유래가 깊다 | 通俗 tōngsú 형 통속적이다 | 歌曲 gēqǔ 명 노래 | 游戏 yóuxì 명 게임 | 武侠 wǔxiá 명 무협, 협객 | 明星 míngxīng 명 샛별, 스타(star) | 经典 jīngdiǎn 형 (사물이) 전형적이고 영향력이 비교적 큰, 전형적인, 표준이 되는 | 缓解 huǎnjiě 동 (정도가) 완화되다, 호전되다 | 疲惫 píbèi 동 몹시 피곤하게(피로하게·지치게) 하다 | 限制 xiànzhì 동 제한하다, 한정하다 | 负面 fùmiàn 명 반면(反面), 부정적인 면

해설 본문에서 '在我们的生活中流行的"快餐文化"由来已久'라고 했으므로 패스트푸드 문화가 유행하고 있음을 알 수 있다. 또한 패스트 문화의 전형을 예로 들어 설명하고, 장, 단점을 각각 말하고 있다.

정답 **A**

013

　　玛丽在午餐时点了一份煎鸡蛋。她对服务员说："蛋白要全熟，但是蛋黄要全生还必须能流动。不要用太多的油去煎，加一点胡椒。少放点盐。特别注意的是，一定要乡下快活的母鸡生的新鲜蛋。"服务员温和地说："那母鸡的名字叫珍珍，是否合您的心意？"

　　A 服务员结婚了
　　B 服务员喜欢玛丽
✓ C 玛丽的要求太多
　　D 玛丽不喜欢吃鸡蛋

　　마리는 점심시간에 계란프라이를 시켰다. 마리는 종업원에게 말했다. "계란 흰자는 완전히 익히지만 노른자는 완전히 날 것으로 반드시 움직여야 해요. 기름을 너무 많이 사용하지 말고, 후추를 조금 넣어주시고, 소금은 조금만 넣어 주세요. 특히 주의해야 할 것은 반드시 시골에서 자란 행복한 암탉이 낳은 신선한 계란이어야 합니다." 종업원은 상냥하게 말했다. "그 암탉의 이름이 전전인데 고객님 마음에 드십니까？"

　　A 종업원은 결혼했다
　　B 종업원은 마리를 좋아한다
　C 마리는 요구가 너무 많다
　　D 마리는 계란을 즐겨 먹지 않는다

단어

煎 jiān 동 (적은 기름에) 지지다, 부치다 | 鸡蛋 jīdàn 명 계란, 달걀 | 蛋白 dànbái 명 달걀의 흰자 | 熟 shú 형 (음식이) 익다 | 蛋黄 dànhuáng 명 단황, 노른자 | 流动 liúdòng 동 (기체나 액체가) 흐르다 | 胡椒 hújiāo 명 후추 | 盐 yán 명 소금 | 乡下 xiāngxia 명 시골 | 快活 kuàihuo 형 즐겁다, 유쾌하다 | 温和 wēnhé 형 온화하다, 부드럽다 | 是否 shìfǒu 부 ~인지 아닌지 | 心意 xīnyì 명 마음, 성의

해설

'蛋白要全熟，但是蛋黄要全生还必须能流动。不要用太多的油去煎，加一点胡椒。少放点盐。'에서 마리가 계란프라이를 시키면서 흰자는 완전히 익히고, 노른자는 날것이어야 하고, 소금과 후추를 조금만 넣어 달라는 등의 요구하는 것이 너무 많음을 알 수 있다.

정답 _ C

Tip 양사 份에 대해

1. 조각(전체를 나눈 부분을 세는 단위)
   把黄瓜分成三份儿 오이를 세 조각으로 나누다.

2. 벌, 세트(배합하여 한 벌이 되는 것을 세는 단위)
   来三份盒饭 도시락 세 개 주세요.

3. 그러한('这, 那'와 함께 쓰이며 儿化함)
   他对我的那份爱情很深. 그는 나에 대한 사랑이 매우 깊다.

4. 부, 통, 권(신문·잡지·문건 등을 세는 단위)
   一份杂志 한 권의 잡지.

5. (구어) 모양·상태 등에 쓰임.
   你那份儿德行，我看够了. 너의 그 꼬락서니를 볼 만큼 봤다.

014

　　中国古代有个故事叫做"画蛇添足"，意思是蛇本来没有脚，给它添上脚不但多余，而且会弄巧成拙。

A 画蛇要画好看的脚
B 画蛇要一心一意
C 蛇很不好画
✓ D 画蛇添足不好

　　중국 고대에 '화사첨족'이라는 옛이야기가 있는데 그 뜻은 뱀은 원래 발이 없는데 거기에 발을 덧붙여 그리면 쓸데없을 뿐더러 재주를 부리려다 일을 오히려 망칠 수 있다는 뜻이다.

A 뱀을 그리려면 예쁜 발을 그려야 한다
B 뱀을 그리려면 전심전력을 다해야 한다
C 뱀은 그리기 매우 어렵다
D 뱀을 그리는 데 발을 그려 넣는 것은 좋지 않다

단어 古代 gǔdài 명 고대 | 画蛇添足 huàshétiānzú 성 뱀을 그리는 데 다리를 그려 넣다 | 本来 běnlái 부 본래, 원래 | 脚 jiǎo 명 발 | 多余 duōyú 형 쓸데없는, 불필요한 | 弄巧成拙 nòngqiǎochéngzhuō 성 재주를 피우려다 일을 망치다 | 一心一意 yìxīnyíyì 성 한마음 한뜻으로, 전심전력으로

해설 '蛇本来没有脚，给它添上脚不但多余'라고 했으므로 뱀을 그리는데 발을 그리는 것은 좋지 않다는 것을 알 수 있다. '画蛇添足'는 쓸데없는 짓을 하여 도리어 일을 잘못되게 한다는 뜻의 성어이다.

정답 _ D

015

　　盖房子需要设计，我们的人生也需要设计。房子的设计，建筑师可以依照事先画出的图案进行，但人生却完全不同。随着年龄、学历和见识的增长，人们在不同时期做的事情未必都和以前计划的完全一样。甚至有时童年的理想和成年后的追求完全不同。

A 人生和盖房子一样
✓ B 人生需要设计
C 人生不能设计
D 人生与设计无关

　　집을 지으려면 설계가 필요하며, 우리들의 인생도 설계가 필요하다. 집의 설계는 건축가가 사전에 그려 놓은 설계도에 따라 진행되지만 인생은 전혀 다르다. 연령, 학력, 지식이 늘어남에 따라 사람들은 각기 다른 시기에 하는 일들이 예전의 계획과는 완전히 일치하는 것은 아니다. 심지어 어린 시절의 이상과 성년이 된 후 추구하는 것이 완전히 다를 때도 있다.

A 인생은 집을 짓는 것과 같다
B 인생은 설계가 필요하다
C 인생은 설계할 수 없다
D 인생과 설계는 관계없다

단어 盖 gài 동 (건물·가옥 등을) 짓다, 건축하다 | 设计 shèjì 명 설계, 디자인 | 建筑师 jiànzhùshī 명 건축사 | 依照 yīzhào 전 ~에 의해, ~에 따라 | 事先 shìxiān 명 사전(에), 미리 | 图案 tú'àn 명 도안 | 年龄 niánlíng 명 연령, 나이 | 增长 zēngzhǎng 동 증가하다, 늘어나다 | 未必 wèibì 부 반드시 ~한 것은 아니다, 꼭 ~하다고 할 수 없다 | 见识 jiànshi 명 견문, 지식 | 童年 tóngnián 명 어린 시절 | 追求 zhuīqiú 동 추구하다, 탐구하다

해설 '盖房子需要设计，我们的人生也需要设计'에서 집을 지을 때 설계가 필요하듯 사람의 인생에도 설계가 필요하다고 말하고 있음을 알 수 있다.

정답 _ B

第二部分

● 16~30번 문제 : 들려주는 내용을 잘 듣고, 알맞은 답을 고르세요.

016-020

主持人:	欢迎各位网友朋友，今天我们的嘉宾是很多听众朋友都熟悉的一位主持人园园。让我们一起来了解一下生活中的她。园园，你第一次主持是在什么时候？	사회자:	네티즌 여러분들 안녕하세요! 오늘 우리의 게스트는 여러분들이 잘 알고 있는 MC 위안위안입니다. 오늘 우리는 일상생활 속에서의 그녀에 대해 알아보도록 하겠습니다. 위안위안 양, 제일 처음으로 사회를 본 것이 언제였습니까?
园园:	16 我第一次做主持应该在10岁，当时是主持一次升旗仪式。升旗仪式很重要，而且中间还要进行一个演讲。那次学校和市里的领导都来了，演讲的人是我。本来之前背得挺好的，但是站到那儿的时候居然有1分钟的空场。	위안위안:	제가 제일 처음 사회를 본 것은 10살 때 국기 게양식의 사회를 보았어요. 국기 게양식은 아주 중요한 의식이었고 중간에 연설도 있었어요. 그때 학교와 시의 지도자들이 모두 왔고, 제가 연설을 했어요. 원래는 연설 전에 정말 잘 외웠는데 정작 무대에 서는 순간 1분간 정적이 흘렀죠.
主持人:	当时你很紧张吧？	사회자:	당시에 많이 긴장했나보죠?
园园:	当时我脑子里是空白的，想起什么就说了，反而不紧张了。现在能做主持人也和小时候的经历有一定关系。我特别感谢爸爸妈妈给我的培养环境。17 我们家是朋友式的家庭，每个星期都要开两次家庭会议。我从小的时候就要求自己制定会议计划，比如今天讨论的议题是什么，一定要决定出一个什么东西等等，哪怕周末去什么地方玩儿都会有这样的形式。现在回忆起童年的时光觉得特别美好。	위안위안:	그땐 머리 속이 하얘지는 거예요. 그래서 그냥 생각나는 대로 말했더니 오히려 긴장하지 않더라구요. 지금 사회를 볼 수 있는 것도 어릴 적 경험과 어느 정도 연관이 있다고 생각해요. 저는 좋은 학습 분위기를 만들어 주신 부모님께 정말 감사 드려요. 저희 집은 가족들이 친구와 같은 가정이었고, 매주 두 번씩 가족회의가 있었어요. 전 어려서부터 스스로 회의 계획을 세워야 했죠. 예를 들면 오늘 회의에서 토론할 의제는 무엇이며 반드시 결정을 해야하는 것 등등이 있었어요. 설령 주말에 어디로 놀러 간다 하더라도 늘 이런 형식으로 결정했어요. 지금 와서 어린 시절을 생각하면 정말로 아름다운 추억이에요.
主持人:	那你上了大学以后，有没有遇到过什么特殊的经历？	사회자:	그럼 대학교에 진학해서는 어떤 특별한 경험 같은 건 없었나요?
园园:	有。18 那是我第一次进中南海做翻译。当时是一个中德签字仪式，可是一个德国的翻译，在路上堵车了，没有赶到，所以就把我给推上去了。后来现场评价，原本是非常严肃的中德签字现场，被我搞的很活泼，因为很多专业的词我翻译不了。那次活动之后我觉得现在的主持人，经历应该更丰富一些。	위안위안:	있었어요. 그건 제가 처음으로 중난하이에서 통역을 했던 일이에요. 그 당시 중국과 독일의 협의서 사인식이 있었는데 독일 통역사가 오는 길에 차가 막혀서 도착을 못해 제가 대신하게 되었어요. 후에 현장 평가에 의하면 원래 엄숙해야 할 양국 협의서 사인식이 저로 인해 활기있게 진행됐다고 하더군요. 왜냐하면 많은 전문 용어를 제가 번역할 수가 없었으니까요. 그 활동 이후로 사회자가 되려면 경험이 더 풍부해야 한다고 느꼈어요.
主持人:	你最近一直在主持晚间的节目，那怎么保证睡眠呢？	사회자:	최근에는 줄곧 저녁 프로그램 사회를 맡고 있는데 수면은 어떻게 하고 있나요?
园园:	我的睡眠质量很好，朋友们都觉得我有什么特殊方法。有一次，我朋友夜里给我打电话，他说他现在数羊都睡不着，19 我说你数烤鸭吧，就挂了。	위안위안:	저는 잠을 아주 잘 자요. 친구들은 모두 저한테 특별한 방법이 있다고 생각하죠. 한번은 친구가 밤에 저에게 전화를 해서 잠이 안 와서 양을 세고 있지만 잠을 잘 수가 없다고 하자 제가 그럼 오리구이를 세라고 하곤 전화를 끊었죠.
主持人:	有网友朋友说你像个武林高手。	사회자:	어떤 네티즌들은 위안위안 양이 무림고수 같다고 하던데요.
园园:	一般的女孩儿小时候都学习舞蹈啊，唱歌啊，或者是弹奏乐器，我小的时候就练过武术。因为我爸爸是武术高手，有一次他在外头乘凉，一下子来了个倒立，我就学着做了半天。我小时候经常做各种各样的动作，20 当时的理想就是当一个武林高手。		

위안위안: 보통 여자애들은 어렸을 적에 거의 춤, 노래 아니면 악기 연주하는 것을 배우는데 저는 무술을 연습했었요. 왜냐하면 저희 아버지께서 무술 고수셨거든요. 한번은 아버지께서 밖에서 바람을 쐬다가 아버지가 갑자기 물구나무를 서자, 저도 배워서 반나절 동안 하고 있던 적도 있었죠. 저는 어릴 적에 늘 여러 가지 동작을 연습했고, 그땐 무술고수가 되는 게 꿈이었어요.

단어

欢迎 huānyíng 통 환영하다, 기쁘게 맞이하다, 영접하다 | 各位 gèwèi 대 여러분 | 网友 wǎngyǒu 명 인터넷상의 친구, 님(네티즌 간의 호칭) | 嘉宾 jiābīn 명 귀빈, (존)귀한 손님 | 听众 tīngzhòng 명 청중 | 熟悉 shúxī 형 잘 알다, 익숙하다 | 主持人 zhǔchírén 명 사회자, MC | 升旗 shēngqí 통 기를 게양하다(올리다) | 仪式 yíshì 명 의식 | 演讲 yǎnjiǎng 명 강연, 연설 | 领导 lǐngdǎo 명 영도자, 지도자 | 背 bèi 통 외우다, 암기하다 | 居然 jūrán 부 뜻밖에, 놀랍게도 | 空场 kòngchǎng 명 무대에서 배우 등이 사라진 장면 | 脑子 nǎozi 명 머리 | 空白 kòngbái 명 공백, 빈 자리 | 经历 jīnglì 명 경험, 경력 | 培养 péiyǎng 통 배양하다, 양성하다 | 讨论 tǎolùn 통 토론하다 | 制定 zhìdìng 통 제정하다, 작성하다 | 计划 jìhuà 명 계획, 작정 | 比如 bǐrú 접 예를 들어 | 议题 yìtí 명 의제 | 回忆 huíyì 통 회상하다, 추억하다 | 童年 tóngnián 명 동년, 어린 시절 | 遇到 yùdào 통 만나다, 마주치다 | 翻译 fānyì 통 번역하다, 통역하다 | 签字 qiānzì 통 서명하다, 조인하다 | 堵车 dǔchē 통 교통이 꽉 막히다, 교통이 체증되다 | 赶到 gǎndào 통 서둘러 가다(도착하다) | 评价 píngjià 통 평가하다 | 活泼 huópo 형 활발하다, 활기차다 | 保证 bǎozhèng 통 확실히 책임지다, 확보하다 | 烤鸭 kǎoyā 명 (통)오리구이 | 武林 wǔlín 명 무림, 무술계 | 高手 gāoshǒu 명 고수, 달인 | 舞蹈 wǔdǎo 명 무도, 춤 | 弹奏 tánzòu 통 치다, 연주하다 | 乐器 yuèqì 명 악기 | 外头 wàitou 명 밖, 바깥(쪽) | 乘凉 chéngliáng 통 시원한 바람을 쏘이며 쉬다 | 倒立 dàolì 통 (무술·체조 등에서) 물구나무서다

Tip 직접목적어와 간접목적어

1. 주어+서술어+간접목적어(사람)+직접목적어(사물)
   张老师教我们汉语。
   장선생님은 우리에게 중국어를 가르친다.

2. 목적어를 두 개 가질 수 있는 동사는 '给, 送, 租, 借, 卖, 还, 告诉, 通知, 报告, 求, 教, 问, 称, 叫' 등으로 그다지 많지 않다.

3. 주어+서술어+간접목적어+(직접목적어)
   明天早上开会。我通知你了, 你别忘了。
   내일 아침에 회의가 있어. 너에게 알려줬으니 잊지마.

   他告诉一个新情况。(X)   我求一件事。(X)
   - 告诉, 求, 通知 → 간접목적어는 반드시 와야 하지만 직접목적어는 생략할 수 있음.

4. 주어+서술어+(간접목적어)+직접목적어
   他已经借了(我)那么多钱了, 还不够吗?
   그는 나에게 이미 그렇게 많은 돈을 빌렸는데 아직 부족한 거니?
   - 借, 租 → 직접목적어는 반드시 와야 하지만 간접목적어는 생략할 수 있음.

016

园园第一次主持的是什么活动?

- A 演讲比赛
- ✓ B 升旗仪式
- C 学生会议
- D 学校大会

위안위안이 처음으로 사회를 본 행사는 무엇인가?

- A 웅변대회
- B 국기 게양식
- C 학생 회의
- D 학교 총회

해설

'我第一次做主持应该在10岁, 当时是主持一次升旗仪式'에서 위안위안이 처음으로 사회를 본 것이 10살 때의 국기 게양식이라는 것을 알 수 있다.

정답 B

017

园园小时候家里每个星期都有什么活动?	위안위안이 어릴 때 집에서 매주 무슨 활동이 있었는가?
A 聚在一起聊天	A 같이 모여서 이야기하다
B 出去旅行	B 여행을 가다
✔ C 开家庭会议	C 가족 회의를 열다
D 作生活记录	D 생활을 기록하다

해설 '每个星期都要开两次家庭会议'에서 매주 2번씩 가족 회의를 열었다는 것을 알 수 있다.

정답_ C

018

园园第一次进中南海的时候, 安排她做什么工作?	위안위안이 처음 중난하이에 들어갔을 때 무슨 일을 맡았는가?
✔ A 翻译	A 통역
B 采访	B 인터뷰
C 记录	C 기록
D 录像	D 녹화

해설 '那是我第一次进中南海做翻译'라고 했으므로 처음 중난하이에 들어갔을 때 통역을 했다는 것을 알 수 있다.

정답_ A

019

园园的朋友睡不着觉时，她的建议是什么?

　　A 数牛
　　B 数羊
✓ C **数烤鸭**
　　D 数鸭子

위안위안의 친구가 잠이 안 올 때 그녀는 어떤 제안을 하였는가?

　　A 소를 세다
　　B 양을 세다
　　C 오리구이를 세다
　　D 오리를 세다

해설 '我说你数烤鸭吧'라고 했으므로 오리구이를 세라고 권했다는 것을 알 수 있다.

정답　C

020

园园小时候的理想是什么?

　　A 当演奏家
✓ B **当武林高手**
　　C 当舞蹈家
　　D 当歌唱家

위안위안의 어릴 적 꿈은 무엇이었는가?

　　A 연주가가 되다
　　B 무림고수가 되다
　　C 무용수가 되다
　　D 가수가 되다

해설 '当时的理想就是当一个武林高手'라고 했으므로 위안위안의 어릴 적 꿈이 무림고수가 되는 것이었음을 알 수 있다.

정답　B

主持人：	今天我们请来了著名的导演贾樟柯先生。贾先生，您好！您想在现在拍的片子上有一个突破，那您的着眼点在哪儿呢？
贾导演：	其实我觉得对 21 我来说最大的挑战并不在于题材上的改变，而是在制作模式和经济模式上有所改变。比如从演员组合上来说，以前我们一直是以非职业演员为主，然后有固定的几个长期的合作伙伴。因为不同的演员可以拍出不同的题材，所以经济模式也不一样，带来的市场效果也不一样。
主持人：	您在拍摄的时候有没有想要表达一些东西，却觉得表达不出来的感觉？
贾导演：	这倒没有，我觉得每部影片不可能把人在这个世界上的感受全部表达出来。22 人们有各种各样的感情，比如友情、爱情、亲情等等。如果你试图用一部影片把人生的全部感受解释出来，那是非常困难的。
主持人：	23 您的电影的特点是有一种浓郁的乡土气息，您觉得这会影响观众对您影片的喜爱吗？
贾导演：	我没有去刻意地说我的电影是拍给谁看的。比如我的影片票房最好的市场是在法国，今年我去四川，在很小的县城里也有年轻人看过我的电影，所以很难想象我的观众在哪儿。
主持人：	您对年轻代的电影人有什么建议？
贾导演：	24 我觉得就是要做好自己吧。想得不要太多，因为现在人们对于电影的认识和理解，我觉得处在一个比较混乱的阶段，价值观也比较混乱。各种各样的观念、概念在打架，这时候我觉得最重要的就是做好自己。
主持人：	现在校园里有很多影像社团，很多人的片子也是用摄像机拍的。您觉得摄像机的发展对中国电影会有什么影响？
贾导演：	我觉得摄像机对中国电影的现状有很大的帮助，因为以前人们自己去拍摄的意识非常少。摄像机对中国电影来说，并不是说你拿摄像机拍了多少电影，最主要的是县城里很多家庭有摄像机了，孩子开始自己拍了，开始真正通过自己去看这个世界了。或者是老头儿老太太去旅游，也能拿着数码相机开始到处照了。25 人们知道通过自己去观察这个世界了，这才是最重要的，也是摄像机对电影最大的影响。可

사회자：	오늘 저희들은 유명한 감독님이신 지아장커 선생님을 모셨습니다. 지아 감독님, 안녕하세요! 감독님은 이번 작품에서 새로운 시도를 하셨다고 하던데 그 착안점을 어디에 두고 계십니까?
지아 감독：	사실 저에게 있어서 제일 큰 도전은 작품 소재의 변화에 있는 것이 아니라 제작 양식과 경제 양식에서 조금 변화가 생긴 것입니다. 예를 들면 배우들의 구성에서 보면 예전에 우리는 늘 아마추어 배우 위주였는데 나중에는 장기적인 합작 파트너들이 있었습니다. 왜냐하면 각기 다른 연기자들이 각기 다른 소재의 작품을 연기할 수 있기 때문에 경제 양식도 다르고 그에 따른 경제적 효과 역시 다릅니다.
사회자：	감독님께서는 촬영을 하시면서 표현하고 싶은 것이 있는데 표현해 내지 못했다고 느끼신 적은 없나요?
지아 감독：	그런 건 없습니다. 저는 영화마다 사람이 이 세상에서 느끼는 감정을 전부 표현할 수는 없다고 생각합니다. 사람에게는 여러 가지 감정이 있습니다. 예를 들면 우정, 애정, 혈육의 정 등이 있습니다. 만약 한 작품으로 인생의 모든 감정을 해석해 내려고 한다면 그건 정말 어려울 것입니다.
사회자：	감독님의 영화의 특징은 일종의 짙은 향토적 색채가 있다는 것인데, 이것이 감독님의 영화에 대한 관객들의 호감에 영향을 미친다고 생각하시나요?
지아 감독：	저는 제 영화를 꼭 누구에게 보이려고 찍는 것은 아닙니다. 예를 들면 저의 영화가 흥행이 제일 잘된 곳은 프랑스지만, 올해 제가 쓰촨 성에 갔었는데 그곳의 아주 작은 마을에 있는 젊은이들 중에서도 제 영화를 본 친구들이 있었습니다. 그래서 제 관객이 어디에 있는지는 상상할 수가 없습니다.
사회자：	감독님께서는 젊은 영화인들에게 어떤 바람이 있으세요?
지아 감독：	저는 너무 많은 것을 생각하지 말고 우선 자신의 일을 열심히 해야 된다고 생각합니다. 왜냐하면 제가 보기에는 현대인들이 영화에 대한 인식과 이해가 아직은 비교적 혼란스러운 시기이고, 가치관도 비교적 혼란스럽습니다. 여러 가지 관념과 개념이 서로 싸우고 있기 때문에 이런 시기에 가장 중요한 것은 자신의 일을 열심히 하는 것이라고 생각합니다.
사회자：	현재 캠퍼스에는 많은 영상 동아리가 있습니다. 많은 영상들은 비디오카메라로 찍은 것입니다. 감독님께서는 비디오카메라의 발전이 중국 영화에 어떤 영향을 끼쳤다고 생각하십니까?

能几十年以后，影像生活变成一种习惯，人们对影像的认识也会有很大的改变。

지아 감독: 비디오카메라가 중국 영화의 현황에 많은 도움을 줬다고 생각합니다. 왜냐하면 예전에 사람들은 스스로 영상을 촬영하려는 의식이 아주 적었습니다. 비디오카메라가 중국 영화계에 있어서 얼마나 많은 영화를 촬영했느냐를 가지고 말하는 것이 아니라, 제일 중요한 것은 많은 가정에 비디오카메라가 있어서 아이들도 영상을 촬영할 수 있게 되었고 자신의 눈을 통해 이 세상을 보기 시작했다는 것입니다. 지금은 할아버지 할머니들도 여행할 때 디지털 카메라를 들고 이곳저곳을 찍을 수 있게 되었습니다. 사람들은 자기자신의 눈을 통하여 세상을 관찰하고 있다는 것이 비디오카메라가 중국 영화계에 미친 제일 큰 영향이라고 생각합니다. 몇 십 년 후면 영상 촬영이 일종의 습관이 될 것이며 사람들의 영상에 대한 인식에 많은 변화가 있을 것입니다.

단어

著名 zhùmíng 형 저명하다, 유명하다 | 导演 dǎoyǎn 명 연출자, 감독 | 突破 tūpò 동 돌파하다, 타파하다 | 着眼点 zhuóyǎndiǎn 명 착안점 | 挑战 tiǎozhàn 명 도전 | 不在于 búzàiyú 동 ~에 달려 있지 않다 | 题材 tícái 명 제재, 문학이나 예술 작품의 소재 | 改变 gǎibiàn 동 고치다, 바꾸다 | 模式 móshì 명 모식, (표준) 양식 | 比如 bǐrú 접 예를 들어 | 组合 zǔhé 명 조합 | 职业 zhíyè 명 직업 | 固定 gùdìng 형 고정되다, 불변하다 | 伙伴 huǒbàn 명 동료, 동반자 | 表达 biǎodá 동 나타내다, 표현하다 | 拍摄 pāishè 동 촬영하다, (사진을) 찍다 | 试图 shìtú 동 시도하다 | 解释 jiěshì 동 설명하다, 해명하다 | 浓郁 nóngyù 형 (향기 등이) 짙다, 그윽하다 | 乡土气息 xiāngtǔqìxī 명 농촌 생활의 정취(분위기) | 刻意 kèyì 부 진력하여, 애써서, 힘껏 | 影片 yǐngpiàn 명 영화 | 票房 piàofáng 명 흥행 수입 | 县城 xiànchéng 명 (중국의) 현 정부 소재지, 현도(县都) | 观众 guānzhòng 명 관중 | 建议 jiànyì 명동 제안(하다), 제의(하다) | 混乱 hùnluàn 형 혼란하다, 문란하다 | 阶段 jiēduàn 명 단계, 계단 | 价值观 jiàzhíguān 명 가치관 | 观念 guānniàn 명 사고방식, 관념 | 概念 gàiniàn 명 개념 | 校园 xiàoyuán 명 교정(校庭), 캠퍼스 | 社团 shètuán 명 각종 군중 조직의 총칭, 동아리 | 摄像机 shèxiàngjī 명 비디오카메라(vidio camera) | 现状 xiànzhuàng 명 현황, 현상 | 数码相机 shùmǎxiàngjī 명 디지털 카메라 | 到处 dàochù 명 도처, 곳곳 | 拍照 pāizhào 동 사진을 찍다 | 观察 guānchá 동 (사물·현상을) 관찰하다, 살피다

021

贾导演现在拍片子最大的挑战是什么?

A 思维模式的改变
B 演员组合的改变
C 题材的改变
✔ D 制作模式和经济模式的改变

지아 감독이 촬영하고 있는 영화에 대한 제일 큰 도전은 무엇인가?

A 사고 방식의 변화
B 배우 조합의 변화
C 소재의 변화
D 제작 양식과 경제 양식의 변화

해설 '我来说最大的挑战并不在于题材上的改变, 而是在制作模式和经济模式上有所改变'에서 지아 감독의 가장 큰 도전은 작품 소재의 변화가 아니라 제작 양식과 경제 양식의 변화였음을 알 수 있다.

정답 D

022

下面哪个不是贾导演提到的人们的情感?

A 友情
B 爱情
✓ C 难为情
D 亲情

지아 감독이 언급한 사람들의 감정이 아닌 것은?

A 우정
B 애정
C 난감함
D 혈육의 정

 难为情 nánwéiqíng 형 (인정상) 난감하다, 딱하다

 '人们有各种各样的感情，比如友情、爱情、亲情等等'에서 감독은 사람의 여러 감정 중에서 우정, 애정, 혈육의 정을 언급하고 있다. C의 '难为情'은 언급하지 않았다.

정답_C

023

贾导演的电影有什么特点?

A 有乡镇气息
✓ B 有乡土气息
C 有城市生活气息
D 有校园生活气息

지아 감독의 영화는 어떤 특징이 있는가?

A 시골 정취가 있다
B 농촌 생활의 정취가 있다
C 도시 생활의 정취가 있다
D 캠퍼스 생활의 정취가 있다

 '您的电影的特点是有一种浓郁的乡土气息'에서 지아 감독의 영화에는 농촌 생활의 정취가 있다는 것이 특징임을 알 수 있다.

정답_B

024

贾导演对年轻一代电影人有什么建议?

A 要有正确的价值观
B 对电影有充分的认识和理解
✓ C 要做好自己
D 要有清醒的头脑

지아 감독은 젊은 영화인들에게 어떤 바람이 있는가?

A 정확한 가치관이 있어야 한다
B 영화에 대한 충분한 인식과 이해가 있어야 한다
C 자기 일을 잘해야 한다
D 뚜렷한 생각이 있어야 한다

해설 '我觉得就是要做好自己吧'에서 자기 일을 잘해야 한다는 것이 젊은 영화인들에 대한 지아 감독의 바람임을 알 수 있다.

정답 C

025

摄像机对中国电影有什么影响?

✓ A 通过摄像机人们开始自己去观察世界
B 很多家庭都有摄像机
C 孩子们开始自己拍片子
D 很多人都用摄像机拍片子

비디오카메라가 중국 영화에 어떤 영향을 끼쳤는가?

A 비디오카메라를 통해서 사람들은 스스로 세상을 관찰하기 시작했다
B 많은 가정에 비디오카메라가 있다
C 아이들은 스스로 영화를 찍기 시작했다
D 많은 사람들이 비디오카메라를 이용하여 영화를 찍는다

해설 '人们知道通过自己去观察这个世界了，这才是最重要的'라고 했으므로 비디오카메라를 통해서 사람들이 스스로 세상을 관찰하기 시작했다는 것이 가장 큰 영향임을 알 수 있다.

정답 A

主持人:	今天的嘉宾是美食专家陈教授。吃的快乐，26 我想大概就是人们常说的色、香、味、器都有吧：一看就想吃，闻着心里痒，好的食物加上好的器皿和优雅的环境，再有几个知心的朋友。陈教授，您是美食家，您认为吃的快乐是什么？	사회자:	오늘의 손님은 미식전문가이신 천 교수님이십니다. 먹는 행복이란 제가 생각하기에는 대체로 사람들이 흔히 말하는 색, 향, 맛 그리고 식기라고 생각하는데요. 보면 먹고 싶고, 냄새를 맡으면 먹고 싶어 근질근질하고, 좋은 음식에 좋은 그릇들과 우아한 환경, 거기에 좋은 친구까지 함께 하는 것이라고 생각하는데요. 천 교수님은 미식가로써 선생님께서 생각하시는 먹는 행복이란 무엇이라 생각하십니까?
陈教授:	你说的是吃的享受，是美食的享受。享受与快乐不是一回事。吃的快乐在我们春节年俗里体现得最充分。27 春节的核心是什么？是大年三十的一顿团圆饭。这才是快乐的中心。	천 교수:	지금 먹는 낙, 미식의 낙을 말씀 하시는 거죠. 낙과 행복은 다른 겁니다. 먹는 행복이라는 건 우리들의 설 명절에 충분히 느낄 수 있습니다. 설 명절의 핵심은 무엇입니까? 그것은 음력 섣달 그믐날 밤에 온 가족이 모두 모여 함께 밥을 먹는 것입니다. 이것이 바로 행복의 핵심인 것입니다.
主持人:	这个中心是怎么组成的呢？	사회자:	이 중심은 어떻게 구성된 것입니까?
陈教授:	这个中心是由几个步骤完成的：第一是盼望。快乐总是首先从心里生长起来的。比方说，在外地打工经商挣钱的男人，想多挣些钱，春节的年饭上，全家人穿上新衣服，给孩子一个大红包。28 第二是奔波。主妇到了过年前，一件一件地准备年货，看见那些年货就想到丰盛的餐桌。外出的人排队购买火车票，挤上拥挤的火车，每一步都是奔波，但每一步都离快乐的年夜饭更近了。第三是制作，一家子从老到小都在忙，这就叫红红火火的年味儿。第四是一家子坐在一起，桌上是年年一样的鸡鸭鱼肉。年夜饭不在于吃什么，而在于这个形式。	천 교수:	이 중심은 아래와 같은 몇 가지 절차로 완성됩니다. 첫 번째는 바람입니다. 행복은 언제나 우선 마음속으로부터 생겨나는 것입니다. 예를 들면 집을 떠나 외지에서 사업하면서 돈을 벌고 있는 남자들은 모두 더 많은 돈을 벌어서 설 명절에 온 가족이 새 옷을 입을 수 있고 아이들에게 많은 세뱃돈을 주고 싶어하는 겁니다. 두 번째는 분주히 바쁜 것입니다. 주부들은 설 명절이 다가오면 한가지씩 설맞이 용품을 장만하면서 그 물건들을 보면서 풍성하게 차려진 명절날 밥상을 보고 있는듯한 생각을 합니다. 집 떠나 있는 사람들이 줄을 서서 기차표를 사고 붐비는 기차에 올라타는 걸음마다 모두 분주하게 바쁜 일정들이지만 그 한걸음 한걸음이 행복한 설 명절 밥상과 가까워지는 것입니다. 세 번째는 만드는 것입니다. 온 가족의 어른 아이 할 것 없이 모두 바쁜 것이야말로 시끌벅적한 설 명절 분위기인 것입니다. 네 번째는 온 가족이 함께 앉아 있고, 식탁에는 매년 오르는 닭, 오리, 생선, 육류가 있는 것입니다. 명절 음식이 중요한 것은 무엇을 먹느냐가 아니라 이 형식에 있습니다.
主持人:	那么吃的痛苦是什么？	사회자:	그럼 먹는 고통이란 무엇입니까？
陈教授:	29 吃的痛苦有三点：不能吃，吃了怕，吃怕了。不能吃是现代人常有的痛苦，有些病是不能乱吃东西的。食欲很好，但不能享用这些美食，这实在是吃的痛苦之首。其次是吃了怕，现在的年轻人，特别是女孩子，什么都想吃，但是一边吃一边怕，30 怕长胖了，怕腰粗了，怕时髦的衣服穿不上了。痛苦之三是吃怕了，中国式的商业交际，一半的会谈都在饭桌上进行。吃饭喝酒是工作，是业务往来，一桌完了再上一桌。山珍海味，一天吃上十二回，是何等苦刑？享受总该有个限度。	천 교수:	먹는 고통은 세가지가 있습니다. 그것은 먹을 수 없는 것, 먹고 무서운 것, 먹기가 무서운 것, 이 세가지 입니다. 먹을 수 없는 것은 현대인들에게 있어서 가장 보편적인 고통입니다. 어떤 병은 음식을 마음대로 먹을 수가 없습니다. 식욕은 있는데 맛있는 음식을 즐길 수 없다는 것은 먹는 고통 중에서 제일 큰 것이라고 할 수 있습니다. 다음은 먹고 무서운 것입니다. 요즘 젊은이들 특히 젊은 여성들은 뭐든 먹고 싶지만 먹으면서 한편으로 살이 찔까봐, 허리 사이즈가 늘어날까봐, 유행하는 옷을 입을 수 없을까 무서워하는 것입니다. 고통의 세 번째는

먹기가 무서운 것입니다. 중국식 비즈니스 교제는 회담의 절반이 술자리에서 진행되고 있습니다. 식사하고 술 마시는 것이 사업이고 업무이며 한 상을 물리면 다른 한 상이 또 올라옵니다. 산해진미도 하루에 열두 번을 먹는다면 그것은 어떤 형벌이겠습니까? 즐거움도 한계가 있는 것입니다.

단어

快乐 kuàilè 형 즐겁다, 행복하다, 유쾌하다 | 大概 dàgài 부 아마(도), 대개 | 器 qì 명 용기, 그릇 | 闻 wén 동 냄새를 맡다 | 痒 yǎng 형 ~하고 싶어 못 견디다, 좀이 쑤시다, 근질근질하다 | 器皿 qìmǐn 명 생활 용기(容器)의 총칭 | 优雅 yōuyǎ 형 우아하다 | 享受 xiǎngshòu 동 누리다, 향유하다, 즐기다 | 体现 tǐxiàn 동 구현하다, 체현하다 | 核心 héxīn 명 핵심 | 团圆 tuányuán 동 흩어졌다가 다시 모이다, 한 자리에 모이다 | 组成 zǔchéng 동 짜다, 조성하다 | 步骤 bùzhòu 명 순서, 절차 | 盼望 pànwàng 동 간절히 바라다 | 经商 jīngshāng 동 장사하다, 상업에 종사하다 | 挣钱 zhèngqián 동 돈을 벌다 | 年饭 niánfàn 제야에 먹는 음식 | 红包 hóngbāo 명 (축의금·세뱃돈 등을 넣는) 붉은 종이 봉투 | 奔波 bēnbō 동 분주히 뛰어다니다, 바쁘다 | 年华 niánhuá 명 세월, 시간 | 丰盛 fēngshèng 형 (음식 등이) 풍성하다, 성대하다 | 餐桌 cānzhuō 명 식탁 | 排队 páiduì 동 순서대로 정렬하다, 줄을 서다 | 购买 gòumǎi 동 사다, 구매(구입)하다 | 拥挤 yōngjǐ 동 한데 모이다, 한곳으로 밀리다 | 制作 zhìzuò 동 제작(제조)하다, 만들다 | 红红火火 hónghonghuǒhuǒ 형 (장면이) 번화하다, 흥성거리다 | 食欲 shíyù 명 식욕 | 享用 xiǎngyòng 동 누리다, 맛보다 | 长胖 zhǎngpàng 동 (사람이) 살찌다, 뚱뚱해지다 | 腰 yāo 명 허리 | 粗 cū 형 굵다 | 时髦 shímáo 명 유행이다 | 业务 yèwù 명 업무 | 交际 jiāojì 동 교제하다, 서로 사귀다 | 山珍海味 shānzhēnhǎiwèi 명 산해진미 | 何等 héděng 대 어떤, 어떠한 | 苦刑 kǔxíng 명 혹형(酷刑), 괴로운 형벌 | 限度 xiàndù 명 한도, 한계

026

主持人认为吃的快乐是什么?

A 跟朋友一起吃饭
✓ B 有色、香、味、器
C 有快乐的心情
D 看到就想吃的食物

사회자가 생각하는 먹는 행복이란 무엇인가?

A 친구와 같이 밥을 먹는 것
✓ B 색, 향, 맛, 식기가 있는 것
C 유쾌한 마음이 있는 것
D 보면 먹고 싶은 음식

해설
사회자가 '我想大概就是人们常说的色、香、味、器都有吧'라고 했으므로 색, 향, 맛, 식기 모두가 있는 것이 사회자가 생각하는 먹는 행복이라는 것을 알 수 있다.

정답 B

027

陈教授认为春节的核心是什么?

A 家的温暖
B 跟家人在一起
C 美食的享受
✓ D 大年三十的团圆饭

천 교수가 생각하는 설의 핵심은 무엇인가?

A 집의 따사로움
B 가족과 함께하는 것
C 맛있는 음식의 즐거움
✓ D 음력 섣달 그믐날에 가족이 한데 모여서 먹는 밥

해설
'春节的核心是什么? 是大年三十的一顿团圆饭'이라고 했으므로 천 교수는 음력 섣달 그믐날에 가족이 한데 모여서 먹는 밥이 설의 핵심이라고 생각하고 있음을 알 수 있다.

정답 D

028

快乐中心的第二个步骤是什么? | 행복 중심의 두 번째는 무엇인가?

- A 盼望
- B 制作
- ✔ C 奔波
- D 积攒

- A 바람
- B 제작
- C 바쁜 것
- D 조금씩 모으다

단어 积攒 jīzǎn 통 조금씩 모으다

해설 첫 번째는 '盼望', 두 번째는 '奔波', 세 번째는 '制作', 네 번째는 '一家子坐在一起, 桌上是年年一样的鸡鸭鱼肉'라고 했으므로 두 번째는 분주히 바쁜 것임을 알 수 있다.

정답_ C

029

下面哪个不属于吃的痛苦? | 먹는 고통에 속하지 않는 것은?

- ✔ A 不好吃
- B 吃了怕
- C 不能吃
- D 吃怕了

- A 맛이 없다
- B 먹고 무서워한다
- C 먹지 못한다
- D 먹기가 무섭다

해설 '吃的痛苦有三点: 不能吃, 吃了怕, 吃怕了'에서 먹는 고통의 3가지는 먹을 수 없는 것, 먹고 무서워하는 것, 먹기가 무서운 것이라고 언급하고 있다.

정답_ A

030

下面哪一个不是女孩儿"吃了怕"的原因? | 여자아이들이 '먹고 무서워하는' 원인이 아닌 것은?

- A 怕长胖
- B 怕腰粗
- C 怕穿不上时髦的衣服
- ✔ D 怕男孩子不喜欢自己

- A 살찔까봐 두려워한다
- B 허리가 굵어질까봐 두려워한다
- C 유행하는 옷을 입지 못할까봐 두려워한다
- D 남자아이들이 자기를 싫어할까봐 두려워한다

해설 '怕长胖了, 怕腰粗了, 怕时髦的衣服穿不上了'에서 살이 찔까봐, 허리사이즈가 늘어날까봐, 유행하는 옷을 입을 수 없을까봐 무서워하는 것이라고 본문에서 언급하고 있다.

정답_ D

第三部分

● 31~50번 문제 : 들려주는 내용을 잘 듣고, 알맞은 답을 고르세요.

031-034

31 网络在大学校园中十分地普遍，几乎每个大学生都会使用计算机。大学生上网主要是看看新闻、发个邮件、聊聊天儿、听听音乐等。根据研究部门的调查，32 现在60%的大学生都喜欢上网聊天儿。33 喜欢聊天儿的人认为网络聊天儿是结交朋友的一种方式，他们觉得聊天儿很有意思，和不认识的人聊天儿非常地轻松、自在。聊的时间长了，大家互相了解，就能成为朋友；不喜欢聊天儿的人认为，和不认识的人聊天儿没有意思。34 网络是虚拟的，网上聊天儿的人也不真诚。有的人说的是假话，这种聊天儿是一种感情的欺骗，没有什么意思。

인터넷이 대학 캠퍼스에서는 이미 매우 보편화되어 거의 모든 학생들이 컴퓨터를 사용할 수 있다. 대학생들은 주로 인터넷을 이용하여 뉴스를 보거나 메일을 보내고, 채팅을 하거나 음악 감상을 한다. 연구부문의 조사에 의하면 현재 60%의 대학생들이 인터넷 채팅을 즐기고 있다고 한다. 채팅을 즐기는 사람들은 인터넷 채팅은 친구를 사귀는 한 방식이며, 매우 재미있는 일이라고 생각한다. 또한 모르는 사람과 채팅을 하는 것은 부담이 없고, 자유로우며 시간이 지나면서 서로에 대한 이해가 깊어지면서 친구가 될 수 있다고 생각한다. 채팅을 싫어하는 사람들은 잘 모르는 사람들과 이야기하는 것은 재미가 없으며 인터넷은 가상적인 것이기 때문에 인터넷 채팅을 하는 사람들은 진실하지 않다고 생각한다. 어떤 사람들은 거짓말을 하기도 해서 이러한 인터넷 채팅은 일종의 감정의 사기이며 아무런 의미가 없다고 생각한다.

단어 网络 wǎngluò 명 네트워크(network), 웹(web), 사이버(cyber) | 校园 xiàoyuán 명 교정(校庭), 캠퍼스 | 普遍 pǔbiàn 형 보편적인, 일반적인 | 几乎 jīhū 부 거의, 거의 모두 | 新闻 xīnwén 명 새로운 일(사건), 뉴스 | 聊天 liáotiān 명 잡담, 한담, 채팅 | 根据 gēnjù 전 ~에 의거하여 | 结交 jiéjiāo 동 교제하다, 사귀다 | 轻松 qīngsōng 형 수월하다, 부담이 없다 | 自在 zìzai 형 편안하다, 안락하다 | 互相 hùxiāng 부 서로, 상호 | 成为 chéngwéi 동 ~이(가) 되다, ~(으)로 되다 | 虚拟 xūnǐ 형 가설의, 가상의 | 真诚 zhēnchéng 형 진실하다, 성실하다 | 假话 jiǎhuà 명 거짓말 | 欺骗 qīpiàn 동 속이다, 사기치다

031

网络在大学校园中使用的情况怎么样?

A 情况一般
B 没人会使用
✓ C 十分普遍
D 十分少

인터넷이 대학 캠퍼스에서 사용되는 상황이 어떠한가?

A 상황이 보통이다
B 사용할 수 있는 사람이 없다
C 매우 보편적이다
D 매우 적다

해설 '网络在大学校园中十分地普遍'에서 인터넷이 대학 캠퍼스에서 아주 보편적으로 사용되고 있다는 것을 알 수 있다.

정답_C

032

调查显示60%的大学生上网都喜欢做什么?

　　A 看新闻
✓ B 聊天儿
　　C 听音乐
　　D 发邮件

조사에 의하면 60%의 대학생들은 인터넷으로 주로 무엇을 하는가?

　　A 뉴스를 본다
　　B 채팅을 한다
　　C 음악을 듣는다
　　D 메일을 보낸다

해설 '现在60%的大学生都喜欢上网聊天儿'이라고 했으므로 60%의 대학생들이 인터넷으로 채팅하는 것을 좋아한다는 것을 알 수 있다.

정답 B

033

喜欢上网聊天儿的人认为网上聊天儿怎么样?

　　A 可以互相学习
　　B 可以听交流经验
　　C 可以沟通思想
✓ D 可以结交朋友

인터넷 채팅을 즐기는 사람들은 인터넷 채팅에 대하여 어떻게 생각하고 있는가?

　　A 서로 공부할 수 있다
　　B 경험을 듣고 교류할 수 있다
　　C 생각을 서로 나눌 수 있다
　　D 친구를 사귈 수 있다

해설 '喜欢聊天的人认为网络聊天是结交朋友的一种方式'에서 인터넷 채팅을 즐기는 사람들은 채팅이 친구를 사귀는 하나의 방식이 될 수 있다고 생각하고 있음을 알 수 있다.

정답 D

034

为什么有的大学生不喜欢网上聊天儿?

　　A 学习比较忙没时间
　　B 网络太现实没意思
✓ C 网上聊天的人不真诚
　　D 网上聊天的人不幽默

일부 대학생들은 왜 인터넷 채팅을 즐기지 않는가?

　　A 공부가 바빠서 시간이 없다
　　B 인터넷은 너무 현실적이어서 재미가 없다
　　C 채팅하는 사람들은 진실하지 않다
　　D 채팅하는 사람들은 유머가 없다

해설 '网络是虚拟的, 网上聊天的人也不真诚'이라고 했으므로 일부 대학생들은 인터넷이 가상적인 것으로 채팅하는 사람들이 진실되지 않다고 생각해서 채팅을 즐기지 않는다는 것을 알 수 있다.

정답 C

035-038

35 我认为爱是需要表白的。爱的表白有两种方式，一是说出来，二是做出来。我认为说出来和做出来同样重要，但是首先要做出来，然后再说出来。36 我的女朋友很温柔，不爱说话，是个内向的女孩子。37 她喜欢又帅又酷的男生，但是我不是那种男生。刚开始的时候，她对我很冷淡，甚至不愿意和我交朋友。可是我一直坚持，经常约她去吃饭、看电影、跳舞、旅游、逛街，玩儿着玩儿着，我们就成了好朋友。从那以后，我经常给她送花儿，向她表白，我相信她一定会成为我的女朋友。38 我花了整整三年的时间，她终于被我的真情感动了，成为了我的女朋友。所以呢，我觉得要是爱她就一定要做出来，然后再说出来。	나는 사랑은 고백이 필요하다고 생각한다. 사랑 고백에는 두 가지 방식이 있다. 하나는 말하는 것, 다른 하나는 행동하는 것이다. 나는 말하는 것과 행동하는 것이 모두 중요하지만 우선 행동을 한 다음 말해야 한다고 생각한다. 내 여자친구는 부드럽고 상냥하며 말이 적고 내성적인 여자이다. 그녀는 멋지고 쿨한 남자를 좋아하지만 나는 그렇지 못하다. 처음에 그녀는 나에게 매우 냉담하게 대했고, 심지어 나하고 친구조차 되려 하지 않았다. 하지만 난 끝까지 포기하지 않고 늘 그녀와 같이 밥 먹고, 영화 보고, 춤추고, 여행 가고, 쇼핑하면서 우리는 좋은 친구가 되었다. 그 후로 나는 자주 그녀한테 꽃을 선물하였고 그녀에게 고백하면서 그녀가 꼭 내 여자친구가 될 거라고 믿었다. 꼬박 삼 년이라는 시간이 흘러서 그녀는 마침내 나의 진심에 감동하였고 나의 여자친구가 되었다. 그래서 나는 만약 그녀를 사랑한다면 먼저 행동으로 보여 주고 그 다음에 고백해야 한다고 생각한다.

단어 需要 xūyào 동 필요하다, 요구되다 | 表白 biǎobái 동 (자신의 마음을) 나타내다, 설명하다 | 首先 shǒuxiān 부 가장 먼저 | 然后 ránhòu 접 그런 후에 | 温柔 wēnróu 형 온유하다, 부드럽고 상냥하다 | 内向 nèixiàng 형 내성적이다, 내향적이다 | 帅 shuài 형 잘생기다, 멋지다 | 酷 kù 형 쿨(cool)하다, 멋있다 | 冷淡 lěngdàn 형 쌀쌀하다, 냉담하다 | 甚至 shènzhì 부 심지어 | 坚持 jiānchí 동 견지하다, 어떤 상태나 행위를 계속 지속하게 하다 | 逛街 guàngjiē 동 길거리를 한가로이 거닐며 구경하다, 아이쇼핑하다 | 相信 xiāngxìn 동 믿다, 신임하다 | 整整 zhěngzhěng 부 온전히, 꼬박 | 真情 zhēnqíng 명 진심

Tip 형용사의 특징

1. 형용사는 일반적으로 목적어를 취할 수 없다.
   合适了衣服 (X)
   干净了房间 (X)

2. 형용사는 직접 서술어가 될 수 있다. 이때 '是'를 형용사의 앞에 쓸 필요가 없다.
   这件衣服样子很新。(O)
   这件衣服样子是很新。(X)

3. 형용사는 일반적으로 정도부사의 수식을 받을 수 있다. 그러나 접사가 쓰인 형용사(3음절 형용사)나 복합 형용사는 수식을 받을 수 없다.
   很贵 (O)
   十分漂亮 (O)
   非常清楚 (O)
   很绿油油 (X) ⇒ 접사가 쓰인 형용사이기 때문
   非常凉快 (X) ⇒ 복합 형용사이기 때문

035

我认为爱需要什么？	나는 사랑은 무엇이 필요하다고 생각하는가?
A 等待	A 기다림
B 送花	B 꽃보내기
C 沉默	C 침묵
✓ D 表白	D 고백

해설 '我认为爱是需要表白的'에서 사랑은 고백이 필요하다고 말하고 있음을 알 수 있다.

정답 D

036

我的女朋友是一个什么样的人?	내 여자친구는 어떤 사람인가?
A 表面活泼的人	A 겉으로는 활발한 사람
B 外向的人	B 외향적인 사람
✓C 内向的人	C 내성적인 사람
D 漂亮的人	D 아름다운 사람

해설 '我的女朋友很温柔，不爱说话，是个内向的女孩子'에서 여자친구가 부드럽고 상냥하며, 말수가 적은 내성적인 여자라는 것을 알 수 있다.

정답_ C

037

我的女朋友喜欢什么样的男生?	내 여자친구는 어떤 남성을 좋아하는가?
A 安静沉稳的	A 조용하고 침착한 사람
✓B 又帅又酷的	B 멋지고 쿨한 사람
C 体贴温柔的	C 자상하고 부드러운 사람
D 能说会道的	D 말 잘하는 사람

단어 安静 ānjìng 형 조용하다, 잠잠하다 | 沉稳 chénwěn 형 진중하다, 침착하다 | 体贴 tǐtiē 동 자상하게 돌보다(보살피다) | 能说会道 néngshuōhuìdào 성 말솜씨가 좋다, 달변이다

해설 '她喜欢又帅又酷的男生'이라고 했으므로 여자친구는 멋지고 쿨한 남자를 좋아한다는 것을 알 수 있다.

정답_ B

038

我用多长时间追到了女朋友?	난 얼마나 오랜 시간을 구애하여 여자친구를 사귀게 되었는가?
A 现在还没追到	A 지금도 아직 사귀지 못하고 있다.
B 一年	B 1년
C 二年	C 2년
✓D 三年	D 3년

단어 追 zhuī 동 (이성을) 따라다니다, 구애(求爱)하다

해설 '我花了整整三年的时间'이라고 했으므로 3년이라는 시간이 걸려서 사귀게 되었다는 것을 알 수 있다.

정답_ D

039-042

　　我邻居家的小孩儿是个聪明伶俐的孩子，一直都是附近有名的"神童"。从小到大，39 邻居家对他的要求就只有一个：那就是学习。从来不让他做其他的事情，40 生活中的事情一直由母亲来负责。"神童"学习十分地努力，成绩也一直很好，比同龄的孩子知道得要多很多。邻居家让他跳过了很多年级，于是神童在13岁的时候就考上了大学，17岁考上了研究生。读研究生时，他去了别的城市，离开了父母。但是由于以前生活中的事情都是由母亲来做的，去了别的城市没有了母亲的照顾，41 他不能照顾自己的生活，一年后就退学了。从他母亲的身上，人们看到了母爱的伟大，也看到了溺爱的害处。所以家长对待孩子不应该过分地溺爱，42 要让孩子自己做自己能做的事情，让他们学会自己照顾自己，不要让他们成为社会的负担。

우리 옆집 아이는 총명하고 영리하여 동네에서 '신동'이라 불렸다. 어릴 때부터 클 때까지 옆집에서 그 아이에게 요구한 것은 단 한가지, 바로 공부였다. 지금까지 공부 외의 다른 일은 시키지 않았으며 생활상의 모든 일은 엄마가 해주었다. '신동'은 매우 열심히 공부하여 성적이 늘 좋았고 같은 또래 아이들보다 아는 것이 정말 많았다. 이웃집에서는 그 아이에게 여러 학년을 월반하게 하여 13살에 대학교에 진학하고 17살 때 대학원에 진학을 하였다. 대학원에 다닐 때 그는 다른 도시로 가면서 부모님을 떠나게 되었다. 하지만 예전부터 일상생활의 일은 엄마가 모두 해주었기 때문에 다른 도시에 가서 엄마의 보살핌이 없자 그는 스스로 생활할 수 없게 되어서 일년 만에 학교를 그만두었다. 그의 엄마한테서 사람들은 어머니의 위대함을 보았을 뿐만 아니라 도를 넘친 모성애의 폐해도 보았다. 그러므로 부모들은 아이들에게 지나친 사랑을 주어서는 안되며 아이들에게 자기가 할 수 있는 일은 자기 스스로 하도록 해야 한다. 아이가 스스로 자신을 돌볼 줄 알게 하여 그들이 사회의 부담이 되지 않도록 해야 한다.

 邻居 línjū 명 이웃집, 이웃 사람 | 聪明 cōngming 형 똑똑하다, 총명하다 | 伶俐 línglì 형 (머리가) 영리하다, (말주변이) 뛰어나다 | 神童 shéntóng 명 신동 | 从来 cónglái 부 (과거부터) 지금까지, 여태껏 | 负责 fùzé 동 책임지다 | 同龄 tónglíng 형 동갑의, 동년배의 | 跳 tiào 동 (차례·순서 등을) 건너뛰다, 뛰어넘다 | 研究生 yánjiūshēng 명 대학원생, 연구생 | 由于 yóuyú 접 ~때문에, ~(으)로 인하여 | 照顾 zhàogù 동 보살피다, 돌보다, 간호하다 | 退学 tuìxué 동 퇴학하다, 학교를 그만두다 | 伟大 wěidà 형 위대하다 | 溺爱 nì'ài 동 (자신의 아이를) 지나치게 귀여워하다 | 害处 hàichu 명 해, 손해, 결점, 나쁜(해로운) 점, 폐해 | 过分 guòfèn 동 지나치다, 분에 넘치다 | 负担 fùdān 명 부담, 책임

039

邻居家对神童的要求是什么?

A 唱歌
B 跳舞
C 上网
✔D 学习

이웃집에서 신동에게 요구한 것은 무엇인가?

A 노래
B 춤
C 인터넷
D 공부

해설　'邻居家对他的要求就只有一个：那就是学习'라고 했으므로 신동에게 요구하는 것은 단 한 가지, 공부라는 것을 알 수 있다.

정답 D

040

神童的生活都是谁来照顾的?

- A 奶奶
- B 父亲
- ✓ C 母亲
- D 保姆

신동의 생활은 누가 돌봐 주었는가?

- A 할머니
- B 아버지
- ✓ C 어머니
- D 보모

해설 '生活中的事情一直由母亲来负责'라고 했으므로 신동의 생활을 계속 엄마가 돌봐 주었다는 것을 알 수 있다.

정답 C

041

神童为什么在读研究生的时候退学了?

- A 学习不好
- ✓ B 不能照顾自己的生活
- C 和同学吵架
- D 没有钱交学费

신동은 왜 대학원 다닐 때 학교를 그만두었는가?

- A 공부를 못해서
- B 자신의 생활을 스스로 돌보지 못해서
- C 친구와 말다툼해서
- D 학비를 낼 돈이 없어서

해설 '他不能照顾自己的生活, 一年后就退学了'에서 신동은 스스로 자기 생활을 돌보지 못해서 학교를 그만두었다는 것을 알 수 있다.

정답 B

042

神童的事情告诉我们一个什么道理?

- A 孩子要专心地学习
- B 父母要时刻关心孩子
- C 父母要负责孩子的生活
- ✓ D 要让孩子学会自己照顾自己

신동의 일은 우리에게 어떤 이치를 알려주는가?

- A 아이들은 반드시 공부에 전념해야 한다
- B 부모는 항상 애들한테 관심을 가져야 한다
- C 부모는 아이의 생활을 책임져야 한다
- D 아이들한테 스스로 자신을 돌보는 것을 배우도록 해야 한다

해설 '要让孩子自己做自己能做的事情'이라고 했으므로 아이들에게 스스로를 돌보도록 가르쳐 줘야 한다는 것을 알 수 있다.

정답 D

043-046

人们都知道吸烟有害健康，但是戒烟是一件很困难的事情。43 对于一个已经有20年烟龄的父亲来说，戒烟是一件具有挑战性的事情。父亲由于工作的原因，气管一直不好，44 为了父亲的健康，全家人都支持父亲戒烟。于是在家里的卧室、客厅、厨房，甚至厕所都 45 贴满了家人写的戒烟标语。标语很多，都表现出来对父亲的爱，母亲写的标语有"戒烟等于长寿"、"成功+健康=非常可爱"等；我写的标语更多，比如"爸爸你要坚持"、"吸烟有害健康"、"为了你和家人的健康请戒烟吧"等。虽然有了这些标语，父亲在忙的时候会忘记吸烟，但是一旦闲下来，就会管不住自己，特别地想吸烟，46 这个时候我就会不停地把自己的零食拿出来给父亲吃。经过全家一年多的努力，父亲终于戒烟成功了。现在父亲的兜里都是巧克力、饼干什么的，就是没有香烟。

사람들은 모두 흡연이 건강을 해친다는 것을 알고 있지만 금연은 매우 어려운 일이다. 20년간이나 담배를 피워 오신 아버지에게 금연은 도전 의식이 필요한 일이다. 아버지는 직업적인 이유로 기관지가 늘 좋지 않았다. 아버지의 건강을 위하여 온 가족은 아버지의 금연을 지지했다. 그래서 집안의 침실, 거실, 주방 심지어는 화장실까지 가족들이 쓴 금연 표어가 붙어 있었다. 수많은 표어에는 모두 아버지에 대한 사랑이 표현되어 있었다. 어머니가 쓴 것은 '금연은 곧 장수다', '성공+건강=매우 사랑스러움' 등이고, 내가 쓴 것은 더 많았다. 예를 들면 '아빠 끝까지 참으세요', '흡연은 건강을 해칩니다', '당신과 가족의 건강을 위해 금연 하세요' 등이다. 비록 이런 표어들이 있었으나, 아버지는 바쁘실 때에는 담배를 잊었지만, 일단 한가해지면 참기 힘들어져 정말 담배를 피고 싶어하셨다. 이럴 때마다 나는 끊임없이 내 간식을 아버지께 드렸다. 온 집안 식구들이 일년 동안 노력한 결과 아버지는 마침내 금연에 성공하셨다. 지금 아버지의 호주머니에는 초콜릿, 과자 등이 들어 있고 담배는 없다.

단어 吸烟 xīyān 동 담배를 피다, 흡연하다 | 有害 yǒuhài 동 해롭다, 유해하다 | 戒 jiè 동 (좋지 못한 습관을) 끊다, 떼다 | 困难 kùnnan 형 곤란하다, 어렵다 | 挑战 tiǎozhàn 명 도전 | 气管 qìguǎn 명 기관, 기관지 | 支持 zhīchí 동 지지하다 | 标语 biāoyǔ 명 표어 | 卧室 wòshì 명 침실 | 客厅 kètīng 명 객실, 응접실 | 厨房 chúfáng 명 주방, 부엌 | 厕所 cèsuǒ 명 변소, 뒷간 | 表现 biǎoxiàn 동 나타내다, 표현하다 | 贴 tiē 동 붙이다 | 长寿 chángshòu 형 장수하다, 오래 살다 | 等于 děngyú 동 ~이나 다름없다 | 坚持 jiānchí 동 견지하다, 어떤 상태나 행위를 계속 지속하게 하다 | 忘记 wàngjì 동 잊다, 소홀히 하다 | 一旦 yídàn 부 일단(만약) ~한다면 | 闲下 xiánxià 동 틈이 나다, 시간이 나다 | 管不住 guǎnbúzhù 동 통제할 수가 없다, 지도할 수가 없다 | 零食 língshí 명 간식 | 兜 dōu 명 (~儿) 호주머니, 주머니 | 巧克力 qiǎokèlì 명 초콜릿(chocolate) | 饼干 bǐnggān 명 비스킷, 과자 | 香烟 xiāngyān 명 담배

043

父亲的烟龄是多长时间?

✔ A 20年
　B 15年
　C 2年
　D 10年

아버지의 흡연 기간이 얼마나 되었는가?

A 20년
B 15년
C 2년
D 10년

해설 '对于一个已经有20年烟龄的父亲来说'에서 아버지의 흡연 기간이 20년이라는 것을 알 수 있다.

정답 **A**

044

父亲为什么要戒烟?	아버지는 왜 금연을 하려고 하는가?
A 为了省钱	A 돈을 절약하기 위하여
✓ B 为了健康	B 건강을 위하여
C 为了安全	C 안전을 위하여
D 没有原因	D 이유가 없다

해설 '为了父亲的健康, 全家人都支持父亲戒烟'에서 아버지의 건강을 위해 금연을 하려고 한다는 것을 알 수 있다.

정답_ B

045

为了父亲能够戒烟成功, 家人都做了什么?	아버지가 금연에 성공할 수 있도록 가족들은 무엇을 하였는가?
A 什么也不做	A 아무것도 하지 않는다
B 给父亲买烟	B 아버지에게 담배를 사 드렸다
✓ C 到处贴上戒烟标语	C 곳곳에 금연 표어를 붙이다
D 送父亲去医院	D 아버지를 병원에 보냈다

해설 '贴满了家人写的戒烟标语'에서 가족들이 집안 곳곳에 금연 표어를 붙여 아버지가 금연에 성공할 수 있도록 도왔음을 알 수 있다.

정답_ C

046

在父亲闲下来, 忍不住想吸烟的时候, 我是怎么做的?	아버지가 좀 한가해져서 담배를 피우고 싶어 하실 때 나는 어떻게 하였는가?
A 给父亲一支烟	A 아버지에게 담배 한 개피를 드렸다
✓ B 给父亲东西吃	B 아버지에게 먹을 것을 드렸다
C 让父亲读标语	C 아버지에게 표어를 읽게 하였다
D 什么也不做	D 아무것도 하지 않았다

해설 '这个时候我就会不停地把自己的零食拿出来给父亲吃'에서 아버지가 한가해져서 담배를 피우고 싶어 하실 때 드시라고 자신의 간식을 아버지께 드렸다는 것을 알 수 있다.

정답_ B

047-050

在网络高速发展的今天，网络游戏十分普遍。对于那些未成年人来说，网络游戏是一把双刃刀，47 既有好处又有坏处。48 网络游戏是一种娱乐活动，可以丰富人的想象力，锻炼人的团队精神。在家里爸爸常陪我玩儿，还告诉我怎么玩儿。我上网好几年了，并没有变坏，学习成绩也没有下降。有的时候，网络游戏对我们来说是一种有效的发泄方法，48 可以排除自己郁闷的心情，为学习提供更好的状态，让学习达到巅峰的状态。不过对于那些过于残暴的游戏，家长应该对孩子有所限制。因为那些过于残暴的游戏会对自控力比较差的未成年人的心理造成不好的影响，49 有时甚至会扭曲孩子的价值取向和社会观。所以对于那些自控力差的人来说，如果要发泄自己，可以选择一些比较柔和的方式，50 比如唱歌儿、打篮球、找朋友聊天儿等等。总之，我们不能一味地批评网络游戏，只要能合理地利用网络游戏就不会造成不必要的伤害。

인터넷이 급속도로 발전하고 있는 지금 인터넷 게임은 아주 보편적인 것이 되었다. 미성년자에게 있어서 인터넷 게임은 한 자루의 양날의 칼과 같이 좋은 점도 있고 나쁜 점도 있다. 인터넷 게임은 일종의 오락 활동으로써 사람들의 상상력을 풍부하게 해 주고 단체정신을 단련시켜 주기도 한다. 집에서 아버지는 나와 함께 인터넷 게임을 하며 어떻게 하는지도 알려 주신다. 나는 인터넷을 시작한지 몇 년이 됐지만, 나쁘게 변하지 않았고, 성적도 떨어지지 않았다. 때론 인터넷 게임이 우리에게는 일종의 효과적인 해소 방법이기도 하다. 우울한 기분을 없애줘서 공부할 수 있는 좋은 정신 상태를 제공해주며 최상의 컨디션을 갖게 해 주기도 한다. 하지만 지나치게 잔혹한 게임에 대해서 부모들은 아이를 제한해야 한다. 왜냐하면 지나치게 잔혹한 게임이 자기 통제 능력이 비교적 약한 미성년자들의 정서에 나쁜 영향을 끼치며, 때론 아이들의 가치 관념과 사회관을 삐뚤어지게 할 수 있기 때문이다. 그래서 자기 통제 능력이 약한 사람들은 스트레스를 해소하려면 비교적 부드러운 방식을 선택하는 것이 좋다. 예를 들면 노래를 부르거나, 농구를 하거나, 친구와 이야기하는 것 등이 적당하다. 한 마디로 말하면, 우리는 무턱대고 인터넷 게임을 비판해서는 안 되며, 합리적으로 인터넷 게임을 이용한다면 불필요한 피해는 없을 것이다.

단어 网络 wǎngluò 명 네트워크(network), 웹(web), 사이버(cyber) | 刃 rèn 명 칼 | 坏处 huàichu 명 나쁜 점 | 娱乐 yúlè 동 오락하다 | 想象力 xiǎngxiànglì 명 상상력 | 团队 tuánduì 명 단체, 집체 | 精神 jīngshén 명 정신 | 变坏 biànhuài 동 나쁘게 변하다 | 下降 xiàjiàng 동 (정도가) 떨어지다, 낮아지다 | 发泄 fāxiè 동 털어놓다, 쏟아 내다 | 排除 páichú 동 제거하다, 없애다 | 郁闷 yùmèn 형 답답하고 괴롭다, 우울하다 | 巅峰状态 diānfēng zhuàngtài 명 (1등의) 최고 수준(단계), 최상의 상태(컨디션) | 残暴 cánbào 형 잔학하다, 잔혹하다 | 自控 zìkòng 명 '자동 제어(自动控制)'의 약칭 | 扭曲 niǔqū 동 비틀(리)다, 꼬(이)다, 왜곡하다 | 取向 qǔxiàng 명 방향, 추세 | 造成 zàochéng 동 (좋지 않은 결과를) 초래하다, 야기하다 | 柔和 róuhé 형 온유하다, 온화하다 | 总之 zǒngzhī 접 총괄적으로 말하면, 총괄하면 | 一味 yíwèi 부 단순히, 무턱대고 | 合理 hélǐ 형 도리에 맞다, 합리적이다

047

我们怎么评价网络游戏?

A 只有好处
B 只有坏处
✓ C 有利有弊
D 利大于弊

우리는 인터넷 게임을 어떻게 평가하고 있는가?

A 이로운 점만 있다
B 해로운 점만 있다
C 이로운 점도 있고 해로운 점도 있다
D 이로운 점이 해로운 점보다 많다

단어 弊 bì 명 문제점, 해

해설 '既有好处又有坏处'에서 인터넷 게임은 이로운 점도 있고 해로운 점도 있다는 것을 알 수 있다.

정답 C

048

下面哪个不是网络游戏的好处?

　　A 丰富人的想象力
　　B 锻炼人的团队精神
　　C 排除自己郁闷的心情
✓　D 扭曲人的价值取向

인터넷 게임의 좋은 점이 아닌 것은?

　　A 사람의 상상력을 풍부하게 한다
　　B 사람의 단체정신을 단련한다
　　C 자신의 답답한 심정을 없애 준다
　　D 사람의 가치관을 비틀다

해설 '网络游戏是一种娱乐活动, 可以丰富人的想象力, 锻炼人的团队精神'에서 인터넷 게임은 일종의 오락 활동으로 상상력을 풍부하게 해주고 단체정신을 길러 준다는 것을 알 수 있고, '可以排除自己郁闷的心情, 为学习提供更好的状态'에서 우울한 마음을 없애주고 공부할 수 있는 최고의 상태를 만들어 준다는 것을 알 수 있다.

정답 D

049

属于网络游戏的害处的是哪个?

　　A 丰富人的想象力
✓　B 扭曲社会观
　　C 排除自己郁闷的心情
　　D 锻炼人的团队精神

인터넷 게임의 나쁜 점에 속하는 것은 무엇인가?

　　A 사람의 상상력을 풍부하게 한다
　　B 사회관을 비튼다
　　C 자신의 답답한 심정을 없애 준다
　　D 사람의 단체정신을 단련한다

해설 '有时甚至会扭曲孩子的价值取向和社会观'에서 자기 통제 능력이 약한 미성년자가 잔혹한 게임을 하게 되면, 가치관과 사회관이 삐뚤어진다는 것이 인터넷 게임의 나쁜 점임을 알 수 있다.

정답 B

050

对于自控力弱的人来说, 较好的发泄途径是什么?

✓　A 唱歌
　　B 喝酒
　　C 打架
　　D 睡觉

자기 통제 능력이 약한 사람들에게 좋은 해소 방법은 무엇인가?

　　A 노래하기
　　B 술 마시기
　　C 싸움하기
　　D 잠자기

해설 자기 통제 능력이 약한 사람들은 해소 방법을 부드러운 방식으로 택하는 것이 좋다고 말하고 있으며, 그 예로 든 것이 '比如唱歌、打篮球、找朋友聊天等等'에서 노래를 부르거나, 농구를 하거나, 친구와 이야기하는 것임을 알 수 있다.

정답 A

二、阅读

第一部分

● 51~60번 문제 : 올바르지 않은 문장을 고르세요.

051

A 有时，失去不一定是忧伤，反而会成为一种美丽。
B 3年后，他结束了流浪，专心致力于绘画。
✓ C 这本书被翻译过成包括阿拉伯语在内的50多种语言。
D 他辛辛苦苦赚了五年钱，而那是不足以在休斯顿买房的。

A 어떤 때는 잃는 것이 슬픔이 아니라 오히려 아름다움이 될 수도 있다.
B 3년 후 그는 유랑 생활을 마치고 그림 그리기에 전념하였다.
C 이 책은 아랍어를 포함한 500여 종의 언어로 번역되었다.
D 그는 5년간 힘들게 돈을 벌었지만 그것으로 휴스턴에서 집을 사기에는 부족하다.

단어 失去 shīqù 동 잃다, 잃어버리다 | 忧伤 yōushāng 형 근심으로 비통해 하다, 고뇌에 잠기다 | 反而 fǎn'ér 부 반대로, 오히려 | 结束 jiéshù 동 끝나다, 마치다 | 流浪 liúlàng 동 유랑하다, 방랑하다 | 专心 zhuānxīn 형 전심전력하다, 전념하다 | 致力 zhìlì 동 힘쓰다, 진력하다 | 翻译 fānyì 동 번역하다, 통역하다 | 包括 bāokuò 동 포함하다, 포괄하다 | 在内 zàinèi 동 안에 포함하다, 내포하다 | 阿拉伯语 ālābóyǔ 명 아랍어 | 辛辛苦苦 xīnxinkǔkǔ 형 매우 고생스럽다, 매우 고생스러운 모양 | 赚 zhuàn 동 (돈을) 벌다 | 不足 bùzú 동 부족하다

해설 C의 '被翻译过成'에서 '过'를 빼야 한다. '翻译成'에서 '成'은 결과보어로 앞에 동태조사 '过'가 오지 않는다. 즉, '这本书被翻译成'이라고 해야 한다. 술어 동사와 결과보어 사이에는 어떤 것도 들어가지 못한다는 것을 꼭 기억하자. 예를 들어 '吃饭完了'에서도 '完'이 결과보어로 동사 '吃'와 같이 와야 하므로 '吃完饭了'라고 해야 한다.

정답 **C**

Tip 결과보어

동사의 뒤에 쓰여 동작이나 변화의 결과를 나타내는데, 동사나 형용사가 결과보어로 쓰인다.

〈결과보어의 특징〉

1. 동사, 형용사+결과보어+(동태조사)
   我吃完饭了 밥을 다 먹었다. ⇒ (我吃饭完了- X)
   汉字我写对了 한자를 나는 맞게 썼다. ⇒ (我写汉字对了- X)

2. 결과보어가 있는 문장은 일반적으로 동태조사 '了'가 자주 오고, 경우에 따라 '过'를 쓸 수도 있지만 '着'는 쓸 수 없다.

3. 결과보어의 부정형
   没+동사+결과보어
   这个故事我没听懂。
   이 이야기를 나는 알아듣지 못했다.

   不+동사+결과보어(가정문에서만 사용)
   我不做完练习不去游泳。
   나는 연습을 끝내지 못하면 수영하러 가지 않는다.

052

A 爱琴文明最早起源于克里特岛，然后传播到希腊大陆和小亚细亚。
B 按说人对小时候的事情都不会记得十分清楚，但我却能很清晰地记得。
C 这场风波让我一下子成熟了许多，又重拾起自己的自信艰难前行。
✓ D 政府修路拆了他刚刚红火的快餐馆，他不得不无奈低价出售了所有设备。

A 에게 문명은 크레타 섬에서 처음 기원하여 후에 그리스 대륙과 소아시아에 전파되었다.
B 사람들은 어릴 때 일에 대하여 잘 기억하지 못하는데 나는 또렷하게 기억할 수 있다.
C 이번 풍파는 나를 단시간에 많이 성숙하게 했으며 스스로에게 다시 자신을 가지고 힘겹게 전진하게 하였다.
D 정부는 길을 닦기 위하여 그의 잘 되던 식당을 허물어 버렸으며 그는 할 수 없이 모든 설비를 헐값으로 팔아야 했다.

단어 起源 qǐyuán 동 기원하다 | 传播 chuánbō 동 전파하다, 널리 퍼뜨리다 | 希腊 Xīlà 명 그리스(Greece) | 大陆 dàlù 명 대륙 | 清晰 qīngxī 형 또렷하다, 분명하다 | 风波 fēngbō 명 풍파, 분쟁 | 一下子 yíxiàzi 단시간에, 갑자기 | 成熟 chéngshú 형 완숙되다, 숙련되다 | 艰难 jiānnán 형 곤란하다, 어렵다 | 前行 qiánxíng 동 앞으로 나아가다 | 政府 zhèngfǔ 명 정부 | 修路 xiūlù 동 도로를 닦다(정비하다) | 拆 chāi 동 헐다, 부수다 | 红火 hónghuo 형 왕성하다, 번창하다 | 快餐馆 kuàicānguǎn 명 패스트푸드(fast food) 식당 | 不得不 bùdébù 부 어쩔 수 없이, 부득불 | 无奈 wúnài 동 어찌 해 볼 도리가 없다, 방법이 없다 | 低价 dījià 명 저가, 헐값 | 出售 chūshòu 동 팔다, 판매하다 | 设备 shèbèi 명 설비, 시설

해설 D에서 '不得不'와 '无奈'는 모두 '어쩔 수 없이'의 뜻으로 두 단어를 중복해서 사용할 수 없다. 그래서 둘 중 한 단어를 빼야 한다. 즉 '他不得不低价出售了所有设备' 혹은 '他无奈低价出售了所有设备'라고 해야 한다.

정답 **D**

053

A 在数学上要否定一个几何定理，找出一个反例就够了。
B 凡具有神经系统的动物，都可以借反射的反应回答外界来的刺激。
✓ C 这种机车性能良好，能足够高原及寒冷地区铁路运输的需要。
D 我在靠着大门的房间里边写作业边看正在热播的电视剧。

A 수학에서 한 개의 기하 정리를 부정하려면 반대되는 예를 하나만 찾으면 된다.
B 신경 계통을 가진 동물은 모두 반사의 반응을 통해 외부에서 오는 자극에 응할 수 있다.
C 이런 기관차는 성능이 좋아서 고원이나 한랭 지역의 철도 운송 수요를 충족시킬 수 있다.
D 나는 대문과 가까운 방에서 숙제를 하면서 한창 인기리에 방송 중인 드라마를 보고 있다.

단어 否定 fǒudìng 동 부정하다 | 几何 jǐhé 명 '기하학(几何学)'의 약칭 | 定理 dìnglǐ 명 정해진(변함없는) 도리(이치) | 凡 fán 부 무릇, 모두 다 | 神经系统 shénjīngxìtǒng 명 신경 계통, 신경계 | 反射 fǎnshè 동 반사 작용을 하다 | 反应 fǎnyìng 명 반응 | 外界 wàijiè 명 외부, 바깥 세상(세상) | 刺激 cìjī 명 (정신적) 자극, 충격 | 机车 jīchē 명 기관차 | 性能 xìngnéng 명 성능 | 足够 zúgòu 형 충분하다 | 高原 gāoyuán 명 고원 | 及 jí 접 및, ~와(과) | 寒冷 hánlěng 형 한랭하다, 춥고 차다 | 铁路 tiělù 명 철도 | 运输 yùnshū 동 운수하다, 운송하다 | 靠 kào 동 접근하다, 다가서다 | 热 rè 형 인기 있다, 유행하다 | 播 bō 동 전파하다, 알리다 | 电视剧 diànshìjù 명 텔레비전 드라마

해설 C에서 '足够'는 '需要'와 호응되지 않는 단어이다. '足够' 대신에 '满足'를 사용하여 '满足需要'로 호응하여 수요를 충족시키다는 의미를 나타내도록 한다. 즉, '能满足高原及寒冷地区铁路运输的需要'라고 해야 한다.

정답 **C**

054

✓ A 放假之前我下定决心了：一定让这个假期成为我人生的转折点。
B 朋友就是彼此一种心灵的感应，是一种心照不宣的感悟。
C 国王为自己和这个人一起浪费了好几天时间感到非常气愤。
D 和许多文艺界人士不同的是，他基本上不参加社会活动。

A 방학 전에 나는 이번 방학이 내 인생의 전환점이 되게 하리라고 결심하였다.
B 친구는 상호간 마음의 반응이며 말을 하지 않아도 이해하는 깨달음이다.
C 국왕은 자신과 이 사람이 함께 며칠간을 낭비한 일에 대하여 매우 노여워했다.
D 그가 많은 문예계 인사들과 다른 점은 거의 사회 활동에 참여하지 않는다는 것이다.

단어 | 放假 fàngjià 통 방학하다 | 假期 jiàqī 명 휴가(휴일·방학) 기간 | 转折点 zhuǎnzhédiǎn 명 전환점 | 彼此 bǐcǐ 대 피차, 상호 | 心灵 xīnlíng 명 영혼, 마음 | 感应 gǎnyìng 통 반응하다 | 心照不宣 xīnzhàobùxuān 말을 하지 않아도 서로 마음으로 이해하다, 말을 안 해도 서로 마음이 통하다 | 感悟 gǎnwù 명 깨달음 | 浪费 làngfèi 통 낭비하다, 허비하다 | 气愤 qìfèn 형 화내다, 분개하다 | 文艺界 wényìjiè 명 문예계 | 基本上 jīběnshang 부 대체로, 거의

해설 A에서 '放假之前我下定决心了'는 '방학 전에 나는 결심을 했다'라는 것만 나타낸다면 맞는 문장이지만 바로 뒤에 그 결심이 어떤 것인지 말하고 있다. 뒤에 인용하는 말이 올 경우에 동태조사 '了'를 쓸 수 없다. 즉, '放假之前我下定决心：一定让这个假期成为我人生的转折点.'이라고 해야 한다.

정답 A

Tip 了를 사용해야 할 때와 사용하지 말아야 할 때

1. '了'를 사용해야 할 때

① 과거, 확실한 시간사, 동작이 이미 발생했거나 상태가 이미 출현했을 때 了를 쓴다.
昨天开了一个会，会上经过讨论，大家才明确了自己的任务。
어제 회의를 열었다. 토론을 통해서 모두 자신의 임무를 명확하게 했다.

② 하나의 동작이 끝나고 다른 동작이 또 발생할 때는 첫 번째 동사 앞에 '了'를 쓴다.
听了老人的话，我非常感动。
노인의 말을 듣고 나는 매우 감동했다.

2. '了'를 사용하지 말아야 할 때

① 인용하는 말 동사 뒤에는 '了'를 쓸 수 없다.
他坚决地回答：'我死也不投降！'
그는 '나는 죽어도 투항하지 않을 거야!'라고 단호하게 대답했다.

② 겸어문, 연동문에서 앞에 동사 뒤에는 '了'를 쓸 수 없다.
我们坐火车来到了北京。
우리는 기차를 타고 베이징에 왔다.

③ 목적어가 동사, 동사구, 주술구로 올 경우 서술어가 되는 동사 뒤에 '了'를 쓸 수 없다.
从昨天起，我们开始学习第十七课。
어제부터 우리는 17과를 배우기 시작했다. (→ 예외: 서술어가 进行, 作일 경우에는 了를 쓸 수 있다.)
代表们对这个问题进行了热烈的讨论。
대표자들은 이 문제에 대해 열렬히 토론했다.

④ 규칙적으로 자주 일어나는 일을 말하는 경우에도 '了'를 쓸 수 없다. 즉, '常常, 经常, 每天, 每周, 每年' 등의 단어가 오면 '了'를 사용하지 않는다.
他身体不好，常常生病。
그는 건강이 좋지 않아서 자주 병이 난다.

055

A 她的奋斗精神和曲折经历深深吸引了一位30岁的小伙子。
✓B 那次车祸以后，男孩每天都守在床前不停地哭着呼唤毫不知觉的恋人。
C 整整几年时间过去了，她一如既往地资助山区的孩子们。
D 倘若你发现自己最近的情绪不稳，不妨做一下下面的自我评估。

A 그녀의 분투 정신과 우여곡절 많은 경험은 30세의 한 젊은이를 매료시켰다.
B 그 교통사고 후 남자아이는 매일 침대 머리맡을 지키고 끊임없이 울면서 감각이 전혀 없는 연인을 불렀다.
C 몇 해가 지났지만 그녀는 변함없이 산간 지역의 아이들을 도와주었다.
D 만일 당신이 요즘 마음이 불안하다면 아래의 자가 진단을 한번 해보세요.

단어 奋斗 fèndòu 동 분투하다 | 曲折 qūzhé 형 곡절이 많다 | 经历 jīnglì 명 경험, 경력 | 深深 shēnshēn 형 매우 깊다, 깊숙하다 | 吸引 xīyǐn 동 끌어당기다, 매료(매혹)시키다 | 车祸 chēhuò 명 (자동)차 사고, 교통사고 | 守 shǒu 동 지키다 | 呼唤 hūhuàn 동 외치다, 부르짖다 | 毫不 háobù 부 조금도 ~않다 | 知觉 zhījué 명 지각, 감각 | 整整 zhěngzhěng 부 온전히, 꼬박 | 一如既往 yìrújìwǎng 성 지난날과 다름없다 | 资助 zīzhù 동 (재물로) 돕다 | 山区 shānqū 명 산간 지역, 산악 지구 | 倘若 tǎngruò 접 만일 (만약, 가령) ~한다면 | 情绪 qíngxù 명 정서, 감정 | 不稳 bùwěn 형 불안 | 不妨 bùfáng 부 (~하는 것도) 괜찮다, 무방하다 | 评估 pínggū 동 (질·수준·성적 등을) 평가하다

해설 B의 '毫不知觉'에서 '毫不'는 '조금도 ~ 않다'의 뜻의 부사로 뒤에 형용사나 동사가 와야 한다. 예를 들어 '毫不犹豫 조금도 주저하지 않다', '毫不在意 조금도 마음에 두지 않다.'로 사용할 수 있다. 그런데 여기서는 '知觉'라는 명사가 왔으므로 틀렸다. 따라서 '毫不' 대신에 같은 의미의 동사 '毫无(조금도 ~ 않다)'를 사용해야 한다. '毫无'의 '无'는 동사로 '没有'의 뜻으로 뒤에 바로 명사가 올 수 있기 때문이다. 즉, '毫无知觉的恋人'이라고 해야 한다.

정답 **B**

056

A 她觉得他简直就是一个没有长大的孩子，单纯而没有深度。
B 就在他与我擦身而过的一刹那，我脚下一滑，朝楼下摔去。
C 我工作的单位离姑妈家最近，所以那里成为我改善伙食的地方。
✓D 在妈妈的一再提醒下，时常注意我自己的言行。

A 그녀는 그가 그야말로 아직 다 자라지 않은 어린아이이며 단순하고 생각이 깊지 않다고 생각한다.
B 그가 나와 스쳐 지나가는 순간 나는 발이 미끄러져 계단 아래로 굴렀다.
C 내가 일하는 직장은 고모 집에서 아주 가까워서 그곳은 나의 구내식당의 식사를 개선하는 곳이 되었다.
D 어머니의 끊임없는 일깨움에 나는 항상 스스로의 언행에 주의하였다.

단어 简直 jiǎnzhí 부 그야말로, 너무나 | 长大 zhǎngdà 동 (생물체가) 성장하다, 자라다 | 单纯 dānchún 형 단순하다 | 深度 shēndù 명 (일이나 인식의) 정도, 깊이 | 擦 cā 동 스치다, 비껴가다 | 一刹那 yíchànà 명 찰나, 눈 깜짝할 사이 | 滑 huá 동 미끄러지다 | 摔 shuāi 동 (몸이 균형을 잃고) 쓰러지다, 넘어지다 | 单位 dānwèi 명 직장, 기관 | 姑妈 gūmā 명 (기혼의) 고모 | 成为 chéngwéi 동 ~이(가) 되다, ~(으)로 되다 | 伙食 huǒshí 명 (학교·회사·부대 등의) 구내식당의 식사 | 一再 yízài 부 수차, 거듭 | 提醒 tíxǐng 동 일깨우다, 깨우치다 | 时常 shícháng 부 늘, 자주 | 言行 yánxíng 명 언행, 말과 행동

해설 D의 '时常注意我自己的言行'에서 '我'의 위치가 틀렸다. '我'가 이렇게 문장 뒤에 오면, 이 문장에는 주어가 없게 되므로 '我'를 문장 앞에 오게 해야 한다. 즉, '我时常注意自己的言行'이라고 해야 한다. C의 '改善'은 평소에 잘 먹을 수 없었는데 고모 집에 가서 평소에 먹을 수 없는 것을 먹게 되어 식사가 개선되었다는 의미로 쓰였다.

정답 **D**

057

A 因为天生丽质加上演技突出，她被当时的一位导演相中。

B 只有你到了中年，或许到了晚年，才会明白时间是多么残酷的东西。

✓ C 网络给我们的工作带来了很大的方便，哪怕出差在外可以随时掌握市场及公司的情况。

D 这次去云南一来散散心，二来去看看多年不见的好朋友。

A 타고난 미모에 연기까지 뛰어났기 때문에 그녀는 당시 한 감독의 마음에 들었다.

B 당신이 중년 혹은 노년이 되어야만이 시간이란 것이 얼마나 잔혹한 것인지를 알 수 있다.

C 인터넷은 우리의 일에 매우 큰 편리함을 가져다 주었다. 설령 외지로 출장 중이라도 수시로 시장과 회사의 상황을 파악할 수 있게 되었다.

D 이번에 윈난에 가는 것은 첫째는 기분을 전환하기 위해서이고, 둘째는 몇 해 동안 보지 못한 친구를 보기 위해서이다.

단어

天生 tiānshēng 형 타고난, 선천적인 | 丽质 lìzhì 명 (여자의) 미모 | 演技 yǎnjì 명 연기 | 突出 tūchū 형 돋보이다, 뛰어나다 | 导演 dǎoyǎn 명 연출자, 감독 | 相中 xiāngzhòng 동 마음에 들다, 보고 반하다 | 或许 huòxǔ 부 아마, 어쩌면 | 残酷 cánkù 형 잔혹하다, 냉혹하다 | 网络 wǎngluò 명 네트워크(network), 웹(web) | 哪怕 nǎpà 접 설령(비록) ~라 해도 | 出差 chūchāi 동 (외지로) 출장 가다 | 随时 suíshí 부 수시로, 언제나, 아무 때나 | 掌握 zhǎngwò 동 정통하다, 파악하다 | 情况 qíngkuàng 명 상황, 정황 | 来 lái 조 서수 '一·二·三' 등의 뒤에 쓰여 열거를 나타냄 | 散心 sànxīn 동 기분을 전환하다, 기분을 풀다

해설

C의 '哪怕'는 '설령~하더라도'의 뜻으로 '也, 都, 还' 등과 같이 호응을 해야 하므로, 이 문장에서는 '可以' 앞에 '也'가 와야 한다. 즉, '哪怕出差在外也可以随时掌握市场及公司的情况'이라고 해야 한다.

정답 _ C

Tip 가설 관계를 나타내는 접속사

1. 如果(要是, 万一, 假如, 假设, 若是)A, 那么(就, 便)B: 만약 A한다면 B하다
   假如你信任你所见到的每一个人，那你就是傻瓜。
   만약 네가 만난 모든 사람을 믿는다면 너는 바보이다.

2. A的话, 那么(就)B: A하다면 B하다
   你忙的话，就不要去了。
   너 바쁘면 가지 마.

3. 即使(即便, 就是, 就算, 哪怕)A, 那么(也)B: 설사 A일지라도 B하다
   即使再晚一小时出发，也还来得及。
   설사 1시간 늦게 출발한다고 해도 늦지 않을 것이다.

4. 要不是A, 那么(就)B: A가 아니라면 B하다
   要不是下雨，我们早就到了。
   비가 안 왔더라면 우리는 벌써 도착했다.

5. 幸亏A, 要不然的话(不然的话, 要不然, 要不, 不然, 否则)B: 다행히 A하다, 그렇지 않다면 B했을 것이다
   幸好你提醒了我，不然我就把这件事忘了。
   다행히 네가 일깨워 줬다. 그렇지 않았다면 나는 이 일을 잊어버렸을 것이나.

058

A 预计在2012年投入运营的京沪高速铁路有望在年内通车。

✓ B 当我沿着河边散散步的时候，有时会觉得那些不同时代的房屋很别扭。

C 我们要克服教学方法模式化的倾向，要因材施教，针对不同的教学对象采取不同的方法。

D 美国旧金山的金门大桥横跨1900多米的金门海峡，连接着北加利福尼亚与旧金山半岛。

A 2012년에 운영하려고 예상했던 베이징-상하이 고속철도가 올해 개통될 가능성이 있다.

B 나는 강변을 따라서 산책을 할 때면 가끔 저런 다른 시대에 지은 건물들이 어울리지 않는다는 생각이 든다.

C 우리는 교수방법을 형식화하려고 경향을 극복하고, 피교육자의 수준에 따라 그에 맞는 교육을 해야 하며, 대상이 누구냐에 따라 다른 방법을 채택해야 한다.

D 미국 샌프란시스코의 골든게이트 교는 19900여 미터의 골든게이트 해협을 가로질러 북캘리포니아와 샌프란시스코 반도를 연결하고 있다.

단어

预计 yùjì 동 예측하다, 추산하다 | 投入 tóurù 동 돌입하다, 개시하다 | 运营 yùnyíng 동 (기구 등을) 운영하다 | 京 Jīng 명 '北京(베이징)'의 별칭 | 沪 Hù 명 '上海(상하이)'의 별칭 | 高速铁路 gāosùtiělù 명 고속철도 | 有望 yǒuwàng 동 유망하다, 가능성이 있다 | 通车 tōngchē 동 (철도·도로 등이) 개통하다 | 沿着 yánzhe 전 (일정한 노선을) 따라서(끼고) | 河边 hébiān 명 강변, 강가 | 别扭 bièniu 형 (말이나 글이) 어색하다, 어울리지 않다 | 克服 kèfú 동 극복하다, 이기다 | 模式化 móshìhuà 동 형식화(모식화·유형화·고정화)하다 | 倾向 qīngxiàng 명 경향, 추세 | 因材施教 yīncáishījiào 성 피교육자의 수준에 따라 그에 맞는 교육을 하다 | 采取 cǎiqǔ 동 채택하다, 취하다 | 旧金山 Jiùjīnshān 명 샌프란시스코(San Francisco) | 金门大桥 Jīnmén Dàqiáo 명 골든게이트 교 | 横跨 héngkuà 동 뛰어넘다, 건너뛰다 | 海峡 hǎixiá 명 해협 | 加利福尼亚 Jiālìfúníyà 명 캘리포니아 주 | 半岛 bàndǎo 명 반도(半岛)

해설

B의 '当我沿着河边散散步的时候'에서 '散散步'가 틀렸다. 이합동사의 중첩은 짧은 시간에 '시험 삼아 한번 ~해보다, 좀 ~하다'라는 시도의 의미를 나타내는데, 이 문장은 '当~的时候'를 사용한 구문으로 '~할 당시'의 의미를 가지고 있기 때문에 여기에 동사중첩을 사용하는 것은 적당하지 않다. 즉, '当我沿着河边散步的时候'라고 해야 한다.

정답 B

Tip 동사 중첩을 할 수 없는 경우

1. 진행을 나타낼 경우에는 동사를 중첩할 수 없다.
   我正在看看书。(X)

2. 두 개 동작이 동시에 일어날 경우에는 동사를 중첩할 수 없다.
   他又看看书又听听音乐。(X)

3. 동태조사 '了, 着, 过'가 올 경우에는 동사를 중첩할 수 없다.
   以前他就学学过汉语。(X)

4. 조동사는 중첩할 수 없다.
   你应该应该学这本书。(X)

5. 동사가 관형어로 올 경우에는 중첩할 수 없다.
   刚才试试的那件衣服还可以。(X)

6. 동사가 부사어로 올 경우에는 중첩할 수 없다.
   他想试试写一本书。(X)

7. 동사가 목적어로 올 경우에는 중첩할 수 없다.
   我们进行讨论讨论这个问题吧。(X)

8. 동사 뒤에 보어가 올 경우에는 동사를 중첩할 수 없다.
   等我看看明白了，再讲给你听。(X)

9. 연동문이나 겸어문에서 첫 번째 동사는 중첩할 수 없다.
   他上上街买东西。(X)

059

A 他的方案试行之后立即取得了显著的效果，长期以来的堵车问题迎刃而解。
B 凭心而论，谁也不希望自己的生命经常忍受磨炼，哪怕真的是因此可以增加人生的美丽。
C 夫妇俩最大的愿望就是去一个著名的旅游胜地饱览一番大自然的美好景色。
✓ D 新的提议被他拒绝了，后来公司股票大涨，他因此失去了成为亿万富翁。

A 그의 방안은 시행된 후 즉시 뚜렷한 효과를 거두며, 오랜 기간 계속되던 교통 체증 문제가 해결되었다.
B 솔직히 말하면, 누구도 자신의 생명이 늘 시련을 겪는 것을 바라지 않는다. 설령 정말로 이로 인해 인생이 더 아름다워질지라도 말이다.
C 부부 두 사람의 제일 큰 바람은 유명한 명승고적에 가서 마음껏 대자연의 아름다운 풍경을 구경하는 것이다.
D 새로운 제의는 그로 인해 거절당했다. 그 후에 회사의 주식은 폭등하였으며, 이로 인해 그는 억만장자가 될 기회를 놓쳤다.

단어 方案 fāng'àn 명 방안 | 试行 shìxíng 동 시험 삼아 해보다, 시행하다 | 立即 lìjí 부 곧, 즉시 | 显著 xiǎnzhù 형 현저하다, 뚜렷하다 | 长期以来 chángqīyǐlái 오랫동안 | 堵车 dǔchē 동 교통이 꽉 막히다 | 迎刃而解 yíngrèn'érjiě 핵심적인 문제만 해결하면 다른 것들은 잇따라 풀린다, 순리적으로 문제가 해결되다 | 忍受 rěnshòu 동 이겨 내다, 참다 | 磨炼 móliàn 동 단련하다, 연마하다 | 哪怕 nǎpà 접 설령(비록) ~라 해도 | 夫妇 fūfù 명 부부 | 胜地 shèngdì 명 명승지 | 饱览 bǎolǎn 동 충분히 보다, 실컷 보다 | 提议 tíyì 명 제의 | 拒绝 jùjué 거절하다, 거부하다 | 股票 gǔpiào 명 주식 | 涨 zhǎng 동 (수위나 물가 등이) 오르다 | 亿万富翁 yìwànfùwēng 억만장자

해설 D의 '他因此失去了成为亿万富翁'는 '억만장자가 되는 것을 놓치다'라는 뜻이 아니고, '억만장자가 될 기회를 놓치다'라는 뜻이므로 동사 '失去'의 목적어가 없다. 따라서 '机会'를 넣어 호응 관계를 만들어 줘야 하며, '他因此失去了成为亿万富翁的机会'라고 해야 한다. B는 '哪怕~, 也~'를 사용한 구문으로 '也~, 哪怕~'로 도치된 구문이므로 맞는 문장이다.

정답_D

060

A 她在西藏跑了近三个月，几乎看遍了所有的高原美景，但离开西藏时，却带着一丝遗憾。
✓ B 人们经常指责天气不好，实际上并非天气不好，只要你有乐观的心情，就会天天都是好天气。
C 通用汽车称，这些车辆在驾驶中是安全的，但在时速24公里以下时可能会出现转向困难的情况。
D 人的一生要经历无数次的挫折，有欢乐，也有痛苦；有成功，也有失败，这才是真正的人生。

A 그녀는 티베트에서 3개월간 거의 모든 고원의 아름다운 풍경을 다 구경했지만, 그래도 티베트를 떠날 때는 아쉬움이 남았다.
B 사람들은 항상 날씨가 나쁘다고 하지만 실제로 날씨가 나쁜 것이 아니다. 당신이 낙관적인 마음만 가지고 있다면 매일 좋은 날씨가 될 것이다.
C 제네럴모터스는 이 차량들은 운전 중에는 안전하다고 했지만 시속이 24킬로미터 이하일 때 핸들 조작에 문제가 나타날 수 있다고 했다.
D 사람의 일생은 무수한 좌절을 겪게 된다. 즐거움도 있고, 아픔도 있고, 성공도 있고, 실패도 있다. 이것이 바로 진정한 인생이다.

단어 几乎 jīhū 부 거의, 거의 모두 | 高原 gāoyuán 명 고원 | 离开 líkāi 동 떠나다, 벗어나다 | 一丝 yìsī 형 한 오라기, 한 가닥, 조금 | 遗憾 yíhàn 형 여한 | 指责 zhǐzé 지적하다, 질책하다 | 实际上 shíjìshang 부 사실상, 실제로 | 并非 bìngfēi 결코 ~하지 않다, 결코 ~이 아니다 | 乐观 lèguān 형 낙관적이다, 희망차다 | 心情 xīnqíng 명 심정, 마음 | 通用汽车公司 Tōngyòng qìchē gōngsī 제네럴모터스 사 | 驾驶 jiàshǐ 동 운전(조종·운항)하다 | 时速 shísù 명 시속 | 转向 zhuǎnxiàng 동 방향을 바꾸다 | 经历 jīnglì 동 몸소 겪다, 체험하다 | 无数 wúshù 형 수를 헤아리기 어렵다 | 挫折 cuòzhé 명 좌절, 실패 | 痛苦 tòngkǔ 명 고통, 아픔 | 失败 shībài 동 (일이나 사업을) 실패하다

해설 B의 '人们经常指责天气不好'에서 동사 '指责'는 '지적하다'는 뜻으로 사람을 대상으로 사용할 수 있는 동사이기 때문에 목적어로 '天气不好'가 올 수 없다. 그러므로 여기에는 '指责' 대신에 '抱怨'을 사용하는 것이 적당하다. 즉, '人们经常指责天气不好'을 '人们经常抱怨天气不好'라고 해야 한다.

정답_B

第二部分

● 61~70번 문제 : 빈칸에 알맞은 단어를 고르세요.

061

　　"文化"在人类学术发展史上一直是最复杂的术语之一。文化在西文中最初是指对土地的开垦和对植物的栽培，后来进一步指对人的身体和精神尤其是艺术素养和道德情操的培养，还有更广泛的内涵就是指人类通过劳动所创造的物质财富和精神财富的总和。

✓ A 复杂　最初　后来　内涵
　 B 繁杂　起初　然后　含义
　 C 简单　开始　往后　涵养
　 D 繁琐　起先　以后　内容

'문화'는 인류의 학술 발전사에서 줄곧 가장 복잡한 전문 용어 중의 하나이다. 문화는 서양 문헌에서 맨 처음에는 토지의 개간과 식물의 재배를 가리켰다. 그 후 진일보하여 사람의 신체와 정신, 특히 예술적 소양과 도덕적인 지조의 배양을 가리켰다. 그리고 더욱 광범위하게 내포된 의미는 인류가 노동을 통하여 창조한 물질적인 자산과 정신적인 자산의 총합이다.

A 복잡하다 / 맨 처음 / 그 후 / (담겨있는) 내용, 의미
B 번잡하다 / 처음 / 그 다음에 / 함의
C 간단하다 / 시작되다 / 앞으로 / 함양
D 잡다하다 / 최초 / 이후 / 내용

단어 学术 xuéshù 명 학술 | 术语 shùyǔ 명 (학문 분야의) 전문 용어 | 指 zhǐ 동 가리키다, 지시하다 | 开垦 kāikěn 동 개간하다 | 植物 zhíwù 명 식물 | 栽培 zāipéi 동 심어 가꾸다, 재배하다 | 尤其 yóuqí 부 더욱이, 특히 | 素养 sùyǎng 명 소양, 평소의 수양(교양) | 道德 dàodé 명 도덕, 윤리 | 情操 qíngcāo 명 지조(志操), 정서(情绪) | 培养 péiyǎng 동 배양하다, 양성하다 | 广泛 guǎngfàn 형 광범(위)하다, 폭넓다 | 劳动 láodòng 명 일, 노동 | 创造 chuàngzào 동 창조하다, 만들다 | 财富 cáifù 명 부(富), 자산 | 总和 zǒnghé 명 총계, 총수, 총합

해설 첫 번째 칸에는 A만 가능하다. '复杂'는 사물의 종류가 많고 복잡한 것을 나타내는데, 본문에서는 '文化'가 가리키는 것이 복잡하다는 내용이므로 '复杂'가 적합하다. B의 '繁杂'는 '内容, 家务' 등을 가리킬 때 사용하고, D의 '繁琐'는 부정적인 경우에 많이 쓴다. 두 번째 칸에는 A, B, C, D 모두 가능하다. 세 번째 칸에는 A의 '后来'만 가능하다. B의 '然后'는 한 가지 일이 발생한 후 이어서 다른 일이 발생한다는 순서를 나타내는 것으로 적합하지 않다. 네 번째 칸에도 A만 가능하다. '内涵'은 언어에 담겨져 있는 내용이나 의미를 나타내는 말로, 여기서는 '文化'에 담겨져 있는 개념의 내용을 설명하는 것이므로 '内涵'이 적합하다.

정답_ A

062

随着人类社会的<u>进步</u>，各国家和民族间的接触和交流会越来越<u>广泛</u>，越来越频繁，并在此过程中，<u>互相</u>学习，取长补短，<u>从而</u>促进了各国家和民族间的交流发展。

A	前进	宽泛	彼此	进而
B	进行	宽广	相互	由此
✓C	进步	广泛	互相	从而
D	发展	广大	彼此	因而

인류 사회의 <u>진보</u>에 따라서, 각 나라와 민족 간의 접촉과 교류가 더욱 <u>광범위해지고</u> 빈번해졌다. 그리고 그 과정에서 서로 배우고, 장점을 취하고 단점을 보완<u>함으로써</u> 각 나라와 민족의 교류와 발전을 촉진시켰다.

A 앞으로 나아가다/(의미 등이) 넓다/피차/더 나아가
B 진행하다/(면적이나 범위가) 넓다/상호(간에)/이에 근거하여
C 진보하다/광범(위)하다/서로/그렇게 함으로써
D 발전하다/(면적이나 공간이) 광대하다/피차/그러므로

단어 随着 suízhe 동 (~에) 따르다, ~따라서 | 民族 mínzú 명 민족 | 接触 jiēchù 동 접촉하다, 접근하다 | 频繁 pínfán 형 잦다, 빈번하다 | 取长补短 qǔchángbǔduǎn 성 장점을 취하고 단점을 보완하다 | 促进 cùjìn 동 촉진시키다, 촉진하다

해설 첫 번째 칸에는 C, D가 가능하다. '随着~社会的进步[发展]'는 '사회의 진보[발전]에 따라'라는 뜻으로 자주 사용하는 고정 형식이다. 두 번째 칸에는 C만 가능하다. '接触和交流'와 어울리는 고정 형식은 '广泛'인데, A의 '宽泛'은 의미 등이 넓을 때 사용하고, B와 D는 면적이 넓을 때 주로 사용되기 때문이다. 세 번째 칸에는 A, B, C가 가능하며, 네 번째 칸에는 A, C, D가 가능하다. 앞 문장이 원인이고, 뒤에는 결과를 나타내므로 '进而, 从而, 因而'을 사용할 수 있다.

정답_ C

Tip	广泛 vs 广大
广泛	사물이 범위가 크거나 포함하는 종류가 많음을 나타내고 추상적인 것에도 많이 쓰인다. ⇒ ~使用/~调查/~应用/~流行/兴趣~/内容~ 他的论文涉及的内容很广泛。 그의 논문이 포함하고 있는 내용은 매우 광범위하다.
广大	주로 지역의 면적이 크거나 공간이 넓음을 강조하고, 사람이 많음을 나타내기도 한다. ⇒ ~的平原/~的田野/~的国土/~的地区/~的空间/~的观众/~的工人/~的读者 这里有广大的空间，可以发挥你的才干。 여기 넓은 공간이 있으니 너의 재능을 발휘할 수 있다.

063

韩国是中国的<u>近邻</u>,历史上相互交流,上下延伸几千年,在漫长的历史<u>进程</u>中有着密切的政治、经济、文化联系。两国人民都有<u>悠久</u>的历史文化传统,对东亚文明都做出了<u>重大</u>的贡献,在很长的时期内同属一个文化圈,有相近的文化背景。

A	附近	历程	久远	重要
✔B	近邻	进程	悠久	重大
C	邻居	程序	长久	伟大
D	隔壁	过程	悠远	主要

한국은 중국의 <u>가까운 이웃</u>으로, 역사적으로 서로 교류하며 몇천 년을 이어져 왔으며, 길고 긴 역사 <u>발전 과정</u> 중 서로 밀접한 정치, 경제, 문화적 연계를 갖고 있다. 양국 국민들은 모두 <u>유구한</u> 역사와 문화 전통을 갖고 있으며 동아시아 문명에 <u>중대</u>한 공헌을 하였다. 아주 긴 세월 속에서 동일한 문화권에 속하며 비슷한 문화 배경을 갖고 있다.

A 부근/겪은 과정/멀고 오래다/중요하다
B 가까운 이웃/발전 과정/유구하다/중대하다
C 이웃집/순서/장구하다/위대하다
D 이웃집/과정/(시간이) 멀고 오래다/주요한

단어

相互 xiānghù 〈부〉 상호(간에), 서로(간에) | 延伸 yánshēn 〈동〉 펴다, 늘이다, 뻗다 | 漫长 màncháng 〈형〉 (시간·공간이) 멀다, 길다 | 密切 mìqiè 〈형〉 (관계가) 밀접하다, 긴밀하다 | 政治 zhèngzhì 〈명〉 정치 | 经济 jīngjì 〈명〉 경제, 국민 경제 | 东亚 DōngYà 〈명〉 동아시아 | 贡献 gòngxiàn 〈동〉 공헌하다, 기여하다 | 属 shǔ 〈동〉 ~에 속하다, ~의 것이다 | 圈 quān 〈명〉 범위, 구역 | 相近 xiāngjìn 〈형〉 비슷하다, 접근하다 | 背景 bèijǐng 〈명〉 (역사적 또는 사회적) 배경

해설

첫 번째 칸에는 B가 가능하다. 한국과 중국이 이웃 나라라는 것을 나타내기 때문에 '近邻'이 적합하다. 두 번째 칸에는 B만 가능하다. '进程'은 사물의 발전 변화나 진행 과정을 나타내는 것으로 '历史'와 호응한다. 즉, '历史进程'은 고정형식이므로 알아 두자. 세 번째 칸에도 B만 가능하다. 역사가 유구하다고 할 때는 '悠久'가 주로 사용된다. 네 번째 칸은 B, C가 가능하다. '贡献'을 수식할 수 있는 형용사는 '重大, 伟大'가 적합하다.

정답_B

Tip 悠久 vs 长久

悠久	시대, 연대가 오래됨을 강조하며 추상적인 사물에 많이 쓰인다. ⇒ ~的历史/~的文化/~的传统/~的年代/~的友谊/~的民族/~的风俗 瓷器的制作和使用在韩国有悠久的历史。 자기의 제작과 사용은 한국에서 유구한 역사를 가지고 있다.
长久	시간이 길지만 한계가 있는 것으로 현재, 과거, 미래에 사용할 수 있다. ⇒ ~的打算/~之计/~下去/~一些/很~ 如果不出意外,这种现象是可以长久维持的。 만약 뜻밖의 사고가 발생하지 않는다면 이런 현상을 오랫동안 유지할 수 있을 것이다.

064

美好的生活应该是时时拥有一颗轻松自在的心，不管外在世界如何变化，自己都能有一片清静的天地。清静不在热闹繁杂中，更不在一颗所求太多的心中，抛开烦恼、开阔心胸，心里自然清静无忧。

	A	完备	尽管	个	宽阔
	B	具有	无论	片	辽阔
	C	具备	即使	棵	广阔
✔	D	拥有	不管	颗	开阔

　　행복한 생활을 하려면 반드시 늘 홀가분하고 편안한 마음을 가져야 한다. 외부의 어떤 변화에 관계없이 자신이 평온한 상태를 유지해야 한다. 조용함은 떠들썩하고 번잡한 와중에 있는 것이 아니고, 욕심이 너무 많은 마음속에 있는 것은 더욱더 아니다. 번뇌를 버리고 넓은 마음을 가지면 마음은 자연히 조용해지고 모든 근심이 사라진다.

A 완비되어 있다/비록(설령) ~라 하더라도/개/(폭이) 넓다

B 있다/~을(를) 막론하고/편평하고 얇은 모양의 것에 쓰임/(평야·벌판·수면이) 아득히 멀고 광활하다

C (물품 등을) 갖추다/설령 ~하더라도(할지라도·일지라도)/그루/광활하다

D 가지다/~을 막론하고, ~에 관계없이/알/(면적 또는 공간 범위가) 넓다

단어 美好 měihǎo 휑 좋다, 행복하다 | 时时 shíshí 위 늘, 항상 | 颗 kē 양 알(둥글고 작은 알맹이 모양과 같은 것을 세는 단위) | 轻松 qīngsōng 휑 홀가분하다, 가뿐하다 | 自在 zìzài 휑 편안하다 | 如何 rúhé 때 어떻게, 어떤 | 清静 qīngjìng 휑 (환경이) 조용하다, 고요하다 | 繁杂 fánzá 휑 (일이) 번잡하다 | 抛开 pāokāi 동 내버려 두고 돌보지 않다 | 烦恼 fánnǎo 휑 번뇌하다, 걱정하다 | 心胸 xīnxiōng 명 도량, 아량 | 忧 yōu 명 근심, 걱정

해설 첫 번째 칸에는 D '拥有'이 '心'과 호응하므로 적합하다. A의 '完备'는 형용사이기 때문에 적합하지 않고, B의 '具有'는 '能力, 水平, 性格' 등 추상적인 것이 목적어로 오는데 '心'은 중국어에서 구체적인 사물로 보기 때문에 적합하지 않다. C의 '具备'는 '물품 등을 갖추다'의 뜻으로 사용하므로 역시 적합하지 않다. 두 번째 칸에는 B, D가 가능하다. '无论, 不管'은 어떠한 조건 하에서도 결론이 변하지 않는다는 것을 나타내고, 뒤에 오는 문장은 의문문의 형식이 와야 한다. 여기서도 '外在世界如何变化'에서 '如何'를 사용한 의문문이 왔기 때문에 '无论, 不管'이 적합하다. 세 번째 칸에는 '心'에 대한 양사를 찾는 것으로 D의 '颗'만 가능하다. 네 번째 칸에서도 D만 가능한데 A, B, C는 모두 형용사로 목적어를 가질 수 없다.

정답 D

Tip 具有 vs 拥有

具有	객관적인 존재를 강조하는 것으로 추상적인 사물에 많이 쓰인다. ⇒ ~水平/~能力/~特色/~风味/~某种精神/~性格 照顾孩子，你必须具有一定的耐心。 아이를 돌보는데는 어느 정도의 인내심을 가지고 있어야 한다.
拥有	구체적인 사물에 많이 쓰이고 수량이 비교적 많은 것을 나타낸다. ⇒ ~财产/~资源/~技术/~力量/~土地/~权力/~房屋/~股票 经过多年的努力奋斗，王老板现在拥有五家大公司。 여러 해 동안의 노력과 분투를 통해 왕사장은 지금 다섯 개의 큰 회사를 가지고 있다.

065

为了使学生掌握正确的发音，纠正学生的发音错误是语音教学中非常重要的一个环节。纠正发音特别应当注意方法，正确的纠正方法可以起到事半功倍的作用，不正确、不恰当的方法，不但难以奏效，而且可能打击学生的学习热情。

- ✓ A 掌握　　事半功倍　　恰当　　打击
- B 把握　　事倍功半　　合适　　打消
- C 使用　　精益求精　　适合　　冲击
- D 理解　　恰如其分　　恰好　　攻击

학생들이 정확한 발음을 마스터하도록 하기 위해서 학생들의 틀린 발음을 바로잡아주는 것이 발음 수업에서 가장 중요한 부분이다. 발음을 바로잡아 주려면 특히 방법에 주의해야 하는데 정확한 교정 방법은 적은 노력으로 큰 성과를 얻을 수 있는 역할을 한다. 부정확하고 적합하지 않은 방법은 효과를 거두기 어려울 뿐만 아니라 학생들의 학습 열정에 타격을 줄 수 있다.

- A 파악하다/적은 노력으로 많은 성과를 얻다/알맞다/타격을 주다
- B (추상적인 사물을) 파악하다/힘은 많이 들고 성과는 적다/적당(적합)하다/없애다
- C 사용하다/훌륭하지만 더욱더 완벽을 추구하다/적합하다/충격
- D 알다/(일처리나 말이) 매우 적절하다/(때)마침/공격하다

단어 正确 zhèngquè 형 정확하다, 올바르다 | 发音 fāyīn 명 발음 | 纠正 jiūzhèng 동 (사상·잘못을) 교정하다, 고치다 | 环节 huánjié 명 일환, 부분 | 奏效 zòuxiào 동 효과가 있다, 효과를 얻다 | 难以 nányǐ 동 ~하기 어렵다(곤란하다)

해설 첫 번째 칸에는 A만 가능하다. '掌握'는 '통달하다, 정통하다, 파악하다'의 뜻으로 이 문장에서는 '发音'과 호응하는 단어이다. B의 '把握'는 '机会, 前途' 등 추상적인 사물을 파악할 때 주로 사용한다. 두 번째 칸에도 A만 가능하다. '事半功倍'는 '적은 노력으로 많은 성과를 올리다'라는 뜻을 가진 성어로 문맥상 어울린다. 세 번째 칸에도 A만 가능하다. '方法'와 호응할 수 있는 것은 보기 중에 '恰当'만 적합하기 때문이다. 네 번째 칸 역시 A만 가능하다. B의 '打消'는 주로 '念头, 顾虑' 등과 호응한다.

정답 **A**

066

很多年轻人都有美好的理想，但是很多理想不能实现也无可奈何，在没有其他选择余地的情况下，只得渐渐承认现实，理想不久也就被丢掉了。其实，我们心里从小就向往的风景，一直都处在它们该在的地方。关键是看自己是否有勇气接近它。

A 万般无奈	认可	然而	主要
B 无能为力	认同	实际上	重要
✓C 无可奈何	承认	其实	关键
D 迫不得已	承担	可是	重点

많은 젊은이들은 모두 아름다운 이상을 갖고 있으나 많은 이상이 실현될 수 없어도 어쩔 수 없다. 선택의 여지가 없는 상황에서는 할 수 없이 점차적으로 현실을 인정해야 하며, 이상은 얼마 안 되어 잃게 된다. 사실 우리의 마음속에서 어릴 때부터 동경해 온 풍경은 그냥 그것들이 있어야 할 곳에 있는 것이었다. 관건은 자신이 용기를 가지고 그것에 접근하는지 그렇지 않은지에 달려 있다.

A 아무리 해도 어쩔 수 없다/승낙하다/그러나/주요한
B 힘을 제대로 쓰지 못하다/인정하다/사실상/중요하다
C 어쩔 수 없다/인정하다/사실/관건
D 어쩔 수 없다/맡다/그러나/중점

단어 选择 xuǎnzé 동 고르다, 선택하다 | 余地 yúdì 명 (말·행동·일·계획 등을 할 때 융통할 수 있도록 남겨두는) 여지 | 只得 zhǐdé 부 부득이, 할 수 없이 | 渐渐 jiànjiàn 부 점점, 점차 | 丢掉 diūdiào 동 잃다, 잃어버리다 | 向往 xiàngwǎng 동 열망하다, 동경하다 | 是否 shìfǒu 부 ~인지 아닌지 | 勇气 yǒngqì 명 용기 | 接近 jiējìn 형 비슷하다, 접근해 있다

해설 첫 번째 칸에서는 C, D가 가능하다. B의 '无能为力'는 '힘을 제대로 쓰지 못하다'의 의미이므로 문맥상 어울리지 않는다. 두 번째 칸에는 C만 가능하다. 어쩔 수 없는 현실을 강요에 의해 인정해야 할 경우에는 '承认'만 사용할 수 있다. 세 번째 칸에는 B, C가 가능하다. '然而, 可是'는 역접 관계를 나타내는 것이므로 적합하지 않다. 네 번째 칸에는 C '关键'은 상황에 대한 결정적인 작용을 나타낼 때 사용하는 것으로 여기서는 용기 있게 이상에 가까이 가는 것이 결정적인 작용을 한다는 것을 나타낸다.

정답 _ C

Tip   主要 vs 重要

主要	기본적이거나 결정적인 작용을 하는 방면을 나타내는 것으로, '次要'의 반의어이다. ⇒ ~原因/~问题/~意思/~地位/~演员/~力量/~条件/~内容/~目的/~情节 这个工作做得不好，主要是我的责任。 이 일이 잘 되지 못한 것은 대부분이 나의 책임이다.
重要	중대한 의의, 작용, 영향을 가지고 있음을 나타낸다. ⇒ ~性/~问题/~工作/~文件/~会议/~通知/~价值/~时刻/~原因/~消息 明天下午要开一个重要会议，不能请假。 내일 오후에 중요한 회의가 열리므로 휴가 신청을 할 수 없다.

067

每一个通过公平竞争考上大学的人，都有接受高等教育的权利，贫困不是他们的意愿，更不是他们的责任，甚至不是他的父母的责任，贫困往往是历史、社会的原因造成的。

✓ A 通过　接受　往往
　B 经过　接收　常常
　C 经历　接纳　经常
　D 历经　承受　通常

공평한 경쟁을 통하여 대학에 합격한 사람은 모두 고등 교육을 받을 권리가 있다. 빈곤은 그들이 원한 것이 아니며 그들의 책임은 더욱더 아니고, 심지어는 그들 부모들의 책임도 아니다. 빈곤은 종종 역사적, 사회적인 원인으로 만들어지는 것이다.

A ~을 통해/받아들이다/종종
B (활동·사건을) 통하여/받다/늘
C 몸소 겪다/(의견 등을) 받아들이다/일상적인
D 여러 번 경험하다/(권리나 재산 따위를) 계승하다/보통

단어
公平 gōngpíng [형] 공평하다, 공정하다 | 竞争 jìngzhēng [동] 경쟁하다 | 权利 quánlì [명] 권리 | 贫困 pínkùn [형] 빈곤하다, 곤궁하다 | 意愿 yìyuàn [명] 바람, 염원 | 责任 zérèn [명] 책임 | 甚至 shènzhì [접] 더욱이, 더 나아가서는 | 造成 zàochéng [동] 형성하다, 조성하다

해설
첫 번째, 두 번째, 세 번째 모두 A만 가능하다. 첫 번째 칸에서는 '公平竞争'과 호응되는 것을 찾는 것으로 '通过'만 적합하며, 두 번째 칸에서는 뒤에 오는 '高等教育'와 호응하는 것으로 '接受'만 가능하다. 세 번째 칸에서 '往往'은 상황이 자주 출현하는 것을 나타내며, 사물이 객관적인 규칙성을 강조할 때 사용할 수 있다. 여기서도 '历史、社会的原因'이라고 역사적이고, 사회적인 원인에 의해서 종종 생긴다는 것을 나타내는 것으로 객관적인 규칙성을 나타내고 있으므로 '往往'만 가능하다.

정답 A

Tip	通过 vs 经过
通过	막힘없이 어떤 곳을 잘 통과한다는 것을 강조하고 시간에는 사용할 수 없다. ⇒ ~提议/~提案/~一致/~举手/~学习/~工作/~网络/~思考/~了解 我通过了这次的教师资格证考试。 나는 이번 교사 자격증 시험에 통과했다.
经过	장소를 나타낼 때는 안쪽에서부터 통과할 수도 있고, 위쪽이나 바깥쪽에서부터 통과할 수도 있다. 시간을 나타낼 때는 지속의 의미를 가지고 있다. 또한 '경험하다, 겪다'의 의미도 가지고 있다. ⇒ ~试验/~检查/~考验/~计算/~讨论/事情~/~三天 经过一年的时间，我学会了这门技术。 1년의 시간에 걸쳐 나는 이 기술을 습득했다.

068

　　教育是最不能急功近利、最不能以经济观点来衡量的。高等教育虽然不是义务教育，但它的公益性质不能忽视，这个性质决定了它永远不能被当作商品来"消费"——高等教育是一个民族对未来的投资。

　　A 丈量　　即使　　轻视　　确定
　　B 权衡　　既然　　马虎　　决策
✓ C 衡量　　虽然　　忽视　　决定
　　D 度量　　尽管　　小看　　说明

　　교육은 조급한 성공과 눈앞의 이익에만 급급해서는 안 되며, 경제적인 관점으로 비교해서도 안 된다. 대학 교육은 비록 의무 교육은 아니지만 그것의 공익성을 등한시해서는 안 된다. 이러한 성질은 그것을 영원히 상품으로 여겨 '소비'되지 못하게 결정한다. —대학 교육은 한 민족이 미래에 대한 투자이기 때문이다.

　　A 길이나 면적을 측량하다/설령 ~하더라도/경시하다/확정하다
　　B 비교하다/~된 바에야/적당히 하다/(책략 등을) 결정하다
　　C 비교하다/비록 ~하지만/소홀히 하다/결정하다
　　D 도량/비록(설령) ~라 하더라도/얕보다/설명하다

단어 急功近利 jígōngjìnlì 성 조급한 성공과 눈앞의 이익에만 급급하다 | 经济 jīngjì 명 경제, 국민 경제 | 观点 guāndiǎn 명 관점, 견지(见地) | 义务 yìwù 명 의무 | 公益 gōngyì 명 공익, 공공 이익 | 性质 xìngzhì 명 성질, 성분(性分) | 永远 yǒngyuǎn 부 영원히 | 消费 xiāofèi 동 소비하다 | 民族 mínzú 명 민족 | 投资 tóuzī 동 투자하다, 자금을 투입하다

해설 첫 번째 칸에서 C '衡量'은 '비교하고, 평가하여 결정하다'의 의미를 가지고 있는 것으로 문맥상 적합하다. 두 번째 칸에는 C, D가 가능하다. '但'과 호응하는 것으로 '虽然, 尽管'이 적합하다. 세 번째 칸에는 C만 가능하다. '忽视'는 '不重视, 不注意'의 뜻으로 대학 교육이 공익성을 중시하지 않으면 안 된다는 의미이므로 '忽视'를 사용해야 한다. 네 번째 칸에도 문맥상 C만 가능하다.

답 C

069

　　卡夫卡的主要作品在他生前均未完成和发表，他甚至在遗嘱中吩咐把它们全部烧毁。然而，正是这些他自己不满意的未完成之作，死后一经发表，便确立了他在世界文学史上的巨人地位。

　　A 指派　　可是　　奠基
✓ B 吩咐　　然而　　确立
　　C 叮嘱　　并且　　确定
　　D 命令　　况且　　奠定

　　카프카의 주요 작품은 그의 생전에 모두 미완성되고 발표하지 않은 것들이다. 그는 심지어 유언에서 그것들을 모두 불태워버리라고 분부하였다. 그러나 바로 그 자신이 만족하지 않는 이 미완성 작품이 사망 후 발표되자 그는 세계문학사에서 거장의 지위를 차지하였다.

　　A 파견하다/그러나/기초를 잡다
　　B 분부하다/그러나/차지하다
　　C 신신당부하다/게다가/확정하다
　　D 명령하다/하물며/다지다

단어 生前 shēngqián 명 생전, 살아 있는 동안 | 均 jūn 부 모두, 다 | 发表 fābiǎo 동 (신문·잡지 등에) 글을 게재하다, 발표하다 | 遗嘱 yízhǔ 명동 유언(하다) | 烧毁 shāohuǐ 동 불사르다, 소각하다 | 巨人 jùrén 명 거인, 걸출한 공헌이나 영향력이 있는 인물

해설 첫 번째 칸에는 B, C가 가능하다. 카프카가 자신의 작품을 태워버리라고 유언에서 '吩咐(분부하다)', 혹은 '叮嘱(신신당부하다)'라고 하는 것이 적합하다. 두 번째 칸에는 A, B가 가능하다. 역접의 관계를 나타내므로 '可是, 然而'이 적합하다. 세 번째 칸에는 B만 가능하다. '确立'는 주로 '地位, 位置' 등과 호응한다.

정답 B

070

绿色休闲是一种全新的休闲观念，摒弃浪费、沉闷与毫无创意的吃喝玩乐，倡导以环保的概念重新寻找休闲生活，从而在绿色休闲中形成个体与群体、自然与人类的良性互动，用轻松的心情梳理凌乱的生活节奏，演绎看似简单随意实则饱满丰富的新休闲生活方式。

A 意识　呼吁　组成　随便
B 想法　倡议　构成　任意
C 观点　提倡　养成　放任
✓D 观念　倡导　形成　随意

녹색 휴식은 일종의 새로운 휴식 관념이다. 낭비와 우울함, 아무런 의미 없는 무절제한 향락 생활을 버리고, 환경보호의 개념을 갖고 새로운 휴가 생활을 찾도록 제창한다. 이로써 녹색 휴식을 취하면서 개인과 집단, 자연과 인류의 좋은 상호 작용을 형성하게 되고, 홀가분한 마음으로 무질서한 생활 리듬을 정리한다. 보기에는 간단하고 마음대로 하는 것 같지만 실제로는 아주 충실하고 다채로운 새로운 휴가 생활 방식이다.

A 의식/호소하다/구성하다/마음대로
B 생각/제의하다/구성하다/임의대로
C 관점/제창하다/(습관을) 기르다/방임하다
D 관념/앞장서서 제창하다/(어떤 사물이나 기풍·국면 등이) 형성되다/(자기) 마음대로

단어

绿色 lǜsè 명 녹색 형 오염되지 않다 | 休闲 xiūxián 동 한가하게 지내다, 한가롭게 보내다 | 全新 quánxīn 형 참신하다, 아주 새롭다 | 摒弃 bìngqì 동 버리다, 없애다 | 沉闷 chénmèn 형 (마음이) 홀가분하지 않다, 답답하다 | 毫无 háowú 동 조금도(전혀) ~이 없다 | 创意 chuàngyì 명 독창적인 견해, 창조적인 의견 | 吃喝玩乐 chīhēwánlè 성 먹고 마시고 놀며 즐기다, 무절제한 향락 생활을 하다 | 概念 gàiniàn 명 개념 | 重新 chóngxīn 부 다시, 재차 | 寻找 xúnzhǎo 동 찾다, 구하다 | 个体 gètǐ 명 개체, 개인 | 良性 liángxìng 형 양성의, 좋은 효과를 일으키는 | 互动 hùdòng 동 상호 작용을 하다 | 轻松 qīngsōng 동 홀가분하다, 가뿐하다 | 梳理 shūlǐ 동 빗질하다, 정리하다 | 凌乱 língluàn 형 질서가 없다, 어수선하다, 혼란하다 | 节奏 jiézòu 명 (일이나 활동의) 리듬, 흐름 | 演绎 yǎnyì 동 벌여 놓다, 전개하다 | 实则 shízé 접 실은, 사실 | 饱满 bǎomǎn 형 충만하다, 왕성하다 | 丰富 fēngfù 형 많다, 풍부하다

해설

첫 번째 칸에는 D만 가능하다. '休闲意识，休闲想法，休闲观点'이라고 하지 않는다. 두 번째 칸에는 C, D가 가능하다. A '呼吁'는 '동정이나 지지를 구하다'로 쓰이기 때문에 문맥상 적당하지 않고, B '倡议'는 '의견 등을 제의하다'로 쓰이므로 적당하지 않다. 세 번째 칸에는 D만 가능하다. '形成'은 '어떤 기풍이나 국면, 상황이 형성되다'의 의미로 사용되는데 여기서는 '良性互动'이라는 '좋은 상호 작용이 형성된다'의 의미이므로 적합하다. 네 번째 칸에는 D만 가능하다. 앞에 있는 '简单'과 호응하는 것으로 '随意'를 사용할 수 있다.

정답 D

第三部分

● 71~80번 문제 : 빈칸에 알맞은 문장을 고르세요.

071-075

办公室里的同事们一有时间就在一起看看报纸，聊聊天儿，打发漫长的剩余时光。而性格内向的他却是众人眼中特殊的一类人。他常常在没工作的时候奋笔疾书，71 记录着一些有趣的历史故事。大家都在私下里笑他，然后又继续海阔天空地胡侃着。

下班之后，他也基本上没什么休闲活动。不是不想，而是实在讨厌那些毫无意义、吃吃喝喝的应酬。他更愿意把自己关在狭窄的房间里，沉浸在那刀光剑影、富贵浮云的历史往事中。他一直觉得自己的生命不能在这样琐碎无聊的时光中消耗掉，终于有一天，72 他下决心要写一本书。决心已定，在接下来的日子里，他开始用自己的语言诠释着一段古老的历史。不过，73 巨大的孤独感也让他窒息，有时候，他就因此停止写作，骑着自行车在夜市逛上一圈儿，什么也不买，只是想在人群中排遣一下。

就这样，他利用断断续续的业余时间硬是写出了一本几十万字的书。后来，这本名叫《明朝那点事儿》的网络小说在极短的时间里迅速蹿红，74 出版社争相和他签订合约，他独特的历史观和丰富的历史知识，还有那俏皮调侃的语言在读者中造成了巨大的轰动。这个网名叫"当年明月"的小公务员一夜之间就成了红透大江南北的人物，75 使得和他朝夕相处的朋友同事们大吃一惊。

在谈到自己如何成功的时候，他调侃着说道："比我有才华的人，没有我努力；比我努力的人，没有我有才华；既比我有才华，又比我努力的人，没有我能熬。在他们消磨时间的时候，我却在不停地努力着。"

사무실의 동료들은 시간이 있으면 같이 신문도 보고 이야기도 하면서 지루한 나머지 시간을 보낸다. 그러나 성격이 내성적인 그는 모든 사람들의 눈에 특이한 사람이었다. 그는 일이 없을 때면 펜을 들고 빠른 속도로 71 재미있는 역사 이야기를 기록하곤 하였다. 모두들 뒤에서 그를 비웃으며 자기들끼리 멋대로 떠들어댔다.

퇴근 후 그는 거의 여가 활동이 없었다. 하고 싶지 않은 것이 아니라 아무런 의미 없이 먹고 마시기만 하는 모임이 싫었다. 그는 자신을 좁은 방안에 가두어 놓고 여러 가지 흘러간 역사 이야기 속에 빠져들기를 더 원했다. 그는 자신의 생명이 이러한 자질구레한 의미 없는 시간 속에서 소모할 수 없다고 생각하여 결국 어느 날 72 그는 책 한 권을 쓰기로 결심하였다. 결심을 내리자 그는 자신의 언어로 한 단락의 오랜 역사를 설명하기 시작했다. 그러나 73 큰 고독감이 그를 질식시켜, 그는 때때로 이 때문에 글쓰기를 멈추고, 자전거를 타고 야시장을 한 바퀴 돌아다니기도 했다. 아무것도 사지 않고, 다만 사람들 속에서 스트레스를 해소하려 하였다.

이리하여 그는 여가시간을 이용하여 놀랍게도 몇 십만 자에 달하는 책 한 권을 써냈다. 후에 이《명조 때의 그 이야기》라는 인터넷 소설이 짧은 시간에 유명해지고 74 출판사들은 앞다투어 그와 계약을 하려 했다. 그의 이 독특한 역사관과 풍부한 역사 지식, 그리고 재미있는 언어는 독자들 속에서 큰 파문을 일으켰다. 아이디가 '당년명월'이라는 평범한 공무원은 하루 밤새에 전국 방방곡곡 유명한 인물이 되어 75 그와 매일 함께 하던 친구와 동료들을 깜짝 놀라게 했다.

자기가 어떻게 성공하였는가에 대하여 말할 때 그는 농담처럼 "나보다 재능이 있는 사람은 나보다 노력하지 않았고 나보다 노력을 많이 한 사람은 나보다 재능이 없었다. 나보다 재능도 있고 노력도 많이 한 사람은 나보다 더 고통을 잘 참을 수 없었다. 그들이 시간을 낭비할 때 나는 부단히 노력하고 있었다."라고 말했다.

단어 打发 dǎfa 동 시간(날)을 보내다(허비하다) | 漫长 màncháng 형 (시간·공간이) 멀다, 길다 | 剩余 shèngyú 명 남겨둔 것, 나머지 | 时光 shíguāng 명 시간, 세월 | 内向 nèixiàng 형 (성격이) 내성적이다, 내향적이다 | 众人 zhòngrén 명 여러 사람 | 特殊 tèshū 형 특수하다, 특별하다 | 奋笔疾书 fènbǐjíshū 성 붓을 치켜들고 빠른 속도로 글을 쓰다 | 私下(里) sīxià(li) 부 몰래, 살짝 | 继续 jìxù 동 계속하다, 끊임없이 하다 | 海阔天空 hǎikuòtiānkōng 성 바다와 하늘이 한없이 넓다, 끝없이 넓다 | 胡 hú 부 근거 없

이, 멋대로 | **侃** kǎn 동 한담하다, 잡담하다 | **基本上** jīběnshang 부 대체로, 대개 | **休闲** xiūxián 동 한가하게 지내다, 한가롭게 보내다 | **讨厌** tǎoyàn 동 싫어하다, 미워하다 | **毫无意义** háowúyìyì 아무런 의미도 없다, 조금도 쓸모가 없다 | **应酬** yìngchou 명 연회, 모임 | **狭窄** xiázhǎi 형 비좁다, 협소하다 | **沉浸** chénjìn 동 (분위기나 생각 따위에) 심취되다, 빠져있다 | **刀光剑影** dāoguāngjiànyǐng 성 칼빛과 검 그림자 | **富贵浮云** fùguìfúyún 성 재물과 권세는 뜬구름과 같다, 부귀공명은 변화무상하다 | **往事** wǎngshì 명 지난 일, 옛일 | **琐碎** suǒsuì 형 자질구레하고 번거롭다, 사소하고 잡다하다 | **无聊** wúliáo 형 무료하다, 따분하다 | **消耗** xiāohào 동 (정신·힘·물자 등을) 소모하다 | **诠释** quánshì 명동 해석(하다), 설명(하다) | **古老** gǔlǎo 형 오래 되다 | **停止** tíngzhǐ 동 멈추다, 정지하다 | **排遣** páiqiǎn 동 해소하다, 풀다 | **业余** yèyú 명 업무 외, 여가 | **硬是** yìngshì 부 뜻밖에도, 놀랍게도 | **蹿红** cuānhóng 동 갑자기 인기를 얻다 | **俏皮** qiàopi 형 (언행이) 세련되고 매력 있다, 활기 있다 | **调侃** tiáokǎn 동 비웃다, 조롱(희롱)하다 | **轰动** hōngdòng 동 뒤흔들다, 파문을 일으키다 | **公务员** gōngwùyuán 명 공무원 | **如何** rúhé 대 어떻게, 어떤 | **说道** shuōdao 동 말로 표현하다, 말하다 | **才华** cáihuá 명 (밖으로 나타난) 재능, 재주 | **熬** áo 동 (통증·생활고 등을) 참다, 인내하다 | **消磨** xiāomó 동 시간(날)을 보내다(허비하다)

071

| C 记录着一些有趣的历史故事 | C 재미있는 역사 이야기를 기록하곤 하였다 |

단어 记录 jìlù 동 기록하다 | 有趣 yǒuqù 형 재미있다, 흥미가 있다

해설 빈칸 앞에 '他常常在没工作的时候奋笔疾书'로 펜을 들고 어떠한 것을 쓰려는 내용이 나오므로 빈칸에는 무엇을 쓰는지에 대한 내용이 나와야 하므로 '记录着一些有趣的历史故事'라는 재미있는 역사 이야기를 기록했다는 문장이 와야 한다.

정답 C

072

| A 他下决心要写一本书 | A 그는 책 한 권 쓰기로 결심하였다 |

해설 빈칸 뒤에 오는 문장이 '决心已定'으로 결심을 했다는 내용이기 때문에 앞에는 결심의 내용이 와야하므로 A의 '他下决心要写一本书'라고 책을 쓸 결심을 했다는 문장이 와야 한다.

정답 A

073

D 巨大的孤独感也让他窒息	D 큰 고독감은 그를 질식시켰다

단어 窒息 zhìxī 통 질식시키다, 사물로 하여금 발전을 멈추게 하다

해설 빈칸 뒤에 오는 '有时候，他就因此停止写作'는 이것으로 인해 글쓰기를 멈추기도 했다는 문장으로 여기서 말하는 이것이란 고독감임을 알 수 있다. 그래서 '巨大的孤独感也让他窒息'라고 거대한 고독감이 그를 숨막히게 했다는 문장이 오는 것이 적절하다.

정답 D

074

E 出版社争相和他签订合约	E 출판사들은 앞다투어 그와 계약을 하려 했다

단어 出版社 chūbǎnshè 명 출판사 | 争相 zhēngxiāng 부 서로 다투어 | 签订 qiāndìng 통 (조약을) 조인하다, 체결하다, (함께) 서명하다 | 合约 héyuē 명 (비교적 간단한) 계약, 협의

해설 빈칸 앞에 '这本名叫《明朝那点事儿》的网络小说在极短的时间里迅速蹿红'로 인터넷상에서 그의 글이 인기가 있다는 내용으로 빈칸에는 그로 인해 발생하는 일의 내용이 와야 한다. 따라서 '出版社争相和他签订合约'라고 출판사들이 앞다투어 그와 계약을 하려 한다는 문장이 오는 것이 적절하다.

정답 E

075

B 使得和他朝夕相处的朋友同事们大吃一惊	B 그와 매일 함께 하던 친구와 동료들을 깜짝 놀라게 했다

단어 使得 shǐde 통 (의도·계획·사물이) 어떠한 결과를 불러일으키다, ~로 하여금 ~하게 하다 | 朝夕相处 zhāoxīxiāngchǔ 성 늘 함께 지내다, 사이가 좋다 | 大吃一惊 dàchīyìjīng 성 무척(크게) 놀라다, 깜짝 놀라다

해설 빈칸 앞에는 그의 유명세를 상세하게 설명하고 있으므로 빈칸에는 그로 인한 주변의 반응을 나타내는 '使得和他朝夕相处的朋友同事们大吃一惊'이라는 문장이 오는 것이 가장 적절하다.

정답 B

有一个巨商，为躲避动荡，把所有的家财置换成金银，特制了一把油纸伞，将金银小心地藏进伞柄之内，然后把自己打扮成普通百姓，带上雨伞准备归隐乡野老家。76 不料途中出了意外，他不慎打了一个盹儿，醒来之后雨伞竟然不见了！巨商毕竟经商数年，77 他不露声色地仔细观察，发现随身携带的包裹完好无损，断定拿雨伞之人肯定不是专业盗贼，估计是过路人顺手牵羊拿走了雨伞，78 此人应该就在附近。

巨商于是就在此地住了下来，购置了修伞工具，干起了修伞的营生。春去秋来，一晃两年过去了，79 他也没有等来自己的雨伞。

但是巨商在修伞的过程中，了解到有些人的雨伞坏得不值得一修的时候，就会重新买新的雨伞。巨商于是又改行"旧伞换新伞"，并且换伞不加钱。一时间前来换伞的人络绎不绝。

不久，有一个中年人夹着一把破旧的油纸伞匆匆赶来，巨商接过一看，正是自己魂牵梦绕的那把雨伞，伞柄处完好无损，巨商不动声色给了那人一把新伞。那人离去之后，巨商转身进门，收拾家当，80 从此消失得无影无踪。

镇静出智慧。巨商的无言等待，是一种镇静之后的智慧。在突如其来的事件面前，巨商都能够沉着应对，从而化险为夷。

한 거상이 동란을 피하기 위하여 자기의 모든 재산을 금은으로 바꾸어 종이우산을 특수 제작하여 조심스럽게 그 우산 손잡이에 감추어 넣었다. 그리고 일반 서민으로 분장하고 우산을 지니고 고향에 돌아가려 준비하였다. 그런데 76 도중에 뜻밖의 일이 발생하였다. 그가 주의하지 않고 잠시 졸다가 깨어 보니 우산이 보이지 않는 것이다. 거상은 수년간 사업해 온 경험이 있기에 끝내 77 내색하지 않고 자세히 관찰하여 몸에 지니고 온 보따리는 그대로 있는 것을 발견하였다. 우산을 가져간 사람은 전문적인 도둑이 아니라 아마 길 가던 사람이 그냥 손에 닿는 대로 우산을 가져 갔고 78 그 사람이 분명히 근처에 있을 것이라고 판단했다.

거상은 그래서 그곳에 머물며 우산을 수리하는 공구를 사들인 후 우산을 수리하는 가게를 차렸다. 봄이 지나고 가을이 오고 어느덧 2년이 지났건만 79 그의 우산은 돌아오지 않았다. 그러나 거상은 우산을 수리하는 과정에서 사람들이 우산이 고칠 가치가 없을 정도로 망가지면 우산을 새로 산다는 것을 발견하였다. 그래서 거상은 업종을 바꾸어 '낡은 우산을 새로운 우산으로 바꿔주는 사업'을 시작했고 새 우산으로 바꾸어도 돈을 더 받지 않았다. 그러자 우산을 바꾸러 오는 사람들이 끊이질 않았다.

머지 않아 어떤 중년이 낡은 우산을 겨드랑이에 끼고 총총히 들어왔다. 거상이 받아보니 오매불망 그리워하던 바로 그 우산이었다. 우산 손잡이도 그대로였다. 거상은 침착하게 그에게 새 우산을 주었다. 그 사람이 떠나자 거상은 바로 짐을 챙겨 80 이후 감쪽같이 사라져 버렸다.

침착은 지혜를 낳는다. 거상의 침묵 속에서의 기다림은 일종의 침착 후에 생기는 지혜이다. 갑자기 닥쳐온 일 앞에서 거상은 침착하게 대응하였기에 위험을 순조롭게 넘길 수가 있었다.

巨商 jùshāng 몡 거상, 호상(豪商) | 躲避 duǒbì 동 피하다, 물러서다 | 动荡 dòngdàng 동 (정세·상황 등이) 불안하다, 동요하다 | 家财 jiācái 몡 집안 재산 | 置换 zhìhuàn 동 바꾸다, 교체하다 | 细软 xìruǎn 형 가늘고 부드럽다 | 特制 tèzhì 동 특수(특별) 제작하다, 특제하다 | 油纸 yóuzhǐ 몡 유지, 기름종이 | 藏 cáng 동 숨기다 | 柄 bǐng 몡 (기물의) 손잡이, 자루 | 打扮 dǎban 동 분장하다, 치장하다 | 百姓 bǎixìng 몡 백성, 평민 | 归隐 guīyǐn 동 민간이나 고향으로 돌아가서 은거하다 | 乡野 xiāngyě 몡 초야 | 不慎 búshèn 형 부주의하다, 조심하지 않다 | 打盹儿 dǎdǔnr 동 졸다, 잠깐 눈을 붙이다 | 醒来 xǐnglái 동 잠이 깨다 | 毕竟 bìjìng 부 결국, 끝내 | 随身 suíshēn 동 몸에 지니다, 휴대하다 | 携带 xiédài 동 휴대하다, 지니다 | 包裹 bāoguǒ 몡 소포, 보따리 | 完好 wánhǎo 형 완정(完整)하다, 온전하다 | 无损 wúsǔn 동 손상이 없다 | 断定 duàndìng 동 단정하다, 결론을 내리다 | 盗贼 dàozéi 몡 도적, 도둑 | 估计 gūjì 동 추측하다, 예측하다 | 顺手牵羊 shùnshǒuqiānyáng 성 기회를 보아 남의 물건을 슬쩍 가져가다 | 此地 cǐdì 몡 이곳, 여기 | 购置 gòuzhì 동 (장기간 사용할 것을) 사들이다 | 营生 yíngshēng 몡 직업, 생계 | 一晃 yíhuàng 부 어느덧, 어느새 | 重新 chóngxīn 부 다시, 재차 | 改行 gǎiháng 동 직업(업종)을 바꾸다 | 一时间 yìshíjiān 몡 일순간, 갑자기 | 络绎不绝 luòyìbùjué 성 (사람·수레·배 따위의) 왕래가 빈번해 끊이지 않다 | 夹 jiā 동 겨드랑이에 끼다 | 破旧 pòjiù 형 낡다, 오래되어 허름하다 | 匆匆 cōngcōng 형 매우 급한 모양, 총총하다 | 魂牵梦萦 húnqiānmèngyíng 성 오매불망 그리워하다, 사무치게 그리워하다(=魂牵梦绕 húnqiānmèngrào) | 不动声色 búdòngshēngsè 성 (태도가) 침착하다 | 转身 zhuǎnshēn 동 몸을 돌리다, 방향을 바꾸다 | 收拾 shōushi 동 거두다, 정리하다 | 家当 jiādàng 몡 가산, 집안 재산 | 镇静 zhènjìng 형 냉정하다, 침착하다 | 智慧 zhìhuì 몡 지혜 | 无言 wúyán 동 말이 없다, 무언이다 | 等待 děngdài 동 (사물·상황 등을) 기다리다 | 突如其来 tūrúqílái 성 갑자기 발생하다, 갑자기 닥쳐오다 | 沉 chén 동 가라앉히다, 진정시키다 | 应对 yìngduì 동 응답하다, 대응하다 | 化险为夷 huàxiǎnwéiyí 성 위험한 상태를 평온하게 하다, 위험하던 것을 안전하게 만들다

> **Tip** 양사 把
>
> 1. 자루(손잡이·자루가 있는 기구를 셀 때 쓰임)
>   一把刀 한 자루의 칼
>   一把雨伞 한 자루의 우산
>
> 2. 줌, 움큼
>   一把花生 한 줌의 땅콩
>
> 3. 번, 차례(손동작에 쓰이고, 수사는 '一'에 한정됨)
>   他拉了我一把。
>   그는 나를 한 번 잡아 당겼다.
>
> 4. 일단(의), 얼마간(의)〔힘·기능 따위의 추상적인 사물에 쓰임〕
>   他已经一大把年纪了。
>   그는 이미 나이가 아주 많다.

076

| E 不料途中出了意外 | E 도중에 뜻밖의 일이 발생하였다 |

단어 不料 búliào 〔부〕 뜻밖에, 의외에 | 途中 túzhōng 〔명〕 (길을 가는) 도중

해설 빈칸 뒷부분에 잠을 자다가 우산을 잃어버리는 의외의 사건이 발생했으므로 빈칸에는 도중에 뜻밖의 일이 발생했다는 문장 '不料途中出了意外'가 와야 한다.

정답 **E**

077

| D 他不露声色地仔细观察 | D 내색하지 않고 자세히 조용히 관찰하다 |

단어 不露声色 búlùshēngsè 〔성〕 말이나 얼굴에 본심을 드러내지 않다 | 仔细 zǐxì 〔형〕 세심하다, 꼼꼼하다

해설 빈칸의 앞 내용은 오랜 경험이 축적된 거상이라는 것이고, 뒷 내용은 전문 도둑의 소행이 아님을 발견했다는 것이다. 그러므로 빈칸에는 오랜 경험을 바탕으로 전문 도둑의 소행이 아니라고 발견한 과정을 나타내는 내용이 들어가면 된다. 따라서 떠들지 않고 조용히 관찰하기 시작했다는 문장 '他不露声色地仔细观察'가 와야 한다.

정답 **D**

078

| A 此人应该就在附近 | A 그 사람은 분명히 근처에 있다 |

해설 빈칸 앞부분이 그냥 지나가던 사람의 소행일 거라는 내용이므로 도둑에 대한 추측을 나타내는 문장으로 '此人应该就在附近'이 와야 적당하다. 여기서 '此人'이라는 것은 도둑을 뜻하는 것임을 알 수 있다.

정답 **A**

079

B 他也没有等来自己的雨伞   B 그의 우산은 돌아오지 않았다

🔍 **해설** 빈칸의 앞부분은 우산 수리점을 연 지 2년이 지났다는 내용이고, 뒷부분은 새로운 우산을 바꿔 주는 가게로 업종을 변경하였다는 내용이다. 그러므로 빈칸은 아직 우산을 보지 못했다는 '他也没有等来自己的雨伞'의 문장이 오는 것이 적절하다.

정답_ B

080

C 从此消失得无影无踪   C 이후 감쪽같이 사라져 버렸다

📖 **단어** 从此 cóngcǐ 퇵 이제부터, 이후로 | 消失 xiāoshī 퇭 자취를 감추다, 모습을 감추다 | 无影无踪 wúyǐngwúzōng 셩 완전히 사라지다, 항방을 전혀 알 수 없다

🔍 **해설** 빈칸 앞부분은 우산을 찾은 거상이 가산을 정리했다는 내용이므로 이후 감쪽같이 사라져 버렸다는 문장 '从此消失得无影无踪'가 오는 것이 적절하다.

정답_ C

第四部分

● 81~100번 문제 : 알맞은 답을 고르세요.

081-085

1896年6月，上海徐园开始了富有历史意义的中国电影放映活动。徐园在上海苏州河北的西唐家弄，是浙江富商徐棣山宅院的花园。81 <u>最初，徐家父子买进了法国的放映机放电影是为了招待亲友</u>。同年8月10日至14日，他们开始在《申报》副刊的广告栏中刊登电影的广告，说"初三夜"（即阳历8月11日）起，放映"西洋影戏"。由此，徐园开始大张旗鼓地放映起了"西洋影戏"。票价大洋四角（当时可买六十个烧饼），是后来北京放映电影的票价的五倍。这次放映未必是中国电影放映的第一次，82 <u>但至少在迄今为止查证发现的史料中，这是最早的经多方印证的记载</u>。

随着放映机的转动，最初投射在银幕上的影像五花八门。在这方面，1898年5月的《趣报》上发表的《徐园纪游叙》一文，为我们提供了徐园放映短片的情况："堂上烛灭，方演影戏。第一出为《马房失火》，第二为《足踏行车》，第三为《倒行斛斗》……"

自1920年到1921年间，早期电影人开始试制中国第一批长故事片。83 <u>中国影戏研究社拍出的《阎瑞生》（1921），系中国电影史上第一部长故事片</u>，而上海影戏公司的《海誓》和新亚影片公司的《红粉骷髅》等，也产生了很大反响。

但在1922年后，随着明星、大中华和天一这三大公司的成立，国产影片才开始出现第一个繁荣期。明星公司成立于1922年3月，由郑正秋、张石川、周剑云、郑鹧鸪、任矜苹合资万元创办。公司以"明星"命名，和受到外国电影杂志《STAR》的影响和启发有关。1913年，84 <u>郑正秋与张石川合编第一部无声片《难夫难妻》</u>。1922年他又与张石川共同创办了明星公司。郑正秋重视电影的社会教化作用，同时又注意考虑营业收入与观众的口味，而且非常重视当时已经崛起并时兴的通俗文学潮流，将其视为电影创作的重要资源。1922年该公司拍摄了《滑稽大王游沪记》、《劳工之爱情》和《大闹怪剧场》三部短片。1923年底完成了家庭伦理片《孤儿救祖记》，取得了很大的成功。

1896년 6월, 상하이 쉬위안에서 역사적인 의의를 가진 중국 영화 상영 활동이 시작되었다. 쉬위안은 상하이 쑤저우 강 북쪽에 있는 시탕가(家)가 만든 저장 성의 부호 쉬띠산의 저택에 있는 화원이었다. 처음에 쉬씨 부자가 프랑스 영사기를 매입하여 영화를 방영한 것은 친구들을 초대하기 위해서였다. 그 해 8월 10일부터 14일까지 그들은 《신보》의 칼럼 광고란에 영화를 방영한다는 광고를 실어 '사흘날 밤'(즉 양력8월11)부터 '서양영화극'을 방영한다고 하였다. 이때부터 쉬위안은 대대적으로 '서양영화극'을 방영하기 시작하였으며 표 값은 대양4각(당시 60개의 샤오빙을 살 수 있었다)이었고, 훗날 베이징에서 방영하는 영화표의 5배나 되었다고 한다. 이번 상영은 중국에서 영화를 처음 상영하는 것은 아니지만 지금까지 조사해서 증명된 역사 자료 중에서 여러 방면을 통하여 인증되는 가장 최초의 기록이다.

영화가 상영됨에 따라 최초의 영사막 위에 비친 영상은 다양했다. 1898년 5월《취보》에서 발표한《서원기유서》는 우리들에게 쉬위안에서 상영한 단편 영화의 상황을 제공해 주었다. "방의 불이 꺼지자 영화가 시작됐다. 처음에는《마방실화》, 두 번째는《족탑행차》, 세 번째는《도행곡두》등이 상영되었다."

1920년부터 1921년 기간에 초기 영화인들은 중국의 첫 번째 장편영화를 제작하기 시작하였다. 중국영화극연구사에서 찍은《염서생》(1921)은 중국 영화사상 첫 번째 장편 영화이며 상하이영화극회사의《해서》와 신아영화회사의《홍분고루》등도 매우 큰 반향을 일으켰다.

그러나 1922년 후 명성, 대중화와 천일 3개 회사가 성립되면서 국내 영화에 첫 번째 번영기가 나타나기 시작했다. 명성회사는 1922년 3월에 쩡쩡치우, 짱쓰추안, 쪼우지엔윈, 쩡쩌구, 런쩐핑 등이 만 위안을 합자하여 창설한 것이다. 회사를 '명성'이라 부른 것은 외국 영화 잡지《STAR》의 영감과 영향을 받았기 때문이다. 1913년 쩡쩡치우는 짱쓰추안과 협력하여 첫 무성 영화《난부난처》를 공동으로 편집하였다. 1922년 그는 또 짱쓰추안과 공동으로 명성회사를 창설하였다. 쩡쩡치우는 영화의 사회적 교화작용을 중시하였으며 동시에 또 영업 수입과 관중들의 취향을 고려하였다. 또한 당시에 유행하던 통속 문학 조류를 매우 중시하였으며 그것을 영화 창작의 중요한 자원으로 여겼다. 1922년 이 회사는《활계대왕유호기》,《노동의 애정》과《대뇨괴극장》세 편의 단편 영화를 제작하였다. 1923년 말에는 가정윤리 영화인《고아구조기》를 완성하여 큰 성과를 이루었다.

단어

富有 fùyǒu 통 충분히 가지다, 풍부하다 | 放映 fàngyìng 통 방영하다, 상영하다 | 苏州 Sūzhōu 명 쑤저우 | 河北 Héběi 명 허베이 성 | 弄 nòng 통 손에 넣다, 장만하다, 마련하다 | 浙江 Zhèjiāng 명 저장 성, 절강성 | 富商 fùshāng 명 부유한 상인, 부상 | 宅院 zháiyuàn 명 정원이 딸린 주택 | 放映机 fàngyìngjī 명 영사기 | 招待 zhāodài 통 접대하다, 환대하다 | 亲友 qīnyǒu 명 친척과 친구 | 副刊 fùkān 명 특별 페이지, 특별란, 칼럼 | 广告栏 guǎnggàolán 명 광고란 | 由此 yóucǐ 부 이로부터, 이곳으로부터 | 大洋 dàyáng 옛날, 유통되던 은화 | 烧饼 shāobing 명 사오빙 | 未必 wèibì 부 반드시 ~한 것은 아니다 | 至少 zhìshǎo 부 적어도, 최소한 | 迄今 qìjīn 통 지금까지 이르다, 지금까지 | 为止 wéizhǐ 통 ~을(를) 끝으로 하다(삼다) | 查证 cházhèng 통 조사하여 증명하다, 조사하여 확인하다 | 史料 shǐliào 명 역사 자료, 사료 | 多方 duōfāng 통 다방면, 갖은 방법 | 印证 yìnzhèng 명 실증 | 记载 jìzǎi 명 기록, 기사 | 随着 suízhe 통 (~에) 따르다, ~따라서 | 投射 tóushè 통 (빛 등이) 투사하다, (그림자·빛 등이) 비치다 | 银幕 yínmù 명 은막 | 影像 yǐngxiàng 명 영상 | 五花八门 wǔhuābāmén 성 각양각색, 형형색색 | 短片 duǎnpiàn 명 단편 영화 | 烛 zhú 명 초, 양초 | 影戏 yǐngxì 명 영화 | 反应 fǎnyìng 명 반향, 반응 | 成立 chénglì 통 (조직·기구 등을) 창립하다, 설립하다 | 明星 míngxīng 명 샛별, 스타(star) | 繁荣 fánróng 형 (경제나 사업이) 번영(번창·창성)하다, 크게 발전하다 | 创办 chuàngbàn 통 창설하다, 창립하다 | 启发 qǐfā 통 계발, 깨우침, 영감 | 合编 hébiān 통 공동으로 편찬(편집)하다 | 无声片 wúshēngpiàn 명 무성 영화 | 教化 jiàohuà 통 교화하다 | 考虑 kǎolǜ 통 고려하다, 생각하다 | 观众 guānzhòng 명 관중, 구경꾼 | 口味 kǒuwèi 명 기호, 취미 | 崛起 juéqǐ 통 흥기하다, 우뚝 일어나다 | 通俗 tōngsú 형 통속적이다 | 潮流 cháoliú 명 (사회적) 추세, 조류 | 视为 shìwéi 통 여기다, 간주하다 | 资源 zīyuán 명 자원 | 拍摄 pāishè 통 촬영하다, (사진을) 찍다 | 伦理 lúnlǐ 명 윤리

081

最初徐家父子放电影的目的是什么?

A 赚钱
B 装饰后花园
✓ C 招待亲友
D 做宣传

처음 쉬씨 부자가 영화를 상영한 목적은 무엇인가?

A 돈을 벌기 위해서
B 뒤에 있는 화원을 장식하기 위해서
C 친구를 초대하기 위해서
D 선전하기 위해서

해설 '最初, 徐家父子买进了法国的放映机放电影是为了招待亲友'라고 했으므로 쉬씨 부자가 친구를 초대하기 위해서 영화를 처음 상영했다는 것을 알 수 있다.

정답 C

082

1896年在徐园放映的电影是:

A 中国电影放映的第一次
✓ B 有史料记录的第一次放映活动
C 不受欢迎的
D 失败的

1896년 쉬위안에서 상영한 영화는?

A 중국에서 영화를 처음으로 상영한 것이다
B 역사 기록에 남아 있는 최초의 상영 활동이다
C 환영 받지 못했다
D 실패했다

해설 '但至少在迄今为止查证发现的史料中，这是最早的经多方印证的记载'라고 했으므로 역사 기록에 남아 있는 최초의 상영 활동임을 알 수 있다. 앞부분에 쉬위안에서의 영화 상영이 중국에서 최초로 영화를 상영한 것은 아니지만 역사적인 기록으로는 처음이라고 했기 때문에 A의 '中国电影放映的第一次'는 틀린 것이다.

정답 B

083

关于早期的长故事片，下列哪项正确？

- ✓ A 上个世纪20年代拍摄的《阎瑞生》是中国电影史上第一部长故事片
- B 当年，《海誓》和《红粉骷髅》没产生什么反响
- C 早期电影人并不很成功
- D 上海影戏公司是当时最大的电影公司

초기의 장편 영화에 대해 아래 보기 중 맞는 것은?

- A 지난 세기 20년대 찍은 《염서생》은 중국 영화사상 첫 번째 장편 영화이다
- B 그 당시 《해서》와 《홍분고루》는 큰 반향을 일으키지 못했다
- C 초기 영화인들은 그다지 성공하지 못하였다
- D 상하이영화사는 당시 가장 큰 영화사였다

해설 '中国影戏研究社拍出的《阎瑞生》(1921)，系中国电影史上第一部长故事片'이라고 했으므로 중국영화연구사에서 20년대 찍은 《염서생》이 중국 영화 역사상 첫 번째 장편 영화라는 것을 알 수 있다. B에서는 '没产生什么反响'이 아니라, '产生了很大反响'이라고 해야 맞는 것이다.

정답 A

084

下列哪项不是郑正秋制作电影的理念？

- ✓ A 把国外的先进理念引进来
- B 重视电影的社会教化作用
- C 把当时流行的通俗文学潮流作为电影创作的重要资源
- D 考虑营业收入与观众的口味

쩡쩡치우가 영화를 제작한 이념이 아닌 것은?

- A 외국의 선진 이념을 들여오다
- B 영화의 사회적인 교화작용을 중시하다
- C 당시 유행되던 통속문학 조류를 영화 창작의 중요한 자원으로 여겼다
- D 영업 수입과 관중들의 취향을 고려했다

해설 마지막 단락 중간 부분 '郑正秋重视电影的社会教化作用，同时又注意考虑营业收入与观众的口味，而且非常重视当时已经崛起并时兴的通俗文学潮流，将其视为电影创作的重要资源'에서 쩡쩡치우가 영화를 제작한 이념으로 사회적인 교화작용 중시와 영업 수입과 관중들의 취향을 중시했으며, 아울러 당시 유행하던 통속문화 조류를 영화 창작의 중요한 자원으로 여겼다는 것을 알 수 있다.

정답 A

085

最适合做上文标题的是：

- A 蓬勃发展的中国电影
- B 中国电影发展史
- ✓ C 早期的中国电影
- D 古老的电影

이 글의 제목으로 가장 적합한 것은?

- A 크게 발전하는 중국 영화
- B 중국 영화 발전사
- C 초기의 중국 영화
- D 오래된 영화

단어 蓬勃 péngbó [형] 번영(번창·창성)하다

해설 제목을 고르는 문제일 경우에는 문장 전체를 포함한 것을 선택해야 한다. 이 글은 중국 영화 발전사를 얘기한 것이 아니고, 1890년대부터 1920년대까지 초기 중국 영화에 대해서 말하고 있는 것이므로 '早期的中国电影'이라고 하는 것이 가장 적절하다.

정답 C

86 扇，自古以来为引风纳凉之物。千百年来除使用价值之外，小小的扇中还孕育着中华文化艺术的智慧，凝聚了古今工艺美术的精华，是民族传统文化艺术的瑰宝。"银烛秋光冷画屏，轻罗小扇扑流萤"早已成为脍炙人口的著名诗句。扇面的丹青墨宝值得珍藏，扇骨的精工细雕成为艺术。舞台上，演员一扇在手，或进或退，或开或合，瞬息万变，活灵活现。"扇"这种独特的艺术造型，被古典园林的漏窗所吸收。成为移步换景、美不胜收的花墙小景，表现出了耐人寻味的文化魅力。

我国的扇具有源远流长的发展历史。目前所发现的最早实物扇应该是楚地出土的春秋、战国时的扇子，有竹扇和羽扇两种。其中的竹扇虽然是2000多年前的遗物，但其制作已相当精良。87 中国的扇仅从材料而言，就有羽扇、竹扇、纨扇、蒲葵扇等几种。传统的扇多为圆形，故称"团扇"。

在宋代，折叠扇从日本传入中国，扇面用纸、绢等制成，并因其新颖、灵巧、轻便的特点受到欢迎。到明代中、晚期风靡一时，效仿四起，88 出现了大量以诗、书、画为主体的扇面，另外又涌现出一批制造扇骨与扇面的能工巧匠。于是，折叠扇开始独领风骚，并有取代传统团扇之势。90 檀香扇是从折叠扇演化而来的，89 扇骨由檀香木制成。据传，苏州从1920年开始生产檀香扇，第一家作坊叫"张多记"。檀香扇花色种类繁多，扇面制作精良，扇骨长短宽窄各有区别，工艺要求极为严格。

总之，从扇的发展可以看到中华民族智慧的结晶。小小一扇，凝聚了历代工艺的优秀成果，技艺精湛，异彩纷呈。同时，它又充分体现了中国传统书画艺术的表现力和创造力。此外，对外来文化的兼收并蓄，发扬光大，也是形成中国扇文化绚丽多彩的原因之一。

부채는 예전부터 바람을 일으켜 시원하게 해주는 물건이다. 천여 년 동안 사용한 가치 외에 이 작은 부채는 중화 문화 예술의 지혜를 내포하고 있고, 고금의 공예 미술의 정화를 응집하고 있어 민족 전통 문화 예술의 귀중한 보물이다. "银烛秋光冷画屏，轻罗小扇扑流萤(가을 밤, 하얀 촛불이 적막한 그림 병풍을 비추는구나. 손에 든 부채로 반딧불이를 톡톡 터는구나.)"은 일찍이 사람들이 즐겨 읊는 시구가 되었다. 부채 면의 그림과 서화는 소장할 가치가 있으며, 부채살에 새긴 정교하고 상세한 조각은 예술이 되었다. 무대 위에서 배우는 손에 부채를 들고 앞뒤로 나갔다 들어왔다 하거나 부채를 펼쳤다가 접었다가 하는데 변화무쌍하고 생생하게 살아있는 것 같다. '부채'의 이런 독특한 예술 형태는 고전의 원림의 투각 도안으로 장식된 창에 흡수되어 발의 움직임에 따라서 변하고, 비할 데 없이 아름다운 꽃 벽의 작은 풍경을 형성하여 사람들로 하여금 천천히 음미할 수 있는 문화적 매력을 보여준다.

우리 나라의 부채는 아주 오랜 발전 역사를 가지고 있다. 현재 발견된 최초의 실물 부채는 초나라 토지에서 출토된 춘추, 전국시대의 부채이며, 대나무 부채와 깃털 부채 두 가지 종류가 있다. 그 중 대나무 부채는 비록 2천여 년 전 유물이지만 매우 정교하게 만들어졌다. 중국의 부채는 재료로만 따지면 깃털 부채, 대나무 부채, 얇은 비단 부채, 포규 부채 등이 있다. 전통적인 부채는 대부분이 원형이어서 '단선'이라 불렸다.

송나라 때 접는 부채가 일본에서 중국에 전파되었고 부채면은 종이와 비단으로 만들어졌으며 참신하고 정교하며 가볍다는 특징이 있어서 인기를 얻었다. 명나라 중기, 말기에 매우 유행하였으며 도처에서 모방되어 시, 서예, 그림을 주제로 하는 부채가 대량으로 출현했고, 그 외에 부채 살과 부채 면을 제조하는 장인들이 많이 나타났다. 그리하여 접는 부채가 독보적인 위치를 차지하며 전통 부채를 대체하는 추세가 나타났다. 단향 부채는 접는 부채에서 발전되어 온 것이며 부채 살은 단향목으로 만들어졌다. 쑤저우는 1920년부터 단향 부채를 생산하기 시작했으며 첫 수공업 공장이 '장다기'였다. 난향 부채는 무늬와 색이 다양하고 부채 면의 제작이 정교하며 부채살의 길이와 넓이가 서로 다 달라서 공예적인 요구가 매우 엄격했다.

총괄적으로 말하면 부채의 발전으로 중화 민족의 지혜의 결정체를 볼 수 있다. 작은 부채가 역대 공예의 우수한 성과와 정교한 기예, 서로 다른 색상 조합을 응집하였다. 동시에 중국 전통 서화 예술적 표현력과 창조력을 충분히 구현해냈다. 그 밖에 외래 문화와의 통합과 흡수는 중국 부채 문화를 화려하고 다채롭게 발전할 수 있도록 한 원인 중 하나가 되었다.

단어 扇 shàn 몡(~儿) 부채 | 自古 zìgǔ 위 자고로, 예로부터 | 纳凉 nàliáng 동 시원(서늘)한 바람을 쐬다 | 孕育 yùnyù 동 배양하다, 내포하다 | 智慧 zhìhuì 몡 지혜 | 凝聚 níngjù 동 응집하다, 응집되다 | 精华 jīnghuá 몡 정화, 정수 | 瑰宝 guībǎo 몡 진귀한 보물, 보배 | 秋光 qiūguāng 몡 가을 햇살 | 画屏 huàpíng 몡 그림 병풍 | 流萤 liúyíng 몡 이리저리 날아다니는 반딧불이(개똥벌레) | 脍炙人口 kuàizhìrénkǒu 성 좋은 시문이나 사물이 널리 사람의 입에 오르내리다, 사람들 사이에 널리 회자되다 | 著名 zhùmíng 형 저명하다, 유명하다 | 诗句 shījù 몡 시, 시가 | 丹青 dānqīng 몡 그림 | 墨宝 mòbǎo 몡 진귀한 친필 서화 | 值得 zhídé 동 ~할 만한 가치가 있다 | 珍藏 zhēncáng 몡 진장품, 진귀한 소장품 | 扇骨 shàngǔ 몡 부챗살 | 精工 jīnggōng 형 세밀하다, 정교하

다 | 细 xì 형 아주 작다, 세세하다 | 雕 diāo 동 (대나무 등에) 새기다, 조각하다 | 舞台 wǔtái 명 무대 | 演员 yǎnyuán 명 배우, 연기자 | 瞬息 shùnxī 명 순식간, 일순간 | 活灵活现 huólínghuóxiàn 성 (묘사·서술·연기 따위가) 생생하게 살아 있다, 너무 생동감 있어 마치 진짜 같다 | 造型 zàoxíng 명 (만들어 낸 물체의) 이미지, 형상, 조형 | 古典 gǔdiǎn 형 고전적이다 | 漏窗 lòuchuāng 명 (창문에 종이나 유리 없이) 투각(透刻) 도안으로 장식한 창 | 美不胜收 měibúshèngshōu 성 훌륭한(좋은) 것이 많아서 이루 다 즐길(감상할·볼·헤아릴) 수 없다 | 花墙 huāqiáng 명 화장(중국 전통 건축물의 윗부분에 무늬 모양의 구멍을 내어 쌓은 담) | 耐人寻味 nàirénxúnwèi 성 자세히 음미할 가치가 있다, 곰곰이 새겨볼 만하다 | 魅力 mèilì 명 매력 | 源远流长 yuányuǎnliúcháng 성 역사가 유구하다, 아득히 멀고 오래다 | 出土 chūtǔ 동 출토하다 | 春秋 Chūnqiū 춘추 시대 | 战国 Zhànguó 명 전국 | 遗物 yíwù 명 유물, 유품 | 精良 jīngliáng 형 정교하다, 우수하다 | 纨扇 wánshàn 명 고운 비단으로 만든 부채 | 蒲葵 púkuí 명 포규, 중국 종려나무 | 圆形 yuánxíng 명 원형 | 折叠 zhédié 동 개다, 접다 | 绢 juàn 명 견, 얇고 구김살 없는 뻣뻣한 견직물(비단) | 新颖 xīnyǐng 형 새롭다 | 灵巧 língqiǎo 형 민첩하다, 솜씨가 좋다(뛰어나다) | 轻便 qīngbiàn 형 (사용 따위가) 간편하다, 편리하다 | 风靡 fēngmǐ 동 풍미하다, 유행하다 | 效仿 xiàofǎng 흉내내다, 모방하다 | 涌现 yǒngxiàn 동 한꺼번에 나타나다(생겨나다·배출되다) | 能工巧匠 nénggōngqiǎojiàng 성 솜씨가 좋은 공예가(장인·직공) | 风骚 fēngsāo 명 재화(才华), (문예 방면의) 재능 | 檀香扇 tánxiāngshàn 명 단향목 부채 | 据传 jùchuán 동 전해지는 (들리는) 말에 의하면 ~라 한다 | 繁多 fánduō 형 (종류가) 많다, 풍부하다 | 宽窄 kuānzhǎi 명 너비, 폭 | 严格 yángé 형 엄격하다, 엄하다 | 结晶 jiéjīng 명 결정, 소중한(진귀한) 성과(결과) | 优秀 yōuxiù 형 아주 뛰어나다, 우수하다 | 精湛 jīngzhàn 형 (기예가) 뛰어나다, 훌륭하다 | 异彩 yìcǎi 명 색다른(이색적인) 것, 비범한 행동 | 纷呈 fēnchéng 동 잇달아 드러나다(나타나다) | 兼收并蓄 jiānshōubìngxù 성 전부 받아들여 아울러 보존하다 | 发扬光大 fāyángguāngdà 성 더욱더 발전시키다, 확대 발전시키다 | 绚丽 xuànlì 형 화려하고 아름답다

086

扇子的使用价值是什么?

- ✓ A 扇风除热
- B 招蜂引蝶
- C 工艺美术的承载者
- D 孕育了中华文化

부채의 사용 가치는 무엇인가?

- A 바람을 일으켜 더위를 해소하다
- B 벌과 나비를 불러들인다
- C 공예 미술의 계승자
- D 중화 문화를 배양하게 하였다

단어 招引 zhāoyǐn 동 끌어당기다, 꾀다 | 蜂 fēng 명 벌 | 蝶 dié 명 나비 | 承载 chéngzài 동 (무게를) 지탱하다, 이기다, 견디다

해설 '自古以来为引风纳凉之物'에서 부채가 바람을 일으켜 더위를 없애는데 사용된 물건이라는 것을 알 수 있다.

정답 A

087

从材料角度对扇进行分类，下列哪项正确?

- A 折叠扇
- B 扇骨
- ✓ C 纨扇
- D 团扇

재료로 부채를 분류하였을 때 알맞은 것은?

- A 접는 부채
- B 부챗살
- C 얇은 비단 부채
- D 단선

해설 '中国的扇仅从材料而言，就有羽扇、竹扇、纨扇、蒲葵扇等几种'에서 부채를 재료로 분류했을 때는 깃털 부채, 대나무 부채, 얇은 비단 부채, 포규 부채 등이 있음을 알 수 있다.

정답 C

088

扇面的主要内容都是什么?

- ✓ A 诗句、书法、画
- B 轻罗、屏风、流萤
- C 檀香、羽毛、竹子
- D 以上都有

부채 면의 주요 내용은 무엇인가?

- A 시구, 서예, 그림
- B 견직물, 병풍, 반딧불이
- C 단향, 깃털, 대나무
- D 위의 것이 다 있다

단어 罗 luó 몡 얇은 견직물 | 屏风 píngfēng 몡 병풍 | 流萤 liúyíng 몡 반딧불이

해설 '出现了大量以诗、书、画为主体的扇面'에서 부채 면의 주요 내용이 시, 서예, 그림이라는 것을 알 수 있다.

정답 **A**

089

关于檀香扇,下列哪项正确?

- A 从日本传入中国的
- ✓ B 扇骨是由檀香木制成的
- C 花色单一
- D 从羽扇发展而来的

단향 부채에 대해 아래 보기 중 맞는 것은?

- A 일본에서 중국으로 전해졌다
- ✓ B 부챗살은 단향목으로 만든 것이다
- C 무늬와 색깔이 단일하다
- D 깃털 부채에서 발전해 온 것이다

단어 花色 huāsè 몡 무늬와 색깔, 꽃의 색, (같은 품종의) 종류, 유형

해설 '扇骨由檀香木制成'에서 단향 부채는 부챗살을 단향목으로 만들었다는 것을 알 수 있다. A는 '檀香扇'에 대한 설명이 아니고 '折叠扇'에 관한 설명이므로 틀렸다.

정답 **B**

090

关于本文,下列哪项不正确?

- A 扇的发展体现了中华民族的智慧
- B 扇的制作表现出耐人寻味的文化魅力
- ✓ C 折叠扇是从檀香扇演化而来的
- D 中国的扇文化绚丽多彩

본문에 관해 아래 보기 중 틀린 것은?

- A 부채의 발전은 중화 민족의 지혜를 구현하였다
- B 부채 제작은 천천히 음미할 수 있는 문화적 매력을 나타내고 있다
- ✓ C 접는 부채는 단향 부채에서 진화되어 온 것이다
- D 중국의 부채 문화는 화려하고 다채롭다

해설 '檀香扇是从折叠扇演化而来的'에서 단향 부채가 접는 부채에서 진화되어 온 것이라고 하고 있으므로, C는 반대로 설명했으므로 틀렸다.

정답 **C**

现代人的腰围越来越粗，超重问题越来越突出，肥胖已成了"流行病"。导致肥胖的罪魁祸首并不光是那些看起来油腻腻的炸鸡、薯条，还有几乎没有被人们当作热量计算的含糖饮料。这些饮料"携带着超乎人们想象的热量"，"出其不意、攻其不备"，让体重秤上的磅数不知不觉地"飙升"。

现代人每天摄取的热量平均比10年前增加了150~300卡，其中大约一半是从饮料中来的。92 饮料的价格越来越便宜，但分量却越来越大，许多人已经把这些含糖饮料当成了日常的基本饮品，就像喝白开水和茶一样。出售饮料的贩售机随处可见，这些都促使人们喝进越来越多的饮料。

一般人吃午餐时，都习惯以一罐可乐或果汁佐餐，青少年更是喜欢这样。现在的中学生每人每天都要喝掉3~5杯甜饮料，没有一个人表示愿意喝矿泉水。首先，这些甜饮料极易导致蛀牙。其次，以一罐饮料含有100卡热量的保守计算，这些学生每天从饮料中摄取的热量就高达300~500卡，也就是说，体内的脂肪含量会以每周0.5公斤的速度激增。93 体重增加带给孩子的，不仅仅是肥胖这么简单，还有糖尿病、心脑血管疾病等"老年病"的年轻化。

那么，为何看似清淡的饮料，给人们体重带来的影响却远大于各种高热量主食呢？问题的关键在于，高热量的食物容易导致饱腹感，抑制人的食欲，而 94 饮料非但不会减少人们的食欲，冰凉清爽的口感还有可能让你胃口大开。从食物中摄取的热量，加上从饮料中摄取的热量，总热量就增加了。

许多人认为，果汁比可乐类饮料要健康，适量的果汁对健康有益。但饮用过度会使身体摄取的热量过多而引起肥胖。所以，现在的家长们，你们看看那群日益壮大的肥胖的后备军吧，你们是不是该为他们做些什么呢？孩子的方向是要靠引导的，而不能顺着他的性子来。如果这算是爱的话，那么，你就领着可怜的花朵往甜蜜的陷阱里跳吧！

현대인들의 허리둘레가 점점 굵어지고 과체중 문제가 점점 심각해지면서 비만은 이미 '유행병'이 되었다. 비만을 초래하는 근본 원인은 보기에도 기름진 후라이드치킨이나 감자튀김 뿐만 아니라 사람들이 거의 열량을 계산하지 않고 마시는 당분이 들어 있는 음료수이다. 이런 음료수는 '사람들의 상상을 초월하는 열량을 가지고', '주의하지 않는 틈을 타서 공격하여' 체중기의 파운드 수치가 자기도 모르게 '껑충 뛰어 오르게' 한다.

현대인이 매일 섭취하는 열량은 10년 전보다 150~300칼로리 증가되었으며 그중 절반 정도는 음료수에 의한 것이다. 음료수의 가격은 날로 저렴해지지만 분량은 날로 커지고 있으며 많은 사람들이 이런 당분이 들어 있는 음료수를 일상적인 기본 음료 즉, 더운 물이나 차처럼 간주하고 있다. 음료수를 판매하는 자동판매기를 도처에서 볼 수 있으며 이런 것들은 사람들로 하여금 더 많은 음료수를 마시게끔 재촉한다.

일반적으로 사람들은 점심 식사를 할 때 콜라 한 캔, 아니면 과일 주스 한 잔을 습관적으로 마신다. 청소년들이 이렇게 하는 것을 더욱 좋아한다. 현재 중·고등학생들은 매일 3-5컵의 단 음료수를 마시고 있으며 누구도 생수를 마시려 하지 않는다. 우선 단 음료수는 쉽게 충치를 생기게 한다. 둘째는 1캔의 음료수에 100칼로리의 열량이 있다고 계산하면 이런 학생들은 매일 음료수로 300-500칼로리의 열량을 섭취하고 있다. 다시 말하면 체내의 지방함량이 매주 0.5킬로그램의 속도로 급증할 수 있다. 체중 증가는 아이들에게 비만뿐만 아니라 당뇨병, 심장과 뇌혈관질병 등의 '노인병'이 젊은 세대로의 이행을 촉진시킨다.

그러면 청량음료수가 사람들의 체중에 끼치는 영향이 각종 고칼로리 음식물보다 왜 높은가? 문제의 관건은 고칼로리의 음식물은 쉽게 포만감을 가져다 주어 사람의 식욕을 억제하지만 음료수는 사람들의 식욕을 억제하지 않을뿐더러 시원한 느낌은 오히려 당신의 입맛을 좋게 한다. 그래서 음식물 중에서 섭취한 열량에 음료수에서 섭취한 열량까지 가하여 총 열량을 증가시키는 것이다.

많은 사람들이 과일 주스가 콜라같은 음료보다 건강하다고 생각하고 적당한 양의 과일 주스는 건강에 유익하다고 생각한다. 하지만 지나치게 많이 마시게 되면 섭취되는 열량이 많아져서 비만에 이르게 된다. 학부모들이여! 날이 갈수록 늘어나는 비만증 예비군을 보아라! 당신들은 그들을 위하여 무엇을 해야 할까? 아이들은 인도해 줘야 하지 그들의 성질만 따라가서는 안 된다. 만약 이것이 사랑이라 생각되면 당신은 가련한 꽃봉오리를 데리고 달콤한 함정에 뛰어드는 것이다!

단어 腰围 yāowéi 몡 허리 둘레 | 粗 cū 휑 굵다 | 超重 chāozhòng 용 규정된 중량을 초과하다 | 突出 tūchū 용 두드러지게 하다 | 肥胖 féipàng 휑 뚱뚱하다, 비만하다 | 流行病 liúxíngbìng 몡 사회적인 폐단(병폐), 유행병 | 罪魁祸首 zuìkuíhuòshǒu 젱 재난의 주요 원인, 근본 원인 | 油腻 yóunì 휑 기름지다, 기름기가 많다 | 炸 zhá 용 (기름에) 튀기다 | 薯 shǔ 몡 고구마, 감자 등의 총칭 | 热量 rèliàng 몡 열량(단위는 칼로리(calorie)) | 糖 táng 몡 설탕의 총칭 | 携带 xiédài 용 휴대하다, 지니다 | 超乎 chāohū 용

(~을(를)) 초과하다, 뛰어넘다 | **出其不意** chūqíbúyì 성 불의에, 뜻밖에, 허를 찌르다 | **攻其不备** gōngqíbúbèi 허를 찔러 공격하다 | **体重** tǐzhòng 명 체중, 몸무게 | **秤** chèng 명 대저울 | **磅** bàng 양 (중량 단위인) 파운드(pound) | **不知不觉** bùzhībùjué 성 자기도 모르는 사이에, 부지불식간에 | **飙升** biāoshēng 동 급증하다, 급등하다 | **摄取** shèqǔ 동 (영양 등을) 흡수하다, 섭취하다 | **大约** dàyuē 부 대략, 대강 | **价格** jiàgé 명 가격, 값 | **分量** fènliàng 명 분량, 중량, 무게 | **白开水** báikāishuǐ 명 끓인 맹물 | **出售** chūshòu 동 팔다, 판매하다 | **可见** kějiàn 동 ~을(를) 볼 수 있다 | **罐** guàn 명 (~儿) 단지, 항아리 | **可乐** kělè 명 콜라 | **果汁** guǒzhī 명 과일 주스 | **佐餐** zuǒcān 동 반찬을 곁들여 밥을 먹다 | **矿泉水** kuàngquánshuǐ 명 광천수, 생수 | **蛀牙** zhùyá 명 '충치(龋齿)'의 낮은말 | **保守** bǎoshǒu 형 절제된, 여지(여유)를 둔 | **脂肪** zhīfáng 명 지방 | **激增** jīzēng 동 (수량 등이) 급격히 증가하다 | **糖尿病** tángniàobìng 명 당뇨병 | **血管** xuèguǎn 명 혈관 | **为何** wèihé 부 무슨 때문에, 왜 | **清淡** qīngdàn 형 (색깔이나 냄새 따위가) 산뜻하다, 진하지 않다 | **关键** guānjiàn 명 관건, 열쇠 | **远大** yuǎndà 형 원대하다 | **抑制** yìzhì 동 (감정을) 억제하다, 억누르다 | **食欲** shíyù 명 식욕, 밥맛 | **非但** fēidàn 접 비단 ~뿐만 아니라 | **减少** jiǎnshǎo 동 감소하다, 줄다 | **冰凉** bīngliáng 형 매우 차다 | **清爽** qīngshuǎng 형 신선하고 시원하다 | **口感** kǒugǎn 명 입맛 | **胃口** wèikǒu 명 식욕 | **适量** shìliàng 형 적당량이다 | **过多** guòduō 형 과다하다, 너무(지나치게) 많다 | **引起** yǐnqǐ 동 (주의를) 끌다, 야기하다 | **日益** rìyì 부 날로, 나날이 더욱 | **后备军** hòubèijūn 명 예비 인력(인원) | **引导** yǐndǎo 동 인도하다, 인솔하다 | **性子** xìngzi 명 성격, 성질 | **领** lǐng 동 인도하다, 이끌다 | **可怜** kělián 형 가련하다, 불쌍하다 | **花朵** huāduǒ 명 꽃(잎) | **甜蜜** tiánmì 형 달콤하다, 유쾌하다 | **陷阱** xiànjǐng 명 함정

091

文中第一段的画线词语是什么意思?

- ✓ A 急速上升
- B 缓慢上升
- C 越来越重
- D 越来越轻

첫 단락의 밑줄 친 단어의 뜻은?

- A 급속히 상승한다
- B 천천히 상승한다
- C 점점 더 무거워진다
- D 점점 더 가벼워진다

단어 急速 jísù 부 쏜살같이, 빠르게 | 缓慢 huǎnmàn 형 (속도가) 느리다, 완만하다

해설 '飙升'은 '급증하다'의 뜻이다. 이 단어의 뜻을 알지 못했다 하더라도, 앞뒤 문맥상 열량을 계산하지 않고 음료수를 마시면 자신도 모르는 사이에 살이 찐다는 내용이므로 '飙升'이 '급속히 상승하다'라는 뜻임을 유추해 낼 수 있다.

정답 **A**

092

下列哪项不是"人们喝进越来越多的饮料"的原因?

- A 饮料的价格降低，分量增多
- ✓ B 矿泉水比较贵
- C 人们把饮料当成了日常饮品
- D 人们购买饮料很方便

'사람들이 갈수록 많은 주스를 마시는' 원인이 아닌 것은?

- A 음료수의 가격이 떨어지고, 양이 늘어나서
- B 생수가 비교적 비싸서
- C 사람들이 음료수를 일상적인 음료로 생각해서
- D 사람들이 음료수를 구매하기 편해서

해설 '饮料的价格越来越便宜，但分量却越来越大，许多人已经把这些含糖饮料当成了日常的基本饮品，就像喝白开水和茶一样。出售饮料的贩售机随处可见'에서 음료수의 가격이 저렴해지고, 양이 점점 늘어나며, 음료수를 물과 같은 일상적인 음료로 생각하고 음료수를 파는 자판기를 어디에서나 볼 수 있어 구매하기 편해서 사람들이 갈수록 음료수를 많이 마시는 원인임을 알 수 있다.

정답 **B**

093

下列哪项不是中学生经常喝含糖饮料的害处？

- A 体内脂肪增多导致肥胖
- B 易患"老年病"
- C 产生蛀牙
- ✓ D 患肠炎

중·고등학생들이 자주 당이 함유된 음료수를 마시는 것의 단점이 아닌 것은?

- A 체내 지방이 증가하여 비만을 초래한다
- B '노년병'에 걸리기 쉽다
- C 충치가 생긴다
- D 장염에 걸린다

단어 肠炎 chángyán 몡 장염

해설 '体重增加带给孩子的, 不仅仅是肥胖这么简单, 还有糖尿病、心脑血管疾病等"老年病"的年轻化'에서 당이 함유된 음료수는 비만을 초래하고, '노년병'이 걸리기 쉽다는 것을 알 수 있으며, 또한 '这些甜饮料极易导致蛀牙'에서 충치가 생기기 쉽다는 것을 알 수 있다. 그러나 D의 '患肠炎'라는 장염에 걸린다는 것은 본문에서 언급하지 않았다.

정답_D

094

为什么饮料给人们体重带来的影响大于各种高热量的主食呢？

- A 清淡饮料含糖量高, 人们摄入以后会促使体内脂肪含量迅速升高
- ✓ B 清凉饮料会让你很有胃口, 从而摄入很多食物, 人体摄入的总热量就增加了
- C 摄入高热量的食物让人觉得不太饱, 所以饭后人们经常喝甜饮料
- D 一般食物的温度都要高于各种饮料的温度

왜 음료수가 체중에 끼치는 영향이 각종 고칼로리의 음식보다 더 큰 것인가?

- A 청량음료는 당의 함량이 높고, 사람들이 섭취한 후 체내의 지방이 급속도로 증가하는 것을 촉진시킨다
- B 청량음료는 당신으로 하여금 입맛을 좋게함으로써 많은 음식물을 섭취하게 하여 인체가 섭취하는 총칼로리를 증가시킨다
- C 고칼로리의 음식은 포만감을 느끼지 못하게 하며 식사 후 사람들로 하여금 늘 단 음료수를 마시게 한다
- D 일반 음식물의 온도는 각종 음료수의 온도보다 높다

해설 '饮料非但不会减少人们的食欲, 冰凉清爽的口感还有可能让你胃口大开。从食物中摄取的热量, 加上从饮料中摄取的热量, 总热量就增加了。'에서 음료수는 식욕을 억제하지 않을 뿐만 아니라 오히려 입맛을 좋게 해서 더욱 많은 음식물을 섭취하게 하여 인체가 섭취하는 총열량을 증가시킨다는 것을 알 수 있다.

정답_B

095

下列哪项适合做本文的标题？

- ✓ A 甜蜜的陷阱
- B 年轻化的"老年病"
- C 好喝的饮料
- D 美好的肥胖

본문의 제목으로 적당한 것은?

- A 달콤한 함정
- B 젊은 세대들의 '노인병'
- C 맛있는 음료수
- D 아름다운 비만

해설 이 글은 음료수의 폐해에 대해 쓴 글로 부모들이 아이들의 뜻에 따라 계속 단 음료수를 먹게 한다면 가련한 꽃봉오리를 데리고 달콤한 함정에 뛰어드는 것과 같다는 본문 마지막 줄의 말에서 '甜蜜的陷阱(달콤한 함정)'를 인용하여 제목으로 정할 수 있다. 여기서 달콤한 함정이 가리키는 것은 바로 당이 함유된 음료수이기 때문이다.

정답_A

096-100

　　1989年，日本大阪实施旧城改造。在新的城市规划中，人们计划修一条高速公路，即阪神高速公路。一个月后，建到池田线路段时，出现了一个很麻烦的问题：96 一座名为"蜂窝"的办公楼好像一只拦路的老虎，正好挡在了规划线上。

　　当时摆在大家面前的有两个选择：要么摧毁大楼，要么绕过这座大楼，从别的地方穿过。但假若改变原来的路线，势必会引发其他一系列的变动；而要摧毁大楼，损失也将相当惨重。

　　97 权衡再三后，大伙儿一致决定炸毁"蜂窝"大楼。接着，爆破队赶来了。数十个炸药包迅速安放好，引信即将点燃。所有的人都紧捂耳朵，趴在地上，就等着那一声惊天巨响。

　　"停！"突然大喊一声。大家睁开眼，看到一个人十万火急地赶了过来。他是此次城市规划的首席设计师——长谷川。还没等大家反应过来，长谷川大手一挥，说道："让池田线穿楼而过！"一语点醒梦中人！顿时，所有人都恍然大悟。

　　不久，一座颇具创意的"后现代建筑"横空出世了：蜂窝办公大楼的5至7层被打通了，池田线顺利穿堂而过！99 两者融合得是那么巧妙而完美！人们不禁啧啧称赞。100 很快，这幢建筑成为大阪的城市象征，每年都吸引着无数游客前来观光。

　　1989년 일본 오사카는 오래된 도시를 재건하려고 했었다. 새로운 도시 계획 속에 사람들은 고속 도로를 건설하려고 계획했고, 그것이 바로 한신고속도로이다. 한달 뒤, 이케다 선로 부분까지 건축했을 때 번거로운 문제가 발생했다. '호우까'라는 빌딩이 길을 막고 있는 호랑이처럼 마침 도로 계획선을 막고 있었던 것이다.

　　당시에 모두들 앞에는 두 가지 선택이 있었다. 빌딩을 파괴하거나 그 빌딩을 우회해서 다른 곳으로 통과하게 하는 것이었다. 하지만 원래 계획했던 노선을 바꾼다면 반드시 다른 일련의 변화들이 일어나게 되고, 그리고 빌딩을 파괴한다면 손실이 상당할 것이었다.

　　여러 번 비교 분석한 후 모두들 '호우까' 빌딩을 폭파해 버리기로 결정했다. 이어서 폭파팀이 도착했고, 수십개의 폭탄이 신속하게 장치되어 신관에 점화를 하려고 했다. 모든 사람들은 귀를 막고 땅에 엎드려서 하늘을 놀라게 할만한 큰 소리를 기다리고 있었다.

　　"멈추시오!" 갑자기 큰 소리로 외쳤다. 모두들 눈을 떠서 보니 매우 다급하게 달려오는 한 사람이 보였다. 그는 이번 도시 계획의 수석 설계사인 하세가와였다. 모두의 반응도 기다리지 않고 하세가와는 손을 내두르며 "이케다 선로를 빌딩을 통과하게 하면 됩니다!" 라고 말했다. 이 한마디의 말로 사람들은 꿈에서 깨어난 것처럼 갑자기 깨닫게 되었다.

　　머지 않아 창조적인 '미래의 현대 건축'이 공중으로 가로질러 세상에 나왔다. 호우까 빌딩의 5층에서 7층까지를 관통시켜 이케다 선로는 순조롭게 통과하여 지나갈 수 있게 되었다. 두 개가 교묘하고 아름답게 어우러지게 된 것이다. 사람들은 찬탄을 금치 못했다. 이 건축물은 금방 오사카의 상징이 되었고, 매년 무수한 여행객들을 매료시켜 관광하러 오게끔 만들었다.

1회

단어

大阪 Dàbǎn 명 (일본의) 오사카(Osaka) | 实施 shíshī 동 실시하다, 실행하다 | 旧 jiù 형 헐다, 낡다 | 规划 guīhuà 명 발전 계획 | 修 xiū 동 건설하다, 건축하다 | 高速公路 gāosùgōnglù 명 고속 도로 | 线路 xiànlù 명 선로, 노선 | 麻烦 máfan 형 귀찮다, 번거롭다 | 蜂窝 fēngwō 명 벌집, '꿀벌집(蜂巢)'의 낮은말 | 拦路 lánlù 동 길을 막다(차단하다) | 老虎 lǎohǔ 명 범, 호랑이 | 挡 dǎng 동 막다, 저지하다 | 摆 bǎi 동 열거하다, 늘어놓다 | 摧毁 cuīhuǐ 동 때려부수다, 분쇄하다 | 绕 rào 동 우회하다, 돌아서 가다 | 穿过 chuānguò 동 통과하다, 지나가다 | 假若 jiǎruò 접 만약, 만일 | 势必 shìbì 부 반드시, 꼭 | 一系列 yíxìliè 형 일련의, 연속의 | 损失 sǔnshī 명 손실, 손해 | 惨重 cǎnzhòng 형 (손실이) 극심하다, 막급하다 | 权衡 quánhéng 동 비교하다, 따지다 | 再三 zàisān 부 재삼, 두세 번 | 炸毁 zhàhuǐ 동 폭파해 없애다 | 爆破 bàopò 동 폭파하다, 발파하다 | 炸药 zhàyào 명 폭약 | 引信 yǐnxìn 명 신관(탄약, 폭탄 등의 작약을 점화하여 폭발시키는 기폭 장치) | 点燃 diǎnrán 동 불을 붙이다, 점화하다 | 捂 wǔ 동 덮다, 가리다 | 耳朵 ěrduo 명 귀 | 趴 pā 동 엎드리다 | 巨响 jùxiǎng 명 큰(굉장한) 소리 | 睁 zhēng 동 (눈을) 크게 뜨다 | 火急 huǒjí 형 화급하다, 다급하다 | 首度 shǒudù 명 처음, 첫 번째 | 挥 huī 동 휘두르다, 내두르다 | 醒 xǐng 동 깨닫다, 또렷해지다 | 顿时 dùnshí 부 갑자기, 곧바로 | 恍然大悟 huǎngrándàwù 성 문득 모든 것을 깨치다, 갑자기 모두 알게 되다 | 颇 pō 부 꽤, 상당히 | 创意 chuàngyì 명 독창적인 견해, 창조적인 의견 | 横空 héngkōng 동 공중에 가로 걸려 있다 | 打通 dǎtōng 동 관통시키다, 소통시키다 | 顺利 shùnlì 형 순조롭다 | 融合 rónghé 동 융합하다 | 巧妙 qiǎomiào 형 교묘하다 | 啧啧 zézé 의 쯧쯧, 와와 | 称赞 chēngzàn 동 칭찬하다, 찬양하다 | 幢 zhuàng 양 동, 채 | 象征 xiàngzhēng 명 상징, 표상(表象) | 吸引 xīyǐn 끌어당기다, 매료(매혹) 시키다 | 观光 guānguāng 동 관광하다, 참관하다

096

修建阪神高速公路时，遇到了什么麻烦的问题？

　　A 遇见了老虎
✓ B 一座大楼挡住了公路
　　C 需要绕过大楼
　　D 需要炸毁大楼

한신 고속 도로를 건설할 때 어떤 번거로운 문제에 부딪쳤는가？

　　A 호랑이를 만났다
　B 한 빌딩이 고속 도로를 막았다
　　C 빌딩을 우회해야 했다
　　D 빌딩을 폭파해 버려야 했다

🔍 해설　'一座名为"蜂窝"的办公楼好像一只拦路的老虎，正好挡在了规划线上'에서 '호우까'라는 빌딩이 마치 호랑이처럼 고속 도로를 막고 있다는 것을 알 수 있다. C의 빌딩을 우회해야 한다는 것과 D의 빌딩을 폭파해 버려야 한다는 것은 이 문제를 해결하려는 방법에 속하는 것이다.

정답_ B

097

最初，人们想怎么解决这个问题？

　　A 穿过大楼
✓ B 炸毁大楼
　　C 绕过大楼
　　D 重新规划

처음에 사람들은 이 문제를 어떻게 해결하려고 했는가？

　　A 빌딩을 통과하려고 했다
　B 빌딩을 폭파해서 없애려고 했다
　　C 빌딩을 우회하려고 했다
　　D 다시 계획했다

🔍 해설　'权衡再三后，大伙儿一致决定炸毁"蜂窝"大楼'에서 빌딩을 폭파해서 없애는 것으로 문제를 해결하려고 했다는 것을 알 수 있다.

정답_ B

098

怎样理解文中画线句子？

　　A 大家都非常高兴
　　B 大家都反对长谷川的建议
　　C 大家觉得长谷川是一个聪明的人
✓ D 长谷川的建议让大家一下子明白过来了

밑줄 친 문장을 어떻게 이해할 수 있는가？

　　A 모두들 매우 기뻐했다
　　B 모두들 하세가와의 건의를 반대했다
　　C 모두들 하세가와가 총명한 사람이라고 생각했다
　D 하세가와의 건의는 모두로 하여금 모든 것을 이해하게끔 했다

🔍 해설　'顿时，所有人都恍然大悟'에서 '恍然大悟'는 '문득 모든 것을 깨치다，갑자기 모두 알게 되다'의 뜻이므로 하세가와의 건의가 모두를 이해하게끔 했다는 것을 알 수 있다.

정답_ D

099

人们为什么称赞这个创意?
- A 因为是长谷川提出来的
- ✔B 因为公路和大楼融合得巧妙而完美
- C 因为这幢建筑成为大阪的城市象征
- D 因为这座建筑属于"后现代建筑"

사람들은 왜 이 창의적인 생각을 칭찬했는가?
- A 하세가와가 제시한 것이기 때문에
- B 고속 도로와 빌딩이 교묘하고 아름답게 어우러져 있기 때문에
- C 이 건축물이 오사카의 상징이 되었기 때문에
- D 이 건축물이 '미래의 현대 건축'에 속하기 때문에

 '两者融合得是那么巧妙而完美！人们不禁啧啧称赞'에서 고속 도로와 빌딩이 교묘하고 아름답게 어우러졌기 때문에 사람들이 칭찬했다는 것을 알 수 있다.

정답 B

100

关于本文，下列哪项正确?
- A 当问题出现时，大家别无选择
- B 当初，大家比较了三次，都认为应该炸毁大楼
- C 这幢建筑成为大阪唯一的城市象征
- ✔D 很多人来参观这幢建筑

본문에 관해 아래 보기 중 맞는 것은?
- A 문제가 발생할 때 모두들 선택할 것이 없었다
- B 처음에 모두 세번 비교하고, 빌딩을 폭파해서 없애야 한다고 생각했다
- C 이 건축물은 오사카의 유일한 상징이 되었다
- D 많은 사람들이 이 건축물을 보러 온다

 '很快，这幢建筑成为大阪的城市象征，每年都吸引着无数游客前来观光'에서 이 건물은 오사카 시의 상징물이 되어 많은 사람들이 이 건축물을 보러 온다는 것을 알 수 있다.

정답 D

三、书写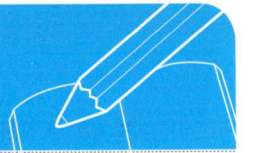

101 다음 글을 읽고 내용을 400자 내외로 간략하게 정리하여 쓰세요.

제목 짓기

이 글의 가장 핵심 문장인 '让好人心烦的事, 就该烂在肚子里—辈子也不能说'를 줄여서 '一切尽在不言中(모든 것은 마음속에)'라고 제목을 지을 수도 있으며, 이외에 이 글 전체를 아우를 수 있는 키워드인 '淘气无罪'나 '让好人心烦的事, 就该烂在肚子里' 등을 직접 제목으로 삼을 수도 있다.

101-1 새총 사건을 얘기하는 남편

多年前, 一对新婚夫妻蜜月旅游, 来到一个风景名胜之地。妻子说:"这个地方我来过, 而且留下了很深的印象。"丈夫说:"我也是。"于是两个人坐下来, 决定每人谈一件有关此地的往事。

夫说他小时候很淘气, 喜欢用弹弓打鸟。七八岁时, 父母带着他到这里旅游, 他见山上的翠林中有一只夺目得像火焰一样的黄鹂, 在枝叶中时隐时现, 于是便从衣袋里掏出弹弓。随后, 他果真打中了那只鸟。可惜, 那只受伤的鸟到底还是艰难地飞到了山坡下。

몇 해 전 한 쌍의 부부가 신혼여행으로 어느 명승고적에 갔다. 부인이 말했다. "나는 이곳에 와 본 적이 있어요, 아주 깊은 인상을 남겼죠." 남편도 말했다. "나도 와 본적이 있어." 그래서 두 사람은 앉아서 각자 이곳에 관한 옛이야기를 하나씩 말하기로 하였다.

남편은 말하기를 그는 어릴 때 매우 장난이 심해서 새총으로 새를 잡기를 좋아했다고 했다. 7, 8살 때 부모님이 그를 데리고 이곳에 여행을 왔는데 그는 산속의 숲에서 화염처럼 눈이 부시는 꾀꼬리가 나뭇잎 사이로 보일까 말까 하는 것을 발견하고 호주머니에서 새총을 꺼냈다. 그는 정말로 그 새를 쏘아 맞혔다. 아쉽게도 그 상처 입은 새는 산비탈로 힘겹게 날아가 버렸다.

단어 新婚 xīnhūn 동 신혼하다, 막 결혼하다 | 蜜月 mìyuè 명 밀월, 허니문 | 名胜 míngshèng 명 명승지 | 印象 yìnxiàng 명 인상 | 淘气 táoqì 형 장난이 심하다, 말을 듣지 않다 | 弹弓 dàngōng 명 탄궁, 탄알을 쏘는 활 | 翠 cuì 형 비취색의, 청록색의 | 夺目 duómù 형 (불빛·광선 등이) 눈부시다 | 火焰 huǒyàn 명 화염, 불꽃 | 黄鹂 huánglí 명 꾀꼬리 | 枝叶 zhīyè 명 가지와 잎 | 衣袋 yīdài 호주머니 | 掏出 tāochū 동 꺼내다, 끄집어 내다 | 随后 suíhòu 부 뒤따라, 뒤이어 | 可惜 kěxī 형 섭섭하다, 아쉽다 | 受伤 shòushāng 동 부상당하다 | 艰难 jiānnán 형 곤란하다, 어렵다 | 山坡 shānpō 명 산비탈

해설 이 단락의 중심 내용은 신혼여행을 간 그 장소는 남편이 어렸을 때 왔던 장소로 장난이 심했던 그가 새총으로 새를 쐈지만 놓쳤다는 이야기를 부인에게 하는 내용이다. 대부분의 글은 앞부분과 뒷부분에 중요한 내용이 들어간다. 이때 줄거리와 관계가 없는 수식하는 문장들은 빼야 한다. 예를 들어 '而且留下了很深的印象' 문장은 줄거리와 관계가 없기 때문에 빼야 하고, '他见山上的翠林中有一只夺目得像火焰一样的黄鹂, 在枝叶中时隐时现'에서도 수식하는 관형어, 부사어를 생략해서 '山中有一只很漂亮的黄鹂鸟'라고 줄이면 된다. 그 외에 나머지 부분은 일어난 일을 설명하는 것이므로 꼭 들어가야 하는 부분이다.

一对新婚夫妇来到一个风景名胜之地度蜜月。妻子对丈夫说"这个地方我来过。"丈夫说: "我也来过"。丈夫说他以前曾来过这里旅游, 看见山中有一只很漂亮的黄鹂鸟, 于是就拿起弹弓打那只鸟, 结果真的打中了。可惜, 那只受伤的黄鹂鸟还是艰难地飞到了山坡下。

101-2 부인이 얘기한 새총 사건 뒷 이야기

生活中，这不过是件小事。然而妻却很认真地频频追问此事发生在何年、何月、何日、何时。夫只将妻的询问看成是她的执著，没有深想。

但妻在细问了那件事后，随即说："也许你讲的只是个随随便便的故事。如果你有兴趣，我可以为你续说下面的事。"

丈夫很高兴，连说："好！好！好！希望你发挥得像精彩的小说，像传奇故事……"

妻说道：那只美丽的鸟受了伤，艰难地往山下飞一阵、歇一下。恰巧被一个看林人发现了，他为了把这只伤鸟救回去养伤，匆匆地追在后面。但在追到山旁的一个石崖时，由于失神，跌落进山涧里。幸亏被粗树枝拦了一下，保住了命，却失去了一条腿，一只眼睛也因为被树枝弄伤而失明了。

夫说这个故事太平常，不精彩，随即打了哈欠。此后多年，妻也没再提及此话题。

생활에서 이것은 단지 사소한 일이었다. 그러나 부인은 아주 진지하게 자꾸 그 이야기가 몇 년도, 몇 월, 며칠, 몇 시에 발생했는지를 꼬치꼬치 캐물었다. 남편은 그저 그녀가 물어보는 것이 그냥 집착 때문이라 생각하고 더 깊이 생각하지 않았다.

그러나 부인은 상세하게 그 이야기를 물어본 후 "아마 당신이 한 이야기는 단지 별일 아닌 이야기일 거예요. 만일 당신이 흥미가 있다면 제가 계속해서 그 이후의 일을 이야기해 볼게요."라고 말했다.

남편은 매우 기뻐하면서 "좋아! 좋아! 좋아! 당신이 흥미로운 소설이나 전기적인 이야기처럼 엮어 나가길 바라오."라고 말했다.

부인은 이야기하기 시작했다. 그 아름다운 새는 부상을 입은 후 힘겹게 산 아래로 날아가다가 잠시 쉬고 있었어요. 이때 숲을 지키는 사람에게 발견되었고, 그는 이 부상당한 새를 구해 상처를 고쳐주기 위하여 급히 새를 뒤쫓아갔어요. 그러나 산 옆에 절벽까지 쫓아갔을 때 부주의하여 산비탈로 굴러 떨어졌어요. 다행히 굵은 나뭇가지에 걸려서 목숨은 구했지만 다리 하나를 잃었고 한쪽 눈도 나뭇가지에 찔려서 실명하게 되었어요.

남편은 이 이야기가 너무 평범하고 재미없다며 하품까지 하였다. 그 이후 여러 해 동안 부인은 이 이야기를 다시는 언급하지 않았다.

단어 频频 pínpín 🔹 빈번히, 자꾸 | 追问 zhuīwèn 🔹 꼬치꼬치 캐묻다 | 询问 xúnwèn 🔹 알아보다 | 执著 zhízhuó 🔹 집착하다 | 随即 suíjí 🔹 바로 | 随随便便 suísuíbiànbiàn 🔹 신경 쓰지 않다 | 发挥 fāhuī 🔹 발휘하다 | 传奇 chuánqí 🔹 전기적이다 | 恰巧 qiàqiǎo 🔹 때마침, 공교롭게도 | 养伤 yǎngshāng 🔹 상처를 치료하고 휴양하여 건강을 회복시키다 | 匆匆 cōngcōng 🔹 매우 급한 모양, 총총하다 | 崖 yá 🔹 절벽, 낭떠러지 | 失神 shīshén 🔹 소홀히 하다, 부주의하다 | 跌落 diēluò 🔹 (물체가) 떨어지다 | 山涧 shānjiàn 🔹 계곡을 흐르는 물, 개울 | 幸亏 xìngkuī 🔹 다행히, 요행으로 | 树枝 shùzhī 🔹 나뭇가지 | 失明 shīmíng 🔹 실명하다, 눈이 멀다 | 哈欠 hāqian 🔹 하품

해설 이 단락의 중심 내용은 부인이 남편이 이야기한 내용을 근거로 뒷 이야기를 서술하는 부분이다. 이 부분은 본문의 형식과 좀 다르게 서술하면 좋다. 본문에서는 다리와 눈을 다친 사람이 부인의 삼촌이라고 언급하지 않고, 글을 더 읽어야만 알 수 있게 썼지만, 요약을 할 때는 삼촌이라는 것을 직접적으로 언급하는 것이 좋다. 본문처럼 글을 더 읽어서 독자로 하여금 유추해 낼 수 있게 쓰려면 인물들 사이의 사건과 과정을 더 자세하게 묘사해야 하지만 400자로 요약을 해야 할 경우에는 이런 방식으로는 내용을 충분히 전달할 수 없기 때문이다. 따라서 '然而, 真实的情况是这样的'라고 하고 뒤에 부인이 새를 구하기 위해서 자신의 삼촌이 다친 과정을 적어야 한다.

这只不过是一件很小的事，然而妻子却很认真地追问这件事发生的具体时间。丈夫对此并未多想。然而，真实的情况是这样的：那只美丽的鸟受了伤，艰难地往山下飞。恰巧一个看林人发现了，他为了救这只伤鸟，在后面匆匆地追赶。但在追到山旁的一个石崖时，由于失神，跌落进山涧里。幸亏被粗树枝拦了一下，保住了命，却失去了一条腿，一只眼睛也因为被树枝弄伤而失明了。而这个人就是妻子的舅舅。妻子并未把真相告诉丈夫。

101-3 삼촌의 방문

多年过去了。一天，妻子在外地的舅舅来探亲，住在这对夫妇的家里。他是一个残疾人——有一只眼睛是瞎的。夫要陪舅舅到城里转转，妻说："千万不要让我舅舅累着，因为他的一条腿是假的。"丈夫细一查看，果然。

他问："舅舅的眼睛和腿都是怎么受伤的？"

舅舅漫不经心地笑着说："小事一桩，不值一提！当年，无非是哪个小孩子淘气，用什么小石子……"

刚说到这里，妻子就拦下了，岔开了话题。因为没有专门提到那只鸟，丈夫自然也就没想到其他的事。住了几天，舅舅准备回老家，妻子对丈夫说："舅舅由于当年受伤，成了残疾人，生活自然很困难。我每月都给他寄一些生活费，你从来没有计较过。我很感谢你。"

丈夫说："什么话！你每月从自己的工资中寄给别人一点钱，我认为一定有你的理由，何必要问！"

舅舅自然也说了几句感谢话，丈夫连忙拦住，并为舅舅准备了很多东西和一些钱。舅舅坚持不收，最后还是推脱不掉。

몇 해가 지난 어느 날 외지에 살던 부인의 외삼촌이 찾아오셨다. 그는 한쪽 눈이 실명한 장애인이었다. 남편은 외삼촌을 모시고 시내 구경을 하려 하였다. 부인은 "외삼촌을 절대 피곤하게 해서는 안돼요. 외삼촌의 한쪽 다리는 의족이니까요."라고 말했다. 남편이 자세히 보니 정말 의족이었다.

남편이 물었다. "외삼촌의 눈과 다리는 어떻게 해서 부상을 입으신 겁니까?" 외삼촌은 대수롭지 않은 듯 웃으면서 말했다. "보잘것없는 일이어서 꺼내기가 그렇네. 이전에 어떤 아이가 장난으로 작은 돌로……" 여기까지 말하자 부인은 말을 막고 화제를 돌렸다. 이야기가 새까지 언급되지 않았기 때문에 남편은 자연히 그 이야기를 생각지 못했다. 며칠 뒤 외삼촌은 고향으로 돌아갈 준비를 하셨다. 부인이 남편에게 말했다. "외삼촌은 옛날에 부상을 입어 장애인이 되셔서 당연히 생활이 매우 어려우세요. 제가 매달 생활비를 조금씩 부쳤는데 당신은 한번도 저에게 따지지 않았어요. 정말 고마워요."

남편이 말했다. "무슨 말을! 당신이 매달 자신의 월급에서 다른 사람에게 돈을 부쳐 주는데 분명히 그럴만한 이유가 있을거라고 생각하였소. 물어볼 필요가 뭐가 있겠소."

외삼촌은 자연스럽게 몇 마디 감사의 말을 하자 남편은 황급히 말리며 외삼촌을 위하여 많은 물건과 돈을 준비하였다. 외삼촌은 받지 않으려 했지만 결국 사양할 수 없었다.

단어 舅舅 jiùjiu 몡 외숙, 외삼촌 | 探亲 tànqīn 동 가족(친척)을 방문하다 | 残疾 cánjí 몡 장애우, 장애인 | 瞎 xiā 동 눈이 멀다, 실명하다 | 漫不经心 mànbùjīngxīn 솅 전혀 아랑곳하지 않다 | 无非 wúfēi 분 단지, 단지 ~에 지나지 않는다 | 岔开 chàkāi 동 (시간을) 엇갈리게 하다, (화제를) 딴 데로 돌리다 | 计较 jìjiào 동 따지다, 계산하여 비교하다 | 推脱 tuītuō 동 전가하다, 회피하다

해설 이 단락의 주요 내용은 삼촌이 방문했다는 것과 부인이 삼촌을 위해 돈을 부친 일에 대해 남편은 아주 관대하게 대하며 삼촌과 잘 지낸다는 내용이다. 그래서 이 단락을 요약하는데는 '很多年过去了。妻子的这个舅舅来看他们，舅舅和丈夫相处得很好。'라는 문장이면 충분하다.

很多年过去了。妻子的这个舅舅来看他们，舅舅和丈夫相处得很好。

101-4 진실을 알게된 삼촌과 그 일에 대처하는 삼촌의 태도

舅舅临走时，外甥女故意问舅舅："舅，假如你找到了当初使你受伤的那个孩子，你会怎样做？"

舅舅仍是大度地笑着说："小孩子嘛！淘气无罪！何况又与我的受伤没有必然关系……"舅舅回家了。

妻从来不提往事，因为她怕那事一经披露，有可能加重丈夫的负罪之情。何况，夫确实无辜。又过了一段时间，妻子出差，绕道探望了舅舅。她向舅舅"披露"了当年往事的内情。舅舅只是又一次笑着说："哈哈哈……可信，可信。我看得出，这小子是聪明孩子，小时候一定格外淘气……"

外甥女说，她打算把这件事的真相告诉丈夫。"你要是说了那事，我可不饶你！"舅舅真的生气了，"无法挽回的事何必反复絮叨！有瘾呀！哼！"

就在这时，邮递员送来了一张邮件通知单，上面写的是一只假肢。从假肢的牌子，舅舅知道其价格的昂贵。舅舅叹了口气说："这孩子很有心。当初他反复端详我的假肢，原来是为了……"

外甥女走时，舅舅一再叮嘱："记住！让好人心烦的事，就该烂在肚子里一辈子也不能说！答应我！"

外甥女点了点头。

외삼촌이 떠나기 전 조카는 일부러 외삼촌에게 물었다. "외삼촌, 만약 지금 그 당시 외삼촌에게 부상을 입힌 그 아이를 찾는다면 어떻게 하시겠어요?" 외삼촌은 대범하게 웃으면서 "어린아이잖니! 장난은 죄가 없다! 하물며 나의 부상과 필연적인 관계도 없는데……"라고 말하고, 집으로 돌아가셨다.

부인은 지난 일을 다시는 꺼내지 않았다. 그녀는 그 일이 밝혀지면 남편에게 죄책감을 더하게 만들 것이다. 게다가 남편은 사실 무고했다. 그리고 또 시간이 흘렀다. 부인은 출장을 가면서 일부러 외삼촌을 보러 갔다. 그녀는 외삼촌에게 옛날 그 일의 '실상'을 이야기했다. 외삼촌은 또 웃으면서 말하였다. "하하하…… 믿어! 믿어! 나는 알아봤지. 그 애는 총명한 아이이고, 어릴 때 분명히 심한 장난꾸러기였을 것이라고……"

조카는 이 일의 진상을 남편에게 알려주겠다고 말했다. "네가 그 이야기를 말하면 난 너를 가만 두지 않을 거다!" 외삼촌은 매우 화를 내셨다. "다시 돌이킬 수 없는 일을 왜 자꾸 반복해서 이야기 하는 게냐! 속 시원하냐? 흥!"

바로 이때 배달부가 우편 통지서를 가져왔고, 거기엔 의족이라고 씌었었다. 의족의 상표를 보고 외삼촌은 비싼 것임을 알 수 있었다. 외삼촌은 탄식하면서 말하였다. "이 애는 생각이 깊어. 그때 자꾸 나의 의족을 살펴 보더니……"

조카가 떠날 때 외삼촌은 다시 한번 신신당부하였다. "명심해라! 좋은 사람의 마음을 상하게 하는 일은 자신의 맘 속에서 평생 썩더라도 말하면 안 된다. 대답하거라!"

조카는 고개를 끄덕였다.

단어 外甥女 wàishengnǚ 명 생질녀 | 披露 pīlù 동 드러내다, 나타내다 | 负罪 fùzuì 동 죄책감을 느끼다 | 无辜 wúgū 형 무고하다, 죄가 없다 | 绕道 ràodào 동 우회하다, 길을 돌아가다 | 探望 tànwàng 동 방문하다, 문안하다 | 真相 zhēnxiàng 명 진상, 실상 | 饶 ráo 동 용서하다 | 挽回 wǎnhuí 동 만회하다, 돌이키다 | 絮叨 xùdao 형 수다스럽다, 말이 많다 | 邮递员 yóudìyuán 우편집배원 | 假肢 jiǎzhī 명 (의수·의족 등과 같은) 의지 | 昂贵 ángguì 형 비싸다 | 端详 duānxiáng 명 일의 경위, 상세한 사정 | 叮嘱 dīngzhǔ 동 신신당부하다, 거듭(재삼)부탁하다 | 心烦 xīnfán 형 (마음이) 번거롭고 답답하다, 착잡하다 | 肚子 dùzi 명 마음, 내심, 머리 | 一辈子 yíbèizi 명 한평생, 일생

해설 이 단락의 주요 내용은 부인이 삼촌에게 일의 진상을 알렸고, 삼촌은 그 장난꾸러기 아이에게 어떠한 원망도 없으며 조카에게 이 일을 영원히 비밀로 할 것을 당부한다. 그 이유는 '让好人心烦的事，就该烂在肚子里一辈子也不能说.'으로 이 글의 결론으로 이런 포인트가 되는 문장은 반드시 외워야 한다. 남편이 좋은 사람이라는 것을 설명하기 위해 본문에서는 부인이 삼촌에게 돈 부치는 것에 대해 관대하게 대하거나, 남편이 삼촌을 위해 의족을 사서 부친 것을 예를 들었지만 요약을 할 때는 과감하게 생략해 버리는 게 좋다.

为了不让丈夫有负罪感，妻子并未告诉丈夫事情的真相。同时，妻子也知道了舅舅并没有因为此事而痛恨当年用弹弓打鸟的那个小孩。后来，妻子再去探望舅舅的时候，她把真相告诉了舅舅。舅舅很平静，但当他得知外甥女要把这个事情告诉她的丈夫时，他坚决反对。因为舅舅觉得："让好人心烦的事，就该烂在肚子里一辈子也不能说。"

一切尽在不言中

　　一对新婚夫妇来到一个风景名胜之地度蜜月。妻子对丈夫说"这个地方我来过。"丈夫说:"我也来过。"

　　丈夫说他以前曾来过这里旅游,看见山中有一只很漂亮的黄鹂鸟,于是就拿起弹弓打那只鸟,结果真的打中了。可惜,那只受伤的黄鹂鸟还是艰难地飞到了山坡下。

　　这只不过是一件很小的事,然而妻子却很认真地追问这件事发生的具体时间。丈夫对此并未多想。然而,真实的情况是这样的:那只美丽的鸟受了伤,艰难地往山下飞。恰巧一个看林人发现了,他为了救这只伤鸟,在后面匆匆地追赶。但在追到山旁的一个石崖时,由于失神,跌落进山涧里。幸亏被粗树枝拦了一下,保住了命,却失去了一条腿,一只眼睛也因为被树枝弄伤而失明了。而这个人就是妻子的舅舅。

　　妻子并未把真相告诉丈夫。

　　很多年过去了。妻子的这个舅舅来看他们,舅舅和丈夫相处得很好。为了不让丈夫有负罪感,妻子并未告诉丈夫事情的真相。同时,妻子也知道了舅舅并没有因为此事而痛恨当年用弹弓打鸟的那个小孩。后来，妻子再去探望舅舅的时候，她把真相告诉了舅舅。舅舅很平静，但当他得知外甥女要把这个事情告诉她的丈夫时，他坚决反对。因为舅舅觉得："让好人心烦的事，就该烂在肚子里一辈子也不能说。"

모든 것은 마음속에

　　신혼부부가 어느 명소로 신혼여행을 보내러 왔다. 부인이 남편에게 말했다. "이곳에 와 본 적 있어요." 남편도 말했다. "나도 와 본 적 있어."

　　남편은 예전에 이곳에 여행을 왔었는데 산속에서 아름다운 꾀꼬리를 한 마리 보았다고 한다. 그래서 새총을 꺼내어 새를 쏘았고, 정말로 그 새를 쏘아 맞혔는데, 아쉽게도 부상당한 새는 산비탈로 날아가 버렸다고 했다.

　　이것은 아주 사소한 일이었는데 부인은 진지하게 그 일이 발생한 구체적인 시간을 물었다. 남편은 이것에 대해 별로 개의치 않았다. 그러나 실제상황은 이러했다. 그 아름다운 새는 부상당한 후 간신히 산 아래로 날아갔다. 때마침 숲을 지키는 사람한테 발견되었고, 그는 새를 구하기 위하여 황급히 새를 쫓아갔다. 그러나 산 옆 벼랑까지 쫓다가 부주의하여 산비탈에서 굴러 떨어졌다. 다행히도 굵은 나뭇가지에 걸려서 목숨은 구했지만, 다리 하나를 잃었고 눈 한쪽을 나뭇가지에 찔려서 실명하게 되었다. 이 사람이 바로 부인의 외삼촌이었다.

　　부인은 이 사실을 남편한테 알리지 않았다.

　　여러 해가 지나고 부인의 외삼촌이 그들을 보러 왔다. 외삼촌하고 남편은 사이가 아주 좋았다. 남편으로 하여금 죄책감을 느끼지 않게 하기 위하여 부인은 남편에게 사건의 진상을 알리지 않았다. 동시에 부인은 외삼촌이 당시에 새총으로 새를 쏘았던 그 아이를 원망하지 않는다는 사실을 알게 되었다. 그 후 부인은 외삼촌을 방문했을 때 일의 진상을 외삼촌한테 알려주었다. 외삼촌은 아주 담담해 하셨다. 그러나 그는 조카가 이 사실을 자기 남편한테 알리려는 것을 알자 단호하게 반대하였다. 삼촌은 "좋은 사람의 마음을 상하게 하는 일은 자신의 맘 속에서 썩더라도 평생 말하면 안 된다."라고 생각했기 때문이다.

新HSK 모의고사 6級

2회 해설

一、听力

第一部分

● 1~15번 문제 : 들려주는 내용과 일치하는 것을 고르세요.

001

丈夫和妻子在聊天。妻子说："以前你每天送我一束玫瑰，怎么现在连一朵都不送了？"丈夫说："我问你，一个渔夫钓到鱼后，是否还要继续喂它饵呢？"

A 以前丈夫喜欢钓鱼
✓ B 以前丈夫想追求妻子
C 现在丈夫不喜欢妻子
D 现在丈夫没有饵了

남편과 아내가 이야기를 하고 있다. 아내가 말했다. "예전에 당신은 매일 나에게 장미꽃 한다발을 선물했었는데, 어째서 지금은 한 송이도 주지 않나요?" 남편이 말했다. "당신에게 하나 물어볼게, 어부가 물고기를 잡은 후에도 먹이를 계속 주려고 할 것 같아?"

A 이전에 남편은 낚시를 좋아했다
B 이전에 남편은 아내를 따라다녔다
C 지금 남편은 아내를 사랑하지 않는다
D 지금 남편은 미끼가 없다

단어 丈夫 zhàngfu 명 남편 | 妻子 qīzi 명 아내 | 玫瑰 méigui 명 장미꽃 | 连 lián 전 ~조차도, ~마저도 | 朵 duǒ 양 송이, 조각 | 渔夫 yúfū 명 어부 | 钓 diào 동 낚다, 낚시질하다 | 是否 shìfǒu 부 ~인지 아닌지 | 继续 jìxù 동 계속하다, 끊임없이 하다 | 喂 wèi 동 먹이를 주다, 사양하다 | 饵 ěr 명 낚시의 미끼

해설 남편이 예전에 부인에게 매일 장미꽃 한다발을 선물한 것으로 보아 남편이 아내를 따라다녔다는 것을 알 수 있다.

정답_ B

002

妻子在缝衣服，丈夫在一边不时发表意见："慢点儿……，小心点儿……，你的针没有拿好……，把布向左边拉……，停一下……"妻子生气地说："你干嘛要妨碍我，我会缝！"丈夫说："你当然会，我只是想让你体验一下，我开车时听你说话的那种感觉。"

✓ A 妻子很啰嗦
B 丈夫不爱妻子
C 丈夫很啰嗦
D 丈夫不喜欢开车的感觉

아내가 옷을 꿰매고 있는데, 남편이 한쪽에서 갑자기 의견을 냈다. "천천히……, 조심해……, 당신 바늘을 잘못 잡았어……, 천을 왼쪽으로 당겨……, 좀 멈춰……" 아내는 화가 나서 말했다. "당신 왜 나를 방해해요? 나 바느질할 줄 안다구요!" 남편이 말했다. "당신은 당연히 할 줄 알지. 나는 그저 당신이 체험하게 하고 싶을 뿐이야. 내가 운전할 때 당신이 하는 말을 듣는 그런 느낌을!"

A 아내는 아주 수다스럽다
B 남편은 아내를 사랑하지 않는다
C 남편은 아주 수다스럽다
D 남편은 운전하는 느낌을 좋아하지 않는다

단어 缝 féng 동 깁다, 바느질하다 | 发表 fābiǎo 동 (의견을 단체나 사회에) 발표하다 | 针 zhēn 명 바늘 | 布 bù 명 천, 베 | 拉 lā 동 끌다, 당기다 | 妨碍 fáng'ài 동 지장을 주다, 방해하다 | 体验 tǐyàn 명동 체험(하다) | 开车 kāichē 동 차를 몰다, 운전하다 | 啰嗦 luōsuo 동 수다 떨다, 잔소리 하다

해설 남편이 부인에게 '我只是想让你体验一下，我开车时听你说话的那种感觉'라고 말한 것으로 보아 남편이 운전할 때 부인이 잔소리를 했음을 알 수 있다.

정답_ A

003

看电视时，人的眼睛与电视要保持一定的距离。这个距离的长度要根据电视机荧光屏的尺寸大小来决定。一般来说，眼睛与电视的距离是电视机高度的7-8倍。看电视时除了要保持一定距离以外，还要注意人眼的高度应该高于荧光屏3-5厘米，这样眼睛才不会感觉疲劳。

A 看电视要离得很近
B 看电视伤害眼睛
✓ C 看电视时要保持一定距离
D 看电视要尽可能远

TV를 볼 때, 사람의 눈은 TV와 일정한 거리를 유지해야 한다. 이 거리의 길이는 TV 화면의 크기를 기준으로 결정된다. 일반적으로 말하면 눈과 TV의 거리는 TV 높이의 7~8배이다. TV를 볼 때 일정한 거리를 유지하는 것 외에도, 또 사람 눈의 높이가 화면보다 3~5cm 높아야 한다는 것을 주의해야 하는데, 이렇게 해야만 눈이 피로감을 느끼지 않는다.

A TV를 아주 가까이에서 봐야 한다
B TV를 보면 눈이 나빠진다
C TV를 볼 때 일정한 거리를 유지해야 한다
D TV를 볼 때 가능한 한 멀어야 한다

단어 眼睛 yǎnjing 명 눈 | 保持 bǎochí 동 (지속적으로) 유지하다, 지키다 | 距离 jùlí 명 거리, 간격 | 根据 gēnjù 전 ~에 의거하여 | 荧光屏 yíngguāngpíng 명 형광판 | 倍 bèi 양 배, 곱절 | 高度 gāodù 형 정도가 매우 높다 | 高于 gāoyú 형 ~보다 높다 | 厘米 límǐ 양 센티미터 | 疲劳 píláo 형 피곤(피로·노곤)하다, 지치다

해설 '看电视时，人的眼睛与电视要保持一定的距离'에서 TV를 볼 때는 일정한 거리를 유지해야 한다는 것을 알 수 있다.

정답_C

Tip '与'의 용법

접속사	전치사
1. ~와(과) = 和 → 성질이 같은 단어나 구조가 비슷한 구를 연결하여 병렬 관계를 나타냄. 电影与戏剧都属于艺术。 영화와 연극도 모두 예술에 속한다. 2. ~거나, 또는 = 或 → 성질이 같은 단어나 구조가 비슷한 구를 연결하여 선택 관계를 나타냄. 参加与不参加，我自己决定，你别管我。 참가하든 안 하든 내가 스스로 결정할 거야. 너 관여하지 마.	~와(과), ~함께 = 跟, 同 → 동작이나 행위와 관련 있는 대상을 이끌어 냄. 今年的情况与去年不同。 올해의 상황은 작년과 다르다.

004

有时候，人的眼皮会无缘无故地跳起来，这是由于眼睛周围的肌肉受到刺激而引起的。例如，看书时间太长，眼睛过度疲劳，会引起眼皮跳；失眠或者睡觉时间太少，也会引起眼皮跳；有些人喜欢抽烟、喝酒，眼睛受刺激，眼皮也会跳。一般来说，眼皮跳时，只要闭上眼睛休息一会儿就没事了。

A 保护好眼睛就不会跳
B 眼皮跳是因为抽烟
C 眉毛受到刺激有时会跳
✓ D 眼皮受到刺激有时会跳

간혹 사람의 눈꺼풀은 아무 이유도 없이 경련이 일어나기도 하는데 이것은 눈 주위의 근육이 자극을 받아서 일어나는 것이다. 예를 들면 책 보는 시간이 너무 길면 눈은 과도하게 피로해져 눈꺼풀에 경련이 일어나기도 하고, 잠을 이루지 못하거나 수면 시간이 너무 적어도 역시 눈꺼풀에 경련이 일어난다. 일부 흡연이나 음주를 좋아하는 사람들도 눈에 자극을 받아 눈꺼풀에 경련이 일어날 수 있다. 일반적으로 눈꺼풀에 경련이 일어날 때는 눈을 감고 잠시의 휴식을 취하면 곧 괜찮아진다.

A 눈을 잘 보호하면 경련이 일어나지 않는다
B 눈꺼풀에 경련이 일어나는 것은 담배를 피기 때문이다
C 눈썹이 자극을 받으면 간혹 경련이 일어난다
D 눈꺼풀에 자극을 받으면 간혹 경련이 일어난다

단어 眼皮 yǎnpí 명 눈꺼풀 | 无缘无故 wúyuánwúgù 성 아무런 이유(원인)도 없다, 조금의 이유도 없다 | 跳 tiào 동 (심장·눈꺼풀 등이) 두근거리다, 부르르(부들부들) 떨다 | 周围 zhōuwéi 명 주위, 주변 | 肌肉 jīròu 명 근육 | 刺激 cìjī 명 (정신적) 자극, 충격 | 例如 lìrú 동 예(보기)를 들다, 예를 들면 | 过度 guòdù 형 과도하다, 지나치다 | 失眠 shīmián 동 잠을 이루지 못하다 | 闭 bì 동 닫다, 다물다 | 眉毛 méimao 명 눈썹

해설 '人的眼皮会无缘无故地跳起来，这是由于眼睛周围的肌肉受到刺激而引起的'에서 가끔 아무 이유 없이 눈꺼풀 주위에 경련이 일어나는데 이는 근육에 자극을 받아서 일어나는 것임을 알 수 있다.

정답 D

Tip	꼭 알아 두어야 할 한자성어 1
得天独厚 détiāndúhòu	우월한 자연 조건을 갖고 있다
东张西望 dōngzhāngxīwàng	여기저기 두리번거리다
各抒己见 gèshūjǐjiàn	각자 자기의 의견을 발표하다
根深蒂固 gēnshēndìgù	기초가 튼튼하여 쉽게 흔들리지 않다
归根到底 guīgēndàodǐ	근본으로 돌아가다, 결국, 끝내
后顾之忧 hòugùzhīyōu	뒷걱정, 뒷근심
画蛇添足 huàshétiānzú	쓸데없는 짓을 하여 도리어 일을 잘못되게 하다
恍然大悟 huǎngrándàwù	문득 모든 것을 깨치다
急功近利 jígōngjìnlì	조급한 성공과 눈앞의 이익에만 급급하다
急于求成 jíyúqiúchéng	객관적인 조건을 무시하고 서둘러 목적을 달성하려 하다

005

水是人类赖以生存的特殊资源，没有水就没有生命。但是未来十年人类将面临的危机之一就是水危机。联合国预计，到2025年，将有近一半人口生活在缺水地区。水已经向人类敲响警钟。

A 水危机还很远
✓ B 水向人类敲响了警钟
C 2025年，1/4人口缺水
D 2025年还没有水危机

물은 인류가 생존을 위해 의지하는 특수한 자원으로 물이 없으면 곧 생명도 없다. 그러나 미래 10년 후에 인류가 직면할 위기 중의 하나가 바로 물의 위기이다. UN의 예측에 의하면, 2025년 절반에 가까운 인구가 물 부족 지역에서 생활하게 될 것이라고 한다. 물은 이미 인류에게 경종을 울렸다.

A 물의 위기는 아직 멀었다
B 물은 인류에게 경종을 울렸다
C 2025년에 인구의 4분의 1이 물이 부족할 것이다
D 2025에도 여전히 물의 위기는 없다

단어 赖以 làiyǐ 동 의지하다, 의존하다 | 生存 shēngcún 명동 생존(하다) | 特殊 tèshū 형 특수하다, 특별하다 | 资源 zīyuán 명 자원 | 面临 miànlín 동 직면하다, 당면하다 | 危机 wēijī 명 위기, 위험한 고비 | 预计 yùjì 동 예측하다 | 缺 quē 동 결핍되다, 부족하다 | 警钟 jǐngzhōng 명 경종 (주로 비유의 뜻으로 쓰임)

해설 '水已经向人类敲响警钟'에서 물이 이미 인류에게 경종을 울렸다는 것을 알 수 있다. 2025년에 인구의 반이 물이 부족한 지역에서 생활하게 될 것이라고 본문에서 말하고 있으므로 C는 틀린 것이다.

정답 B

006

毅力能够决定我们在面对困难、失败、诱惑时的态度，看看我们是倒下去了还是屹立不动。如果你想减轻体重，如果你想重振事业，如果你想把任何事做到底，单单靠一时的热情是不行的，你一定要具备毅力方能成事。

A 具备热情就会成功
✓ B 具备毅力才会成功
C 具备勇气才会成功
D 具备耐心才会成功

굳센 의지는 우리가 어려움과 실패와 유혹에 직면했을 때의 태도를 결정할 수 있는 것으로 쓰러지든지 아니면 꿋꿋하게 설 수 있는지를 알아볼 수 있다. 만약에 당신이 다이어트를 하려 하거나, 사업을 다시 일으키려 하거나, 어떤 일을 끝까지 하려고 한다면, 단지 일시적인 열정만으로 되는 것이 아니다. 당신은 반드시 굳센 의지를 갖추어야 비로소 일을 해낼 수 있다.

A 열정이 있으면 성공할 수 있다
B 강한 의지가 있어야 성공할 수 있다
C 용기가 있어야 성공할 수 있다
D 인내심이 있어야 성공할 수 있다

단어 毅力 yìlì 명 굳센 의지, 완강한 의지 | 能够 nénggòu 동 ~할 수 있다 | 失败 shībài 동 (일이나 사업을) 실패하다 | 诱惑 yòuhuò 동 꾀다, 유혹하다 | 倒下 dǎoxià 동 쓰러지다, 넘어지다 | 屹立 yìlì 동 꿋꿋하게 서 있다, 확고부동하다 | 减轻 jiǎnqīng 동 경감하다, 줄다 | 体重 tǐzhòng 명 체중, 몸무게 | 重振 chóngzhèn 동 다시 진작하다, 재차 가다듬다 | 事业 shìyè 명 사업 | 任何 rènhé 대 어떠한, 무슨 | 到底 dàodǐ 동 끝까지 ~하다 | 单单 dāndān 부 오직, 단지 | 热情 rèqíng 명 열정, 열의 | 具备 jùbèi 동 갖추다, 구비하다 | 方能 fāngnéng 동 비로소 ~할 수 있다

해설 '单单靠一时的热情是不行的，你一定得具备毅力方能成事'에서 단지 일시적인 열정만 있어서는 안 되고, 강한 의지가 있어야 성공할 수 있다는 것을 알 수 있다.

정답 B

007

人在紧急情况下，常常表现出特别大的力气。例如，在火灾、地震中，许多人往往会跳过平时不可能跳过的深沟或高墙，有人在紧急状态下甚至能搬起一块大石头。实际上这是人类的一种自我保护反应。身体在紧急情况下会提供大量的能量来解决困难。

- ✓ A 紧急情况下人有超常的力量
- B 人不能搬石头
- C 人的力气本来就很大
- D 人的力气本来很小

사람은 긴급한 상황에서 종종 아주 큰 힘을 발휘한다. 예를 들어 화재나 지진이 나면 많은 사람들이 종종 평상시에는 뛰어넘을 수 없는 깊은 골과 높은 담을 넘을 수 있으며, 어떤 사람은 심지어 긴급한 상황에서 큰 돌덩어리도 옮길 수가 있다. 실제로 이것은 인간의 자아 보호 반응의 일종이다. 몸은 긴급한 상황에서 큰 능력을 제공해서 어려움을 해결할 수 있게 한다.

- A 긴급한 상황에서 사람은 평상시보다 뛰어난 역량이 생긴다
- B 사람은 돌을 옮길 수 없다
- C 사람의 힘은 원래 아주 크다
- D 사람의 힘은 원래 아주 작다

단어 紧急 jǐnjí 형 긴급하다, 절박하다 | 力气 lìqi 명 힘, 역량 | 火灾 huǒzāi 명 화재 | 地震 dìzhèn 명 지진 | 沟 gōu 명 골, 고랑 | 甚至 shènzhì 부 심지어, ~까지도 | 搬 bān 동 옮기다, 운반하다 | 石头 shítou 명 돌 | 实际上 shíjìshang 부 사실상, 실제로 | 自我保护 zìwǒ bǎohù 자아 보호, 자기방어 | 反应 fǎnyìng 명 반응 | 提供 tígōng 동 제공하다, 공급하다

해설 '身体在紧急情况下会提供大量的能量来解决困难'에서 사람의 신체는 긴박한 상황에서 큰 힘을 내어 어려움을 해결할 수 있게 한다는 것을 알 수 있다.

정답 **A**

008

近年来，学者们提出"绿色建筑"的概念。这种建筑充分利用可回收材料和可再生能源，亲和自然，尽量做到不破坏环境和文化传统，保护居住者健康，充分体现了人类回归自然的理念。

- A 绿色建筑是在森林里
- B 绿色建筑是不科学的
- C 绿色建筑就是绿色的建筑
- ✓ D 绿色建筑有益健康

근래에 학자들은 '친환경 건축'의 개념을 제의하였다. 이런 건축물은 재활용 자재와 재생할 수 있는 에너지를 충분히 이용하여 자연 친화적이며, 가능한 한 환경과 문화 전통을 파괴하지 않고 만들어서, 거주자의 건강을 보호하고, 인간이 자연으로 회귀한다는 생각을 충분히 드러냈다.

- A 친환경 건축물은 숲 속에 있다
- B 친환경 건축물은 비과학적이다
- C 친환경 건축물은 녹색 건축물이다
- D 친환경 건축물은 건강에 유익하다

단어 提出 tíchū 동 제출하다, 제의하다 | 概念 gàiniàn 명 개념 | 建筑 jiànzhù 명 건축물 | 充分 chōngfèn 부 힘껏, 충분히 | 回收 huíshōu 동 회수하다, 회수하여 이용하다 | 材料 cáiliào 명 재료, 원료 | 亲和 qīnhé 형 (관계가) 친화하다, 사이좋게 잘 어울리다 | 尽量 jǐnliàng 부 가능한 한, 되도록 | 破坏 pòhuài 동 훼손시키다, 손해를 입히다 | 传统 chuántǒng 명 전통 | 居住 jūzhù 동 거주하다 | 体现 tǐxiàn 동 구현하다, 구체적으로 드러내다 | 回归 huíguī 동 회귀하다, (원래의 곳으로) 되돌아가다

해설 '尽量做到不破坏环境和文化传统，保护居住者健康'에서 친환경 건축물은 가능한 한 환경과 문화 전통을 파괴하지 않고, 거주자의 건강을 보호한다는 것을 알 수 있다.

정답 **D**

009

上地理课的时候，老师问：" 哪位同学知道世界上什么地方总是烟雾缭绕？" 吉米马上回答说："离我爸爸嘴边不远的地方！"

- A 吉米很笨
- B 爸爸非常生气
- ✓ C 吉米的爸爸喜欢抽烟
- D 吉米很爱他的爸爸

지리 수업 시간에 선생님이 물었다. "세계에서 늘 스모그 현상이 일어나는 곳이 어딘지 아는 학생?" 지미가 바로 대답했다. "우리 아빠 입가에서 멀지 않은 곳이요!"

- A 지미는 어리석다
- B 아버지는 매우 화가 났다
- **C 지미의 아버지는 담배 피는 것을 좋아한다**
- D 지미는 그의 아버지를 매우 사랑한다

단어 地理 dìlǐ 몡 지리 | 烟雾 yānwù 몡 연기, 스모그(smog) 등 | 缭绕 liáorào 통 빙빙 돌며 올라가다, 빙 돌며 휘감다 | 嘴边 zuǐbiān 몡 입가

해설 '烟雾缭绕'는 스모그 현상을 말하는데 '烟雾'가 연기를 가리키기도 한다. 늘 스모그 현상이 일어나는 곳이 어딘지 묻는 선생님의 질문에 지미가 '离我爸爸嘴边不远的地方'이라고 대답한 것으로 보아 지미의 아버지가 담배 피는 것을 좋아한다는 것을 알 수 있다.

정답_ C

010

书籍是人类的朋友。它向我们揭示了人类无法逾越的障碍和局限，并且记录了人的痛苦、幸福、愉悦和悲伤等种种复杂的心理，更毫无保留地提供给我们生活的启示。

- A 书籍有很多
- ✓ B 书籍是我们的朋友
- C 书不会给我们什么启示
- D 书给我们带来很多障碍

책은 사람의 친구이다. 그것은 우리에게 사람이 넘을 수 없는 장애와 한계를 보여주며, 또한 사람의 고통, 행복, 기쁨, 슬픔 등 각종 복잡한 심리를 기록하고, 더욱이 우리 생활에서 시사하는 것을 조금도 남김없이 제공해준다.

- A 책은 아주 많다
- **B 책은 우리의 친구이다**
- C 책은 우리에게 어떠한 시사도 줄 수 없다
- D 책은 우리에게 아주 많은 장애를 가져다 준다

단어 书籍 shūjí 몡 서적, 책 | 无法 wúfǎ 통 방법이(방도가) 없다, 할 수 없다 | 揭示 jiēshì 통 드러내어 보이다, 밝히다 | 逾越 yúyuè 통 뛰어넘다, 초과하다 | 障碍 zhàng'ài 몡 장애물, 방해물 | 局限 júxiàn 통 국한하다, 한정하다 | 痛苦 tòngkǔ 몡 고통, 아픔 | 愉悦 yúyuè 혱 기쁘다, 즐겁다 | 悲伤 bēishāng 혱 마음이 아프다, 몹시 슬퍼하다 | 毫无 háowú 통 조금도(전혀) ~이 없다 | 保留 bǎoliú 통 남겨 두다, 간직하다 | 启示 qǐshì 통 계시하다, 시사하다

해설 '书籍是人类的朋友'에서 책이 우리의 친구라고 말하고 있음을 알 수 있다.

정답_ B

011

人生不在于成就了多大的事业，而重在做好了什么。所以，见到茂密的树林，你只要无愧地做其中挺拔的一棵；见到无垠的蓝天，你只求无愧地做云彩中祥和的一朵。虽是一棵树，却能抗击风雨；虽是一朵云，却能装扮蓝天。这样的人生也就够了。

    A 人生在于成就了多大的事业
✓ B 人生在于你做好了什么
    C 成就事业就是成功
    D 能赚钱就是成功

인생은 얼마나 큰 일을 성취하느냐에 있지 않고, 어떤 일을 했느냐가 중요하다. 그래서 무성한 숲을 보면, 당신은 부끄러울 것 없이 그중에 우뚝 솟아 있는 한 그루 나무가 되고, 끝없이 푸른 하늘을 보면, 당신은 부끄러울 것 없이 구름 중에 상서로운 하나의 구름이 되기를 원한다. 비록 한 그루의 나무이지만 비바람의 공격을 이겨 낼 수 있고, 비록 하나의 구름이지만 푸른 하늘을 아름답게 꾸밀 수 있다. 이런 인생이라면 충분하다.

    A 인생은 얼마나 큰 일을 성취하느냐에 있다
    B 인생은 당신이 어떤 일을 했느냐에 있다
    C 일을 성취하는 것이 곧 성공이다
    D 돈을 벌 수 있는 것이 곧 성공이다

단어 不在于 búzàiyú 동 ~에 달려 있지 않다 | 茂密 màomì 형 빽빽이 무성하다(우거지다) | 无愧 wúkuì 동 부끄러울 것이 없다, 손색이 없다 | 挺拔 tǐngbá 형 우뚝하다, 곧추솟다 | 无垠 wúyín 형 끝이 없다 | 蓝天 lántiān 명 짙푸른 하늘 | 云彩 yúncai 명 구름, 꽃구름 | 祥和 xiánghé 형 상서롭고(경사스럽고) 평온하다(평안하다) | 抗击 kàngjī 동 저항하며 반격하다 | 装扮 zhuāngbàn 동 꾸미다, 장식하다

해설 '人生不在于成就了多大的事业，而重在做好了什么'에서 인생은 얼마나 큰 일을 성취했느냐가 중요한 것이 아니라 어떤 일을 했느냐가 중요하다고 말하고 있음 알 수 있다.

정답 B

012

《指环王》是一部典型的商业电影。它给观众全方位的视觉震撼和听觉享受，战争场面气势浩大，精灵王国如临仙境，但是故事情节却精显模式化，很难打动人心。而且有些镜头细节处理不当，使得该片的艺术性下降。这就是商业电影的模式。

✓ A 商业电影缺少艺术性
    B 商业电影不好看
    C 精灵王国不好看
    D 故事情节很不错

《반지의 제왕》은 한 편의 전형적인 상업 영화이다. 그것은 관중들에게 모든 방면에서 시각적 흥분과 청각적 즐거움을 주었다. 전쟁 장면의 스케일이 아주 거대했으며, 요괴 왕국은 마치 신비한 경지에 이른 것 같았지만, 이야기의 줄거리는 오히려 좀 형식적이어서, 사람의 마음을 감동시키기에는 부족했다. 게다가 어떤 장면들은 세부 묘사 처리가 적절하지 못해서, 이 영화의 예술성을 떨어뜨렸다. 이것이 바로 상업 영화의 패턴이다.

    A 상업 영화는 예술성이 부족하다
    B 상업 영화는 보기에 좋지 않다
    C 요괴 왕국은 보기에 좋지 않다
    D 이야기의 줄거리는 아주 좋다

단어 典型 diǎnxíng 형 전형적인 | 商业 shāngyè 명 상업, 비즈니스 | 观众 guānzhòng 명 관중, 시청자 | 全方位 quánfāngwèi 명 각 방면 | 震撼 zhènhàn 동 진동시키다, 흥분(감동)시키다 | 享受 xiǎngshòu 동 누리다, 향유하다 | 战争 zhànzhēng 명 전쟁 | 气势 qìshì 명 기세 | 浩大 hàodà 형 엄청나게 크다(많다), 성대하다 | 精灵 jīnglíng 명 정령, 요괴 | 仙境 xiānjìng 명 선경, 선계(仙界) | 情节 qíngjié 명 플롯(plot), 줄거리 | 模式化 móshìhuà 동 형식화(모식화·유형화·고정화)하다 | 打动 dǎdòng 동 감동시키다 | 镜头 jìngtóu 명 커트신(cut scene), 신(scene) | 细节 xìjié 명 섬세한 묘사 | 使得 shǐde 동 어떠한 결과를 불러일으키다, ~로 하여금 ~하게 하다 | 下降 xiàjiàng 동 (정도가) 떨어지다, 낮아지다

해설 '而且有些镜头细节处理不当，使得该片的艺术性下降。这就是商业电影的模式。'에서 이 영화의 어떤 장면은 세부 묘사 처리를 못해서 예술성을 떨어뜨렸으며, 이것이 상업 영화의 패턴이라고 말하는 것으로 보아 상업 영화는 예술성이 떨어진다는 것을 알 수 있다.

정답 A

013

人人都会出汗。出汗是人体的本能，是维持正常体温的一种方式。当天气炎热时，或者经过剧烈的体育运动以后，体内积聚了大量多余的热量，人体通过出汗就可以将这些热量带出体外，人也就感觉凉快了。

A 人在寒冷时也会出汗
B 出汗不利于健康
✓ C 出汗是人体本能
D 只有人类才出汗

사람들은 모두 땀을 흘린다. 땀을 흘리는 것은 인체의 본능으로 정상 체온을 유지하기 위한 방식이다. 날씨가 무더울 때 혹은 격렬한 체육 활동을 한 후에, 체내에는 다량의 불필요한 열량이 모인다. 인체는 땀을 흘림으로써 이 열량을 몸 밖으로 배출하게 되고, 이에 따라 사람은 시원함을 느끼게 된다.

A 사람은 추울 때도 땀을 흘릴 수 있다
B 땀을 흘리는 것은 건강에 좋지 않다
C 땀을 흘리는 것은 인체의 본능이다
D 오직 인류만이 땀을 흘린다

단어 出汗 chūhàn 〔동〕 땀이 나다 | 本能 běnnéng 〔명〕 본능 | 维持 wéichí 〔동〕 유지하다, 지키다 | 体温 tǐwēn 〔명〕 체온 | 炎热 yánrè 〔형〕 무덥다, 찌는 듯하다 | 剧烈 jùliè 〔형〕 극렬하다, 격렬하다 | 积聚 jījù 〔동〕 (쌓아) 모으다, 축적되다 | 多余 duōyú 〔형〕 쓸데없는, 불필요한, 여분의, 나머지의 | 凉快 liángkuai 〔형〕 시원하다, 서늘하다

해설 '出汗是人体的本能'에서 땀을 흘리는 것은 인체의 본능임을 알 수 있다.

정답 _ C

014

吉米到一家餐馆吃午饭，服务员给他端来一份牛排。吉米说："请问，你们这儿的牛排为什么会有酒味儿？"服务员向后退了几步，然后说："现在呢？"

A 吉米喝酒了
B 牛排里有酒
C 吉米的鼻子有问题
✓ D 服务员喝酒了

지미는 한 식당에 가서 점심을 먹는데, 종업원이 그에게 스테이크 1인분을 가져왔다. 지미는 "실례지만 스테이크에서 왜 술 냄새가 나죠?"라고 물었더니, 종업원이 뒤로 몇 발자국 물러난 후에 말했다. "지금은요?"

A 지미는 술을 마셨다
B 스테이크 속에 술이 있다
C 지미의 코는 문제가 있다
D 종업원이 술을 마셨다

단어 端 duān 〔동〕 받들다, 받쳐 들다 | 牛排 niúpái 〔명〕 스테이크(steak) | 后退 hòutuì 〔동〕 뒤로 물러나다

해설 종업원이 스테이크를 가져 왔을 때 스테이크에서 술 냄새가 나서 종업원에게 물었더니 종업원이 몇 발자국 뒤로 간 후에 지금도 냄새가 나는지 묻는 것으로 보아 종업원이 술을 마셨다는 것을 알 수 있다.

정답 _ D

015

酒桌上怎样才能做到"千杯不醉"呢？营养师建议，事先喝一杯牛奶，切勿空腹饮酒。饮酒的同时不要喝可乐等饮料，以免加快酒精的吸收。另外，酒后最好不要喝浓茶，以免加剧头痛。果汁有较好的解酒效果。

- A 酒后最好喝牛奶
- B 浓茶可以解酒
- C 可乐加剧头痛
- ✓ D 果汁可以解酒

술자리에서 어떻게 해야 '천 잔을 마시고도 취하지 않을' 수 있을까? 영양사는 미리 우유 한 잔을 마시고, 절대 빈속에 마시지 말라고 건의한다. 알코올 흡수가 빨라지지 않도록 술을 마시면서 콜라 등의 음료수를 같이 마시지 말아야 한다. 그 밖에 술을 마신 후에는 두통을 악화시키지 않도록 진한 차를 마시지 말아야 한다. 주스는 술을 깨게 하는데 비교적 좋은 효과가 있다.

- A 술을 마신 이후에 우유를 마시는 것이 가장 좋다
- B 진한 차는 술을 깨게 할 수 있다
- C 콜라는 두통을 악화시킨다
- D 주스는 술을 깨게 할 수 있다

단어 醉 zuì 동 취하다 | 营养 yíngyǎng 명 영양 | 事先 shìxiān 명 사전(에), 미리 | 切勿 qièwù 동 절대 ~하지 마라 | 空腹 kōngfù 명 공복, 빈속 | 饮酒 yǐnjiǔ 동 술을 마시다, 음주하다 | 可乐 kělè 명 콜라 | 以免 yǐmiǎn 접 ~하지 않도록, ~않기 위해서 | 加快 jiākuài 동 속도를 올리다, 빠르게 하다 | 吸收 xīshōu 동 섭취하다, 흡수하다 | 另外 lìngwài 접 이 외에, 이 밖에 | 浓茶 nóngchá 명 농차, 진한 차 | 加剧 jiājù 동 악화되다, 심해지다 | 果汁 guǒzhī 명 과일 주스 | 解酒 jiějiǔ 동 술을 깨다, 숙취를 풀다

해설 '果汁有较好的解酒效果'에서 주스는 술을 깨게 하는데 비교적 효과적이라는 것을 알 수 있다. 본문에서 술을 마시기 전에 우유를 마시라고 했으므로 A는 틀렸다. 진한 차를 마시지 말라고 했으므로 B도 틀렸고, 진한 차가 두통을 악화시킨다고 했으므로 C도 틀렸다.

정답_D

第二部分

● 16~30번 문제 : 들려주는 내용을 잘 듣고, 알맞은 답을 고르세요.

016-020

主持人：	今天我们请到的是探险家金飞豹先生。金先生，你好！
金飞豹：	你好！
主持人：	首先我想问一下，您登山登了这么多年，哪一次登山对你来说是生死考验？
金飞豹：	16 每一次都是。
主持人：	听你这么说，我想你在登山的时候一定遇到过很多困难吧？是什么支持你克服登山过程中遇到的困难的？
金飞豹：	17 是我的家乡。2006年我和我哥哥成功地登上了珠穆朗玛峰。在攀登这座山的时候，我的体力已经严重透支，接近顶峰的时候差一点上不去，但是我身后有一个城市在关注我，就是我的家乡昆明，让我有了无穷的信心和力量。
主持人：	在您的登山经验里，您觉得最难登的是哪里？
金飞豹：	18 最难登的其实是自己内心的山峰。自然的高峰我觉得通过我们坚持不懈的努力，都可以去面对它，甚至攀登它。最难攀登的是心里的高峰，每个人每天都在攀登。
主持人：	说得非常好。听说您现在有一个新的梦想，能告诉我们是什么吗？
金飞豹：	19 是成为中国民间的第一个太空人。作为一个探险家需要不断突破、不断挑战自我、超越自我。我觉得能够离开地球，从地球出发飞向太空，是一个美好的梦想。
主持人：	假如有一天您上太空了，您做的第一件事情将是什么？
金飞豹：	20 帮助大家放飞梦想。如果我能登上太空，就把2009年每个人的梦想都写下来，带上太空，帮助大家放飞梦想。

사회자：	오늘 우리가 모신 분은 탐험가 진페이바오 씨입니다. 찐 선생님, 안녕하세요!
진페이바오：	안녕하세요!
사회자：	먼저 묻고 싶은 것이 있는데요. 당신은 이렇게 오랜 세월 등반을 했는데, 당신에게 있어서 어느 등반이 생사를 시험하던가요?
진페이바오：	매번 모두 그렇더군요.
사회자：	이렇게 말씀하시는 것을 들어보니, 등산을 하실 때 틀림없이 많은 어려움을 만났을 것이라는 생각이 드는군요. 등산 중에 맞닥뜨린 어려움을 극복하도록 지탱해준 것이 무엇인가요?
진페이바오：	저의 고향입니다. 2006년 저와 제 형은 에베레스트 등정에 성공했습니다. 이 산을 오를 때, 제 체력은 이미 오버페이스를 해서, 산 정상에 가까웠을 때에 하마터면 더 이상 오르지 못할 뻔 했습니다. 그러나 제 뒤에 한 도시가 저를 주목하고 있었는데, 그 도시는 바로 저의 고향 쿤밍이었습니다. 저에게 무한한 믿음과 힘을 주었죠.
사회자：	당신의 등반 경험 가운데, 가장 어려웠던 등반은 어디였나요?
진페이바오：	가장 어려운 등반은 사실 자기 마음속의 봉우리입니다. 자연의 높은 봉우리는 끝까지 굽히지 않고 노력하면 모두 그것을 마주할 수 있고, 심지어는 그것을 오를 수도 있습니다. 가장 오르기 어려운 것은 마음속의 높은 봉우리로 사람들 모두 매일 오르고 있지요.
사회자：	정말 좋은 말씀이십니다. 듣자 하니 당신에게 지금 새로운 꿈이 하나 있다고 하던데, 우리에게 무엇인지 말해줄 수 있나요?
진페이바오：	중국 민간인 중 첫 번째 우주인이 되는 것입니다. 탐험가로서 끊임없는 시도와 스스로에게 도전하는 것, 그리고 스스로를 극복하는 것이 필요합니다. 저는 지구를 떠날 수 있다고 생각합니다. 지구에서 출발하여 우주를 향해 날아 가는 것이 하나의 꿈입니다.
사회자：	만일 언젠가 당신이 우주에 간다면, 가장 먼저 하고 싶은 일이 무엇인가요?
진페이바오：	여러분의 꿈이 날 수 있도록 돕는 것입니다. 만일 제가 우주에 오를 수 있다면, 2009년 여러분들의 꿈을 모두 적어 우주로 가져가서 여러분의 꿈이 날도록 돕는 것이죠.

단어

探险 tànxiǎn 동 탐험하다 | **登山** dēngshān 동 등산하다 | **遇到** yùdào 동 만나다, 마주치다 | **困难** kùnnan 명 곤란, 어려움, 빈곤 | **克服** kèfú 동 극복하다, 이기다 | **家乡** jiāxiāng 명 고향 | **珠穆朗玛峰** Zhūmùlǎngmǎfēng 명 에베레스트 산 | **攀登** pāndēng 동 등반하다, 타고 오르다 | **严重** yánzhòng 형 위급하다, 심각하다 | **透支** tòuzhī 동 과도하게 몸과 마음을 쓰다, 무리하다 | **接近** jiējìn 동 접근하다, 가까이하다 | **顶峰** dǐngfēng 명 정상, 최고봉 | **昆明** Kūnmíng 명 쿤밍 | **内心** nèixīn 명 마음, 마음속 | **山峰** shānfēng 명 산봉우리, 산봉 | **高峰** gāofēng 명 고봉, 최고위층 | **坚持不懈** jiānchíbúxiè 성 조금도 느슨해지지 않고 끝까지 견지하다 | **甚至** shènzhì 접 더욱이, 더 나아가서는 | **梦想** mèngxiǎng 명 꿈, 몽상 | **太空人** tàikōngrén 명 우주인, 우주 비행사 | **不断** búduàn 부 계속해서, 부단히 | **突破** tūpò 동 (한계·난관을) 돌파하다, 타파하다 | **挑战** tiǎozhàn 동 맞서다, 도전하다 | **超越** chāoyuè 동 넘다, 넘어서다 | **离开** líkāi 동 떠나다, 벗어나다 | **放飞** fàngfēi 동 날리다, 날려 보내다

Tip 부사의 기능

1. 부사는 주로 동사, 형용사, 혹은 문장 전체를 수식한다.
   难道你不想参加这次旅行吗?
   설마 너 이번 여행에 참가하고 싶지 않은 거니?

2. 정도부사는 형용사와 심리나 바람을 나타내는 동사만을 수식한다.
   最伟大 / 特别愉快 / 更加美丽 / 极其生气

3. 부사는 일반적으로 명사나 수량사를 수식할 수 없다.
   我们都三人看电影。(X)
   我们三人都看电影。(O)

4. 일반적으로 부사는 단독으로 대답할 수 없지만 다음의 부사들은 단독으로 쓰일 수 있다.
   也许 / 一定 / 别 / 差不多 / 当然 / 有点儿

016

哪一次登山对金飞豹来说是生死考验?

A 第一次
B 最后一次
✓C 每一次
D 每次都不是

어느 등반이 진페이바오에게 있어서 생사를 시험하게 했는가?

A 맨 처음
B 마지막
C 매번
D 매번 모두 아니다

해설 '每一次都是'에서 진페이바오는 매번 산을 오를 때마다 생사의 고비를 넘는다는 것을 알 수 있다.

정답 C

017

是什么支持金飞豹克服登山过程中遇到的困难?

A 勇气
B 信心
C 他的家人
✓D 他的家乡

진페이바오가 등반 중의 어려움을 극복할 수 있게끔 지탱해 준 것은?

A 용기
B 믿음
C 그의 가족
D 그의 고향

해설 '是我的家乡'라고 했으므로 어려움을 극복할 수 있게끔 지탱해 준 것이 그의 고향이라는 것을 알 수 있다.

정답 D

018

在金飞豹的登山经验里，他觉得最难登的是哪里？

- ✓ A 自己内心的山峰
- B 每一座山峰
- C 珠穆朗玛峰
- D 世界第一高峰

진페이바오의 등반 경험 중에서 그가 느끼기에 가장 오르기 힘든 곳은 어디인가?

- A 자기 마음속의 산봉우리
- B 모든 산봉우리
- C 에베레스트
- D 세계 최고봉

 '最难登的其实是自己内心的山峰'에서 진페이바오에게 등산 중에 가장 오르기 힘든 것은 자기 마음속의 산봉우리라는 것을 알 수 있다.

정답_ A

019

金飞豹的新梦想是什么？

- A 攀登世界第一高峰
- ✓ B 中国民间第一个太空人
- C 登上月球
- D 攀登自己内心的山峰

진페이바오의 새로운 꿈은 무엇인가?

- A 세계 최고봉에 오르다
- B 중국 민간인 최초의 우주인
- C 달에 오르다
- D 자기 마음속의 산봉우리에 오르다

 '是成为中国民间的第一个太空人'라고 했으므로 진페이바오의 새로운 꿈이 중국 민간인 최초의 우주인이라는 것을 알 수 있다.

정답_ B

020

金飞豹登上太空做的第一件事情将是什么？

- A 拍照片
- B 写下自己的感想
- C 帮助有困难的人
- ✓ D 帮助大家放飞梦想

진페이바오가 우주에 올라 가장 먼저 하려는 일은 무엇인가?

- A 사진을 찍는 것
- B 자기의 느낌을 적는 것
- C 어려운 사람을 돕는 것
- D 모두의 꿈이 날도록 돕는 것

 '帮助大家放飞梦想'라고 했으므로 진페이바오가 우주에 올라 모두의 꿈이 날도록 돕는 것이 우주에서 가장 먼저 할 일임을 알 수 있다.

정답_ D

021-025

主持人：	万飞先生，作为一名歌手，21 <u>您的梦想是为孩子创作歌曲，录制专辑，还有举办巡回演唱会</u>，对吗？
万 飞：	对。
主持人：	在您小的时候有没有印象特别深的歌？
万 飞：	22 <u>小时候印象最深的是《快乐的节日》</u>。
主持人：	在您写的歌里面，您儿子最喜欢的是哪一首？
万 飞：	他喜欢的歌有很多，最喜欢的是《世纪的风》。
主持人：	您一般什么时间能陪您的孩子？
万 飞：	23 <u>一般的节假日都会陪他</u>。因为很难得跟他们有这么近距离的接触，特别是心灵的接触，这一点对我的创作很重要。我觉得应该用童心改变自己，用你的心去引导孩子，跟他们一起呼吸、一起打闹、一起哭笑，这样才能真正走进他们的心里，才能让语言更加生动。
主持人：	那您怎么知道您创作的歌曲正好是孩子非常喜欢的呢？
万 飞：	24 <u>检验一首歌是不是受欢迎的最好的方式就是把它放在网上</u>。看看上传的歌曲有多少孩子留言就知道了。有时候走在大街上，一群孩子从我身边路过，我不认识他们，他们也不认识我，但是在跟他们擦肩而过时，他们在哼唱我的歌儿，我当时脸都红了，这种喜悦是非常强烈的。
主持人：	在您创作的歌曲中，您最喜欢的是哪首歌呢？
万 飞：	25 <u>下一首吧</u>。桥梁建筑师有这么一个习惯，在做好了一座大桥之后就不愿意看这个桥的，因为有更高的追求。我觉得我们作为创作者要有这样的方向，有喜新厌旧的习惯是很好的。

사회자：	완페이 씨, 가수로서 당신의 꿈은 아이들을 위한 노래를 만들고, 음반을 녹음하며, 순회 콘서트를 여는 것이죠?
완페이：	맞습니다.
사회자：	당신이 어렸을 때 특별히 인상 깊었던 노래가 있나요?
완페이：	어릴 때 가장 인상이 깊었던 곡은 《즐거운 명절》이었습니다.
사회자：	당신이 쓴 노래 중에 아들이 가장 좋아하는 곡은 어느 곡이죠?
완페이：	아이가 좋아하는 노래는 아주 많은데, 가장 좋아하는 것은 《세기의 바람》입니다.
사회자：	당신은 보통 언제 당신 아들과 함께 하나요?
완페이：	일반적인 공휴일에는 항상 아이와 함께 합니다. 아이들과 이처럼 가깝게 지내는 것, 특히 마음의 교감이 아주 어렵기 때문에 이 시간이 저의 창작 활동에 아주 중요합니다. 저는 동심을 이용해서 자기 자신을 바꿔야 하고, 그 마음으로 아이를 이끌며, 아이들과 함께 호흡하고, 함께 떠들고, 함께 울고 웃어야 한다고 생각합니다. 이렇게 해야 비로소 진정으로 그들의 마음속으로 들어갈 수 있고, 언어도 더욱 생동감이 있게 되니까요.
사회자：	그렇다면 당신은 당신이 만든 노래가 아이들이 매우 좋아할 것이라는 것을 어떻게 알 수 있죠?
완페이：	한 곡의 노래가 인기가 있는지 없는지 검증하는 가장 좋은 방법은 바로 인터넷에 올리는 것입니다. 올린 노래에 얼마나 많은 아이들이 댓글을 다는가를 보면 곧 알 수 있습니다. 어떤 때는 길을 걷다가 이이들이 제 주변을 지나가는데, 저도 그들을 모르고 그들도 저를 몰랐죠. 하지만 그들과 어깨를 스치고 지나가면서 그들이 제 노래를 흥얼거리는 걸 듣자 제 얼굴이 빨개졌어요. 그때의 기쁨은 정말 크더군요.
사회자：	당신이 만든 노래 중에서 당신이 가장 좋아하는 노래는 무엇인가요?
완페이：	다음 곡입니다. 교량 건축가는 큰 다리를 하나 만든 후에 그 다리를 안 보고 싶어 하는 습관이 있다고 하더군요. 그 이유는 더 높은 것을 추구하기 때문이랍니다. 저는 우리처럼 창작하는 사람들은 이런 방향이 있어야 하며 새것을 좋아하고 오래된 것을 싫어하는 습관은 아주 좋은 것이라고 생각합니다.

단어 作为 zuòwéi 동 ~의 신분(자격)으로서 | 歌手 gēshǒu 명 가수 | 创作 chuàngzuò 동 창작하다 | 歌曲 gēqǔ 명 노래, 가곡 | 录制 lùzhì 동 녹음(녹화)하다 | 专辑 zhuānjí 명 개인 앨범 | 举办 jǔbàn 동 거행하다, 열다 | 巡回 xúnhuí 동 순회하다 | 演唱会 yǎnchànghuì 명 음악회, 콘서트 | 印象 yìnxiàng 명 인상 | 节假日 jiéjiàrì 명 (법정) 명절과 휴일, 경축일과 휴일 | 距离 jùlí 명 거리, 간격 | 接触 jiēchù 동 닿다, 접촉하다 | 心灵 xīnlíng 명 심령, 정신 | 童心 tóngxīn 명 동심, 어린이같이 천진한 마음 | 改变 gǎibiàn 동 고치다, 바꾸다 | 引导 yǐndǎo 동 인도하다, 이끌다 | 呼吸 hūxī 동 호흡하다, 숨을 쉬다 | 打闹 dǎnào 동 떠들다, 시끄

럽게 굴다 | **生动** shēngdòng 휑 생동감 있다, 생동하다 | **检验** jiǎnyàn 동 검증하다, 검사하다 | **留言** liúyán 명 남긴 말, 전해 둔 말 | **擦肩而过** cājiān'érguò 성 어깨를 스치고 지나가다 | **哼唱** hēngchàng 동 흥얼거리다, 콧노래 부르다 | **强烈** qiángliè 휑 강렬하다, 맹렬하다 | **桥梁** qiáoliáng 명 교량, 다리 | **建筑师** jiànzhùshī 명 건축사 | **追求** zhuīqiú 동 추구하다, 탐구하다 | **喜新厌旧** xǐxīnyànjiù 성 새로운 것을 좋아하고 옛것을 싫어하다

Tip 구조조사 的, 地, 得

1. 관형어＋的＋주어, 목적어

他学习汉语的时间很长了。 그가 중국어를 배운 시간이 오래되었다.
　관형어　　　　주어

'的'를 꼭 사용해야 하는 경우	'的'를 생략해야 하는 경우
형용사구 最好的朋友	단음절 형용사 老朋友, 新同学
다음절 형용사 美丽的姑娘	多, 少 ＋ 명사 很多人, 不少人
형용사중첩 干干净净的教室	→ 多, 少는 단독으로 관형어로 　쓰일 수 없음. 多人 (x)
동사 买的书, 送的花	사람이나 사물의 성질을 나타내는 명사 中国人, 玻璃杯, 纸箱子

2. 부사어＋地＋서술어

他深深地爱上了我。 그는 깊이 나를 사랑했다.
　부사어　　서술어

• 형용사가 부사어로 올 때의 '地'의 사용

① 단음절형용사: '地'를 사용하지 않음.
　多听多说才能学好外语。
　많이 듣고 많이 말해야만 외국어를 배울 수 있다.

② 부사 ＋ 형용사: '地'를 사용함.
　他很认真地介绍了自己的情况。
　그는 아주 성실하게 자신의 상황을 소개했다.

③ 단음절형용사 중첩: '地'를 자유롭게 사용할 수 있음.
　你们要好好(地)学习。
　너희들은 잘 공부해야 한다.

④ 다음절형용사: '地'를 자유롭게 사용할 수 있음.
　他们都认真(地)学习。
　그들은 모두 성실히 공부한다.

3. 서술어＋得＋보어

昨天他 睡 得很晚。 어제 그는 늦게 잤다.
　　　서술어　보어

021

万飞的梦想是什么?

A 为孩子创作歌曲
B 录制专辑
C 举办巡回演唱会
✓D 以上都正确

완페이의 꿈은 무엇인가?

A 아이를 위하여 노래를 만드는 것
B 앨범을 녹음하는 것
C 순회 콘서트를 거행하는 것
D 위의 내용이 모두 옳다

해설 '您的梦想是为孩子创作歌曲, 录制专辑, 还有举办巡回演唱会'에서 아이를 위하여 노래를 만들고, 앨범을 녹음하고, 순회 콘서트를 여는 것이 완페이의 꿈임을 알 수 있다.

정답_ D

022

万飞小时候印象最深的歌是哪一首?

✓A 《快乐的节日》
B 《世纪的风》
C 有很多
D 没有

완페이가 어렸을 때 가장 인상 깊었던 노래는?

A 《즐거운 명절》
B 《세기의 바람》
C 매우 많다
D 없다

해설 '小时候印象最深的是《快乐的节日》'에서 완페이가 어렸을 때 가장 인상 깊었던 노래가 《즐거운 명절》임을 알 수 있다.

정답_ A

023

万飞一般什么时间能陪他的孩子?

- A 没时间陪孩子
- B 所有的时间都陪孩子
- ✓ C 一般的节假日
- D 春节

완페이는 보통 언제 그의 아들과 함께 할 수 있는가?

- A 아이와 함께 할 시간이 없다
- B 모든 시간을 다 아이와 함께 한다
- C 일반적인 공휴일
- D 음력설

해설 '一般的节假日都会陪他'에서 일반적으로 공휴일에는 아들과 함께 한다는 것을 알 수 있다.

정답 C

024

检验一首歌是不是受欢迎的最好的方式是什么?

- A 看排行榜
- B 看新闻
- C 看有多少人会唱
- ✓ D 把它放在网上

노래가 인기가 있는지 없는지 검증하는 가장 좋은 방법은 무엇인가?

- A 순위 차트를 본다
- B 뉴스를 본다
- C 몇 사람이 노래를 부를 수 있나를 본다
- D 그것을 인터넷에 올린다

단어 排行榜 páihángbǎng 명 순위(표)

해설 '检验一首歌是不是受欢迎的最好的方式就是把它放在网上'에서 노래의 인기를 검증받는 가장 좋은 방법은 노래를 인터넷에 올리는 것임을 알 수 있다.

정답 D

025

在万飞创作的歌曲中,他最喜欢的是哪首歌?

- ✓ A 下一首
- B 都喜欢
- C 都不喜欢
- D 《桥梁》

완페이가 창작한 노래 중에서 그가 가장 좋아하는 노래는?

- A 다음 곡
- B 모두 좋아하다
- C 모두 싫어하다
- D 《다리》

해설 '下一首吧'에서 완페이가 자신이 만든 노래 중에서 가장 좋아하는 것이 다음 곡이라고 말하고 있다. 그 말의 뜻은 실제 다음 곡이라는 것이 아니라 다음에 창작할 곡을 말하는 것으로, 창작을 하는 사람은 늘 더 높은 것, 새로운 것을 추구해야 하기 때문이라고 말하고 있다.

정답 A

主持人：	大家好，今天我们请到的是一位舞蹈精灵。来向大家介绍一下自己。
苟婵婵：	大家好！我叫苟婵婵，"苟"是一丝不苟的"苟"，"婵"是"女"字旁加上一个"单位"的"单"。
主持人：	26 你是从北京舞蹈学院毕业的，对吗？
苟婵婵：	对。现在也在北京舞蹈学院读书，在中央民族歌舞团工作。
主持人：	今年的舞蹈大赛你最喜欢哪一个作品？
苟婵婵：	27 我最喜欢杨丽萍老师排的那个《螳螂》。
主持人：	为什么？
苟婵婵：	28 因为它让我感动。其实舞蹈本身是一种心跳，是一种节奏，在没有声音的状态下演员的肢体是服务于自己的心灵在跳。很多现代舞蹈无病呻吟，添加很多很程式化的东西，就是为了跳而跳，它想表达的东西不一定是内心最深处的。但是我在《螳螂》里能感觉到演员包括编导，对生命的美的展现。
主持人：	你也得过很多奖，最满意自己的哪个作品呢？
苟婵婵：	29《花儿为什么这样红》，当然这也是大家都很喜欢的。这个作品不是那么喜形于色的，我觉得好的东西都会揪着你的心去跳，然后让别人也进入你的心里看到你做的东西。
主持人：	你自己最喜欢跳的是什么舞？
苟婵婵：	30 民族舞。当然我不是说芭蕾舞或者现代舞不好，而是我觉得民族舞更能打动我自己的心，这样我跳出的舞蹈也就更能打动观众们的心。

사회자：	여러분 안녕하세요. 오늘 우리가 모신 분은 춤의 요정이십니다. 관중들께 직접 자기 소개 좀 부탁 드립니다.
고우찬찬：	여러분 안녕하세요! 저는 고우찬찬입니다. 고우는 '조금도 소홀히 하지 않는다'라고 할 때 '고우'이고, 찬은 계집녀 변에 한 개의 '단위'라고 할 때의 '단'을 더한 것입니다.
사회자：	당신은 베이징무용대학을 졸업한 것 맞죠?
고우찬찬：	네. 지금도 베이징무용대학에 재학중이며 중앙민족가무단에서 일하고 있습니다.
사회자：	올해의 무용대회에서 당신은 어느 작품을 가장 좋아하나요?
고우찬찬：	저는 양리핑 선생님이 연출한《사마귀》라는 작품을 가장 좋아합니다.
사회자：	왜죠?
고우찬찬：	그 작품이 저를 감동시켰거든요. 사실 무용 그 자체가 일종의 심장 박동이고, 리듬입니다. 소리가 없는 상황에서 연기자의 사지는 마음이 뛰는 것을 표현하지요. 많은 현대무용은 너무 꾸며서 부자연스럽고, 형식화된 많은 것을 추가합니다. 뛰기 위해서 뛸 뿐이고, 표현하고자 하는 것이 마음속 가장 깊은 곳의 것이 아니기도 합니다. 하지만 저는《사마귀》속에서 연기자를 포함한 연출가가 생명의 아름다움에 대해 표현하는 것을 느낄 수 있었습니다.
사회자：	당신은 많은 상도 받았었는데요. 자신의 어느 작품에 가장 만족하나요?
고우찬찬：	《꽃은 왜 이렇게 붉은가?》입니다. 당연히 모두가 아주 좋아하는 작품입니다. 이 작품은 그렇게 희색이 만면한 것은 아닙니다. 좋은 작품이란 당신의 마음을 붙잡아 뛰게 하고, 그 후에는 다른 사람으로 하여금 당신의 마음속에 들어와 당신이 하는 것을 볼 수 있게 하는 것이라고 생각합니다.
사회자：	당신이 가장 추기 좋아하는 춤은 무엇인가요?
고우찬찬：	민족 무용입니다. 물론 발레나 현대 무용이 싫다는 것은 아니고, 민족 무용이 더 제 마음을 움직일 수 있고, 이렇게 춘 춤이 더 관중들의 마음을 움직일 수 있다고 생각합니다.

단어 舞蹈 wǔdǎo 명 춤, 무용 | 精灵 jīnglíng 명 정령, 요괴 | 一丝不苟 yìsībùgǒu 성 조금도 소홀히 하지 않다, 조금도 빈틈이 없다 | 毕业 bìyè 명동 졸업(하다) | 中央 zhōngyāng 명 중앙 | 感动 gǎndòng 동 감동시키다, 감격하게 하다 | 心跳 xīntiào 동 가슴이 두근거리다 | 节奏 jiézòu 명 리듬, 박자 | 肢体 zhītǐ 명 사지 | 心灵 xīnlíng 명 정신, 마음 | 无病呻吟 wúbìngshēnyín 성 진실한 정감이 부족하고 일부러 너무 꾸며 몹시 부자연스럽다 | 程式 chéngshì 명 (일정한) 격식, 양식 | 深处 shēnchù 명 깊숙한 곳, 심층 | 螳螂 tángláng 명 사마귀(류), 미얀마재비 | 包括 bāokuò 동 포함하다, 포괄하다 | 编导 biāndǎo 명 각본가와 연출가 | 展现 zhǎnxiàn 동 드러내다, 나타내다 | 喜形于色 xǐxíngyúsè 성 마음속의 기쁨이 얼굴에 나타나다, 희색이 만면하다 | 揪 jiū 동 꽉 붙잡다, 끌어당기다 | 芭蕾(舞) bālěi(wǔ) 명 발레 | 打动 dǎdòng 동 감동시키다

> **Tip** 선택 관계를 나타내는 접속사
>
> 1. 是A, 还是B / 或是A, 或是B / 要么A, 要么B : A 이거나, 아니면 B이다
>   要么你去, 要么让小金去, 随便吧。
>   네가 가든, 아니면 사오진에게 가라고 하든지 마음대로 해.
>
> 2. 不是A, 就是B : A이거나, 아니면 B이다 / 不是A, 而是B : A가 아니고 B이다
>   今天不是星期一, 而是星期三。
>   오늘은 월요일이 아니고, 수요일이다.
>
> 3. 宁可(宁肯, 宁愿)A, 也(也不)B : 차라리 A할지언정 B하겠다(B하지 않겠다)
>   宁可死, 我也要去。
>   죽더라도 나는 가겠다.
>   宁可死, 我也不去。
>   죽더라도 나는 가지 않겠다.
>
> 4. 与其A, 不如(宁可, 宁肯, 宁愿)B : A하는 것은 B만 못하다, A하기보다는 B하겠다
>   与其跟他们去看电影, 不如在家睡觉。
>   그들과 영화를 보느니 차라리 집에서 잠을 자겠다.

026

苟婵婵是从哪里毕业的?

A 中央民族歌舞团
✔ B 北京舞蹈学院
C 中央戏剧学院
D 北京歌舞团

고우찬찬은 어디를 졸업했나?

A 중앙민족가무단
B 베이징무용대학
C 중앙희극대학
D 베이징가무단

 사회자의 '你是从北京舞蹈学院毕业的对吗?'라는 질문에 고우찬찬이 '맞다'라고 대답했으므로 그녀가 베이징무용대학을 졸업했음을 알 수 있다.

정답_ B

027

今年的舞蹈大赛苟婵婵最喜欢哪一个作品?

A 没有喜欢的
B 全都很喜欢
C 杨丽萍的《孔雀》
✔ D 杨丽萍的《螳螂》

올해의 무용대회에서 고우찬찬은 어떤 작품을 가장 좋아하는가?

A 좋아하는 것이 없다
B 모두 매우 좋아한다
C 양리핑의《공작》
D 양리핑의《사마귀》

 '我最喜欢杨丽萍老师排的那个《螳螂》'에서 고우찬찬이 올해 무용대회에서 가장 좋아한 작품이 양리핑의《사마귀》라는 것을 알 수 있다.

정답_ D

028

苟婵婵为什么喜欢那个作品?

A 这个作品很精彩
B 这个作品很新颖
C 这个作品让人兴奋
✓ D 这个作品让她感动

고우찬찬은 왜 그 작품을 좋아하는가?

A 이 작품은 아주 훌륭해서
B 이 작품은 아주 참신해서
C 이 작품은 사람으로 하여금 흥분시켜서
D 이 작품은 그녀에게 감동을 줘서

단어 精彩 jīngcǎi 형 뛰어나다, 훌륭하다 | 新颖 xīnyǐng 형 참신하다, 새롭고 독특하다

해설 '因为它让我感动'에서 이 작품이 그녀에게 감동을 주어서 좋아한다는 것을 알 수 있다.

정답_D

029

苟婵婵最满意自己的哪个作品?

✓ A 《花儿为什么这样红》
B 《螳螂》
C 《花儿》
D 以上都正确

고우찬찬이 가장 만족하는 자신의 작품은?

A 《꽃은 왜 이렇게 붉은가》
B 《사마귀》
C 《꽃》
D 위의 내용이 모두 옳다

해설 사회자가 자신의 작품 중 가장 만족하는 작품을 물었을 때 고우찬찬은 '《花儿为什么这样红》, 当然这也是大家都很喜欢的'라고 했으므로 고우찬찬이 가장 만족하는 자신의 작품은 《꽃은 왜 이렇게 붉은가》임을 알 수 있다.

정답_A

030

苟婵婵最喜欢跳的是什么舞?

A 芭蕾舞
B 现代舞
✓ C 民族舞
D 街舞

고우찬찬이 가장 추기 좋아하는 춤은?

A 발레
B 현대 무용
C 민족 무용
D 거리 무용

해설 사회자의 '你自己最喜欢跳的是什么舞?' 질문에 '民族舞'라고 했으므로 고우찬찬은 민족 무용을 가장 추기 좋아한다는 것을 알 수 있다.

정답_C

第三部分

● 31~50번 문제 : 들려주는 내용을 잘 듣고, 알맞은 답을 고르세요.

031-034

32 相传北宋时期，在四川盐都自贡一带，采盐时是用牛作为牵引动力的，所以那里的牛非常地多。33 当一些牛太老了动不了的时候，盐工们就会将牛杀死，把牛肉切成片。而当地用盐十分方便，便将牛肉片放在盐中加入花椒、辣椒来煮，煮出来的牛肉片肉嫩味美，因此得到广泛的流传，成为民间一道传统的名菜。随着时间的推移，菜馆的厨师又对这道菜的用料和做法进行改进，这道菜就成了流传各地的名菜。而此菜中的牛肉片，34 不是用油炒的，而是在辣味汤中烫熟的，故名为"水煮肉片"。

북송시대로부터 전해오길 쓰촨 성에 있는 소금의 도시 쯔꽁 일대에서는 소금을 캘 때 소가 끄는 힘을 동력으로 사용했고, 그래서 그곳에는 소가 아주 많았다고 한다. 일부의 소들이 너무 늙어서 움직일 수 없을 때, 소금을 만드는 사람들은 소를 도살해서 그 고기를 잘라 편육을 만들었다. 그곳은 소금 사용이 아주 편리하여 소고기 편육을 산초나무 열매와 고추를 가미한 소금에 넣어서 삶았는데, 그 삶은 소고기는 육질이 부드럽고 맛이 좋았다. 이 때문에 널리 소문이 나서 민간에서 유명한 전통요리가 되었다. 시간이 흐르면서 음식점의 요리사들은 이 요리의 재료와 만드는 법을 발전시켰고, 이 요리는 곧 각지의 유명한 요리로 전해졌다. 그리고 이 요리의 소고기 편육은 기름으로 볶는 것이 아니라, 매운 탕 속에서 끓여 익히는 것이어서, '水煮肉片(삶은 편육)'이라고 하였다.

단어 相传 xiāngchuán 동 ~(이)라고 전해지다, ~라고 전해 오다 | 盐 yán 명 소금, 식염 | 牵引 qiānyǐn 동 끌다 | 花椒 huājiāo 명 산초, 산초나무 열매 | 辣椒 làjiāo 명 고추 | 煮 zhǔ 동 삶다, 끓이다 | 嫩 nèn 형 (음식이) 부드럽다, 연하다 | 广泛 guǎngfàn 형 광범(위)하다, 폭넓다 | 流传 liúchuán 동 유전하다, 세상에 널리 퍼지다 | 名菜 míngcài 명 유명한 요리 | 推移 tuīyí 동 변화하다, 변천하다 | 菜馆 càiguǎn 명 음식점, 식당 | 用料 yòngliào 명 원자재(재료) | 油 yóu 명 기름, 지방 | 炒 chǎo 동 볶다 | 辣味 làwèi 명 매운 맛, 얼얼한 맛

031

这篇文章介绍的是什么?

A 自贡产盐
B 老了的牛的用途
✓ C 水煮肉片的由来
D 北宋时期

이 글이 소개하는 것은 무엇인가?

A 쯔꽁에서 소금이 생산된다
B 늙은 소의 용도
C '水煮肉片(삶은 편육)'의 유래
D 북송시기

해설 이 글이 결국 소개하고자 한 것은 '水煮肉片(삶은 편육)'의 유래이다. 이것을 설명하기 위해 쯔꽁에서 소금이 생산된다는 것과 늙은 소의 용도, 이것이 북송시기에 전해지는 이야기라는 것을 언급한 것이다.

정답 C

032

这道菜产生在什么时代?	이 요리는 어느 시대에 만들어진 것인가?
A 宋朝时期	A 송조시기
✓ B 北宋时期	B 북송시기
C 南宋时期	C 남송시기
D 南朝时期	D 남조시기

🔍 해설 본문 맨 처음 '相传北宋时期'에서 이 이야기가 북송시기부터 전해졌다는 것으로 보아 요리가 만들어진 때가 북송시기임을 알 수 있다.

정답 B

033

被做成牛肉的牛是什么牛?	소고기로 만들어지는 소는 어떤 소인가?
A 母牛	A 암소
B 公牛	B 황소
✓ C 老牛	C 늙은 소
D 小牛	D 어린 소

🔍 해설 '当一些牛太老了动不了的时候，盐工们就会将牛杀死，把牛肉切成片'에서 늙어서 움직일 수 없는 소를 도살하여 소고기 편육으로 만든다고 했음을 알 수 있다.

정답 C

034

菜中的牛肉片儿是怎么做熟的?	요리 중의 소고기 편육은 어떤 방법으로 익힌 것인가?
A 油炒的	A 기름으로 볶은 것
✓ B 烫熟的	B 뜨겁게 끓여서 익힌 것
C 炸熟的	C 튀겨서 익힌 것
D 本来就是熟的	D 본래 익혀진 것

🔍 해설 '而是在辣味汤中烫熟的'에서 매운 탕 속에서 뜨겁게 끓여서 익힌다는 것을 알 수 있다.

정답 B

035-038

在水果中，香蕉可不是一般的水果，它的神奇功效你可能还不知道。很多运动员都喜欢在上场前吃香蕉，35 **因为香蕉中的糖分可以迅速地转化为葡萄糖，是一种快速的能量来源**，而且香蕉中含有矿物质钾，36 **钾离子可以强化肌肉的忍耐力，帮助运动员提高自己的身体素质**。同时香蕉中的 37 **钾离子还可以限制钠离子的吸收，帮助预防高血压和心血管疾病**。香蕉对失眠或情绪紧张的人也有效果，38 **因为香蕉中也含有一种能够安抚情绪的物质，具有镇静的作用**。所以香蕉是水果中的一种药物，对人体具有一定的效果，因此我们要保持吃香蕉的一种好习惯。

과일 중에서 바나나는 평범한 과일이 아니며, 당신은 바나나의 신기한 효능에 대해서 아직 잘 모를 것이다. 많은 운동선수들이 경기 전에 바나나 먹는 것을 좋아한다. 왜냐하면 바나나 속의 당분이 빠르게 포도당으로 변해서 빠른 속도로 에너지의 원천이 되기 때문이다. 아울러 바나나 속에는 광물질 칼륨이 함유되어 있는데, 칼륨이온은 근육의 지구력을 강화시켜 운동선수들이 자기의 신체적 소질을 향상시키는데 도움을 준다. 동시에 바나나 속의 칼륨이온은 또한 나트륨이온의 흡수를 제한시켜 고혈압과 심혈관 질환을 예방하는 데 도움을 준다. 바나나는 불면증과 예민한 사람들에게도 효과가 있는데, 바나나 속에는 일종의 정서를 안정시키는 물질이 포함되어 있어서 진정 작용이 있다. 그래서 바나나는 과일 중의 일종의 약품으로 인체에 상당한 효과를 주며, 이 때문에 우리는 바나나를 먹는 좋은 습관을 유지해야 한다.

단어 香蕉 xiāngjiāo 명 바나나 | 神奇 shénqí 형 신기하다, 기묘하다 | 功效 gōngxiào 명 효능, 효과 | 上场 shàngchǎng 동 출장하다, 등장하다 | 糖份 tángfèn 명 당분 | 迅速 xùnsù 형 신속하다, 재빠르다 | 转化 zhuǎnhuà 동 바꾸다, 전화하다 | 葡萄糖 pútáotáng 명 포도당 | 能量 néngliàng 명 에너지, 능력 | 含有 hányǒu 동 함유하다, 포함하다 | 矿物质 kuàngwùzhì 명 광물질 | 钾 jiǎ 명 칼륨(K, potassium) | 离子 lízǐ 명 이온 | 肌肉 jīròu 명 근육 | 忍耐 rěnnài 동 인내하다, 참다 | 素质 sùshì 명 소양, 자질 | 限制 xiànzhì 동 제한하다, 한정하다 | 钠 nà 명 나트륨(Na, sodium) | 预防 yùfáng 동 예방하다 | 高血压 gāoxuèyā 명 고혈압 | 治病 zhìbìng 동 질병을 치료하다, 병을 고치다 | 失眠 shīmián 동 잠을 이루지 못하다, 불면증에 걸리다 | 情绪 qíngxù 명 정서, 감정 | 安抚 ānfǔ 동 위로하다, 안위하다 | 镇静 zhènjìng 형 냉정하다, 침착하다 | 药物 yàowù 명 약물, 약품 | 保持 bǎochí 동 유지하다, 지키다

Tip 조동사의 특징

1. 동사나 형용사만을 수식할 수 있다.
   你应该道歉。
   너는 마땅히 사과해야 한다.
   你会好起来的。
   너는 좋아질 수 있을 거야.

2. 중첩할 수 없으며, 동태조사 '了, 着, 过'가 올 수 없다.

3. '跟, 给, 向, 把, 被' 등의 전치사구, 혹은 묘사성 부사어가 올 때 조동사는 앞에 와야 한다.
   他跟我一起会去吗? (X)
   他会跟我一起去吗? (O)
   그는 나랑 같이 갈 수 있을까?

035

为什么运动员在上场之前要吃香蕉?

A 排除水分
✓ B 补充能量
C 消耗能量
D 吸收水分

왜 운동선수들은 경기 전에 바나나를 먹는가?

A 수분을 제거하기 위해
B 에너지를 보충하기 위해
C 에너지를 소모하기 위해
D 수분을 흡수하기 위해

단어 排除 páichú 동 제거하다, 배제하다 | 消耗 xiāohào 동 소모하다, 소비하다

해설 '因为香蕉中的糖分可以迅速的转化为葡萄糖，是一种快速的能量来源'에서 바나나 속의 당분이 빠르게 포도당으로 변해서 에너지로 바뀌기 때문이라는 것을 알 수 있다.

정답_ B

036

香蕉中的什么物质可以强化肌肉的忍耐力？

- A 水
- B 钠离子
- ✔ C 钾离子
- D 葡萄糖

바나나 속의 어떤 물질이 근육의 지구력을 강화시킬 수 있는가?

- A 물
- B 나트륨이온
- C 칼륨이온
- D 포도당

해설 '钾离子可以强化肌肉的忍耐力'에서 칼륨이온이 근육의 지구력을 강화시킨다는 것을 알 수 있다.

정답_ C

037

香蕉中的钾离子对高血压和心血管疾病有什么作用？

- A 辅助作用
- B 帮助作用
- ✔ C 预防作用
- D 促进作用

바나나 속의 칼륨이온은 고혈압과 심혈관 질환에 어떤 작용을 하는가?

- A 보조 작용
- B 돕는 작용
- C 예방 작용
- D 촉진 작용

해설 '钾离子还可以限制钠离子的吸收，帮助预防高血压和心血管疾病'에서 칼륨이온이 나트륨이온의 흡수를 제한시켜 고혈압과 심혈관 질환을 예방하는 역할을 한다는 것을 알 수 있다.

정답_ C

038

香蕉对情绪紧张者有什么作用？

- A 促进作用
- B 预防作用
- C 刺激作用
- ✔ D 安抚作用

바나나는 신경이 예민한 사람들에게 어떤 작용을 하는가?

- A 촉진 작용
- B 예방 작용
- C 자극 작용
- D 위로 작용

단어 刺激 cìjī [명][동] 자극(하다)

해설 '因为香蕉中也含有一种能够安抚情绪的物质，具有镇静的作用'에서 바나나 속에는 정서를 안정시키는 물질이 들어 있어 진정 작용이 있다는 것을 알 수 있다.

정답_ D

039-042

　　北山住着一个九十多岁的老头儿，名叫愚公。他家门口有太行、王屋两座大山，39 进出很不方便。愚公就跟家里的人商量，想挖掉这两座山。
　　愚公的妻子怀疑说，山上的石头和土往哪儿放呢？愚公和他的儿子们不管这些，说干就干，40 把挖下来的土和石头运到很远的渤海去，一年才来回一次。
　　附近有个老头儿劝愚公别犯傻，这么大年纪怎么挖得平山呢？愚公说："我死了还有儿子，儿子死了还有孙子，孙子又有儿子，世世代代干下去，哪有挖不平的山呢？" 41 天帝被愚公的精神感动了，派两个天神背走了两座大山。42 这个故事告诉我们，只要有决心，什么事情都会成功。

　　북산에는 90여 세의 한 노인이 살고 있는데, 이름은 우공이다. 그의 집 앞에는 태행과 왕옥이라는 두 개의 큰 산이 있어서 집을 드나들기에 매우 불편했다. 우공은 집안 식구들과 논의하여 이 두 산을 파서 없애기로 하였다. 우공의 아내는 산의 돌과 흙을 어디에 버릴 것인가에 대해 회의적으로 말했으나, 우공과 아들들은 어디든 상관없으니, 말한대로 해버리자고 하였고, 파낸 흙과 돌을 아주 먼 발해까지 옮겼으며, 일년에 겨우 한번 왔다 갔다 했다.
　　이웃의 한 노인은 우공에게 이렇게 나이가 많은데 어떻게 산을 파서 평평하게 만들겠냐며 어리석은 짓을 하지 말라고 충고했다. 우공은 "내가 죽으면 또 내 아들이 있고, 내 아들이 죽으면 또 손자가 있고, 손자는 또 아들이 있으니, 대대로 해 나가면, 어찌 산을 평평하게 하지 못하겠는가?"라고 말했다. 상제가 우공의 정신에 감동을 받아서 두 천신을 보내 두 산을 지고 가게 했다. 이 이야기는 우리에게 결심만 한다면, 어떤 일이든 모두 성공할 수 있다는 것을 말해준다.

단어
老头儿 lǎotóur 명 노인, 늙은이 | 寓公 Yùgōng 명 (고대의) 우공, 기공(寄公) | 商量 shāngliang 동 상의하다, 의논하다 | 挖 wā 동 파다 | 怀疑 huáiyí 동 의심하다, 회의하다 | 渤海 Bóhǎi 발해(산둥(山东) 반도와 랴오둥(辽东) 반도 사이의 바다 이름) | 附近 fùjìn 명 부근, 근처 | 犯傻 fànshǎ 동 바보짓을 하다 | 孙子 sūnzi 명 손자 | 世世代代 shìshìdàidài 성 대대손손, 자자손손 | 天帝 tiāndì 명 하느님, 상제(上帝) | 派 pài 동 파견하다, 임명하다 | 天神 tiānshén 명 (전설의) 하늘에 있는 신, 천신

Tip　怎么의 용법

1. 怎么+동사, 명사: 방식, 원인, 성질, 사정 등을 물음.
   都三点了，你怎么还不走?
   이미 세시가 다 됐는데 너 왜 아직 안 갔어?
   这是怎么(一)回事?
   어떻게 된 일이니?

2. 怎么+지시대사, 부사: 뒤에 오는 형용사나 문장을 강조함.
   你打扮得怎么这么漂亮?
   너 어떻게 이렇게 예쁘게 화장했니?

3. 不怎么+동사/형용사: '그다지, 별로'의 의미로 쓰임.
   他不怎么喜欢运动。
   그는 운동을 별로 안 좋아해.
   今天不怎么冷。
   오늘 그다지 춥지 않다.

4. 无论(不管，不论)~怎么~都(也)~: 어떻게 ~하더라도 ~하다
   无论怎么说他都不同意。
   어떻게 말하더라도 그는 동의하지 않는다.

039

愚公为什么想挖掉这两座山?

　A 采石头
　B 不喜欢山
✓C 阻碍出行
　D 让水进来

우공은 왜 두 개의 산을 파 없애려고 했는가?

　A 돌을 캐기 위해
　B 산을 좋아하지 않아서
　C 외출할 때 방해가 되어서
　D 물이 들어오게 하려고

단어 采 cǎi 동 캐내다, 채굴하다 | 阻碍 zǔ'ài 명동 방해(하다), 지장(이다)

해설 '进出很不方便'에서 집을 드나들 때 방해가 되어서 산을 파서 없애려고 했다는 것을 알 수 있다.

정답　C

040

愚公把挖来的泥土送到了哪里？	우공은 파낸 흙을 어디로 옮겼는가？
A 黄海	A 황해
✓ B 渤海	B 발해
C 东海	C 동해
D 南海	D 남해

🔍 **해설** '把挖下来的土和石头运到很远的渤海去'에서 우공이 파낸 흙을 발해로 옮겼다는 것을 알 수 있다.

정답_ B

041

是谁把两座大山弄走了？	누가 두 산을 지고 갔는가？
A 土地	A 토지
B 山神	B 산신
C 天帝	C 하느님
✓ D 天神	D 천신

🔍 **해설** '派两个天神背走了两座大山'에서 상제가 우공의 불굴의 의지에 감동하여 두 천신을 보내 산을 지고 갔게 했음을 알 수 있다.

정답_ D

042

这个故事告诉我们什么道理？	이 이야기는 우리에게 어떤 이치를 알려주는가？
A 做事情要认真	A 일을 함에 있어서 성실해야 한다
✓ B 做事情要有决心	B 일을 함에 있어서 결심이 있어야 한다
C 做事情要找人帮忙	C 일을 함에 있어서 도와줄 사람을 찾아야 한다
D 做事情要自己动手	D 일을 함에 있어서 자기 자신이 시작해야 한다

📖 **단어** 动手 dòngshǒu 동 시작하다

🔍 **해설** '这个故事告诉我们，只要有决心，什么事情都会成功'이라고 했으므로 이 이야기가 일을 함에 있어서 결심이 있어야 한다는 것을 알려 주고 있음을 알 수 있다.

정답_ B

043-046

相传在很早以前，南阳城西牛家庄里有个聪明、忠厚的小伙子，他叫牛郎。天上有一位仙女，名叫织女，她非常喜欢牛郎。有一天织女偷偷地从天上下来，和他结婚了。 ⁴³ 牛郎和织女结婚后，男的种地女的织布，感情越来越好，他们生了两个孩子，一家人生活得很幸福。但是好景不长，这事很快便让天帝知道了，王母娘娘亲自来到人间， ⁴⁴ 强行把织女带回天上，恩爱夫妻被拆散了。 ⁴⁵ 喜鹊不忍心看到两个恩爱的人被拆散，就搭成了桥，让牛郎织女在七月七日的时候在桥上相会。从此，每到农历七月初七，就是牛郎和织女见面的日子，地上的人们就祈祷自己能够拥有牛郎和织女那样坚定的爱情， ⁴⁶ 由此便形成了七夕节。

아주 오래 전부터 전해져 오길 난양 성 서쪽 우씨 마을에 총명하고 충직한 견우라는 한 젊은이가 있었다고 한다. 하늘에는 직녀라는 한 선녀가 있었는데, 그녀는 견우를 매우 좋아했다. 어느 날 직녀는 하늘에서 몰래 내려와서 그와 결혼하였다.

견우와 직녀는 결혼한 후, 견우는 농사를 짓고, 직녀는 베를 짰다. 서로의 감정은 갈수록 좋아져서 두 아이를 낳고 아주 행복하게 생활하고 있었다. 그러나 좋은 일은 오래가지 못한다고, 이 일이 곧 하느님에게 알려져 서왕모가 친히 인간 세상으로 내려왔고, 강제로 직녀를 하늘로 데려가 금슬 좋은 부부는 헤어지게 되었다. 까치는 금슬 좋은 두 사람이 떨어져 있는 것을 참을 수가 없었고, 다리를 만들어 7월 7일에 견우와 직녀가 다리 위에서 만날 수 있게 하였다. 이로부터 매 음력 7월 7일에는 견우와 직녀가 만나는 날이 되어 세상 사람들은 견우와 직녀처럼 굳은 사랑을 할 수 있기를 기도했다. 이리하여 칠월 칠석이 생겼다.

단어 相传 xiāngchuán 통 ~(이)라고 전해지다, ~라고 전해 오다 | 南阳 Nányáng 명 난양 | 庄 zhuāng 명 (~儿) 촌락, 마을 | 忠厚 zhōnghòu 형 충직하고 온후하다 | 小伙子 xiǎohuǒzi 명 젊은이, 청년 | 牛郎 niúláng 명 견우 | 仙女 xiānnǚ 명 선녀 | 织女 zhīnǚ 명 직녀 | 偷偷 tōutōu 부 남몰래, 살짝 | 织布 zhībù 통 베를 짜다 | 好景不长 hǎojǐngbùcháng 성 좋은 날이 오래가지 않는다, 화무십일홍(花無十日紅)이다 | 王母娘娘 Wángmǔniángniáng 명 서왕모〔신화 속의 여신〕| 亲自 qīnzì 부 직접 (하다), 손수 | 强行 qiángxíng 통 강행하다, 무리하여(억지로) 하다 | 带回 dàihuí 데리고 돌아오다 | 恩爱 ēn'ài 형 (부부간의) 금슬이 좋다, 애정이 깊다 | 拆散 chāisàn 통 갈라놓다, 분산시키다 | 喜鹊 xǐque 명 까치 | 忍心 rěnxīn 모질게 ~하다, 냉정하게 ~하다 | 搭 dā 통 놓다 | 相会 xiānghuì 통 만나다 | 祈祷 qídǎo 통 기도하다, 빌다 | 拥有 yōngyǒu 통 보유하다, 소유하다 | 坚定 jiāndìng 형 확고부동하다, 결연하다 | 七夕 qīxī 명 매년 견우와 직녀가 서로 만나는 날

043

牛郎的妻子是谁?

A 织布
✓ B 织女
C 舞女
D 知了

견우의 아내는 누구인가?

A 베를 짜다
B 직녀
C 춤추는 여자
D 매미

단어 知了 zhīliǎo 명 매미

해설 '牛郎和织女结婚后'에서 견우의 아내가 직녀라는 것을 알 수 있다.

정답 B

044

织女愿意回到天上吗?	직녀는 하늘로 돌아가길 원했는가?
A 愿意	A 원하다
✔B 不愿意	B 원하지 않는다
C 没说	C 말하지 않았다
D 无所谓	D 상관없다

해설 '强行把织女带回天上，恩爱夫妻被拆散了'에서 강제로 직녀를 하늘로 데리고 갔음을 알 수 있다.

정답_ B

045

谁为牛郎和织女搭起了桥?	누가 견우와 직녀를 위해서 다리를 만들었는가?
A 天帝	A 하느님
B 王母娘娘	B 서왕모
C 牛郎	C 견우
✔D 喜鹊	D 까치

해설 '喜鹊不忍心看到两个恩爱的人被拆散，就搭成了桥'에서 까치가 사랑하지만 떨어져 있는 두 사람이 안타까워 다리를 만들었다는 것을 알 수 있다.

정답_ D

046

女郎和织女的故事与什么节日有关?	견우와 직녀의 이야기는 어떤 날과 관계가 있는가?
A 织女节	A 직녀날
✔B 七夕节	B 칠석날
C 牛郎节	C 견우날
D 中秋节	D 중추절

해설 '由此便形成了七夕节'로 이 이야기가 '칠석날'에 관한 이야기임을 알 수 있다.

정답_ B

047-050

最近几年，47 东北二人转变得十分火，把二人转带到舞台上的是赵本山，他可以称为绿色二人转的祖师爷。赵本山出生于辽宁省铁岭市，是著名小品演员、中国东北二人转演员。48 在中国春节联欢晚会上享有极高声望，被誉为"小品王"，曾经连续数年获得"春节联欢晚会最受欢迎作品奖"。49 随着名声的提高，他在其他领域也有所成就，包括电影、电视剧等，曾获得中国内地"影帝"头衔。赵本山也有很多的徒弟，50 2009年，他的徒弟小沈阳在春节联欢晚会上一炮走红，全国人都知道了小沈阳这个人，与此同时赵本山的名字也再次在大江南北响了起来。

최근 몇 년 사이, 동북 이인전은 매우 인기를 얻었다. 이인전을 무대 위로 이끈 사람은 짜오번산으로 그는 녹색 이인전의 창시자라 할 수 있다. 짜오번산은 랴오닝 성 티에링 시에서 태어났으며, 유명한 단막극 배우이자 중국 동북지역 이인전 배우이다. 중국 설맞이 특집 공연에서는 아주 높은 명성을 누리며 '단막극의 왕'이라는 명예를 얻었고, 이미 수 년 동안 계속해서 '설맞이 특집 공연에서 가장 인기 있는 작품상'을 수상했다. 명성이 높아짐에 따라, 그는 영화와 연속극을 포함한 다른 분야에서도 성과를 얻었고, 일찍이 중국 내에서는 '영화의 황제'라는 칭호를 얻었다. 짜오번산은 또한 제자도 매우 많은데, 2009년에는 그의 제자 샤오선양이 설맞이 특집 공연에서 많은 인기를 얻어, 전국적으로 샤오선양이 알려지게 되었고, 이와 동시에 짜오번산의 이름도 다시 한번 이곳저곳에서 울려퍼졌다.

단어 二人转 èr'rénzhuàn 명 이인전(헤이룽장·지린·창춘 일대에서 유행하는 설창 문예의 일종) | 舞台 wǔtái 명 사회 활동 영역(무대) | 称为 chēngwéi 통 ~(이)라고 부르다(불리우다·일컫다·칭하다) | 祖师爷 zǔshīyé 조사, 창시자 | 联欢 liánhuān 통 함께 모여 즐기다, 친목을 맺다 | 享有 xiǎngyǒu 통 (권리·명예 등을) 향유하다, 누리다 | 声望 shēngwàng 명 성망, 명성과 덕망 | 誉为 yùwéi 통 ~(이)라고 송칭되다, ~(이)라고 불리다 | 曾经 céngjīng 부 일찍이, 이전에 | 连续 liánxù 통 연속하다, 계속하다 | 获得 huòdé 통 얻다, 취득하다 | 领域 lǐngyù 명 분야, 영역 | 成就 chéngjiù 명 (사업상의) 성취, 성과 | 包括 bāokuò 통 포함하다, 포괄하다 | 头衔 tóuxián 명 칭호, 직함 | 徒弟 túdì 명 도제, 제자 | 走红 zǒuhóng 통 인기가 오르다, 인기가 있다 | 再次 zàicì 부 재차, 거듭

047

赵本山对什么的发展做出了巨大贡献?

  A 一人转
  ✓ B 二人转
  C 三人转
  D 两人转

짜오번산은 무슨 발전에 큰 공헌을 했는가?

  A 일인전
  B 이인전
  C 삼인전
  D 양인전

해설 '东北二人转变得十分火, 把二人转带到舞台上的是赵本山'에서 동북 이인전이 인기를 끌고 무대 위로 이끈 사람이 짜오번산으로 이인전의 발전에 큰 공헌을 했다는 것을 알 수 있다.

정답 B

048

赵本山具有什么美称?

    A 手绢王
    B 二人转王
    C 戏剧王
 ✓ D 小品王

짜오번산은 어떻게 불리는가?

    A 수건의 왕
    B 이인전의 왕
    C 희극의 왕
    D 단막극의 왕

단어 手绢 shǒujuàn 명 손수건

해설 '在中国春节联欢晚会上享有极高声望,被誉为"小品王"'에서 그는 설맞이 특별 공연에서 많은 명성을 얻으면서 짜오번산이 '단막극의 왕'이라는 명예를 얻었음을 알 수 있다.

정답_ D

049

下面哪个不是赵本山涉足的领域?

    A 电影
 ✓ B 报刊
    C 电视剧
    D 二人转

아래 보기 중 짜오번산이 발을 들여 놓지 않은 영역은 어느 것인가?

    A 영화
    B 간행물(신문, 잡지)
    C 드라마
    D 이인전

단어 报刊 bàokān 명 신문, 잡지 등의 간행물

해설 '随着名声的提高,他在其他领域也有所成就,包括电影、电视剧等,曾获得中国内地"影帝"头衔'에서 그가 이인전 외에 영화와 드라마에서도 성과를 거두어 '영화의 황제'라는 칭호를 얻었음을 알 수 있다. 그러므로 짜오번산이 활동한 부분은 이인전, 영화, 드라마 임을 알 수 있으며, 간행물은 언급하지 않았다.

정답_ B

050

2009年春节联欢晚会谁红了起来?

    A 赵本山
 ✓ B 小沈阳
    C 小杨阳
    D 毛泽东

2009년 설 특집 공연에서 누가 인기를 얻었는가?

    A 짜오번산
    B 샤오선양
    C 샤오양양
    D 마오쩌둥

해설 '2009年,他的徒弟小沈阳在春节联欢晚会上一炮走红'에서 2009년에 짜오번산의 제자 샤오선양이 설맞이 특집 공연에서 인기를 얻었다는 것을 알 수 있다.

정답_ B

二、阅读

第一部分

● 51~60번 문제 : 올바르지 않은 문장을 고르세요.

051

✓ A 像梦幻般的海底世界，让我们流连忘返。
B 雨是最寻常的，一下就是三两天。
C 关于这座古老的城市有很多离奇的传说。
D 他出国进修不是为了镀金，而是想学点真本事为国家服务。

A 꿈 같은 해저세계는 우리가 돌아가는 것 조차 잊게 했다.
B 비는 가장 일반적인 것으로, 한번 내리면 2, 3일이다.
C 이 오래된 도시에 관한 기이한 전설이 아주 많다.
D 그가 해외로 가서 연수를 하는 것은 간판을 따려는 것이 아니라, 진정한 실력을 쌓아서 나라에 봉사를 하기 위해서이다.

단어 梦幻 mènghuàn 몡 꿈과 환상 | 般 bān 조 ~같은, ~와 같은 모양(종류)의 | 海底 hǎidǐ 몡 해저, 바다의 밑바다 | 流连忘返 liúliánwàngfǎn 졩 아름다운 경치에 빠져 떠나기 싫어하다 | 寻常 xúncháng 혱 평범하다, 보통이다 | 离奇 líqí 혱 기이하다, 색다르다 | 传说 chuánshuō 몡 전설 | 镀金 dùjīn 통 간판을 따다 | 本事 běnshi 몡 능력, 재능

해설 A에서 '像'과 '般'은 둘 다 '~와 같은'이란 뜻으로 두 단어를 동시에 쓸 수 없기 때문에 둘 중에 하나을 삭제하여 '像梦幻的海底世界', '梦幻般的海底世界'로 고쳐야 한다. 또는 '像~一样, 像~一般'을 이용해서 '像梦幻一样的海底世界', '像梦幻一般的海底世界'라고 해도 된다.

정답 **A**

052

A 倒霉的事似乎比幸运的事更容易改变一个人的命运。
✓ B 他仔细地研究了一下地图，然后选择了最恰当的公交车，向目的地进发。
C 做任何事情都应该从实际出发，不能随心所欲，否则就会出问题。
D 每次欣然出游时，我的心情都像那晴朗的天空一样，一片明净、万里无云。

A 재수 없는 일은 행운의 일보다 한 사람의 운명을 더 쉽게 바꾸는 것 같다.
B 그는 꼼꼼하게 지도를 좀 연구한 후에 가장 적당한 버스를 택해서 목적지로 출발했다.
C 어떤 일을 하든지 반드시 실제적인 것에서 시작해야만 하고 자기 하고 싶은 대로 해서는 안 된다. 그렇지 않으면 문제가 발생할 수 있다.
D 매번 즐거운 여행을 할 때면, 내 마음은 저 맑은 하늘처럼 맑고 구름 한 점 없다.

단어 倒霉 dǎoméi 혱 재수 없다, 운수 사납다 | 似乎 sìhū 튄 마치 (~인 것 같다(듯하다)) | 幸运 xìngyùn 몡 행운 | 命运 mìngyùn 몡 운명 | 仔细 zǐxì 혱 세심하다, 꼼꼼하다 | 地图 dìtú 몡 지도 | 选择 xuǎnzé 통 고르다, 선택하다 | 恰当 qiàdàng 혱 알맞다, 적당하다 | 公交 gōngjiāo 몡 공공(대중) 교통 | 进发 jìnfā 통 (목적지를 향해) 출발하다 | 任何 rènhé 떼 어떠한, 무슨 | 随心所欲 suíxīnsuǒyù 졩 자기 뜻대로 하다, 하고 싶은 대로 하다 | 否则 fǒuzé 접 만약 그렇지 않으면 | 欣然 xīnrán 튄 흔연히, 즐겁게 | 晴朗 qínglǎng 혱 구름 한 점 없이 쾌청하다, 맑다 | 明净 míngjìng 혱 명정하다, 밝고 맑다(깨끗하다)

해설 B에서 '恰当'은 사람의 말투나 태도, 주장, 하는 일 등이 정확하고 명확하게 맞을 때 주로 쓰이므로 이 문장에 맞지 않는 단어이다. 따라서 요구에 부합할 때 사용할 수 있는 '合适'를 사용해야 한다. 즉, '然后选择了最合适的公交车'라고 해야 한다.

정답 **B**

053

A 要不是年轻人提醒我该走了，我还会继续欣赏下去的。
B 我们推开一个小房间的门，只见几个小和尚或坐或跪地正在看电视。
✓C 交了这个朋友之后，我的生活一下子变得充实上来了。
D 据有关资料记载，九华山并非一开始就叫九华山，它曾经叫过九子山。

A 젊은이가 내가 가야 한다는 것을 알려 주지 않았으면, 나는 계속해서 감상했을 것이다.
B 우리가 작은 방의 문을 열었을 때, 몇 명의 동자승들이 앉거나 무릎을 꿇고 앉아 텔레비전을 보고 있었다.
C 이 친구를 사귄 후 나의 생활은 단번에 충실하게 변화하기 시작했다.
D 관련 자료의 기록에 따르면, '지우화산'은 처음부터 '지우화산'으로 불려진 것이 아니라, 전에는 '지우즈산'으로 불렸었다.

단어 提醒 tíxǐng 동 일깨우다, 깨우치다 | 继续 jìxù 동 계속하다, 끊임없이 하다 | 欣赏 xīnshǎng 동 좋아하다, 마음에 들다 | 推开 tuīkāi 동 밀어 열다, 밀어젖히다 | 跪 guì 동 무릎을 꿇다, 꿇어앉다 | 资料 zīliào 명 자료 | 记载 jìzǎi 동 기재하다, 기록하다 | 并非 bìngfēi 동 결코 ~하지 않다, 결코 ~이 아니다 | 曾经 céngjīng 부 일찍이, 이전에, 이미, 벌써

해설 C에서 '充实上来'를 '充实起来'로 고쳐야 한다. '上来'는 성공적으로 완성했을 때 사용하는 것으로 이 문장에서는 완성의 의미가 아니라 시작의 의미이다. 따라서 시작의 의미를 가지고 있는 방향보어 '起来'를 사용해야 하는 것이다. 즉, '我的生活一下子变得充实起来了'로 고쳐야 한다.

정답_ C

Tip 방향보어 起来

1. 시작과 계속을 나타낸다.
   外边突然下起大雨来了。
   밖에 갑자기 비가 내리기 시작했다.

2. 분산되었던 것이 집중, 접근함을 나타낸다.
   → 자주 함께 사용하는 동사 : 联合, 集中, 捆, 收拾, 积累, 存
   把大家的意见集中起来。
   모두의 의견을 모으다.

3. 한 방면에서의 예측이나 평가를 나타낸다.
   → 자주 함께 사용하는 동사 : 看, 说, 做, 用, 吃, 喝, 听, 穿
   这些事说起来容易，做起来难。
   이런 일은 말하기에는 쉽지만 하기에는 쉽지 않다.

054

✓ A 市场交易的过程，应该就是一个不断试试错误的过程。
B 古代神话里说，雨后彩虹是"人间天上的桥"，通过彩虹就能上天。
C 京剧是受中国部分老年观众喜爱的一种戏剧，也被称为国剧。
D 他是学建筑的，从建筑专业毕业已经多年了。

A 시장 거래의 과정은 반드시 끊임없는 시행착오의 과정을 경험해 보아야 하는 것이다.
B 고대 신화에서는 비 온 뒤의 무지개는 "사람과 하늘의 다리"라고 해서 무지개를 통해 하늘에 오를 수 있다고 말한다.
C 경극은 중국의 일부 노년 관중들이 좋아하는 희극의 하나로, 국극이라고도 부른다.
D 그는 건축을 공부했고, 건축 전공을 졸업한 지 이미 오래되었다.

단어 交易 jiāoyì 명 장사, 거래 | 错误 cuòwù 명 착오, 잘못 | 过程 guòchéng 명 과정 | 古代 gǔdài 명 고대 | 神话 shénhuà 명 신화 | 彩虹 cǎihóng 명 무지개 | 京剧 jīngjù 명 경극 | 建筑 jiànzhù 동 세우다, 건축하다, 건설하다

해설 A의 '应该就是一个不断试试错误的过程' 부분에서 '试试'가 틀렸다. 동사중첩은 짧은 시간에 시도의 의미를 나타낼 때 사용하는 것인데 이 문장은 '不断'이 있는 것으로 보아 끊임없이 한다라는 긴 시간을 나타낸다. 따라서 중첩을 사용할 수 없으며, '试试'보다 2음절 동사 '尝试'를 사용하는 것이 더 적당하다. 즉, '应该就是一个不断尝试错误的过程'로 고쳐야 한다.

정답 _ **A**

055

A 妈妈送我的这个礼物非常精美，我非常喜欢。
B 那位老师特别凶，经常骂学生，我也曾经挨过她的骂。
C 已借出的图书可以在借书处登记预约，也可以在网上进行预约。
✓ D 固然黄金周对拉动香港的经济有很大作用，但商家还是要把眼光放远一些。

A 어머니께서 보내주신 이 선물이 너무 정교하고 아름다워서 나는 아주 좋아한다.
B 그 선생님은 매우 사나워서, 자주 학생들을 꾸짖는다. 나도 전에 그녀에게 혼난 적이 있다.
C 이미 대출된 도서는 대출처에서 예약을 할 수 있으며, 온라인 상에서도 예약할 수 있다.
D 황금주가 홍콩의 경제를 촉진시키는데 아주 큰 역할을 하지만, 상가들은 역시 장래를 멀리 내다보아야 한다.

단어 精美 jīngměi 형 정교하다, 아름답다 | 凶 xiōng 형 불길하다, 사납다 | 骂 mà 동 질책하다, 꾸짖다 | 挨 ái 동 ~을 받다, ~을 당하다 | 登记 dēngjì 동 등기하다, 등록하다 | 预约 yùyuē 동 예약하다 | 固然 gùrán 접 물론 ~하(이)지만 | 拉动 lādòng 동 촉진하다, 적극적으로 이끌다 | 香港 Xiānggǎng 명 홍콩 특별 행정구(香港特别行政区) | 眼光 yǎnguāng 명 선견지명, 통찰력 | 放远 fàngyuǎn 동 먼 곳을 내다보다, 멀리 내다보다

해설 D에서 '固然'은 '물론 ~이지만'의 접속사이지만 말하려고 하는 대상 뒤에 쓰이며, 어떤 일을 확인, 인정하지만 뒷절에서 의미 전환을 나타낼 때 사용한다. 그러므로 '黄金周对拉动香港的经济固然有很大作用'이라고 해야 한다.

정답 _ **D**

056

A 啤酒都是以麦类作原料的，但在用料的品种、加工的工艺以及色香味等方面却有不同。
B 网络实名制是个方向，也是世界各国共同加强网络管理的措施。
✓ C 在秦始皇陵兵马俑博物馆，看到了那尊被称为"镇馆之宝"的跪射俑。
D 提高门槛之后可以确保高素质的人才进入我们的队伍，防止滥竽充数。

A 맥주는 모두 보리류를 원료로 만드는 것이지만 사용하는 원료의 품종과 가공하는 기술, 색과 향, 맛 등의 부분에서는 오히려 차이가 있다.
B 네트워크 실명제는 하나의 방향이며, 또한 세계 각국이 공통으로 네트워크 관리를 강화하는 조치이기도 하다.
C 진시황 병마용 박물관에 '진관지보'라 불리는 한쪽 무릎을 꿇고 사격하는 자세의 병마용을 보았다.
D 부대에 들어올 수 있는 조건을 높여야 소질이 뛰어난 인재가 우리 부대에 들어올 수 있다는 것을 보장할 수 있다. 이렇게 해야만 재능이 없으면서 끼어들어 머릿수만 채우는 것을 막을 수 있다.

단어 啤酒 píjiǔ 몡 맥주 | 麦 mài 몡 맥류(麥類), 맥곡(麥穀) | 原料 yuánliào 몡 원료 | 用料 yòngliào 몡 원자재, 재료 | 加工 jiāgōng 동 가공하다 | 工艺 gōngyì 몡 공예, 가공하는 작업(방법·기술) | 网络 wǎngluò 몡 네트워크(network) | 实名制 shímíngzhì 몡 실명제 | 加强 jiāqiáng 동 강화하다 | 措施 cuòshī 몡 조치, 대책 | 秦始皇兵马俑 Qínshǐhuáng bīngmǎyǒng 몡 병마용 | 博物馆 bówùguǎn 몡 박물관 | 跪射 guìshè 동 한쪽 무릎을 꿇고 사격하다, 무릎 쏴 하다 | 门槛 ménkǎn 몡 솜씨, 실력 | 确保 quèbǎo 동 확보하다, 확실히 보장하다 | 素质 sùzhì 몡 소양, 자질 | 队伍 duìwu 몡 집단, 군대 | 防止 fángzhǐ 동 방지하다 | 滥竽充数 lànyúchōngshù 성 능력 없는 사람이 능력 있는 척하다, 재능도 없으면서 끼어들어 머릿수만 채우다

해설 C의 문장은 주어가 없는 문장이다. 병마용을 본 사람이 누군지 언급하지 않았기 때문에 틀리다. 그러므로 두 번째 구절 앞에 주어를 넣어 '我看到了那尊被称为"镇馆之宝"的跪射俑'라든가 '他看到了那尊被称为"镇馆之宝"的跪射俑'라고 고쳐야 한다.

정답 _ C

Tip 비위형용사(非谓形容词)

1. 대부분의 형용사가 술어가 될 수 있지만 일부 형용사는 술어로 쓰이지 못하고 한정어로만 쓰인다. 이를 '비위형용사' 또는 '비술어형용사'라고 부른다.
   男 / 女 / 副 / 银 / 彩色 / 初级 / 个别 / 国营 / 共同 / 主要 / 高档 / 西式 / 冒牌 / 人造 / 大型

2. 서술어로 쓰일 수 없고, 명사를 수식하는 데에만 쓰인다.
   彩色电视 / 副教授 / 西式服装 / 新式武器

3. '不'를 써서 부정할 수 없고, '非'를 써서 부정한다. 또한 대부분 '很'의 수식을 받을 수 없다.
   非高档 / 非主要 / 非新式

4. '的'를 쓰면 기능이 명사와 같아 주어나 목적어가 될 수 있다.
   这些商品都是冒牌，质量很差。(X)
   这些商品都是冒牌的，质量很差。(O)
   이 상품은 상표를 도용한 것이라서 질이 많이 떨어진다.

057

✓ A 为了适应新形势的变化，有些企业开始把招聘考试的时间延长到大学四年级的暑假了。
B 育人的工作首先要有教师，特别是要有高素质的教师。
C 随着城市人口增长，道路面积增加，环卫工人面临着更加繁重的工作任务。
D 我国电子信息技术有了长足的进步，但在关键软硬件的国产化方面还需努力。

A 새로운 정세 변화에 적응하기 위해서, 일부 기업들은 채용 시험 기간을 대학교 4학년 여름 방학까지 미루기 시작했다.
B 인재를 양성하는 일은 무엇보다 먼저 선생님이 있어야 하고, 특히 자질이 뛰어난 선생님이 있어야 한다.
C 도시 인구가 증가함에 따라서 도로 면적이 넓어지고, 환경미화원은 더욱 힘들고 많은 임무에 직면해 있다.
D 우리나라의 전자 정보 처리 기술은 장족의 발전이 있었지만, 소프트웨어와 하드웨어의 국산화 방면에서는 아직도 노력해야 한다는 것이 관건이다.

단어 形势 xíngshì 명 정세, 형편 | 企业 qǐyè 명 기업 | 招聘 zhāopìn 동 (공모의 방식으로) 모집하다, 초빙하다 | 延长 yáncháng 동 연장하다, 늘이다 | 首先 shǒuxiān 부 가장 먼저, 맨 먼저 | 随着 suízhe 동 (~에) 따르다, ~따라서 | 增长 zēngzhǎng 동 증가하다, 늘어나다 | 道路 dàolù 명 도로, 길 | 面积 miànjī 명 면적 | 环卫 huánwèi 명 환경위생의 준말 | 繁重 fánzhòng 형 번잡하고(많고) 무겁다 | 信息技术 xìnxījìshù 명 정보 처리 기술 | 长足 chángzú 형 발전이 빠르다, 진전이 빠르다 | 关键 guānjiàn 명 관건, 열쇠, 키 포인트 | 软件 ruǎnjiàn 명 소프트웨어 | 硬件 yìngjiàn 명 하드웨어

해설 A에서 '延长'의 사용이 잘못되었다. '延长'은 시간이나 거리를 연장할 때 사용하는 단어로, '延长到下个月'라고 한다면 지금부터 다음달까지 시간을 계속 연장한다는 말이다. 이 문장에서는 여름 방학까지 계속 연장한다는 말이 아니라 여름 방학으로 미뤘다는 말이므로 틀린 것이다. 따라서 '늦추다, 연기하다'라는 '推迟'를 사용하는 것이 적당하다. 즉, '有些企业开始把招聘考试的时间推迟到大学四年级的暑假了'라고 해야 한다.

정답_A

058

A 这些石狮子，有的母子相抱，有的交头接耳，有的像倾听水声，千态万状，惟妙惟肖。
✓ B 现在我也有晨跑的习惯，每天继续5点半起床，风雨不误，即使出差生病也不例外。
C 明天，他就要动身去上海，要按原来的计划和小张同天到达，然后一起参加会议。
D 虽然没有看到日出的奇景，不过我们却有自己的独得之乐。

A 이 돌사자들은 어떤 것은 모자가 서로 안고 있고, 어떤 것은 귀에 입을 대고 소곤거리고 있으며, 어떤 것은 마치 물소리에 경청하고 있는 것 같다. 온갖 모양을 다하고 있으며, 실물처럼 생동감 있게 묘사하고 있다.
B 나는 지금도 새벽에 조깅하는 습관이 있어서 매일 5시 반에 일어난다. 바람이 불고 비가 와도 늦지 않고, 출장을 가거나 병이 나도 예외가 없다.
C 내일 그는 상하이로 출발하려고 하는데, 원래의 계획대로라면 샤오짱과 같은 날 도착한 후, 함께 회의에 참가하는 것이다.
D 비록 일출의 멋진 광경을 보지는 못했지만, 우리는 오히려 우리만의 독특한 즐거움을 누렸다.

단어 抱 bào 동 안다, 껴안다 | 交头接耳 jiāotóujiē'ěr 성 귀에 입을 대고 소곤거리다 | 倾听 qīngtīng 동 귀를 기울여 듣다 | 惟妙惟肖 wéimiàowéixiào 성 실물처럼 생동감 있게 묘사하다 | 例外 lìwài 동 예외로 하다, 예외(가 되)다 | 动身 dòngshēn 동 출발하다, 떠나다 | 虽然 suīrán 접 비록 ~하지만(일지라도), 설령 ~일지라도 | 日出 rìchū 명 해가 뜨다, 일출하다 | 奇景 qíjǐng 명 뛰어난 경치, 특이한 경치

해설 B에서 '继续'의 사용이 잘못 되었다. '继续' 뒤에는 일반적으로 '继续学习, 继续工作'처럼 목적어로 동사가 와야 한다. '5点半起床'은 '继续'의 목적어로 적절하지 않다. 따라서 어떤 일이나 상태를 계속 지속하는 '坚持'로 고쳐야 한다. 즉 '每天坚持5点半起床'이라고 해야 한다.

정답_B

059

A 我觉得他一定很为难，既不能反对，更不能同意。
B 他们对我的小说不作任何评论，似乎也不大看我写的东西，因此我们之间也就没有太多的共同语言。
✔ C 最近身体一直不好，所以我要从今天开始戒烟。虽然以前曾试过几次都失败了，但我这次打算一定成功。
D 我的女儿读小学，她各方面发展都很均衡，数学、音乐和绘画都不错，完全不像我小的时候。

A 나는 분명 그가 반대할 수 없고 더더욱 동의할 수도 없어 매우 난감할 거라고 생각한다.
B 그들은 내 소설에 대해 어떠한 평론도 하지 않았으며, 내가 쓴 것들을 읽지도 않은 것 같다. 그래서 우리 사이에는 공감대가 그리 많지 않다.
C 요즘 몸이 계속 좋지 않아서 나는 오늘부터 담배를 끊으려 한다. 비록 이전에 몇 번 시도해서 실패를 했지만, 나는 이번엔 꼭 성공할 것이다.
D 나의 딸은 초등학교에 다니는데, 각 방면의 발전이 매우 고른 편으로 수학, 음악, 미술 모두 잘한다. 어릴 적 나와는 완전히 다르다.

단어 为难 wéinán 통 난처하다, 난감하다 | 既 jì 접 ~할 뿐만 아니라 | 评论 pínglùn 명 평론, 논평 | 似乎 sìhū 부 마치 (~인 것 같다(듯하다)) | 因此 yīncǐ 접 이로 인하여, 그래서 | 共同 gòngtóng 형 공동의, 공통의 | 戒 jiè 통 끊다, 중단하다 | 失败 shībài 통 (일이나 사업) 실패하다 | 均衡 jūnhéng 형 고르다, 균형이 잡히다

해설 C에서 '打算'을 빼야 한다. '打算'은 '~하려고 한다'라는 뜻으로 불확실한 일을 계획했을 때 사용하는 단어이다. 즉, 뒤에 오는 일이 '一定成功'의 확실한 것일 경우에는 사용할 수 없다. 따라서 '打算'을 빼고, '但我这次一定成功'으로 고쳐야 한다.

정답_ C

060

A 老李退休了，可他仍然关心时事，关注国家的发展，整天看书看报，忧国忧民。

B 伟大的父爱，不仅支撑着我的生命，也支撑起医生抢救我的信心和决心。我上了手术台，而父亲则在手术室外不安地来回走动。

C 我攀登过峰峦雄伟的泰山，游览过红叶似火的香山，却从没看见过桂林一带的山。这一带的山真奇啊，一座座拔地而起，各不相连。

✔ D 本来我没担心过修理费的问题，可是我太乐观了，没想到这次竟然花7890元了，这下我这个月的生活费可是大大地超支了。

A 라오리는 퇴직을 했는데도, 여전히 시사에 관심이 많다. 나라의 발전에 관심이 많아서 온 종일 서적과 신문을 보며 나라 걱정, 국민 걱정을 한다.

B 위대한 아버지의 사랑은 나의 생명을 지탱하고 있을 뿐 아니라, 또한 의사가 나를 구해준다는 믿음과 결심을 생기게 했다. 나는 수술대에 올랐고, 아버지는 수술실 밖에서 불안해하며 왔다 갔다 하셨다.

C 나는 산등성이와 봉우리가 웅장한 타이산을 오른 적이 있고, 단풍이 마치 불 같이 든 샹산에 놀러 간 적도 있지만, 구이린 일대의 산은 본 적이 없다. 이 일대의 산은 정말 기이하여 산 하나하나가 땅 위에 우뚝 솟아 있고, 각각은 서로 연결되어 있지 않다.

D 본래 나는 수리비 문제를 걱정한 적이 없었다. 그러나 내가 너무 낙관적이었다. 이번에 의외로 7890위안을 쓰게 되어 이번 달 생활비를 아주 많이 초과하였다.

단어 退休 tuìxiū 동 퇴직하다, 퇴임하다 | 仍然 réngrán 부 변함없이, 여전히 | 时事 shíshì 명 시사, 최근의 국내외 대사건 | 整天 zhěngtiān 명 (온)종일, 진(종)일 | 伟大 wěidà 형 위대하다 | 支撑 zhīchēng 동 버티다, 받치다 | 抢救 qiǎngjiù 동 구하다 | 手术台 shǒushùtái 명 수술대 | 攀登 pāndēng 동 등반하다 | 峰峦 fēngluán 명 산등성이와 산봉우리, 연봉(連峯) | 雄伟 xióngwěi 형 웅대하고 위세가 넘치다, 웅위하다 | 游览 yóulǎn 동 (풍경·명승 등을) 유람하다 | 一带 yídài 명 일대 | 拔地而起 bádì'érqǐ 성 땅 위에 우뚝 솟다 | 担心 dānxīn 동 염려하다, 걱정하다 | 修理 xiūlǐ 동 수리하다, 고치다 | 超支 chāozhī 동 과다 지출하다, 지출이 초과하다

해설 D에서 '了'의 사용이 틀렸다. '没想到这次竟然花7890元了'에서 문장 끝에 쓴 어기조사 '了'는 변화의 의미가 있다. 그러나 이 문장은 변화가 아니라 완료의 의미로 사용해야 한다. 그래서 '了'를 동태조사로 사용해서 '花' 뒤에 오게 해야 한다. 즉, '没想到这次竟然花了7890元'로 고쳐야 한다.

정답 D

第二部分

● 61~70번 문제 : 빈칸에 알맞은 단어를 고르세요.

061

成功的世界总是留给有智慧的人。你有多少弱点其实就有多少失败的可能。一个人敢于示弱，就有了挽救失败的机会和可能。示弱，不是软弱，而是一种人生的智慧和清醒。一个强者能保持清醒，那他离成功也不远了。

A 聪明　补救　保障
B 智力　弥补　持续
✓C 智慧　挽救　保持
D 聪慧　补充　维持

성공의 세계는 언제나 지혜로운 사람의 것이다. 당신이 얼마나 약점을 가지고 있는가는 곧 얼마나 실패할 가능성이 있는지를 나타낸다. 사람이 약점을 드러낼 용기가 있다면, 그것은 곧 실패에서 구해 낼 수 있는 기회와 가능성이 생기는 것이다. 약점을 드러내는 것은 연약함이 아니라 인생의 지혜와 깨달음이다. 강자가 맑은 정신을 유지할 수 있다면, 그것은 그가 성공과 멀지 않다는 것이다.

A 똑똑하다/교정하다/보장하다
B 지력/보충하다/지속하다
C 지혜/구해 내다/유지하다
D 총명하고 슬기롭다/보충하다/유지하다

단어 弱点 ruòdiǎn 명 약점, 단점 | 其实 qíshí 부 사실 | 失败 shībài 동 실패하다 | 敢于 gǎnyú 동 (~할) 용기가 있다, 용감하게도 ~하다 | 示弱 shìruò 동 약한 모습을 보이다, 약세를 드러내다 | 软弱 ruǎnruò 형 연약하다, 가냘프다 | 清醒 qīngxǐng 형 (정신이) 맑다, 분명하다

해설 첫 번째 칸에는 C '智慧'만 '有智慧的人'으로 사용할 수 있기 때문이다. '聪明'은 형용사이므로 '有聪明的人'으로 사용할 수 없다. 두 번째 칸은 C '挽救'가 위험으로부터 구해 낼 때 사용하는 단어로 문맥상 적당하다. 세 번째 칸도 C '保持'는 좋은 상태에 있는 상황을 유지할 때 사용하는 것으로 '保持卫生, 保持安静'처럼 사용된다. 여기서도 '保持清醒'으로 사용할 수 있는 것이다. B의 '持续'는 어떤 현상이 지속되는 것으로 본인의 의지와 상관없는 객관적인 사실일 때 사용한다. 예를 들어 '持续增加, 持续下降, 持续发展'처럼 사용된다. D의 '维持'는 비교적 짧은 시간의 유지를 나타내어 '维持秩序, 维持现状'처럼 사용된다.

정답 C

Tip 持续 vs 保持 vs 维持

持续	상태, 행위, 동작이 변하지 않고, 계속 유지되는 것을 강조한다. ⇒ ~了三天/~下去/~增长/~发展/~到现在 中国的经济近年来一直持续增长。 중국의 경제는 최근 몇 년 동안 계속 향상하고 있다.
保持	원래의 상황이 긴 시간 동안 존재하는 것을 강조한다. ⇒ ~温度/~水分/~整洁/~安静/~联系/~习惯/~优势 不要乱扔垃圾，请保持环境卫生。 쓰레기를 마구 버리지 마시고, 환경 위생을 유지시켜 주십시오.
维持	일반적으로 원래의 상황이 짧은 시간 동안 변하지 않는다는 것을 나타낸다. ⇒ ~生命/~生活/~现状/~秩序/~局面/~关系/暂时~ 昨天有很多警察在足球赛场维持秩序。 어제 많은 경찰들이 축구 경기장에서 질서를 유지시켰다.

062

要想了解媒体报道的"沙尘暴",首先应该掌握一些关于自然和生态的知识。对于沙尘暴的描述,至少应该建立在这样几个知识背景上,一个是自然区别,一个是沙尘暴的历史。

✓ A 掌握　描述　建立
　B 掌控　描摹　建设
　C 控制　描绘　创建
　D 把握　描写　树立

매체에서 보도하는 '황사'를 이해하고자 한다면, 먼저 자연과 생태에 관한 어느 정도의 지식을 파악하고 있어야 한다. 황사의 묘사에 대해서는 적어도 이러한 몇 개의 배경 지식 위에 이루어져야 하는데, 하나는 자연의 차이에 관한 것이고, 하나는 황사의 역사에 관한 것이다.

A 파악하다/묘사하다/이루다
B 조종하다/베끼다/건설하다
C 통제하다/묘사하다/창건하다
D 파악하다/묘사하다/수립하다

단어 媒体 méitǐ 명 대중 매체 | 报道 bàodào 명 (뉴스 등의) 보도 | 沙尘暴 shāchénbào 명 황사 현상 | 生态 shēngtài 명 생태 | 背景 bèijǐng 명 배경 | 区别 qūbié 명 구별, 차이

해설 첫 번째 칸 A '掌握'는 사물에 대한 이해가 깊어 충분히 이해하여 응용할 수 있을 정도로 파악하다는 의미로 쓰이며, 주로 '知识，机能，情况'과 호응 관계에 있다. D의 '把握'는 '机会，前途' 등 추상적인 사물을 파악할 때 사용한다. 두 번째 칸의 A '描述'는 '언어나 문자로 묘사해서 설명하다'라는 의미로 '述'의 '설명하다'의 의미를 포함하고 있으므로 위의 문장에서 적합하다. 세 번째 칸의 A '建立'의 대상은 추상적인 것을 많이 사용하여 '建立在~上'구문으로 사용할 수 있다.

정답 A

Tip 建立 vs 建设

建立	생기거나 형성되기 시작한다는 것을 나타내고, 생겨난 사물을 확립시킨다는 것을 나타내기도 한다. ⇒ ~政权/~军队/~于/~友谊/~感情/~制度/~信心/~家庭/~外交关系 通过这件事，他在同事中建立起了很高的威信。 이 일을 통해 그는 동료들 중에서 큰 위신을 세웠다.
建设	국가나 단체가 계획에 따라 새로 사업을 창설하거나 새로 시설을 증가시키는 것을 나타낸다. ⇒ 工农业~/城市~/国防~/经济~/思想~/组织~/~祖国/~计划 经济建设必须有一个和平、平等的环境。 경제 건설에는 반드시 평화와 평등의 환경이 있어야 한다.

063

最近几年在杭州兴起的茶馆，大都临湖靠山，装饰讲究。新式茶馆不但装修<u>精致</u>，而且茶馆的主人大多都<u>精通</u>茶道。<u>不仅</u>有各种名茶供顾客选择，还可以欣赏到各种流派的茶道表演并<u>体验</u>茶文化的意味。

- A 精美　知道　不管　感受
- B 精细　精湛　不光　体会
- C 细致　通晓　不但　感触
- ✓ D 精致　精通　不仅　体验

최근 몇 년 동안 항저우에서 성행하는 찻집 대부분이 호수와 산을 끼고 장식을 중요시하고 있다. 새로운 스타일의 찻집은 인테리어가 <u>섬세할</u> 뿐만 아니라, 찻집의 주인들 대부분이 다도에 대해 <u>정통하다</u>. 각종 유명한 차를 고객이 선택할 수 있게 제공할 <u>뿐만 아니라</u>, 각 유파의 다도 공연을 감상하고 차 문화의 정취를 <u>체험</u>할 수 있다.

- A 정교하다/알다/~을 막론하고/느낌
- B 정세하다/뛰어나다/~뿐만 아니라/체험하여 터득하다
- C 정교하다/완전히 이해하다/~뿐만 아니라/감회
- D 섬세하다/정통하다/~뿐만 아니라/체험하다

단어 杭州 Hángzhōu 몡 항저우 | 茶馆 cháguǎn 몡 (옛날 중국의) 찻집, 다관(茶館) | 靠山 kàoshān 동 산을 가까이 하다, 산을 끼다 | 装修 zhuāngxiū 동 장식하고 꾸미다 | 欣赏 xīnshǎng 동 감상하다 | 流派 liúpài 몡 파별, 유파 | 表演 biǎoyǎn 몡 시범, 공연 | 意味 yìwèi 몡 정취, 운치

해설 첫 번째 칸의 D '精致'는 정교한 조형을 형용할 수 있는 단어로 '装修'와 호응한다. 두 번째 칸에는 '茶道'에 대해 '정통하다, 잘 알다'의 의미로 '通晓, 精通'을 사용할 수 있다. 세 번째 칸에는 '~뿐만 아니라'라는 뜻의 접속사로 A의 '不管'을 제외하고, B, C, D 모두 사용할 수 있다. 네 번째 칸에는 D만 가능하다. 직접 실천을 통해 체험하는 것으로 '体验意味'라고 '体验'을 사용할 수 있다.

정답 _ D

064

首尔是当今世界上保留儒教文化传统、礼仪传统最完整、最丰富的城市之一。至今还留有许多优良淳朴的儒家文化习俗，熏陶着韩国人民的忠厚、刚毅的性情。至于儒学的研究，其资料之多、人才之众、成果之丰，在国际儒学界是有口皆碑的。

	A	保存	现在	至多	家喻户晓
✔	B	保留	至今	至于	有口皆碑
	C	留存	迄今	甚至	举世闻名
	D	保管	如今	起码	根深蒂固

서울은 현재 세계에서 유교 문화의 전통과 예의 전통이 가장 완전하고 풍부하게 보존되고 있는 도시 중 하나이다. 지금까지 아주 우수하고 순박한 유교 문화의 풍속이 많이 남아 있어 한국인의 충직하고 강직한 정서에 영향을 끼치고 있다. 유학 연구로 말하자면 그 자료가 아주 많고, 인재도 많으며, 성과도 풍부하여 국제 유학계에서도 칭송이 자자하다.

- A 보존하다/지금/기껏해야/사람마다 모두 알다
- B 보존하다/지금까지/~에 관해서, ~로 말하면/칭송이 자자하다
- C 남아 있다/지금까지 이르다/심지어/명성이 아주 크다
- D 보관하다/오늘날/적어도/기초가 튼튼하여 쉽게 흔들리지 않다

단어 儒教 Rújiào 명 유교 | 礼仪 lǐyí 명 예의, 예절과 의식 | 完整 wánzhěng 형 완정하다, 완전하다 | 丰富 fēngfù 형 많다, 풍부하다 | 优良 yōuliáng 형 아주 좋다, 우량하다 | 淳朴 chúnpǔ 형 순박하다 | 习俗 xísú 명 풍속, 습속 | 熏陶 xūntáo 동 훈도하다, (점차) 영향을 끼치다(주다 · 미치다 · 받다) | 忠厚 zhōnghòu 형 충직하고 온후하다, 충후(忠厚)하다 | 刚毅 gāngyì 형 굳다, 강인하다 | 性情 xìngqíng 명 성정, 성격

해설 첫 번째 칸 B '保留'는 원래의 상태대로 그대로 남아있다는 의미로 추상적인 '文化，礼仪'를 수식할 수 있다. A의 '保存'이나 D의 '保管'은 구체적인 물건을 보존할 때 주로 사용된다. 두 번째 칸은 부사의 위치이므로 A, B, D가 가능하다. C의 '迄今'은 동사이다. 세 번째 칸에 B '至于'는 '~에 관해서'라는 뜻으로 주제에서 또 다른 화제를 이끌 때 사용하는 것으로 여기서는 '儒学的研究'에 대한 화제를 이끄는 것이므로 '至于'만 가능한 것이다. 네 번째 칸에서는 문맥상 칭송이 자자하다는 의미의 '有口皆碑'가 어울린다.

정답 **B**

Tip	保存 vs 保留 vs 保管
保存	특정한 조치를 채택해서 사물, 성질, 의의, 작용 등을 계속해서 유지하게 하여 손실을 입히거나 변화를 발생하지 않게 할 때 사용한다. ⇒ ~下来/~实力/~体力/~风格/~自己/~好/~资料 这些证件一定要好好保存，别弄丢了。 이 증명서들을 반드시 잘 보관해. 잃어버리지 마.
保留	일반적으로 특별한 조치가 필요하지 않는 것으로 구체적인 사물이나 추상적인 사물 모두 사용할 수 있다. ⇒ 继续~/一直~/~权利/~意见/~想法/~习惯 这座建筑物还保留了它当年的风貌。 이 건축물은 여전히 그 당시의 풍모를 유지하고 있다.
保管	구체적인 사물에만 사용하고 짧은 시간의 보존과 관리를 나타내며, 특별한 조치나 방법이 필요하지 않다. ⇒ ~员/~资料/~材料/~物资 我在比赛前把手表交朋友保管。 나는 시합 전에 시계를 친구에게 건네 보관하게 했다.

065

在失重状态下，人体有不断下坠的感觉，甚至恶心、头晕，识别方向能力降低，肌肉动作不灵活，产生运动障碍。载人飞船绕地球飞行并安全返回，可以研究人在空间飞行过程中的反应能力，研究人如何才能经受住飞船起飞。

A	甚而	升高	反响	承受
B	进而	下降	响应	遭受
✔C	甚至	降低	反应	经受
D	以至于	上升	反映	禁受

무중력 상태에서 인체는 끊임없이 추락하는 느낌이 있으며 심지어 메스껍거나 멀미도 한다. 방향 식별 능력이 떨어지고, 근육의 움직임이 민첩하지 못하여 운동 장애가 발생한다. 유인우주선이 지구를 돌아 비행하고 안전하게 돌아오면, 사람이 공간 비행 과정 중에서의 반응 능력을 연구할 수 있고, 사람이 어떻게 해야 비행선이 이륙할 때 견딜 수 있는지를 연구할 수 있다.

A 심지어/위로 오르다/반향/받아들이다
B 더 나아가/하강하다/대답하다/(불행 또는 손해를) 입다
C 심지어/내려가다/반응/(시련 등을) 견디다
D ~에 이르기까지/상승하다/반영하다/참다

단어 失重 shīzhòng 동 무중력 상태가 되다 | 状态 zhuàngtài 명 상태 | 不断 búduàn 부 계속해서, 끊임없이 | 下坠 xiàzhuì 동 (물체가) 아래로 떨어지다, 추락하다 | 恶心 ěxin 동 구역이 나다, 속이 메스껍다 | 头晕 tóuyūn 동 현기증이 나다, 머리가 어지럽다 | 识别 shíbié 동 식별하다, 변별하다 | 肌肉 jīròu 명 근육 | 灵活 línghuó 형 민첩하다, 날쌔다 | 障碍 zhàng'ài 동 방해하다 | 载人 zàirén 동 사람을 태우다 | 飞船 fēichuán 명 우주선 | 绕 rào 동 맴돌다, 감돌다 | 返回 fǎnhuí 동 (원래의 곳으로) 되돌아가다 | 空间 kōngjiān 명 공간 | 起飞 qǐfēi 동 이륙하다

해설 첫 번째 칸에는 문맥상 내용이 더해지는 '심지어'의 의미를 나타내는 '甚而, 甚至'를 사용할 수 있다. 두 번째 칸은 무중력 상태에서 기능이 떨어진다는 의미이므로 '下降, 降低'가 가능하다. 세 번째 칸에는 C '反应'이 외부 자극으로부터 생기는 반응을 나타내므로 문맥상 적당하다. 네 번째 칸에는 A, C가 가능하다. '经受'는 '压力, 打击, 痛苦' 등이 목적어로 자주 동반되며, 여기서는 '住飞船起飞'를 '견디다'라는 의미로 사용했으므로 '承受, 经受'가 가능하다.

정답 **C**

066

飞机和宇宙飞船一般都装有一种叫做黑匣子的东西，它由特殊金属制成，即使整个飞机全部都炸毁，这个黑匣子也完好无损。黑匣子可以记录飞行物的运行速度、区间公里、外部空气压力等重要数据，可以提供失事时的一些线索，帮助人们查找出失事的原因。

✓ A 特殊　即使　记录　提供
　B 特别　假如　纪念　供给
　C 独特　既然　记载　供应
　D 特异　就算　记叙　供求

비행기와 우주 비행선은 모두 블랙박스라는 물건을 장착한다. 그것은 특수 금속으로 만들어져 설령 비행기 전부가 폭발하여 훼손된다 하더라도, 이 블랙박스는 훼손되지 않고 완전하다. 블랙박스는 비행물의 운행 속도와 구간 거리, 외부 공기 압력 등 중요한 데이터를 기록할 수 있어 의외의 사고가 났을 때의 실마리를 제공할 수 있으며 사람들이 사고의 원인을 찾아낼 수 있도록 도와준다.

A 특수하다/설령 ~하더라도/기록하다/제공하다
B 특별하다/바로 ~와 같다/기념하다/공급하다
C 독특하다/~된 바에야/기재하다/제공하다
D 특이하다/설령(설사) ~하더라도/기술하다/공급하고 수요되다

단어　宇宙 yǔzhòu 명 우주 | 装 zhuāng 동 설치하다, 장착하다 | 叫做 jiàozuò 동 ~이다, ~라고 부르다 | 黑匣子 hēixiázi 명 (비행기의) '飞行记录仪(블랙박스, black box)'의 통칭 | 金属 jīnshǔ 명 금속 | 炸毁 zhàhuǐ 동 폭파해 없애다 | 无损 wúsǔn 동 손상이 없다 | 速度 sùdù 명 속도 | 区间 qūjiān 명 전체 노선(선로) 중의 일부분, 구간 | 数据 shùjù 명 데이터(data), 통계 수치 | 失事 shīshì 동 의외의 사고가 발생하다 | 线索 xiànsuǒ 명 실마리, 단서 | 查找 cházhǎo 동 찾다, 조사하다

해설　첫 번째 칸은 A '特殊'가 '金属'와 호응할 수 있다. 두 번째 칸에는 A, D가 가능하다. 이 문장은 '설령 비행기가 폭파하더라도, 블랙박스는 훼손되지 않는다'라는 가설 관계의 의미를 가지고 있는 문장이므로 '即使~也' 혹은 '就算~也'를 사용할 수 있다. 세 번째 칸에서는 문맥상 '记下来'의 의미이므로 A '记录'만 가능하다. 네 번째 칸에는 '线索' 즉, 실마리, 단서를 제공하는 것이므로 추상적인 것에 속한다. 보기 중에 추상적인 것을 제공할 때 사용할 수 있는 단어는 A '提供'이 가능하다.

정답_ A

Tip 提供 vs 供给 vs 供应

提供	제출하거나 물건을 필요로 하는 사람에게 주는 것을 나타낸다. 구체적인 사물, 추상적인 사물 모두 가능하다. ⇒ ~资料/~物资/~资金/~信息/~条件/~意见/~帮助/~服务/~方便/免费~ 他们提供的服务很周到。 그들이 제공하는 서비스는 아주 꼼꼼하다.
供给	돈이나 물건을 필요한 사람에게 사용하도록 하게 하는 것을 나타내며 '供应'보다 사용 범위가 넓다. ⇒ ~物资/~食品/~生活用品/~图书/~稿件/~钱财/~费用/保障~ 他们研究了商品供给和价格的关系。 그들은 상품 공급과 가격의 관계를 연구했다.
供应	요구를 만족시키는 것을 강조하는 것으로 제공되는 것은 일반적으로 민생에 필요한 물품이나 상품 등을 가리킨다. ⇒ ~物资/~原料/~商品/~食品/~药品/~生活用品/市场~ 今年天旱，雨量很少，蔬菜供应比较紧张。 올해는 날이 가물고, 강우량이 적어서 야채 공급이 비교적 부족하다.

067

　　猪肉历来是我国人民肉类食品的主要来源。20世纪90年代以来，尽管我们的肉食结构发生了很大变化，但猪肉比例却仍在70%以上。可见，养猪生产在国民经济，尤其在整个大农业生产中占有举足轻重的地位。

A	素来	就算	明显	恰如其分
B	向来	不仅	就此	坚贞不屈
C	一向	即使	由此	理所当然
✓D	历来	尽管	可见	举足轻重

돼지고기는 줄곧 우리나라 국민이 자주 먹는 육류 식품이다. 20세기 90년대 이래로, 비록 우리의 육류 식품 구조에 아주 큰 변화가 생겼지만, 돼지고기의 비율은 여전히 70% 이상이다. 양돈 생산이 국민 경제, 특히 모든 농업 생산에 있어서 지대한 영향을 끼치는 위치에 있음을 알 수 있다.

A 처음부터/설령(설사) ~하더라도/뚜렷하다/매우 적절하다

B 본래부터/~뿐만 아니라/여기에서/지조가 굳세어 굴하지 않다

C 줄곧/설령 ~하더라도/이에 근거하여/도리로 보아 당연하다

D 줄곧/비록(설령) ~라 하더라도/~라는 것을 알 수 있다/대단히 중요한 위치에 있어서 일거수일투족이 전체에 중대한 영향을 끼치다

단어　猪肉 zhūròu 몡 돼지고기 | 主要 zhǔyào 혱 주요한, 주된 | 来源 láiyuán 몡 (사물의) 내원, 근원 | 肉食 ròushí 몡 육식 | 结构 jiégòu 몡 구성, 구조 | 比例 bǐlì 몡 비율 | 尤其 yóuqí 뷔 더욱이, 특히 | 占有 zhànyǒu 동 점유하다

해설　첫 번째 칸에는 '줄곧, 계속'의 의미로 '向来，一向，历来'를 사용할 수 있다. 두 번째 칸에는 육류 식품 구조가 바뀌었지만 여전히 중요한 위치를 차지하고 있다라는 문장으로 전환관계를 나타내는 D '尽管'을 써야 한다. 세 번째 칸의 D '可见'은 앞에서 말한 내용을 근거로 뒤에 있는 내용을 알 수 있을 경우에 사용하는 것으로 여기서 문맥상 가장 적합하다. 네 번째 칸에서 D '举足轻重'은 대단히 중요한 위치에 있어서 일거수일투족이 전체에 중대한 영향을 끼친다라는 뜻의 성어로 문맥상 가장 적합하다.

정답　D

068

　　苍蝇可以说是臭名远扬了。它的"鼻子"能够搜集漂浮在空中的各种气味，甚至能够闻到40公里以外食物的气味。科学家们根据苍蝇的嗅觉系统，研制出了电子鼻和气体分析仪。电子鼻可以用在战场上预测敌方是否释放毒气，还可以在地震后的废墟中寻找受难者。

	A	举世闻名	并且	研究	发出
	B	家喻户晓	甚而	制造	放出
✓	C	臭名远扬	甚至	研制	释放
	D	举世瞩目	而且	制作	解放

　　파리는 악명이 높은 곤충이라고 할 수 있다. 그의 '코'는 공중에서 떠다니는 각종 냄새를 수집할 수 있고, 심지어 40킬로미터 밖에 있는 음식물의 냄새도 맡을 수 있다. 과학자들은 파리의 후각 계통을 근거로 전자 코와 기체 분석기를 연구 제작했다. 전자 코는 전쟁터에서 적이 독가스를 방출했는지의 여부를 예측하는데 사용할 수 있고, 지진이 발생한 후의 폐허에서 재난을 당한 사람을 찾을 수도 있다.

- A 전세계 사람들이 주목하다/게다가/연구하다/(냄새·열기를) 발산하다
- B 사람마다 모두 알다/심지어/제조하다/내뿜다
- **C 악명이 널리 알려지다/심지어/연구 제작(제조)하다/방출하다**
- D 전세계 사람들이 주목하다/게다가/제작(제조)하다/해방하다

단어 苍蝇 cāngying 몡 파리 | 鼻子 bízi 몡 코 | 搜集 sōují 통 수집하다, 모아들이다 | 漂浮 piāofú 통 이리저리 떠다니다, 표류하다 | 气味 qìwèi 몡 냄새 | 闻 wén 통 냄새를 맡다 | 嗅觉 xiùjué 몡 후각 | 系统 xìtǒng 몡 계통, 시스템 | 分析 fēnxī 통 분석하다 | 战场 zhànchǎng 몡 전장, 전쟁터 | 预测 yùcè 통 예측하다 | 毒气 dúqì 몡 독가스, 유독 기체 | 地震 dìzhèn 몡 지진 | 废墟 fèixū 몡 폐허 | 寻找 xúnzhǎo 통 찾다, 구하다 | 受难 shòunàn 통 재난을 당하다, 어려움을 당하다

해설 첫 번째 칸의 보기 중 A, B, D는 좋은 의미로 알려져 있다는 의미의 성어이고, C의 '臭名远扬'은 부정적이거나 혐오의 의미로 널리 알려지다의 의미의 성어이다. '苍蝇'에 대해 설명하는 것이므로 C가 적당하다. 두 번째 칸에는 문맥상 '심지어'라는 의미로 '甚而, 甚至'가 적합하다. 세 번째 칸에는 연구해서 제작하다는 의미로 '制造'와 '研制'를 사용할 수 있다. 전자 코와 기체 분석기를 만든 것이므로 '연구하다'의 의미만 가지고 있는 A '研究'는 적당하지 않다. D '制作'는 '제작하다'의 의미만 있으므로 역시 적당치 않다. 네 번째 칸에는 B, C가 가능하다. '毒气'와 호응할 수 있는 것은 '放出, 释放'이다.

답 C

069

在现代的城市中，生活正冷漠地加快运转的速度，就像农田里沉积的越来越多的化肥和农药的残余成分。工作是为了生活，但当工作的压力威胁到生产主体的人的身体健康的时候，那工作的意义是什么呢？难道仅仅就是"增长"、"发达"等看起来颇有诱惑力的字眼吗？

A 沉淀　危险　含义　莫非
✓B 沉积　威胁　意义　难道
C 堆积　胁迫　意思　到底
D 堆砌　要挟　价值　究竟

현대의 도시에서 생활은 무관심하게 더욱 빨리 돌아가고 있는 속도가 마치 농지에 침적되어 갈수록 많아지는 화학비료와 농약의 잔류 성분과 같다. 일은 생활을 위한 것인데, 일의 스트레스는 생산 주체인 인간의 건강을 해칠만큼 위협한다. 그러면 일의 의미는 무엇인가? 설마 단지 '성장'이나 '발달' 등과 같이 보기에 매력있는 어휘란 말인가?

A 침전하다/위험하다/함의/혹시 ~이 아닐까?
B 침적/위협하다/의미/설마 ~란 말인가?
C 쌓이다/협박하다/의미/도대체
D 쌓다/강요하다/가치/도대체

단어 城市 chéngshì 명 도시 | 冷漠 lěngmò 형 냉담하다, 무관심하다 | 运转 yùnzhuǎn 동 회전하다, 돌다 | 农田 nóngtián 명 농(경)지, 농토 | 化肥 huàféi 명 화학비료 | 农药 nóngyào 명 농약 | 残余 cányú 명 잔류, 잔여 | 成分 chéngfèn 명 성분, 요소 | 诱惑 yòuhuò 동 꾀다, 유혹하다 | 字眼 zìyǎn 명 글자, 어휘, 말

해설 첫 번째 칸에는 '化肥和农药的残余成分'이 쌓이는 것이기 때문에 호응할 수 있는 것은 '沉积'이다. C의 '堆积'는 구체적인 사물이 쌓일 때 사용한다. 두 번째 칸에 '健康'과 호응할 수 있는 것은 '威胁'이다. A의 '危险'은 형용사이므로 사용할 수 없다. 세 번째 칸에는 일의 의미가 무엇인지를 묻는 문장이므로 '意义'를 사용해야 한다. C의 '意思'는 단어의 뜻을 묻는 것이므로 적합하지 않다. 네 번째 칸에서도 B만 가능하다. '难道'는 '설마~란 말인가'의 뜻으로 문장 끝에 '吗，不成'과 호응할 수 있다. A, C, D는 '吗'와 호응하지 않는다.

정답_ B

070

快乐法则的第一条是：停止再将自己的相貌与别人做比较。不要动不动就与那些国色天香的美女比相貌，因为那样只会让自己情绪低落。聪明的人应该懂得欣赏自己，接受自己的容貌，即使事实上你看起来只比丑女略好一点。

A 规定　对比　消沉　尽管
B 规则　相比　低迷　假如
C 原则　区分　低沉　假若
✓D 法则　比较　低落　即使

행복 법칙의 제 1조항은 자기의 외모를 다른 사람과 비교하는 것을 멈춰야 한다는 것이다. 걸핏하면 절세미인들의 외모와 비교하는 것을 하지 마라. 왜냐하면 그렇게 하면 자기의 정서가 우울해지기 때문이다. 총명한 사람은 설령 실제로 보기에는 당신이 추녀보다 조금 낫다고 할지라도 자기 자신을 좋아하며, 자신의 용모를 받아들일 수 있어야 한다.

A 규정/대비하다/소침하다/비록(설령) ~라 하더라도
B 규칙/비교하다/떨어지다/만약
C 원칙/구분하다/의기소침하다/만약
D 법칙/비교하다/떨어지다/설령 ~하더라도

단어 快乐 kuàilè 형 즐겁다, 행복하다 | 停止 tíngzhǐ 동 멈추다, 정지하다, 중지하다 | 相貌 xiàngmào 명 용모, 생김새 | 动不动 dòngbúdòng 부 걸핏하면, 툭하면 | 国色天香 guósètiānxiāng 절세미인이다 | 情绪 qíngxù 명 정서, 감정 | 聪明 cōngming 형 똑똑하다, 총명하다 | 欣赏 xīnshǎng 동 좋아하다, 마음에 들다 | 容貌 róngmào 명 용모, 생김새 | 接受 jiēshòu 동 받아들이다, 받다 | 丑 chǒu 형 추하다, 못생기다

해설 첫 번째 칸에서 말하는 법칙, 규칙이라는 것은 문서화 되지 않는 법칙을 말한다. 이럴 경우에는 '法则'만 가능하다. 두 번째 칸에는 '与~对比, 与~比较'로 '~와 비교하다'라는 의미이다. 세 번째 칸에서 '情绪'와 호응할 수 있는 것은 '消沉, 低落'만 가능하다. 네 번째 칸에는 문맥상 가설 관계와 양보의 의미가 있는 것으로 D '即使'가 가능하다.

정답_ D

第三部分

● 71~80번 문제 : 빈칸에 알맞은 문장을 고르세요.

071-075

美国有一家科幻餐馆，整个餐馆设计得如同一艘宇宙飞船。顾客进餐馆用餐，其座位的正前方有一个一米见方的屏幕，待餐馆客人坐满，室内就暗了下来。这时，餐馆里会突然传来"宇宙飞船马上就要发射了"的声音，然后所有顾客的椅子就会自动往后倾斜，前方屏幕上出现了宇宙中的种种景象，前后共8分钟。顾客一边吃汉堡包，一边体验着宇宙旅行的奇妙感觉。所以，71 这家餐馆深受消费者的欢迎。在日本也有一家太空战斗基地式的餐馆，72 很多人都抢着到那里就餐，为的是要享受一下征服宇宙的感觉。

智利首都圣地亚哥市的一家餐馆也别具特色。餐馆里有着十分特别的服务员，顾客一进餐馆，站立在大门两旁的鹦鹉立刻热情地用各国语言向他们打招呼问好，随后，一只身穿亮丽时装的金毛猴就很有礼貌地上前将客人的衣服和帽子挂进存衣室里。当顾客坐在餐馆桌边时，一只长耳犬就会用嘴叼着菜单前来让顾客点菜。接着，腰系围裙的长毛猴会认认真真地把顾客所需的食物、饮料一一端上餐桌。一旦顾客用完餐，金毛猴会将衣帽取来还给顾客，当然它手中还端着一只盘子，73 提醒顾客不要忘了给小费呢！这些特别的服务员都是经过精心饲养和训练的，74 其举止丝毫不亚于绅士。

这几家各具特色的餐馆，凭着引人入胜的服务特点，75 生意好得不得了，每年都能赚到大把大把的钱，而且经久不衰。

미국에는 한 공상 과학 컨셉의 식당이 있는데, 식당이 마치 우주비행선과 같이 설계되어 있다. 손님이 식당에 밥을 먹으러 들어가면, 그 자리의 정면에는 1평방미터의 스크린이 하나 있고, 식당에 손님이 꽉 차면, 실내는 곧 어두워진다. 이때, 식당 안에서는 "우주비행선이 곧 발사됩니다"라는 음성이 들려오고, 그 후에는 모든 고객의 의자가 자동으로 뒤로 비스듬히 기울어지면서, 앞의 스크린에는 우주의 각종 모습들이 나타나며 총 8분 정도 걸린다. 손님은 햄버거를 먹으면서 우주 비행의 신기한 느낌을 체험하게 된다. 그래서 71 이 식당은 손님들에게 매우 인기가 있다. 일본에도 우주 전쟁 기지식의 식당이 있는데, 우주 정복의 느낌을 한번 즐겨보고 싶어서 72 매우 많은 사람들이 앞다투어 그곳에서 밥을 먹는다.

칠레의 수도 산티아고 시의 식당도 이색적인 특색을 가지고 있다. 식당 안에는 아주 특별한 종업원들이 있는데, 손님이 식당에 들어서자마자 입구 양쪽에 서 있는 앵무새가 친절하게 각국의 언어로 그들에게 안부 인사를 한다. 다음 아름다운 복장을 한 노랑원숭이가 손님의 옷과 모자를 옷장에 걸어 넣어둔다. 손님이 식탁에 앉으면, 귀가 긴 개가 메뉴판을 들고 와서 손님에게 주문을 하게 하고, 이어서 허리에 앞치마를 두른 긴털 원숭이가 손님이 필요로 하는 음식과 음료를 성실하게 식탁에 가지런히 올린다. 손님이 밥을 다 먹으면, 노랑원숭이가 옷과 모자를 고객에게 돌려주는데, 그의 수중에는 당연히 쟁반이 하나 들려져 있다. 73 손님에게 팁을 주는 것을 잊지 말라고 일깨워 주는 것이다! 이렇게 특별한 종업원들은 정성이 깃든 사육과 훈련을 거친 것이라서 74 그 행동이 신사에 버금간다.

특색을 갖춘 이 몇몇 식당은, 사람을 매료시키는 서비스를 특징으로, 75 장사가 매우 잘 되며, 매년 아주 큰 돈을 벌 뿐 아니라, 오랫동안 유지되고 있다.

단어 科幻 kēhuàn 명 공상 과학, SF | 餐馆 cānguǎn 명 음식점, 식당 | 设计 shèjì 동 설계하다 | 艘 sōu 양 척(선박을 헤아리는 데 쓰임) | 飞船 fēichuán 명 우주선 | 用餐 yòngcān 동 식사를 하다, 밥을 먹다 | 顾客 gùkè 명 고객, 손님 | 座位 zuòwèi 명 좌석 | 见方 jiànfāng 명 평방, 정방형 | 屏幕 píngmù 명 영사막, 스크린(screen) | 突然 tūrán 부 갑자기, 느닷없이 | 发射 fāshè 동 쏘다, 발사하다 | 倾斜 qīngxié 동 기울다, 경사지다 | 景象 jǐngxiàng 명 광경, 상황 | 汉堡包 hànbǎobāo 명 햄버거 | 体验 tǐyàn 명동 체험(하다) | 奇妙 qímiào 형 기묘하다, 신기하다 | 太空 tàikōng 명 우주, 높고 드넓은 하늘 | 战斗 zhàndòu 명 전투 | 基地 jīdì 명 기지 | 享受 xiǎngshòu 동 누리다, 향유하다 | 智利 Zhìlì 명 칠레(Chile) | 圣地亚哥 Shèngdìyàgē 명 산티아고 | 鹦鹉 yīngwǔ 명 앵무(새) | 热情 rèqíng 형 열정적이다, 친절하다 | 打招呼 dǎzhāohu 동 인사하다 | 问好 wènhǎo 동 안부를 묻다 | 随

后 suíhòu 빈 뒤이어, 그 다음에 | 亮丽 liànglì 웹 밝고 아름답다 | 时装 shízhuāng 웹 최신 스타일의 복장, 유행복 | 猴 hóu 웹 원숭이 | 礼貌 lǐmào 웹 예의 바르다 | 帽子 màozi 웹 모자 | 挂 guà 웹 걸다 | 嘴 zuǐ 웹 입 | 叼 diāo 웹 입에 물다 | 菜单 càidān 웹 메뉴, 차림표 | 接着 jiēzhe 빈 이어서, 잇따라 | 围裙 wéiqún 웹 앞치마 | 端 duān 웹 받들다, 똑바로(반듯하게·가지런히) 들다 | 盘子 pánzi 웹 쟁반 | 精心 jīngxīn 웹 정성을 들이다, 몹시 조심하다 | 饲养 sìyǎng 웹 기르다, 사육하다 | 训练 xùnliàn 웹 훈련하다, 훈련시키다 | 凭 píng 웹 의지하다, 기대다 | 引人入胜 yǐnrénrùshèng 웹 사람을 황홀한 경지로 이끌다 | 赚 zhuàn 웹 (돈을) 벌다 | 大把 dàbǎ 웹 매우 많다 | 经久 jīngjiǔ 빈 오랫동안 | 衰 shuāi 웹 약해지다

071

C 这家餐馆深受消费者的欢迎　　　　　　C 이 식당은 손님들에게 매우 인기가 있다

🔍 해설　빈칸 앞에는 공상 과학 컨셉의 식당의 이색적인 특징을 설명했으므로, 빈칸에는 그 결과로 인기가 있다라는 내용인 '这家餐馆深受消费者的欢迎'이 오는 것이 적절하다.

정답_ C

072

B 很多人都抢着到那里就餐　　　　　　B 매우 많은 사람들이 앞다투어 그곳에서 밥을 먹는다

📖 단어　抢 qiǎng 웹 앞을 다투다, 앞다투어 ~하다 | 就餐 jiùcān 웹 밥 먹으러 가다, 식사를 하다
🔍 해설　빈칸 뒤에 '为的是要享受一下征服宇宙的感觉'라고 우주를 정복한 느낌을 느껴 보고 싶어서라는 목적을 나타내는 문장이 왔다. 그렇다면 앞에 결과가 나오는 문장이 와야 하므로 우주 정복의 느낌을 위해서 그 식당에 가야한다고 말해야 하므로 빈칸에는 B의 '很多人都抢着到那里就餐'이 와야 한다.

정답_ B

073

E 提醒顾客不要忘了给小费呢　　　　　　E 손님에게 팁을 주는 것을 잊지 말라고 일깨워 주는 것이다

📖 단어　提醒 tíxǐng 웹 일깨우다, 깨우치다 | 小费 xiǎofèi 웹 팁
🔍 해설　앞부분의 내용을 보면 식사를 다 마치고 나가는데 쟁반이 들려있다는 것으로 보아 음식이 나온다는 것은 아니므로 원숭이가 쟁반을 든 이유는 팁을 요구하기 위한 것이라는 것을 유추해 볼 수 있다. 그러므로 '提醒顾客不要忘了给小费呢'가 와야 한다.

정답_ E

074

| D 其举止丝毫不亚于绅士 | D 그 행동이 신사에 버금간다 |

단어 举止 jǔzhǐ 몡 행동거지 | 丝毫 sīháo 튀 조금도, 추호도 | 不亚于 bùyàyú 혱 ~에 못지 않다, ~에 뒤지지 않다 | 绅士 shēnshì 몡 신사, 젠틀맨

해설 빈칸 앞부분은 동물들이 훈련을 잘 받았다는 내용이므로 빈칸에는 훈련을 잘 받아 어느 정도인지를 나타내는 내용이 나와야 한다. 따라서 그 행동이 신사 못지 않다는 내용의 D '其举止丝毫不亚于绅士'가 적절하다.

정답_ D

075

| A 生意好得不得了 | A 장사가 매우 잘 되며 |

해설 빈칸은 매력적인 좋은 서비스 덕분에 장사가 잘 되고, 돈을 많이 번다는 내용이 와야 하므로 A인 '生意好得不得了' 문장이 와야 한다.

정답_ A

076-080

海湾战争之后，一种被称之为"艾布拉姆"的M1A2型坦克开始陆续装备美国陆军，76 这种坦克的防护装甲目前是世界上最坚固的，它可以承受时速超过4500公里、单位破坏力超过1.35万公斤的打击力量。

巴顿中校是美国最优秀的坦克防护装甲专家，他接受研制M1A2型坦克装甲的任务后，77 立即找来了一位"冤家"做搭档——毕业于麻省理工学院的著名破坏力专家迈克·马茨工程师。两人各带一个研究小组开始工作，所不同的是，巴顿带的是研制小组，负责研制防护装甲；迈克·马茨带的则是破坏小组，78 专门负责摧毁巴顿已研制出来的防护装甲。

刚开始的时候，马茨总是能轻而易举地将巴顿研制的新型装甲炸个稀巴烂，但随着时间的推移，巴顿一次次地更换材料、修改设计方案，终于有一天，79 马茨使尽浑身解数也未能奏效。于是，世界上最坚固的坦克在这种近乎疯狂的"破坏"与"反破坏"实验中诞生了，巴顿与马茨这两个技术上的"冤家"也因此而同时荣获了紫心勋章。

巴顿中校事后说："事实上，问题是不可怕的，80 可怕的是不知道问题出在哪里，于是我们英明地决定'请'马茨做我们的"对手"，尽可能地激将他帮我们找到问题，从而更好地解决问题，这方面他真的很棒，帮了我们大忙。"

걸프전 이후 '아브람'이라 불리는 M1A2형 탱크는 계속해서 미국의 육군에 장착되기 시작하였다. 76 이 탱크 방호 장갑차는 현재 세계에서 가장 견고한 것으로, 시속 4500km를 초과하고, 단위 당 파괴력이 1.35만Kg를 초과하는 공격을 견뎌낸다.

패튼 중령은 미국에서 가장 우수한 탱크 방호 장갑차 전문가로서, 그는 M1A2형 탱크 장갑차 제작의 임무를 받은 후, 77 즉시 한 명의 '원수'를 찾아서 파트너로 삼았는데, 그는 메사추세츠 대학을 졸업한 유명한 파괴력 전문가인 마이크 마츠 엔지니어였다. 두 사람은 각각 한 개의 연구팀을 데리고 일을 시작했는데, 다른 점은 패튼이 이끄는 연구팀은 방호 장갑차 제작을 책임졌고, 마이크 마츠가 이끄는 연구팀은 바로 파괴팀으로, 78 패튼이 이미 연구 제작해 놓은 방호 장갑차를 부수는 책임을 전담했다.

막 시작했을 때, 마츠는 아주 쉽게 패튼이 연구 제작한 신형 장갑차를 산산조각 낼 수 있었다. 그러나 시간이 지나면서 패튼은 재료도 바꾸고, 설계도를 반복하여 수정하면서, 마침내 어느 날, 79 마츠가 온 힘을 다해 부수려고 해도 성과를 얻을 수 없었다. 그래서 세계에서 가장 견고한 탱크는 이러한 대단한 '파괴'와 '파괴 방어' 실험 중에 탄생된 것이다. 패튼과 마츠는 이 두 기술의 '적수'이며, 이로 인해 동시에 빛나는 영광의 훈장을 얻었다.

이 일이 있은 후 패튼 중령은 말했다. "사실 문제는 두려운 것이 아니다. 80 두려운 것은 문제가 어디에 있는지를 모르는 것이다. 그래서 우리는 마츠에게 우리의 '상대'가 되어 달라고 슬기롭게 요청했던 것이고, 될 수 있는 한 그를 자극시켜 우리가 문제를 찾을 수 있도록 도와달라고 한 것이다. 그리하여 문제는 더 잘 해결되었고 이 방면에서 그는 매우 훌륭했으며 우리에게 큰 도움이 되었다."

단어 海湾战争 Hǎiwān Zhànzhēng 몡 걸프 전쟁 | 坦克 tǎnkè 몡 탱크 | 陆续 lùxù 부 끊임없이, 계속해서 | 装备 zhuāngbèi 몡 장비 동 탑재하다, 장착하다 | 陆军 lùjūn 몡 육군 | 承受 chéngshòu 동 받아들이다, 이겨 내다 | 时速 shísù 몡 시속 | 超过 chāoguò 동 초과하다, 넘다 | 破坏 pòhuài 동 파괴하다 | 打击 dǎjī 동 타격을 주다, 공격하다 | 中校 zhōngxiào 몡 중령 | 防护 fánghù 동 방호하다, 방어하여 보호하다 | 装甲 zhuāngjiǎ 몡 장갑 | 接受 jiēshòu 동 받아들이다, 수락하다 | 研制 yánzhì 동 연구 제작(제조)하다 | 轻而易举 qīng'éryìjǔ 성 매우 수월하다, 식은 죽 먹기이다 | 炸 zhà 동 터지다, 폭발하다 | 稀巴烂 xībālàn (물건이) 산산조각 나다, 박살나다 | 推移 tuīyí 동 변화하다, 이동하다 | 更换 gēnghuàn 동 바꾸다, 교체하다 | 修改 xiūgǎi 동 바로잡아 고치다 | 方案 fāng'àn 몡 방안 | 坚固 jiāngù 형 견고하다, 튼튼하다 | 近乎 jìnhu 동 ~에 가깝다 | 疯狂 fēngkuáng 형 미치다, 실성하다 | 诞生 dànshēng 동 생기다, 나오다 | 冤家 yuānjia 몡 원수, 적 | 荣获 rónghuò 동 영예롭게(도) ~을(를) 획득하다, (상을 받는 따위의) 영예를 누리다 | 勋章 xūnzhāng 몡 훈장 | 可怕 kěpà 형 두렵다, 무섭다 | 英明 yīngmíng 형 영명하다 | 对手 duìshǒu 몡 상대, 호적수 | 激将 jījiàng 동 사람을 격하게 하여 분발시키다 | 棒 bàng 형 좋다, 강하다

076

| D 这种坦克的防护装甲目前是世界上最坚固的 | D 이 탱크 방호 장갑차는 현재 세계에서 가장 견고한 것으로 |

해설 빈칸 앞에는 M1A2라는 탱크가 걸프 전 이후 계속해서 미국 육군에 장착되었다는 내용이고, 뒤에는 그 기능을 부연 설명하고 있으므로 빈칸에 들어갈 문장은 M1A2 탱크의 가장 특징적 기능을 한 마디로 설명하는 문장인 '这种坦克的防护装甲目前是世界上最坚固的'가 와야 한다.

정답_D

077

| A 立即找来了一位"冤家"做搭档 | A 즉시 한 명의 '원수'를 찾아서 파트너로 삼았는데 |

단어 搭档 dādàng 통 협력(협업·협동)하다, 짝이 되다

해설 빈칸 뒤에는 마츠에 대한 설명을 하고 있다. 빈칸에는 그를 찾았다라는 내용이 와야 함으로 '立即找来了一位"冤家"做搭档'이 와야 한다.

정답_A

078

| B 专门负责摧毁巴顿已研制出来的防护装甲 | B 패튼이 이미 연구 제작해 놓은 방호 장갑차를 부수는 책임을 전담했다 |

단어 摧毁 cuīhuǐ 통 때려 부수다, 파괴하다

해설 빈칸 앞에 마츠가 맡은 일에 대해 설명하고 있다. 그래서 마츠의 일인 장갑차를 부수는 일에 대한 문장 '专门负责摧毁巴顿已研制出来的防护装甲'가 오는 것이 적절하다.

정답_B

079

| C 马茨使尽浑身解数也未能奏效 | C 마츠가 온 힘을 다해 부수려고 해도 성과를 얻을 수 없었다 |

단어 浑身 húnshēn 명 전신, 온몸 | 解数 xièshù 명 수단, 솜씨 | 奏效 zòuxiào 동 효과가 있다, 효과를 얻다

해설 빈칸 앞과 뒤 부분에 여러 차례의 반복과 수정을 통해서 결과물이 나왔다는 내용이다. 그러므로 빈칸에는 마침내 패턴이 만든 탱크를 마츠가 파괴할 수 없게 되었다는 내용인 '马茨使尽浑身解数也未能奏效'가 와야 한다.

정답_ C

080

| E 可怕的是不知道问题出在哪里 | E 두려운 것은 문제가 어디에 있는지를 모르는 것이다 |

해설 이 글의 결론에 해당하는 부분으로 빈칸 앞에 문제는 무섭지 않다라는 '问题是不可怕的'가 왔으므로 빈칸에는 이와 대구를 이룰 만한 무서운 것을 설명해야 한다. 따라서 '可怕的是不知道问题出在哪里'가 와야 한다.

정답_ E

第四部分

● 81~100번 문제 : 알맞은 답을 고르세요.

081-085

有一对兄弟，他们的家住在公寓的顶楼上。有一天他们外出旅行回家，82 发现公寓大楼停电了！虽然他们背着大包的行李，但看来没有什么别的选择，于是哥哥对弟弟说，我们就爬楼梯上去！于是，他们背着两大包行李开始爬楼梯。爬到20楼的时候他们开始累了，哥哥说："行李太重了，不如这样吧，我们把行李放在这里，等来电后坐电梯来拿。"于是，84 他们把行李放在了20楼，轻松多了，继续向上爬。他们有说有笑地往上爬，但是好景不长，到了40楼，两人实在累了。想到还只爬了一半，两人开始互相埋怨，指责对方不注意大楼的停电公告，才会落得如此下场。他们边吵边爬，就这样一路爬到了60楼。到了60楼，他们累得连吵架的力气也没有了。弟弟对哥哥说："我们不要吵了，爬完它吧。" 81 于是他们默默地继续爬楼，80楼终于到了！兄弟俩兴奋地来到家门口，83 才发现他们的钥匙留在了20楼的行李包里了……

한 형제가 있었는데, 그들의 집은 아파트의 맨 꼭대기 층이었다. 어느 날 그들은 여행을 하고 집으로 돌아와서 아파트가 정전이 되었음을 알았다. 비록 큰 짐을 짊어지고 있었지만, 별다른 선택이 없어 보였다. 그래서 형은 동생에게 계단으로 올라가자고 이야기했다. 그래서 그들은 두 개의 큰 짐을 지고 계단을 오르기 시작했다. 20층까지 올라갔을 때 그들은 피곤해지기 시작했고, 형은 "짐이 너무 무거우니 우리 이러지 말고 여기에다 짐을 두고 전기가 들어 오면 엘리베이터로 가져가도록 하자."고 이야기했다. 그래서 그들은 짐을 20층에 두고 가볍게 계속해서 올라갔다. 그들은 웃고 떠들며 위로 올라갔지만, 좋은 분위기는 오래가지 못하고, 40층에 이르렀을 때 두 사람은 정말 피곤해졌다. 아직 반 밖에 오지 못했다는 생각이 들자, 두 사람은 서로를 원망하기 시작하며 상대방에게 아파트의 정전 공고를 주의하지 않아, 이런 지경까지 이르게 되었다고 질책했다. 그들은 말다툼을 하며 이렇게 60층까지 올랐다. 60층에 이르렀을 때, 그들은 말다툼 할 힘도 없을만큼 피곤했다. 동생이 형에게 "우리 이제 그만 싸우고 끝까지 올라가자."고 이야기했다. 그래서 그들은 묵묵히 계속 올라가 드디어 80층에 도착했다. 형제는 흥분하여 집 문 앞에 도착했는데, 그제야 그들은 열쇠를 20층의 짐 속에 두고 왔음을 알아차렸다.

단어 公寓 gōngyù 명 아파트 | 顶楼 dǐnglóu 명 최고층, 맨 꼭대기(위)층 | 大楼 dàlóu 명 빌딩, 고층 건물 | 停电 tíngdiàn 동 정전되다, 전력 공급이 중단되다 | 虽然 suīrán 접 비록 ~하지만(일지라도), 설령 ~일지라도 | 行李 xíngli 명 짐, 여행짐 | 选择 xuǎnzé 명 동 선택(하다) | 爬 pá 동 기어오르다, 오르다 | 楼梯 lóutī 명 계단, 층계 | 电梯 diàntī 명 엘리베이터 | 轻松 qīngsōng 동 홀가분하다, 가뿐하다 | 好景不长 hǎojǐngbùcháng 성 좋은 날이 오래 가지 않는다 | 实在 shízài 부 확실히, 정말 | 互相 hùxiāng 부 서로, 상호 | 埋怨 mányuàn 동 탓하다, 원망하다 | 指责 zhǐzé 동 질책하다, 비난하다 | 公告 gōnggào 명 공고, 알림 | 落得 luòde 동 (나쁜) 결과가 되다, ~를 초래하다 | 下场 xiàchǎng 명 결말, 말로 | 吵架 chǎojià 동 말다툼하다, 다투다 | 默默 mòmò 부 묵묵히, 말 없이 | 兴奋 xīngfèn 동 불러일으키다, 흥분시키다 | 钥匙 yàoshi 명 열쇠

081

兄弟俩住在公寓的几层楼?

- A 20层
- B 40层
- C 60层
- ✓ D 80层

형제는 아파트 몇 층에 사는가?

- A 20층
- B 40층
- C 60층
- D 80층

해설 마지막 단락 '于是他们默默地继续爬楼，80楼终于到了！兄弟俩兴奋地来到家门口'에서 드디어 80층에 도착했고 집 앞에서 흥분했다고 했으므로 형제가 80층에 살고 있음을 알 수 있다.

정답_ D

082

文章中哪里停电了?

- ✓ A 兄弟俩所住的公寓
- B 旅行社
- C 酒店
- D 公司

문장 중 어디가 정전되었나?

- A 두 형제가 사는 아파트
- B 여행사
- C 호텔
- D 회사

해설 '发现公寓大楼停电了'에서 아파트가 정전이 되었다는 것을 알 수 있고, 여기서 '公寓'는 형제가 살고 있는 아파트라는 것을 문맥을 통해 알 수 있다.

정답_ A

083

兄弟俩的家门钥匙放在哪里了?

- A 在旅行途中弄丢了
- B 放在衣服的口袋里
- ✓ C 放在行李包里
- D 放在家里了

두 형제의 집 열쇠는 어디에 두었는가?

- A 여행 도중 잃어버렸다
- B 옷 주머니 속에 두었다
- C 짐 속에 두었다
- D 집안에 두었다

단어 途中 túzhōng 몡 도중 | 口袋 kǒudài 몡 자루, (의복의) 호주머니

해설 '才发现他们的钥匙留在了20楼的行李包里了'에서 열쇠가 20층에 둔 짐 속에 있다는 것을 알 수 있다.

정답_ C

084

行李被放在了哪里?

- A 机场
- B 电梯里
- ✓ C 20层楼
- D 家门口

짐은 어디에 두었는가?

- A 공항
- B 엘리베이트 안
- C 20층
- D 집 현관

해설 '他们把行李放在了20楼'에서 짐이 20층에 두었음을 알 수 있다.

정답_ C

085

根据课文内容判断，哪一项是不正确的?

- A 兄弟俩没看到公寓的停电公告
- B 兄弟俩背着行李爬到了20楼
- ✓ C 兄弟俩默默地爬到了40楼
- D 兄弟俩爬到40楼的时候，开始互相埋怨

본문의 내용으로 볼 때, 아래의 보기 중 틀린 것은?

- A 두 형제는 아파트의 정전 공고를 보지 못했다
- B 두 형제는 짐을 짊어지고 20층까지 올라갔다
- C 두 형제는 묵묵히 40층까지 올라갔다
- D 두 형제는 40층까지 올라갔을 때, 서로를 원망하기 시작했다

해설 '指责对方不注意大楼的停电公告'라고 했으므로 A는 맞는 문장이다. 두 형제가 짐을 20층에 놓고 갔기 때문에 20층까지 짐을 지고 갔다고 말한 B도 맞다. '到了40楼，两人实在累了。想到还只爬了一半，两人开始互相埋怨'라고 했으므로 서로를 원망했다는 D는 맞다.

정답_ C

086-090

哪些年份是生命中的最佳年份？我们不时问自己这样的问题，也时常会有不同的答案。

人生的盛衰似乎没有可预见的模式。但是科学家目前已知道大多数人所共享的生命模式。今天，我们的寿命比我们的祖先长20年；不可思议的是女人的寿命竟比男人长7年。

你什么时候最聪明？根据智商分数应该是18到20岁之间；但是随着年龄的增加，你会更聪明，更有经验。20多岁时你最机敏，30岁左右记忆力开始下降，尤其是数学运算能力在逐渐减弱，但你完成其他工作的智商提高了。86 在45岁时，你的词汇量是你大学毕业时的三倍，60岁时你大脑的信息容量几乎是你21岁时的4倍。

87, 89 你什么时候最健康？男人是15到25岁，女人是15到30岁。男人25岁之前的十年身体外形是最美的。他的肌肉最健壮，对感冒和感染抵抗力最强，身体对营养的吸收最充分。但是连科学家也说不清楚有什么原因使得女人的最佳状态比男人多五年。

你什么时候最幸福？88 15岁到24岁之间，你体力最好；40岁到49岁，职业感最强，悲观情绪在30岁到39岁时达到高峰。90 24岁以前，我们认为最幸福的年份尚未来临，30多岁时又认为已经过去了。

인생에서 가장 아름다운 나이는 언제인가? 우리는 불시에 자신에게 이런 질문을 하게 되는데, 항상 다른 대답을 할 것이다.

인생의 성쇠는 마치 예견할 수 없는 패턴 같다. 그러나 과학자들은 현재 대다수 사람들이 함께 누리는 생명의 패턴을 이미 알고 있다. 오늘날 우리의 수명은 우리 조상들보다 20년이 길며, 불가사의하게도 여자들의 수명은 의외로 남자에 비해 7년이나 길다.

당신은 언제 가장 똑똑한가? 지능지수를 근거로 하게 되면 18세에서 20세 사이이다. 그러나 연령이 증가함에 따라 당신은 더 똑똑해 질 수 있고, 더 많은 경험을 할 수도 있다. 20여 세 때 당신은 가장 민첩하고 30세를 전후로 기억력은 떨어지기 시작하는데, 특히 수학 계산 능력은 점점 약해진다. 그러나 다른 일을 하는 지능이 높아진다. 45세 때, 당신의 어휘량은 대학 졸업할 때보다 3배가 늘어나고, 60세 때 대뇌의 정보 용량은 21세 때보다 거의 4배가 늘어난다.

당신은 언제 가장 건강한가? 남자는 15세에서 25세이고, 여자는 15세에서 30세이다. 남자는 25세 이전 십 년 동안의 신체 외형이 가장 아름답다. 근육은 가장 건장하고, 감기와 감염에 대한 저항력도 강하며, 영양에 대한 흡수도 가장 충분하다. 그러나 과학자들조차도 어떠한 원인으로 여자의 가장 아름다운 모습이 남자보다 5년 더 긴지는 정확하게 말하지 못한다.

당신은 언제 가장 행복한가? 15세에서 24세 사이에 당신의 체력은 가장 좋고, 40세에서 49세 사이에는 직업의식이 가장 강하며, 비관적인 정서는 30세에서 39세 때 최고조에 달한다. 24세 이전에 우리는 가장 행복한 해가 아직 오지 않았다고 여기지만, 30여 세 때에는 또 이미 지나갔다고 여긴다.

 단어

年份 niánfèn 명 (경과한) 햇수, 연한 | 佳 jiā 형 좋나, 아름답다 | 答案 dá'àn 명 답안, 해답 | 盛衰 shèngshuāi 명 성쇠, 흥성과 쇠퇴 | 似乎 sìhū 부 마치 (~인 것 같다(듯하다) | 预见 yùjiàn 동 예견하다 | 模式 móshì 명 (표준) 양식, 패턴 | 共享 gòngxiǎng 동 함께 누리다 | 寿命 shòumìng 명 수명, 생명 | 祖先 zǔxiān 명 선조, 조상 | 不可思议 bùkěsīyì 성 상상할 수 없다, 불가사의하다 | 聪明 cōngming 형 똑똑하다, 총명하다 | 根据 gēnjù 전 ~에 의거하여 | 智商 zhìshāng 명 '지능지수(智力商数)'의 약칭 | 分数 fēnshù 명 점수 | 年龄 niánlíng 명 연령, 나이 | 经验 jīngyàn 명 경험, 체험 | 机敏 jīmǐn 형 기민하다, 재빠르다 | 记忆力 jìyìlì 명 기억력 | 下降 xiàjiàng 동 (정도가) 떨어지다, (수량이) 줄어들다 | 运算 yùnsuàn 명동 연산(하다) | 逐渐 zhújiàn 부 점점, 점차 | 减弱 jiǎnruò 동 약해지다, 약화되다 | 提高 tígāo 동 향상시키다, 높이다 | 词汇 cíhuì 명 어휘 | 大脑 dànǎo 명 대뇌 | 信息 xìnxī 명 정보 | 容量 róngliàng 명 용량 | 几乎 jīhū 부 거의, 거의 모두 | 肌肉 jīròu 명 근육 | 健壮 jiànzhuàng 형 건장하다 | 感染 gǎnrǎn 동 감염되다, 전염되다 | 抵抗力 dǐkànglì 명 저항력 | 营养 yíngyǎng 명 영양 | 吸收 xīshōu 동 섭취하다, 흡수하다 | 充分 chōngfèn 형 충분하다 | 使得 shǐde 동 ~한 결과를 낳다 | 幸福 xìngfú 형 행복하다 | 职业 zhíyè 명 직업 | 悲观 bēiguān 형 비관하다, 비관적이다 | 情绪 qíngxù 명 감정, 기분 | 达到 dádào 동 달성하다, 이르다 | 高峰 gāofēng 명 절정, 클라이맥스(climax) | 尚未 shàngwèi 부 아직 ~하지 않다 | 来临 láilín 동 이르다, 다가오다

086

根据上文，在45岁时，你的词汇量是多大？

✓ A 是大学毕业时的三倍
B 是大学毕业时的四倍
C 是18~20岁之间的四倍
D 比大学毕业的时候差

윗글에 따르면 45세 때 당신의 어휘량은 얼마나 되는가?

A 대학 졸업 시의 3배
B 대학 졸업 시의 4배
C 18~20세 사이의 4배
D 대학 졸업 때만 못하다

🔍 해설 '在45岁时，你的词汇量是你大学毕业时的三倍'에서 45세 때 당신의 어휘량이 대학 졸업 시의 3배가 된다는 것을 알 수 있다.

정답_ A

087

下面哪一个年龄是健康年龄之一？

A 男人30岁
✓ B 男人24岁
C 女人40岁
D 女人35岁

아래 보기 중 어느 연령이 건강한 연령 중 하나인가?

A 남자 30세
B 남자 24세
C 여자 40세
D 여자 35세

🔍 해설 본문에서 건강한 연령은 '男人是15到25岁, 女人是15到30岁'라고 했으므로 남자 15~25세, 여자 15~30세가 가장 건강한 연령임을 알 수 있다.

정답_ B

088

什么时候你的体力最好？

A 24岁以前
B 30岁到39岁
C 40岁到49岁
✓ D 15岁到24岁之间

언제 당신의 체력이 가장 좋은가?

A 24세 이전
B 30~39세까지
C 40~49세까지
D 15~24세까지

🔍 해설 '15岁到24岁之间，你体力最好'에서 체력이 가장 좋은 시기가 15~24세라는 것을 알 수 있다.

정답_ D

089

下面关于女人的最佳状态的说法，正确的是：

- A 女人的最佳状态开始得晚
- B 女人的最佳状态和男人一样
- ✔ C 女人的最佳状态是15到30岁
- D 女人的最佳状态是40岁左右

여자의 가장 아름다운 모습을 말한 것 중 맞는 것은?

- A 여자의 가장 아름다운 모습은 늦게 시작된다
- B 여자의 가장 아름다운 모습은 남자와 같다
- C 여자의 가장 아름다운 모습은 15~30세이다
- D 여자의 가장 아름다운 모습은 40세 전후이다

해설 '你什么时候最健康？男人是15到25岁，女人是15到30岁。'에서 여자가 가장 건강한 시기가 15세~30세이고, 그 뒷의 내용을 보면 이때가 신체 외형이 가장 아름다운 시기라는 것을 알 수 있다.

정답 _ C

090

在30多岁的时候，我们对幸福有什么看法？

- A 认为幸福尚未来临
- B 认为正在享受幸福
- ✔ C 认为幸福已经过去了
- D 从未经历过幸福

30여 세 때 우리는 행복에 대해 어떠한 관점을 가지고 있는가?

- A 행복은 아직 오지 않았다
- B 현재 행복을 누리고 있다
- C 행복은 이미 지나갔다
- D 아직 행복을 경험한 적이 없다

해설 '24岁以前，我们认为最幸福的年份尚未来临，30多岁时又认为已经过去了'에서 24세 이전에 우리는 가장 행복한 때가 아직 오지 않았다고 생각하지만 30여 세 때에는 행복은 이미 지나갔다고 생각한다는 것을 알 수 있다.

정답 _ C

亚当斯和玛丽是一对相恋八年的情人。战争后他们的国家分成了东西两个政权，两人被阻隔在两地。

怎么才能穿过隔离墙见到爱人呢？最后，91 亚当斯想到一个办法，挖条地道，从隔离墙下穿过去！他很快找到一处隔离墙最近的房子，他租了下来，白天工作，晚上就挖地道。

一天夜里，一个军官发现了地道。当军官得知亚当斯挖地道的用意时，并没有责罚他，还找来几个士兵帮他一起挖。那位军官说："我也希望通过这个地道见到我的爱人。"

终于，他们用了整整一年时间，挖出了一条长达3公里的地道。不但他和心爱的玛丽团圆了，93 他还开放地道，为其他恋人提供机会，人们给地道取了个名字，叫"爱情地道"。

后来，国家统一了。但是，没有人会忘记这条地道：在东西分裂的30年间，有十余万恋人或夫妇通过爱情地道得以重逢，92 没有人借助爱情地道走私、偷渡，因为所有的人都认为爱情地道是专供给相爱的人的，因其它行为而使用爱情地道是耻辱……

其实，爱情地道在修成后不久就被双方的军方和政府发现了，但都不约而同地把爱情地道沿线列入受保护地段，在双方对峙的30年间，没有一颗炸弹落在地道上面甚至附近。从上到下，从政府到民众，从军人到百姓，在内心的深处都是珍惜爱情地道的。94 爱情地道不但见证了爱情的纯洁，也展示了民族的精神。

아담스와 메리는 연애 8년 차의 연인이었다. 전쟁 후 그들의 나라는 동서 두 정권으로 나뉘어져 두 사람은 양쪽 지역에서 가로막혀 격리되었다.

어떻게 해야 갈라 놓은 장벽을 뚫고 애인을 만날 수 있을까? 최후에 아담스는 한 가지 방법을 생각했는데, 그것은 터널을 파서 벽 밑을 뚫고 건너가는 것이었다. 그는 곧 장벽에서 가장 가까운 집을 한 곳 찾아 세를 들어, 낮에는 일하고 밤에는 터널을 팠다.

어느 날 밤, 한 장교가 터널을 발견했고, 아담스가 터널을 뚫은 의도를 알았을 때 그를 처벌하지 않고, 오히려 몇 명의 병사를 불러와 그와 함께 팠다. 그 장교는 "나도 이 터널을 통해 나의 연인을 만나기를 희망하오."라고 말했다.

마침내 꼬박 1년의 시간에 걸쳐 3km 길이의 터널을 팠다. 그는 사랑하는 메리와 만났을 뿐만 아니라, 또한 터널을 개방해서 다른 연인들을 위해 기회를 제공했고, 사람들은 그 터널을 '사랑의 터널'이라고 불렀다.

그 후 나라는 통일되었지만 이 터널을 잊은 사람은 없었다. 동서 분열 30년간 십만 여의 연인과 부부가 이 사랑의 터널을 통해 재회했으며, 사랑의 터널을 이용하여 밀수나 밀입국을 한 사람은 없었다. 왜냐하면 모든 사람들이 사랑의 터널은 서로 사랑하는 사람들에게만 주어진 것이므로 다른 행위로 사랑의 터널을 사용하는 것은 치욕이라고 여겼기 때문이다.

사실, 사랑의 터널이 만들어지고 난 후 얼마 되지 않아 양쪽 군대와 정부에 의해 발견되었다. 그러나 약속이나 한 듯이 사랑의 터널을 보호 구역으로 받아들여 연선에 집어넣었고, 양쪽이 대치했던 30년 간, 터널 위, 심지어는 그 부근에까지도 폭탄 하나 떨어뜨리지 않았다. 위에서부터 아래까지, 정부로부터 민중까지, 군인에서부터 국민에 이르기까지 마음속 깊이 사랑의 터널을 아끼고 사랑했다. 사랑의 터널은 사랑의 순수함을 증명했을 뿐만 아니라, 민족의 정신까지도 나타냈다.

단어
相恋 xiāngliàn 동 서로 사랑하다, 연애하다 | 情人 qíngrén 명 사랑하는 사람, 애인 | 战争 zhànzhēng 명 전쟁 | 分成 fēnchéng 동 나누다 | 政权 zhèngquán 명 정권 | 阻隔 zǔgé 동 막혀서 통하지 못하다 | 穿 chuān 동 통과하다, 뚫고 지나가다 | 隔离 gélí 동 분리시키다, 떼어 놓다 | 挖 wā 동 파다, 파내다 | 地道 dìdào 명 지하도, 터널 | 租 zū 동 세내다 | 白天 báitiān 명 낮, 대낮 | 军官 jūnguān 명 장교, 사관 | 用意 yòngyì 명 의도, 목적 | 责罚 zéfá 동 처벌하다, 징벌하다 | 士兵 shìbīng 명 병사, 사병 | 整整 zhěngzhěng 부 온전히, 꼬박 | 团圆 tuányuán 동 흩어졌다가 다시 모이다, 한 자리에 모이다 | 开放 kāifàng 동 출입·통행을 개방하다 | 提供 tígōng 동 제공하다, 공급하다 | 统一 tǒngyī 동 통일하다, 하나로 일치되다 | 忘记 wàngjì 동 잊어버리다 | 分裂 fēnliè 동 분열하다, 결별하다 | 恋人 liànrén 명 연인, 애인 | 夫妇 fūfù 명 부부 | 重逢 chóngféng 동 다시 만나다 | 借助 jièzhù 동 도움을 빌다(받다), ~의 힘을 빌리다 | 走私 zǒusī 동 밀수하다 | 偷渡 tōudù 동 몰래 건너다(지나다) | 供给 gōngjǐ 명동 공급(하다), 급여(하다) | 耻辱 chǐrǔ 명 치욕, 치욕스러운 일 | 双方 shuāngfāng 명 양쪽, 양측 | 军方 jūnfāng 명 군부, 군대 | 政府 zhèngfǔ 명 정부 | 不约而同 bùyuē'értóng 성 약속이나 한 듯 일치하다 | 沿线 yánxiàn 명 연선, 선로(도로·항로)를 따라 있는 땅 | 列入 lièrù 동 집어넣다, 끼워 넣다 | 地段 dìduàn 명 구간, 구역 | 对峙 duìzhì 동 대치하다, 서로 맞서다 | 炸弹 zhàdàn 명 폭탄 | 甚至 shènzhì 부 심지어, ~까지도 | 附近 fùjìn 명 부근, 근처 | 民众 mínzhòng 명 민중 | 百姓 bǎixìng 명 백성, 평민 | 珍惜 zhēnxī 동 진귀하게 여겨 아끼다, 귀중(소중)히 여기다 | 见证 jiànzhèng 동 증명할 수 있다, 증거를 댈 수 있다 | 纯洁 chúnjié 형 순결하다, 순수하고 맑다

091

亚当斯打算用什么方式和玛丽见面?

A 参加战争
B 等待国家统一
✓ C 挖地道
D 努力工作

아담스는 어떤 방법으로 메리를 만나려고 했는가?

A 전쟁에 참가해서
B 나라가 통일되기를 기다려서
C 터널을 파서
D 열심히 일을 해서

'亚当斯想到一个办法,挖条地道,从隔离墙下穿过去!'에서 터널을 파서 장벽을 건너가 메리를 만나려고 했음을 알 수 있다.

정답 C

092

为什么没有人借助爱情地道走私、偷渡?

✓ A 他们内心珍惜爱情地道
B 爱情地道不能用来走私、偷渡
C 他们不知道有爱情地道
D 这是政府的规定

왜 이 터널을 통해서 밀수나 밀입국을 한 사람은 없는가?

A 그들은 마음속으로 사랑의 터널을 아꼈으므로
B 사랑의 터널은 밀수나 밀입국으로 사용할 수 없어서
C 그들은 사랑의 터널이 있는지 알지 못해서
D 이것이 정부의 규정이라서

사람들이 사랑의 터널은 서로 사랑하는 사람들에게만 주어진 것이기에 다른 행위로 사랑의 터널을 사용하는 것은 치욕이라고 생각할 만큼 그들이 마음속 깊이 사랑의 터널을 아꼈다는 것을 알 수 있다.

정답 A

093

爱情地道是提供给谁用的?

✓ A 相爱的人
B 政府和军事部门
C 走私、偷渡的人
D 亚当斯和军官

사랑의 터널은 누구에게 사용하도록 제공되었는가?

A 서로 사랑하는 사람
B 정부와 군사 부문
C 밀수와 밀입국하는 사람
D 아담스와 장교

사람의 터널은 처음에 아담스와 장교가 자신들의 연인을 만나기 위한 목적으로 판 것이었으나, '他还开放地道,为其他恋人提供机会,人们给地道取了个名字,叫"爱情地道"。'에서 알 수 있듯이 후에 개방되어 서로 사랑하는 많은 사람이 사용하도록 제공되었다는 것을 알 수 있다.

정답 A

094

爱情地道除了见证爱情的纯洁，还见证了什么？

✓ A 民族的精神
B 亚当斯的善良
C 军官的善良
D 真爱的存在

사랑의 터널은 사랑의 순수함 외에 또 무엇을 증명했는가?

A 민족의 정신
B 아담스의 선량함
C 장교의 선량함
D 진정한 사랑의 존재

🔍 해설   '爱情地道不但见证了爱情的纯洁，也展示了民族的精神'에서 사랑의 터널은 사랑의 순수함 외에 민족의 정신을 증명하고 있다는 것을 알 수 있다.

정답_ A

095

最适合做上文标题的是：

A 善良的民族
B 真爱永恒
C 民族的光荣
✓ D 爱情地道

윗글의 제목으로 가장 적합한 것은?

A 선량한 민족
B 진정한 사랑은 영원하다
C 민족의 영광
D 사랑의 터널

📖 단어   永恒 yǒnghéng [형] 영원히 변하지 않다, 영원하다 | 光荣 guāngróng [명] 영예, 영광

🔍 해설   이 글은 아담스가 판 터널인 '사랑의 터널'에 대한 이야기로 터널의 이름이 전체 줄거리를 함축하고 있으므로 제목으로 '爱情地道'가 가장 적합하다.

정답_ D

096-100

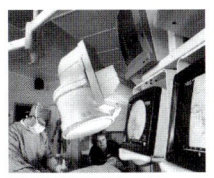

激光将为医生诊断疾病提供帮助。这是欧盟发起的一个研究项目的目标。得到了下萨克森州支持的汉诺威激光中心参加了这个研究项目。借助激光光束和专门的传感器可以测量呼出的气体，然后 99 人们可以利用测量结果来确定像肺癌这样严重的疾病。

有人认为，这种新的诊断方式可能带来一场医学革命。与许多传统的诊断方法相比，这种被专家称作"光学鼻子"的技术具有很大优势——97 它不需要对人体做创伤性检查，并且也可以免除令许多人感到害怕的X射线。因此这种新技术特别适用于婴儿、老人或危重病人。但在这种新技术投入临床应用之前，科学家还需要克服一些障碍。在呼出气体中适合诊断疾病的微量气体浓度非常低。这是该技术的首要问题。因此 98 首先必须研制能够测量低浓度气体的激光源和传感器。此外，医学工作者必须查明哪些微量气体可以作为疾病的指示器。

汉诺威激光中心和英国一家技术公司 100 打算利用欧盟资助的180万欧元研制一种波长为5—10微米的激光。奈梅亨天主教大学基金会和佛罗伦萨非线性光谱学欧洲实验室正在着手研制合适的传感器。乌得勒支大学的医学中心负责协调。

레이저는 의사가 질병을 진단하는데 도움을 준다. 이것은 유럽 연맹이 제안한 연구 항목의 목표이다. 니더작센 주의 지지를 얻은 하노버 레이저 센터가 이 연구 항목에 참여했다. 레이저 광속과 전문적인 감응 신호 장치의 힘을 빌어 내쉬는 기체를 측량할 수 있는데, 그런 다음 사람들은 측정된 결과를 이용하여 폐암과 같은 심각한 질병을 정확히 알 수 있는 것이다.

어떤 사람들은 이런 새로운 진단 방식이 의학 혁명을 이끌어낼 수 있다고 생각한다. 많은 전통적인 진단 방식과 비교하면, 전문가들에 의해 '광학 코'라고 불리우는 이 기술은 매우 큰 우세를 점하고 있다. 그것은 인체에 대한 외상성 검사가 필요 없고, 아울러 많은 사람들이 느끼는 방사선의 두려움을 없애준다. 그래서 이런 종류의 신기술은 갓난아이와 노인들 혹은 위독한 환자에게 특별히 적용된다. 그러나 이런 신기술을 임상 적용 전에, 과학자들은 몇몇의 장애물을 극복해야 한다. 내뿜는 가스 중에 질병을 진단하기에 적합한 미량의 가스의 농도가 너무 낮다. 이것이 이 기술의 가장 중요한 문제이기 때문에 먼저 저농도 가스를 측량할 수 있는 레이저 자원과 감응 신호 장치를 연구하여 만들어야 한다. 이 외에도 의학 종사자들은 어떤 소량의 가스가 질병의 표시기가 될 수 있는지를 명확하게 조사해야 한다.

하노버의 레이저 센터와 영국의 한 기술 회사는 유럽 연맹의 180만 유로의 자금을 지원 받아서 파장이 5~10마이크론 되는 레이저를 연구하여 만들 계획이다. 나이메헨 천주교 대학 기금회와 피렌체 비선형 스펙트럼 유럽 실험실은 현재 적합한 감응 신호 장치 연구 제작에 착수했으며 위트레흐트대학의 의학 센터가 책임지고 협조하고 있다.

단어

激光 jīguāng 명 레이지(laser) | 诊断 zhěnduàn 동 진단하다 | 疾病 jíbìng 명 병 | 欧盟 ōuméng 명 '欧洲联盟(유럽 연맹)'의 약칭 | 发起 fāqǐ 동 제의하다, 제안하다 | 项目 xiàngmù 명 항목, 사항 | 目标 mùbiāo 명 목표 | 支持 zhīchí 동 지지하다 | 汉诺威 Hànnuòwēi 명 하노버 | 借助 jièzhù 동 도움을 빌다(받다), ~의 힘을 빌리다 | 光束 guāngshù 명 광속도 | 传感器 chuángǎnqì 명 감응 신호 장치 | 测量 cèliáng 동 측량하다 | 气体 qìtǐ 명 기체 | 确定 quèdìng 형 확정적이다, 확고하다 | 肺癌 fèi'ái 명 폐암 | 严重 yánzhòng 형 심각하다, (정도가) 매우 심하다 | 革命 gémìng 명 혁명 | 鼻子 bízi 명 코 | 优势 yōushì 명 우세 | 创伤 chuāngshāng 명 상처, 외상(外伤) | 免除 miǎnchú 동 제거하다, 없애버리다 | 害怕 hàipà 동 두려워하다, 무서워하다 | 射线 shèxiàn 명 (적외선·가시 광선·자외선·X선 등의) 사선 | 适用 shìyòng 형 사용에 적합하다, 쓰기에 알맞다 | 婴儿 yīng'ér 명 영아, 갓난아기 | 危重 wēizhòng 형 위중하다, 위독하다 | 临床 línchuáng 명동 임상(하다) | 障碍 zhàng'ài 명 장애물, 방해물 | 适合 shìhé 동 적합하다, 알맞다 | 微量 wēiliàng 명 미량, 적은 분량 | 浓度 nóngdù 명 농도 | 首要 shǒuyào 형 가장 중요하다 | 研制 yánzhì 동 연구 제작(제조)하다 | 查明 chámíng 동 조사하여 밝히다, 명확하게 조사하다 | 作为 zuòwéi 동 ~로 여기다 (간주하다), ~으로 삼다 | 指示器 zhǐshìqì 명 (각종 계기의) 표시기, 지시기 | 资助 zīzhù 동 (재물로) 돕다 | 欧元 ōuyuán 명 유로화 | 微米 wēimǐ 양 미크론(micron)[100만분의 1m] | 天主教 Tiānzhǔjiào 명 천주교 | 基金 jījīn 명 기금, 기본금 | 佛罗伦萨 Fóluólúnsà 명 피렌체 | 线性 xiànxìng 명 선형 | 光谱 guāngpǔ 명 분광(分光), 스펙트럼(spectrum) | 欧洲 ōuzhōu 명 유럽주 | 协调 xiétiáo 형 어울리다, 조화롭다

096

对"光学鼻子"的理解，错误的一项是：

- A 光学鼻子能够帮助医生诊断疾病
- ✓B 光学鼻子是由汉诺威激光中心研制出来的
- C 光学鼻子可能带来一场医学革命
- D 光学鼻子是指借助特定激光光束和专门的传感器测量人体呼出气体以确定有无疾病的一种新型诊断技术

'광학 코'에 대해 잘못 이해한 것은?

- A 의사들의 질병 진단을 도울 수 있다
- B 하노버 레이저 센터에서 연구 제작한 것이다
- C 의학 혁명을 가져올 수 있다
- D 특정한 레이저 광속과 전문적인 감응 신호 장치를 이용해서 인체에서 배출되는 가스를 측량하여 질병 유무를 확정하는 일종의 신형 진단 기술을 가리킨다

 A, C, D는 모두 본문에서 언급한 내용이고, B의 하노버 레이저 센터는 연구에 참가했다고만 본문에선 말하고 있다. 또한 본문에서는 광학 코가 정확히 누가 만들었는지에 대해서는 언급하고 있지 않다.

정답 B

097

为什么说"这种新的诊断方式可能带来一场医学革命"?

- ✓A 不需要对人体做创伤性检查
- B 有令许多人感到害怕的X射线，会杀伤人体细胞
- C 可以缩短诊断时间，降低医疗费用
- D 可以确诊像肺癌这样严重的疾病

왜 '이러한 신형 진단 방식이 의학 혁명을 가져올 수 있다'고 말하는가?

- A 인체에 상처를 내는 검사가 필요치 않아서
- B 많은 사람들이 두려워하는 방사선으로 인체의 세포를 죽일 수 있기에
- C 진단 시간을 줄이고 치료 비용을 낮출 수 있기에
- D 폐암 같이 심각한 질병을 확진할 수 있기에

细胞 xìbāo 명 세포 | 降低 jiàngdī 동 내리다, 낮추다

 '它不需要对人体做创伤性检查，并且也可以免除令许多人感到害怕的X射线'에서 이런 신 진단 방식이 의학 혁명을 이끌 수 있는 두 가지 원인을 말하고 있는데, 하나는 상처를 내는 검사를 하지 않아도 되고, 또 다른 하나는 방사선을 사용하지 않아도 된다는 것임을 알 수 있다.

정답 A

098

下列理解不符合原文意思的一项是：

A 汉诺威激光中心在下萨克森州支持下参加了由欧盟发起的用"光学鼻子"诊断疾病的研究项目

✓ B 科学家已经研制出了能够测量低浓度气体的激光源和传感器，但由于目前遇到了一些障碍，"光学鼻子"尚未投入临床应用

C 医学工作者必须查明人体呼出气体中哪些微量气体可以作为疾病的指示器，"光学鼻子"才能发挥它神奇的威力

D 乌得勒支大学的医学中心负责"光学鼻子"研究开发的协调工作

아래에 열거한 것 중 본문의 의미와 맞지 않는 것은?

A 하노버 레이저 센터는 니더작센 주의 지지하에 유럽 연맹이 제의한 '광학 코'를 이용한 질병 진단 연구에 참가했다

B 과학자들은 이미 저농도 가스를 측량하는 레이저원과 감응 신호 장치를 연구 제작했는데, 지금은 약간의 장애가 있어서 '광학 코'가 아직 임상 실험에 들어가지 못하고 있다

C 의학 종사자들은 반드시 인체에서 배출되는 가스 중 어느 소량의 가스가 질병의 표시기가 될 수 있는지를 명확하게 조사해야 '광학 코'가 비로소 그 신기한 위력을 발휘할 수 있다

D 위트레흐트 대학의 의료 센터는 '광학 코'를 연구 개발하는 협조 업무를 책임진다

단어 遇到 yùdào 동 만나다, 부딪치다 | 发挥 fāhuī 동 발휘하다 | 神奇 shénqí 형 신기하다, 신비롭고 기이하다 | 威力 wēilì 명 위력

해설 본문 '首先必须研制能够测量低浓度气体的激光源和传感器'에서 저농도 기체 감지 레이저원과 감응 신호 장치를 연구 제작해야 한다고 말하고 있음을 알 수 있다. 그러므로 임상 실험을 못하고 있다는 사실도 언급하고 있다. 하지만 B에서는 이미 연구 제작했다고 말하고 있기 때문에 틀린 것이다.

정답_ B

099

根据本文提供的信息，下列推断不正确的一项是：

A 与许多传统的诊断方法相比，由于"光学鼻子"具有更大的优势，可以为婴儿、老年人以及危重病人诊断疾病

B "光学鼻子"只有在能够测量呼出气体中适合诊断疾病的低浓度气体并且知道哪些微量气体可以作为疾病的征兆的情况下才能交付临床应用

✓ C 医生可以利用测量结果来治疗像肺癌这样严重的疾病

D 奈梅亨天主教大学基金会和佛罗伦萨非线性光谱学欧洲实验室正在研制"光学鼻子"的传感器

본문이 제공하는 정보에 따라, 아래에 열거한 추론이 틀린 것은?

A 많은 전통적인 방법과 비교해서, '광학 코'가 더욱 우세를 점하고 있는 것은 갓난아기와 노인 그리고 위독한 환자를 위하여 질병을 진단할 수 있기 때문이다

B '광학 코'는 배출되는 가스 중 질병을 진단하기에 적합한 저농도 가스를 측정할 수 있고, 아울러 어느 소량의 가스가 질병의 징조를 만들어 내는지 알게 된 상황에서야 비로소 임상 실험을 할 수 있다

C 의사는 측정된 결과를 이용하여 폐암 같은 심각한 질병을 치료할 수 있다

D 나이메헨 천주교 대학 기금회와 피렌체 비선형 스펙트럼 유럽 실험실은 현재 '광학 코'의 감응 신호 장치를 연구 제작하고 있다

단어 征兆 zhēngzhào 명 징조, 조짐 | 治疗 zhìliáo 동 치료하다

해설 '人们可以利用测量结果来确定像肺癌这样严重的疾病'에서 측정된 결과를 이용하여 심각한 질병을 진단할 수 있다고 말하고 있다. 하지만 C에서는 '治疗'라고 '치료하다'라고 했으므로 틀렸다.

정답_ C

100

关于"光学鼻子"这项技术的说明，正确的一项是：

- A 这项新技术克服了许多障碍
- B 这项新技术已经投入临床应用
- ✓ C 这项新技术由欧盟提供资金
- D 这项新技术由奈梅亨天主教大学基金会和佛罗伦萨非线性光谱学欧洲实验室研制

'광학 코'와 관련하여 이 기술에 대한 설명으로 맞는 것은?

- A 이런 신기술은 많은 장애를 극복했다
- B 이런 신기술은 이미 임상 실험에 투입되었다
- C 이런 신기술은 유럽 연맹이 자금을 제공한다
- D 이런 신기술은 나이메헨 천주교 대학 기금회와 피렌체 비선형 스펙트럼 유럽 실험실에서 연구 제작한다

해설 '打算利用欧盟资助的180万欧元'에서 유럽 연맹이 자금을 제공했음을 알 수 있다. A는 '장애를 극복해야 한다'라고 해야 맞고, B는 아직 임상 실험에 투입되고 있지 않으므로 틀렸다. 나이메헨 천주교 대학 기금회와 피렌체 비선형 스펙트럼 유럽 실험실은 광학 코가 아니라 감응 신호 장치의 연구 제작을 하고 있으므로 D 역시 틀렸다.

정답_ C

三、书写

101 다음 글을 읽고 내용을 400자 내외로 간략하게 정리하여 쓰세요.

제목 짓기
모자 간의 사랑을 엄마는 부채로 표현을 했고, 아들은 선풍기를 사서 엄마에게 표현했으므로 이 글 전체를 아우를 수 있는 키워드는 '电扇'으로 이를 직접 제목으로 삼을 수 있다. 또한 모자의 사랑이 전체 이야기를 이끌고 있으므로 '母子之爱'라고 제목을 지을 수도 있다.

101-1 특별한 부부

二十年前，一场只有十来人参加的婚礼，见证了一个特殊家庭的组建。说特殊，是因为夫妇俩都身患残疾，丈夫的脚走动不便，妻子双目失明。但夫妇俩相亲相爱。一年后，一个小生命诞生了，他们有了一个儿子。

如果日子就这样过下去，生活也就很平常了。然而，不幸突然降临到这个家庭：一次归家途中，丈夫不幸遭遇车祸，离开了他热爱着的生活和他牵挂着的妻儿！

20년 전, 단 10여 명이 참석한 결혼식이 있었는데, 특별한 가정이 이루어짐을 알 수 있다. 특별하다라고 말하는 이유는 부부 두 사람 모두 장애인으로, 남편은 걷는 것이 불편했고, 아내는 두 눈을 모두 실명했기 때문이었다. 그러나 두 부부는 서로 사랑했고, 일 년 후 작은 생명이 탄생하여 그들에게 아들이 하나 생겼다.

만약에 세월이 이렇게만 흘러 간다면, 생활도 매우 평범했을 것이다. 그러나 불행이 갑자기 이 가정에 찾아왔다. 어느 날 집으로 돌아오는 도중에 불행히도 남편이 차 사고를 당해, 그는 사랑하는 생활과 걱정스러운 아내와 헤어지게 되었다.

단어 婚礼 hūnlǐ 명 결혼식, 혼례 | 见证 jiànzhèng 동 증명할 수 있다, 증거를 댈 수 있다 | 特殊 tèshū 형 특수하다, 특별하다 | 组建 zǔjiàn 동 조직하다, 편성하다 | 残疾 cánjí 명 불구, 장애 | 失明 shīmíng 동 실명하다, 눈이 멀다 | 平常 píngcháng 형 보통이다, 평범하다 | 降临 jiànglín 동 도래하다, 일어나다 | 遭遇 zāoyù 동 조우하다, 만나다 | 车祸 chēhuò 명 (자동)차 사고, 교통사고 | 离开 líkāi 동 떠나다, 벗어나다 | 热爱 rè'ài 동 열애에 빠지다, 뜨겁게 사랑하다 | 牵挂 qiānguà 동 걱정하다, 근심하다

해설 이 단락의 주요 내용은 이야기의 배경을 설명하는 부분으로 장애가 있는 부부가 결혼을 해서 아들을 낳았는데 남편이 사고로 세상을 떠났다는 내용이다. 본문의 '二十年前，一场只有十来人参加的婚礼，见证了一个特殊家庭的组建。说特殊，是因为夫妇俩都身患残疾，丈夫的脚走动不便，妻子双目失明。'은 일반적인 부부가 아닌 장애를 가진 부부임을 말하고 있으며, 이 단락의 포인트가 되는 문장으로 그대로 적는 것이 좋다. 본문의 '如果日子就这样过下去，生活也就很平常了。然而，不幸突然降临到这个家庭：一次归家途中，丈夫不幸遭遇车祸，离开了他热爱着的生活和他牵挂着的妻儿！'은 대략의 상황을 아주 간단하게 '然而，一次车祸带走了丈夫。'라고 표현하면 된다. '如果日子就这样过下去，生活也就很平常了'는 작가의 생각으로 요약할 경우에는 삭제해도 되는 부분이고, 자동차 사고가 나는 상황을 아주 간단하게 '然而，一次车祸带走了丈夫。'라고만 하면 충분하다.

✏️ 一场只有十来人参加的婚礼，见证了一个特殊家庭的组建。说特殊，是因为夫妇俩都身患残疾，丈夫的脚走动不便，妻子双目失明。但夫妇俩感情很好，并且生了一个儿子。然而，一次车祸带走了丈夫。

101-2 엄마의 결심과 사랑

　　失明的妻子在一次次哭昏过去后，咬着牙，拄着拐杖，又回到福利工厂上班去了。她下定决心，不仅要把儿子抚养成人，更要把儿子培养成才。她觉得，只有这样，才对得起丈夫，才对得起那个苦命的孩子。

　　她自己只吃最简单的饭菜，积攒着每一分钱，为孩子上学做准备。孩子入学那一天，她把孩子送去学校。到校门口，她停下，对孩子说："妈妈不进去了，孩子，好好读书！"孩子懂事地点点头，向妈妈说声再见，飞奔进校。母亲忙喊："慢点！"

　　那天，孩子到家后，觉得身体不适，但还坚持做着作业。听得母亲拐杖的点击声，他像往常一样，去迎接母亲。就在走到门口的那一刻，他差点晕倒。母亲听得儿子的声音像是生病了，忙摸他的脑袋，发觉烫得厉害。到了医院，医生说要住院，孩子死活不肯。做母亲的流着泪，买了一些药，把孩子带回家。她知道，孩子不肯住院，是因为知道，她承担不起这笔费用。她为孩子的懂事而感动，也为孩子的早熟而心疼。

　　多少年了，家里没有添置过任何电器。母子俩只有一间住房。到了夏天，屋内闷热异常。为了让儿子睡好觉，每个夜晚，母亲都要摇着那把扇子，轻轻地在儿子上方扇着，直到他沉沉地睡去。一年又一年，扇子摇破了四把。

　　儿子更加懂事了，他不再允许母亲为他扇扇子。有一次，母子俩为这事还闹起了矛盾。儿子说，你再扇，我就不睡了。母亲拗不过儿子，她哭了，说："孩子，你不幸生在咱家，妈别的做不来呀！"儿子说："妈妈，有你这样的母亲，是我的福气！"母子俩，相互安慰着，失声痛哭……

　　눈이 먼 아내는 수차례 울다가 실신을 반복한 후 이를 악물고, 지팡이에 의지해서, 복지 공장으로 돌아가 출근을 했다. 그녀는 아들을 잘 키울 뿐만 아니라 인재로 잘 키우리라 결심했다. 그녀는 이렇게 하는 것이 남편에게나 힘든 운명을 타고난 아들에게 면목이 선다고 생각했다.

　　그녀 자신은 아주 간단한 음식만 먹으며, 한푼의 돈이라도 모아, 아들의 진학을 위한 준비를 했다. 아이가 입학하는 날, 그녀는 학교까지 아들을 데려다 주었다. 교문에 도착해서 그녀는 서서 아들에게 말했다. "엄마는 들어가지 않을거야, 아들아, 열심히 공부하렴!" 아이는 이해한 듯 고개를 끄덕이고, 엄마에게 작별 인사를 하며, 재빨리 학교로 뛰어 들어갔다. 엄마는 급히 "천천히 가!"라고 소리쳤다.

　　그날, 아이는 집에 돌아온 후, 몸이 좀 불편했지만 여전히 열심히 숙제를 하고 있었다. 엄마가 지팡이로 두드리는 소리를 듣고, 그는 평상시처럼 엄마를 맞이하러 갔다. 문 입구 쪽으로 갔을 때 그는 하마터면 기절을 할 뻔 했다. 엄마는 아들의 목소리를 듣고 병이 난 것 같아서, 황급히 그의 머리를 만졌는데, 열이 나서 심하게 뜨거웠다. 병원에 도착하니 의사는 입원을 해야 한다고 했지만, 아이는 한사코 입원하려 하지 않았다. 엄마는 눈물을 흘리며 약을 사서 아들을 데리고 집으로 돌아왔다. 그녀는 아들이 입원하려 하지 않는 것이 엄마가 이 비용을 부담할 수 없다는 것을 알기 때문이라고 생각했다. 그녀는 아이가 철이 든 것에 감동했고, 또한 아이가 너무 조숙한 것에 마음이 아팠다.

　　몇 년 동안 집안에 어떠한 전기 제품도 사들이지 못했다. 모자 두 사람은 단칸방에 살았는데 여름이 되면 집 안은 몹시 더웠다. 엄마는 아들이 잠을 잘 잘 수 있도록, 매일 밤 아들의 머리맡에서 아들이 깊이 잠들 때까지 부채를 부쳤다. 한 해 또 한 해가 지나면서 부채는 네 갈래로 찢어졌다.

　　아들은 더욱 철이 들었고 엄마가 자신을 위해 부채를 부치는 것을 하지 못하게 했다. 한번은 두 모자가 이 일로 인해 옥신각신하기 시작했다. 아들은 엄마가 다시 부채를 부치면 자신은 잠을 자지 않겠다고 말했으며 엄마는 아들의 고집을 꺾을 수 없어서 울며 "아들아, 네가 불행히도 우리 집에서 태어나 엄마는 다른 것을 해줄 수가 없구나."라고 말했다. 그러자 아들은 "엄마! 엄마 같은 엄마가 있는 것이 저에게는 복이예요!"라고 말했다. 모자 둘은 서로를 위로하며 목이 메이도록 울었다.

단어　昏过去 hūnguoqu 동 (잠시) 의식을 잃다, 까무러치다 | 拄 zhǔ 동 (지팡이로) 몸을 지탱하다, 짚다 | 拐杖 guǎizhàng 명 지팡이, 단장(短杖) | 福利 fúlì 명 복지, 복리 | 抚养 fǔyǎng 동 (아이를) 무양(撫養)하다, 부양하다 | 培养 péiyǎng 동 배양하다, 양성하다 | 对得起 duìdeqǐ 동 떳떳하다, 면목이 서다 | 苦命 kǔmìng 명 괴로운 운명, 불운 | 积攒 jīzǎn 동 조금씩 모으다 | 飞奔 fēibēn 동 나는 듯이 달리다 | 坚持 jiānchí 동 견지하다, 어떤 상태나 행위를 계속 지속하게 하다 | 迎接 yíngjiē 동 영접하다, 마중하다 |

晕倒 yūndǎo 통 기절하여 쓰러지다, 졸도하다 | 摸 mō 통 (손으로) 더듬다, 더듬어 찾다 | 脑袋 nǎodai 명 머리(통), 골(통) | 发觉 fājué 통 발견하다, 알아차리다 | 烫 tàng 형 몹시 뜨겁다 | 死活 sǐhuó 부 한사코, 기어코 | 不肯 bùkěn 통 원하지 않다, ~하려 하지 않다 | 承担 chéngdān 통 맡다, 담당하다 | 早熟 zǎoshú 형 조숙하다 | 心痛 xīntòng 형 마음이 아프다, 속이 쓰리다 | 添置 tiānzhì 통 추가 구입하다, 더 사들이다 | 电器 diànqì 명 가전제품, 가전 | 住房 zhùfáng 명 주택 | 闷热 mēnrè 형 무덥다, 찌는 듯하다 | 异常 yìcháng 부 특히, 대단히 | 扇子 shànzi 명 부채 | 沉沉 chénchén 형 정도가 심하다(깊다) | 允许 yǔnxǔ 통 동의하다, 허가하다 | 闹矛盾 nào máodùn 통 서로 의견이 대립되다 | 拗不过 niùbúguò 통 (남의 단호한 의견을) 꺾을 수 없다, 거역할 수 없다 | 福气 fúqi 명 복, 행운 | 安慰 ānwèi 통 위로하다, 안위하다 | 痛哭失声 tòngkūshīshēng 목이 메이도록 통곡하다

이 단락의 주요 내용은 ① 엄마가 아들을 훌륭한 인재로 키우겠다고 결심한 것, ② 돈을 아껴서 학비를 준비한 것, ③ 엄마가 아들이 입학하는 날 학교에 바래다 준 것, ④ 아들이 병에 걸린 것, ⑤ 엄마가 아들이 잘 때까지 부채질을 해 준 것, ⑥ 아들이 철이 들어 엄마에게 부채질을 하지 말라고 한 것으로 크게 여섯 가지 내용이 제시되어 있다. 이 많은 내용을 다 쓴다면 당연히 400자로 줄일 수 없을 것이다. 이때 이 글의 주제와 관련이 가장 깊은 것을 선택해서 적어야 한다. 이 글은 아들이 엄마에게 한 행동을 중요시하기 보다는 엄마가 아들에게 한 행동을 중점으로 다루고 있다. 그러므로 엄마가 아들에게 한 ①, ②, ⑤번이 포인트가 되는 것이다. 그래서 아들을 훌륭한 인재로 키우겠다고 결심하고, 돈을 아껴서 학비를 준비한 것과 아들을 위해 잠들때까지 부채질을 한 것을 주된 내용으로 요약하면 된다.

妻子在悲伤之后，坚持着上班去了。她下定决心，一定要把儿子培养成才。她自己只吃最简单的饭菜，积攒着每一分钱，为孩子上学做准备。多年来家里没有添置过任何电器。到了闷热的夏天，为了让儿子睡好觉，每个夜晚，母亲都为儿子扇扇子，直到他沉沉地睡去。

101-3 아들의 유학

儿子品学兼优，顺利地考进初中、高中，并以优异的成绩被推荐参加国外一所名牌大学的招生考试，并被录取。知情的人们都为这一消息而高兴，母子俩却犯了愁。母亲愁的是费用，儿子愁的是自己出去以后母亲怎么办。母亲知道儿子的想法后说，妈不要紧的，有单位和邻居呢。再说，你不出国，不也要住校吗？儿子想想也对，他对母亲说，"费用可以贷款的。"

아들은 품성과 학업이 모두 우수해서 순조롭게 중학교, 고등학교로 진학했고, 게다가 성적이 아주 뛰어나 해외 유명 대학교의 학생 모집 시험에 추천되어 합격을 했다. 사정을 잘 알고 있는 사람들은 이 소식을 듣고 모두 기뻐했지만, 두 모자는 오히려 근심에 빠졌다. 엄마가 걱정하는 것은 학비였고, 아들이 걱정하는 것은 자기가 출국한 이후 엄마는 어떻게 하는가였다. 엄마는 아들의 생각을 안 후, "엄마는 괜찮아, 직장도 있고 이웃도 있으니까."라고 말했다. 또 "네가 출국하지 않더라도 역시 학교에서 살아야 되지 않니?"라고 말했다. 아들도 생각해 보니 맞는 것 같아서, 엄마에게 "학비는 대출 받을 수 있어요."라고 말했다.

品学兼优 pǐnxuéjiānyōu 성 품행과 학문이 다 훌륭하다 | 顺利 shùnlì 형 순조롭다, 일이 잘 되어가다 | 优异 yōuyì 형 특히 우수하다, 특출하다 | 推荐 tuījiàn 통 추천하다 | 名牌大学 míngpái dàxué 명 명문 대학 | 招生 zhāoshēng 통 신입생을 모집하다 | 录取 lùqǔ 통 채용하다, 뽑다 | 犯愁 fànchóu 통 근심하다, 걱정하다 | 邻居 línjū 명 이웃집, 이웃 사람 | 住校 zhùxiào 통 학교의 기숙사에 살다, 기숙하다 | 贷款 dàikuǎn 통 대출하다

이 단락의 주요 내용은 아들이 외국으로 유학을 가게 되었고, 엄마는 아들의 학비 때문에 걱정하고 아들은 홀로 남을 엄마 때문에 걱정한다는 것과 결국 대출을 받아서 유학을 가기로 했다는 내용이다. '儿子品学兼优，顺利地考进初中、高中，并以优异的成绩被推荐参加国外一所名牌大学的招生考试，并被录取.'라고 한 것을 '儿子品学兼优，以优异的成绩被国外一所名牌大学录取.'와 같이 과정과 수식하는 부분을 빼서 요약해야 한다. 요약할 경우에는 수식하는 관형어나 부사어를 생략해서 주, 술, 목 구조의 문장으로 표현하는 것이 좋다. 아들이 입학을 하게 되자 주위에서 기뻐했

다는 내용은 중요하지 않은 내용이므로 생략을 하고, 엄마와 아들이 걱정하는 이유를 서술한 부분은 서로 위하는 마음을 표현한 것이 이 글의 중심 내용이므로 '母亲愁的是费用, 儿子愁的是自己出去以后母亲怎么办.'은 본문 그대로 인용하는 것이 좋다.

✎ 儿子品学兼优, 以优异的成绩被国外一所名牌大学录取。但是, 母子俩却发起愁来。母亲愁的是费用, 儿子愁的是自己出去以后母亲怎么办。此后, 在别人的帮助下, 他们在银行贷了一笔款。

101-4 아들이 사온 선풍기

那日, 领到贷款, 他急匆匆赶到商场, 挑拣许久, 购买了一台电扇。接上电扇后, 他拉过母亲的手: "妈妈, 你试一试"。母亲试了一下, 风, 便柔柔地吹过来。母亲的脸上, 透着笑, 淌着泪。

他扶母亲在床沿坐下, 倚在母亲的脚边, 慢慢跪下, 喃喃地说: "妈妈, 儿子就要出国了, 你多保重！等我毕业了, 无论在哪儿, 我都把你接去。"他抬起泪眼, 望着母亲苍老的脸, 摇着母亲的手, 恳求道: "妈妈, 你无论如何, 无论如何, 一定保重！啊, 答应我, 妈妈！"

母亲扶起儿子, 说: "不哭。咱应该笑才对。生活不是好多了吗？"

그 날, 그는 대출 받은 돈을 받아서 상점으로 달려가 아주 오랜 시간을 골라 선풍기 한 대를 샀다. 선풍기를 들고 와서 엄마의 손을 끌어와, "엄마, 한번 켜 보세요."라고 말했다. 엄마가 선풍기를 켜자 바람이 아주 부드럽게 불어왔다. 엄마의 얼굴에는 미소가 드리워졌고, 눈물이 흘러내렸다.

그는 엄마를 침대 가장자리에 앉히고, 엄마의 발 쪽에 기대 서서도 꿇어 앉아 소곤대며 말했다. "엄마, 아들은 곧 출국하니 부디 몸 관리 잘 하세요! 제가 졸업을 하면 어디에 계시든 모셔 갈게요."그는 눈물 고인 눈으로 노쇠한 엄마의 얼굴을 바라보면서 엄마의 손을 흔들며 간곡히 말했다. "엄마, 어떻게 해서든, 어떻게 해서든, 꼭 건강하세요! 대답해 주세요, 엄마!"

엄마는 아들을 일으켜 세워 "울지마라. 우리 웃어야 되는 거잖아. 생활이 많이 좋아지지 않았니?"라고 말했다.

🔖 **단어** 急匆匆 jícōngcōng 형 허둥대는 모양, 급히 서두르는 모양 | 赶到 gǎndào 동 서둘러 가다(도착하다) | 挑拣 tiāojiǎn 동 선택하다, 고르다 | 许久 xǔjiǔ 명 오랜 시간, 긴 시간 | 淌 tǎng 동 (물·눈물·땀 따위가) 흐르다, 흘러내리다 | 扶 fú 동 일으키다, 부축하다 | 床沿 chuángyán 명 침대의 가장자리 | 倚 yǐ 동 (몸을) 기대다 | 跪 guì 동 무릎을 꿇다, 꿇어앉다 | 喃喃 nánnán 의 웅얼웅얼, 재잘재잘 | 保重 bǎozhòng 동 건강에 주의(유의)하다, 몸조심하다 | 苍老 cānglǎo 형 나이 들어 보이다, 쇠로하다 | 恳求 kěnqiú 동 간청하다, 간절히 부탁하다 | 无论如何 wúlùnrúhé 어찌 되었든 간에, 어떻게 해서든지

🔍 **해설** 이 단락의 주요 내용은 아들이 유학을 위해 빌린 돈으로 선풍기를 사왔고, 아들이 남겨진 엄마를 걱정하는 내용이다. '那日, 领到贷款, 他急匆匆赶到商场, 挑拣许久, 购买了一台电扇。'을 '临行前儿子购买了一台电扇。'이라고 일이 진행되는 과정을 생략해야 한다. '接上电扇后, 他拉过母亲的手: '妈妈, 你试一试'。母亲试了一下, 风, 便柔柔地吹过来。母亲的脸上, 透着笑, 淌着泪。'에서의 대화는 불필요한 내용이므로 생략을 하고, 엄마가 감격해서 운 장면은 중요한 내용이므로 '当风柔柔地吹过来时, 母亲的脸上透着笑, 淌着泪。'라고 적어야 한다. 본문에서 '他扶母亲在床沿坐下, 倚在母亲的脚边, 慢慢跪下, 喃喃地说:'라고 한 부분은 상황을 묘사한 부분으로 생략할 수 있는 부분이다. 그리고 아들이 엄마에게 '儿子就要出国了, 你多保重！等我毕业了, 无论在哪, 我都把你接去。'라고 한 부분은 엄마에 대한 사랑을 나타낸 것으로 꼭 요약해야 하는 포인트 문장이다.

✎ 临行前儿子购买了一台电扇。当风柔柔地吹过来时, 母亲的脸上透着笑, 淌着泪。他握着母亲的手说: '儿子就要出国了, 你多保重！等我毕业了, 无论在哪, 我都把你接去。'

101-5 서로를 의지한 모자

> 相依为命的母子俩，紧紧地抱在一起。屋内很静，除了透着喜悦的抽泣外，就是那台电扇转动的声音。

> 서로 굳게 의지하며 살아가는 두 모자는 함께 꼭 껴안았다. 실내는 너무 조용해서 기쁨으로 흐느끼는 소리 외에는 선풍기 돌아가는 소리만 들렸다.

단어 相依为命 xiāngyīwéimìng [성] 서로 굳게 의지하며 살아가다 | 喜悦 xǐyuè [형] 기쁘다, 즐겁다 | 抽泣 chōuqì [동] 훌쩍거리다, 흐느끼다 | 转动 zhuǎndòng [동] 돌리다, 회전시키다

해설 마지막 문장은 엄마와 아들이 껴안고 울고 있으며, 선풍기가 돌아가는 장면을 묘사한 것으로 마지막에 이 문장이 있어야 글의 결론을 자연스럽게 이끌어 글을 완성할 수 있다.

相依为命的母子俩，紧紧地抱在一起。屋内很静，除了透着喜悦的抽泣外，就是那台电扇转动的声音。

电扇

　　一场只有十来人参加的婚礼，见证了一个特殊家庭的组建。说特殊，是因为夫妇俩都身患残疾，丈夫的脚走动不便，妻子双目失明。但夫妇俩感情很好，并且生了一个儿子。

　　然而，一次车祸带走了丈夫。

　　妻子在悲伤之后，坚持着上班去了。她下定决心，一定要把儿子培养成才。她自己只吃最简单的饭菜，积攒着每一分钱，为孩子上学做准备。多年来家里没有添置过任何电器。到了闷热的夏天，为了让儿子睡好觉，每个夜晚，母亲都为儿子扇扇子，直到他沉沉地睡去。

　　儿子品学兼优，以优异的成绩被国外一所名牌大学录取。但是，母子俩却发起愁来。母亲愁的是费用，儿子愁的是自己出去以后母亲怎么办。此后，他们在银行贷了一笔款。

　　临行前儿子购买了一台电扇。当风柔柔地吹过来时，母亲的脸上透着笑，淌着泪。他握着母亲的手说："儿子就要出国了，你多保重！等我毕业了，无论在哪，我都把你接去。"

　　相依为命的母子俩，紧紧地抱在一起。屋内很静，除了透着喜悦的抽泣外，就是那台电扇转动的声音。

선풍기

　단 10여 명 만이 참석한 결혼식이 있었는데, 특별한 가정의 구성임을 알 수 있었다. 특별하다고 말하는 이유는 부부 두 사람 모두 장애인으로, 남편은 걷는 것이 불편했고, 아내는 두 눈을 모두 실명했기 때문이었다. 하지만 두 부부의 금슬이 매우 좋았고, 아들 한 명을 낳았다.

　그러나 자동차 사고가 남편을 데리고 갔다.

　부인은 상심한 후에 계속해서 일을 하러 갔다. 그녀는 아들을 훌륭한 인재로 키우기로 결심했다. 그녀 자신은 가장 간단한 음식만 먹으며, 한푼의 돈이라도 모아 아들의 진학을 위한 준비를 했다. 몇 년 동안 집안에 어떠한 전기제품도 사들이지 못했다. 무더운 여름이 되면 엄마는 아들이 잠을 잘 잘 수 있도록 매일 밤 아들이 깊은 잠에 들 때까지 부채를 부쳤다.

　아들은 품성과 학업이 모두 우수했고, 우수한 성적으로 해외 유명 대학에 합격되었다. 하지만 두 모자는 오히려 걱정이 되었다. 엄마가 걱정하는 것은 학비였고, 아들이 걱정하는 것은 자기가 출국한 이후에 엄마는 어떻게 하는가였다. 그 후, 그들은 은행에서 돈을 빌렸다.

　떠나기 전에 아들은 선풍기 한 대를 샀다. 부드러운 바람이 불어올 때 엄마의 얼굴에는 미소가 드리워졌고, 눈물이 흘러내렸다. 그는 엄마의 손을 잡으며 말했다. "아들은 곧 출국하니 부디 몸 관리 잘 하세요! 제가 졸업을 하면, 어디에 계시든 모셔 갈게요."

　서로 굳게 의지하며 살아가는 모자 두 사람은 서로 꼭 껴안았다. 실내는 너무 조용해서 기쁨으로 흐느끼는 소리 외에는 선풍기 돌아가는 소리만 들렸다.

3회 해설

一、听力

第一部分

● 1~15번 문제 : 들려주는 내용과 일치하는 것을 고르세요.

001

妻子对丈夫说："我昨天买了一本书，名字叫《记忆的方法》。这本书真是太好了，我昨晚一口气就把它读完了。"丈夫听了说："那让我也看一看吧！"妻子愉快地回答："当然可以！咦，我把它放在哪儿了？"

A 丈夫记忆力很好
✓ B 妻子喜欢这本书
C 妻子不喜欢这本书
D 丈夫健忘

부인이 남편에게 말했다. "내가 어제《기억의 방법》이라는 책 한 권을 샀는데, 이 책이 너무 좋아서 어젯밤에 단숨에 다 읽었버렸어요." 남편이 듣고는 말했다. "그러면 나도 좀 보여줘!" 부인이 기분 좋게 대답했다. "당연하죠! 어, 내가 어디다가 두었더라?"

A 남편은 기억력이 매우 좋다
B 부인은 이 책을 좋아한다
C 부인은 이 책을 좋아하지 않는다
D 남편은 잘 잊어버린다

단어 记忆 jìyì 圕 기억 | 一口气 yìkǒuqì 囝 단숨에, 단번에 | 愉快 yúkuài 圐 기쁘다, 즐겁다 | 健忘 jiànwàng 图 잘 잊어버리다

해설 '这本书真是太好了，我昨晚一口气就把它读完了。'에서 부인이 이 책이 너무 좋아서 단숨에 다 읽어버렸다는 것에서 좋아한다는 것을 알 수 있다. 대화를 통해 남편이 잘 잊어버리는 것이 아니라 부인이 잘 잊어버린다는 것을 알 수 있으므로 D는 틀린 것이다.

정답_ B

002

从前有一个小偷，想要偷别人家的门铃。可是铃铛一碰就响。于是他捂住自己的耳朵，然后去偷门铃。他以为自己听不见，别人也不会听见。结果马上就被人发现了。"掩耳盗铃"比喻一个人自己欺骗自己的行为。

A 小偷能听见铃响
B 没人能听见铃响
✓ C 掩耳盗铃行不通
D 小偷盗窃成功

옛날에 한 도둑이 다른 사람 집의 초인종을 훔치려고 했다. 그러나 초인종을 건드리기만 하면 소리가 울렸고 그래서 그는 자신의 귀를 막고, 초인종을 훔치러 갔다. 그는 자신이 들을 수 없으면, 다른 사람도 들을 수 없을 거라고 생각한 것이다. 결국은 바로 들켜버렸는데, '눈 가리고 아웅하다'란 자신의 행위를 스스로 기만하는 것을 비유한 것이다.

A 도둑은 벨 소리를 들을 수 있다
B 아무도 벨 소리를 들을 수 없다
C 눈 가리고 아웅하는 것은 통하지 않는다
D 도둑은 도둑질에 성공했다

단어 从前 cóngqián 圕 이전, 옛날 | 小偷 xiǎotōu 圕 도둑, 좀도둑 | 偷 tōu 图 훔치다, 도둑질하다 | 门铃 ménlíng 圕 초인종 | 铃铛 língdang 圕 방울 | 碰 pèng 图 부딪치다, 건드리다 | 捂住 wǔzhù 图 단단히(꼭) 가리다(막다) | 耳朵 ěrduo 圕 귀 | 掩耳盗铃 yǎn'ěrdàolíng 囵 자신이 자신을 속이다, 눈 가리고 아웅하다 | 比喻 bǐyù 图 비유하다 | 欺骗 qīpiàn 图 속이다, 사기 치다 | 盗窃 dàoqiè 图 도둑질하다

해설 A에서 도둑은 자신의 귀를 막았기 때문에 들을 수 없다라고 해야 맞고, B는 다른 사람이 벨 소리를 들었기 때문에 틀렸고, D도 다른 사람에게 들켜서 성공하지 못했기 때문에 틀렸다. 그래서 C의 '掩耳盗铃行不通'는 직접적으로 언급은 되지 않았지만 이 글의 주제가 눈 가리고 아웅하면 안 된다는 것을 알려주려고 한다는 것을 알 수 있다.

정답_ C

003

足球比赛中，弱队靠裁判的不公正判决战胜了强队。有人问弱队的老板："你们是如何取胜的呢？真是太不可思议了！"老板回答说："这没什么。我花了一万元和裁判打赌，说我们赢不了，于是我就输了！"

✓ A 弱队比赛赢了
B 强队比赛赢了
C 老板打赌赢了
D 老板赌了一千元

축구 경기에서 약팀이 심판의 불공정한 판정으로 강팀을 이겼다. 어떤 이가 약팀의 사장에게 물었다. "당신들이 어떻게 승리했죠? 정말 불가사의하군요!" 사장이 대답했다. "별거 아니에요. 내가 만 위안을 걸고 우리는 이길 수 없을 거라고 심판과 내기를 했어요. 그랬더니 내가 내기에서 지게 됐죠!"

A 약팀이 경기에서 이겼다
B 강팀이 경기에서 이겼다
C 사장은 내기에서 이겼다
D 사장은 천 위안을 걸었다

단어 足球 zúqiú 명 축구 | 弱 ruò 형 허약하다, 약하다 | 队 duì 명 팀, 단체 | 裁判 cáipàn 명 심판 | 不公正 bùgōngzhèng 불공정 | 判决 pànjué 동 판단하다, 결정하다 | 战胜 zhànshèng 동 승리하다, 싸워 이기다 | 取胜 qǔshèng 동 승리하다 | 不可思议 bùkěsīyì 성 (사물의 상황·발전·변화 혹은 이론에 대해) 이해할 수 없다, 상상할 수 없다 | 赢 yíng 동 이기다 | 打赌 dǎdǔ 동 내기를 하다(걸다) | 输 shū 동 지다, 잃다

해설 '弱队靠裁判的不公正判决战胜了强队'에서 약팀이 경기를 이겼다는 것을 알 수 있다. 본문에서 마지막에 '于是我就输了'는 심판과 한 내기에서 졌다는 말로 경기에서 졌다는 것은 아니다.

정답_ A

004

有的人做事半途而废，并不是因为懒惰，也许只是因为害怕失败。他永远不去把一件作品完成，以免因失败而受到批评。同样，只愿意当学生而不想毕业的人，也许是不愿去工作，因为他不相信自己会成功。

✓ A 半途而废可能因为不自信
B 不愿意工作因为懒惰
C 不想毕业会受到批评
D 不想毕业的人会成功

어떤 사람이 일을 하다가 중도에 그만두는 것은 결코 게을러서가 아니라, 아마도 실패를 두려워하기 때문일 것이다. 그는 실패로 인해 받게 되는 비판을 피하기 위해서 영원히 한 작품도 완성하지 못할 것이다. 마찬가지로 단지 학생이 되기만을 바라고 졸업하고 싶어하지 않는 사람은 아마도 일하는 것을 원하지 않을 것이다. 왜냐하면 그는 자신이 성공할 수 있을지 믿지 못하기 때문이다.

A 중도에 그만두는 것은 자신이 없기 때문이다
B 게을러서 일하는 것을 원치 않는다
C 졸업하기 싫어하는 것은 비난을 받을 수 있다
D 졸업하기 싫어하는 사람은 성공할 수 있다

단어 半途而废 bàntú'érfèi 성 일을 중도에 그만두다, 도중에 포기하다 | 懒惰 lǎnduò 형 게으르다, 나태하다 | 害怕 hàipà 동 두려워하다, 무서워하다 | 失败 shībài 동 실패하다 | 批评 pīpíng 동 비판하다, 꾸짖다 | 同样 tóngyàng 접 (앞에서 말한 바와) 마찬가지로 | 愿意 yuànyì 동 바라다, 희망하다

해설 '有的人做事半途而废，并不是因为懒惰，也许只是因为害怕失败'에서 중도에 포기하는 것은 실패를 무서워하기 때문이라고 말하고 있다. 즉, '害怕失败'는 '不自信'과 같은 의미라는 것을 알 수 있다.

정답_ A

> **Tip** 굳은 의지를 나타내는 한자성어
>
> 卷土重来 juǎntǔchónglái 한 번 실패에 굴하지 않고 몇 번이고 다시 일어남.
>
> 百折不挠 bǎizhébùnáo 몇 번을 실패해도 끝까지 뜻을 굽히지 않음.
>
> 百折不回 bǎizhébùhuí 의지가 매우 강함.
>
> 愚公移山 Yúgōngyíshān 남들은 어리석다고 여기나 한 가지 일을 소신 있게 하면 목적을 달성할 수 있음.

005

春节是我国最盛大、最热闹的一个传统节日，俗称"年"。按照我国农历，正月初一是一年的开始。传统的庆祝活动从除夕一直持续到正月十五。每到除夕，家人团聚在一起吃年夜饭，北方吃饺子，南方吃年糕。

A 北方吃年糕
B 南方吃饺子
✓ C 除夕吃年夜饭
D 庆祝从初一开始

설날은 우리나라의 가장 성대하고, 왁자지껄한 전통 명절로, 속칭 '年'이라고 부른다. 우리나라 음력에 따르면 정월 초하루가 1년의 시작이다. 전통적인 경축 활동은 그믐날부터 시작해서 정월 15일까지 계속 이어진다. 매년 그믐날이 되면, 가족들은 모여서 함께 세찬을 먹는데, 북방에서는 만두를 먹으며, 남방에서는 떡을 먹는다.

A 북방에서는 떡을 먹는다
B 남방에서는 만두를 먹는다
C 섣달 그믐에 세찬을 먹는다
D 경축은 초하루부터 시작된다

단어 春节 chūnjié 명 설, 춘절 | 盛大 shèngdà 형 성대하다 | 热闹 rènao 형 번화하다, 왁자지껄하다 | 传统 chuántǒng 명 전통 | 俗称 súchēng 동 속칭하다, 통속적으로 부르다 | 按照 ànzhào 동 ~에 따르다, ~의거하다 | 农历 nónglì 명 음력 | 庆祝 qìngzhù 동 경축하다 | 除夕 chúxī 섣달 그믐날(밤) | 持续 chíxù 지속하다 | 团聚 tuánjù 동 한 자리에 모이다, 한데 모이다 | 年夜饭 niányèfàn 명 제야에 먹는 음식 | 饺子 jiǎozi 명 만두, 교자 | 年糕 niángāo 명 (중국식) 설 떡

해설 '每到除夕，家人团聚在一起吃年夜饭'에서 섣달 그믐에 가족들이 모두 모여 세찬을 먹는다는 것을 알 수 있다.

정답_C

006

世界上有许多聪明人勤勤恳恳却没有什么作为，原因就是他们从小受到了错误的教育——养成了勤劳的"恶习"。懒得爬楼的人发明了电梯；懒得走路的人制造出了飞机；懒得动的人发明了遥控器。现在你知道自己不成功的主要原因了吧！

A 聪明人不喜欢上学
B 聪明不是好习惯
C 懒惰是好习惯
✓ D "懒惰"使人类进步

세계의 많은 똑똑한 사람들은 매우 성실하지만 오히려 아무런 행동도 하지 않았는데, 원인은 바로 그들이 어렸을 때부터 잘못된 교육을 받아서 근면이라는 '나쁜 습관'이 길러졌기 때문이다. 건물 오르기를 귀찮아하는 사람은 엘리베이터를 발명했고, 걷기를 귀찮아하는 사람은 비행기를 제작했으며, 움직이는 것을 귀찮아하는 사람은 리모컨을 발명했다. 지금 당신은 자신이 성공하지 못하는 주원인을 알았을 것이다!

A 똑똑한 사람은 학교 가기를 싫어한다
B 똑똑한 것은 좋은 습관이 아니다
C 게으름은 좋은 습관이다
D '게으름'이 사람을 진보하게 한다

단어 勤勤恳恳 qínqinkěnkěn 형 근면 성실하다 | 作为 zuòwéi 명 행위, 행동 | 教育 jiàoyù 명 교육 | 勤劳 qínláo 동 열심히 일하다, 부지런히 일하다 | 恶习 èxí 명 악습, 나쁜 습관(버릇) | 懒得~ lǎnde~ ~할 마음이 내키지 않는다, ~하기 싫다 | 电梯 diàntī 명 엘리베이터 | 制造 zhìzào 동 제조하다, 만들다 | 遥控器 yáokòngqì 명 리모컨 | 懒惰 lǎnduò 형 게으르다, 나태하다

해설 '懒得爬楼的人发明了电梯；懒得走路的人制造出了飞机；懒得动的人发明了遥控器'은 게으른 사람들이 엘리베이터, 비행기, 리모컨이 발명됐다는 내용을 말하면서 '게으름'이 사람을 진보하게 했다고 말하고 있음을 알 수 있다.

정답_D

007

　　医学专家在调查和分析中发现，成年人的心理疾病大多起源于儿童时期乃至婴儿时期。父母往往对孩子的身体健康非常关注，比如一发烧就会急着去医院，而时常忽略了孩子所出现的心理健康问题的信号。

A 儿童健康时常被忽略
B 婴儿容易发烧
✓C 父母关注儿童身体健康
D 以上都不对

　　의학 전문가가 조사 분석하던 중에 성인의 심리적 질병은 대부분 아동기, 심지어는 영아기때에 기인한다는 것을 발견했다. 부모는 늘 아이의 신체 건강에 매우 관심을 가지는데, 예를 들어 열이 나기만 하면 황급히 병원으로 가지만 아이들이 나타내는 심리적인 건강 문제의 신호에 대해서는 자주 소홀히 한다.

A 아이의 건강에 늘 소홀해진다
B 영아는 쉽게 열이 난다
C 부모는 아이의 신체 건강에 관심을 가진다
D 위의 내용 모두가 틀리다

단어 分析 fēnxī 동 분석하다 | 疾病 jíbìng 명 병, 질병 | 源于 yuányú 동 ~에서 발원하다, ~에서 근원하다 | 乃至 nǎizhì 접 더 나아가서, 심지어 | 婴儿 yīng'ér 명 영아, 갓난아기 | 关注 guānzhù 동 주시하다, 관심을 가지(고 중시하)다, 배려하다 | 发烧 fāshāo 동 열이 나다 | 时常 shícháng 부 늘, 자주 | 忽略 hūlüè 동 소홀히 하다, 부주의하다 | 信号 xìnhào 명 신호, 사인

해설 '父母往往对孩子的身体健康非常关注'에서 부모는 늘 아이의 신체 건강에 대해 관심을 가진다는 것을 알 수 있다.

정답_C

008

　　京剧演员在上台表演时都会身穿京剧"戏服"。京剧的戏服并不反映历史的实际面貌，而是源于生活的特殊形式——"绘画之服"。戏服的主要色彩有黄、红、绿、白、黑五种，上面大都绣着龙、凤、花卉等代表吉祥的精美图案。

A 戏服反映历史事实
B 戏服主要是红色
✓C 戏服上有精美图案
D 以上都不对

　　경극 배우가 무대에서 연기할 때 모두 '무대 의상'을 입을 것이다. 경극의 무대 의상은 결코 역사의 실제 상태를 반영하는 것이 아니라, 생활의 특수 형식인 '회화의 옷'에서 비롯되는 것이다. 무대 의상의 주요 색깔은 황, 홍, 녹, 백, 흑의 다섯 가지이고 위에는 용, 봉황, 화초 등 길한 것을 나타내는 도안들이 정교하고 아름답게 수놓아져 있다.

A 무대 의상은 역사적 사실을 반영한다
B 무대 의상은 주로 빨간색이다
C 무대 의상에 정교한 도안이 있다
D 위의 내용 모두가 틀리다

단어 京剧 jīngjù 명 경극 | 表演 biǎoyǎn 동 공연하다, 연기하다 | 戏服 xìfú 명 무대 의상 | 反映 fǎnyìng 동 반영하다 | 面貌 miànmào 명 면모, 상태 | 特殊 tèshū 형 특수하다, 특별하다 | 形式 xíngshì 명 형식, 형태 | 绘画 huìhuà 명 회화, 그림 | 绣 xiù 동 수놓다, 자수(刺繡)하다 | 龙 lóng 명 용 | 凤 fèng 명 봉황 | 花卉 huāhuì 명 화초 | 吉祥 jíxiáng 형 길하다, 운수가 좋다 | 精美 jīngměi 형 정교하다, 아름답다 | 图案 tú'àn 명 도안(圖案)

해설 '上面大都绣着龙、凤、花卉等代表吉祥的精美图案'에서 무대 의상에는 길한 것을 나타내는 용, 봉황, 화초 등의 도안이 정교하고 아름답게 수놓아져 있다는 것을 알 수 있다.

정답_C

009

　　一位年轻的医生为病人做完检查之后，不能诊断出病人得的是什么病。医生问道："你以前得过这种病吗？""是的，医生。"病人回答。"那就对了，"医生点了点头说道，"你现在旧病复发了。"

A 医生医术高明
B 病人第一次得病
C 医生没做检查
✔ D 病人得过这种病

한 젊은 의사가 환자 진찰을 마쳤지만, 환자의 병이 무슨 병인지 진단해 내지 못했다. 의사가 물었다. "당신은 이전에 이런 병을 앓은 적이 있나요?", "네, 선생님" 환자가 대답했다. "그럼 맞네요." 의사가 고개를 끄덕이며 말했다. "지금 지병이 재발한 겁니다."

A 의사의 의술이 훌륭하다
B 환자는 처음으로 병에 걸렸다
C 의사는 검진하지 않았다
D 환자는 이런 병을 앓은 적이 있다

단어 检查 jiǎnchá 동 검사하다, 조사하다 | 诊断 zhěnduàn 동 진단하다 | 旧病 jiùbìng 명 지병(持病), 숙환(宿患) | 复发 fùfā 동 재발하다, 다시 도지다

해설 '你以前得过这种病吗？' '是的，医生。'에서 이전에 이런 병을 앓은 적이 있냐고 의사가 묻자, 그렇다고 대답했으므로 환자는 전에 이런 병을 앓은 적이 있다는 것을 알 수 있다.

정답_ D

010

　　帮人点菜也能成为一种职业？今年11月，职业点菜师首次亮相四川成都。每到就餐高峰时段，三位点菜师就成了大忙人。他们根据顾客的要求，快速合理地安排宴席。有了点菜师，大家再也不用对着菜谱发愁了。

A 点菜师工资很高
B 点菜师帮助尝菜
✔ C 有了点菜师节省时间
D 点菜师也发愁

사람을 도와 음식을 주문하는 것도 하나의 직업이 될 수 있을까? 올해 11월, 음식 주문사라는 직업이 처음으로 쓰촨성 청두에 모습을 드러냈다. 매번 식당이 피크 타임일 때, 3명의 음식 주문사는 아주 바쁜 사람이 된다. 그들은 손님의 요구에 따라, 빠르고 합리적으로 연회석을 배치한다. 음식 주문사가 생겨서 사람들은 더 이상은 메뉴를 보면서 고민할 필요가 없어졌다.

A 음식 주문사는 월급이 많다
B 음식 주문사는 음식 맛보는 것을 돕는다
C 음식 주문사가 있으면 시간을 아낄 수 있다
D 음식 주문사도 고민을 한다

단어 点菜 diǎncài 동 요리를 주문하다, 요리를 미리 주문(예약)하다 | 职业 zhíyè 명 직업 | 亮相 liàngxiàng 동 (사람 또는 사물이) 모습을 드러내다 | 就餐 jiùcān 동 식사를 하다, 밥을 먹다 | 大忙人 dàmángrén 일이 늘 많고 바쁜 사람 | 根据 gēnjù 동 근거하다, 의거하다 | 顾客 gùkè 명 고객, 손님 | 安排 ānpái 동 안배하다, 준비하다 | 宴席 yànxí 명 연회석, 주연석(酒宴席) | 菜谱 càipǔ 명 메뉴, 식단 | 发愁 fāchóu 동 걱정하다, 우려하다

해설 '有了点菜师，大家再也不用对着菜谱发愁了'에서 음식 주문사가 있어 사람들은 더이상 메뉴를 보면서 고민할 필요가 없다는 것에서 시간을 절약할 수 있음을 알 수 있다.

정답_ C

011

　　位于北京市中心的故宫是明清两代的皇宫，又名紫禁城。故宫始建于1406年，建成于1420年，历经明清两个朝代24个皇帝。故宫占地72万平方米，有房屋9999间，是世界上最大最完整的古代宫殿建筑群。

　　베이징 시 중심에 위치한 구궁은 명·청 양대의 황궁으로 쓰진청이라 불린다. 구궁은 1406년에 짓기 시작하여, 1420년에 완공되었으며, 명·청 두 왕조 동안 24명의 황제가 거처갔다. 구궁은 72만 제곱미터의 면적을 차지하고 있으며, 9999칸의 방이 있는 세계에서 가장 크고 가장 온전한 고대 궁전 건축물들이다.

　✔ A 故宫位于北京市中心
　　B 故宫经历三个朝代
　　C 故宫有房屋999间
　　D 故宫是最高的古建筑

　　A 구궁은 베이징 시 중심에 위치한다
　　B 구궁은 3개의 왕조를 거쳤다
　　C 구궁은 999칸의 방이 있다
　　D 구궁은 가장 높은 옛 건축물이다

단어 位于 wèiyú 동 ~에 위치하다 | 故宫 Gùgōng 명 구궁, 고궁 | 皇宫 huánggōng 명 황궁 | 紫禁城 Zǐjìnchéng 명 쯔진청, 자금성 | 历经 lìjīng 동 여러 번 경험하다(겪다) | 皇帝 huángdì 명 황제 | 房屋 fángwū 명 집, 건물 | 完整 wánzhěng 형 제대로 갖추어져 있다, 온전하다 | 宫殿 gōngdiàn 명 궁전

해설 '位于北京市中心的故宫是明清两代的皇宫，又名紫禁城'에서 구궁이 베이징 시 중심에 위치한다는 것을 알 수 있다.

정답_ A

012

　　1999年的国庆节迎来了第一个全国放假7天的"黄金周"，席卷全国的假日旅游热潮超出了各界人士的预料。据有关统计，全国出游人数7天内达到2800万人次，旅游综合收入实现141亿元。

　　1999년 국경절에 처음으로 전국이 7일간 휴일인 '황금연휴'를 맞이하여, 전국을 휩쓴 연휴 여행 붐이 각계 인사들의 전망을 뛰어넘었다. 관련 통계에 따르면, 전국 여행자수는 7일 동안 2,800만 명에 달하여, 여행 종합 소득은 141억 위안을 달성했다.

　　A 第一个黄金周在2009年
　✔ B 国庆黄金周放假7天
　　C 所有人都出门旅游
　　D 黄金周令人意外

　　A 첫 번째 황금연휴는 2009년이다
　　B 황금연휴의 휴일은 7일이다
　　C 사람들은 모두 여행을 간다
　　D 황금연휴는 예상 밖이다

단어 席卷 xíjuǎn 동 석권하다, 휩쓸다 | 热潮 rècháo 명 열기, 붐 | 超出 chāochū 동 초과하다, 벗어나다 | 预料 yùliào 명 예상, 예측 | 统计 tǒngjì 명 통계 | 达到 dádào 동 도달하다, 이르다

해설 '1999年的国庆节迎来了第一个全国放假7天的"黄金周"'에서 1999년 국경절을 맞이하여 처음으로 황금연휴가 7일동안이었음을 알 수 있다.

정답_ B

013

唐诗泛指创作于唐代的诗。唐代被视为各朝各代中诗最丰富的朝代，大部分唐诗都收录在《全唐诗》当中。唐代的诗人特别多，唐诗的形式是多种多样的。唐诗是我国优秀的文学遗产，也是全世界的财富。

　　A 唐诗指中国古诗
　✓B 唐代诗人非常多
　　C 唐诗大部分丢失了
　　D 唐诗只有两种形式

당시는 일반적으로 당대에 창작된 시를 가리킨다. 당대는 각 왕조나 각 시대 중 시가 가장 풍부했던 왕조로 본다. 대부분의 당시는《전당시》에 수록되어 있다. 당대의 시인은 매우 많았으며, 시의 형식도 매우 다양했다. 당시는 우리나라의 우수한 문화유산이며, 전 세계의 재산이기도 하다.

　　A 당시는 중국의 고시를 가리킨다
　　B 당대의 시인은 매우 많다
　　C 당시의 대부분은 소실되었다
　　D 당시는 오직 두 종류의 형식만 있다

단어 唐诗 Tángshī 명 당시(중국 문학사상 5언시·7언시·고체시·근체시의 최고봉이었음) | 泛指 fànzhǐ 동 일반적으로 ~을(를) 가리키다 | 视为 shìwéi 동 여기다, ~으로 보다 | 收录 shōulù 동 수록하다, 싣다 | 多种多样 duōzhǒngduōyàng 형 아주 다양하다 | 优秀 yōuxiù 형 뛰어나다, 우수하다 | 遗产 yíchǎn 명 유산 | 财富 cáifù 명 부, 재산

해설 '唐代的诗人特别多，唐诗的形式是多种多样的'에서 당대에는 시인이 매우 많았으며, 형식도 다양했음을 알 수 있다. 당시는 당 시대에 창작된 시를 가리키는 것이므로 고시를 가리킨다라고 말한 A는 틀린 것이다.

정답_ **B**

014

北京时间2月18日，在刚刚结束的温哥华冬奥会女子短道速滑500米决赛中，王濛夺得了中国在本届冬奥会上的第二枚金牌，成为中国冬奥会历史上第一位连续两届获得该项冠军的运动员，中国队也实现了这个项目的冬奥会三连冠。

　　A 王濛获得了三枚金牌
　　B 王濛获得亚军
　✓C 王濛再次夺得冠军
　　D 决赛在2月28日

베이징 시간으로 2월 18일 방금 끝난 밴쿠버 동계올림픽 여자 단거리 스피드 스케이팅 500미터 결승전에서 왕멍은 중국의 이번 동계올림픽의 두 번째 금메달을 따내어, 중국 동계올림픽 역사상 최초로 2관왕을 한 선수가 되었다. 중국 팀은 또한 이 종목에서 동계올림픽 3연패를 달성했다.

　　A 왕멍은 3개의 금메달을 획득했다
　　B 왕멍은 준우승했다
　　C 왕멍은 두 번째 우승을 차지했다
　　D 결승전은 2월 28일이다

단어 结束 jiéshù 동 끝나다, 마치다 | 温哥华 Wēngēhuá 명 밴쿠버 | 冬奥会 Dōng'àohuì 명 '冬季奥林匹克运动会(동계올림픽)'의 약칭 | 速滑 sùhuá 명 '速度滑冰(스피드 스케이팅)'의 약칭 | 决赛 juésài 명 결승 | 夺得 duódé 동 달성하다, 이룩하다 | 本届 běnjiè 명 이번, 금회 | 金牌 jīnpái 명 금메달 | 连续 liánxù 동 연속하다, 계속하다 | 获得 huòdé 동 얻다, 획득하다 | 冠军 guànjūn 명 챔피언(champion), 1등 | 连冠 liánguàn 동 연패(連覇)하다 | 亚军 yàjūn 명 제 2위, 준우승(자)

해설 '成为中国冬奥会历史上第一位连续两届获得该项冠军的运动员'에서 왕멍이 중국 동계올림픽 역사상 처음으로 2관왕을 한 운동선수임을 알 수 있다.

정답_ **C**

015

在全球瞩目的2008年北京奥运会上，担当央视第九频道奥运会全球转播重任的是一名来自加拿大的年轻华裔女子熊邦欣。在众人羡慕的眼光中，她告诉正在求职的人们：不要轻易放弃，成功就在最后一刻的坚持中。

- A 熊邦欣获得了冠军
- ✓ B 她担任主持
- C 她羡慕冠军
- D 她是职业咨询师

세계가 주목한 2008년 베이징올림픽에서 CCTV 9번 채널에서 전 세계 중계방송의 중책을 맡은 사람은 캐나다에서 온 젊은 화교 여성인 시옹방신이다. 대중의 부러운 시선 속에서 그녀는 지금 구직하려는 사람들에게 "너무 쉽게 포기하지 마라. 성공은 최후 일각을 고수하는 데 있다." 라고 말했다.

- A 시옹방신이 우승했다
- **B 그녀는 사회를 맡았다**
- C 그녀는 우승을 부러워했다
- D 그녀는 직업 컨설턴트이다

단어 瞩目 zhǔmù 동 주목하다, 주시하다 | 奥运会 àoyùnhuì 명 올림픽(경기) | 担当 dāndāng 동 담당하다, 책임지다 | 频道 píndào 명 채널(channel) | 转播 zhuǎnbō 동 중계 방송하다 | 重任 zhòngrèn 명 중임, 중책 | 加拿大 Jiānádà 명 캐나다(Canada) | 华裔 huáyì 명 화교가 거주국에서 낳은 자녀 | 羡慕 xiànmù 동 부러워하다, 선망(羡望)하다 | 眼光 yǎnguāng 명 시선, 눈길 | 轻易 qīngyì 형 쉽다, 수월하다 | 放弃 fàngqì 동 버리다, 포기하다 | 坚持 jiānchí 동 견지하다, 어떤 상태나 행위를 계속 지속하게 하다

해설 '担当央视第九频道奥运会全球转播重任的是一名来自加拿大的年轻华裔女子熊邦欣'에서 CCTV 9번 채널에서 전 세계로 방송될 올림픽 중계방송을 캐나다에서 온 화교 시옹방신이 사회를 맡았다는 것을 알 수 있다.

정답_ B

第二部分

- 16~30번 문제 : 들려주는 내용을 잘 듣고, 알맞은 답을 고르세요.

016-020

主持人：	观众朋友们大家好。春天就要到了，春季里有什么需要注意的事情呢？今天我们请来了石家庄市第一医院的韩振萍主任，**16 让她来给大家讲讲关于春季养生的问题**。韩主任你好！
韩振萍：	主持人好，大家好。
主持人：	每到春天，人们总是容易感到疲劳、想睡觉，早晨不容易睡醒，而且醒了以后也好似没有睡足。韩主任，是什么原因让人们在春季这么容易疲劳呢？
韩振萍：	**17 是天气的原因**。春天由于气温逐渐升高，人体内的阳气就开发出来，气血和循环系统的功能加强，皮肤末梢的血液供应增多，出汗量也相应增加，各组织器官的负荷加重。于是中枢神经系统就产生了一种镇静、催眠作用，使身体容易困乏。
主持人：	那有没有什么方法能减轻这种困乏呢？
韩振萍：	大家可以试试下面的方法，**18 对预防和减轻春困有一定效果**。第一就是要合理调配饮食结构，第二要多到户外走走，第三是**多听听音乐**，最后一点就是合理地做些运动。只要大家在日常生活中适当地运用上面我提到的这几点，一定能对预防和减轻春困有一定效果，让自己能够充分享受春天带来的快乐。
主持人：	韩主任，刚才你提到了合理的运动。那春天最适合做的运动是什么呢？
韩振萍：	**19 最适合的运动就是徒步快走**。春天乍暖还寒，考虑到身体的适应度，进行有氧运动时强度不宜太激烈。可以选择每周3次进行徒步快走，每次30分钟，步频控制在每分钟60~80步。在有困意时，适当地活动活动肢体，可以使大脑兴奋起来。此外，再结合瑜伽、健身操、太极拳，可起到伸展关节、放松肌肉、缓解身心疲劳的作用。
主持人：	不管是哪个季节，饮食都是非常重要的。春季人们在吃东西的时候应该注意些什么？
韩振萍：	应该注意：**20 多吃温性食品，少吃寒性食品**。春季尤其是早春时节天气寒冷，人体要消耗一定的能量来维持基础体温，这时应该少吃黄瓜、绿豆芽等寒性食品，多吃

사회자：	시청자 여러분 안녕하세요. 곧 봄입니다. 봄철에 주의해야 할 것이 무엇이 있을까요? 오늘 우리는 스지아좡 시 제1병원의 한전핑 주임을 모시고, 여러분들과 봄철 양생의 문제에 관해 이야기하려고 합니다. 한 주임님, 안녕하세요!
한전핑：	안녕하세요, 여러분 안녕하세요.
사회자：	매년 봄이 되면 사람들은 항상 쉽게 피로를 느끼고, 자고 싶어하며, 아침에는 쉽사리 잠에서 깨어나지 못합니다. 게다가 잠에서 깬 후에도 잠이 부족한 것 같습니다. 한 주임님, 어떤 원인이 사람들을 이렇게 쉽게 피곤하게 만드는 건가요?
한전핑：	그것은 날씨 때문입니다. 봄에는 기온이 점차 상승하기 때문에 체내의 양기가 발달하게 되고, 혈기가 왕성해지고 순환 계통의 기능이 강해지며, 피부 말초의 혈액 공급이 많아지고, 땀의 양도 함께 증가하여, 각 조직기관의 부담이 가중됩니다. 그래서 중추신경 계통이 일종의 진정, 최면 작용을 해서 몸이 쉽게 피곤해집니다.
사회자：	그러면 이런 피로를 줄이는 방법은 없나요?
한전핑：	다음과 같은 방법들을 시도해 보세요. 춘곤을 예방하거나 줄이는 데는 상당한 효과가 있습니다. 첫째는 음식 구성을 합리적으로 배합하는 것이고, 둘째는 야외에서 많이 걷는 것이며, 셋째는 음악을 많이 듣고, 마지막 하나는 적당한 운동을 하는 것입니다. 제가 위에서 말한 이 몇 가지를 일상생활에서 적절하게 활용한다면 분명히 춘곤을 예방하거나 줄이는 데 상당한 효과가 있을 것이며 스스로 봄날이 가져온 즐거움을 충분히 만끽할 수 있습니다.
사회자：	한 주임님, 방금 주임님께서 적당한 운동이라고 말씀하셨는데요. 그렇다면 봄에 가장 적합한 운동은 무엇입니까?
한전핑：	가장 적합한 운동은 경보입니다. 봄에는 갑자기 따뜻해졌다 추워졌다 하기 때문에 신체의 적응도를 고려하여, 유산소 운동을 할 때에는 강도가 너무 격렬해서는 안 됩니다. 경보를 매주 3회, 매 회 30분, 발걸음 회수 조절은 분당 60~80보로 선택할 수 있습니다. 졸음기가 있을 때, 적당히 신체를 움직여주면, 대뇌를 흥분시킬 수 있습니다. 그 외에, 또 요가와 건강 체조, 태극권 등과 결합하면 관절을 늘려주고, 근육을 풀어주어 신체 피로를 완화시키는 작용을 할 수 있습니다.
사회자：	어느 계절을 막론하고, 음식이 매우 중요한데요. 봄철에 사람들이 음식을 먹을 때 주의해야 하는 것은

葱、姜、蒜、韭菜等温性食品，以祛阴散寒。另外，还要摄取足够的维生素，应多吃富含维生素的水果蔬菜，提高人体抗病能力。

무엇입니까?

한전핑: 따뜻한 성질의 음식을 많이 먹고, 차가운 성질의 음식을 적게 먹도록 주의해야 합니다. 봄철, 특히 초봄에는 날씨가 추워서 인체는 일정한 에너지를 소모하여 체온을 유지하려고 합니다. 이때, 음기를 없애고 추위를 없애기 위해 오이, 숙주 등 차가운 성질의 음식은 적게 먹고, 파, 생강, 마늘, 부추 등 따뜻한 성질의 식품을 많이 먹어야 합니다. 그 외에도 충분한 비타민을 섭취해야 하고 비타민이 풍부하게 함유된 과일, 채소를 많이 먹어 저항력을 높여야 합니다.

단어

主任 zhǔrèn 명 장, 주임 | 养生 yǎngshēng 동 양생하다, 보양(保養)하다 | 疲劳 píláo 형 피곤(피로·노곤)하다, 지치다 | 气温 qìwēn 명 기온 | 逐渐 zhújiàn 부 점점, 점차 | 升高 shēnggāo 동 위로 오르다, 높이 오르다 | 升发 shēngfā 동 발전하다, 발달하다 | 循环系统 xúnhuánxìtǒng 명 순환 계통, 순환계 | 加强 jiāqiáng 동 강화하다, 증강하다 | 皮肤 pífū 명 피부 | 末梢 mòshāo 명 말초, 끝 | 血液 xuèyè 명 혈액, 피 | 供应 gōngyìng 동 제공하다, 공급하다 | 出汗 chūhàn 동 땀이 나다 | 相应 xiāngyìng 동 상응하다, 서로 맞다 | 组织 zǔzhī 명 조직 | 器官 qìguān 명 (생물체의) 기관 | 负荷 fùhè 명 부하, 하중 | 中枢神经 zhōngshū shénjīng 명 중추 신경 | 镇静 zhènjìng 동 진정하다, 마음을 가라앉히다 | 催眠 cuīmián 동 최면 상태에 빠지도록 하다, 최면을 걸다 | 困乏 kùnfá 형 피로하다, 피곤하다 | 减轻 jiǎnqīng 동 줄다, (정도가) 낮아지다 | 预防 yùfáng 동 예방하다 | 调配 tiáopèi 동 고루 섞다, 배합하다 | 户外 hùwài 명 집 밖, 야외 | 适当 shìdàng 형 알맞다, 적당하다 | 运用 yùnyòng 동 활용하다, 응용하다 | 享受 xiǎngshòu 동 누리다, 향유하다 | 徒步 túbù 동 보행하다, 걸어가다 | 乍暖还寒 zhànuǎnhuánhán 성 늦겨울 초봄 날씨가 갑자기 따뜻해졌다가 다시 추워지다, 추위가 완전히 가시지 않다 | 适应 shìyìng 명동 적응(하다) | 不宜 bùyí ~하는 것은 좋지 않다, ~하여서는 안 된다 | 激烈 jīliè 형 (동작·말이) 격렬하다, 극렬하다 | 控制 kòngzhì 동 제어하다, 규제하다 | 困意 kùnyì 명 졸음기 | 肢体 zhītǐ 명 사지와 몸통, 신체 | 大脑 dànǎo 명 대뇌 | 瑜伽 yújiā 명 요가 | 太极拳 tàijíquán 명 태극권 | 伸展 shēnzhǎn 동 펼치다, 펴다 | 关节 guānjié 명 관절 | 放松 fàngsōng 동 느슨하게 하다, 이완시키다 | 肌肉 jīròu 명 근육 | 缓解 huǎnjiě 동 (정도가) 완화되다, 호전되다 | 消耗 xiāohào 동 소모하다 | 能量 néngliàng 명 에너지 | 维持 wéichí 동 유지하다, 지키다 | 黄瓜 huángguā 명 오이 | 绿豆芽 lǜdòuyá 명 숙주(나물) | 葱 cōng 명 파 | 姜 jiāng 명 생강 | 蒜 suàn 명 마늘 | 韭菜 jiǔcài 명 부추 | 祛 qū 동 제거하다, 없애다 | 摄取 shèqǔ 동 흡수하다, 섭취하다 | 维生素 wéishēngsù 명 비타민 | 富含 fùhán 동 대량으로 함유하다 | 抗病 kàngbìng 동 병과 싸우다, 병에 저항하다

016

主持人请韩振萍来给大家谈什么?

- ✓ A 春季养生
- B 春天的故事
- C 春天的特点
- D 春季旅游

사회자는 한쩐핑을 초대해서 무엇에 대해 이야기 하려고 하는가?

- A 봄철 양생
- B 봄의 이야기
- C 봄의 특징
- D 봄 여행

해설

'让她来给大家讲讲关于春季养生的问题'에서 봄철 양생에 대해 이야기 하려고 한다는 것을 알 수 있다.

정답 A

017

什么原因让人们在春季容易疲劳?

　　A 人们的身体不好
✓ B 天气的原因
　　C 心情的原因
　　D 没有原因

어떠한 원인이 봄철에 사람들을 쉽게 피곤하게 만드는가?

　　A 사람들의 건강이 안 좋아서
✓ B 날씨의 원인
　　C 마음의 원인
　　D 원인이 없다

 '是天气的原因'에서 봄철에 쉽게 피로해지는 것이 날씨 때문이라는 것을 알 수 있다.

정답_ B

018

韩振萍谈到的减轻困乏的第一点是什么?

　　A 多到户外走走
　　B 多听听音乐
✓ C 合理调配饮食结构
　　D 合理地做些运动

한쩐핑이 이야기 한 피곤을 줄이는 첫 번째 방법은 무엇인가?

　　A 야외에서 많이 걷기
　　B 음악 많이 듣기
✓ C 음식 구성을 합리적으로 배합하기
　　D 적절히 운동하기

 '对预防和减轻春困有一定效果。第一就是要合理调配饮食结构，第二要多到户外走走，第三是多听听音乐，最后一点就是合理地做些运动。'에서 춘곤을 줄이는 방법으로 첫 번째는 음식을 합리적으로 배합해서 먹고, 두 번째는 야외에서 많이 걷고, 세 번째는 음악을 많이 들으며, 마지막으로는 적절한 운동을 하는 것이라고 말하고 있다.

정답_ C

019

春天最适合做的运动是什么?

- A 瑜伽
- B 健身操
- C 太极拳
- ✓D 徒步快走

봄에 가장 적합한 운동은 무엇인가?

- A 요가
- B 건강 체조
- C 태극권
- D 경보

🔍 해설   '最适合的运动就是徒步快走。'에서 가장 적합한 운동이 경보라는 것을 알 수 있다.

정답 D

020

春季人们在吃东西的时候应该注意些什么?

- ✓A 多吃温性食品，少吃寒性食品
- B 少吃零食
- C 多吃主食
- D 少吃温性食品，多吃寒性食品

봄철에 사람들이 음식을 먹을 때 반드시 주의해야 하는 것은 무엇인가?

- A 따뜻한 성질의 식품을 많이 먹고, 차가운 성질의 식품은 적게 먹기
- B 군것질 적게 하기
- C 주식 많이 먹기
- D 따뜻한 성질의 식품을 적게 먹고, 차가운 성질의 식품을 많이 먹기

🔍 해설   '多吃温性食品，少吃寒性食品'에서 봄철에는 따뜻한 성질의 식품을 많이 먹고, 차가운 성질의 식품은 적게 먹어야 한다는 것을 알 수 있다.

정답 A

021-025

主持人：	今天我们请来的是著名女演员袁立。袁立你演过很多角色，包括大家都很熟悉的杜小月、欧阳兰兰、还有莫菲等等，你最喜欢的是哪个角色？
袁立：	我喜不喜欢不重要，最重要的是观众喜欢。
主持人：	21 观众最喜欢的是欧阳兰兰。
袁立：	那好啊。那我最喜欢的也是欧阳兰兰。其实演戏是演给观众看的，自我欣赏没什么意思。
主持人：	那你自己喜欢演什么样的角色呢？
袁立：	22 我喜欢演的是那种女当家人的角色。
主持人：	我觉得你有那种潜质。
袁立：	可以这么说吧。我太希望有一个办公桌，可以呼风唤雨了。我最近就在电视剧《牟氏庄园》里演了一个类似的角色。我的朋友都说，你演得那么好都是因为你太想当女当家人了。
主持人：	在你演过的角色里，哪个角色跟生活中的你最贴近？
袁立：	很多人都说《汉宫飞燕》和《母仪天下》里的角色和我很像，其实这些角色都是只有在电视剧里才能有的，她们比真实的生活更加立体，更加丰富，更加真实，更加传奇。在真实的生活中是不可能有的。
主持人：	这些角色和你本人有一定距离吧？
袁立：	是。23 我个人认为《上海王》里的角色和生活中的我是最贴近的。
主持人：	有没有哪个角色对你来说是一次挑战？
袁立：	有。24 再一次出演杜小月对我来说就是一次挑战。从一开始，我就在犹豫要不要演。我觉得自己已经成长了，还要再去重复杜小月的游戏吗？我那时一直这么反反复复地问着自己。
主持人：	但最后还是决定演了。
袁立：	是的。
主持人：	是什么样的原因，让你最后做出这样的决定呢？
袁立：	25 首先我是需要赚钱的，这是实话；第二是因为观众还喜欢，我为什么要让观众不舒服呢？再加上我本身也很喜欢这个角色。所以就演了。

사회자：	오늘 모신 분은 유명 여배우 위안리 씨 입니다. 위안리 씨, 당신은 모든 사람이 잘 아는 뚜샤오위에, 오우양란란, 모페이 등을 포함한 많은 배역을 연기하셨는데, 당신이 가장 좋아하는 것은 어떤 배역이었습니까?
위안리：	제가 좋아하든 아니든 그것은 중요하지 않고, 가장 중요한 것은 관중이 좋아하는 거죠.
사회자：	관중이 가장 좋아한 것은 오우양란란입니다.
위안리：	그거 좋네요. 그럼 제가 가장 좋아하는 것 또한 오우양란란입니다. 사실 연극은 관중에게 연기를 보여주는 것이기 때문에, 제가 좋아하는 것은 아무런 의미가 없습니다.
사회자：	그럼 당신은 어떤 배역을 좋아하나요?
위안리：	제가 좋았던 것은 여자 집주인 배역입니다.
사회자：	제 생각에 당신에게는 그런 잠재력이 있는 것 같네요.
위안리：	이렇게 말씀 드리죠. 저는 어떤 일이든 좌우할 수 있는 사무용 책상을 너무 갖고 싶어 했는데 최근 드라마《모씨장원》에서 비슷한 인물을 연기했었죠. 제 친구들이 모두 말하더군요. 네가 그렇게 연기를 잘 한 것은 다 네가 너무 여주인이 되고 싶어서라고.
사회자：	당신이 연기해 본 배역 중에서 어느 역할이 일상생활 속 당신과 가장 가깝나요?
위안리：	많은 사람들이《한궁비연》과《모의천하》에서의 배역이 저와 비슷하다고 하는데, 사실 이런 배역은 모두 드라마에서나 있을 수 있는 겁니다. 그들은 실제 생활보다 훨씬 입체적이고, 풍족하며, 진실하고, 전기적이죠. 실제 생활에서는 있을 수가 없습니다.
사회자：	이런 배역들이 당신과는 거리가 있다는 거죠?
위안리：	네. 제 개인적으로는《상하이왕》에서의 배역이 실생활 속 저와 가장 비슷한 것 같아요.
사회자：	당신에게 있어서 도전이었던 배역이 있었나요?
위안리：	네. 다시 한번 뚜샤오위에를 연기하는 것이 저에게는 도전이었죠. 시작부터 저는 연기를 해야 할지 말아야 할지 망설였어요. 제가 생각하기에는 저는 이미 성장했는데, 또다시 뚜샤오위에의 놀이를 해야 하는 것일까? 당시에 저는 줄곧 이렇게 스스로에게 물었죠.
사회자：	그렇지만 결국에는 연기를 하기로 결정한거네요.
위안리：	그렇습니다.
사회자：	어떠한 이유로 당신이 이러한 결정을 내리게 된 거죠?
위안리：	먼저 저는 돈을 벌어야 했습니다. 이건 정말입니다. 두 번째는, 관중들은 여전히 좋아하고 있는데 왜 내가 관중들을 언짢게 만드는가 였습니다. 게다가 저 또한 이 배역을 좋아했고요. 그래서 연기한 것입니다.

단어

著名 zhùmíng 형 저명하다, 유명하다 | **角色** juésè 명 배역, 역할 | **包括** bāokuò 동 포함하다, 포괄하다 | **熟悉** shúxī 형 잘 알다, 익숙하다 | **观众** guānzhòng 명 관중, 시청자 | **演戏** yǎnxì 동 극을 공연하다, 연기하다 | **欣赏** xīnshǎng 동 좋아하다 | **当家人** dāngjiārén 명 집주인, 세대주 | **潜质** qiánzhì 명 잠재된 소질 | **呼风唤雨** hūfēnghuànyǔ 성 (강력한 힘을 사용하여) 자연을 지배하다, 어떤 국면을 좌우하다 | **电视剧** diànshìjù 명 텔레비전 드라마 | **贴近** tiējìn 형 친(밀)하다, 가깝다 | **立体** lìtǐ 명 입체 | **真实** zhēnshí 형 진실하다 | **传奇** chuánqí 형 전기적이다 | **距离** jùlí 명 거리, 차이 | **挑战** tiǎozhàn 명동 도전(하다) | **出演** chūyǎn 동 (배역을) 연기하다, 출연하다 | **犹豫** yóuyù 형 주저하다, 망설이다 | **重复** chóngfù 명동 중복(하다), 반복(하다) | **反反复复** fǎnfǎnfùfù 형 반복하다, 되풀이하다 | **赚钱** zhuànqián 동 보수를 받다, 돈을 벌다 | **实话** shíhuà 명 솔직한 말

Tip 동량보어의 위치

동작이나 행위의 횟수를 나타내는 보어를 동량보어라고 한다.

1. 동사＋동량보어＋목적어(일반명사)
   我去过一次中国。
   나는 중국에 한 번 가 본 적이 있다.
   您等一下金先生。
   진 선생님을 좀 기다리세요.

2. 동사＋목적어(대명사)＋동량보어
   我去过那儿一次。
   나는 거기에 한 번 가 본 적이 있다.
   您等他一下。
   그를 좀 기다리세요.

021

袁立最喜欢自己演过的哪个角色？

- A 杜小月
- ✔ B 欧阳즈즈
- C 莫菲
- D 没有喜欢的

위안리는 자신이 연기했던 배역 중 가장 좋아하는 것은 무엇인가?

- A 뚜샤오위에
- B 오우양란란
- C 모페이
- D 좋아하는 것이 없다

해설 위안리는 자신이 맡은 배역을 관중이 좋아해 주는 것이 중요하며 자신의 의견은 중요하지 않다고 말하고 있으며, 사회자가 관중들은 '欧阳즈즈' 배역을 좋아한다고 말하자 '那我最喜欢的也是欧阳즈즈'에서 그러면 위안리도 오우양란란이라는 배역을 가장 좋아한다고 말하고 있음을 알 수 있다.

정답_ B

022

袁立喜欢演什么样的角色?
- ✓ A 女当家人
- B 女杀手
- C 小女人
- D 什么都喜欢演

위안리는 어떤 배역을 연기하기를 좋아하는가?
- A 여자 집주인
- B 여자 킬러
- C 어린 여자
- D 어떤 것이든 다 연기하기 좋아한다

단어 杀手 shāshǒu 몡 자객, 킬러

해설 '我喜欢演的是那种女当家人的角色'에서 위안리가 여자 집주인 역할을 연기하기를 좋아한다는 것을 알 수 있다.

정답 A

023

袁立认为，她演的哪个角色跟生活中的她最贴近?
- A 《牟氏庄园》里的角色
- B 《汉宫飞燕》里的角色
- C 《母仪天下》里的角色
- ✓ D 《上海王》里的角色

위안리는 자신이 연기했던 배역 중 어떤 배역이 실생활 속의 그녀와 가장 가깝다고 생각하는가?
- A 《모씨장원》속 인물
- B 《한궁비연》속 인물
- C 《모의천하》속 인물
- D 《상하이왕》속 인물

해설 '我个人认为《上海王》里的角色和生活中的我是最贴近的'에서 위안리는 《상하이왕》속 인물이 자신의 일상생활 속 모습과 가장 가깝다고 생각하고 있음을 알 수 있다.

정답 D

024

哪个角色对袁立来说是一次挑战?

- A 欧阳兰兰
- ✔B 再一次扮演的杜小月
- C 莫菲
- D 每一次都是挑战

어떤 배역이 위안리에게 있어서 도전이었는가?

- A 오우양란란
- B 다시 한번 뚜샤오위에를 연기할 때
- C 모페이
- D 매 순간이 모두 도전이다

단어 扮演 bànyǎn 통 ~의 역을 맡아 하다, 출연하다

해설 '再一次出演杜小月对我来说就是一次挑战'에서 다시 한번 뚜샤오위에를 연기할 때 위안리에게 있어서 도전이었다는 것을 알 수 있다.

정답_B

025

什么原因让袁立决定再次出演杜小月?

- A 需要赚钱
- B 观众还喜欢这个角色
- C 自己喜欢这个角色
- ✔D 以上都正确

어떠한 이유가 위안리로 하여금 다시 뚜샤오위에를 연기하게 했는가?

- A 돈을 벌어야만 했다
- B 관중들이 이 배역을 좋아한다
- C 자신이 이 배역을 좋아한다
- D 위의 내용 모두가 맞다

해설 '首先我是需要赚钱的，这是实话；第二是因为观众还喜欢，我为什么要让观众不舒服呢? 再加上我本身也很喜欢这个角色。'에서 뚜샤오위에 나서 연기한 이유가 첫 번째 돈을 벌어야 했다는 것과 두 번째 관중들이 이 배역을 좋아한다는 것, 세 번째 자기도 이 배역을 좋아해서였음을 알 수 있다.

정답_D

026-030

主持人：	26 我们这次节目的主题是大学生创业和大学教育。为此我们特意请来了新东方教育科技集团董事长兼首席执行官俞敏洪老师。俞老师你好。
俞敏洪：	你好。
主持人：	俞老师，您认为应该怎样看待大学生创业？
俞敏洪：	27 对于要不要鼓励大学生创业，我认为要理性看待。人一辈子如果没有一次创业经历的话是一件非常遗憾的事情。但现在的情况是，面对大学生就业难的问题，大家就拼命鼓励在校大学生都去创业，这实际上是有问题的。现在的孩子多数都是独生子女，人与人之间的相处能力，对于行业的了解、容忍度等等都不成熟，在面对创业环境时，大学生的人生经验还不够。
主持人：	如果鼓励大学生在校期间或者一毕业就去创业，你认为会有什么负面的影响？
俞敏洪：	28 最大的负面影响就是对大学教育的冲击。关于大学生创业，鼓励学生创业这样一个概念其实带来了一种问题，就是大学四年学生到底应该在大学里学什么，如果大学生要学创业的话，请问大学里有几个老师是自己曾经创业的，请问有几个老师能够解答学生在创业中遇到的困难？
主持人：	我们现在确实也看到了，创业的学生其实大部分都会失败，我看到的成功的例子非常少。您认为大学生创业失败的原因是什么呢？
俞敏洪：	29 缺少就业学习和积累。我认为大学生毕业应该先工作，这时他可以积累经验，观察老板是怎样干活的，怎样跟同事打交道，学会如何在人群中间让自己变成领袖，变成大家很服气的人。
主持人：	除了学生自己的问题，你认为学校有哪些责任呢？
俞敏洪：	30 学校的责任就是教育定位不准，课程设置落后以及教学内容脱离现实。现在大学生毕业以后找工作，到处递简历，但是用人的单位却很难选拔出合适的人才。之所以出现这样的情况，就是大学教育与现实脱节的证明。

사회자:	이번 프로그램 주제는 대학생 창업과 대학 교육입니다. 그래서 우리는 특별히 신동방 교육과학그룹의 사장 겸 수석집행관인 위민훙 선생을 모셨습니다. 위 선생님, 안녕하세요.
위민훙:	안녕하세요.
사회자:	위 선생님, 당신은 대학생 창업을 어떻게 보아야 한다고 생각하십니까?
위민훙:	대학생 창업을 북돋아야 할 것인지 말 것인지에 관해 저는 이성적으로 보아야 한다고 생각합니다. 만일 사람이 평생 동안 한 번의 창업 경험도 없다면 그것은 매우 유감스러운 일입니다. 그렇지만 지금의 상황은 대학생 구직난에 직면하여 모든 사람이 대학생들의 창업을 매우 부추기고 있는데, 이것은 사실 문제가 있습니다. 지금의 아이들은 대부분 외동아들, 외동딸입니다. 사람 간의 교제 능력이 부족하고 직업적 이해와 참을성 등이 모두 성숙하지 않아 창업 환경에 직면했을 때, 대학생의 인생 경험은 아직 부족합니다.
사회자:	만약 대학생에게 재학 기간 혹은 졸업하자마자 바로 창업하도록 북돋는다면 당신은 어떤 부정적 영향이 있을 것이라고 생각하십니까?
위민훙:	가장 큰 부정적인 영향은 바로 대학 교육에 대한 충격입니다. 대학생 창업에 관해 학생들의 창업을 북돋는 이 개념은 사실 한 가지 문제를 가져옵니다. 그것은 바로 대학 4학년생이 도대체 대학에서 무엇을 배워야만 하는가입니다. 만약 대학생이 창업하는 것을 배우고자 한다면, 대학 내의 몇 명의 교수님이 일찍이 창업해 본 적이 있으며 몇 명의 교수님이 학생이 창업 중 마주칠 어려움에 대해 대답해 줄 수 있을까요?
사회자:	사실 창업한 학생들 대부분이 실패할 것이라는 것을 우리는 지금 확실히 봤습니다. 제가 본 성공 사례는 매우 적습니다. 당신은 대학생 창업 실패의 원인이 무엇이라고 생각하십니까?
위민훙:	구직 공부와 축적된 경험 부족입니다. 제가 생각하기에 대학생이 졸업하면 반드시 먼저 일을 해야 하고, 이때 바로 경험을 쌓을 수 있게 됩니다. 사장이 어떻게 사업을 하는지, 어떻게 동료들과 지내는지 관찰하고, 어떻게 해야 사람들 사이에서 자신을 리더로 만들어 모두가 따르는 사람이 될 수 있는지를 배울 수 있습니다.
사회자:	학생 자신의 문제 이외에 학교에서는 어떤 책임이 있다고 생각하십니까?
위민훙:	학교의 책임은 교육의 객관적 평가가 정확하지 않고, 교육 과정이 낙후되어 있으며, 가르치는 내용이 현실에서 벗어나 있다는 것입니다. 현재 대학생은 졸업

후 직장을 찾아 곳곳에 이력서를 보내지만, 직원을 채용하려는 회사에서는 오히려 적절한 인재를 뽑기가 힘듭니다. 그래서 이런 상황이 나타나는 것이 바로 대학 교육과 현실이 서로 맞지 않는다는 것을 증명하는 겁니다.

단어 科技 kējì 몡 과학 기술 | 集团 jítuán 몡 집단, 단체 | 董事 dǒngshì 몡 이사 | 兼 jiān 동 겸하다, 동시에 하다 | 首席 shǒuxí 몡 수석, 가장 높은 지위(직위) | 执行 zhíxíng 동 집행하다, 실시하다 | 创业 chuàngyè 동 창업하다 | 鼓励 gǔlì 동 격려하다, (용기를) 북돋우다 | 理性 lǐxìng 형 이성적이다 | 看待 kàndài 동 대(우)하다, 다루다 | 一辈子 yíbèizi 몡 한평생, 일생 | 遗憾 yíhàn 동 유감이다, 섭섭하다 | 就业 jiùyè 동 취직하다, 취업하다 | 拼命 pīnmìng 동 필사적으로 하다, 온 힘을 다하다 | 在校 zàixiào 동 재학 중이다, 학교를 다니다 | 实际上 shíjìshang 부 사실상, 실제로 | 相处 xiāngchǔ 동 함께 지내다, 함께 살다 | 容忍 róngrěn 동 용인하다, 참고 견디다 | 成熟 chéngshú 동 성숙하다 | 不够 búgòu 형 부족하다, 충족하지 않다 | 负面 fùmiàn 몡 소극적인 면, 부정적인 면 | 冲击 chōngjī 동 충격 | 概念 gàiniàn 몡 개념 | 曾经 céngjīng 부 일찍이, 이미 | 解答 jiědá 동 해답하다, 질문을 풀다 | 遇到 yùdào 동 만나다, 부딪치다 | 确实 quèshí 형 확실하다 부 확실히 | 大部分 dàbùfen 몡 대부분 | 失败 shībài 동 실패하다 | 例子 lìzi 몡 예, 보기 | 缺少 quēshǎo 동 부족하다, 모자라다 | 积累 jīlěi 동 축적된(쌓인) 것, 축적 | 观察 guānchá 동 관찰하다, 살피다 | 同事 tóngshì 동 함께 일하다 몡 동료 | 交道 jiāodào 몡 교제, 내왕 | 领袖 lǐngxiù 몡 영수, 지도자 | 责任 zérèn 몡 책임 | 定位 dìngwèi 동 위치를 측정하다, 자리를 정하다 | 不准 bùzhǔn 형 불확실하다, ~하면 안 되다 | 课程 kèchéng 몡 교육 과정, 커리큘럼(curriculum) | 设置 shèzhì 동 설치하다, 설립하다 | 脱离 tuōlí 동 벗어나다, 이탈하다 | 递 dì 동 전해주다, 건네다 | 简历 jiǎnlì 몡 약력, 이력서 | 选拔 xuǎnbá 동 선발하다 | 脱节 tuōjié 동 어울리지 않다, 서로 맞지 않다 | 证明 zhèngmíng 동 증명하다

026

这次节目的主题是什么?

　A 大学生的现状
　B 大学教育的现状
✓C 大学生创业和大学教育
　D 大学生如何自主创业

이번 프로그램의 주제는 무엇인가?

　A 대학생의 현황
　B 대학 교육의 현황
　C 대학생 창업과 대학 교육
　D 대학생이 어떻게 스스로 창업하는가

단어 现状 xiànzhuàng 몡 현황

 '我们这次节目的主题是大学生创业和大学教育'에서 이번 프로그램의 주제가 대학생 창업과 대학 교육이라는 것을 알 수 있다.

정답_ C

027

俞敏洪认为应该怎样看待大学生创业?

✓A 理性看待
　B 鼓励大学生创业
　C 不鼓励大学生创业
　D 没什么看法

위민홍은 대학생 창업을 어떻게 보아야 한다고 생각하는가?

　A 이성적으로 본다
　B 대학생 창업을 격려한다
　C 대학생 창업을 격려하지 않는다
　D 아무런 견해가 없다

'对于要不要鼓励大学生创业，我认为要理性看待'에서 위민홍은 대학생 창업에 대해서 이성적으로 봐야 한다고 생각하고 있음을 알 수 있다.

정답_ A

028

俞敏洪认为鼓励大学生在校期间或者一毕业就去创业，最大的负面影响是什么？

A 对大学生创业的冲击
✓ B 对大学教育的冲击
C 人生不完整
D 会考试不及格

위민훙은 대학생이 재학 기간 혹은 졸업하자마자 창업하는 것에 대한 격려의 가장 큰 부정적인 영향은 무엇이라고 생각하는가？

A 대학생 창업에 대한 충격
B 대학 교육에 대한 충격
C 인생이 불완전하다
D 시험에 낙제할 수 있다

 及格 jígé 통 합격하다

'最大的负面影响就是对大学教育的冲击'에서 가장 큰 부정적인 영향이 대학 교육에 대한 충격이라는 것을 알 수 있다.

정답_ B

029

俞敏洪认为大学生创业失败的原因是什么？

A 没有足够的资金
B 没有家长的支持
C 没有明确的目标
✓ D 缺少就业学习和积累

위민훙은 대학생 창업의 실패 원인이 무엇이라고 생각하는가？

A 충분한 자금이 없다
B 가장의 지지가 없다
C 명확한 목표가 없다
D 구직 공부와 경험이 부족하다

 '缺少就业学习和积累'에서 구직 공부와 축적된 경험이 부족해서 대학생들이 창업에 실패한다는 것을 알 수 있다.

정답_ D

030

学校有哪些责任？

A 教育定位不准
B 课程设置落后
C 教学内容脱离现实
✓ D 以上都正确

학교에는 어떤 책임이 있는가？

A 교육의 객관적 평가가 정확하지 않다
B 교육 과정이 낙후되다
C 가르치는 내용은 현실을 벗어난다
D 위의 내용 모두가 맞다

 '学校的责任就是教育定位不准，课程设置落后以及教学内容脱离现实'에서 학교의 책임이 교육의 객관적 평가가 정확하지 않고, 교육 과정이 낙후되어 있으며, 가르치는 내용이 현실에서 벗어나 있다는 것임을 알 수 있다.

정답_ D

第三部分

● 31~50번 문제 : 들려주는 내용을 잘 듣고, 알맞은 답을 고르세요.

031-034

17岁的美国高中生比特纳宣布要竞选华盛顿州州立众议员。31 他下个月满18岁，刚好符合初选资格。

比特纳，平常在一家比萨店打工。他在宣布参选的记者会上说，自己是真心诚意想参加选举，32 家人也全力支持他的决定。

比特纳本周已经完成参选华盛顿州第18选区州立众议员的登记，不过，33 他必须先通过克拉克郡共和党党内初选的考验。

为什么想当州立众议员？比特纳在记者会上说，34 参选主要动机是想为自己这一代的年轻人争取就业机会，因为他觉得自己以后就算大学毕业了，也不保证将来会有工作的机会。

17살의 미국 고등학생 비트너는 워싱턴 주 주립 중의원 선거에 입후보할 것이라고 선포했다. 그는 다음달에 만 18세이 되는데, 딱 초선 자격에는 부합한다.

비트너는 평소 피자 가게에서 아르바이트를 한다. 그가 출마 선언을 하는 기자회견장에서 자신은 정말 성실하게 선거에 참가하고 싶으며, 가족들도 전적으로 그의 결정을 지지한다고 말했다.

비트너는 이번 주에 이미 워싱턴 주 제18선거구 주립 중의원 참선 등록을 했지만, 먼저 클라크 공화당 당내의 초선 검증을 반드시 통과해야 한다.

왜 주립 중의원이 되고 싶을까? 비트너는 기자회견에서 출마의 주요 동기는 자기 세대의 젊은 사람들에게 구직 기회를 주고 싶어서라고 말했다. 왜냐하면 그는 자신이 이후에 대학을 졸업한다고 해도, 장래에 일할 기회가 있을지 보장할 수 없기 때문이다.

단어

宣布 xuānbù 통 선포하다, 선언하다 | 竞选 jìngxuǎn 통 선거 운동을 하다, 선거에 입후보하다 | 华盛顿 Huáshèngdùn 명 워싱턴 | 议员 yìyuán 명 의원 | 符合 fúhé 통 부합(상합)하다, 일치하다 | 初选 chūxuǎn 명 초선, 예선 | 资格 zīgé 명 자격 | 比萨 bǐsà 명 피자(pizza) | 打工 dǎgōng 통 아르바이트 하다 | 参选 cānxuǎn 통 선거에 출마하다 | 诚意 chéngyì 명 성의 | 选举 xuǎnjǔ 통 선거하다, 선출하다 | 支持 zhīchí 통 지지하다, 후원하다 | 登记 dēngjì 명통 등록(하다) | 动机 dòngjī 명 동기 | 争取 zhēngqǔ 통 쟁취하다, 얻어내다 | 保证 bǎozhèng 통 보증하다, 담보하다

Tip 동사의 특징

1. 부사+동사 : 동사는 부사의 수식을 받을 수 있다.
   都看完了 / 马上去 / 果然来了 / 再写一遍

2. 심리 활동을 나타내는 동사와 일부 조동사는 정도 부사의 수식을 받을 수 있지만 다른 동사는 정도 부사의 수식을 받을 수 없다.
   很生气 / 非常担心 / 特别爱 / 十分喜欢

3. 대부분의 동사에는 동태조사 '了, 着, 过'를 붙여 문법적으로 동작의 상태를 나타낸다.

4. 다음의 동사는 동태조사인 '了, 着, 过'가 올 수 없다.
   ① 관계 동사(关系动词)인 '是, 作为' 등은 올 수 없음.
   ② 사동의 의미인 '使, 叫, 让' 등도 올 수 없음.
   ③ 조동사 뒤에도 올 수 없음.

031

在美国，符合初选资格的最低年龄是多少?
- A 17岁
- ✓ B 18岁
- C 19岁
- D 20岁

미국에서 초선 자격에 부합하는 최저 연령은 몇 살인가?
- A 17세
- B 18세
- C 19세
- D 20세

🔍해설 '他下个月满18岁，刚好符合初选资格'에서 비트너가 다음 달 18세가 되어 막 초선 자격 연령이 된다고 하였으므로 미국에서는 18세가 초선 자격에 부합하는 연령임을 알 수 있다.

정답_ B

032

家人对比特纳参选议员是什么态度?
- ✓ A 全力支持
- B 基本同意
- C 一致反对
- D 漠不关心

가족들은 비트너가 의원 선거에 출마하는 것에 대해 어떤 태도를 가지고 있는가?
- A 전적으로 지지한다
- B 대체로 동의한다
- C 일제히 반대한다
- D 아무 관심이 없다

📖단어 一致 yízhì [명][형] 일치(하다) | 漠不关心 mòbùguānxīn 전혀 관심이 없다, 아주 무관심하다

🔍해설 '家人也全力支持他的决定'에서 가족들이 전적으로 지지하고 있다는 것을 알 수 있다.

정답_ A

033

在他正式参选议员之前，先要通过什么考验?

　　A 学校的毕业考试
　　B 议会讨论
✓ C 党内初选
　　D 答记者问

그가 정식으로 의원 선거에 출마하기 전에 먼저 어떤 검증을 통과해야 하는가?

　　A 학교 졸업 시험
　　B 의회 토론
　C 당내 초선
　　D 기자의 질문에 대답한다

 '他必须先通过克拉克郡共和党党内初选的考验'에서 당내 초선 검증을 먼저 통과해야 정식으로 의원 선고에 출마할 수 있다는 것을 알 수 있다.

정답_ C

034

他参选议员主要动机是什么?

　　A 摆脱比萨店打工的辛苦
　　B 帮助家里多挣些钱
　　C 为自己找到好的工作
✓ D 为同龄人争取就业机会

의원 선거에 출마하는 주요 동기는 무엇인가?

　　A 피자 가게의 아르바이트 고생에서 벗어나려고
　　B 많은 돈을 벌어 집을 돕기 위해
　　C 자신이 좋은 직업을 찾기 위해서
　D 동갑내기 사람들이 취업의 기회를 얻게 하기 위해

'参选主要动机是想为自己这一代的年轻人争取就业机会'라고 했으므로 자신과 동갑내기 사람들이 취직의 기회를 얻게 하기 위한 것이 비트너가 의원 선거에 참가하게 된 주요 동기라는 것을 알 수 있다.

정답_ D

035-038

小虎队是一个歌唱组合，由三个学生组成。他们是苏有朋、吴奇隆和陈志朋。35 作为华人世界第一个由学生组成的男子偶像团体，小虎队的确是整整一代人的青春记忆。他们曾打破多项中国世界纪录协会的"中国之最"和"世界之最"，成为当时亚洲最重要的华人流行文化象征之一。

小虎队代表着健康、明朗、积极上进的少年形象，36 所以连保守的老师、家长都不反对孩子迷小虎队，还号召孩子们向偶像看齐。负责人对小虎们很严格，吴奇隆因为恋爱常迟到被他打过，37 苏有朋也因迟到被他踢过，陈志朋则因爱吃被他骂过。当时很多节目里只能看到吴奇隆和陈志朋，38 因为念建中的苏有朋课业繁重，公司开始打算换掉苏有朋，连替换的人选都找好了。

소호대는 세 명의 학생으로 구성된 가수 그룹이다. 그들은 쑤요우펑, 우치롱, 천즈펑으로 중국인으로서는 세계 최초로 학생으로 구성된 남자 아이돌 그룹이며, 소호대는 실로 모든 세대들의 청춘의 기억이다. 그들은 일찍이 중국 세계 기네스북협회의 '중국 최고'와 '세계 최고' 기록을 깨며, 당시 아시아의 가장 중요한 중국인 유행 문화의 상징이 되었다.

소호대는 건강함, 명랑함, 적극적으로 진보하는 소년의 이미지를 대표했기 때문에 보수적인 교사나 학부모들 조차도 모두 아이들이 소호대에 빠지는 것을 반대하지 않았고, 아이들에게 우상을 본받으라고까지 호소했다. 매니저는 소호대에 대해서는 매우 엄격했는데, 우치롱은 연애하느라 자주 늦어서 맞은 적이 있고, 쑤요우펑도 늦어서 그에게 발로 차인 적이 있으며, 천즈펑은 많이 먹어서 혼난 적이 있다. 당시 많은 프로그램에서 우치롱과 천즈펑만 볼 수 있었는데, 학업 중인 쑤요우펑은 수업이 많고 고되서 회사는 쑤요우펑을 바꿔 버릴 생각을 했고, 심지어는 교체할 사람까지 찾았다.

组合 zǔhé 명 조합 | 组成 zǔchéng 동 구성하다, 조직하다 | 华人 huárén 명 중국인 | 偶像 ǒuxiàng 명 우상 | 团体 tuántǐ 명 단체 | 的确 díquè 부 확실히, 실로 | 整整 zhěngzhěng 부 온전히, 꼬박 | 打破 dǎpò 동 타파하다, 깨다 | 协会 xiéhuì 명 협회 | 亚洲 Yàzhōu 명 아시아 주 | 象征 xiàngzhēng 명 상징, 표시 | 积极 jījí 형 적극적이다, 진취적이다 | 上进 shàngjìn 동 향상하다, 진보하다 | 保守 bǎoshǒu 형 보수적이다 | 迷 mí 동 빠지다, 매혹되다 | 号召 hàozhào 동 호소하다 | 看齐 kànqí 동 ~을 본받다, ~과 같이 하다 | 严格 yángé 형 엄격하다, 엄하다 | 恋爱 liàn'ài 명동 연애(하다) | 迟到 chídào 동 지각하다 | 踢 tī 동 차다, 발길질하다 | 繁重 fánzhòng 형 번잡하고(많고) 무겁다, 힘들다 | 掉 diào 동 ~해 버리다 | 替换 tìhuàn 동 교체하다, 바꾸다

Tip 인과관계를 나타내는 접속사

1. 因为A, 所以B / 由于A, 所以(因而, 因此)B : A때문에 B하다
   ⇒ '因为' 다음에는 '所以'만 올 수 있고, '由于' 다음에는 '所以, 因而, 因此'가 올 수 있다.
   由于她平时认真学习, 所以在这次考试上得了第一名。
   그녀는 평소에 열심히 공부해서 이번 시험에서 일등을 했다.

2. 주어+之所以B, 是因为(是为了, 是由于)A : B한 까닭은 A 때문이다
   我之所以伤心, 是因为我深深地爱上了他。
   내가 그를 깊이 사랑하기 때문에 나는 마음이 아프다.

3. 既然A, 那么(就)B : 기왕에 A한 이상, B해라
   你既然同意我们的意见, 那么一起去吧。
   네가 기왕 우리의 의견에 동의한 이상 같이 가자.

4. A, 以至于B : A가 B의 결과를 가져오다
   这篇文章他读了好几遍, 以至于全文都能背下来。
   그는 이 글을 여러 번 읽어서 다 외울 수 있다.

5. A, 以致于B : A가 B의 나쁜 결과를 가져오다
   这篇文章他只看了一遍, 以致于一页都背不下来。
   그는 이 글을 한 번만 읽어서 한 페이지도 외울 수가 없다.

035

小虎队是华人世界第一个由什么身份的人所组成的团体？

- A 孩子
- ✓ B 学生
- C 老师
- D 老虎

소호대는 중국인 세계 최초로 어떤 신분으로 조직된 그룹인가?

- A 아이
- **B 학생**
- C 선생님
- D 호랑이

해설 '作为华人世界第一个由学生组成的男子偶像团体'에서 소호대가 중국인 최초로 학생으로 조직된 남자 아이돌 그룹이라는 것을 알 수 있다.

정답 **B**

036

孩子们对小虎队的疯狂迷恋，家长抱以怎样的态度？

- A 强烈反对
- B 非常支持
- C 不太支持
- ✓ D 不反对

아이들은 소호대에게 미친 듯이 빠졌는데, 학부모들은 어떤 태도를 갖고 있는가?

- A 강하게 반대하다
- B 매우 지지하다
- C 그다지 지지하지 않는다
- **D 반대하지 않다**

단어 强烈 qiángliè 형 강렬하다

해설 '所以连保守的老师、家长都不反对孩子迷小虎队，还号召孩子们向偶像看齐'에서 보수적인 선생님이나 학부모들이 반대하지 않았으며 본받으라고까지 했음을 알 수 있다.

정답 **D**

037

曾经因为"迟到"而被负责人"踢过"的人是谁?
- A 吴奇隆
- B 陈志朋
- ✓ C 苏有朋
- D 学生

이전에 '지각' 때문에 매니저에게 '발로 차였던' 사람은 누구인가?
- A 우치룽
- B 천즈펑
- C 쑤요우펑
- D 학생

해설 '苏有朋也因迟到被他踢过'에서 쑤요우펑이 지각을 하여 발로 차였다는 것을 알 수 있다.

정답 _ C

038

公司为什么打算换掉苏有朋?
- ✓ A 课业繁重
- B 唱歌不好
- C 谈恋爱
- D 喜欢打架

회사는 왜 쑤요우펑을 바꿔 버리려고 했는가?
- A 수업이 많고 고돼서
- B 노래를 잘 못해서
- C 연애해서
- D 싸움을 좋아해서

단어 课业 kèyè 몡 수업, 학업 | 打架 dǎjià 동 싸움하다, 다투다

해설 '因为念建中的苏有朋课业繁重'에서 수업이 많고 고돼서 쑤요우펑을 바꿔 버리려고 했다는 것을 알 수 있다.

정답 _ A

039-042

　　美国某网站的编辑近日疯狂的折磨了一台笔记本电脑，39 以测试全固型笔记本到底有多坚固。

　　40 这种全固型笔记本可以承受汽车的碾压，或是把一整杯可乐洒在键盘上。但是该品牌的工作人员认为，这样对待一台全固型笔记本电脑是远远不够的。41 他们把笔记本故意丢到了动物园中的白虎笼和大象房。

　　经测试，白虎最后咬掉了5个按键，不过没有关系，42 没这几个按键依然能够输入，笔记本照样可以工作。而重达4500公斤的亚洲象就更不客气了，一不小心就踩到了这个笔记本。其结果是，笔记本盖子裂了两个缝，硬盘从镁合金的外壳下漏了出来，而该笔记本的启动完全没有问题。

　　미국의 어느 웹사이트 편집자는 최근 '전고'형(전체적으로 견고한) 노트북이 도대체 얼마나 견고한지 시험해 보기 위해서 노트북을 미친 듯이 괴롭혔다.

　　이런 종류의 '전고'형 노트북은 버스에 밟히는 압력 혹은 한 컵 가득한 콜라가 키보드 위에 쏟아졌을 때를 감당할 수 있다. 그러나 이 상표의 직원은 이 '전고'형 노트북을 이렇게 대하는 것은 아직 충분치 않다고 생각한다. 그들은 노트북을 고의로 동물원의 백호와 코끼리 우리에 떨어뜨렸다.

　　이 실험에서 백호는 결국 5개의 키를 먹어 버렸지만, 괜찮았다. 이 몇 개의 키가 없어도 충분히 입력할 수 있고, 노트북은 원래대로 작동할 수 있다. 그러나 4500kg 중량의 아시아 코끼리는 더 무례했다. 잠깐 한눈을 판 사이에 바로 노트북을 밟아 버렸다. 그 결과 노트북 덮개는 둘로 갈라졌고, 하드드라이버는 마그네슘 합금의 껍데기 밖으로 튀어 나왔지만, 이 노트북의 부팅에는 아무 문제가 없다.

단어 网站 wǎngzhàn 명 웹사이트 | 编辑 biānjí 명 편집자, 편집인 | 疯狂 fēngkuáng 형 미친 듯이 날뛰다, 광분하다 | 折磨 zhémó 동 고통스럽게 하다, 괴롭히다 | 测试 cèshì 동 테스트하다, 시험하다 | 坚固 jiāngù 형 견고하다, 튼튼하다 | 承受 chéngshòu 동 받아 들이다, 견뎌 내다 | 碾 niǎn 명 연자방아, 롤러(roller) | 键盘 jiànpán 명 건반, 키보드(keyboard) | 品牌 pǐnpái 명 상표, 브랜드 | 远远 yuǎnyuǎn 부 몹시, 상당히 | 笼 lóng 명 바구니, 장 | 大象 dàxiàng 명 코끼리 | 咬 yǎo 동 물다, 깨물다 | 按键 ànjiàn 명 키, 버튼 | 依然 yīrán 형 전과 다름이 없다, 의연하다 | 输入 shūrù 동 입력하다, 인풋(input)하다 | 照样 zhàoyàng 부 여전히, 변함없이 | 踩 cǎi 동 밟다, 짓밟다 | 盖子 gàizi 명 뚜껑, 덮개 | 裂 liè 동 갈라지다, 쪼개지다 | 缝 fèng 명 이음새, 솔기 | 硬盘 yìngpán 하드드라이버(hard driver) | 镁 měi 명 마그네슘 | 漏 lòu 동 새나가다, 빠지다 | 启动 qǐdòng 동 작동을 시작하다, 시동을 걸다

Tip 자주 사용하는 결과보어

1. 掉 : 이탈이나 소실을 나타내며, '~해 버리다'라고 해석하다.
　→ 자주 같이 오는 동사: 扔, 卖, 丢, 忘, 除, 改, 吃, 烧, 去, 死
　他改掉了坏习惯。
　그는 나쁜 습관을 바꿔버렸다.

2. 见 : 시각, 청각 및 후각 등의 감각을 통해서 어떤 대상을 알아보거나 이미 느꼈음을 나타낸다.
　→ 자주 같이 오는 동사: 看, 瞧, 瞅, 望, 听, 闻, 遇, 碰, 梦
　孩子们看见我来了，都非常高兴。
　아이들은 내가 오는 것을 보고 매우 기뻐했다.

3. 住 : 사물이나 사람의 위치가 고정됨을 나타낸다.
　→ 자주 같이 오는 동사: 抓, 接, 握, 记, 拿, 拉, 关, 站, 停
　他听了我的话立刻站住了。
　그는 내 말을 듣고 바로 섰다.

4. 着[zháo] : 목적을 달성하거나, 좋지 않은 결과를 발생하게 했음을 나타낼 때 쓰며 '到'와 바꿔 쓸 수 있다.
　→ 자주 같이 오는 동사: 买, 借, 找, 睡
　你们休息一会儿，小心别累着。
　너희들 좀 쉬어. 피곤하지 않게 조심해.

039

"折磨"笔记本电脑的目的是什么？

　A 测试耐压性
✓ B 测试坚固性
　C 测试防水性
　D 测试灵敏性

노트북을 괴롭힌 목적은 무엇인가?

　A 내압성을 테스트하기 위해
B 견고성을 테스트하기 위해
　C 방수성을 테스트하기 위해
　D 민첩성을 테스트하기 위해

단어 耐 nài 동 참다, 견디다 | 防水 fángshuǐ 동 방수하다 | 灵敏 língmǐn 형 예민하다, 반응이 빠르다

해설 '以测试全固型笔记本到底有多坚固'에서 노트북을 괴롭힌 목적이 견고성을 테스트하기 위한 것임을 알 수 있다.

정답_ B

040

该品牌笔记本的防水性如何?

  A 不好
  B 一般
✓ C 良好
  D 不太清楚

이 브랜드의 노트북은 방수성이 어떠한가?

  A 안 좋다
  B 보통이다
  C 양호하다
  D 정확하지 않다

해설 '这种全固型笔记本可以承受汽车的碾压, 把一整杯可乐洒在键盘上'에서 이런 전고형 노트북은 버스가 밟고 지나가는 압력이나 한 잔의 콜라를 자판 위에 부어도 견딜 수 있다는 것으로 보아 방수성이 양호하다는 것을 알 수 있다.

정답_C

041

为了测试需要, 笔记本被丢到了哪里?

  A 公园
  B 花园
  C 游乐园
✓ D 动物园

실험의 필요성을 위해 노트북을 어디에 떨어뜨렸는가?

  A 공원
  B 화원
  C 놀이 공원
  D 동물원

해설 '他们把笔记本故意丢到了动物园中的白虎笼和大象房'에서 고의로 노트북을 백호와 코끼리의 우리에 떨어뜨렸으므로 동물원에 떨어뜨렸다는 것을 알 수 있다.

정답_D

042

掉了5个按键后, "输入功能"是否受到影响?

  A 无法输入
  B 可以, 但不方便
✓ C 仍然正常工作
  D 输入很慢

5개 키가 빠진 후, '입력 기능'은 영향을 받았는가?

  A 입력할 방법이 없다
  B 가능하지만, 편리하지 않다
  C 여전히 정상적으로 기능한다
  D 입력이 늦다

해설 '没这几个按键依然能够输入, 笔记本照样可以工作'에서 몇 개의 키가 빠져도 여전히 정상적으로 기능한다는 것을 알 수 있다. '照样'은 '여전히, 변함없이'라는 '仍然'과 같은 의미를 가지고 있다.

정답_C

043-046

⁴³ 桂林是最适合自助游的旅游胜地，因为它属中亚热带湿润季风气候。雨量充沛，光照充足，四季分明，可谓气候条件十分优越。

⁴⁴ 春天，是桂林最冷的天气，但平均气温也在摄氏8度左右。有时也有沥沥春雨，你如果选择在春季去桂林旅游，最好备好雨具。

夏季，是桂林的雨季。夏季降雨量将近1000毫米，占全年总降雨量的一半以上，故而有"雨桂林"之说。

⁴⁵ 秋天，是桂林旅游的高峰季节。此时，天气晴朗，波平如镜，是看群峰倒影的最佳季节。

⁴⁶ 初冬的十月，是桂林市的市花——桂花盛开的时节，金桂、银桂、四季桂、丹桂洒满枝头，此时的桂林城又变成了一座花城。

구이린은 배낭여행을 하기 가장 좋은 여행지이다. 왜냐하면 이 곳은 아열대 습윤 몬순 기후에 속하기 때문에 강우량과 일조량이 충분하며, 사계절이 분명해서, 기후조건이 매우 우월하다고 할 수 있다.

봄은 구이린의 가장 추운 계절이지만, 평균 기온은 섭씨 8도 정도이다. 간혹 봄비가 내리니, 당신이 만약 봄철에 구이린 여행을 선택한다면, 우비를 준비하는 것이 가장 좋다.

여름은 구이린의 우기이다. 여름철 강우량은 1000mm에 달하며, 일 년 총 강우량의 절반 이상을 차지한다. 그래서 '위구이린'이란 말이 있다.

가을은 구이린 여행의 제일 좋은 계절이다. 이때 하늘은 맑고, 물결이 잠잠하고 거울 같아서 산봉우리가 수면에 비친 그림자를 보기에 가장 아름다운 계절이다.

초겨울의 10월은 구이린 시의 시화인 목서나무 꽃이 만발하는 시기이다. 금목서나무, 박달목서, 홍목서, 붉은 계수나무 등이 가지 끝에 가득하고, 이때의 구이린 성은 또 꽃의 도시로 변한다.

단어 桂林 Guìlín 몡 구이린 | 适合 shìhé 통 적합하다, 알맞다 | 胜地 shèngdì 몡 명승지 | 亚热带 yàrèdài 몡 아열대 | 湿润 shīrùn 혱 축축하다, 습윤하다 | 季风 jìfēng 몡 계절풍, 몬순(monsoon) | 充沛 chōngpèi 혱 넘쳐흐르다, 충족하다 | 光照 guāngzhào 통 내리쬐다 | 可谓 kěwèi 통 ~라고 말할 수 있다, ~라고 할 만하다 | 优越 yōuyuè 혱 우월하다, 우수하다 | 摄氏 shèshì 몡 섭씨~도 | 沥沥 lìlì 의 좔좔, 펑펑(바람·물 따위의 소리) | 雨具 yǔjù 몡 우비(雨備) | 夏季 xiàjì 몡 하계, 여름 | 降雨量 jiàngyǔliàng 몡 강우량 | 毫米 háomǐ 양 밀리미터(mm) | 故而 gù'ér 전 그러므로, 때문에 | 高峰 gāofēng 몡 절정, 극치 | 晴朗 qínglǎng 혱 쾌청하다, 구름 한 점 없이 맑다 | 波 bō 몡 물결 | 群峰 qúnfēng 몡 군봉, 뭇 봉우리 | 倒影 dàoyǐng 몡 수면에 비친 그림자 | 最佳 zuìjiā 혱 최상의, 가장 뛰어난 | 盛开 shèngkāi 통 (꽃이) 활짝 피다, 만발하다 | 枝头 zhītóu 몡 가지 끝, 나뭇가지 위 | 变成 biànchéng 통 ~(으)로 변하다, ~(으)로 되다

043

为什么说桂林是最适合"自助游"的旅游胜地呢?

A 雨水多
B 价格便宜
C 风景美
✓ D 气候好

왜 구이린이 '배낭여행'하기 가장 좋은 여행지라고 하는가?

A 강수량이 많아서
B 가격이 싸서
C 풍경이 아름다워서
D 기후가 좋아서

해설 '桂林是最适合自助游的旅游胜地，因为它属中亚热带湿润季风气候'에서 구이린은 아열대 습윤 몬순 기후에 속하기 때문에 배낭여행의 최적지임을 알 수 있다.

정답_ D

044

在桂林，最冷的季节是？

- ✓ A 春天
- B 夏天
- C 秋天
- D 冬天

구이린에서 가장 추운 계절은?

- A 봄
- B 여름
- C 가을
- D 겨울

해설 '春天，是桂林最冷的天气'에서 구이린의 가장 추운 계절이 봄이라는 것을 알 수 있다.

정답_ A

045

哪个季节是桂林旅游的最高峰？

- A 春天
- B 夏天
- ✓ C 秋天
- D 冬天

어떤 계절이 구이린 여행의 피크인가?

- A 봄
- B 여름
- C 가을
- D 겨울

해설 '秋天，是桂林旅游的高峰季节'에서 가을이 구이린을 여행하기 가장 좋은 계절임을 알 수 있다.

정답_ C

046

以下哪个选项是桂林市的市花？

- A 兰花
- B 牡丹花
- C 杜鹃花
- ✓ D 桂花

다음 중 어느 것이 구이린 시의 시화인가?

- A 난초
- B 모란
- C 진달래꽃
- D 목서나무 꽃

단어 兰花 lánhuā 명 난초 | 牡丹花 mǔdānhuā 명 모란, 모란꽃 | 杜鹃花 dùjuānhuā 명 진달래꽃, 두견화 | 桂花 guìhuā 명 목서나무 꽃

해설 '初冬的十月，是桂林市的市花——桂花盛开的时节'에서 목서나무 꽃이 구이린 시의 시화라는 것을 알 수 있다.

정답_ D

047-050

有专家预测，47 到2050年时，全球人口总数将膨胀至90亿。然而，在人口快速增长的同时，全球可耕种的农地、供使用的淡水和其他农业资源却没有多大的变化。如此众多的人口将给为人类提供足够粮食的农业生产带来严峻的挑战。48 人们应该认真地探讨生物技术、纳米技术和合成生物在未来粮食供应中的作用。

有科学证据显示，49 转基因作物具有良好的安全记录，对环境和健康也有很多益处，因而建议人们应该制定种植转基因作物的法律框架。不过，他们同时也承认，不是所有现在推出的作物在未来都会有与今天相同的良好"表现"。此外，人们还需要其他的农业发展途径，50 比如水产业，以及旱地和盐碱地农业。

전문가는 2050년에 전 세계 총인구가 90억까지 불어날 것이라고 예측했다. 그러나 인구가 빠른 속도로 증가함과 동시에, 전 세계의 경작할 수 있는 농지와 사용할 수 있는 담수 및 기타 농업 자원은 오히려 많은 변화가 없다. 이처럼 많은 인구는 곧 인류에게 제공되는 충분한 양식의 농업 생산에 심각한 도전을 가져올 것이다. 사람들은 생물 기술, 나노 기술 및 생물 합성을 통해 미래의 식량 공급으로의 역할을 성실하게 연구해야 한다.

과학적인 증거에 따르면 유전자 변형 작물의 양호한 안전성의 기록이 나타나고, 환경과 건강에도 많은 이점이 있음을 나타냈다. 따라서 사람들은 유전자 변형 작물을 재배하는 법률의 틀을 제정해야 한다고 건의한다. 그러나 그들은 동시에 지금 내놓은 모든 작물들이 미래에는 오늘과 같은 좋은 '활약'을 할 것이라고는 인정하지 않는다. 이외에도 사람들은 물 산업, 밭과 알칼리성 토양 농업 같은 기타 농업 발전 방법이 필요하다.

 预测 yùcè 동 예측하다 | 总数 zǒngshù 명 총수 | 膨胀 gǔzhàng 동 부풀어오르다, 불어나다 | 增长 zēngzhǎng 동 증가하다, 늘어나다 | 耕种 gēngzhòng 동 땅을 갈고 파종하다 | 农地 nóngdì 명 농지 | 淡水 dànshuǐ 명 담수, 민물 | 资源 zīyuán 명 자원 | 足够 zúgòu 형 충분하다 | 粮食 liángshi 명 양식, 식량 | 严峻 yánjùn 형 중대하다, 심각하다 | 挑战 tiǎozhàn 명 도전 | 探讨 tàntǎo 동 연구 토론하다, 연구하다 | 纳米 nàmǐ 양 나노미터(nanometer) | 证据 zhèngjù 명 증거 | 基因 jīyīn 명 유전자 | 良好 liánghǎo 형 좋다, 훌륭하다 | 益处 yìchu 명 좋은(이로운) 점, 장점 | 法律 fǎlǜ 명 법률 | 框架 kuàngjià 명 뼈대, 구조 | 推出 tuīchū 동 내놓다, 출시하다 | 途径 tújìng 명 방법, 수단 | 旱地 hàndì 명 밭 | 盐碱地 yánjiǎndì 명 알칼리성 토지

Tip 다항 부사어의 순서

여러 개의 부사어가 함께 올 때는 다음의 순서대로 온다.

① 시간을 나타내는 부사어 → ② 어기, 관련, 빈도, 범위 등을 나타내는 부사어 → ③ 장소를 나타내는 부사어 → ④ 동작 하는 사람을 묘사하는 부사어 → ⑤ 공간, 방향, 노선을 나타내는 부사어 → ⑥ 목적, 근거, 대상을 나타내는 부사어 → ⑦ 동작을 묘사하는 부사어

我 兴奋地 从信箱里 把信 抽了出来。나는 흥분해서 우체통 안에서 편지를 꺼냈다.
　 ④　　 ⑤　　　 ⑥

'兴奋地'는 4번의 동작 하는 사람을 묘사하는 부사어이므로 가장 앞에 왔고, '从信箱里'는 5번에 방향을 나타내는 부사어이고, '把信'은 6번에 목적 및 대상을 나타내는 부사어이다. 그래서 위와 같은 어순으로 문장을 만든 것이다.

047

据预测，2050年全球人口将达到多少?

- A 81亿
- B 87亿
- C 97亿
- ✓ D 90亿

예측에 따르면, 2050년 전 세계 인구는 얼마에 도달할 것인가?

- A 81억
- B 87억
- C 97억
- D 90억

해설 '到2050年时，全球人口总数将膨胀至90亿'에서 2050년에 전 세계 인구가 90억에 도달할 것이라는 것을 알 수 있다.

정답_ D

048

在解决粮食供应方面，以下哪项技术是文中没有提到的?

- A 生物技术
- ✓ B 再生技术
- C 纳米技术
- D 合成生物

식량 공급을 해결하는 방면에서, 본문에서 언급하지 않은 기술은?

- A 생물 기술
- B 재생 기술
- C 나노 기술
- D 생물 합성

단어 再生 zàishēng 통 재생하다, 재생시키다

해설 '人们应该认真地探讨生物技术、纳米技术和合成生物在未来粮食供应中的作用'라고 생물 기술, 나노 기술, 생물 합성이 미래의 식량 공급에 어떠한 역할을 할지 연구해야 한다는 것을 알 수 있다. 재생 기술은 언급하지 않았다.

정답_ B

049

对于转基因作物的特点，以下哪项在文中没有提到?

- A 安全性
- B 利于环境
- ✓ C 稳定性
- D 利于健康

유전자 변형 작물의 특징에 대해 다음 중 언급되지 않은 것은?

- A 안전성
- B 환경에 유익하다
- C 안정성
- D 건강에 유익하다

단어 利于 lìyú ~에 이롭다, ~에 이익이다 | 稳定 wěndìng 형 안정하다, 안정시키다

해설 '转基因作物具有良好的安全记录，对环境和健康也有很多益处'에서 유전자 변형 작물의 안전성과 유전자 변형 작물이 환경과 건강에 유익하다는 것을 언급하고 있다.

정답_ C

050

在发展其他农业途径方面，以下哪项文中没有提到?

- A 水产业
- ✓ B 无土栽培业
- C 旱地农业
- D 盐碱地农业

기타 농업 발전 방법 부분에서 언급하지 않은 것은?

- A 물 산업
- B 무토양 재배
- C 밭 농업
- D 알칼리성 토양 농업

단어 栽培 zāipéi 동 재배하다, 심어 가꾸다

해설 '比如水产业，以及旱地和盐碱地农业'에서 농업을 발전 부분으로 물 산업, 밭 농업, 알칼리성 토양 농업을 발전시켜야 한다고 언급하고 있지만, 무토양재배는 언급하지 않았다.

정답_ B

二、阅读

第一部分

● 51~60번 문제 : 올바르지 않은 문장을 고르세요.

051

A 这栋老房子实在是好，我真希望马上把它买下来。	A 이 오래된 집이 너무 좋아서 나는 정말 바로 이 집을 사고 싶다.
B 人才外流已经成了关系到我省今后社会、经济发展的重要问题。	B 인재가 국외로 유출되는 것은 이미 우리 성(省)의 사회, 경제 발전에 영향을 끼치는 중요한 문제가 되었다.
✓ C 他们完全在生意角度看待这件事，我觉得很糟糕。	C 그들은 완전히 사업의 관점에서 이 일을 대하고 있는데, 나는 엉망이 되었다고 생각한다.
D 目前，欧盟只同意提供十亿美元，美国的许诺只有欧盟的一半。	D 최근 유럽 연맹은 10억 달러를 제공하는 것에 동의했는데, 미국은 단지 유럽 연맹의 절반만 약속했다.

단어 栋 dòng 양 동, 채 | 外流 wàiliú 동 (인구·재산 등이) 국외(외지)로 유출되다(빠져 나가다) | 今后 jīnhòu 명 앞으로, 이후 | 生意 shēngyi 명 사업, 비즈니스(business) | 角度 jiǎodù 명 각도 | 看待 kàndài 동 대(우)하다, 다루다 | 糟糕 zāogāo 형 엉망이 되다, 망치다 | 欧盟 ōuméng 명 '欧洲联盟(유럽 연맹)'의 약칭 | 提供 tígōng 동 제공하다, 공급하다 | 许诺 xǔnuò 명 승낙한 말, 약속

해설 C에서 '在~角度'가 아니고, '从~角度'로 바꿔야 한다. 이는 '~의 각도에서부터 보면'이라는 의미의 고정구문이므로 꼭 기억해 두자. 즉, '他们完全从生意角度看待这件事'이라고 해야 한다.

정답_ C

Tip 전치사 从

1. 공간, 시간, 변화, 발전의 시작점(起点)을 나타낸다.
   她从昨天下午开始就有点不舒服。
   그녀는 어제 오후부터 좀 안 좋아지기 시작했다.

2. '从'으로 구성된 관용구

   ① 从~到 : ~에서부터 ~까지
   我们从8点到9点40分上课。
   우리는 8시부터 9시40분까지 수업을 한다.

   ② 从~起(开始) : ~에서부터 시작하다
   学习外语，一般都是从发音学起。
   외국어를 공부할 때는 일반적으로 발음부터 공부하기 시작한다.

   ③ 从~以来 : ~이래로
   从到中国以来，我还没有生过病。
   중국에 온 이래로 나는 병이 난 적이 없다.

   ④ 从~以后 : ~이후에
   从五十岁以后，我还真没有喝过酒。
   쉰 살 이후에는 나는 정말 술을 마셔 본 적이 없다.

   ⑤ 从~来说(说来) : ~으로 말하자면
   从这本小说的内容来说，小学生看不太合适。
   이 소설의 내용으로 말하자면 초등학생이 보기에는 적합하지 않다.

052

A 环境问题的日益恶化已经关系到了世界和平。
B 农村所有变化的源头几乎都可以在这里找到。
C 雨季的变化造成了长时间的干旱，使这个地区的温度上升了。
✔ D 他们正谈着谈着的时候，经理一推门走了进来。

A 환경 문제가 날로 악화되면서 이미 세계 평화에 영향을 끼쳤다.
B 농촌의 모든 변화의 근원은 거의 이곳에서 찾을 수 있다.
C 우기의 변화는 장시간의 가뭄을 조성하여 이 지역의 온도를 상승시켰다.
D 그들이 막 이야기를 하고 있을 때, 사장이 문을 열고 들어왔다.

단어
日益 rìyì 〔부〕 날로, 나날이 | 恶化 èhuà 〔동〕 악화되다 | 农村 nóngcūn 〔명〕 농촌 | 源头 yuántóu 〔명〕 근원, 원천 | 雨季 yǔjì 〔명〕 우기(雨期) | 干旱 gānhàn 〔형〕 가뭄, 한기(旱氣) | 温度 wēndù 〔명〕 온도 | 推 tuī 〔동〕 밀다

해설
D에서 '谈着谈着'를 사용해서는 안 된다. 이는 진행을 나타내는 것으로 동사를 중첩해서 사용할 경우 관형어로 사용할 수 없기 때문이다. 예를 들어 '哭着哭着睡着了'와 같이 서술어 앞에 부사어로 사용할 수는 있지만 '的' 앞에 오는 관형어로는 사용할 수 없다. 그리고 동사 중첩을 사용했을 때는 동작의 시간이 짧음을 나타낸다. 하지만 '正……的时候'는 동작이 진행하고 있다는 것을 나타내므로 두 가지를 함께 쓸 수 없다. 즉, '他们正谈着的时候'라고 해야 한다.

정답_ D

Tip 동태조사 着

1. 동작의 지속을 나타낸다.
   妹妹俩坐在船上愉快地唱着歌。
   여동생 둘이 배에 앉아서 즐겁게 노래를 부르고 있다.

2. 동작의 진행을 나타낸다. : '正, 在, 正在~呢'와 같이 쓰임.
   我正在看电视呢。
   나는 TV를 보고 있어.

3. 동사(형용사)+着+동사 : 연동문에서 쓰임.
   他们忙着布置房间。
   그들은 바쁘게 방을 꾸미고 있다.

4. 동사+着+동사+着 : 不知不觉(자기도 모르는 사이에)의 의미를 가지고 있음.
   孩子哭着哭着睡着了。
   아이는 울다가 잠이 들었다.

5. 부정형 : 没在~ / 没~着

053

A 如果交易额很大，利润自然会水涨船高。
B 在国外不管是新艺员还是老艺员都必须经常学习和训练，才能保持好的体形。
✔ C 小孙想做的远远不只于此，他最大的心愿是："冲出长城，走向世界"。
D 自己写歌自己卖，既能赚钱又能出名，何乐而不为呢？

A 만약 거래액이 크다면 이윤은 자연히 많아질 것이다.
B 해외에서는 신인 연예인이든 오래된 연예인이든 반드시 늘 배우고 연습해야 좋은 체형을 유지할 수 있다.
C 샤오쑨이 하고자 하는 것은 겨우 여기에 그치지 않는다. 그의 가장 큰 바람은 '만리장성을 뚫고 세계로 나아가는 것'이다.
D 스스로 노래를 만들고 팔면 돈을 벌 수 있을 뿐만 아니라 유명해질 수도 있는데 무엇 때문에 싫어하겠는가?

단어 交易额 jiāoyì'é 명 거래액 (volumeofbusiness) | 利润 lìrùn 명 이윤 | 水涨船高 shuǐzhǎngchuángāo 성 기초가 향상되면 그것에 기반을 둔 사물도 향상된다 | 艺员 yìyuán 명 연예인 | 训练 xùnliàn 동 훈련하다, 훈련시키다 | 保持 bǎochí 동 (지속적으로) 유지하다, 지키다 | 远远 yuǎnyuǎn 부 몹시, 대단히 | 心愿 xīnyuàn 명 심원, 염원 | 冲出 chōngchū 동 탈출하다, 뚫고 나가다 | 赚钱 zhuànqián 동 보수를 받다, 돈을 벌다

해설 C에서 '不只'는 어떠한 범위에 한하여라는 의미를 나타내므로 뒤에 '于此'가 올 수 없다. 여기서는 일정한 수량이나 범위를 넘어서다는 의미를 나타내는 '不止'를 사용해야 한다. 즉, '小孙想做的远远不止于此'라고 해야 한다.

정답_ C

054

A 他最近的经济状况不好，收入不多，开销又大，常常入不敷出。
✓ B 医护人员每次来查房时，他就拜托暂时照顾一下妻子，然后匆匆回家洗衣服、做饭。
C 她有点惊讶地看着我，似乎我的回答出乎她的意料。
D 为此他想了很久，承认我说得有点道理，我们常常是为了纯洁的东西付出了最大的代价。

A 그의 최근 경제 상황은 좋지 않다. 수입은 적고 소비는 많아서 늘 지출이 수입보다 많다.
B 의료진이 매번 회진할 때면, 그는 부인을 좀 돌봐 달라고 부탁하고는, 부랴부랴 집에 돌아가 세탁하고, 밥을 했다.
C 그녀는 조금 놀란 듯이 나를 바라보는데 나의 대답이 그녀의 예상을 벗어난 것 같았다.
D 그는 한참을 생각하고 나서야 내가 말한 '우리는 늘 순결한 것을 위하여 가장 큰 대가를 치른다'는 말이 조금은 일리가 있다고 인정했다.

단어

状况 zhuàngkuàng 명 상황, 형편 | 开销 kāixiāo 명 지출, 씀씀이 | 入不敷出 rùbùfūchū 성 수지가 맞지 않다, 수입보다 지출이 많다 | 医护 yīhù 명 의료와 간호 | 查房 cháfáng 동 회진(回診)하다 | 拜托 bàituō 동 (삼가) 부탁드립니다, 부탁드리다 | 暂时 zànshí 명 잠깐, 잠시 | 照顾 zhàogù 동 보살피다, 돌보다 | 匆匆 cōngcōng 형 매우 급한 모양, 총총하다 | 惊讶 jīngyà 형 의아스럽다, 놀랍다 | 出乎意料 chūhūyìliào 성 예상 밖이다, 예상을 벗어나다 | 承认 chéngrèn 동 인정하다, 동의하다 | 纯洁 chúnjié 형 순결하다, 순수하고 맑다 | 付出 fùchū 동 지급하다, 지불하다 | 代价 dàijià 명 물건값, 가격

해설

'拜托'는 겸어 구조의 문장을 형성하는 동사로 지금 겸어에 해당하는 부분이 생략되어 있다. '拜托'의 목적어이자 '照顾'의 주어가 되는 의료진을 나타내는 '他们'을 넣어주어야 한다. 즉, '他就拜托他们暂时照顾一下妻子'라고 해야 한다.

정답_ B

Tip 겸어문

하나의 문장에서 첫 번째 동사의 목적어가 다시 뒤에 오는 동사의 주어가 되기도 하는 문장을 겸어문이라 한다.

1. 겸어문에서 자주 쓰이는 동사 - 请, 让, 叫, 使, 要, 派, 劝, 求, 选
   我们之间有个小小的误会，让我给你解释一下。
   우리 사이에 작은 오해가 있으니 내가 너에게 해명할 수 해줘.

2. 조동사는 일반적으로 첫 번째 동사 앞에 사용한다.
   我想请你吃饭。 난 널 식사에 초대하고 싶어.

3. 겸어문의 부정형은 일반적으로 첫 번째 동사에 '不, 没'를 사용한다.
   爸爸不让我参加今天的晚会。
   아빠는 내가 오늘 파티에 참석하는 것을 허락하지 않으신다.

4. '了'는 두 번째 동사, 혹은 문장 끝에 온다.

055

A 那件事情发生之后，媒体越来越放肆，保不准我们哪一天就上了报纸的头版头条。
✓ B 雷电往往随着疾风暴雨，它击毁房屋、树木，引起火灾，使人畜毙命。
C 我没有什么值得骄傲的回忆，上小学时我的学习成绩不好，又贪玩又爱旷课。
D 坐了十多个小时的火车，我终于到达了心中向往已久的首都北京。

A 그 일이 발생한 후 매체는 점점 제멋대로여서, 우리가 언제 신문의 톱기사로 오를지 보장할 수 없다.
B 천둥과 번개는 종종 강한 비바람을 동반한다. 그것은 집과 나무를 파괴하고, 화재를 일으켜 사람과 동물을 죽게 만든다.
C 나는 어떤 자랑할 만한 기억이 없다. 초등학교 다닐 때 성적이 좋지 않았고 노는 데만 열중했으며 또한 결석도 자주 했다.
D 10여 시간 동안 기차를 타고 마침내 내가 마음속으로 오랫동안 그리던 수도 베이징에 도착했다.

단어 媒体 méitǐ 몡 매개체, 매체 | 放肆 fàngsì 혱 버릇없이(제멋대로) 굴다, 방자하다 | 保准 bǎozhǔn 동 반드시 ~이라고 보증하다 | 头版头条 tóubǎntóutiáo 몡 제1면 톱기사 | 雷电 léidiàn 몡 천둥과 번개 | 疾风 jífēng 몡 질풍 | 暴雨 bàoyǔ 몡 폭우 | 击毁 jīhuǐ 동 파괴하다, 산산이 부수다 | 树木 shùmù 몡 수풀, 숲 | 火灾 huǒzāi 몡 화재 | 畜 chù 몡 가축, 짐승 | 毙命 bìmìng 동 목숨을 잃다, 죽다 | 骄傲 jiāo'ào 혱 자랑스럽다, 스스로 자부심을 느끼다 | 回忆 huíyì 몡 회상, 추억 | 贪玩 tānwán 동 노는 데만 열중하다, 지나치게 노는 것을 좋아하다 | 旷课 kuàngkè 동 무단 결석하다, 수업을 빼먹다 | 终于 zhōngyú 부 마침내, 결국 | 向往 xiàngwǎng 동 갈망하다, 동경하다

해설 B에서 '随着'의 사용이 틀렸다. '随着'는 전치사로서 문장의 맨 앞이나 동사 앞에 쓰여 어떠한 동작이나 상황이 발생하게 되는 조건을 나타내며 목적어가 될 수 없다. 이 문장은 '천둥과 번개가 올 때 세찬 비바람을 동반한다'의 의미이므로 동반하다라는 '伴随'를 사용해야 한다. 즉, '雷电往往伴随疾风暴雨'라고 해야 한다.

정답_B

056

✓ A 我个人认为与整个城市规划及整个广告业发展比较，我国户外广告有点拖后腿。
B 工作结束后，村长请我们去村子里最好的一家饭店吃了一顿饭，然后就打了辆车回去了。
C 毕竟我对摇滚还不太熟悉，我的发言就显得有点门外汉的味道。
D 万万没有想到，我刚到这儿几个月，他们却偏偏选择了我这个外人来担此重任。

A 내 개인적인 생각으로는 모든 도시 계획과 모든 광고업계의 발전을 비교하면, 우리나라 옥외 광고는 방해가 된다는 생각이 든다.
B 일이 끝난 후, 촌장은 우리에게 마을에서 가장 좋은 음식점에서 식사를 초대한 후, 택시를 불러 돌아가게 했다.
C 결국 나는 로큰롤에 대해 잘 알지 못해서 나의 발언은 조금 문외한 같아 보였다.
D 내가 막 이곳에 도착한 지 몇 개월되지 않아 그들이 공교롭게도 외지인인 나에게 중요한 임무를 맡도록 선택할 거라고는 결코 생각하지 못했다.

단어 整个 zhěnggè 몡 온, 모든 것 | 规划 guīhuà 몡 발전 계획, 기획 | 户外广告 hùwài guǎnggào 옥외 광고 | 拖后腿 tuōhòutuǐ 방해하다, 못하게 가로막다 | 结束 jiéshù 동 끝나다, 마치다 | 毕竟 bìjìng 부 결국, 끝내 | 摇滚 yáogǔn '로큰롤(摇滚乐)'의 약칭 | 熟悉 shúxī 혱 잘 알다, 익숙하다, 생소하지 않다 | 显得 xiǎnde 동 ~하게 보이다, ~인 것처럼 보이다(생각되다) | 门外汉 ménwàihàn 몡 문외한 | 味道 wèidao 몡 기분, 느낌 | 万万 wànwàn 부 결코, 절대로 | 偏偏 piānpiān 부 뜻밖에, 공교롭게 | 担 dān 동 (책임이나 일을) 맡다, 담당하다 | 重任 zhòngrèn 몡 중임, 대임(大任)

해설 A에서 '比较'는 동사로써 2개 혹은 그 이상의 사물이나 상황의 다른점을 비교할 때에는 '比较'라고 하지 않고, '起来'와 같이 써야 한다. 따라서 '~와 비교하면'이라는 뜻으로 '与(跟)~比较起来'라고 해야 한다. 즉, '我个人认为与整个城市规划及整个广告业发展比较起来'라고 해야 한다.

정답_A

057

A 小五与我喝光了两瓶啤酒，吃光了花生米和青椒肉片，算是完成了为我接风的仪式。

✓ B 全班同学都想去哈尔滨旅游，可是我不要去，那儿太冷了。

C 正对着玻璃门的墙上挂着一幅油画《亚威农的少女们》，我知道这是毕加索的画。

D 展会开始了，充满动感的音乐奏响了，人流像洪水般地涌进展会场。

A 샤오우와 나는 두 병의 맥주를 다 마시고 땅콩과 칭쟈오로우피엔을 다 먹었으니 나를 위한 환영식은 끝난 셈이다.

B 모든 반 친구들이 하얼빈에 여행가고 싶어하지만 그곳이 너무 추워서 나는 가고 싶지 않다.

C 유리문 벽에 걸려 있는 한 폭의 유화《아비뇽의 소녀들》을 마주할 때, 이것이 피카소의 그림임을 알았다.

D 전람회가 시작되고, 생동감이 넘치는 음악이 연주되자, 수많은 사람들은 홍수처럼 전람회장으로 모였다.

단어 瓶 píng 양 병 | 啤酒 píjiǔ 명 맥주 | 花生米 huāshēngmǐ 명 땅콩 알맹이 | 青椒 qīngjiāo 명 피망 | 肉片 ròupiàn 명 편육, 얇게 썬 고기 | 算是 suànshì 동 ~인 셈이다, ~라 할 수 있다 | 接风 jiēfēng 동 멀리서 온 손님에게 식사를 대접하다, 환영회를 열다 | 仪式 yíshì 명 의식 | 哈尔滨 Hā'ěrbīn 명 하얼빈 | 玻璃 bōli 명 유리 | 墙上 qiángshang 명 벽(에) | 挂 guà 동 걸다 | 油画 yóuhuà 명 유화 | 亚威农 Yàwēinóng 아비뇽 | 毕加索 Bìjiāsuǒ 피카소 | 展会 zhǎnhuì 명 전람회, 전시회 | 动感 dònggǎn 명 생동감 | 奏 zòu 동 연주하다 | 洪水 hóngshuǐ 명 큰물, 홍수 | 涌进 yǒngjìn 동 물이 대량으로 유입되다

해설 B에서 조동사 '要'의 부정형인 '不要'의 쓰임이 틀렸다. '不要'는 어떠한 행위를 하는 것을 말리는 금지를 나타낼 때 사용한다. 위의 문장에서는 가기 싫다는 바람을 나타내는 내용이므로 '不想'으로 고쳐야 한다. 즉, '可是我不想去'라고 해야 한다.

정답 _ B

Tip 조동사 要

1. 어떤 일의 의지나 바람을 나타낸다. (~하려고 하다)
   → (부정형) 不想, 不愿
   A: 我要去外国旅行。你呢?
   나는 해외 여행을 가려고 해. 너는?
   B: 我不想去外国旅行。
   나는 해외 여행을 가고 싶지 않아.

2. '마땅히~해야 한다'라는 의미를 나타낸다.
   → (부정형) 不用, 不必, 不要(명령이나, 금지를 나타낼 때 주로 쓰임.)
   病人要加强营养，注意休息。
   환자는 영양을 보충해야 하고, 휴식에 신경 써야 한다.
   他已经够胖的了，不用(不必)再加强营养了。
   그는 이미 충분히 뚱뚱해서 영양을 더 보충할 필요가 없다.

058

A 每次几十分钟的训练后，都有个中间的停歇，我们可以借这个时间做一下体力和状态的调整。
B 我想，他这么做并不是想故意损害球队，而是他相信这样做对我们双方都有好处。
✓C 小学生上学都需要家长接送，一般学校下午只有两节课，放学早了家长就不免不能及时接。
D 对于发生过的事情我大部分是知道的，每天我都跟李明文通电话。

A 매번 몇 십 분의 훈련 후 중간 휴식이 있는데, 우리는 이 시간을 빌어 체력과 컨디션 조절을 할 수 있다.
B 나는 그가 이렇게 한 것이 결코 고의로 축구팀을 해하려고 한 것이 아니라, 이렇게 해야 우리 쌍방에 모두 좋을 거라고 믿었기 때문이라고 생각한다.
C 초등학생이 학교를 다니는 데는 학부모의 배웅과 마중이 필요한데, 일반적으로 학교는 오후에 두 시간만 수업이 있기 때문에 학교가 일찍 끝나면 학부모는 제시간에 데리러 올 수가 없다.
D 발생한 일에 대해서는 내가 대부분 다 알고 있어서 나는 매일 리밍원과 전화 통화를 했다.

단어 训练 xùnliàn 통 훈련하다, 훈련시키다 | 停歇 tíngxiē 통 쉬다, 일을 멈추고 휴식하다 | 状态 zhuàngtài 명 컨디션, 상태 | 调整 tiáozhěng 통 조정하다, 조절하다 | 损害 sǔnhài 통 손실을 입다, 해치다 | 球队 qiúduì 명 팀, 단체 | 双方 shuāngfāng 명 양쪽, 양측 | 接送 jiēsòng 통 맞이하고 보내다 | 放学 fàngxué 통 학교가 파하다 | 不免 bùmiǎn 통 면할 수 없다, 피치 못하다 | 及时 jíshí 부 제때에, 적시에

해설 C에서 '不免'을 사용할 수 없다. '不免'과 '难免'은 모두 어떤 일을 할 수 없거나 피할 수 없다는 의미를 가지고 있지만, '不免'은 뒤에 부정형이 올 경우에는 사용할 수 없으므로 C에서 '难免'을 사용해야 한다. 즉, '放学早了家长就难免不能及时接'라고 해야 한다.

정답_ C

Tip 不免 vs 难免 vs 未免

不免	难免	未免
1. 통 면할 수 없다, 피치 못하다, 아무리 해도~가 되다	1. 형 면하기 어렵다, 불가피하다, 피할 수 없다	1. 부 아무래도 ~이다, 좀~하다
2. 어떤 원인 때문에 좋지 못한 결과를 피할 수 없음을 나타낸다.	2. 동사 '不'를 붙이기도 하지만 의미에는 아무런 변화가 없으며 부정의 의미를 나타내는 것이 아니다. 一个人难免不犯一些错误。 사람이 실수를 저지르는 것은 피할 수 없다.	2. 그렇게 생각하지 않음을 나타내며 완곡한 어투지만 부정적 의미에 중점이 있다. 内容不错, 只是篇幅未免太长。 내용은 좋은데 문장이 아무래도 너무 길다. 情况很复杂, 你的想法未免过分简单。 상황이 복잡한데 너의 생각은 아무래도 너무 간단하다.
3. 뒷절에 많이 쓰이며, 긍정형의 다음절 동사나 형용사만 수식한다. 时间快到了, 事情还没做完, 心里不免着急起来。 시간은 다 되어 가는데 일은 아직 다 끝나지 않았으니 마음이 조급해 지는 건 어쩔 수가 없다. 朋友之间, 不免看法有时不一致。 친구 사이라도 때로는 생각이 일치하지 않는 것은 어쩔 수 없다.	3. 명사를 수식할 때는 반드시 '的'와 함께 쓰이는데 이때 명사는 '现象, 事情, 情况' 등의 몇 가지에만 한정된다. 这是难免的事情。 이것은 피할 수 없는 일이다.	
4. 부정형이 올 수 없다. 不免不紧张(X)		

059

A 我们并不想让对方尴尬，只是想以此获得取胜的砝码，结果事情更加白热化了。

B 在晴朗的夜晚，当我们每隔一段时间观看天空时，一定会发现满天繁星都在从东向西移动。

C 我国地热资源十分丰富，仅著名的地下温泉就有两千多处，但利用率还很低，有待我们去开发。

✓ D 在经历过这些风风雨雨之后，他和她在辛勤汗水的滋润下正享受着生活原来就应该赋予他们的一份甘甜。

A 우리는 결코 상대방을 난처하게 하려고 한 것이 아니고, 단지 이것이 이길 수 있는 방법이라고 생각했었는데, 결과적으로 쓸데없이 일이 과열되었다.

B 쾌청한 저녁, 우리가 일정한 시간마다 하늘을 보면 하늘에 가득한 별들이 동쪽에서 서쪽으로 이동하는 것을 분명히 발견할 수 있을 것이다.

C 우리나라 지열 자원은 매우 풍부하여 유명한 지하 온천만 해도 2,000여 곳이 있다. 하지만 이용률은 여전히 낮아서 우리가 개발하기를 기다리고 있다.

D 이러한 시련을 겪은 후, 그와 그녀는 부지런히 흘린 땀의 촉촉함에서 생활이 원래 그들에게 부여한 달콤함을 누렸다.

단어 尴尬 gāngà 형 입장이 곤란하다(난처하다) | 获得 huòdé 동 얻다, 손에 넣다 | 取胜 qǔshèng 동 승리하다 | 砝码 fǎmǎ 명 저울추, 방법 | 白热化 báirèhuà 동 절정·최고조·고비에 다다르다, 뜨거워지다 | 晴朗 qínglǎng 형 쾌청하다, 구름 한 점 없이 맑다 | 夜晚 yèwǎn 명 밤, 야간 | 隔 gé 동 떨어져 있다, 사이를(간격을) 두다 | 观看 guānkàn 동 보다, 관찰하다 | 繁星 fánxīng 명 뭇별, 무수한 별 | 满天 mǎntiān 명 온 하늘 | 移动 yídòng 명동 이동(하다) | 地热 dìrè 명 지열 | 温泉 wēnquán 명 온천 | 利用率 lìyònglǜ 명 이용률 | 有待 yǒudài 동 ~하기를 기다려야 한다 | 风风雨雨 fēngfengyǔyǔ 명 비바람, 시련 | 辛勤 xīnqín 형 부지런하다, 근면하다 | 汗水 hànshuǐ 명 땀 | 滋润 zīrùn 형 습윤하다, 촉촉(축축)하다 | 赋予 fùyǔ 동 부여하다, 주다 | 甘甜 gāntián 형 달다, 유쾌하다

해설 D에서 '原来'의 사용이 틀렸다. '原来'는 '원래, 본래'의 의미로 이전에 몰랐던 상황이나 사실을 알게 되었을 때 주로 사용된다. 하지만 주어진 문장은 원래부터 우리에게 주어진 달콤함을 누리고 있다는 뜻이므로, '原来'와 비슷한 의미이지만 '본래 가지고 있는, 이치상 당연히 이러한'의 의미를 나타내는 '本来'를 사용해야 한다. 즉, '正享受着生活本来就应该赋予他们的一份甘甜'이라고 해야 한다.

정답_ D

060

✓ A 在原始宗教信仰中，土地是人类生产活动不可缺乏的资料，对人类产生巨大的影响；而且还作为一种超自然的存在，支配着人类的思想。

B 东西方向是没有尽头的，如果我们沿着纬线方向自某地出发，一直朝东方走去，永远不可能走到东方的尽头。

C 镜泊湖位于我国黑龙江省宁安县南部，藏身于崇山峻岭之中，唐代称为"忽汗海"。

D 罗马帝国时的意大利人爱吃大蒜，简直到了无蒜不成菜的地步。我国和印度、越南、泰国及南洋菜都爱用大蒜调味。

A 원시 종교 신앙에서 토지는 인류의 생산 활동에 없어서는 안 되는 자원일 뿐만 아니라, 일류가 출연하는데 막대한 영향을 주었다. 게다가 일종의 초자연적인 존재가 되어 인류의 사상을 지배했다.

B 동서 방향은 끝이 없는데, 만약 우리가 위도를 따라서 어떤 곳에서 출발하여, 계속 동쪽을 향해 걸어가도 영원히 동쪽의 끝까지 걸어갈 수 없을 것이다.

C 찡보 호수는 우리나라 헤이룽장 성 닝안 현 남쪽에 위치하는데, 높고 험준한 산속에 몸을 숨기고 있어, 당대에는 '후한하이'라고 불렸다.

D 로마 제국 시대 때의 이탈리아인은 마늘을 즐겨 먹었는데, 마늘이 없이는 요리를 할 수 없을 정도였다. 우리나라와 인도, 베트남, 태국 및 동남아 음식은 모두 마늘을 사용하여 맛을 낸다.

단어 宗教 zōngjiào 몡 종교 | 信仰 xìnyǎng 몡 신앙 | 缺乏 quēfá 동 결핍되다, 결여되다 | 资料 zīliào 몡 생필품, 생활 필수품 | 超自然 chāozìrán 혱 초자연의, 신비한 | 支配 zhīpèi 동 지배하다, 통제하다 | 尽头 jìntóu 몡 막바지, 끝(머리) | 沿着 yánzhe 전 (일정한 노선을) 따라서(끼고) | 纬线 wěixiàn 몡 위도선 | 朝 cháo 전 ~을(를) 향하여, ~쪽으로 | 位于 wèiyú 동 ~에 위치하다 | 黑龙江 Hēilóngjiāng 헤이룽장 성, 흑룡강성 | 藏身 cángshēn 동 몸을 숨기다, 몸을 의탁하다, 거처하다 | 崇山峻岭 chóngshānjùnlǐng 성 높은 산과 우뚝 선 봉우리, 높고 가파른 산봉우리 | 罗马 Luómǎ 몡 로마 | 帝国 dìguó 몡 제국 | 意大利 Yìdàlì 몡 이탈리아 | 大蒜 dàsuàn 몡 마늘 | 简直 jiǎnzhí 부 그야말로, 정말 | 地步 dìbù 몡 (도달한) 정도, 지경 | 印度 Yìndù 몡 인도(India) | 越南 Yuènán 몡 베트남(Vietnam) | 泰国 Tàiguó 몡 태국(Thailand) | 南洋 Nányáng 몡 동남아 | 调味 tiáowèi 동 맛을 내다, 맛(간)을 맞추다

해설 A에서 '缺乏'의 사용이 틀렸다. '缺乏'과 '缺少'는 모두 '부족하다'의 뜻으로 '缺乏'는 추상적인 경우에 많이 사용하고, '缺少'는 구체적인 인원이나 물건의 수량이 부족할 때 사용한다. 여기서는 '资源'이 부족한 것으로 구체적인 것에 속하므로 '缺乏'가 아니고 '缺少'를 사용해야 한다. 그리고 '不可缺少'는 고정형식으로 사용되기 때문에 꼭 기억해 두자. 따라서 '土地是人类生产活动不可缺少的资料'라고 해야 한다.

정답_ A

第二部分

● 61~70번 문제 : 빈칸에 알맞은 단어를 고르세요.

061

　　一般人对于血型的认识大概仅限于输血时的选择，也有许多人会探讨血型对人个性上的影响。其实，不同血型的人会有不同的生理特质，其适合的生活方式与容易罹患的疾病也不同。

✓ A　对于　　探讨　　特质
　 B　在于　　讨论　　特性
　 C　对　　　探究　　性质
　 D　关于　　探查　　本质

일반인의 혈액형에 대한 지식은 단지 수혈 시 선택에 불과하지만, 또 많은 사람들은 혈액형이 사람의 성격에 끼치는 영향을 연구 토론할 수도 있다. 사실은 다른 혈액형을 가진 사람들은 다른 생리적 특질이 있을 수 있으며, 그에 적합한 생활 방식과 걸리기 쉬운 질병도 다를 수 있다.

A　~에 대해(서)/ 연구 토론하다/특질, 특별한 기질
B　~에 달려 있다/토론하다/특성
C　~에 대해/ 탐구하다/성질
D　~에 관해서/ (깊이 있게) 찾다/본질

단어　血型 xuèxíng 명 혈액형 | 大概 dàgài 부 아마(도), 대개 | 限于 xiànyú 동 (~에) 한하다, 불과하다 | 输血 shūxuè 동 수혈하다 | 罹患 líhuàn 병이 들다, 우환을 만나다 | 疾病 jíbìng 명 병, 질병

해설　첫 번째 칸에서는 A, C가 가능하다. '对于'와 '关于'의 차이를 꼭 알아두어야 한다. 주어 앞에는 '对于'와 '关于'가 모두 올 수 있는데 대상을 말할 때는 '对于'를 사용하고 관련된 사물이나 언급된 사실에 대해서는 '关于'를 사용해야 한다. 여기서는 주어 뒤에 와야하므로 '关于'는 올 수 없다. 따라서 '对于'나 '对'만 가능한 것이다. 두 번째 칸에서는 A, C가 가능하다. '探讨'와 '探究'는 '연구하고 토론하다'의 의미가 같이 포함되어 있으므로 문맥상 적합하다. 세 번째 칸에서는 A만 가능하다. '生理特质'가 호응 관계로 '生理特性，生理本质'이라고 하지 않는다.

정답_ A

062

神农架地区有着得天独厚的地理条件和丰富多彩的自然景色，还有多得数不过来的宝藏。这里的野生动植物多达两千多种，其中被列为国家保护动物的就有20多种，如金丝猴、飞鼠、白熊等是这里的常客。至于老虎、豹、狼等动物就更多了。

A 天时地利　　珍宝　　例如
B 层出不穷　　宝贝　　比如
✓ C 得天独厚　　宝藏　　至于
D 先天不足　　宝库　　甚至

선농지아 지역은 우월한 지리 조건과 풍부하고 다채로운 자연 경관이 있으며, 또한 무수히 많은 지하자원이 있다. 이곳의 야생동식물은 2천 여종에 달하고, 그 중의 20여 종은 국가 보호 동물에 속한다. 예컨대 들창코원숭이, 하늘다람쥐, 백곰 등이 이곳의 단골 손님이고 호랑이, 표범, 이리 등의 동물들을 말하자면 더 많다.

A 하늘이 내린 좋은 기회(시기)와 지리적 우세/보배/예(보기)를 들면
B 끊임없이 나타나다, 꼬리를 물고 나타나다/보물/예를 들어
C 특별히 좋은 조건을 갖추다/(진귀한) 소장품, 지하 자원/~으로 말하면, ~에 관해서는
D 사물의 기초가 약하다/보고/심지어, ~까지도

단어 丰富多彩 fēngfùduōcǎi 휑 풍부하고 다채롭다, 내용이 알차고 형식이 다양하다 | 景色 jǐngsè 몡 풍경, 경치 | 数不过来 shǔbúguòlái 동 다 셀 수 없다 | 野生 yěshēng 몡동 야생(하다) | 植物 zhíwù 몡 식물 | 列为 lièwéi 속하다, 들다 | 保护 bǎohù 동 보호하다 | 金丝猴 jīnsīhóu 들창코원숭이 | 飞鼠 fēishǔ 하늘다람쥐 | 白熊 báixióng 몡 백곰 | 常客 chángkè 몡 단골 손님, 늘 오는 손님 | 豹 bào 몡 표범 | 狼 láng 몡 이리

해설 첫 번째 칸에는 C만 가능하다. '得天独厚'는 '특별히 좋은 조건을 갖추다'라는 뜻으로 우월한 자연조건을 수식할 때 주로 사용된다. A의 '天时地利'는 하늘로부터 받은 좋은 시기와 유리한 토지 조건을 나타내는 것이지만 뒤에 '地利条件'이 왔기 때문에 앞에 다시 중복해서 '天时地利'가 올 수 없다. 두 번째 칸에는 A, C가 가능하다. 천연적으로 생긴 귀중한 것을 나타내므로 '珍宝, 宝藏'이 가능하다. 세 번째 칸에는 C만 가능하다. '至于'는 원래의 화제에서 다른 화제를 이끌 경우에 사용하는 것으로 앞에는 '金丝猴、飞鼠、白熊'을 예를 들었고, 뒤에는 '老虎、豹、狼'을 또 예로 들고 있기 때문에 '至于'를 넣어야 적절하다.

정답 **C**

Tip 복합 방향보어 过来

1. 원래의 위치 또는 정상적인 상태로 돌아오게 할 때 쓴다.
   ⇒ 자주 같이 오는 동사 - 改，醒，清醒，恢复，休息，反应，改变，感化，教育，明白
   现在我明白过来了，你是对的。
   지금 나는 네가 옳았다는 것을 알았다.

2. 가능보어 형식으로 요구나 적당한 수량에 미치지 못함을 나타낸다.
   ⇒ 자주 같이 오는 동사 - 吃，用，玩，看，干，管，数，念，复习，照顾，招待
   人太多，我数不过来。
   사람이 너무 많아서 셀 수가 없다.
   工作太多，他一个人忙不过来。
   일이 너무 많아서 그 혼자서 할 수가 없다.

063

1992年12月14日，九寨沟<u>经</u>联合国教科文组织世界遗产委员会16届会议<u>批准</u>被列入《世界自然遗产名录》，从而成为具有世界意义和突出价值而<u>需要</u>全世界共同承担保护责任的自然遗产地。

✓ A 经　　批准　　需要
　B 由　　赞成　　必须
　C 给　　同意　　要求
　D 为　　允许　　需求

1992년 12월 14일, 지우자이거우는 유네스코 세계 유산 위원회 16회 회의를 <u>통해</u> 《세계자연유산명단》에 들어가는 것을 <u>비준</u> 받았다. 그때부터 지우자이거우는 세계적 의의와 뛰어난 가치를 얻어 전 세계가 공동으로 보호할 책임을 맡을 <u>필요가</u> 있는 자연유산지가 되었다.

A 거치다, 통하다/비준하다/필요하다
B ~에서부터/찬성하다/반드시 ~해야 한다
C ~을(를) 향하여/동의하다/요구하다
D ~을 위하여/허가하다/수요

단어 教科文组织 jiàokēwénzǔzhī 명 '联合国教育科学及文化组织(국제 연합 교육 과학 문화 기구)'의 약칭, 유네스코 | 世界遗产 shìjiè yíchǎn 명 인류가 계승한 세계 공동의 문화·자연유산 | 委员会 wěiyuánhuì 명 위원회 | 列入 lièrù 동 집어넣다, 끼워넣다 | 名录 mínglù 명 명부, 명단 | 突出 tūchū 형 뛰어나다, 뚜렷하다 | 价值 jiàzhí 명 사물의 용도나 긍정적인 작용, 쓸모 있는 가치 | 承担 chéngdān 동 담당하다, 맡다

해설 첫 번째, 두 번째 칸 모두 A만 가능하다. '经'은 '통하다, 거치다'라는 뜻으로 회의를 거쳐 허가를 받았다는 뜻으로 '经~批准'으로 사용할 수 있다. 두 번째 칸 C '同意'나 D '允许'는 '经'과 호응 관계가 될 수는 있으나, '同意, 允许'는 그냥 개인적인 허락인 경우에 사용할 수 있고, '批准'은 높은 기관이나 단체의 허락인 경우에 사용할 수 있다. 여기서는 후자에 속하므로 '批准'을 사용해야만 한다. 세 번째 칸의 A '需要'는 '필요하다'라는 뜻의 동사인데, 빈칸에 들어가야 할 품사도 동사이므로 '需要'가 들어가야 한다.

정답 _ A

064

经济学上有一个沉没成本的概念，它可以在某种 <u>程度</u> 上用来理解并回答为什么男方埋单的问题。所谓沉没成本， <u>简单地说</u> 就是不可以收回的成本，或者说无法通过收益补偿来的成本。例如，我们盖了厂房后又改变主意不想生产产品，但我们卖掉厂房收回了成本，这就不属于沉没成本。

A 概括　状况　大概　填补
B 含义　进度　简略　弥补
C 说法　水平　简明　补充
✓D 概念　程度　简单　补偿

경제학에는 매몰 비용의 <u>개념</u>이 있는데, 그것은 어느 <u>정도</u>에서는 왜 혼인에 있어서 신랑 측이 계산하는지의 문제를 이해하고 답할 수 있게 한다. 이른바 매몰 비용은 <u>간단</u>히 말해서 회수할 수 없는 자본금이거나 혹은 이익을 <u>보상</u> 받을 수 없는 자본금이다. 예를 들어, 우리가 공장 건물을 지었는데 생각을 바꿔서 상품을 생산하지 않으려고 한다. 하지만 우리가 공장을 팔아 버리고 자본금을 거두어 들이는 것은 매몰 비용에 속하지 않는다.

A 개괄하다/상황, 형편/대략적인/메우다
B 함의/진도/간략하다/메우다
C 의견/수준/간단명료하다/보충하다
D 개념/정도/간단하다/보상하다

단어 成本 chéngběn 명 원가, 자본금 | 男方 nánfāng 명 (혼인에 있어서) 신랑측 | 埋单 máidān 동 계산하다, 지불하다 | 收回 shōuhuí 동 거두어들이다, 회수하다 | 收益 shōuyì 명 수익, 수입 | 盖 gài 동 짓다, 건축하다 | 厂房 chǎngfáng 명 작업장, 공장건물 | 属于 shǔyú 동 ~에 속하다, ~의 소유이다 | 沉没 chénmò 동 침몰하다

해설 첫 번째 칸에서는 D만 가능하다. 경제학에서의 '沉没成本'에 대해 설명하는 것이므로 '概念'이 적당하다. 두 번째 칸의 '在某种程度上'은 고정 형식으로 D '程度'를 사용할 수 있다. 세 번째 칸도 D가 가능하다. 문맥상 '沉没成本'에 대해 간단하게 설명하기 위해 뒤에 예를 들었기 때문에 '简单地说'라고 해야 한다. 네 번째 칸의 D '补偿'은 '부족한 것을 보충하다'라는 의미로 경제학에서 자주 사용하는 용어이다.

정답 **D**

Tip	弥补 vs 补充 vs 补偿
弥补	부족한 것을 보충한다는 것을 강조하고, 결함, 결점, 부족한 것이 있는 사물에 많이 사용한다. ⇒ ~不足/~亏损/~损失/~过失/~缺陷/~漏洞/~失去的时间 她无法弥补她给公司造成的损失。 그녀는 회사에 초래한 손실을 메울 수가 없다.
补充	사물에 부족한 것을 보충한다는 것을 강조하고, 구체적인 사물이나 추상적인 사물에 모두 사용할 수 있다. ⇒ ~人员/~设备/~营养/~水分/~说明/~教材/~资料 运动以后，要及时补充水分。 운동한 이후에 제때에 수분을 보충해줘야 한다.
补偿	경제나 정신 방면에 손실을 입은 후 보충하는 것을 가리킨다. ⇒ ~损失/~贸易/得到~/给予~/足够的~ 这些因修路而搬家的居民都得到了经济补偿。 도로 정비로 인해 이사를 한 주민들은 모두 경제적인 보상을 받았다.

065

通常，早、中、晚三餐的比例应该为3:4:3，这样既能保证活动时能量的供给，又能使胃肠在睡眠中得到休息。控制晚餐的摄入量，也是我们需要关注的问题。由于大多数家庭在准备晚餐的时间上相对充裕，因此吃得丰盛。

A	一般	担保	操控	关怀	充分
B	普遍	确保	掌控	关心	充足
✓C	通常	保证	控制	关注	充裕
D	正常	保障	抑制	关切	充满

일반적으로 아침, 점심, 저녁 세끼의 비율이 3:4:3이어야 한다. 이렇게 하면 활동 시 에너지의 공급을 보장할 뿐만 아니라, 수면 중에 위장이 쉴 수 있게 된다. 저녁 식사의 섭취량을 통제하는 것도 우리가 주의해야 할 문제이다. 왜냐하면 대다수의 가정에서는 저녁 식사를 준비하는 시간이 상대적으로 여유롭기 때문에 푸짐하게 먹게 된다.

A 일반적인/보증하다/조종하다/관심을 가지고 보살피다/충분하다
B 보편적인/확보하다/지배하다/관심을 갖다/충분하다
C 일반적인/보증하다/통제하다/주의하다/여유롭다
D 정상적인/보장하다/억제하다/관심을 갖다/충만하다

단어 既 jì 젭 ~할 뿐만 아니라, ~이며 | 供给 gōngjǐ 동 공급하다, 제공하다 | 胃肠 wèicháng 명 위장 | 睡眠 shuìmián 명 수면, 잠 | 丰盛 fēngshèng 형 풍성하다, 성대하다

해설 첫 번째 칸에는 A, C가 가능하다. 두 번째 칸에는 C만 가능하다. '保证'은 '이미 정한 요구나 표준을 확보한다'라는 의미로 세끼의 비율이 앞에 수치와 같아야 뒤에 조건을 확보할 수 있다는 내용이므로 '保证'이 적당하다. 세 번째 칸에는 저녁 식사의 양을 통제해야 한다는 내용이므로 C '控制'만 가능하다. D의 '抑制'는 감정을 억제할 때 사용하는 것이므로 적당하지 않다. 네 번째 칸에는 B, C가 가능하다. '关心的问题, 关注的问题'로 사용할 수 있다. A의 '关怀'는 윗사람이 아랫사람에게 관심을 가지고 보살필 때 사용하는 것으로 보통 '关怀的问题'라는 표현은 쓰지 않는다. 다섯 번째 칸에는 본문에서 '시간이 충분하다'의 의미로 사용했고, 보기에 있는 단어 중에 시간이 충분할 때 사용할 수 있는 것은 C '充裕'만이 가능하다.

정답_ C

Tip	担保 vs 保证 vs 保障	
	担保	책임을 진 일에 대해 보증하거나 책임을 졌음을 나타내며 신용 방면을 강조한다. ⇒ ~人/~书/~没有问题/向某人~/财产~ 他答应为小明做出国留学的经济担保人。 그는 샤오밍이 출국하여 유학을 가는데 경제적인 보증인이 되겠다고 동의했다.
	保证	일, 계획, 행동 등을 순조롭게 완성하고, 요구에 도달함을 나타낸다. ⇒ 口头~/书面~/~可靠/~完成任务/~充分的睡眠/~做到 我保证他今后一定努力学习。 나는 앞으로 그가 반드시 열심히 공부할 거라고 보증한다.
	保障	보호하고, 침해를 받지 않게 한다는 것을 나타내며 추상적인 사물에 많이 쓰인다. ⇒ ~安全/~措施/法律~/社会~/生活~/得到~ 法律保障人民的合法权利。 법률은 사람들의 합법적인 권리를 보장한다.

066

　　在大众心目中开车打手机似乎没有酒后驾车危险。其实两者比较，所发生的交通事故率惊人地一致。有资料表明，开车打手机时，驾车人的反应速度降低，反应时间增加，车辆操作难度加大，行车速度降低，这些都是导致不安全的因素。

	A	好像	参照	一样	控制
✓	B	似乎	比较	一致	操作
	C	类似	对比	相似	驾驶
	D	仿佛	对照	相同	操控

대중들의 생각에는 운전 중에 전화를 하는 것은 마치 술을 마시고 차를 운전하는 것만큼 위험하지 않다고 생각한다. 사실 둘을 비교하면, 교통사고 발생률은 놀랍게도 일치한다. 어떤 자료에서는 운전 중에 전화를 걸면 운전하는 사람의 반응 속도가 낮아지고, 반응 시간은 증가하며, 차량 조작 난이도가 높아져, 운행 속도가 떨어진다고 한다. 이러한 것들이 모두 불안전한 요소를 초래하는 것이다.

- A 마치 ~와 같다/참조하다/같다/통제하다
- **B 마치/비교하다/일치하다/조작하다**
- C 유사하다/대조하다/닮다/운전(조종·운항)하다
- D 마치 ~인 것 같다/대비하다/똑같다/조종하다

단어 大众 dàzhòng 명 대중, 군중 | 心目 xīnmù 명 마음속, 생각 | 驾 jià 동 운전하다, 몰다 | 事故 shìgù 명 사고 | 惊人 jīngrén 형 사람을 놀라게 하다, 사람의 관심을 끌다 | 资料 zīliào 명 자료 | 表明 biǎomíng 동 표명하다, 분명하게 보이다 | 反应 fǎnyìng 명 반응 | 降低 jiàngdī 동 내려가다 | 难度 nándù 명 난이도 | 导致 dǎozhì 동 초래하다, 가져오다 | 因素 yīnsù 명 요소, 성분

해설 첫 번째 칸에는 A, B가 가능하다. D의 '仿佛'는 비유나 묘사를 할 경우에 사용할 수 있다. 이 문장에서는 비유나 묘사의 의미가 아니므로 사용할 수 없다. 두 번째 칸에는 '两者'의 서술어로 B '比较'만 사용할 수 있다. 세 번째 칸에도 B만 가능하다. '사고 발생률이 일치한다'의 의미와 같이 수치가 일치하다라고 할 경우에는 '一致'를 사용해야 한다. 네 번째 칸에는 B, C가 가능하다. '车辆操作，车辆驾驶'라고 할 수 있다.

정답 **B**

067

　　近几年来，许多在高楼大厦里工作的白领常常会莫名其妙地出现类似头疼、鼻塞、眼睛干涩发痒以及疲劳无力这样的症状。时间一长，人们将这种现象称为"病楼综合症"。于是，许多无端的责怪都冲向办公大楼，似乎是这些高楼大厦本身给楼内工作人员的健康带来了灾难。

	A	显而易见	疲惫	对	责问	苦难
	B	前所未有	疲倦	把	批评	祸害
	C	名副其实	劳累	被	指责	灾害
✓	D	莫名其妙	疲劳	将	责怪	灾难

최근 몇 년동안 고층 빌딩에서 일하는 많은 화이트칼라 계층에게 영문을 알 수 없는 두통, 코막힘, 눈이 건조하고 가려우며, 아울러 피로, 무력함 같은 증상들이 자주 나타난다. 시간이 지나면서 사람들은 이 현상을 '빌딩증후군'이라고 불렀다. 그래서 많은 사람들이 이유 없이 고층 건물 사무실을 원망하는데 마치 이런 고층 빌딩이 노동자들의 건강에 재난을 가져온 듯하다.

- A 똑똑히 보이다/대단히 피곤(피로)하다/~에 대하여/책문하다/고난
- B 역사상 유례가 없다/피곤하다/~을/비판하다/재난
- C 명성과 실상이 서로 부합되다/지치다/~에게/지적하다/재해
- **D 영문을 알 수 없다/피로하다/~을/원망하다/재난**

단어 大厦 dàshà 명 빌딩, (고층·대형) 건물 | 白领 báilǐng 명 화이트칼라 계층, 정신 노동자 계층 | 类似 lèisì 형 유사하다, 비슷하다 | 头痛 tóutòng 명 두통 | 鼻塞 bísè 동 코가 막히다 | 干涩 gānsè 형 까칠까칠하다 | 发痒 fāyǎng 동 가렵다, 근질근질(간질간질)하다 | 无力 wúlì 형 무력하다, 힘이 없다 | 症状 zhèngzhuàng 명 증상, 증후 | 现象 xiànxiàng 명 현상 | 无端 wúduān 부 이유 없이, 공연히 | 冲 chòng 동 향하다 전 향해서

해설 첫 번째 칸에는 B, D가 가능하다. 하지만 B는 술어나 관형어는 될 수 있으나 부사어는 될 수가 없으며, D '莫名其妙'을 넣어 '원인을 알 수 없는 증상이 나타난다'가 문맥상 가장 적당하다. 두 번째 칸에는 A, B, D 모두 가능하다. 세 번째 칸에서는 '这种现象'이 목적어로 '~을'을 나타내는 전치사 '把，将'을 사용해야 한다. 네 번째 칸에는 B, C, D가 가능하다. A의 '责问'은 비난하면서 물어보는 경우에 사용하는 것이므로 적당하지 않다. 다섯 번째 칸에는 D만 가능하다. C의 '灾害'는 자연재해인 경우에만 사용하므로 적당하지 않다.

정답 **D**

068

据英国的《泰晤士报》报道，英国科学家最近发现了世界上寿命最长的生命，这是一种细菌。经过分析鉴定，这些目前依然活着的细菌的寿命为2.6亿年，科学家将该细菌命名为"玛士撒拉小虫"。玛士撒拉是《旧约》中的一个长寿人物，据说活了969年，相当于中国的彭祖。

A 报告	判断	说明	传闻	等于
✓ B 报道	鉴定	命名	据说	相当于
C 报导	判定	起名	传说	同于
D 报到	鉴赏	概括	听说	差不多

영국의 《타임즈지》보도에 따르면, 영국 과학자들은 최근 세계에서 수명이 가장 긴 생명체를 발견했다고 한다. 이것은 일종의 세균으로, 분석과 감정을 통해 현재 여전히 살아 있는 세균의 수명은 2.6억년이고, 과학자들은 이 세균을 '므두셀라충'이라고 이름 지었다. '므두셀라'는 《구약성서》에서 나오는 장수한 인물로 들리는 바에 의하면 969년을 살았으며 중국의 펑주와 같다고 한다.

A 보고하다/판단하다/설명하다/전해 듣다/~나 다름없다
B 보도하다/감정(鑑定)하다/이름 짓다/말하는 바에 의하면 ~라 한다/~와(과) 같다
C 보도하다/판정하다/명명하다/이리저리 말이 전해지다/~와 같다
D 도착 보고를 하다/감상하다/총괄하다/듣자(하)니/거의

단어 寿命 shòumìng 명 수명 | 细菌 xìjūn 명 세균 | 分析 fēnxī 동 분석하다 | 依然 yīrán 부 여전히

해설 첫 번째 칸에는 B만 가능하다. C도 보도의 의미이긴 하지만 '据~报道'는 고정 형식으로 쓰이며, '据~报导'라고는 하지 않는다. 두 번째 칸에는 A, B가 가능하다. 진짜인지 가짜인지 조사하여 분석한다는 의미로 '判断, 鉴定'을 사용할 수 있다. 세 번째 칸에는 B, C가 가능하다. '이름을 짓다'라고 할 경우에는 '命名, 起名'이라고 할 수 있다. 네 번째 칸에는 B, C가 가능하다. 전설로 내려오는 이야기를 전하는 것으로 '据说, 传说'를 쓸 수 있다. 다섯 번째 칸에는 B만 가능하다. "므두셀라'는 중국의 펑주의 수명과 비슷하다'의 의미이므로 '相当于'가 적합하다. '差不多'를 사용할 경우에는 '跟~差不多'라고 해야 하므로 적당하지 않다.

답_B

069

　　一个国际天文学家小组<u>透露</u>，他们新发现一颗行星正围绕波江座恒星运转，这是<u>迄今</u>发现的离地球最近的太阳系外行星。科学家将于7日在英国曼彻斯特<u>举行</u>的天文学联合会大会上报告这一发现。他们是对4台天文望远镜的观测数据<u>进行</u>综合分析后发现这颗行星的。

한 국제 천문학팀은 그들이 에리다누스 강자리 주위를 도는 한 행성을 새로 발견했다고 밝혔다. 이것은 지금까지 발견된 것 중 지구에서 가장 가까운 태양계 외행성이다. 과학자들은 7일에 영국 맨체스터에서 거행하는 천문학연합회 총회에서 이 발견을 발표했다. 그들은 4대의 천문망원경 관측 수치에 대해 종합적인 분석을 진행한 후 이 행성을 발견했다.

✓ A 透露　迄今　举行　进行
　 B 呈现　如今　创办　从事
　 C 显露　至今　进行　发生
　 D 显示　最近　举办　开展

A 드러나다/지금까지 이르다/거행하다/진행하다
B 나타나다/지금/창설하다/종사하다
C 밖으로 드러내다/지금까지/진행하다/발생하다
D 보여주다/최근/거행하다/전개되다

단어 小组 xiǎozǔ 명 팀, 소그룹 | 颗 kē 양 알, 방울 | 行星 xíngxīng 명 행성, 유성 | 围绕 wéirào 동 주위(둘레)를 돌다 | 波江座 Bōjiāngzuò 에리다누스 강자리 | 恒星 héngxīng 명 항성 | 运转 yùnzhuǎn 동 회전하다, 돌다 | 太阳系 Tàiyángxì 명 태양계 | 曼彻斯特 Mànchèsītè 맨체스터 | 望远镜 wàngyuǎnjìng 명 망원경 | 观测 guāncè 동 관측하다 | 综合 zōnghé 동 종합하다

해설 첫 번째 칸에는 주어가 '一个国际天文学家小组'로 사람을 나타내고, 모두로 하여금 어떤 정보를 알게 할 경우에 A '透露'를 사용할 수 있다. 두 번째 칸에는 A, C가 가능하다. 세 번째 칸에는 뒤에 오는 것이 '大会'로 '会议, 仪式'를 열 경우에는 A '举行'을 사용해야 한다. D의 '举办'은 목적어로 '活动, 比赛, 运动会' 등이 온다. 네 번째 칸에는 '지속성 있는 활동을 한다'는 뜻의 A '进行' 만이 뒤에 '分析'와 호응할 수 있다.

정답_ A

Tip	举行 vs 进行
举行	어떤 활동을 거행할 때 사용하는 것으로 일반적으로 정식적이거나 성대하고 장엄한 활동에 많이 사용한다. ⇒ ~会议/~典礼/~比赛/~运动会/~婚礼/~宴会/隆重~ 小王和小明明天举行婚礼，我要去参加。 샤오왕과 샤오밍이 내일 결혼식을 하는데 나는 참석하러 간다.
进行	어떤 활동을 하고 있는 것을 나타내는 것으로 일의 발전 과정을 강조한다. 단음절 단어는 목적어로 올 수 없다. ⇒ ~研究/~讨论/~改革/~调查/~手术/~斗争 他正在对这件事情进行调查。 그는 지금 이 일에 대해 조사를 하고 있다.

070

外形很像绚丽树枝的珊瑚其实是一种动物，它们虽然不具备运动器官，但有口和原始消化腔。珊瑚礁主要是由无数礁石珊瑚的骨骼构成的。珊瑚礁可以明显地减弱海浪的冲击力，有效地阻挡海浪对海岸线的侵蚀，为海滩提供重要的保护。

A	形态	组成	阻碍	供应
B	外貌	拼成	阻拦	供给
✓C	外形	构成	阻挡	提供
D	形状	凑成	阻止	给予

외형이 화려하고 아름다운 나뭇가지를 닮은 산호는 사실 일종의 동물이다. 그것은 비록 운동 기관을 갖추고 있지는 않지만 입과 일차 소화강이 있다. 산호초는 주로 무수한 암초 산호의 골격으로 구성되어 있다. 산호초는 파도의 충격력을 확실하게 약화시켜 주고 해안선의 침식을 효과적으로 막아 주며, 모래사장에 중요한 보호막을 제공해 준다.

A 형태/조성하다/가로막다/제공하다
B 외모/합치다/저지하다/공급하다
C 외형/구성하다/가로막다/제공하다
D 형상/한데 모으다/저지하다/주다

단어 绚丽 xuànlì 형 화려하고 아름답다, 눈부시게 아름답다 | 树枝 shùzhī 명 나뭇가지 | 珊瑚 shānhú 명 산호 | 消化 xiāohuà 동 소화하다 | 珊瑚礁 shānhújiāo 명 산호초 | 礁石 jiāoshí 명 암초 | 骨骼 gǔgé 명 골격 | 减弱 jiǎnruò 동 약해지다, 약화되다 | 海浪 hǎilàng 명 파도 | 冲击 chōngjī 동 세차게 부딪치다 명 충격 | 海岸 hǎi'àn 명 해안, 바닷가 | 侵蚀 qīnshí 동 침식하다 | 海滩 hǎitān 명 해변의 모래사장

해설 첫 번째 칸에는 C, D가 가능하다. 산호의 겉모습을 말하는 것으로 '外形, 形状'을 사용할 수 있다. 두 번째 칸에는 '由~构成'는 고정 형식으로 C '构成'만 가능하다. 세 번째 칸에는 '해안선의 침식을 막다'의 의미로 C '阻挡'가 가능하다. B의 '阻拦'과 D의 '阻止'는 사람의 행동을 저지할 때 사용하는 것이므로 적당하지 않다. 네 번째 칸에도 C만 가능하다. A, B는 구체적인 사물을 공급할 때 사용하는 것으로 적당하지 않다.

정답_ C

Tip	阻碍 vs 阻挡 vs 阻止
阻碍	통과하기 힘들다는 것을 강조하며 도로나 교통 방면에 많이 쓰이고, 사물의 발전 모습에도 사용할 수 있다. ⇒ ~交通/~发展/~前进/~进步/~视线 我出国的所有手续都办好了，没有遇到任何阻碍。 나는 출국하는데 필요한 모든 수속을 다 끝냈다. 어떠한 장애도 없다.
阻挡	사람이나 사물이 앞을 향하거나 발전하는 것을 막는 것으로 일반적으로 주동적인 행위를 나타낸다. ⇒ ~进攻/~人群/~前进/~视线/~道路/~不了/无法~ 任何力量都不能阻挡我们前进。 어떠한 힘도 우리의 전진을 막을 수 없다.
阻止	상대방의 행위나 일의 변화를 막고 저지한다는 것을 강조하고 대부분 타인의 구체적인 행동을 대상으로 삼는다. ⇒ 及时~/必须~/设法~/~别人/~前进/~发言/~战争/~某种行为 别在图书馆大声说话，这会阻止别人看书的。 도서관에서 큰 소리로 말하지 마라. 이는 다른 사람들이 책 보는 것을 방해할 수 있다.

第三部分

● 71~80번 문제 : 빈칸에 알맞은 문장을 고르세요.

071-075

　　一家大医院要招聘一名护士长，有九名应聘者进入最后一轮角逐。

　　考官拿来九支温度计，发给每人一支，他说，这些温度计刚给病人测量过体温，现在请应聘者把温度记录在纸上。可是，应聘者发现，<u>71 温度计中根本看不见水银柱</u>！到了交读数的时间，六名应聘者在纸上快速地写下了一个温度，可还有三名应聘者在纸上写下了："对不起，温度计没有数字可读。"

　　结果，这三名应聘者被留下了，考官说，这九支温度计的确有问题，<u>72 里面的水银事先都被抽掉了</u>。

　　接着，在三名应聘者中，要选出最后一个人选。考官说，你们用刚才的温度计量量自己的体温吧。有两人顿时狐疑地看着考官，而另一个人，<u>73 则下意识地把温度计摆正位置</u>，用力甩了甩，然后插入自己的胳肢窝。五分钟过后，她抽出温度计一看，<u>74 惊喜地看到上面标记出了体温</u>。原来温度计中的水银根本没被抽空，考官只是事先把温度计倒着甩，<u>75 让水银降到了另一端</u>。一味怀疑自己的判断，是我们与成功无缘的屏障；而一味轻信他人的结论，同样阻碍我们迈向更高处。

한 큰 병원에서 수간호사를 한 명 모집하는데, 9명의 지원자가 최후의 각축을 벌이고 있었다.

시험 감독관은 9개의 온도계를 가져와서 사람들에게 하나씩 나눠주며 말했다. "이 온도계는 방금 환자의 체온을 잰 것이니, 지금 지원자분들은 온도를 종이 위에 기록해 주세요." 그러나 응시자는 <u>71 온도계의 수은 기둥이 전혀 보이지 않는다는 것</u>을 발견했다! 도수를 제출할 시간이 되자, 6명의 응시자는 종이 위에 온도를 빠르게 써 내려갔지만, 3명의 응시자는 '죄송합니다. 온도계에 숫자를 읽을 수가 없어요.'라고 적었다.

결국, 이 세 명의 응시자가 남았고, 시험 감독관이 말했다. "이 9개의 온도계는 확실히 문제가 있습니다. <u>72 안의 수은을 미리 뽑아놓았으니까요</u>."

계속해서 3명의 응시자 중 최후의 한 명을 뽑아야 했다. 시험 감독관이 말했다. "여러분들은 방금의 온도계를 이용하여 자신의 체온을 재 보세요." 두 명은 잠시 동안 의심스럽게 감독관을 보고 있었지만, 또 다른 한 사람은, <u>73 무의식적으로 온도계를 정 위치에 놓고</u>, 힘껏 흔든 후 자신의 겨드랑이에 끼워 넣었다. 5분이 지난 후, 그녀는 온도계를 꺼내 보고, <u>74 놀라고 기뻐하며 위에 온도가 표기되어 나온 것을 보았다</u>. 알고보니 온도계 안의 수은을 아예 뽑아내지 않고, 감독관은 단지 사전에 온도계를 거꾸로 흔들어, <u>75 수은이 다른 쪽으로 내려가게 했던 것이다</u>. 무조건 자신의 판단을 의심하는 것은 우리가 성공을 할 수 없게 만드는 장벽이며, 타인의 결론을 무턱대고 믿는 것 또한 마찬가지로 우리가 더 높은 곳으로 나아가는 데 방해가 된다.

단어 招聘 zhāopìn 통 모집하다, 채용하다 | 护士 hùshi 명 간호사 | 应聘 yìngpìn 통 초빙에 응하다, 지원하다 | 角逐 juézhú 통 각축하다, 경쟁하다 | 考官 kǎoguān 명 시험관, 시험 감독관 | 温度计 wēndùjì 명 온도계 | 测量 cèliáng 통 측량하다 | 体温 tǐwēn 명 체온 | 读数 dúshù 명 눈금 | 快速 kuàisù 형 신속하다, 빠르다 | 的确 díquè 부 확실히, 정말 | 接着 jiēzhe 부 이어서, 계속하여 | 量 liáng 통 재다, 달다 | 顿时 dùnshí 부 갑자기, 곧바로 | 狐疑 húyí 통 여우처럼 의심이 많다, 의심하다 | 甩 shuǎi 통 휘두르다, 흔들다 | 插入 chārù 통 끼워 넣다, 꽂다 | 胳肢窝 gāzhiwō 명 액와, 겨드랑이 | 抽 chōu 통 꺼내다, 뽑다 | 水银 shuǐyín 명 수은 | 一味 yíwèi 부 무조건, 무턱대고 | 怀疑 huáiyí 통 의심하다, 의심을 품다 | 判断 pànduàn 명통 판단(하다) | 无缘 wúyuán 부 ~할 방도(도리)가 없다, ~할 길이(수가) 없다 | 屏障 píngzhàng 명 장벽, 보호벽 | 轻信 qīngxìn 통 쉽게 믿다, 무턱대고 믿다 | 结论 jiélùn 명 결론, 결말 | 阻碍 zǔ'ài 통 (진행하지 못하도록) 가로막다 | 迈 mài 통 내딛다, 나아가다

071

| C 温度计中根本看不见水银柱 | C 온도계의 수은 기둥이 전혀 보이지 않았다 |

해설 빈칸 뒤에 오는 문장을 통해 온도계의 숫자를 알 수 없다는 내용으로 보아 체온계의 눈금이 보이지 않았음을 알 수 있다. 그러므로 여기에는 보이지 않았다는 것을 알았다는 내용이 와야 하므로 '温度计中根本看不见水银柱'가 와야 한다.

정답_ C

072

| D 里面的水银事先都被抽掉了 | D 안의 수은을 미리 뽑아놓았다 |

해설 체온계의 눈금이 안 보인 이유를 시험 감독관이 말하는 내용이므로 보기 중에 눈금이 보이지 않는 이유로 적당한 것을 골라야 한다. 따라서 '里面的水银事先都被抽掉了'가 가장 적절하다.

정답_ D

073

| B 则下意识地把温度计摆正位置 | B 무의식적으로 온도계를 정 위치에 놓고 |

단어 下意识 xiàyìshí 명 잠재의식 | 摆正 bǎizhèng 동 알맞게 놓아 두다, 바로잡다

해설 뒤에 오는 문장의 내용이 체온계를 흔들어서 자신의 겨드랑이에 넣고 체온을 쟀다는 내용이므로 체온을 재기 전에 체온계를 바로 놓았다는 내용이 와야 하므로 '则下意识地把温度计摆正位置'가 와야 한다.

정답_ B

074

| A 惊喜地看到上面标记出了体温 | A 놀라고 기뻐하며 위에 온도가 표기되어 나온 것을 보았다 |

단어 惊喜 jīngxǐ 동 놀라고도 기뻐하다

해설 빈칸 앞 내용은 체온을 잰 간호사가 체온계를 본다는 것이므로 빈칸 뒷부분에는 그것을 본 후의 반응이 나와야 한다. 체온계를 재고 나서 수치가 나와서 놀라고 기뻐한다는 내용의 문장 '惊喜地看到上面标记出了体温'이 오는 것이 적절하다.

정답_ A

075

| E 让水银降到了另一端 | E 수은이 다른 쪽으로 내려가게 했던 것이다 |

단어 端 duān 명 (사물의) 끝

해설 빈칸 앞부분의 내용을 보면 시험 감독관이 일부러 체온계를 거꾸로 흔들었다는 사실을 알 수 있다. 그러므로 빈칸에는 그 결과가 되는 문장을 선택해야 한다. 따라서 '让水银降到了另一端'이 와야 한다.

정답_ A

076-080

贝基拉出生在埃塞俄比亚的一个贫苦的家庭。很  小的时候，他就渴望成为一名驰骋赛场的长跑健将。每当他站在训练场边看到别人在刻苦练习时，76 美慕之情就油然而生。但极度贫寒的家境，让他自卑得有些羞愧——他不仅拿不出训练费，连最便宜的普通跑鞋也买不起。

那天，贝基拉又走到训练场边，望着跑道上那些奔跑的身影，77 他既美慕又难过，心头奔跑的希望亮起来，又暗淡下去。

一位跨栏教练员听到了贝基拉的倾诉，将他带到一组很矮的栏杆前，让他一路跑过去。他轻松地跨越一个个栏杆。教练员又指了指那组已升高到足有1.5米的栏杆前让他再试一试，他努力了好几次，也没能跨过去。

这时，教练员平静地告诉他："孩子，你刚才所说的那些困难就像眼前的这一道道栏杆，它们会横在每个人的面前，那些你现在跨不过去的栏杆，可以在一次次的失败后，最终跨越过去。你还可以踢翻它们，也可以绕过它们。但只要你盯准你向往的前方，努力地向前奔跑，相信没有什么可以拦住你的梦想。"

78 贝基拉内心的希望之火重新被点燃。从此，买不起跑鞋的贝基拉开始了他坚定而执著的赤脚奔跑训练：广袤的原野上、泥泞的山路间、坚硬的戈壁滩中……随处可见他奔跑的身影，他已练出了一双铁脚板。数年后，79 他成了埃塞俄比亚著名的马拉松运动员。

1960年罗马奥运会马拉松赛场上，贝基拉一出现，便引起了人们的关注，因为他是唯一一名赤脚的运动员。在数万名现场观众热烈的掌声中，80 贝基拉为他的祖国赢得了一块沉甸甸的金牌。

비킬라는 에티오피아의 빈곤한 가정에서 태어났다. 어릴 때, 그는 장거리 경주의 최고 선수가 되기를 갈망했다. 그가 훈련장 주변에 서서 다른 사람이 열심히 훈련하는 것을 볼 때마다, 76 부러움이 절로 생겨났다. 그러나 극히 가난한 가정 환경은 그로 하여금 부끄러운 열등감을 느끼게 했다. 그는 훈련비를 낼 수 없었을 뿐만 아니라, 가장 저렴한 일반 러닝화조차도 살 수가 없었다.

그날 비킬라가 또 훈련장 주변으로 걸어가며 트랙 위에서 분주히 달리는 사람의 모습을 바라보다니 77 그는 부러우면서 괴로웠다. 달리고 싶은 바람이 마음속에서 밝아졌다가 또 어두워졌다.

한 명의 허들 코치가 비킬라의 속사정을 다 듣고, 그를 낮은 난간 앞으로 데려가서 뛰어넘게 했다. 그는 가볍게 난간 하나하나를 뛰어넘었다. 코치는 또 1.5미터 높이가 되는 난간 앞을 가리키며 그에게 다시 시도하게 했다. 그는 몇 번을 노력했지만, 뛰어넘지 못했다.

이때, 코치는 차분하게 그에게 알려줬다. "얘야, 네가 방금 이야기한 그런 고난은 바로 눈앞에 있는 저 하나하나의 난간과 같단다. 그것들은 모든 사람 앞에 놓여 있어. 네가 지금 뛰어 넘지 못하는 그 난간들은 실패를 거듭한 후에 결국 뛰어넘을 수 있단다. 너는 그것들을 발로 차 넘어뜨릴 수도 있고, 그것들을 돌아갈 수도 있어. 하지만 네가 가고자 하는 앞을 주시하고 앞으로 열심히 달려가기만 한다면, 너의 꿈을 막을 수 있는 것은 없을 거라고 믿는다."

78 비킬라 마음속에 희망의 불이 다시 타올랐다. 이때부터 런닝화를 살 수 없던 비킬라는 꿋꿋하고 끈기 있게 맨발로 달리기 훈련을 했다. 넓디 넓은 벌판에서, 질퍽거리는 산길에서, 단단한 고비사막에서…… 곳곳에서 그가 달리는 모습을 볼 수 있었고 그는 이미 훈련으로 무쇠 다리를 만들어 냈다. 수년 후, 79 그는 에티오피아의 유명한 마라톤 선수가 되었다.

1960년 로마올림픽 마라톤 경기장에 비킬라가 나타나자 사람들은 주목했다. 그는 유일한 맨발의 운동선수였기 때문이다. 현장의 수 만 명 관중의 열렬한 박수 소리 속에서 80 비킬라는 그의 조국을 위해 무겁디 무거운 금메달을 땄다.

단어
埃塞俄比亚 Āisài'ébǐyà 몡 에티오피아(Ethiopia) | 贫苦 pínkǔ 혱 빈곤하다, 곤궁하다 | 渴望 kěwàng 통 갈망하다, 간절히 바라다 | 驰骋 chíchěng 통 내달리다, 질주하다 | 赛场 sàichǎng 몡 경기장 | 长跑 chángpǎo 몡 (육상 경기의 하나인) 장거리 경주 | 健将 jiànjiàng 몡 실력자, 최우수 운동 선수의 칭호 | 训练场 xùnliànchǎng 몡 훈련장 | 刻苦 kèkǔ 혱 고생을 참아 내다, 몹시 애를 쓰다 | 极度 jídù 튄 (지)극히, 매우 | 贫寒 pínhán 혱 빈곤하다, 가난하다 | 家境 jiājìng 몡 집안 형편, 생활 형편 | 自卑 zìbēi 혱 스스로 남보다 못하다고 느끼다, 스스로 열등하다 | 羞愧 xiūkuì 혱 부끄러워하다 | 跑鞋 pǎoxié 몡 스파이크 슈즈(spike shoes), 러닝 슈즈(running shoes) | 跑道 pǎodào 몡 트랙 | 奔跑 bēnpǎo 통 질주하다, 빨리 달리다 | 身影 shēnyǐng 몡 (희미한) 사람의 그림자(형체·형상·모습) | 暗淡 àndàn 혱 (앞길이) 막막하다, 희망이 없다 | 跨栏 kuàlán 몡 허들 (레이스), 장애물 달리기 | 倾诉 qīngsù 통 이것저것 다 말하다 | 栏杆 lángān 몡 난간 | 一路 yílù 튄 연속해서, 계속 | 跨越 kuàyuè 통 뛰어넘다 | 平静

píngjìng 형 조용하다, 평화롭다 | 横 héng 동 가로놓다 | 最终 zuìzhōng 형 최후의, 맨 마지막의 | 踢 tī 동 차다, 발길질하다 | 翻 fān 동 넘다, 건너다 | 绕 rào 동 우회하다, 길을 멀리 돌아서 가다 | 盯 dīng 동 주시하다, 응시하다 | 准 zhǔn 동 의거하다, 본보기로 삼다 | 向往 xiàngwǎng 동 동경하다, 지향하다 | 拦住 lánzhù 동 차단하다, 꽉 막다 | 坚定 jiāndìng 형 꿋꿋하다, 확고히 하다 | 执著 zhízhuó 형 집착하다, 끈기 있다 | 赤脚 chìjiǎo 명 맨발 | 广袤 guǎngmào 형 광활하다, 넓다 | 原野 yuányě 명 벌판, 들판 | 泥泞 nínìng 형 질퍽거리다 | 坚硬 jiānyìng 형 단단하다, 견고하다 | 戈壁 gēbì 명 자갈 사막 | 滩 tān 명 개펄, 모래사장 | 随处 suíchù 부 도처에, 어디서나 | 铁脚板 tiějiǎobǎn 명 무쇠 다리, 철각(鐵脚) | 罗马 Luómǎ 명 로마(Roma) | 奥运会 àoyùnhuì 명 올림픽(경기) | 关注 guānzhù 명동 관심(을 가지다), 배려(하다) | 唯一 wéiyī 형 유일한, 하나밖에 없는 | 掌声 zhǎngshēng 명 박수 소리

Tip 가능보어

'~할 수 있다, ~할 수 없다'의 뜻으로 동작의 실현 가능 여부를 나타낸다. 형식은 크게 세가지 형식을 가지고 있고, 형식을 보면 가능보어라는 것을 제대로 알고, 그에 맞게 해석할 줄 알아야 하는데 많은 학생들이 정도보어나 결과보어와 혼동하는 경우가 있다. 여기서 가능보어를 확실히 기억해 두자.

1. 동사+得/不+결과보어

결과보어 긍정형	결과보어 부정형	가능보어 긍정형	가능보어 부정형
吃完	没吃完	吃得完	吃不完
다 먹었다	다 먹지 않았다	다 먹을 수 있다	다 먹을 수 없다

2. 동사+得/不+방향보어

방향보어 긍정형	방향보어 부정형	가능보어 긍정형	가능보어 부정형
走回来	没走回来	走得回来	走不回来
걸어서 돌아왔다	걸어서 돌아오지 않았다	걸어서 돌아올 수 있다	걸어서 돌아올 수 없다

3. 동사+得/不+了

去得了 갈 수 있다 / 去不了 갈 수 없다

076

| A 羡慕之情就油然而生 | A 부러움이 절로 생겨났다 |

 羡慕 xiànmù 동 부러워하다, 선망(羨望)하다 | 油然 yóurán 부 저절로, 자연히

 비킬라가 다른 사람이 훈련장에서 운동하는 것을 볼 때 생기는 감정을 찾아야 하므로 '羡慕之情就油然而生'이 가장 적합하다. C도 감정을 나타내지만 빈칸 뒤에 '但'이 전환의 의미를 나타내므로 C의 '难过'가 但과 맞지 않는다.

정답_ A

077

| C 他既羡慕又难过 | C 그는 부러우면서 괴로웠다 |

해설 빈칸 뒤에 오는 문장이 달리려는 바람이 밝아졌다가 어두워졌다 한다는 것으로 보아 비킬라의 감정도 좋았다가 나빴다가 한다는 것을 알 수 있다. 그러므로 부러우면서도 달릴 수 없다는 사실에 괴로워한다는 것을 알 수 있다. 따라서 '他既羡慕又难过'가 적합하다.

정답_ C

078

| D 贝基拉内心的希望之火重新被点燃 | D 비킬라 마음속 희망의 불이 다시 타올랐다 |

단어 重新 chóngxīn 튄 다시, 재차 | 点燃 diǎnrán 동 불을 붙이다, 점화하다

해설 빈칸 뒷부분의 내용이 코치의 말을 듣고 비킬라가 달리기를 시작했다는 것을 알 수 있다. 그러므로 달리기를 하려는 마음이 생겨났다는 의미의 문장이 와야 하므로, '贝基拉内心的希望之火重新被点燃'이 와야 한다.

정답_ D

079

| B 他成了埃塞俄比亚著名的马拉松运动员 | B 그는 에티오피아의 유명한 마라톤 선수가 되었다 |

해설 열심히 연습을 한 수년 후의 결과가 와야 한다. 그 결과의 문장 중 우선 그가 마라톤 선수가 되었다는 것이 가장 적당하다. 마라톤 선수가 된 후에 금메달을 딴 것이므로 먼저 '他成了埃塞俄比亚著名的马拉松运动员'이 와야 한다.

정답_ B

080

| E 贝基拉为他的祖国赢得了一块沉甸甸的金牌 | E 비킬라는 그의 조국을 위해 무겁디 무거운 금메달을 땄다 |

단어 赢得 yíngdé 동 획득하다, 쟁취하다 | 沉甸甸 chéndiàndiàn 형 묵직하다, 무겁다 | 金牌 jīnpái 명 (운동 경기 등에서) 금메달

해설 이 글의 결론으로 비킬라가 올림픽 경기에 나가서 금메달을 땄다는 내용이기 때문에 '贝基拉为他的祖国赢得了一块沉甸甸的金牌'가 와야 한다.

정답_ E

第四部分

● 81~100번 문제 : 알맞은 답을 고르세요.

081-085

　　随着手机的日益普及，无论是在社交场所还是工作场合随便使用手机，83 已经成为礼仪的最大威胁之一，手机礼仪越来越受到关注。在国外，如澳大利亚电讯的各营业厅就采取了向顾客提供"手机礼节"宣传册的方式，宣传手机礼仪。
　　81 公共场合特别是楼梯、电梯、路口、人行道等地方，不可以旁若无人地使用手机。
　　在会议中，和别人洽谈的时候，最好的方式还是把手机关掉，起码也要调到震动状态。这样既显示出对别人的尊重，又不会打断发话者的思路。82 而且在会场上铃声不断，并不能反映出你"业务忙"，反而显示出你缺少修养。因为在会场或会谈的短短时间里，你不和别人联系天也不会塌下来！在一些场合，比如在看电影时或在剧院打手机是极其不合适的，如果非得回话，或许采用静音的方式发送手机短信是比较适合的。
　　在餐桌上，关掉手机或是把手机调到震动状态还是必要的。不要正吃到兴头上的时候，被一阵烦人的铃声打断。无论业务多忙，为了自己和其他乘客的安全，在飞机上都不要使用手机。
　　使用手机，特别是在公共场合，应该把自己的声音尽可能地压低一下，而绝不能大声说话。
　　在一切公共场合，手机在没有使用时，都要放在合乎礼仪的常规位置。无论如何，都不要在并没使用的时候放在手里或是挂在上衣口袋外。放手机的常规位置有：84, 85 一是随身携带的公文包里（这种位置最正规）。二是上衣的内袋里。有时候，可以将手机暂放腰带上，或是开会的时候交给秘书、会务人员代管，也可以放在不起眼的地方，如手边、背后、手袋里，但不要放在桌上。
　　手机短信被越来越广泛地使用，使得它也成为手机礼仪关注的焦点。在一切需要手机震动状态或是关机的场合，如果短信的声音此起彼伏，那么和直接接、打手机又有什么区别？所以，在会议中，和别人洽谈的时候使用手机接收短信，也要设定成震动状态，不要在别人能注视到你的时候查看短信。一边和别人说话，一边查看手机短信，能说明你尊重别人吗？

단어

随着 suízhe 동 (~에) 따르다, ~에 따라 | 日益 rìyì 부 날로, 더욱 | 普及 pǔjí 동 보급되다, 보편화시키다 | 礼仪 lǐyí 명 예의, 예절과 의식 | 威胁 wēixié 명 위협 | 关注 guānzhù 동 주시하다, 관심을 가지(고 중시하)다 | 澳大利亚 Àodàlìyà 명 오스트레일리아(Australia), 호주 | 电讯 diànxùn 명 전기 통신 | 提供 tígōng 동 제공하다, 공급하다 | 宣传 xuānchuán 동 선전하다, 홍보하다 | 册 cè 명 책, 책자 | 楼梯 lóutī 명 계단, 층계 | 电梯 diàntī 명 엘리베이터 | 路口 lùkǒu 명 교차로, 길목 | 旁若无人 pángruòwúrén 성 건방지다, 안하무인격이다 | 洽谈 qiàtán 동 협의하다, 상담하다 | 关掉 guāndiào 동 꺼버리다, 잠가 버리다 | 兴头上 xìngtóushang 신바람이 날 무렵, 한창 흥이 올랐을 때 | 起码 qǐmǎ 형 최소한의, 기본적인 | 震动 zhèndòng 동 진동하다 | 状态 zhuàngtài 명 상태 | 尊重 zūnzhòng 동 존중하다 | 发话 fāhuà 동 말을 꺼내다, 발언하다 | 思路 sīlù 명 생각의 갈피, 사고의 방향 | 铃声 língshēng 명 방울 소리 | 反映 fǎnyìng 명동 반영(하다, 시키다) | 缺少 quēshǎo 동 부족하다, 모자라다 | 修养 xiūyǎng 명 교양(사회 생활 및 문화적 활동을 통해 형성되는 품위) | 会谈 huìtán 명동 회담(하다) | 塌 tā 동 무너지다, 내려앉다 | 剧院 jùyuàn 명 극장 | 极其 jíqí 부 지극히, 매우 | 非得 fēiděi 부 ~하지 않으면 안된다, ~반드시 해야 한다 | 静 jìng 형 조용하다 | 发送 fāsòng 동 보내다 | 短信 duǎnxìn 명 문자 메시지 | 打断 dǎduàn 동 끊다, 자르다 | 乘客 chéngkè 명 승객 | 压低 yādī 동 낮추다, 줄이다 | 绝不 juébù 부 결코 ~이 아니다, 조금도(추호도) ~이 아니다 | 合乎 héhū 동 ~에 맞다, ~에 합치하다 | 常规 chángguī 형 일반적인, 정상적인 | 位置 wèizhi 명 지위, 위치 | 口袋 kǒudai 명 호주머니 | 随身 suíshēn 동 몸에 지니다, 휴대하다 | 携带 xiédài 동 휴대하다, 지니다 | 公文包 gōngwénbāo 명 서류가방 | 暂 zàn 부 잠시, 잠깐 | 腰带 yāodài 명 허리띠 | 开会 kāihuì 동 회의를 하다 | 交给 jiāogěi 동 ~에게 건네주다, ~에게 맡기다 | 代管 dàiguǎn 동 대신 관리하다(돌보다) | 手袋 shǒudài 명 핸드백, 손가방 | 广泛 guǎngfàn 형 광범(위)하다, 폭넓다 | 使得 shǐde 동 ~한 결과를 낳다 | 焦点 jiāodiǎn 명 (문제나 관심사의) 초점, 집중 | 此起彼伏 cǐqǐbǐfú 성 여기저기서 끊임없이 일이 일어나다 | 洽谈 qiàtán 명동 (직접) 상담(하다) | 设定 shèdìng 동 설정하다, 규정을 세우다 | 注视 zhùshì 명동 주시(하다), 주목(하다) | 查看 chákàn 동 살펴보다, 관찰하다

081

哪些场合可以随便打手机？

A 与朋友会餐时
B 飞机飞行过程中
✓ C 在自己的办公室里
D 在电梯里

어떤 장소에서 마음내로 전화를 걸어도 되는가?

A 친구와 밥을 먹을 때
B 비행기가 비행하는 중에
C 자신의 사무실 안에서
D 엘리베이터 안에서

단어 会餐 huìcān 동 회식하다

해설 '公共场合特别是楼梯、电梯、路口、人行道等地方，不可以旁若无人地使用手机。'에서 A, B, D는 본문에서 안하무인격으로 휴대폰을 사용하면 안 되는 공공장소로 예로 든 곳이다. 자신의 사무실 안은 언급하지 않았으므로 그곳이 마음대로 전화를 걸 수 있는 장소가 되는 것이다.

정답 C

082

在和别人洽谈业务时最好关掉手机或者将手机调整到震动状态，下面哪一种理由不正确?

- A 电话铃音会影响发言者的思路
- B 接打电话会影响洽谈氛围
- C 表示对其他人的尊重
- ✓ D 为了显示自己业务并不繁忙

다른 사람과 협의를 할 때는 휴대폰을 끄거나 진동 모드로 해 두는게 가장 좋은데, 다음 중 그 이유로 맞지 않는 것은?

- A 전화 벨 소리가 말하는 사람의 생각의 갈피에 영향을 준다
- B 전화를 받는 것이 회의 분위기에 영향을 준다
- C 다른 사람을 존중함을 나타낸다
- D 자신의 업무가 결코 바쁘지 않음을 보이기 위해서이다

氛围 fēnwéi 명 분위기 | 繁忙 fánmáng 형 번거롭고 바쁘다

'而且在会场上铃声不断，并不能反映你"业务忙"，反而显示出你缺少修养。'에서 벨 소리가 울리는 것이 자신이 바쁘다는 것을 나타내는 것이 아니라 교양이 부족하다는 것을 나타낸다고 했으므로 휴대폰을 끄거나 진동 모드로 해 두어야 한다는 것을 알 수 있다. 그러므로 보기 D의 '为了显示自己业务并不繁忙'은 틀린 것이다.

정답 D

083

澳大利亚电讯的各营业厅为什么向顾客提供"手机礼节"宣传册?

- A 介绍手机的使用方法
- B 为了增加手机的销售数量
- ✓ C 告诉用户使用手机时应该注意的礼节
- D 因为很多人不会正确地使用手机

호주의 한 전기 통신사의 각 영업점들은 왜 고객들에게 '휴대폰 예절'을 홍보하는 책을 제공했는가?

- A 휴대폰 사용 방법을 소개하려고
- B 휴대폰 판매량을 늘리기 위해서
- C 가입자에게 휴대폰 사용할 때 주의해야 할 예절을 알려주려고
- D 많은 사람들이 휴대폰을 정확하게 사용할 줄 몰라서

用户 yònghù 명 사용자, 가입자

'已经成为礼仪的最大威胁之一，手机礼仪越来越受到关注'를 통해 공공장소에서 무분별한 휴대폰 사용이 문제가 되어 휴대폰 예절이 주목을 받게 되었고, 이 때문에 호주의 한 회사가 휴대폰 예절을 홍보하는 책자를 배포하게 된 사례를 소개하고 있으므로 휴대폰 예절을 알려주기 위해 책을 제공했다는 것을 알 수 있다.

정답 C

084

开会时，手机放在哪个位置是不礼貌的?

- A 随身携带的包里
- B 上衣的内袋里
- C 交给别人代管
- ✓ D 面前的桌子上

회의할 때, 휴대폰을 어디에 두는 것이 무례한가?

- A 휴대하고 있는 가방 안
- B 상의의 안 주머니
- C 다른 사람이 대신 관리하게 함
- D 앞에 있는 탁자 위

'一是随身携带的公文包里（这种位置最正规）。二是上衣的内袋里。'에서 휴대폰을 휴대하고 있는 가방 안에 두거나 상의의 안 주머니에 두어야 한다는 것을 알 수 있다. 또는 '开会的时候交给秘书、会务人员代管'에서 비서 또는 다른 사람이 맡겨 대신 관리하게 한다는 것도 알 수 있다.

정답 D

085

根据文章内容判断，哪一项是不礼貌的行为?

- A 在剧院里用短信代替接打电话
- B 在公共场合接听电话，要尽量压低声音
- C 手机在没有使用的时候，不要放在手里
- ✓ D 开会的时候，将手机放在显眼的位置，方便用静音的方式传送短信

문장 내용에 따르면 어느 것이 예의 없는 행동인가?

- A 극장 안에서 전화를 걸고 받는 대신 문자를 사용하는 것
- B 공공장소에서 가능한 한 전화를 작은 소리로 받는 것
- C 휴대폰을 사용하지 않을 때, 손안에 두지 않는 것
- D 회의 할 때, 휴대폰을 눈에 띄는 곳에 두고, 편리하게 무음 모드를 사용하여 문자를 전송하는 것

해설 본문에서는 '也可以放在不起眼的地方'이라고 눈에 띄지 않는 곳에 두어야 한다고 했으므로 D '将手机放在显眼的位置'의 눈에 띄는 곳에 두라는 것은 틀렸다.

정답_ D

086-090

86, 88 丹麦科学家表示，维他命D对激活人体免疫系统十分重要。但全球有近二分之一人口体内的维生素D含量未达标准，这可能意味着他们的免疫系统杀伤T细胞在对抗感染时表现不佳。这一最新发现预计将有助于对抗感染和全球性流行病，尤其有益于研制新的疫苗。

研究人员发现，人体内的杀伤T细胞需依赖维生素D保持活跃，如果血液中维生素D含量不足，T细胞就会暂停活动，87 无法感知人体受到的感染或病菌入侵。

89 科学家早已知道维生素D对于钙质的吸收很重要，且癌症和多发性硬化症与人体的维生素含量存在联系。

哥本哈根大学国际卫生·免疫和微生物学院的Carsten Geisler说："我们以前不知道维生素对于激活免疫系统有多重要，现在我们知道了。"

大多数维生素D的生成是靠身体与阳光的接触。食用鱼肝油、鸡蛋、鲑鱼、鲱鱼、鲭鱼等脂肪含量高的鱼类或者直接食用补充剂，也可摄入维生素D。

90 至于每日最好摄入多少维生素D，Geisler称目前还没有确切的数字，但专家的建议是25到50微克。

덴마크의 과학자는 비타민D가 인체의 면역 계통을 촉진시키는 데 매우 중요하다고 밝혔다. 그러나 전 세계의 절반에 가까운 인구의 체내 비타민D 함량은 표준 미달이다. 이는 그들의 면역 계통의 살상 T세포가 감염에 저항할 때 제대로 활약을 할 수 없다는 것을 의미한다. 이러한 최신 발견은 감염과 전 세계적 유행병을 막는데 도움이 될 것이며, 특히 새로운 백신을 연구 제작하는데 유익할 것이라고 예상한다.

연구원은 인체 내의 살상 T세포는 비타민D에 의지해 활동을 유지하게 되는데, 만약 혈액 중에 비타민D 함량이 부족하면, T세포는 활동을 멈추게 되고, 인체가 받은 감염 혹은 병균의 침입을 감지할 방법이 없음을 발견했다.

과학자들은 비타민D가 칼슘 성분의 흡수에 매우 중요하며, 게다가 암과 다발성 경화증이 인체의 비타민 함량과 연관이 있다는 것을 이미 알고 있었다.

코펜하겐 대학 국제 보건 면역학 미생물학부 Carsten Geisler는 말했다. "우리는 이전에 비타민이 면역 계통을 촉진시키는데 얼마나 중요한지 몰랐지만, 지금 알게 됐습니다."

대다수의 비타민D의 생성은 신체와 태양의 접촉에 근거한다. 어간유, 계란, 연어, 청어, 고등어 등 지방 함량이 높은 어류를 먹거나 혹은 직접 보충제를 먹으면 비타민D를 섭취할 수 있다.

매일 비타민D를 얼마나 섭취하면 좋은지에 대해서 Geisler는 현재 아직 명확한 숫자를 말하지는 않았지만, 전문가들은 25~50 마이크로그램을 제의한다.

 丹麦 Dānmài 명 덴마크(Denmark) | 维他命 wéitāmìng 명 '维生素(비타민, vitamin)'의 옛 명칭 | 激活 jīhuó 명동 활성화(하다) | 免疫 miǎnyì 명 면역 | 系统 xìtǒng 명 계통, 시스템 | 维生素D wéishēngsù D 명 비타민D | 含量 hánliàng 명 함량 | 意味

着 yìwèizhe 의미하다, 뜻하다 | 杀伤 shāshāng 동 살상하다 | 细胞 xìbāo 명 세포 | 对抗 duìkàng 동 대항하다, 저항하다 | 感染 gǎnrǎn 동 감염되다, 전염되다 | 不佳 bùjiā 형 좋지 않다 | 预计 yùjì 명동 예상(하다) | 全球性 quánqiúxìng 형 세계적 | 流行病 liúxíngbìng 명 유행병, 돌림병 | 研制 yánzhì 동 연구 제작하다 | 疫苗 yìmiáo 명 백신 | 依赖 yīlài 동 의존하다, 불가분의 관계이다 | 活跃 huóyuè 형 활동적이다, 활기 있다 | 血液 xuèyè 명 혈액, 피 | 暂停 zàntíng 동 잠시 중지하다(멈추다), 일시 정지하다 | 感知 gǎnzhī 동 느끼다, 감지하다 | 病菌 bìngjūn 명 병균, 병원균 | 入侵 rùqīn 동 침입하다 | 钙质 gàizhì 명 칼슘 | 癌症 áizhèng 명 암의 통칭 | 多发 duōfā 형 다발적인 | 硬化 yìnghuà 동 경화하다, 굳어지다 | 哥本哈根 Gēběnhāgēn 명 코펜하겐 | 微生物 wēishēngwù 명 미생물, 세균 | 生成 shēngchéng 동 생성되다, 생기다 | 阳光 yángguāng 명 햇빛 | 接触 jiēchù 동 닿다, 접촉하다 | 剂 jì 명 약제, 조제한 약 | 鱼肝油 yúgānyóu 명 간유, 어간유 | 鲑 guī 명 연어와 물고기의 총칭 | 鲱 fēi 명 청어 | 鲭鱼 qīngyú 명 고등어 | 脂肪 zhīfáng 명 지방 | 直接 zhíjiē 형 직접적인 | 确切 quèqiè 형 확실하다 | 微克 wēikè 양 마이크로그램(전기 용량의 단위로 사용됨)

086

维他命D的作用在于：

A 感知人体受到的感染
B 对抗感染
C 感知病菌侵入
✓ D 激活免疫系统

비타민D의 작용은?

A 인체가 감염되는 것을 감지한다
B 감염에 저항한다
C 병균의 침입을 감지한다
D 면역 계통을 촉진한다

단어 侵入 qīnrù 명동 침입(하다)

해설 '维他命D对激活人体免疫系统十分重要'에서 비타민D가 면역 계통을 촉진한다는 것을 알 수 있다.

정답_ D

087

如果人体内的维生素D含量没有达到标准，结果会：

A 人体的免疫系统完全不能被激活
B 他们的免疫系统会无法对抗感染
C 会造成T细胞失去功能，将不会再活动
✓ D 可能无法感知人体受到的感染

만약 인체 내의 비타민D 함량이 표준에 이르지 못하면?

A 인체의 면역 계통이 완전히 촉진될 수 없을 것이다
B 사람의 면역 계통은 감염에 저항할 방법이 없을 것이다
C T세포가 기능을 잃어버리게 되어 다시 활동할 수 없을 것이다
D 아마 인체가 받은 감염을 감지할 방법이 없을 것이다

단어 失去 shīqù 동 잃다, 잃어버리다 | 功能 gōngnéng 명 기능, 작용

해설 '无法感知人体受到的感染或病菌入侵'에서 비타민D 함량이 표준에 미달이면 인체가 받은 감염을 감지할 방법이 없음을 알 수 있다.

정답_ D

088

丹麦科学家的发现是:

- ✓ A 维生素D对激活人体免疫系统十分重要
- B 全球有近二分之一的人口体内的维生素D的含量不足
- C 体内维生素D含量不足的人T细胞将永远停止活动
- D 新的疫苗

덴마크 과학자의 발견은 무엇인가?

- A 비타민D는 인체 면역 계통을 촉진시키는데 매우 중요하다는 것
- B 전 세계 절반의 가까운 인구가 체내 비타민D 함량이 부족하다는 것
- C 체내 비타민D 함량이 부족한 사람은 T세포가 영원히 활동을 멈출 것이라는 것
- D 새로운 백신

단어 停止 tíngzhǐ 동 정지하다, 중지하다

해설 '丹麦科学家表示，维他命D对激活人体免疫系统十分重要.'에서 덴마크 과학자가 비타민D는 인체 면역 계통을 촉진시키는데 매우 중요하다는 사실을 발견했음을 알 수 있다.

정답_ A

089

根据上文，人体内维生素D的含量与下列哪一项无关?

- ✓ A 食物中营养成分的吸收
- B 钙质的吸收
- C 癌症和多发性硬化症
- D 人体内的杀伤T细胞的活跃程度

윗글에 따르면 체내 비타민D의 함량과 관계가 없는 것은?

- A 음식물 중 영양 성분의 흡수
- B 칼슘 성분의 흡수
- C 암과 다발성 경화증
- D 체내의 살상 T세포의 활약 정도

해설 '维生素D对于钙质的吸收很重要'에서 비타민D가 칼슘 성분의 흡수에 아주 중요하다고 언급하고 있으며, '且癌症和多发性硬化症与人体的维生素含量存在联系.'에서 암과 다발성 경화증과 인체의 비타민 함량과 관련이 있다라고 언급했다. 또한 '人体内的杀伤T细胞需依赖维生素D保持活跃'에서 체내의 살상 T세포는 비타민D에 의지해 활동하고 있음을 말하고 있다. 본문에서는 비타민D와 음식물 중의 영양 성분의 흡수에 대해서는 특별히 언급되지 않았다.

정답_ A

090

关于如何提高人体维生素D的含量，哪一项是不正确的?

- A 身体与阳光多接触
- B 食用鱼肝油、鲑鱼、鲱鱼、鲭鱼等脂肪含量高的鱼类
- C 食用含维生素D的补充剂。
- ✓ D 科学家建议每日摄入50微克以上的维生D

인체의 비타민D 함량을 높이는 것과 관련하여 틀린 것은?

- A 신체와 햇빛의 많은 접촉
- B 어간유, 연어, 청어, 고등어 등의 지방 함량이 높은 어류를 먹음
- C 비타민D가 포함된 보충제를 먹음
- D 과학자는 매일 50마이크로그램 이상의 비타민D를 먹으라고 제안함

해설 '至于每日最好摄入多少维生素D, Geisler称目前还没有确切的数字，但专家的建议是25到50微克.'에서 매일 섭취해야 하는 비타민D의 정확한 수치는 없지만 전문가들이 25~50마이크로그램 정도를 섭취하라고 제안한다는 것을 알 수 있다. 그래서 50마이크로그램 이상이라고 말한 D는 틀린 것이다.

정답_ D

受德国联邦政府委托的一项研究报告显示，没有证据证明手机电子辐射会影响人的睡眠或引起头疼等，使用手机不会危害成人健康。93 **手机对儿童是否有健康风险还有待进一步澄清。**

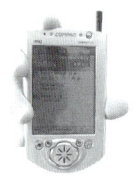

自从美国摩托罗拉公司发明的第一部手机问世后，有关手机电子辐射对人体危害的争议就一直不断。91 **德国联邦环境部下属的防电子辐射署对手机电子辐射问题进行了长达6年的跟踪研究**，92 **此份报告是根据过去54份报告的综合研究得出的结论。** 报告首次明确表示，手机的电子辐射对成人没有健康危害，虽然环境中的辐射对公众的影响在增加，但还远远没有超过界限。94 **联邦环境部为研究手机电子辐射投入了850万欧元，联邦环境部部长加布里尔要求尽快对手机电子辐射对儿童的影响作出准确评估。**

尽管联邦防电子辐射署排除了手机对成人的危害，但该署也建议公众在使用手机时注意，尽量避免在接收信号不好的地方打手机，如在没有天线的车内；95 **在购买手机时注意选择吸收率SAR低的手机**；使用手机时建议用耳机接听，这样辐射源不会直接进入耳朵；尽可能地用SMS通信，减少手机与头部接触。联邦环境部长加布里尔还建议，虽然手机对成人没有危害，但家长还是要避免儿童使用手机。联邦环境和自然保护署还表示，由于手机是全球性的产品，所以德国还是无法根据自己的标准给手机贴上"蓝天使"的环境安全标志。

091

哪个机构对手机辐射问题进行了长时间的跟踪研究?

- A 德国联邦政府
- B 美国摩托罗拉公司
- ✓ C 德国联邦环境部
- D 联邦环境和自然保护署

어느 기구가 휴대폰 전자파 발생 문제에 관해 긴 시간동안 추적 연구를 했는가?

- A 독일연방정부
- B 미국 모토로라회사
- C 독일연방환경부
- D 연방환경 및 자연보호부서

🔍 해설 '德国联邦环境部下属的防电子辐射署对手机电子辐射问题进行了长达6年的跟踪研究'에서 독일연방환경부 부속 전자파발생방지부가 이 문제에 대해 6여 년간 추적 연구했다는 것을 알 수 있다.

정답_ C

092

关于对手机电子辐射问题的研究，说法不正确的一项是：

- A 受联邦政府委托
- B 对手机辐射问题进行了6年的跟踪研究
- ✓ C 一共写了54份报告
- D 投入800多万欧元

휴대폰 전자파 발생 문제의 연구에 관하여 틀린 것은?

- A 연방정부의 위탁을 받았다
- B 휴대폰 전자파 발생 문제에 관해 6년간 추적 연구를 했다
- C 총 54편의 보고서를 작성했다
- D 800여만 유로를 투입했다

🔍 해설 '此份报告是根据过去54份报告的综合研究得出的结论。'에서 과거의 54편의 보고서를 근거로 하여 전자파 발생 문제 관련 연구 보고서를 작성했음을 알 수 있다. 그러므로 '一共写了54份报告'에서 54편의 보고서를 작성했다는 것은 틀린 것이다.

정답_ C

093

关于手机电子辐射对人体的危害，说法正确的一项是：

- A 手机电子辐射会影响人的睡眠
- B 引起头疼
- C 使用手机一定会危害成人健康
- ✓ D 手机不一定会危害儿童健康

휴대폰 전자파 발생이 인체에 주는 해에 대해 말한 것 중 맞는 것은?

- A 휴대폰 전자파 발생은 사람의 수면에 영향을 줄 것이다
- B 두통을 유발한다
- C 휴대폰 사용은 반드시 성인의 건강을 해친다
- D 휴대폰이 아동 건강을 해치는 지는 확실하지 않다

🔍 해설 '手机对儿童是否有健康风险还有待进一步澄清'에서 아이에게 위험한지는 더 조사를 해 봐야 한다고 했으므로 휴대폰이 아동 건강을 해치는 지는 확실하지 않다는 것을 알 수 있다.

정답_ D

094

关于这项报告内容，说法不正确的一项是：

- A 手机的使用增加了环境中的辐射
- B 目前有关部门对手机电子辐射对儿童的影响还没有作出准确评估
- ✓ C 已经证明手机对儿童有一定危害
- D 报告指出使用手机不会对环境造成严重危害

이 보고서 내용에 관하여 틀린 것은?

- A 휴대폰 사용은 환경 중의 전자파 발생을 증가시켰다
- B 최근 관련 부문에서 휴대폰 전자파 발생이 아동에게 영향을 주는지에 대해서는 아직 정확한 예측이 나오지 않았다
- C 휴대폰이 아동에게 어떤 해가 있다는 것이 이미 증명되었다
- D 보고서는 휴대폰 사용이 환경에 심각한 해를 조성할리 없다고 했다

 '联邦环境部部长加布里尔要求尽快对手机电子辐射对儿童的影响作出准确评估'에서 휴대폰 사용이 아동의 건강에 유해한지에 대해서 정확한 감정을 하라고 요구한 것으로 보아 그 결과가 아직 나오지 않았음을 알 수 있다. 그래서 C의 '已经证明'이라고 표현한 것은 틀렸다.

정답 C

095

根据文章内容判断，哪一项是不正确的?

- A 尽量避免在接收信号不好的地方打手机
- ✓ B 在购买手机时注意选择吸收率SAR高的手机
- C 开车时，应使用手机耳机接听
- D 尽可能地用SMS通信

본문의 내용을 토대로 판단할 때 틀린 것은?

- A 신호가 안 좋은 곳에서 휴대폰을 거는 것을 최대한 피해라
- B 휴대폰을 구매할 때 SAR흡수율이 높은 휴대폰을 주의해서 선택해라
- C 운전할 때 휴대폰 이어폰을 이용하여 받아라
- D 최대한 SMS 문자를 이용하라

'在购买手机时注意选择吸收率SAR低的手机'에서는 SAR흡수율이 낮은 것을 선택하라고 했으므로 높은 것을 선택하라고 말한 B는 틀렸다.

정답 B

在中国，有这样一群贫困的人群：⁹⁶,⁹⁷ 他们生活在中国最富有城市的边缘地带，住在昏暗、低矮、犹如箱子般狭小的屋子里，花数小时坐公共汽车上下班。这群每天早晨离开拥挤的宿舍、前往城区苦苦谋生的大学毕业生通常被称为"蚁族"。

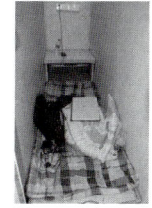

很多大学毕业生希望过上舒适的中产阶级生活，⁹⁷ 但飞涨的房价和黯淡的职业前景让他们的雄心壮志备受打击。⁹⁸ 随着"蚁族"人数的增多，这给中国领导人带来了政策挑战。

在街头满是灰尘的唐家岭——北京郊区的一个村庄——受过大学教育的24岁软件技术员孔超说："很难，但是没有别的办法。"⁹⁹ 他还算幸运，因为他拥挤的房间里有厕所和做饭的地方，不用与其他房客同住。

孔超每个月房租550元，大约占他月工资的10%。而在北京市中心，差不多大小的房间要花掉他大部分薪水。"你知道北京是个多么拥挤的城市，"他说，"我们年轻人都来找工作了，但我们能抗得住。"

⁹⁸,¹⁰⁰ 中国大城市生活在贫困边缘的大学毕业生数量的日益增多可能会给中国政府带来社会经济挑战。中国政府非常担心经济停滞可能引发城市受教育群体不满情绪。"他们长到26、27或者28岁的时候，会说'我需要买房子'，因为这意味着有能力结婚了。" 上海一位研究消费者趋势的作者Tom Doctoroff说，"如果到了结婚的年龄你还没有买房子，那么你就会感到焦虑。"

중국에는 이런 가난한 사람들이 있다. 그들은 중국에서 제일 부유한 도시의 가장자리 지대에서 생활하는데, 캄캄하고 낮은 마치 상자같이 작은 집에서 살며, 몇 시간 동안 버스를 타고 출퇴근을 한다. 매일 새벽 비좁은 숙소를 떠나 도심에 가서 힘들게 생활하는 대학 졸업생들의 무리를 보통 '개미족'이라고 부른다.

많은 대학 졸업생들이 안락한 중산층의 생활로 올라가기를 바라지만, 폭등하는 집값과 암담한 직업 전망은 그들의 큰 포부를 공격한다. 개미족의 숫자가 증가함에 따라, 이는 중국 지도자에게 정책적인 도전을 가져왔다.

길거리에 온통 먼지가 가득한 베이징 시외 지역의 한 마을 탕지아링에 사는 대학 교육을 받은 24살 프로그래머 콩차오는 "힘들지만, 다른 방법이 없어요."라고 말한다. 그는 운이 좋은 셈이다. 왜냐하면 그는 비좁은 방 안에 화장실과 부엌이 있어서 다른 세입자와 함께 살 필요가 없기 때문이다.

콩차오는 매월 550위안의 월세를 내는데, 대략 한달 월급의 10%에 달한다. 그러나 베이징 시 중심이라면 비슷한 크기의 방에 거의 대부분의 월급을 써 버리게 된다. 그가 "베이징이 얼마나 붐비는 도시인지 알잖아요. 우리 같은 젊은이들이 모두 와서 일을 찾지만 우린 견뎌 낼 수 있습니다."라고 말했다.

중국 대도시 생활을 하는 빈곤 주변 지역의 대학 졸업생 숫자가 나날이 증가하고 있는 것은 중국 정부의 사회 경제에 도전을 가져올 것이다. 중국 정부는 경제 침체가 도시의 교육 받은 무리에게 불만족스러운 감정을 유발시킬까봐 매우 걱정한다. "그들이 26, 27 혹은 28살이 될 때 '나는 방을 사야 해요.'라고 말하게 되면 이는 결혼할 능력이 있음을 의미한다." 그리고 상하이의 한 소비자 연구 경향의 작가 Tom Doctoroff는 "만약 결혼할 나이에 이르렀는데 집을 안 샀다면, 당신은 초조해질 것이다."라고 말했다.

단어

贫困 pínkùn 형 빈곤하다, 곤궁하다 | 人群 rénqún 명 군중, 무리 | 富有 fùyǒu 형 부유하다 | 边缘地带 biānyuán dìdài 가장자리 지대 | 昏暗 hūn'àn 형 어둡다, 어두컴컴하다 | 低矮 dī'ǎi 형 낮다 | 犹如 yóurú 동 마치 ~와(과) 같다 | 箱子 xiāngzi 명 상자, 박스 | 狭小 xiáxiǎo 형 좁고 작다 | 早晨 zǎochen 명 (이른) 아침, 새벽 | 拥挤 yōngjǐ 형 붐비다, 혼잡하다 | 宿舍 sùshè 명 숙사, 기숙사 | 前往 qiánwǎng 동 나아가다 명 이전 | 谋生 móushēng 동 생계를 도모하다, 살 길을 찾다 | 蚁 yǐ 명 개미 | 舒适 shūshì 형 편(안)하다, 쾌적하다 | 阶级 jiējí 명 계급 | 飞涨 fēizhǎng 동 (물가 따위가) 폭등하다 | 黯淡 àndàn 형 암담하다, 희망이 없고 막연하다 | 前景 qiánjǐng 명 장래, 앞날 | 雄心壮志 xióngxīnzhuàngzhì 성 웅대(원대)한 포부와 장한 뜻 | 备受 bèishòu 동 겪을 대로 다 겪다, 다 받다 | 打击 dǎjī 동 공격하다, 의욕이나 기를 꺾다 | 领导人 lǐngdǎorén 명 지도자, 리더 | 政策 zhèngcè 명 정책 | 街头 jiētóu 명 길거리, 거리 | 灰尘 huīchén 명 먼지 | 郊区 jiāoqū 명 (도시의) 교외 지역 | 软件 ruǎnjiàn 명 (컴퓨터의) 소프트웨어 | 技术员 jìshùyuán 명 기술자, 기사(技士) | 幸运 xìngyùn 형 운이 좋다 | 厕所 cèsuǒ 명 변소, 뒷간 | 房租 fángzū 명 집세, 임대료 | 工资 gōngzī 명 임금, 노임 | 薪水 xīnshui 명 봉급, 급여 | 抗 kàng 동 맞서다, 부딪치다 | 日益 rìyì 부 날로, 나날이 더욱 | 政府 zhèngfǔ 명 정부 | 停滞 tíngzhì 동 정체되다, 침체하다 | 群体 qúntǐ 명 단체, 집단 | 情绪 qíngxù 명 감정, 기분 | 趋势 qūshì 명 추세 | 焦虑 jiāolǜ 명 초조한 마음, 근심스러운 마음

096

通常情况下，"蚁族"生活在：

A 中国富有城市的城区
✓ B 中国富有城市的边缘地带
C 中国贫困城市的城区
D 中国贫困城市的边缘地带

일반적인 상황에서 '개미족'은 어디에서 생활하는가?

A 중국 부유한 도시 도심에서
B 중국 부유한 도시의 가장자리 지대에서
C 중국 빈곤한 도시 도심에서
D 중국 빈곤한 도시의 가장자리 지대에서

해설 '他们生活在中国最富有城市的边缘地带'에서 중국에서 가장 부유한 도시의 가장자리 지대에서 개미족이 생활하고 있다는 것을 알 수 있다.

정답_ B

097

关于"蚁族"，说法不正确的一项是：

A 住在城市边缘的小屋子里
B 需要花费数小时乘公交车上班
C 接受过大学教育
✓ D 多为白领员工，有较好的职业前景

'개미족'에 관해 틀린 것은?

A 도시 가장자리의 작은 방에서 산다
B 몇 시간 동안 버스를 타고 출근해야 한다
C 대학 교육을 받았다
D 화이트칼라가 많고, 비교적 좋은 직업 전망이 있다

단어 乘 chéng 통 (교통수단, 가축 등에) 타다

해설 첫 단락에서 개미족은 가장 부유한 도시의 가장자리 지대에 살면서, 몇 시간씩 버스를 타고 출근하며 생활하는 대학 졸업생들을 말하고 있음을 알 수 있다. 또한, '但飞涨的房价和黯淡的职业前景让他们的雄心壮志备受打击'에서 폭등하는 집값과 암담한 직업 전망이 그들의 포부를 좌절시킨다는 것을 알 수 있다.

정답_ D

098

下面哪项不是"蚁族"增多给政府带来的挑战？

A 政策挑战
B 经济挑战
C 可能会引发城市受教育群体的不满情绪
✓ D 安全问题

다음 중 '개미족'의 증가가 정부에게 가져오는 도전으로 틀린 것은?

A 정책적 도전
B 경제적 도전
C 도시에서 교육을 받은 무리의 불만을 자아낼 것이다
D 안전 문제

해설 두 번째 단락 '这给中国领导人带来了政策挑战'에서 중국 지도층에 정책적 도전을 가져다 줄 것이라고 언급했고, 마지막 단락 '给中国政府带来社会经济挑战'에서 경제적 도전을 가져다 줄 것이라고 언급했다. 또한 '可能会引发城市受教育群体的不满情绪'에서 도시에서 교육을 받은 무리의 불만을 자아낼 것이라고 본문에 그대로 언급하고 있다.

정답_ D

099

关于孔超的情况，哪一项是错误的：

- ✓ A 在北京郊区与他人合租房子生活
- B 乘公交车上下班
- C 从事软件技术工作
- D 月收入大约5500元左右

콩차오의 상황에 관해 틀린 것은?

- A 베이징 시외 지역에서 타인과 공동 임대 생활을 한다
- B 버스를 타고 출퇴근한다
- C 프로그래머직에 종사한다
- D 월 수입이 대략 5500위안 정도이다

해설 콩차오가 본인은 그래도 운이 좋다고 말하면서 '不用与其他房客同住'에서 다른 사람과 같이 살지 않아도 된다고 했으므로 같이 생활한다고 말한 A가 틀렸다.

정답_ A

100

根据上文，错误的一项是：

- ✓ A 研究生数量增多使中国政府面临经济挑战
- B 差不多大小的房子，位于北京市中心的房子的租金大约是郊区房租的几倍
- C 飞涨的房价使贫困的"蚁族"们无力购买房子
- D 很多大学生的理想是过上舒适的中产阶级生活

윗글에 내용과 틀린 것은?

- A 대학원생 수의 증가는 중국 정부가 경제적 도전에 직면하게 한다
- B 베이징 시 중심에 위치한 비슷한 크기의 방의 임대료는 거의 시외 방값의 몇 배이다
- C 집값 폭등은 가난한 '개미족'들에게 집을 살 힘이 없게 한다
- D '개미족'의 이상은 안락한 중산층 생활로 올라가는 것이다

해설 '中国大城市生活在贫困边缘的大学毕业生数量的日益增多可能会给中国政府带来社会经济挑战'에서 중국 대도시의 빈곤 주변 지역에서 생활하는 대학 졸업생 수의 증가는 중국 정부의 사회 경제에 도전을 가져올 것이라고 말하고 있으므로 A에서 대학원생의 증가가 아니라 개미족의 증가라고 해야 한다.

정답_ A

三、书写

101 다음 글을 읽고 내용을 400자 내외로 간략하게 정리하여 쓰세요.

제목 짓기

이 글 전체를 아우를 수 있는 키워드는 '越冷越要在一起(추울수록 함께 하다)'이므로 이를 직접 제목으로 삼을 수 있다. 또는 남편과 아내가 서로 말은 안 하지만 사랑하고 있다는 것을 알 수 있기 때문에 '无言之爱(무언의 사랑)'라고 제목을 지을 수도 있다.

101-1 부부의 직업과 출근 모습

每天早上，女人都是第一个起床的。她做好一锅小米粥，就着酱菜，喝下去两小碗，再将锅盖盖严，轻轻推开家门，踮着脚尖走出去。

约莫过去半个钟头，男人会第二个起床。先煮好一个鸡蛋，再把面包、牛奶放进微波炉，这才进到儿子的房间，低声将儿子叫起来。

儿子哈欠连连地穿衣服时，男人已经回到厨房开始喝粥。等儿子狼吞虎咽地吃早饭时，他已经换好了衣服，对儿子叮嘱几句，转过身，轻轻推开家门往外走。

两口子出门的时候，这个大都市还在酣睡，路灯亮着，星星在寒冷的夜空中颤抖。他们或许是这个都市里最早迎接日出的人。如此起早，全是迫于生计——两年前，他们双双下岗。经街道再就业服务中心的帮助，如今，男人在公交车站做乘车监督员，女人则成为一名城市清洁工。

下岗后屡次遭遇的碰壁，使得他们分外珍惜来之不易的工作机会。然而他们即使省吃俭用，两人微薄的收入加在一起，应付寻常的日子已经很困难了。他们非常清楚，到了这个年纪，人生已经不可能出现大的转机。他们唯一的寄托，便是正在一天天长大的儿子。

매일 아침, 여자가 가장 먼저 일어난다. 그녀는 죽 한 냄비를 끓여, 장아찌만으로 두 그릇을 비운다. 다시 냄비 뚜껑을 잘 닫고, 조용히 문을 열고는 까치발로 걸어 나간다.

대략 30분이 지나고 남자가 두 번째로 일어난다. 먼저 달걀 하나를 삶고, 빵과 우유를 전자레인지에 넣고서 아들 방에 들어가 낮은 소리로 아들을 깨운다.

아들이 계속 하품을 하며 옷을 입을 때, 남자는 이미 주방으로 돌아가 죽을 먹기 시작한다. 그는 이미 옷을 다 갈아입고, 아들이 허겁지겁 아침을 먹을 때를 기다렸다가, 아들에게 몇 마디 당부를 하고는 몸을 돌려 조용히 문을 열고 밖으로 걸어간다.

부부 두 사람이 집을 나갈 때, 이 대도시는 아직 잠에 빠져 있다. 가로등은 켜져 있고, 별은 차가운 밤공기 중에 떨고 있다. 그들은 아마 이 도시에서 가장 일찍 일출을 맞이하는 사람일 것이다. 이렇게 일찍 일어나는 것은 모두 생계에 쫓겨서이다. 2년 전 그들은 두 사람이 함께 퇴직했다. 거리 재취업 서비스 센터의 도움을 통해 남자는 지금 버스 정류장에서 승차감독원이 되었고 여자는 환경미화원이 되었다.

퇴직 후 여러 번 부딪친 난관은 그들로 하여금 아주 어렵게 온 일 할 기회를 매우 소중하게 여기도록 만들었다. 그러나 설령 그들이 아껴 먹고 아껴 써서 두 사람의 쥐꼬리만한 수입을 합친다 하더라도 이미 일상적인 생계를 그런대로 때우기는 어렵다. 그들은 이 나이가 되어서 인생에 큰 전환이 있을 수 없다는 것을 명확히 알았다. 그들의 유일한 기대는 지금 하루하루 성장하는 아들이다.

단어 粥 zhōu 명 죽 | 酱菜 jiàngcài 명 된장이나 간장으로 절인 장아찌 | 碗 wǎn 명 사발, 그릇 | 锅盖 guōgài 명 솥뚜껑 | 盖 gài 동 덮다, 씌우다 | 踮 diǎn 동 발끝으로 걷다, 발끝으로 서다 | 脚尖 jiǎojiān 명 발끝, 발부리 | 约莫 yuēmo 부 대략 | 煮 zhǔ 동 삶다, 끓이다 | 微波炉 wēibōlú 명 전자레인지 | 低声 dīshēng 형 소리가 나지막하다(낮다·작다) | 哈欠 hāqian 명 하품 | 厨房 chúfáng 명 주방, 부엌 | 狼吞虎咽 lángtūnhǔyàn 성 게걸스럽게 먹다, 마파람에 게눈 감추듯 하다 | 叮嘱 dīngzhǔ 동 신신당부하다, 거듭

(재삼)부탁하다 | 酣睡 hānshuì 동 깊이 잠들다, 푹 자다 | 路灯 lùdēng 명 가로등 | 寒冷 hánlěng 형 한랭하다, 춥고 차다 | 颤抖 chàndǒu 동 부들부들 떨다, 와들와들 떨다 | 或许 huòxǔ 부 아마, 혹시 | 迎接 yíngjiē 동 영접하다, 마중하다 | 如此 rúcǐ 대 이와 같다, 이러하다 | 迫于 pòyú 동 ~에 쫓겨 ~을 하다, ~에 강요되어 ~를 하다 | 生计 shēngjì 명 생계 | 双双 shuāngshuāng 부 쌍쌍이, 나란히 | 下岗 xiàgǎng 동 직장을 그만두다, 실직하다 | 监督员 jiāndūyuán 명 감독직 | 清洁工 qīngjiégōng 명 환경미화원 | 屡次 lǚcì 부 여러 번, 누차 | 遭遇 zāoyù 동 만나다, 부닥치다 | 碰壁 pèngbì 동 난관에 부닥치다, 어려움에 맞닥뜨리다 | 分外 fènwài 부 유달리, 특별히 | 珍惜 zhēnxī 동 진귀하게 여겨 아끼다, 귀중(소중)히 여기다 | 来之不易 láizhībùyì 성 아주 어렵게 이루어지다 | 即使 jíshǐ 접 설령 ~하더라도(할지라도·일지라도) | 省吃俭用 shěngchījiǎnyòng 성 아껴 먹고 아껴 쓰다 | 微薄 wēibó 형 보잘것없다, 변변찮다 | 寻常 xúncháng 형 평범하다, 일반적이다 | 转机 zhuǎnjī 명 전기, 호전의 조짐 | 寄托 jìtuō 동 걸다, 두다

일반적으로 앞부분에는 글의 중심 인물에 대한 소개나 상황을 설명하여 포인트가 되는 부분이다. 하지만 이 글은 세번째 문단까지 부인이 일찍 일어나서 출근하기 전에 하는 행동과 남편이 일어나서 하는 행동을 묘사한 것으로 생략해도 되는 부분이다. 그래서 요약을 할 때 세번째 문단까지 전혀 언급할 필요가 없다. 네 번째 문단이 이 부부에 대해 실질적으로 소개하는 부분이므로 요약할 부분을 잘 찾아내야 한다. 본문에서 '两年前，他们双双下岗.'라는 문장을 '有一对夫妻双双下岗了.'라고 서두에 쓰고, '经街道再就业服务中心的帮助, 如今, 男人在公交车站做乘车监督员, 女人则成为一名城市清洁工.' 은 그대로 외워서 적어야 하는 포인트 문장이다. 또한, 본문에 '下岗后屡次遭遇的碰壁, 使得他们分外珍惜来之不易的工作机会.'라는 문장을 '他们很珍惜现在的工作.'라고 주술목구조의 간단한 문장으로 요약하면 된다. 또 본문에 '如此起早, 全是迫于生计'라는 문장을 '迫于生计, 每天他们很早就去工作.'라고 변형을 해서 요약한 문장 끝에 문맥상 어울리도록 작문을 해서 글의 서두를 완성한다.

有一对夫妻双双下岗了。经街道再就业服务中心的帮助，男人在公交车站做乘车监督员，女人则成为一名城市清洁工。他们很珍惜现在的工作。迫于生计，每天他们很早就去工作。

101-2 남편의 부탁

这天早上，男人正挥舞小旗在车站维持乘车秩序，肩上突然被人轻轻拍了一下。扭头一看，原来是街道办事处的刘主任。刘主任向他道了声辛苦，让男人的心头涌上了阵阵暖意。刘主任问他："还有什么困难吗？"他觉得机会来了。

"我想换个车站，再往西两站地，行吗？"他不好意思地说，"那边离我们家更近一点儿，上下班方便。"

其实，男人撒了一个小小的谎——女人的身子骨弱，是生儿子那年落下的病根。他算过，自己每天上午后半个小时，正好是女人收工时间。如果往西两站地，就恰好能遇到她，可以帮她蹬三轮，把一整车的垃圾送到目的地。眼下，他也只能这样帮女人了。刘主任的答复让他非常满意。主任转身走后，他居然心血来潮，轻轻哼唱起了俄罗斯民歌："冰雪遮盖着伏尔加河……"

他知道自己嗓子不好，但女人说喜欢听，所以这首歌他过去经常唱。久而久之，倒也成了看家的本领。当然，这两年他已经很少唱了。

이날 아침, 남자가 버스 정류장에서 작은 깃발을 흔들며 승차 질서를 유지하고 있을 때, 갑자기 누군가 어깨를 가볍게 두드렸다. 고개를 돌려 보니, 도로 사무소의 리우 주임이었다. 리우 주임이 그에게 고생한다고 말하자, 남자의 마음이 따뜻해졌다. 리우 주임이 그에게 물었다. "무슨 힘든 점이라도 있나요?" 그는 기회가 왔다고 생각했다.

"저는 서쪽으로 두 정거장 되는 곳으로 정류장을 바꾸고 싶은데요, 괜찮나요?" "그쪽이 우리 집에서 더 가까워서, 출퇴근하기가 편해서요."라고 그는 겸연쩍게 말했다.

남자는 사실 소소한 거짓말을 했다. 사실은 여자의 몸이 아들을 낳던 그 해에 지병을 얻어서 약해졌기 때문이다. 그가 계산해 보니, 자기가 매일 오전 업무가 끝난 후 30분은 마침 여자가 일을 마치는 시간이었다. 만약 서쪽으로 두 정거장 쪽이면, 바로 그녀를 만날 수 있고, 그녀를 도와 삼륜차를 타고 한 차 가득히 쓰레기를 목적지까지 가져다 놓을 수 있다. 현재 그는 이런 식으로만 여자를 도울 수가 있었다. 리우 주임의 대답은 매우 만족스러웠다. 주임이 돌아간 후, 그는 뜻밖에 불현듯 생각이 난 러시아 민요를 가볍게 흥얼거리기 시작했다. "빙설이 볼가강을 덮어……"

그는 자기 목소리가 좋지 않음을 알지만, 여자가 듣는 걸 좋아한다고 말했기 때문에 예전에 이 노래를 자주 불렀다. 오랜 시간이 지나 그럭저럭 집을 돌보는 능력이 생겼다. 당연히 최근 몇년 동안 그는 노래를 잘 부르지 않았다.

단어
挥舞 huīwǔ 동 팔을 들어 (손에 든 물건까지 같이) 휘두르다(흔들다·내두르다) | 维持 wéichí 동 유지하다, 지키다 | 秩序 zhìxù 명 질서 | 眉 méi 명 눈썹 | 扭头 niǔtóu 동 머리를 돌리다 | 心头 xīntóu 명 마음속, 마음 | 暖意 nuǎnyì 명 따뜻한 느낌(감(感)·기분) | 撒谎 sāhuǎng 동 거짓말을 하다 | 落下 luòxià 동 얻다, 획득하다 | 病根 bìnggēn 명 화근, 실패 원인 | 蹬 dēng 동 (다리를) 디디다, 밟다 | 眼下 yǎnxià 명 현재, 지금 | 居然 jūrán 부 뜻밖에, 의외로 | 心血来潮 xīnxuèláicháo 성 불현듯이 생각이 나다, 문득 어떤 생각이 떠오르다 | 哼唱 hēngchàng 동 콧노래를 부르다, 흥얼거리다 | 俄罗斯 éluósī 명 러시아(연방) | 冰雪 bīngxuě 명 얼음과 눈 | 遮盖 zhēgài 동 덮다, 가리다 | 伏尔加河 Fú'ěrjiāhé 명 볼가 강 | 嗓子 sǎngzi 명 목소리, 목청 | 久而久之 jiǔ'érjiǔzhī 성 오랜 시일이 지나다, 긴 시간이 지나다 | 本领 běnlǐng 명 능력, 재능

해설
이 단락의 주요 내용은 남편이 주임에게 서쪽 두 정거장 되는 곳으로 옮겨달라고 청했고, 그 부탁이 받아들여져서 매우 기뻐하는 내용이다. '这天早上, 男人正挥舞小旗在车站维持乘车秩序, 肩上突然被人轻轻拍了一下。扭头一看, 原来是街道办事处的刘主任。刘主任向他道了声辛苦, 让男人的心头涌上了阵阵暖意。'라는 문장을 '一天早上, 街道办事处的刘主任来看望男人。'라고 간단하게 요약할 수 있다. 본문에서는 남자와 주임이 만나는 상황을 자세하게 설명했지만 요약을 할 때는 '来看望男人'이라고 주임이 남자를 보러왔다고 간단히 표현하면 된다. 다음에 오는 문장은 남자가 주임에게 부탁한 내용으로 '把工作地点往西两站地'라고 요약하면 되고, 그 이유는 뒤에 설명하고 있다. 이 부분은 본문에 있는 내용인 '自己每天上午后半个小时, 正好是女人收工时间。如果往西两站地, 就恰好能遇到她, 可以帮她蹬三轮, 把一整车的垃圾送到目的地。眼下, 他也只能这样帮女人了。'를 거의 그대로 적어야 한다. 이는 남자가 서쪽 두 정거장 되는 곳으로 옮기고 싶어 하는 이유가 부인을 위한 것이기 때문에 반드시 기억해서 적어야 한다.

一天早上, 街道办事处的刘主任来看望男人。当刘主任问他什么困难时, 他提出想把工作地点往西两站地。主任答应了他。他非常高兴。男人想换工作地点是因为女人的身体不太好。如果能往西两站地, 自己每天上午后半个小时, 正好是女人收工时间。这样就恰好能遇到她, 可以帮她蹬三轮, 把一整车的垃圾送到目的地。现在, 他也只能这样帮女人了。

101-3 아내의 부탁

此时, 女人的心情也是出奇的好。刚才, 她也成功地向领导请示了一件"小事"——将自己每天的清扫地域向东顺延一公里。她知道自己的男人爱干净, 当年在工厂上班的时, 总是将机床擦得锃亮。现在呢, 每天都要拿个长长的竹夹子, 去扫地上的烟头。自己"东扩"的目的达到, 只要大扫帚一抡, 就够他干半天的了。她觉得, 这是帮助男人最好的办法。

이때 여자의 마음도 유난히 좋았다. 방금 그녀도 사장님에게 자신이 매일 청소하는 구역을 동쪽으로 1km 늘려 달라는 작은 부탁을 했었다. 그녀는 자기 남편이 깨끗한 걸 좋아하는 것을 알고 있다. 공장에서 일하던 그 해, 늘 선반을 반짝반짝하게 닦았다. 지금 그는 매일 기다란 대나무 집게를 가지고 길 위의 담배꽁초를 집는다. 스스로 "동쪽으로 연장하는" 목적을 이룬 것은 빗자루 질을 한 번만 힘껏 하면 그가 반나절 하는 것과 같을 것이기 때문이다. 그녀는 이것이 남자를 돕는 가장 좋은 방법이라고 생각했다.

단어
此时 cǐshí 명 이때, 지금 | 出奇 chūqí 형 특별하다, 보통이 아니다 | 请示 qǐngshì 동 지시를 바라다 | 清扫 qīngsǎo 동 청소하다, 치우다 | 干净 gānjìng 형 깨끗하다, 청결하다 | 机床 jīchuáng 명 선반, 절삭기계 | 擦 cā 동 닦다, 문지르다 | 锃亮 zèngliàng 형 반짝반짝 빛나다, 반질반질 광이 나다 | 夹子 jiāzi 명 집게 | 烟头 yāntóu 명 담배 꽁초 | 扫帚 sàozhou 명 빗자루 | 一轮 yìlún 일 주(一周), 한 바퀴

> **해설** 앞 문단에는 남편이 서쪽으로 옮기고 싶어 하는 이유가 나와 있다. 이는 이 글의 중심 내용이므로 반드시 적어야 하고, 이 단락은 부인이 동쪽으로 옮기고 싶어 하는 이유이므로 역시 반드시 적어야 하는 부분이다. 여기에서 '当年在工厂上班的时，总是将机床擦得锃亮.'은 앞 문장인 '自己的男人爱干净'에 대한 부가 설명이므로 생략해도 되고, '自己"东扩"的目的达到，只要大扫帚一抢，就够他干半天的了。她觉得，这是帮助男人最好的办法'을 간단하게 '自己"东扩"就可以帮助他打扫卫生了'라고 표현하면 된다.

✎ 此时，女人的心情也非常好。刚才，她也成功地向领导请示了一件"小事"——将自己每天的清扫地域向东延长一公里。她知道，自己的男人爱干净，可是现在，每天都要拿个长长的竹夹子，去夹地上的烟头。自己"东扩"就可以帮助他打扫卫生了。

101-4 부부의 퇴근길

这天，送完最后一车垃圾，女人破例去公交车站找男人。两人视线相遇的片刻，竟然都微微有些脸红，嘴巴张了几下，谁都没有说出话来，"嗯，等回家之后再告诉他(她)。"

人们上班的高峰已过，车站安静下来，头顶传来一阵"唧唧"的鸟鸣。抬头望去，旁边大柳树枯干的枝杈上，正落着两只麻雀——那种在北方最寻常不过的灰色麻雀。

男人仿佛是在自言自语："连鸟都知道，越冷越要在一起啊。"

"是呀，"女人轻轻挽住男人的胳膊，"没错，越冷越要在一起。"

이 날 마지막으로 쓰레기 한 차를 다 보낸 후, 여자는 평소와 다르게 버스 정류장에 가서 남자를 찾았다. 두 사람의 시선이 서로 마주치자 뜻밖에도 둘 모두 얼굴이 살짝 붉어지고, 입이 몇 번 열렸지만, 아무도 말을 하지 않았다. "그래, 집에 가서 그(그녀)에게 알려 주자."

사람들이 출근하는 피크 타임은 이미 지나가고, 버스 정류장은 조용해졌다. 머리 위로 한줄기 "짹짹" 새소리가 전해왔다. 머리를 들어 보니, 옆의 큰 버드나무의 시든 가지 위에 두 마리의 참새가 막 내려앉았다. 북방에서 자주 볼 수 있는 회색 참새였다.

남자는 마치 혼잣말을 하듯이 "새도 아는구나, 추울수록 함께 있어야 하는 것을"이라고 말했다.

"그래요." 여자가 남자의 팔을 가볍게 잡아당기며 "맞아요. 주울수록 함께 있어야죠."

> **단어** 垃圾 lājī 명 쓰레기, 오물 | 破例 pòlì 동 상례(관례·통례)를 깨다 | 视线 shìxiàn 명 시선, 눈길 | 片刻 piànkè 명부 잠깐, 잠시 | 微微 wēiwēi 부 조금, 약간 | 嘴巴 zuǐba 명 입 | 高峰 gāofēng 명 절정, 클라이맥스 | 安静 ānjìng 형 조용하다, 고요하다 | 头顶 tóudǐng 명 머리꼭대기, 정수리 | 唧唧 jījī 의 짹짹, 찌르르찌르르 | 抬头 táitóu 동 머리를 들다 | 柳树 liǔshù 명 버드나무 | 枯干 kūgān 형 바싹 마르다, 메마르다 | 杈 chà 명 나뭇가지의 아귀, 가장귀 | 麻雀 máquè 명 참새 | 灰色 huīsè 명 회색, 잿빛 | 仿佛 fǎngfú 부 마치 ~인 것 같다, 마치 ~인 듯하다 | 自言自语 zìyánzìyǔ 성 혼잣말을 하다, 중얼거리다 | 挽 wǎn 동 잡아 당기다, 끌다 | 胳膊 gēbo 명 팔

> **해설** 이 단락의 주요 내용은 부부가 각자 일터에서 일하다가 만나서 길에 두 마리의 새가 함께 앉아 있는 것을 보며 대화하는 내용이다. 본문에서 '这天，送完最后一车垃圾，女人破例去公交车站找男人。两人视线相遇的片刻，竟然都微微有些脸红，嘴巴张了几下，谁都没有说出话来'라는 부분은 그대로 적어야 한다. 이는 부부 각자 바랬던 일이 이루어지며 만나는 장면으로 이 글의 결론을 이끌기 위해서는 반드시 필요한 부분이기 때문이다. 부부가 만나 새를 보며 '越冷越要在一起'라고 말한 부분이 이 글의 결말이자, 이 한 마디가 글을 읽는 사람들에게 중요한 인상을 주기 때문에 반드시 적어야 하는 포인트 문장이다.

✎ 这天，送完最后一车垃圾，女人破例去公交车站找男人。两人视线相遇的片刻，竟然都微微有些脸红，嘴巴张了几下，谁都没有说出话来。看着远处落着的两只麻雀，两个人不约而同地发出了感慨："越冷越要在一起。"

越冷越要在一起

　　有一对夫妻双双下岗了。经街道再就业服务中心的帮助，男人在公交车站做乘车监督员，女人则成为一名城市清洁工。他们很珍惜现在的工作。迫于生计，每天他们很早就去工作。

　　一天早上，街道办事处的刘主任来看望男人。当刘主任问他什么困难时，他提出想把工作地点往西两站地。主任答应了他。他非常高兴。

　　男人想换工作地点是因为女人的身体不太好。如果能往西两站地，自己每天上午后半个小时，正好是女人收工时间。这样就恰好能遇到她，可以帮她蹬三轮，把一整车的垃圾送到目的地。现在，他也只能这样帮女人了。

　　此时，女人的心情也非常好。刚才，她也成功地向领导请示了一件"小事"——将自己每天的清扫地域向东延长一公里。她知道，自己的男人爱干净，可是现在，每天都要拿个长长的竹夹子，去夹地上的烟头。自己"东扩"就可以帮助他打扫卫生了。

　　这天，送完最后一车垃圾，女人破例去公交车站找男人。两人视线相遇的片刻，竟然都微微有些脸红，嘴巴张了几下，谁都没有说出话来。

看着远处落着的两只麻雀，两个人不约而同地发出了感慨："越冷越要在一起。"

추울수록 함께 하다.

  부부 둘이 모두 퇴직을 했다. 거리 재취업 서비스 센터의 도움을 통해 남자는 지금 버스 정류장에서 승차 감독원이 되었고, 여자는 환경미화원이 되었다. 그들은 지금의 일을 매우 소중히 여긴다. 생계에 쫓겨 그들은 매일 일찍 일을 하러 간다.
  어느 날 아침, 도로 사무소의 리우 주임이 남자를 보러 왔다. 리우 주임이 그에게 어떤 어려움이 있는지 물었을 때 그는 서쪽으로 두 정거장에 있는 곳에서 일하고 싶다고 말을 꺼냈다. 주임은 승낙했고, 그는 매우 기뻤다.
  남자가 일하는 곳을 바꾼 것은 여자의 몸이 안 좋기 때문이다. 자기가 매일 오전 업무가 끝난 후 30분은 마침 여자가 일을 마치는 시간이었다. 만약 서쪽으로 두 정거장 쪽이면 바로 그녀를 만날 수 있었고, 그녀를 도와 삼륜차를 타고 한 차 가득한 쓰레기를 목적지까지 가져다 놓을 수 있다. 지금 그는 이런 식으로만 여자를 도울 수가 있었다.
  이때, 여자의 마음도 유난히 좋았다. 방금, 그녀도 사장님에게 자신이 매일 청소하는 구역을 동쪽으로 1km 늘려 달라는 작은 부탁을 했었다. 그녀는 자기 남편이 깨끗한 걸 좋아한다는 것을 알고 있다. 그렇지만 지금은 매일 기다란 대나무 집게를 가지고 길 위의 담배꽁초를 집는다. 그녀 자신이 "동쪽으로 연장하게" 되면 그가 청소하는 것을 도울 수 있게 된다.
  이 날 마지막으로 쓰레기 한 차를 다 보낸 후, 여자는 평소와 다르게 버스 정류장에 가서 남자를 찾았다. 두 사람의 시선이 서로 마주치자 뜻밖에도 둘 모두 얼굴이 살짝 붉어지고, 입이 몇 번 열렸지만, 아무도 말을 하지 않았다.
  멀리 앉아 있는 두 마리의 참새를 보면서 두 사람은 약속이나 한 듯 감격하며 얘기했다. "추울수록 함께 있어야지."

新HSK 모의고사 6級

4회 해설

一、听力

第一部分

● 1~15번 문제 : 들려주는 내용과 일치하는 것을 고르세요.

001

一位病人从手术室里逃出来，对医院的院长哭诉："护士小姐说不要害怕，镇定点，手术很简单。"院长回答："这话不对吗？护士小姐是在安慰你。"病人说："可她这句话是对准备给我做手术的医生说的。"

　A 护士在安慰病人
　B 医生经验丰富
✓C 护士在安慰医生
　D 病人没有害怕

한 환자가 수술실에서 도망쳐 나와 원장에게 하소연했다. "간호사가 겁내지 말고 진정하세요. 수술은 아주 간단해요"라고 말했어요. 원장이 대답했다. "이 말이 잘못됐나요? 간호사가 당신을 안심시키는 것인데요." 환자가 말했다. "그런데 그녀는 이 말을 제 수술을 준비하는 의사에게 했다니까요."

　A 간호사가 환자를 안심시키고 있다
　B 의사는 경험이 풍부하다
　C 간호사가 의사를 안심시키고 있다
　D 환자는 두려움이 없다

단어 手术室 shǒushùshì 명 수술실 | 逃 táo 동 달아나다, 도망치다 | 哭诉 kūsù 동 울면서 하소연(성토)하다 | 护士 hùshi 명 간호사 | 害怕 hàipà 동 겁내다, 무서워하다 | 镇定 zhèndìng 동 진정시키다, (흥분을) 가라앉히다 | 安慰 ānwèi 동 안심하다, 마음을 놓다, 위로하다, 안위하다

해설 '可她这句话是对准备给我做手术的医生说的'에서 간호사가 수술을 준비하고 있는 의사를 안심시켰다는 것을 알 수 있다.

정답_ C

002

从前有几个人，为了争一壶酒决定比赛画蛇，谁画得又快又好就把这壶酒给他喝。有个人最先画好，但为了显示自己的本领，他又自以为聪明地给蛇画起脚来，结果输掉了比赛。

✓A 奖品是一壶酒
　B 比赛内容是喝酒
　C 比赛内容是画蛇添足
　D 谁画得快谁就输

예전에 몇 사람이 술 한 병을 걸고 뱀 그리기 시합을 했다. 빨리 또 잘 그리는 사람이 이 술을 마시기로 한 것이다. 한 사람이 가장 먼저 그림을 완성했다. 그런데 그는 자신의 능력을 과시하고 또 스스로 똑똑하다고 여기며 뱀의 다리를 그려 넣어, 결국 시합에서 지고 말았다.

　A 상품은 술 한 병이다
　B 경기 내용은 술을 마시는 것이다
　C 경기 내용은 뱀에 다리를 그려 넣는 것이다
　D 빨리 그리는 사람이 진다

단어 壶 hú 명 병, 주전자 | 比赛 bǐsài 명 경기, 시합 | 蛇 shé 명 뱀 | 本领 běnlǐng 명 능력, 재능 | 奖品 jiǎngpǐn 명 상품 | 添 tiān 동 덧붙이다, 더하다 | 输 shū 동 지다, 패하다

해설 '为了争一壶酒决定比赛画蛇'에서 이 시합이 술 한 병을 얻기 위한 것임을 알 수 있다.

정답_ A

003

妻子发现丈夫睡不着，就问他："你不舒服吗？"丈夫说："邻居让我明天还他钱，可是我没有钱。"妻子打开门，对着邻居家大喊："我丈夫明天不能还你钱了！"然后对丈夫说："你安心睡吧！现在轮到他睡不着了。"

✓ A 丈夫不能还钱
B 丈夫身体不舒服
C 妻子睡不着
D 邻居欠了丈夫的钱

아내는 남편이 잠들지 못하는 것을 보고 물었다. "당신 어디 불편해요?" 남편이 말했다. "이웃이 내게 내일 돈을 갚으라고 했는데, 돈이 없다오." 아내가 문을 열고 이웃집을 향해 크게 소리쳤다. "우리 남편은 내일 당신 돈을 갚을 수 없어요!" 그리고 나서 남편에게 말했다. "이제 안심하고 자요. 이제는 그 사람이 잠들지 못할 차례예요."

A 남편은 돈을 갚을 수 없다
B 남편의 몸이 좋지 않다
C 아내는 잠들지 못했다
D 이웃이 남편의 돈을 빌렸다

단어 睡不着 shuìbuzháo 통 잠들지 못하다, 잠이 오지 않다 | 邻居 línjū 명 이웃집, 이웃 사람 | 还 huán 통 돌려주다, 갚다 | 打开 dǎkāi 통 열다, 풀다 | 喊 hǎn 통 외치다, 소리치다 | 轮 lún 통 (순서에 따라) 교대로 하다, 차례가 되다 | 欠 qiàn 통 빚지다, 빌려 쓰고 갚지 못하다

해설 '邻居让我明天还他钱，可是我没有钱'에서 남편이 돈을 갚을 수 없어서 잠들지 못하고 있다는 것을 알 수 있다.

정답_ A

004

痛快和快乐完全是两码事。嗓子干渴冒烟的时候，你大口大口地喝汽水，从舌头一直爽到胃，那叫痛快。假如你用辛辛苦苦赚来的钱，买了一瓶一直想要喝的汽水，慢慢地品尝它的滋味，那才叫快乐。

✓ A 痛快不等于快乐
B 嗓子干很痛快
C 赚钱很痛快
D 喝汽水很辛苦

통쾌함과 행복함은 완전히 다른 것이다. 매우 목이 마를 때, 벌컥벌컥 사이다를 마시면 혀부터 위까지 다 시원해지는데, 그것을 통쾌하다라고 한다. 만약 당신이 아주 힘들게 번 돈으로 줄곧 마시고 싶던 사이다를 사서 천천히 그 맛을 음미하며 마신다면 그것을 행복하다라고 한다.

A 통쾌함과 행복함은 같지 않다
B 목구멍이 건조한 것은 매우 통쾌하다
C 돈을 버는 것은 매우 통쾌하다
D 사이다를 마시는 것은 매우 고생스럽다

단어 痛快 tòngkuài 형 통쾌하다, 유쾌하다 | 快乐 kuàilè 형 즐겁다, 행복하다 | 两码事 liǎng mǎshì 서로 별개의 일 | 嗓子 sǎngzi 명 목구멍 | 干渴 gānkě 형 목이 마르다, 갈증이 나다 | 冒烟 màoyān 통 연기가 피어오르다, 연기를 내뿜다 | 舌 shé 명 혀 | 爽 shuǎng 형 상쾌하다, 개운하다 | 胃 wèi 명 위(장) | 假如 jiǎrú 접 만약, 만일 | 辛辛苦苦 xīnxinkǔkǔ 형 매우 고생스럽다, 매우 고생스러운 모양 | 汽水 qìshuǐ 명 사이다(cider) | 品尝 pǐncháng 통 시식하다, 맛보다 | 滋味 zīwèi 명 좋은 맛, 향미

해설 '痛快和快乐完全是两码事'라는 것에서 통쾌함과 행복함이 같지 않다는 것을 알 수 있다.

정답_ A

005

农历八月十五是一年秋季的中间，因此称中秋节。中秋之夜，人们赏月、吃月饼，仰望圆圆的明月，自然会期盼家人团聚。远在他乡的游子，也借此寄托自己对故乡和亲人的思念之情。所以，中秋又称"团圆节"。

- A 中秋节又叫团聚节
- ✓ B 中秋节期盼家人团聚
- C 中秋节赏月、吃饺子
- D 中秋节放假一周

음력 8월 15일은 한 해 가을철의 중간이기 때문에 중추절이라고 부른다. 중추절 저녁에 사람들은 달 구경을 하고, 위에빙을 먹고, 둥글고 밝은 달을 바라보며, 자연스럽게 온 가족이 모이기를 소망한다. 멀리 타향에 있는 나그네는 이를 빌어 고향과 가족에 대한 그리움을 맡긴다. 그래서 중추절을 '단원절'이라고도 부른다.

- A 중추절은 단취절이라고도 불린다
- B 중추절에 가족들이 한데 모이기를 기대한다
- C 중추절에는 보름달을 감상하고, 만두를 먹는다
- D 중추절에는 일주일 동안 쉰다

단어 农历 nónglì 몡 음력 | 秋季 qiūjì 몡 추계, 가을철 | 中秋节 Zhōngqiū Jié 몡 중추절, 한가위, 추석 | 赏月 shǎngyuè 동 달구경하다, 달맞이하다 | 月饼 yuèbing 몡 위에빙, 월병 | 仰望 yǎngwàng 동 머리(고개)를 들어 멀리 바라보다 | 圆 yuán 형 둥글다 | 期盼 qīpàn 동 기대하다, 소망하다 | 团聚 tuánjù 동 한 자리에 모이다, 한데 모이다 | 游子 yóuzi 몡 나그네, 방랑자 | 寄托 jìtuō 동 두다, 의탁하다 | 思念 sīniàn 동 그리워하다, 보고 싶어하다 | 团圆节 Tuányuán Jié 몡 중추절, 추석 | 放假 fàngjià 동 휴가로 쉬다, 방학하다

해설 '自然会期盼家人团聚'에서 중추절에 가족들이 한데 모이기를 소망한다는 것을 알 수 있다. 그리고 중추절은 단원절이라고도 부르며, 위에빙을 먹는다고 언급하고 있다.

정답 B

006

美国总统华盛顿小时候曾砍倒了他父亲心爱的一颗樱桃树。父亲发现后非常气愤。华盛顿在盛怒的父亲面前鼓起勇气承认了自己的错误。父亲被感动了，夸奖华盛顿的诚实比所有樱桃树都宝贵得多，因此原谅了他。

A 父亲打了儿子
B 父亲伤心地哭了
✓ C 儿子承认了错误
D 儿子感动了

미국 대통령 워싱턴이 어렸을 때, 그의 아버지가 애지중지하던 앵두나무를 베어버린 적이 있다. 아버지가 이를 발견하고는 매우 화가 났다. 워싱턴은 용기를 내어 화가 난 아버지 앞에서 자기의 잘못을 인정했다. 아버지는 감동했고, 워싱턴의 진실함이 앵두나무보다 훨씬 더 귀중하다며 그를 칭찬하고 용서하였다.

A 아버지가 아들을 때렸다
B 아버지는 슬퍼서 울었다
C 아들은 잘못을 인정했다
D 아들은 감동했다

단어 总统 zǒngtǒng 명 대통령, 총통 | 砍 kǎn 동 (도끼 따위로) 찍다, 패다 | 樱桃树 yīngtáoshù 명 앵두나무 | 气愤 qìfèn 형 화내다, 분개하다 | 盛怒 shèngnù 동 대노하다, 격노하다 | 承认 chéngrèn 동 인정하다, 시인하다 | 夸奖 kuājiǎng 동 칭찬하다 | 宝贵 bǎoguì 형 진귀한, 소중한 | 原谅 yuánliàng 동 용서하다, 양해하다 | 伤心 shāngxīn 동 상심하다, 슬퍼하다

해설 '华盛顿在盛怒的父亲面前鼓起勇气承认了自己的错误'에서 아들이 용기를 내어 화가 난 아버지 앞에서 잘못을 인정했다는 것을 알 수 있다.

정답_ C

Tip 被자문

1. 명사(목적어-대상)+被+명사(주어-행위자)+동사+기타성분

   – 주어의 자리에 동사의 지배를 받는 의미상의 목적어가 오고, '被' 뒤에 동사의 동작을 한 행위자가 온다. 被자문의 동작 행위자는 把자문의 주어가 되고, 被자문의 주어는 把자문의 목적어가 된다

   我的钱包被小偷偷走了。
   나의 지갑은 도둑에 의해 훔쳐감을 당했다.

   把자문으로 바꾸면
   小偷把我的钱包偷走了。
   도둑이 내 지갑을 훔쳐갔다.

   我被我的老师批评了一顿。
   나는 선생님에 의해서 혼남을 당했다.

   把자문으로 바꾸면
   我的老师把我批评了一顿。
   나는 선생님한테 혼났다.

2. '被' 앞에 부정부사(不, 没, 别), 조동사가 오고, 서술어 뒤에 항상 기타성분이 와야 한다. 기타성분으로 올 수 없는 것은 가능보어와 동태조사 '着'이다.

   我的车没被小李开走。
   샤오리가 내 차를 운전해 가지 않았다.

007

　　有些人有着这样的观点：不喝水可以减肥。医学专家明确指出：这是一个错误的做法。想减轻体重又不喝足够的水，脂肪不能代谢，体重反而增加。用餐半小时后喝一些水能够促进消化，同时帮助你保持良好身材。

　　A 不喝水可以减肥
　✓B 不喝水会增加体重
　　C 喝水不利于减肥
　　D 水造成消化不良

　　어떤 사람들은 물을 마시지 않으면 살을 뺄 수 있다는 생각을 가지고 있다. 의학 전문가들은 이것은 잘못된 방법이라고 명확하게 지적한다. 체중을 감량하는데 충분한 물을 마시지 않으면, 지방이 신진대사를 할 수가 없어서 오히려 체중이 증가하게 된다. 식사를 하고 30분 후에 약간의 물을 마시면 소화를 촉진시킬 수 있을 뿐만 아니라, 동시에 당신이 좋은 몸매를 유지하도록 도와준다.

　　A 물을 마시지 않으면 살을 뺄 수 있다
　　B 물을 마시지 않으면 체중이 증가할 것이다
　　C 물을 마시면 살을 빼는데 좋지 않다
　　D 물은 소화불량을 야기한다

단어 减肥 jiǎnféi [동] 살을 빼다, 체중을 줄이다 | 明确 míngquè [형] 명확하다, 확실하다 | 指出 zhǐchū [동] 밝히다, 지적하다 | 减轻 jiǎnqīng [동] 줄다, 감소하다 | 足够 zúgòu [형] 충분하다 | 脂肪 zhīfáng [명] 지방 | 代谢 dàixiè [동] 신진대사하다 | 增加 zēngjiā [동] 증가하다, 늘리다 | 用餐 yòngcān [동] 식사를 하다, 밥을 먹다 | 促进 cùjìn [동] 촉진하다 | 消化 xiāohuà [동] 소화하다 | 保持 bǎochí [동] 지키다, 유지하다

해설 '想减轻体重又不喝足够的水, 脂肪不能代谢, 体重反而增加'에서 물을 충분히 마시지 않으면 지방이 신진대사를 할 수 없어 오히려 체중이 증가한다고 말하고 있음을 알 수 있다.

정답_ B

008

　　日本人见面时多以鞠躬为礼。一般人见面互相行30度或45度的鞠躬礼，鞠躬时弯腰的深浅不同，表示的含义也不同。现在的年轻一代与欧美文化接触增多，也开始有见面握手的习惯。

　✓A 日本人以鞠躬为礼
　　B 弯腰的角度无所谓
　　C 年轻人见面从不鞠躬
　　D 与欧美人见面握手

　　일본인은 만났을 때 허리를 굽혀 절하는 것을 예의로 여긴다. 일반적으로 사람들이 만나면 서로 30도나 45도로 허리를 굽혀 예의를 표한다. 허리를 굽혀 인사할 때, 허리를 굽히는 정도가 다르고 나타내는 의미 또한 다르다. 오늘날의 젊은 세대들은 유럽과 미국 문화와의 접촉이 많아지면서 만났을 때 악수하는 습관이 생겨나기 시작했다.

　　A 일본인은 허리를 굽혀 절하는 것을 예의로 여긴다
　　B 허리를 굽히는 각도는 중요하지 않다
　　C 젊은 사람들은 만날 때 허리를 굽혀 인사하지 않는다
　　D 유럽, 미국 사람들과 만날 때는 악수를 한다

단어 鞠躬 jūgōng [동] 허리를 굽혀 절하다 | 弯腰 wānyāo [동] 허리를 굽히다 | 深浅 shēnqiǎn [명] 심도, 깊이 | 含义 hányì [명] 함의, 내포된 뜻 | 欧美 ŌuMěi [명] 구미, 유럽과 미국 | 接触 jiēchù [동] 접촉하다, 왕래하다 | 握手 wòshǒu [명] 악수

해설 '日本人见面时多以鞠躬为礼'에서 일본인은 사람을 만났을 때 허리를 굽혀 절하는 것을 예의라고 생각한다는 것을 알 수 있다.

정답_ A

009

我发现丈夫偷偷藏了500元钱，就质问他是怎么回事。丈夫故作神秘地说："嘘！小声点！这是老板发给我们的奖金，只有我们部门有。老板不让我们跟别人说，我才没有告诉你。"一句话把我给气乐了。

- A 妻子一直很生气
- B 妻子一直很高兴
- ✓ C 妻子被逗笑了
- D 老板说谎

나는 남편이 몰래 500위안을 숨겼다는 것을 발견하고는 그에게 어떻게 된 일인지 물었다. 남편은 일부러 비밀스럽게 말했다. "쉿! 소리 낮춰! 이건 사장님이 우리에게 주신 보너스라고. 우리 부서만 주신 거야. 사장님이 다른 사람한테는 말하지 말라고 하셔서 당신에게도 알리지 않은 거야." 이 한마디의 말로 나는 화가 풀렸다.

- A 아내는 계속 화가 났다
- B 아내는 줄곧 기뻐했다
- **C 아내를 웃겼다**
- D 사장님이 거짓말을 했다

단어 偷偷 tōutōu 〖부〗 남몰래, 슬쩍 | 质问 zhìwèn 〖동〗 캐묻다, 추궁하다 | 故作 gùzuò 〖동〗 일부러 하다, 고의로 하다 | 神秘 shénmì 〖형〗 신비하다 | 发给 fāgěi 〖동〗 지급하다 | 奖金 jiǎngjīn 〖명〗 포상금, 보너스 | 部门 bùmén 〖명〗 부(部), 부서 | 逗笑 dòuxiào 〖동〗 (우스갯소리 따위로) 웃기다

해설 '老板不让我们跟别人说, 我才没有告诉你'라는 남편의 이 말이 부인을 웃겼으며 이로 인해 부인이 화가 풀렸음을 알 수 있다.

정답_ C

010

　　如今，私家车越来越多，但大部分刚刚打算买车的人对车的特点、性能都不太了解。在买车过程中需要一个懂行的人为他们出谋划策。因此，帮人参谋、替人"验车"成了一个新职业，这就是验车师。

- A 验车师不会开车
- B 验车师买不起车
- ✓ C 验车师很了解汽车
- D 验车师免费验车

　　현재 자가용은 갈수록 많아지고 있지만, 차를 살 계획이 있는 대부분의 사람들은 차의 특징과 성능에 대해 잘 알지 못한다. 차를 사는 과정에서 그들의 계획을 생각해 줄 전문가가 필요하다. 그래서 그들에게 조언을 해주고, 그들을 대신해 차를 검사해주는 새로운 직업이 생겨났는데 이것이 바로 '자동차점검사(验车师)'이다.

- A 자동차점검사는 운전할 줄 모른다
- B 자동차점검사는 돈이 없어 차를 살 수 없다
- C 자동차점검사는 차에 대해 매우 잘 알고 있다
- D 자동차점검사는 차의 검사를 공짜로 해준다

단어 如今 rújīn 몡 오늘날, 현재 | 私家 sījiā 몡 개인 | 懂行 dǒngháng 혱 정통하다, 능통하다 | 出谋划策 chūmóuhuàcè 셩 계획을 생각해 내다, (배후에서) 일을 꾸미다 | 参谋 cānmóu 몡 카운셀러, 상담자 | 替人 tìrén 몡 대리인, 대역 | 免费 miǎnfèi 동 무료로 하다

해설 '帮人参谋、替人"验车"成了一个新职业，这就是验车师'에서 차를 살 때 옆에서 조언을 해주고 대신 검사를 해주는 등 차에 대해서 잘 아는 사람이 필요한데 그런 일을 하는 사람을 자동차점검사라고 한다는 것을 알 수 있다.

정답_ C

Tip　在와 함께하는 고정 형식들

1. 在~上: 방면이나 조건을 나타낸다.
    这部小说在题材和内容上都很不错。
    이 소설은 소재나 내용상 모두 좋다.

2. 在~方面: 범위를 나타낸다.
    在经济学方面，他有专著。
    경제학 방면에 그는 전문 저서가 있다.

3. 在~下: 조건이나 전제 조건을 나타낸다.
    在他的帮助下，我顺利完成了任务。
    그의 도움하에 나는 순조롭게 임무를 완성했다.

4. 在~中: 과정이나 범위를 나타낸다.
    在我的印象中，他是个非常有个性的人。
    나의 인상 중에 그는 매우 개성이 있는 사람이다.

5. 在~里 / 中 / 内 / 期间: 정해진 시간 내에 어떤 일이 발생하는 것을 나타낸다.
    在一年的时间内要学习五门课程。
    1년의 시간 동안 다섯 과목을 배워야 한다.

6. 在~之间: 범위를 나타낸다.
    学生人数在二十到二十五人之间。
    학생 수는 20명에서 25명 사이이다.

7. 在~看来: 어떤 사람의 견해를 나타낸다.
    在一般人看来，他是个很冷漠的人。
    보통 사람이 보기에 그는 냉담한 사람이다.

011

3500多年前，中国人把文字刻在龟甲和兽骨上，称为甲骨文。为了便于书写，人们渐渐改用竹片和木片，称为书简。由于书简太重，人们又开始使用丝织品，但是价格昂贵。最后，东汉时期的蔡伦发明了造纸术，纸就这样产生了。

A 甲骨文容易丢失
B 书简价格昂贵
C 丝织品携带不便
✓ D 东汉时发明了纸

3,500여 년 전, 중국인은 거북이 등껍데기와 짐승 뼈 위에 문자를 새겼고, 이것을 가리켜 '갑골문'이라 한다. 글쓰기의 편리를 위해 사람들은 점차 대나무조각과 나무조각으로 바꿔 사용하였고, 이것을 '서간'이라 한다. 서간은 너무 무거웠기 때문에 사람들은 또 비단을 사용하기 시작했는데 가격이 매우 비쌌다. 맨 마지막에 동한시기의 차이룬이 제지술을 발명하였고, 종이는 이렇게 생산되었다.

A 갑골문은 잃어버리기 쉽다
B 서간의 가격은 비싸다
C 견직물(비단)은 휴대가 불편하다
D 동한시기에 종이를 발명했다

단어 龟甲 guījiǎ 명 귀갑, 거북의 등딱지 | 兽 shòu 명 짐승, 포유동물 | 甲骨文 jiǎgǔwén 명 갑골문 | 渐渐 jiànjiàn 부 점점, 점차 | 改用 gǎiyòng 동 고쳐 쓰다 | 丝织品 sīzhīpǐn 명 견사 편직물 | 昂贵 ánguì 형 비싸다 | 东汉 DōngHàn 명 동한(東漢) | 丢失 diūshī 동 분실하다, 잃어버리다 | 携带 xiédài 동 휴대하다

해설 '东汉时期的蔡伦发明了造纸术,纸就这样产生了'에서 동한시기의 차이룬이 종이를 발명했다는 것을 알 수 있다.

정답 D

012

"黄金周"一词源自日本，最早是在电影界使用。50年代，电影公司将正月过年称作是电影放映的"黄金周"。后来，黄金周变成了大型连续休息日的叫法。在黄金周期间，许多日本人喜欢出国旅游。

A 日本人过年喜欢旅游
B 50年代是电影"黄金周"
C "黄金周"来自旅游
✓ D "黄金周"来自电影界

'황금주'라는 단어는 일본에서 유래되었고, 가장 먼저 영화계에서 사용되었다. 50년대에 영화사는 정월의 새해 맞을 때를 가리켜 영화 상영의 '황금주'라고 칭했다. 후에 황금주는 긴 연휴를 부르는 말로 바뀌었다. 황금연휴 기간에 많은 일본인들은 해외로 여행가는 것을 좋아한다.

A 일본인은 새해에 여행하는 것을 좋아한다
B 50년대는 영화의 '황금주'였다
C '황금주'라는 용어는 여행으로부터 왔다
D '황금주'라는 용어는 영화계에서부터 유래한다

단어 黄金周 huángjīnzhōu 명 황금 주간 | 词源 cíyuán 명 어원(語源) | 称作 chēngzuò 동 ~(이)라고 부르다(불리다·일컫다) | 放映 fàngyìng 동 방영하다, 상영하다 | 大型 dàxíng 형 대형(의) | 连续 liánxù 동 연속하다, 계속하다 | 叫法 jiàofǎ 명 호칭, 명칭

해설 '"黄金周"一词源自日本,最早是在电影界使用'에서 '황금주'라는 용어가 일본의 영화계에서부터 유래했다는 것을 알 수 있다.

정답 D

013

　　中国的银行为什么叫"银行"呢？历史上，白银一直是我国主要的货币材料之一。"银"代表的就是货币，而"行"则是对大型商业机构的称谓。因此，把办理与钱相关业务的大金融机构称为银行。

　A 中国银行可以存白银
　B 古代银行只存白银
✓ C 银代表钱
　D 行代表银行

　　중국의 은행은 왜 '은행(银行)'이라 부르는 것일까? 역사상 백은은 줄곧 중국의 주요한 화폐 재료 중 하나였다. '은(银)'이 나타내는 것이 바로 화폐이고, '행(行)'은 대형 상업 기관의 명칭이다. 그리하여 돈과 관련된 업무를 처리하는 대형 금융 기관을 가리켜 은행이라 칭하게 되었다.

　A 중국 은행은 은을 저축할 수 있다
　B 고대 은행은 오직 은만을 저축할 수 있었다
　C 은(银)이 돈을 나타낸다
　D 행(行)이 은행을 나타낸다

단어 货币 huòbì 명 화폐 | 材料 cáiliào 명 재료, 원료 | 代表 dàibiǎo 동 대표하다, 나타내다 | 称谓 chēngwèi 명 호칭, 명칭 | 办理 bànlǐ 동 처리하다, 해결하다 | 金融 jīnróng 명 금융 | 存 cún 동 모으다, 저축하다

해설 '银'代表的就是货币'에서 '은(银)'이 돈을 나타낸다는 것을 알 수 있다.

정답_ C

014

　　当地时间26日晚，太平洋体育馆见证了中国短道速滑的辉煌，王濛以1分29秒213的成绩夺得女子短道速滑1000米冠军。至此，中国包揽了温哥华冬奥会短道速滑女子项目全部四枚金牌。

　A 太平洋体育馆金碧辉煌
　B 中国队第一次得金牌
　C 中国队没有得金牌
✓ D 中国得了四枚金牌

　　현지 시각 26일 저녁, 태평양 체육관에서 중국 단거리 스피드 스케이팅이 눈부신 성적을 보였다. 왕멍은 1분 29초 213의 성적으로 여자 단거리 스피드 스케이팅 1000미터에서 1등을 차지했다. 지금까지 중국은 밴쿠버동계올림픽 단거리 스피드 스케이팅 여자 종목에서 모두 4개의 금메달을 휩쓸었다.

　A 태평양 체육관은 눈부시게 화려하다
　B 중국팀은 처음으로 금메달을 땄다
　C 중국팀은 금메달을 따지 못했다
　D 중국은 네 개의 금메달을 땄다

단어 太平洋 Tàipíngyáng 명 태평양 | 见证 jiànzhèng 동 증명할 수 있다, 증거를 댈 수 있다 | 速滑 sùhuá 명 '速度滑冰(스피드 스케이팅)'의 약칭 | 辉煌 huīhuáng 형 (성취·성과가) 눈부시다, 뛰어나다 | 夺得 duódé 동 달성하다, 이룩하다 | 冠军 guànjūn 명 챔피언(champion), 1등 | 至此 zhìcǐ 동 이 때에 이르다, 여기에 이르다 | 包揽 bāolǎn 동 혼자 도맡(아 하)다, 독점하다 | 温哥华 Wēngēhuá 명 밴쿠버 | 枚 méi 양 장, 개 | 金牌 jīnpái 명 금메달 | 金碧辉煌 jīnbìhuīhuáng 성 황금빛과 푸른빛이 휘황찬란하다

해설 '中国包揽了温哥华冬奥会短道速滑女子项目全部四枚金牌'라고 했으므로 중국이 단거리 스피드 스케이팅 여자 종목에서 금메달 4개를 땄음을 알 수 있다.

정답_ D

Tip 전치사 以

1. ~(으)로(써), ~을(를) 가지고
  → '用, 拿'의 뜻을 가지고 있음.
  以你的身材条件得第一名没问题。
  네 신체 조건으로 일등하는 것은 문제없다.

2. ~때문에, ~까닭에
  → '由于, 因为'의 뜻을 가지고 있고, '以~而~'의 형식으로 많이 쓰임.
  北京以名胜古迹众多而闻名于世。
  베이징은 명승고적이 많기 때문에 세계적으로 유명하다.

3. ~에 따라, ~에 의해
  我以自己的方式生活。
  나는 내 방식에 따라 생활한다.

015

当我们在深山野外或陌生的地方活动时，很容易晕头转向找不到"北"。这时若没有指南针和地图帮助辨别方向，可利用手表和太阳来大致确定方向。也可以通过观察树木的年轮来判明方向。总之，迷路时不要慌张。

- A 深山野外没有北
- ✓ B 手表和太阳能用来判断方向
- C 树木能用来判断时间
- D 迷路时必须靠地图

우리는 깊은 산이나 낯선 곳에서 활동할 때, 갈팡질팡하다가 '북쪽'을 찾을 수 없게 되기 쉽다. 만약 이때 방향을 판별하는데 도움을 줄 나침반과 지도가 없다면, 손목시계와 태양을 이용하여 방향을 대략 정할 수 있다. 또한 나무의 나이테를 관찰하여 방향을 판단할 수도 있다. 어쨌든, 길을 잃었을 때 당황해서는 안된다.

- A 깊은 산이나 낯선 곳에는 북쪽이 없다
- B 손목시계와 태양은 방향을 판단하는데 이용할 수 있다
- C 나무는 시간을 판단하는데 이용할 수 있다
- D 길을 잃었을 때는 반드시 지도에 의지해야 한다

단어 野外 yěwài 몡 야외, 교외 | 陌生 mòshēng 휑 생소하다, 낯설다 | 晕头转向 yūntóuzhuànxiàng 솅 갈팡질팡하다 | 若 ruò 젭 만약 ~이라면, 만약 | 指南针 zhǐnánzhēn 몡 지남침, 나침반 | 辨别 biànbié 동 판별하다, 식별하다 | 手表 shǒubiǎo 몡 손목시계 | 大致 dàzhì 틧 대체로, 대략 | 确定 quèdìng 동 확정하다, 확실히 하다 | 年轮 niánlún 몡 나이테, 연륜 | 判明 pànmíng 동 판명하다 | 迷路 mílù 동 길을 잃다 | 慌张 huāngzhāng 휑 당황하다, 허둥대다

해설 '可利用手表和太阳来大致确定方向'에서 손목시계와 태양을 이용하여 방향을 판단할 수 있음을 알 수 있다.

정답_B

第二部分

● 16~30번 문제 : 들려주는 내용을 잘 듣고, 알맞은 답을 고르세요.

016-020

主持人:	大家好，今天我们的客人是上海市浦东新区会展志愿者礼仪队队长李菊。我们都知道日常生活中着装礼仪方面要注意色彩，那么请问，除了色彩，还有什么方面要注意的呢？
李菊：	从专业角度说，16 穿衣服不仅要有品位还要有风格。
主持人:	那什么是风格呢？
李菊：	物也有风格，人也有风格，看到一张桌子，我们觉得它是方的，是圆的，这就是一种风格。人也是，人有偏向于直线型的，有偏向于曲线型的，这就是一种风格。
主持人:	怎么样才能知道自己的风格呢？
李菊：	找到自己的风格，从专业的角度来说，17 要从一个人的五官、身材、性格这三个方面来考虑，五官要占到70%，身材占到20%，性格占到10%。这是一个要综合考虑的问题。
主持人:	那么男女的风格有什么不一样吗？
李菊：	18 女性的风格有八类，要比男性多两类。我在这儿列举女性风格中的四种吧，首先是戏剧型的风格，就是五官特别显眼，服饰特别夸张，长发是大波浪，耳环都是特大型的，让人看了一眼就能印象深刻。女性还有一种自然型的风格。没有什么过分修饰的，非常自然，穿着很简单，化妆很淡，很亲切的。19 还有一种是古典型的。这种女性穿的服饰，都是非常庄重端庄的，耳环都是小小的，非常精致，给人一种端庄、高贵的感觉。还有一种是优雅型的，就是很有女人味儿的感觉，她穿的晚礼服是女性味道特别重的，像唱民族歌曲的演员都有这个特点。
主持人:	所谓的正装对男士和女士来说指的是什么？
李菊：	对女士来说，上身穿正式的衣服下身穿裙子的套装，裤子穿得少些，20 男士的主要是西装、领带、衬衫。这是正规的。

사회자:	안녕하세요, 오늘의 게스트는 상하이 시 푸동 신개발지구 전람회 자원봉사자 도우미팀 팀장 리쥐 씨입니다. 우리는 모두 일상생활 옷차림 예절 부분에서 색상을 주의해야 한다는 것은 알고 있습니다. 그럼, 색상에 주의하는 것 외에 또 어떤 부분에 주의해야 할까요?
리쥐:	전문가의 관점에서 보면, 옷을 입을 때는 품위뿐만 아니라 스타일도 있어야 합니다.
사회자:	그럼 무엇이 스타일이죠?
리쥐:	사물에도 스타일이 있고, 사람에게도 스타일이 있습니다. 하나의 책상을 보고 우리는 그것을 사각형이나 원형으로 생각합니다. 이것이 바로 스타일이죠. 사람 또한 그렇습니다. 사람에 따라 직선형에 치우치기도 하고, 곡선형에 치우치기도 하는데, 이것이 바로 스타일입니다.
사회자:	어떻게 자신의 스타일을 알 수 있습니까?
리쥐:	자신의 스타일을 찾으려고 할 때, 전문가의 관점에서 본다면, 한 사람의 용모와 몸매, 성격 이 세 가지 부분을 고려해야 합니다. 용모가 70%를 차지하고, 몸매가 20%, 성격이 10%를 차지하는데요, 이것은 종합적으로 고려해야 하는 문제입니다.
사회자:	그럼 남녀의 스타일은 어떻게 다른가요?
리쥐:	여성의 스타일은 8가지로, 남성보다 2가지가 더 많습니다. 제가 여기서 여성의 4가지 스타일을 열거해 보겠습니다. 첫 번째로 연극적인 스타일인데요, 용모가 매우 뚜렷하고, 옷을 굉장히 과장되게 입으며, 길고 굵은 웨이브 머리를 하고, 귀걸이는 매우 큰 것들이어서 사람들이 한번 보면 깊은 인상을 받습니다. 또 다른 여성은 자연스러운 스타일이 있는데, 어떤 과도한 장식이 없이 자연스러우며, 평범하게 옷을 입고, 화장도 옅으며, 매우 친절합니다. 또 다른 유형은 고전적인 스타일인데, 이런 유형의 여성이 입은 의상은 모두 매우 위엄있고 단정합니다. 귀걸이는 매우 작고, 아주 섬세하여 사람들에게 단정하고 고귀한 느낌을 줍니다. 또 다른 유형은 우아한 스타일로, 매우 여성스러운 느낌을 주며, 그녀가 입은 이브닝 드레스는 여성미가 강하며, 민속 가곡을 부르는 배우가 모두 이런 특징을 가지고 있는 것 같습니다.
사회자:	이른바 정장이라는 것이 남성과 여성에게 있어서 어떤 것을 지칭하는 것입니까?
리쥐:	여성에게 있어서 상의는 정식적인 옷을 입고 하의는 치마를 입는 한 벌을 말하고, 바지는 거의 입지 않습니다. 남성은 주로 양복, 넥타이, 셔츠를 갖춰 입는 것이 표준입니다.

단어 志愿者 zhìyuànzhě 몡 자원봉사자, 지원자 | 礼仪 lǐyí 몡 예의, 예절과 의식 | 队长 duìzhǎng 몡 팀장, 주장 | 着装 zhuózhuāng 동 (옷이나 모자 같은 것을) 착용하다 몡 옷차림 | 色彩 sècǎi 몡 색채, 색깔 | 风格 fēnggé 몡 성품, 스타일 | 方 fāng 형 네모지다 | 偏向 piānxiàng 동 (~쪽으로) 기울다, 쏠리다 | 直线 zhíxiàn 형 곧은, 직선의 | 曲线 qūxiàn 몡 곡선, 몸의 곡선 | 五官 wǔguān 몡 용모, 생김새 | 身材 shēncái 몡 몸매, 체격 | 考虑 kǎolǜ 동 고려하다, 생각하다 | 综合 zōnghé 몡동 종합(하다) | 戏剧 xìjù 몡 연극, 각본 | 显眼 xiǎnyǎn 형 눈에 띄다, 눈길을 끌다 | 服饰 fúshì 몡 복식, 의복과 장신구 | 夸张 kuāzhāng 동 과장하(여 말하)다 | 波浪 bōlàng 몡 파도, 물결 | 耳环 ěrhuán 몡 귀고리 | 修饰 xiūshì 동 화장하고 모양을 내다, 멋을 부리다 | 化妆 huàzhuāng 동 화장하다 | 淡 dàn 형 (색이) 없다 | 亲切 qīnqiè 형 친절하다 | 庄重 zhuāngzhòng 형 장중하다, 위엄이 있다 | 端庄 duānzhuāng 형 단정하고 장중하다 | 精致 jīngzhì 형 정교하고 치밀하다, 섬세하다 | 高贵 gāoguì 형 고상하다, 기품이 높다 | 优雅 yōuyǎ 형 우아하다 | 晚礼服 wǎnlǐfú 몡 연회복 | 所谓 suǒwèi 형 ~라는 것은, ~란 | 正装 zhèngzhuāng 몡 정장, 정식 복장 | 裙子 qúnzi 몡 치마, 스커트 | 套装 tàozhuāng 몡 슈트(suit), 정장 | 西装 xīzhuāng 몡 양복 | 领带 lǐngdài 몡 넥타이 | 衬衫 chènshān 몡 와이셔츠, 셔츠

016

穿着礼仪上，除了注意色彩，还应该注意哪些方面？

- A 品位、大小
- B 样式、品位
- ✓C 品位、风格
- D 大小、风格

예의를 갖추어 의복을 입을 때 색상 외에 또 어떤 부분을 주의해야 하는가?

- A 품위, 크기
- B 모양, 품위
- C 품위, 스타일
- D 크기, 스타일

단어 品位 pǐnwèi 몡 품위, 품격과 지위

해설 '穿衣服不仅要有品位还要有风格'에서 옷을 입을 때 색상 외에 품위와 스타일에 주의해야 한다는 것을 알 수 있다.

정답_ C

017

找自己的风格，要从哪几个方面考虑？

- ✓A 五官、身材、性格
- B 五官、年龄、身材
- C 年龄、身材、性格
- D 五官、年龄、性格

자신의 스타일을 찾을 때 어느 부분을 고려해야 하는가?

- A 생김새, 몸매, 성격
- B 생김새, 나이, 몸매
- C 나이, 몸매, 성격
- D 생김새, 나이, 성격

해설 '要从一个人的五官、身材、性格这三个方面来考虑'에서 자신의 스타일을 찾을 때 생김새, 몸매, 성격 이 3가지를 고려해야 한다는 것을 알 수 있다.

정답_ A

018

男性的风格有多少种?
- A 四种
- ✓ B 六种
- C 八种
- D 十种

남성의 스타일에는 몇 가지 종류가 있는가?
- A 4종류
- ✓ B 6종류
- C 8종류
- D 10종류

해설 '女性的风格有八类, 要比男性多两类'에서 여성의 스타일이 8종류로 남자보다 두 종류가 많다고 했으므로 남자의 스타일은 6종류가 있음을 알 수 있다.

정답_ B

019

耳环小小的, 是女性穿衣的哪一种风格?
- A 戏剧型
- B 自然型
- ✓ C 古典型
- D 优雅型

작은 귀걸이를 하는 것은 여성의 옷차림의 어떤 스타일에 해당하는가?
- A 연극적인 스타일
- B 자연스러운 스타일
- ✓ C 고전적인 스타일
- D 우아한 스타일

해설 '还有一种是古典型的。这种女性穿的服饰, 都是非常庄重端庄的, 耳环都是小小的'에서 위엄있고 단정한 스타일의 옷을 입고, 작은 귀걸이를 하는 여성은 고전적인 스타일에 해당한다는 것을 알 수 있다.

정답_ C

020

男性的正装是什么?
- A 衬衫、牛仔裤、帽子
- B 西装、领带、皮鞋
- C 衬衫、西装、皮包
- ✓ D 西装、领带、衬衫

남성의 정장은 무엇인가?
- A 셔츠, 청바지, 모자
- B 양복, 넥타이, 구두
- C 셔츠, 양복, 가죽가방
- ✓ D 양복, 넥타이, 셔츠

단어 牛仔裤 niúzǎikù 명 청바지 | 帽子 màozi 명 모자 | 皮鞋 píxié 명 가죽 구두 | 皮包 píbāo 명 가죽 가방

해설 '男士的主要是西装、领带、衬衫'에서 남성의 정장은 양복, 넥타이, 셔츠를 갖춰 입는 것임을 알 수 있다.

정답_ D

021-025

主持人： 各位网友，我们今天邀请到了绿色和平组织的中国区项目总监卢思骋先生。卢先生，您好！请您给我们介绍一下绿色和平组织是怎样的一个组织

卢思骋： 21 绿色和平组织是一个非政府组织。我们在全球大概有40多个国家有活动、工作，有办事处，22 我们是从1971年成立的，也算人到中年了吧，但幸好由于工作人员的支持和全世界环保运动的不断发展，绿色和平组织还可以维持比较年轻的心态。

主持人： 绿色和平组织在中国的行动是什么？

卢思骋： 我们是从02年开始在中国内地开展我们的工作的。23 绿色和平中国办事处是1997年在香港注册成立的。24 我们现在在中国地区开展的项目主要在四大块：一个是气候变化和可再生能源的发展；第二个项目是森林保护的工作；第三个项目我们开展的是农业和食品安全的项目。我们关心食品安全，关心农业的发展；第四个项目是有毒物质的污染，我们过去集中做得比较多的是电子垃圾、电子废物处理、防治这些方面。

主持人： 请您列举一下，你们曾经处理过什么样的事情？

卢思骋： 例如我们在电子废物当中曾和惠普公司接触过。25 我们在森林保护方面，去年揭露了某集团在海南和云南非法砍伐的事儿，后来也得到了国家林业局有关官员的关注，云南政府也继续去跟踪解决这件事儿。我想我们的工作在不同的方面都有做，我们也尽量希望在工作里能够有始有终，我们不会开展一个项目做到一半、碰到困难就知难而退，而是在面对困难，工作开展不下去的时候，我们还会继续努力。

사회자： 네티즌 여러분, 오늘 우리는 그린피스의 중국 지부 총감독이신 루쓰청 씨를 모셨습니다. 루쓰청 씨, 안녕하세요. 그린피스가 어떤 단체인지 소개 좀 해주세요.

루쓰청： 그린피스는 비정부조직으로서, 저희는 전 세계 약 40여 개의 국가에서 활동하고 일하고 있으며, 사무소를 가지고 있습니다. 저희는 1971년에 설립되었고 사람으로 치면 중년에 이르렀다고 할 수 있지만, 다행히도 직원들의 지지와 전 세계 환경 보호 활동의 끊임없는 발전으로, 그린피스는 비교적 젊은 심리상태를 유지할 수 있습니다.

사회자： 그린피스는 중국에서 어떤 활동을 하나요?

루쓰청： 저희는 02년부터 중국 내륙에서의 사업을 확대하기 시작했습니다. 그린피스 사무소는 1997년 홍콩에 등록해서 세워졌으며, 현재 중국 지역에서 전개하는 사업은 크게 4가지 입니다. 첫째는 기후 변화와 재생 가능 에너지 발전이고, 두 번째 사업은 산림 보호 사업입니다. 세 번째로 전개하는 사업은 농업과 식품 안전 사업으로 우리는 식품 안전과 농업 발전에 관심을 두고 있습니다. 네 번째 사업은 유독 물질의 오염으로서, 저희가 과거에 좀 많이 집중했던 것이 산업 쓰레기와 산업 폐기물의 처리, 방지 분야였습니다.

사회자： 이전에 어떤 업무를 처리하셨는지 좀 열거해 주시겠습니까?

루쓰청： 예를 들면 저희는 전자 폐기물로 휴렛팩커드사와 접촉한 적이 있습니다. 산림 보호 부분에서는 지난해 저희가 모 그룹이 하이난과 윈난에서 불법 벌목한 일을 폭로했었는데, 그후에 국가 산림국 관계자의 관심을 얻었고, 윈난 정부도 지속적으로 추적하여 이 일을 해결했습니다. 저는 우리의 사업이 다른 방면에서도 모두 성과가 있고, 우리도 또한 되도록 이면 사업에서 유종의 미를 거둘 수 있기를 바랍니다. 우리는 사업을 반 정도만 진행한다거나, 어려움을 만났다고 해서 물러서는 일들은 하지 않을 것입니다. 오히려 어려움에 맞서고, 사업을 전개할 수 없을 때에도 계속해서 노력할 것입니다.

단어 邀请 yāoqǐng 통 초청하다, 초대하다 | 项目 xiàngmù 명 프로젝트, 사업 | 总监 zǒngjiān 명 총감독 | 绿色和平组织 Lǜsè Hépíng Zǔzhī 명 그린피스(Green Peace)〔1970년에 결성된, 핵무기 반대와 환경 보호를 목표로 국제적 활동을 벌이는 민간 환경 보호 단체〕 | 大概 dàgài 부 아마(도), 대개 | 办事处 bànshìchù 명 사무소 | 幸好 xìnghǎo 부 다행히, 운 좋게 | 支持 zhīchí 통 지지하다 | 维持 wéichí 통 유지하다, 지키다 | 心态 xīntài 명 심리 상태 | 开展 kāizhǎn 통 확대하다, 전개하다 | 香港 Xiānggǎng 명 홍콩 특별 행정구 | 注册 zhùcè 통 등록하다, 등기하다 | 森林保护 sēnlín bǎohù 명 산림 보호(forest conservancy) | 农业 nóngyè 명 농업 | 毒 dú 명 독, 독극물 | 污染 wūrǎn 통 오염시키다 | 垃圾 lājī 명 쓰레기, 오물 | 废物 fèiwù 명 폐품 | 防治 fángzhì 통 예방 치료(퇴치)하다 | 例如 lìrú 예를 들면, 예컨대 | 废物 fèiwù 명 폐물 | 当中 dāngzhōng 명 그 가운데, 그 속에 | 惠普 Huìpǔ 명 휴렛팩커드(Hewlett-packard) | 接触 jiēchù 통 접촉하다, 왕래하다 | 揭露 jiēlù 통 폭로하다, 까발리다 | 集团 jítuán 명 (기업) 집단, (기업) 그룹(group) | 非法 fēifǎ 형 불법적인, 비합법적인 | 砍伐 kǎnfá 나무를 베다(자르다), 벌목하다 | 林业 línyè 명 임업 | 继续 jìxù 통 계속하다, 끊임없이 하다 | 跟踪 gēnzōng 통 미행하다, 추적하다 | 尽量 jǐnliàng 부 가능한 한, 되도록 | 有始有终 yǒushǐyǒuzhōng 성 시작하여 끝까지 밀고 나가다, 유종의 미를 거두다 | 知难而退 zhīnán'értuì 성 곤란한 것을 알고 물러서다

> **Tip** 동태조사 过
>
> 1. '过'는 어떤 특정 시간에 발생한 사건이나 동작을 서술하는데 사용되어 '~한 적 있다, ~했다'라고 해석한다.
>   我们曾经谈过这个问题。
>   우리는 이미 이 문제에 대해 얘기한 적이 있다.
> 2. '过' 뒤에 목적어가 와야 한다. 혹은 동태조사 '了'도 올 수 있다.
>   他昨天吃过了晚饭就来了。
>   그는 어제 저녁을 먹자마자 왔다.
> 3. '过'를 쓸 수 없는 동사
>   '出生, 死, 开幕, 闭幕, 出发, 毕业, 开学, 放学, 到达, 认识, 知道, 了解, 懂, 明白, 晓得'
>
> 다음과 같은 문장 형식에서는 가능하다.
> 他从来没毕业过。
> 그는 졸업을 한 적이 없다.
> 我听这个老师讲课从来没懂过。
> 나는 이 선생님 수업을 이해해 본 적이 없다.
>
> 4. '형용사+过'도 가능하다.
>   他小时候胖过。
>   그는 어렸을 때 뚱뚱했던 적이 있었다.

021

绿色和平组织是什么组织?	그린피스는 무슨 조직인가?
A 政府组织	A 정부조직
B 社会组织	B 사회조직
✓ C 非政府组织	C 비정부조직
D 民间组织	D 민간조직

 '绿色和平组织是一个非政府组织'에서 그린피스가 비정부조직이라는 것을 알 수 있다.

정답 C

022

绿色和平组织什么时候成立?	그린피스는 언제 설립되었는가?
A 1917年	A 1917年
✓ B 1971年	B 1971年
C 1977年	C 1977年
D 1997年	D 1997年

 '我们是从1971年成立的'에서 그린피스가 1971년에 설립되었다는 것을 알 수 있다.

정답 B

023

绿色和平中国办事处在哪儿?	그린피스 중국 사무소는 어디에 있는가?
A 北京	A 베이징
B 上海	B 상하이
C 深圳	C 선전
✓ D 香港	D 홍콩

해설 '绿色和平中国办事处是1997年在香港注册成立的'에서 1997년에 그린피스 중국 사무소가 홍콩에 세워졌다는 것을 알 수 있다.

정답_ **D**

024

绿色和平组织在中国开展的活动不包括哪个?	그린피스가 중국에서 펼친 활동 중에 포함되지 않는 것은?
A 可再生能源的发展	A 재생 가능 에너지의 발전
B 食品安全项目	B 식품 안전 항목
✓ C 植树造林活动	C 식생 산림 조성 활동
D 处理有毒物质污染	D 유독 물질 오염 처리

해설 네 번째 단락에서 그린피스 중국 지부에서 전개한 활동 4가지를 언급하고 있다. 첫째, 기후 변화와 재생 가능 에너지 발전, 둘째 산림 보호 사업, 셋째, 농업과 식품 안전, 마지막으로 유독 물질 오염이다.

정답_ **C**

025

解决非法砍伐问题属于哪个项目?	불법 벌목 문제를 해결하는 것은 어느 항목에 속하는가?
✓ A 森林保护	A 산림 보호
B 农业生产	B 농업 생산
C 气候变化	C 기후 변화
D 防治污染	D 오염 방지

해설 '我们在森林保护方面, 去年揭露了某集团在海南和云南非法砍伐的事儿'에서 산림 보호 부분에서 지난해 모 그룹의 불법 벌목 사실을 폭로했다고 말하고 있으므로 불법 벌목 문제는 산림 보호 부분에 속한다는 것을 알 수 있다.

정답_ **A**

主持人：	今天做客我们节目的是赵先生，他最近带着家人一起参加了爱心自驾游的活动。您先给大家介绍一下，自驾游是什么活动？
赵先生：	26 自驾游简单地说就是自己驾驶汽车去旅游。我经常上网了解一些这方面的材料，自驾游兴起于20世纪中期的美国，后来慢慢在西方发达国家流行起来。现在的年轻人喜欢追求独立和自由，自驾游很符合他们的心理。由于经济发展迅速，很多家庭现在都有了汽车，这就推动了自驾游的发展。现在，自驾游已经成了最时尚的旅游方式之一。
主持人：	您是通过什么途径知道云达公司这次爱心出行计划的？
赵先生：	27 去年云达公司圣诞晚会我们全家都参加了，在那次晚会上看到云达的员工们纷纷捐款，我们全家深受感动，以后就开始留意这次自驾游的事情了。
主持人：	您是出于什么考虑带着孩子出行的呢？因为事前主办方云达公司已经通知每一个报名的家庭说希望小学地理位置比较偏远，而且会有艰苦的路段。
赵先生：	我的孩子才5岁半，28 我想让他及早地接受体验式的教育，让他看到上学对山里的孩子来说是多么宝贵的一件事情，也让他从现在开始学着去珍惜。同时也要让他知道帮助别人是一种美好的品德，让他懂得怎么样去帮助别人，关心别人。
主持人：	您觉得云达公司这次活动的服务怎么样？
赵先生：	服务很周到。云达公司的工作人员每次见到我们都很亲切，29 服务也很贴心，就像这次刚刚自驾游回来，就给我们做了全车的检测。
主持人：	您希望明年云达公司再组织什么样的活动？
赵先生：	希望云达公司再次组织这类的爱心活动，把爱心传递下去。30 我建议，比如在植树节去种树啊什么的，可能同样的也跟爱心活动一样有意义。

사회자:	완다기업이 내년에는 어떤 활동을 조직했으면 하시나요?
짜오 선생님:	완다기업이 이런 종류의 봉사활동을 다시 조직하여 사랑하는 마음을 전달하기를 바랍니다. 예를 들어 식목일에 나무를 심으러 가는 등의 활동을 한다면, 마찬가지로 봉사활동과 같은 의미가 있을 것이라고 제안하는 바입니다.

단어

做客 zuòkè 동 손님이 되다, 방문하다 | 驾驶 jiàshǐ 동 운전하다 | 上网 shàngwǎng 동 인터넷을 하다, 인터넷을 연결하다 | 兴起 xīngqǐ 동 (세차게) 일어나다, 흥기하다 | 追求 zhuīqiú 동 추구하다 | 符合 fúhé 동 부합하다, 맞다 | 迅速 xùnsù 형 신속하다, 재빠르다 | 推动 tuīdòng 동 추진하다, 촉진하다 | 时尚 shíshàng 명 시대적 유행, 당시의 분위기 | 途径 tújìng 명 경로, 수단 | 圣诞 shèngdàn 명 성탄절, 예수의 탄생일 | 纷纷 fēnfēn 부 잇달아, 계속해서 | 捐款 juānkuǎn 동 돈을 기부하다, 헌금하다 | 留意 liúyì 동 주의를(관심을) 기울이다, 관심을 갖다 | 考虑 kǎolǜ 동 고려하다, 생각하다 | 主办 zhǔbàn 동 주최하다 | 位置 wèizhi 명 위치 | 偏远 piānyuǎn 형 궁벽하다, 외지다 | 艰苦 jiānkǔ 형 힘들고 어렵다, 고생스럽다 | 路段 lùduàn 명 (철도나 도로의) 구간 | 及早 jízǎo 부 일찍, 일찌감치 | 宝贵 bǎoguì 형 귀중하다 | 珍惜 zhēnxī 동 진귀하게 여겨 아끼다, 귀중(소중)히 여기다 | 品德 pǐndé 명 인품과 덕성(德性), 품성 | 周到 zhōudào 형 세심하다, 꼼꼼하다 | 亲切 qīnqiè 형 친절하다, 다정하다 | 贴心 tiēxīn 형 마음이 딱 맞다, 마음에 딱 들다 | 检测 jiǎncè 동 검사·측정하다 | 传递 chuándì 동 (차례차례) 전달하다, 전하다 | 植树节 zhíshùjié 명 식목일

Tip 방향보어 下去

1. 높은 곳에서 낮은 곳으로 또는 가까운 곳에서 먼 곳으로 움직임을 나타낸다.
他脸红了,头低了下去。
그는 얼굴이 빨개지며 고개를 떨구었다.

2. 지금부터 앞으로 계속 지속됨을 나타낸다.
别打断他,让他讲下去。
그의 말을 끊지 말고, 계속 얘기하게 해줘.

3. 형용사 뒤에 쓰여, 어떤 상태가 이미 존재하며 정도가 더욱 심해짐을 나타낸다.
我不会看着乡亲们穷下去的。
나는 고향 사람들이 점점 더 가난해지는 것을 보고 있을 수가 없다.

026

下面关于自驾游的解释正确的是?

A 自己驾驶汽车
B 自己去旅行
C 开自己的车去旅行
✓ D 自己开车去旅行

다음 중 자동차 여행(自驾游)에 대한 설명으로 옳은 것은?

A 스스로 차를 운전한다
B 스스로 여행을 간다
C 자기 차를 운전해서 여행을 간다
D 직접 운전을 해서 여행을 간다

해설

'自驾游简单地说就是自己驾驶汽车去旅游'에서 자동차 여행은 본인이 직접 운전을 하며 여행하는 것임을 알 수 있다.

정답 D

027

男的一家人去年参加了公司的什么活动? | 남자의 가족은 작년에 회사의 어떤 활동에 참가했는가?

　　A 春节晚会 | A 설날 파티
✔ B 圣诞晚会 | B 성탄절 파티
　　C 元旦晚会 | C 새해 파티
　　D 周年晚会 | D 1주년 파티

단어 春节 chūnjié 명 설, 춘절 | 元旦 yuándàn 명 정월 초하루, 설날 | 周年 zhōunián 명 주년

해설 '去年云达公司圣诞晚会我们全家都参加了'에서 작년에 가족들이 윈다그룹의 성탄절 파티에 참석했다는 것을 알 수 있다.

정답_ B

028

他为什么带着孩子一起参加自驾游活动? | 그는 왜 아이를 데리고 자동차 여행(自驾游) 활동에 참가했는가?

✔ A 接受体验式教育 | A 체험식 교육을 받게 하기 위해서
　　B 孩子年龄合适 | B 아이의 연령에 적합해서
　　C 跟父母一起玩儿 | C 부모와 함께 놀려고
　　D 学习新知识 | D 신지식을 배우려고

해설 '我想让他及早地接受体验式的教育'에서 체험식 교육을 받게 하기 위해 아이를 데리고 활동에 참가했다는 것을 알 수 있다.

정답_ A

029

下面哪个不能体现公司服务周到?

- A 职员很亲切
- B 进行全车检测
- ✓ C 免费洗车
- D 服务贴心

다음 중 회사의 세심한 서비스로 경험할 수 없는 것은?

- A 직원이 매우 친절하다
- B 차량 전체를 점검해 준다
- ✓ C 무료 세차
- D 서비스가 마음에 든다

 '服务很周到。云达公司的工作人员每次见到我们都很亲切，服务也很贴心，就像这次刚刚自驾游回来，就给我们做了全车的检测'에서 직원들이 매우 친절하고 서비스가 마음에 들며, 돌아오면 차량 전체를 점검해 주는 등 윈다그룹의 서비스가 매우 세심했다는 것을 알 수 있다.

정답_ C

030

男的建议明年公司举行什么活动?

- A 种花
- ✓ B 种树
- C 种草
- D 种田

남자는 내년에 회사가 어떤 활동을 할 것을 제안했는가?

- A 꽃 심기
- ✓ B 나무 심기
- C 풀 심기
- D 농사짓기

'我建议，比如在植树节去种树啊什么的'에서 남자가 식목일에 나무 심기 등을 제안했다는 것을 알 수 있다.

정답_ B

第三部分

● 31~50번 문제 : 들려주는 내용을 잘 듣고, 알맞은 답을 고르세요.

031-034

31 90后的女生们对传统的"三八妇女节"并不抱以十分重视的态度了。几乎所有女生都决定在妇女节给自己的长辈准备一份礼物，而并非自己。32 她们认为，妇女节应该是已婚女性过的节日。

三八妇女节在大学校园里遭到冷遇的同时，三七"女生节"却走俏全国高校。她们选择妇女节的前夜作为"女生节"。她们表示，33 "女生节"对于她们来说意味着可以更加时尚，可以永葆青春活力，而不是拒绝长大。

金一虹教授表示"三七女生节"和"三八妇女节"，34 大家要同等对待，值得受到推广。

90년대 이후 출생한 여성들은 전통적인 '3·8 부녀절'에 대해 중시하는 태도를 갖고 있지 않다. 거의 모든 여성들이 부녀절에 자신을 위한 것이 아닌 어른들을 위해 선물을 준비한다. 그들은 부녀절을 기혼 여성들이 보내는 기념일이라고 생각한다.

3·8 부녀절은 대학교 안에서 냉대 받고 있지만, 동시에 3월 7일 '여성절'은 오히려 전국의 고등학교로 뜨겁게 퍼지고 있다. 그녀들은 부녀절 전 날 저녁을 '여성절'로 삼았고, 여성절은 그녀들에게 있어서 더욱 시대적이고, 청춘의 활력을 영원히 간직할 수 있다는 것을 의미하고 있지만 성장을 거부하는 것은 아니라고 한다.

진이홍 교수는 '3·7 여성절'과 '3·8 부녀절'을 동등하게 대해야 하며, 널리 보급할 가치가 있다고 말했다.

> **단어** 三八妇女节 SānBā Fùnǚjié 몡 국제 여성의 날(매년 3월 8일) | 抱 bào 통 (생각, 의견 따위를) 마음에 품다 | 态度 tàidu 몡 태도 | 长辈 zhǎngbèi 몡 집안 어른, 손윗사람 | 校园 xiàoyuán 몡 교정 | 遭到 zāodào 통 당하다, 입다 | 冷遇 lěngyù 몡 냉대, 푸대접 | 走俏 zǒuqiào 혱 (상품이) 잘 팔리다, 인기가 좋다 | 时尚 shíshàng 몡 시대적 유행, 당시의 분위기 | 永葆 yǒngbǎo 통 영원히 간직하다 | 拒绝 jùjué 통 거절하다, 거부하다 | 对待 duìdài 통 대우하다, 대응하다 | 推广 tuīguǎng 통 널리 보급(확대·확충)하다, 일반화하다

031

90后的女生们对待"三八妇女节"的态度怎样?

A 十分重视
✓ B 不太重视
C 漠不关心
D 极力排斥

90년대 이후 출생한 여성들이 '3·8 부녀절'을 대하는 태도는 어떤가?

A 매우 중시한다
B 그다지 중시하지 않는다
C 전혀 관심을 갖지 않는다
D 있는 힘을 다해 배척한다

> **단어** 漠不关心 mòbùguānxīn 셩 냉담하게 전혀 관심을 갖지 않다 | 极力 jílì 통 있는 힘을 다하다, 극력하다 | 排斥 páichì 통 배척하다, 배격하다

> **해설** '90后的女生们对传统的"三八妇女节"并不抱以十分重视的态度了'에서 90년대 이후 출생한 여성들은 전통적인 '부녀절'을 중시하지 않는 태도를 가지고 있다는 것을 알 수 있다. 이는 전혀 관심이 없다는 것이 아니고 그다지 중시하지 않는다는 뜻이다.

정답 B

032

90后的女生们认为"妇女节"最适合哪个人群过?

- A 大学生
- B 老年妇女
- ✓ C 已婚女性
- D 所有女性

90년대 이후 출생한 여성들은 '부녀절'이 어떤 집단에게 가장 적합하다고 여기는가?

- A 대학생
- B 노년 부인
- C 기혼 여성
- D 모든 여성

해설 '她们认为, 妇女节应该是已婚女性过的节日'에서 그녀들은 '부녀절'이 기혼 여성들이 보내는 기념일이라고 생각한다는 것을 알 수 있다.

정답_ C

033

"女生节"对于她们来说意味着什么?

- ✓ A 时尚和青春
- B 健康和活力
- C 美丽和年轻
- D 自由自在

'여성절'은 그녀들에게 있어 어떤 의미가 있는가?

- A 트렌드와 청춘
- B 건강과 활력
- C 아름다움과 젊음
- D 자유자재

해설 "女生节"对于她们来说意味着可以更加时尚, 可以永葆青春活力'에서 '여성절'은 그녀들에게 트렌드와 청춘을 의미하고 있다는 것을 알 수 있다.

정답_ A

034

金教授对待"女生节"的态度如何?

- A 排斥
- B 中立
- C 冷漠
- ✓ D 认可

진 교수는 '여성절'을 대하는 태도가 어떠한가?

- A 배척하다
- B 중립이다
- C 냉담하다
- D 승인하다

단어 冷漠 lěngmò [형] 냉담하다, 무관심하다 | 认可 rènkě [명][동] 승낙(하다), 허락(하다)

해설 '大家要同等对待, 值得受到推广'에서 진 교수가 두 기념일 모두 똑같이 대해야 하며 널리 보급할 가치가 있다고 하는 것으로 보아 '여성절'을 받아들인다는 것을 알 수 있다.

정답_ D

035-038

　　35 据报道，过去30年来，美国女人平均胖了25磅，日本女人却愈来愈瘦。
　　36 日本女人越来越瘦的趋势在20多岁女性中表现得最为明显。25年前，在20多岁女性中，瘦者数量是过胖者的两倍，现在已变成四倍。反观所有年龄层的美国女性，过胖的比率增加一倍。
　　报道称，37 社会压力是日本女人越来越瘦的最重要原因。日本女人爱挑彼此的毛病，她们以最严厉的眼光监督彼此的体重。
　　研究人员发现，38 日本都市女人又比乡下女人瘦得多，刚上大学的女生体重会下降，美国则相反。

보도에 따르면, 과거 30년 간 미국 여성은 평균적으로 25파운드 정도 살이 쪘으며, 일본 여성은 오히려 갈수록 말라 간다고 한다.
일본 여성이 갈수록 마르는 추세는 20세 정도의 여성들에게서 가장 뚜렷하게 나타난다. 25년 전, 20세 정도의 여성 중에서 저체중인 사람의 수가 과체중인 사람의 2배였는데, 지금은 4배가 되었다. 반대로 모든 연령층의 미국 여성은 과체중 비율이 배로 증가하였다.
보도에서는 사회적인 스트레스가 일본 여성이 갈수록 마르는 가장 중요한 원인이라고 한다. 일본 여성은 서로의 단점을 끄집어 내길 좋아하는데, 그녀들은 아주 매서운 눈으로 서로의 체중을 감시한다.
연구원은 또한 일본 도시의 여성이 시골의 여성보다 더 말랐고, 갓 대학에 입학한 여학생의 체중은 감소하며, 미국은 그 반대라는 사실을 발견했다.

단어 平均 píngjūn 형 평균의, 평균적인 | 胖 pàng 형 뚱뚱하다, 살찌다 | 磅 bàng 양 (중량 단위인) 파운드(pound) | 愈 yù 부 ~하면 ~할수록 ~하다 | 瘦 shòu 형 마르다, 여위다 | 趋势 qūshì 명 추세 | 明显 míngxiǎn 형 뚜렷하다, 확연히 드러나다 | 变成 biànchéng 동 변하여 ~이 되다, ~로 변화하다 | 反观 fǎnguān 동 되돌아보다, 반대 입장에서 관찰하다 | 比率 bǐlǜ 명 비율 | 挑 tiāo 동 끄집어내다, 들추어내다 | 毛病 máobìng 명 (개인의) 결점, 단점 | 严厉 yánlì 형 호되다, 매섭다 | 眼光 yǎnguāng 명 시선, 눈길 | 监督 jiāndū 동 감독하다

Tip 越来越 vs 越A越B

越来越	1. 사물이 시간이 변함에 따라 변한다. 他越来越喜欢运动了。 그는 점점 더 운동을 좋아한다. 2. 문장 끝에 변화를 나타내는 '了'를 자주 사용한다. 他说得越来越快了。 그는 점점 더 빨리 말한다. 3. 주어가 같은 문장에서만 사용할 수 있다. 天气越来越冷了。 날씨가 점점 더 추워진다.
越A越B	1. A의 변화에 따라 정도가 B해짐을 나타낸다. 这部电影越看越有意思。 이 영화는 보면 볼수록 더 재미있다. 2. 문장 끝에 일반적으로 '了'를 사용하지 않는다. 他越说越快了。(×) 3. 주어가 같은 문장에도 사용할 수 있고, 같지 않은 문장에도 사용할 수 있다. 我越解释他越生气。 내가 설명하면 할수록 그는 더 화를 낸다.

035

过거的30年里，美国和日本的女性体重有着怎样的变化？

- A 都越来越瘦了
- B 美国女人变瘦了，日本女人变胖了
- ✓ C 日本女人变瘦了，美国女人变胖了
- D 都越来越胖了

과거 30년 간 미국과 일본 여성의 체중에는 어떤 변화가 있었는가?

- A 모두 갈수록 말라간다
- B 미국 여성은 마르고, 일본 여성은 살이 쪘다
- C 일본 여성은 마르고, 미국 여성은 살이 쪘다
- D 모두 갈수록 살이 쪘다

 '据报道, 过去30年来, 美国女人平均胖了25磅, 日本女人却愈来愈瘦'에서 보도에 따르면 지난 30년 간 미국 여성은 평균 25파운드 정도 살이 쪘고, 일본 여성은 갈수록 말라간다는 것을 알 수 있다.

정답_ C

036

日本女性越来越瘦的趋势在哪个年龄段体现得最明显？

- ✓ A 20多岁
- B 25岁
- C 30多岁
- D 35岁

일본 여성이 갈수록 마르는 추세는 어느 연령층에서 가장 뚜렷하게 드러나는가?

- A 20세 정도
- B 25세
- C 30세 정도
- D 35세

 '日本女人越来越瘦的趋势在20多岁女性中表现得最为明显'에서 일본 여성이 갈수록 말라가는 추세가 20세 정도의 여성에게서 특히 두드러진다는 것을 알 수 있다.

정답_ A

037

造成日本女性越来越瘦的重要原因是什么？

- A 健康塑身
- B 追求美丽
- ✓ C 社会压力
- D 生活不好

일본 여성이 갈수록 마르게 되는 중요한 원인은 무엇인가?

- A 건강한 몸을 만들기 때문에
- B 아름다움을 추구하기 때문에
- C 사회적 스트레스 때문에
- D 생활이 좋지 않기 때문에

塑 sù 동 빚다, 소조하다

 '社会压力是日本女人越来越瘦的最重要原因'에서 사회적 스트레스가 일본 여성을 갈수록 마르게 하는 중요한 원인임을 알 수 있다.

정답_ C

038

日本都市女人和乡下女人比较，哪个更胖些？	일본의 도시 여성과 시골 여성을 비교했을 때 어느 쪽이 더 뚱뚱한가?
A 城乡女人都很瘦	A 도시와 농촌 여자 모두 말랐다
B 城乡女人都很胖	B 도시와 농촌 여자 모두 뚱뚱하다
C 城市女人更胖	C 도시 여자가 더 뚱뚱하다
✓D 乡下女人更胖	D 농촌 여자가 더 뚱뚱하다

 '日本都市女人又比乡下女人瘦得多'에서 일본의 도시 여성이 농촌 여성보다 더 말랐다고 했으므로 농촌 여성이 더 뚱뚱하다는 것을 알 수 있다.

정답 D

039-042

上海首个家庭太阳能发电站的拥有者赵春江照搬日本模式兴办的39 国内首家"太阳能超市"，半年来，40 前来咨询安装家庭太阳能发电系统的市民络绎不绝，41 可由于价格高昂，到现在一笔生意都没做成。一年要赔本20多万的"老板"赵春江倒是一点也不着急，他说："我们是赔本赚吆喝，42 开店主要是为了做太阳能的科普宣传，发展太阳能肯定是以后的趋势，有没有回报，我们得看以后。"

상하이 최초의 가정용 태양에너지 발전소의 소유자인 짜오춘지앙은 일본 모델을 모방하여 국내 첫 '태양에너지 슈퍼마켓(太阳能超市)'을 창설하였다. 반 년 동안, 가정용 태양에너지 시스템 설치를 자문하러 오는 시민은 끊이지 않았지만, 가격이 비싸다는 이유로 지금까지 거래가 한번도 성사되지 않았다. 1년에 20여만 위안을 손해 봐야 했던 사장 짜오춘지앙은 조금도 조급해하지 않고 말했다. "우리는 손해를 봤지만 가게를 연 주 목적은 태양에너지의 과학 보급 선전을 위한 것이고 태양에너지 발전은 분명히 앞으로의 추세이며, 보답이 있을지는 이후에 지켜봐야 합니다."

 电站 diànzhàn 명 발전소 | 拥有 yōngyǒu 동 보유하다, 소유하다 | 照搬 zhàobān 동 모방하다, 답습하다 | 模式 móshì 명 (표준) 양식, 모델 | 兴办 xīngbàn 동 창립하다, 창설하다 | 超市 chāoshì 명 '超级市场(슈퍼마켓)'의 약칭 | 咨询 zīxún 동 자문하다, 상의하다 | 安装 ānzhuāng 동 설치하다, 장착하다 | 络绎不绝 luòyìbùjué 성 왕래가 빈번해 끊이지 않다 | 价格 jiàgé 명 가격, 값 | 高昂 gāo'áng 형 비싸다 | 做成 zuòchéng 동 성취하다, 달성하다 | 赔本 péiběn 동 손해를 보다, 밑지다 | 吆喝 yāohe 동 큰 소리로 외치다, 소리치며 팔다 | 科普 kēpǔ 명 '科学普及(과학보급)'의 약칭 | 宣传 xuānchuán 동 (대중을 향하여) 선전하다, 홍보하다 | 趋势 qūshì 명 추세 | 回报 huíbào 동 보답하다, 보고하다

Tip 꼭 알아 두어야 할 한자성어 2

迫不及待 pòbùjídài 일각도 지체할 수 없다, 잠시도 늦출 수 없다
齐心协力 qíxīnxiélì 한마음 한뜻으로 함께 노력하다
迄今为止 qìjīnwéizhǐ (이전 어느 시점부터) 지금에 이르기까지
潜移默化 qiányímòhuà 한 사람의 사상이나 성격 등이 어떤 영향을 받아 부지불식간에 변화가 생기다, 은연중에 감화되다
锲而不舍 qiè'érbùshě 중도에 그만두지 않고 끝까지 조각하다
热泪盈眶 rèlèiyíngkuàng 뜨거운 눈물이 눈에 그렁그렁하다
任重道远 rènzhòngdàoyuǎn 맡은 바 책임은 무겁고 갈 길은 멀기만 하다
肆无忌惮 sìwújìdàn 제멋대로 굴고 전혀 거리낌이 없다
滔滔不绝 tāotāobùjué 끊임없이 계속되다, 말이 끝이 없다
讨价还价 tǎojiàhuánjià 값을 흥정하다

039

该"太阳能超市"是国内第几家兴办的?

- ✓ A 第一家
- B 第二家
- C 第三家
- D 第四家

이 '태양에너지 슈퍼마켓'은 중국에서 몇 번째로 창설된 것인가?

- A 첫 번째 회사
- B 두 번째 회사
- C 세 번째 회사
- D 네 번째 회사

🔍 해설 '国内首家"太阳能超市"'에서 '首家'라는 것으로 보아 첫 번째 회사임을 알 수 있다.

정답_A

040

来超市咨询安装的人多不多?

- A 不太多
- ✓ B 非常多
- C 很少
- D 几乎没有

슈퍼마켓에 와서 설치를 자문하는 사람은 많은가?

- A 그다지 많지 않다
- B 매우 많다
- C 매우 적다
- D 거의 없다

🔍 해설 '前来咨询安装家庭太阳能发电系统的市民络绎不绝'에서 '络绎不绝'는 사람들의 왕래가 끊이지 않는다는 의미이므로 태양에너지 발전 시스템 설치에 관해 문의하는 사람이 많음을 알 수 있다.

정답_B

041

为什么没有生意呢?

- A 质量不好
- B 没有需求
- ✓ C 价格太贵
- D 经营不善

왜 장사가 잘 되지 않았는가?

- A 품질이 좋지 않아서
- B 수요가 없어서
- C 가격이 너무 비싸서
- D 경영을 잘 하지 못해서

📖 단어 需求 xūqiú 몡 수요, 필요 | 不善 búshàn 혱 잘하지 못하다

🔍 해설 '可由于价格高昂, 到现在一笔生意都没做成'에서 가격이 매우 비싸서 장사가 안 된다는 것을 알 수 있다.

정답_C

042

老板开店的主要目的是什么?

- A 义务奉献
- ✓ B 科普宣传
- C 创造价值
- D 提高就业

사장이 개업한 주목적은 무엇인가?

- A 도의적인 의무를 다하기 위해
- B 과학 보급 선전을 위해
- C 가치 창조를 위해
- D 취업 향상을 위해

🔍 해설 '开店主要是为了做太阳能的科普宣传'에서 사장이 가게를 연 주목적이 태양에너지 과학 보급 선전을 위한 것임을 알 수 있다.

정답_B

043-046

生物学家发现，北美洲灰熊的活动范围逐渐向北延伸，到了北极熊的传统领地。43, 46 灰熊在美国西部是被保护的，但是如果它们跨过边界进入加拿大就可能被捕杀。

随着发现灰熊的频率上升，北极熊的生存就会受到威胁，因为它们有可能在北极熊生产的洞穴去冬眠，到时，44 它们和北极熊会一起苏醒过来，然后捕杀北极熊幼仔。

灰熊已经侵入了各种洞穴并威胁其他物种。听当地土著老人讲，45 灰熊既然发现了这个有丰富食物的地区，它们就会定居于此。

最大的问题就是怎样处理这些新成员，在加拿大，北极熊和灰熊都是特别受政府关注的特殊物种。北极熊因为常受草原居民的威胁，因此是受保护的，而灰熊则是猎杀的对象。

생물학자들은 북미대륙 회색곰의 활동 범위가 점차 북쪽으로 확대되어 북극곰의 전통 영토까지 도달했음을 발견했다. 회색곰은 미국 서부 지역에서 보호를 받고 있지만, 만약 그것들이 국경을 넘어 캐나다로 진입한다면 붙잡혀 죽을 수도 있다.

회색곰이 발견되는 빈도가 증가함에 따라 북극곰의 생존이 위협받을 수 있다. 왜냐하면 그들이 북극곰의 새끼를 낳는 동굴에서 겨울잠을 자다가 때가 되면 그들과 북극곰은 함께 깨어날 것이고 후에 북극곰의 어린 새끼들을 잡아 먹을 것이기 때문이다.

회색곰은 이미 각종 동굴에 침입하여 다른 종들을 위협하고 있다. 그곳 토착 노인의 이야기에 따르면, 회색곰은 이미 이곳의 먹이가 풍부한 지역에서 발견되고 있으며, 곧 이곳에 정착할 것이라고 한다.

가장 큰 문제는 이 새로운 구성원을 어떻게 처리하는가이다. 캐나다에서 북극곰과 회색곰은 모두 정부의 각별한 관심을 받고 있는 특수종이다. 북극곰은 수시로 초원 주민의 위협을 받기 때문에 보호를 받는 것이고, 회색곰은 오히려 사냥의 대상이 된다.

단어

灰熊 huīxióng 명 회색곰, 그리즐리(Grizzly Bear) | 范围 fànwéi 명 범위 | 逐渐 zhújiàn 부 점점, 점차 | 延伸 yánshēn 동 확장하다, 뻗어 나가다 | 传统 chuántǒng 형 전통적이다, 역사가 유구한 | 领地 lǐngdì 명 영역 | 跨过 kuàguò 동 뛰어넘다, 건너다 | 边界 biānjiè 명 지역간의 경계(선), 국경(선) | 加拿大 Jiānádà 명 캐나다(Canada) | 捕杀 bǔshā 동 잡아 죽이다 | 随着 suízhe 동 ~따라서, ~에 따라 | 频率 pínlǜ 명 빈도(수) | 威胁 wēixié 동 위협하다, 협박하다 | 洞穴 dòngxué 명 땅굴, 동굴 | 冬眠 dōngmián 동 겨울잠을 자다, 동면하다 | 苏醒 sūxǐng 동 되살아나다, 정신을 차리다 | 仔 zǐ 형 어린, 새끼의 | 侵入 qīnrù 동 침입하다 | 土著 tǔzhù 명 본토박이, 원주민 | 定居 dìngjū 동 정착하다, 한곳에 자리잡고 살다 | 关注 guānzhù 동 주시하다, 관심을 가지(고 중시하)다 | 特殊 tèshū 형 특수하다, 특별하다 | 保护 bǎohù 동 보호하다 | 猎杀 lièshā 동 사냥하다

Tip 자주 나오는 동물과 곤충들

蝙蝠 biānfú 박쥐	猎豹 lièbào 치타	蟑螂 zhāngláng 바퀴벌레
鹿 lù 사슴	海鸥 hǎiōu 갈매기	鲨鱼 shāyú 상어
蚯蚓 qiūyǐn 지렁이	骆驼 luòtuo 낙타	萤火虫 yínghuǒchóng 개똥벌레, 반딧불이
长颈鹿 chángjǐnglù 기린	蝴蝶 húdié 나비	海豚 hǎitún 돌고래
蚂蚁 mǎyǐ 개미	斑马 bānmǎ 얼룩말	鳗鱼 mányú 뱀장어
黑猩猩 hēixīngxing 침팬지	苍蝇 cāngying 파리	鲸鱼 jīngyú 고래
鸿雁 hóngyàn 기러기	狐狸 húli 여우	

043

灰熊在美国受到怎样的待遇?
- A 遭到杀害
- B 自然生活
- ✓ C 受到保护
- D 人工饲养

회색곰은 미국에서 어떤 대우를 받는가?
- A 살해를 당함
- B 자연생활
- ✓ C 보호를 받음
- D 인공 사육

단어 杀害 shāhài 동 살해하다 | 饲养 sìyǎng 명동 사육(하다)

해설 '灰熊在美国西部是被保护的'에서 회색곰이 미국 서부지역에서 보호를 받고 있다는 것을 알 수 있다.

정답_ C

044

灰熊与北极熊从冬眠中醒来的时间一样吗?
- A 灰熊先苏醒
- B 北极熊先苏醒
- C 文中没提到
- ✓ D 同时苏醒

회색곰과 북극곰이 겨울잠에서 깨어나는 시간은 같은가?
- A 회색곰이 먼저 깨어난다
- B 북극곰이 먼저 깨어난다
- C 본문에서 언급하지 않았다
- ✓ D 동시에 깨어난다

해설 '它们和北极熊会一起苏醒过来, 然后捕杀北极熊幼仔'에서 회색곰과 북극곰이 겨울잠에서 동시에 깨어난다는 사실을 알 수 있다.

정답_ D

045

土著老人的话预示了什么?
- ✓ A 灰熊会定居下来
- B 北极熊将离开
- C 二者将和睦的生活在一起
- D 二者将生活在各自的领地内

토착 노인의 말은 무엇을 예시하는가?
- A 회색곰은 정착할 것이다
- B 북극곰은 곧 떠날 것이다
- C 둘 다 화목하게 함께 생활한다
- D 둘 다 각자의 영역 안에서 생활한다

단어 和睦 hémù 형 화목하다

해설 토착 노인이 한 말인 '灰熊既然发现了这个有丰富食物的地区, 它们就会定居于此'에서 회색곰이 이미 이곳의 먹이가 풍부한 곳에 나타나기 시작했으며 곧 정착할 것이라고 말하고 있음을 알 수 있다.

정답_ A

046

北极熊在加拿大受到了怎样的待遇?	북극곰은 캐나다에서 어떤 대우를 받고 있는가?
✓ A 遭到杀害	A 살해를 당함
B 自然生活	B 자연생활
C 受到保护	C 보호를 받음
D 人工饲养	D 인공사육

해설 '灰熊在美国西部是被保护的, 但是如果它们跨过边界进入加拿大就可能被捕杀'에서 회색곰이 미국 서부지역에서는 보호를 받고 있지만 그들이 캐나다로 경계를 넘어간다면 붙잡혀 죽을 수 있다는 것을 알 수 있다.

정답_ A

047-050

养猫可以改变人的性格。 47 不是因为养猫能培养人的责任心, 而是因为猫会把一种名叫弓形虫的寄生虫传染给主人。

48 作为寄生虫, 不被寄主发现就是它最大的胜利。从这个角度看, 弓形虫是世界上最成功的人类寄生虫, 因为全世界有超过一半的人都是它的宿主。

其实弓形虫是一种单细胞微生物, 个头非常小。 49 它的一生需要两个寄主, 最重要的宿主是猫。弓形虫在猫与人的接触过程中, 很容易进入人体, 然后会迅速传遍全身, 50 尤其喜欢聚集在脑组织里。

既然弓形虫能感染30多亿人, 岂不是说明这个世界上的大多数人的思想都受到了猫的影响? 确实有很多民族都有类似的说法, 不信? 你就养只猫试试看吧。

고양이를 기르면 사람의 성격을 바꿀 수 있다. 고양이를 기르는 것이 사람의 책임감을 길러 주기 때문이 아니라 고양이가 톡소플라스마증이라 불리우는 기생충을 주인에게 전염시킬 수 있기 때문이다.

기생충으로서 숙주에 의해 발견되지 않는다는 것이 그것의 가장 큰 성과인데 이런 관점에서 보면 톡소플라스마증은 세계에서 가장 성공한 인류 기생충이다. 왜냐하면 전 세계 반이 넘는 사람들이 모두 그것의 숙주이기 때문이다.

실제로 톡소플라스마증은 일종의 단세포 미생물이며, 크기가 아주 작다. 그것은 일생 중 두 개의 숙주가 필요한데, 가장 중요한 숙주가 고양이이다. 톡소플라스마증은 고양이와 사람의 접촉 과정을 통하여 인체로 쉽게 진입하며, 그 후에 빠르게 온몸으로 퍼지는데, 특히 뇌조직에 모이는 것을 좋아한다.

톡소플라스마증이 30여 억명의 사람들을 감염시킬 수 있다면, 이 세상 대다수 사람의 생각이 고양이의 영향을 받았다는 설명이 아니겠는가? 분명히 매우 많은 민족이 모두 유사한 의견을 가지고 있다. 믿지 못하겠는가? 그렇다면 고양이를 한번 길러 보라.

단어 养 yǎng 동 (동물을) 기르다, 키우다 | 猫 māo 명 고양이 | 培养 péiyǎng 동 양성하다, 기르다 | 寄生 jìshēng 동 기생하다 | 传染 chuánrǎn 동 전염하다, 옮다 | 寄主 jìzhǔ 명 숙주, 기주 | 胜利 shènglì 명 승리 | 角度 jiǎodù 명 사물을 보거나 생각하는 출발점, 관점 | 宿主 sùzhǔ 명 숙주, 기주 | 细胞 xìbāo 명 세포 | 微生物 wēishēngwù 명 미생물, 세균 | 个头 gètóu 명 (물건의) 크기, 몸집 | 接触 jiēchù 동 닿다, 접촉하다 | 迅速 xùnsù 형 신속하다, 재빠르다 | 传遍 chuánbiàn 동 두루 퍼지다 | 聚集 jùjí 동 한데 모이다(모으다), 집중하다 | 既然 jìrán 접 ~된 바에야, ~(인)된 이상 | 感染 gǎnrǎn 동 감염되다, 전염되다 | 岂不是 qǐbúshì 동 어찌 ~가 아니겠는가? | 确实 quèshí 부 확실히, 틀림없이 | 类似 lèisì 형 유사하다, 비슷하다

047

猫能改变人的性格是因为什么?
- A 人与动物是相同的
- B 养猫能培养人的责任心
- C 猫具有控制人思想的能力
- ✓ D 人会被传染寄生虫

고양이가 사람의 성격을 바꿀 수 있는 이유는 무엇인가?
- A 사람과 동물은 같아서
- B 고양이를 기르면서 책임감을 기를 수 있어서
- C 고양이는 사람의 생각을 제어하는 능력이 있어서
- D 사람이 기생충에 전염될 수 있어서

단어 控制 kòngzhì 동 제어하다, 억제하다

해설 '不是因为养猫能培养人的责任心, 而是因为猫会把一种名叫弓形虫的寄生虫传染给主人'에서 고양이를 기르는 것이 사람의 책임감을 길러주는 것이 아니라 사람이 고양이의 기생충에 전염될 수 있기 때문이라는 것을 알 수 있다.

정답 **D**

048

为什么说弓形虫是最成功的寄生虫?
- A 传播速度快
- B 繁殖能力强
- ✓ C 不易被发现
- D 攻击性很强

왜 톡소플라스마증을 가장 성공한 기생충이라 하는가?
- A 전파 속도가 빨라서
- B 번식 능력이 강해서
- C 쉽게 발견되지 않아서
- D 공격성이 매우 강해서

단어 传播 chuánbō 동 전파하다, 널리 퍼뜨리다 | 繁殖 fánzhí 명동 번식(하다) | 攻击 gōngjī 명동 공격(하다)

해설 '作为寄生虫, 不被寄主发现就是它最大的胜利'에서 톡소플라스마증은 숙주에 의해 발견되지 않는다는 점이 기생충으로써 가장 성공했다고 말하고 있음을 알 수 있다.

정답 **C**

049

弓形虫一生中需要几个寄主?

- A 一个
- ✓ B 两个
- C 三个
- D 多个

톡소플라스마증은 일생 중 몇 개의 숙주가 필요한가?

- A 한 개
- B 두 개
- C 세 개
- D 많이 필요하다

🔍 **해설** '它的一生需要两个寄主, 最重要的宿主是猫'에서 톡소플라스마증은 일생에 두 개의 숙주가 필요하며 가장 중요한 숙주는 고양이라는 것을 알 수 있다.

정답_ B

050

弓形虫最喜欢聚集在人体的那些部位?

- A 心脏
- B 肺部
- C 肠道
- ✓ D 脑部

톡소플라스마증은 인체의 어느 부위에 모이기를 가장 좋아하는가?

- A 심장
- B 폐부
- C 장
- D 뇌

📖 **단어** 心脏 xīnzàng 명 심장 | 肺部 fèibù 명 폐부 | 肠 cháng 명 장

🔍 **해설** '尤其喜欢聚集在脑组织里'에서 톡소플라스마증은 특히 뇌 조직에 모이기를 가장 좋아한다는 것을 알 수 있다.

정답_ D

二、阅读

第一部分

● 51~60번 문제 : 올바르지 않은 문장을 고르세요.

051

A 知识在工作中起着重要的作用，不掌握有关的知识就不可能获得任何技能。
B 我觉得适当有一些书生气是可爱的，一点儿书生气都没有的人我也就只能敬而远之了。
✔ C 我不知道自己能否参加奥运会，但我会从来努力把剩下的奥运会积分赛打好。
D 鹅毛大雪下得正紧，满山遍野都裹上了一层厚厚的雪。

A 지식은 일을 할 때 중요한 역할을 하며 관련 지식을 마스터하지 않으면 어떠한 기술도 습득할 수 없다.
B 나는 적당하게 학자풍이 나는 것은 귀엽다고 생각하지만, 조금의 학자풍도 나지 않는 사람은 가까이 하지 않는다.
C 나는 내가 올림픽에 참가할 수 있을지 없을지 모르지만 지금까지 열심히 노력해서 남은 올림픽에 참가하기 위해 점수를 얻는 시합에서 최선을 다하겠다.
D 거위 깃털 같은 많은 눈이 쉴 새 없이 내려 산과 들 가득히 두꺼운 층의 눈이 쌓였다.

단어 掌握 zhǎngwò 통 정통하다, 파악하다 | 获得 huòdé 통 얻다, 습득하다 | 技能 jìnéng 명 기능, 솜씨 | 适当 shìdàng 형 적절하다, 적당하다 | 书生气 shūshēngqì 명 학자풍, 학자 타입 | 敬而远之 jìng'éryuǎnzhī 성 겉으로는 공경하는 체하면서 실제로는 꺼려 멀리하다 | 能否 néngfǒu 통 ~할 수 있나요? ~할 수 있을까? | 奥运会 àoyùnhuì 명 올림픽(경기) | 剩下 shèngxià 통 남다, 남기다 | 积分 jīfēn 명 (시합에서의) 누계 점수, 점수의 합계 | 紧 jǐn 형 동작에 끊임이 없다, 동작이 쉴 새 없(이 바로 이어지)다 | 满山遍野 mǎnshānbiànyě 성 굉장히 많다, 도처에 가득하다 | 裹 guǒ 통 싸다, 휘감다

해설 C에서 '从来'는 과거에서부터 '지금까지, 여태까지'의 뜻으로 일반적으로 부정형에서 많이 사용한다. 그러나 지금 이 문장은 미래를 나타내는 문장으로 '从来'를 사용할 수 없다. 따라서 미래까지 '줄곧, 계속'의 의미를 나타내는 '一直'를 사용해야 한다. 즉, '但我会一直努力把剩下的奥运会积分赛打好'라고 해야 한다.

정답_ C

052

A 也许，朋友真的不在于数量的多少，而在于能不能分担彼此的不快乐。
B 根据熊猫馆效果图显示，该园占地约7000平方米，被一片翠绿包围。
C 按照时间的推算，孔子出生的时候，管仲已经逝世数年了。
✓D 喜欢鸟的人很多，但一生打交道鸟的人却并不多见。

A 어쩌면 친구는 수의 많고 적음에 있는 것이 아니라 서로의 슬픔을 분담할 수 있는지 없는 지에 있다.
B 판다관의 조감도에 따르면 이 정원은 약 7000평방미터를 차지하며, 녹음이 주위를 둘러싸고 있다는 것을 보여준다.
C 시간을 추산해 보면 공자가 출생할 때 관쭝은 이미 세상을 떠난 지 수년이 되었다.
D 새를 좋아하는 사람은 매우 많지만 한평생 새와 교류하는 사람은 오히려 보기 힘들다.

단어 也许 yěxǔ 부 어쩌면, 아마도 | 分担 fēndān 동 분담하다, 나누어 맡다 | 熊猫 xióngmāo 명 판다 | 平方米 píngfāngmǐ 양 제곱(평방)미터 | 翠绿 cuìlǜ 형 청록색의, 푸르다 | 包围 bāowéi 동 에워싸다, 둘러싸다 | 按照 ànzhào 동 ~에 따르다, ~의거하다 | 推算 tuīsuàn 동 추산하다, 미루어 계산하다 | 孔子 Kǒngzǐ 명 공자(B.C. 551~B.C. 479년) | 逝世 shìshì 동 서거하다, 세상을 떠나다 | 打交道 dǎjiāodao 동 (사람이 사물과) 상대하다, 접촉하다

해설 D에서 '打交道'는 사람끼리, 혹은 사람이 사물과 '교제하다, 접촉하다'의 뜻으로 쓰이는 이합사이다. 그래서 '打交道' 뒤에 목적어 두 개가 올 수 없고, 전치사 '跟, 与, 和' 등과 같이 사용해야만 한다. 그러므로 이 문장에서는 '打交道鸟'가 아니고, '跟鸟打交道'라고 해야 한다. 즉, '但一生跟鸟打交道的人却并不多见'이라고 해야 한다.

정답_D

053

A 他们俩之所以成为最要好的朋友，竟然是因为一个共同的"爱好"——吃。
B 要做好老师，你除了要学好自己专业的课程外，还要广泛学习多方知识。
✓C 这次比赛虽然资金不是多，但通过参加这种比赛，可以丰富个人经历、提高见识。
D 从事与自己专业无关的毕业生们在求职时花费通常会稍高。

A 그들 두 사람이 가장 좋은 친구가 된 것은 공통된 '취미'가 먹는 것이기 때문이다.
B 좋은 선생님이 되려면 너는 자신의 전공 교육 과정 외에도 다양한 방면의 지식을 광범위하게 공부해야 한다.
C 이번 시합는 비록 자금이 많지는 않지만, 이런 시합에 참여함으로써 경력이 풍부해지고 견문을 높일 수 있을 것이다.
D 자기 전공과 무관한 일에 종사하는 졸업생들이 일자리를 구할 때는 일반적으로 비용이 꽤 많이 든다.

단어 要好 yàohǎo 형 친하다, 사이가 좋다 | 竟然 jìngrán 부 뜻밖에도, 의외로 | 共同 gòngtóng 형 공동의, 공통의 | 课程 kèchéng 명 교육 과정, 커리큘럼(curriculum) | 广泛 guǎngfàn 형 광범(위)하다, 폭넓다 | 比赛 bǐsài 명 경기, 시합 | 资金 zījīn 명 자금 | 通过 tōngguò 전 ~를 통해, ~에 의해 | 见识 jiànshi 명 견문, 지식 | 稍 shāo 부 약간, 조금

해설 C에서 '多'는 형용사로 단독으로 서술어가 될 수 있으므로 형용사 앞에 '是'를 사용하는 것은 틀린 것이다. 예를 들어 '她很漂亮'이라고 해야지 '她是很漂亮'이라고 할 수 없다. 즉, '这次比赛虽然资金不多'라고 해야 한다.

정답_C

054

A 目前中国高速铁路运营里程居世界第一位，正在建设之中的高速铁路尚有1万多公里。
✓ B 我会唱的歌比较少，便选了一首刚才流行的歌唱了起来，没想到却博得了满堂彩。
C 真正的大师，甘于坐在清冷的书房，而且一坐几十年，不求名、不求利。
D 初春的天气，时而晴空万里，时而狂风暴雨，要随时增减衣物。

A 지금 중국 고속철도 운영은 세계 1위를 차지하고 있으며, 지금 건설중인 고속철도가 아직 1만여km가 된다.
B 내가 부를 수 있는 노래는 비교적 적다. 지금 막 유행하는 노래 한 곡을 골라 불렀는데 생각지도 못하게 공연장 가득히 갈채를 받았다.
C 진정한 대가란 차가운 서재에 앉을 각오가 되어 있고, 한 번 앉으면 몇십 년간 앉아 있고, 명예와 이익을 추구하지 않는다.
D 초봄의 날씨는 때때로 구름 한 점 없이 맑은 하늘이기도 하고, 때때로 비바람이 세차게 몰아치기도 하므로, 언제나 여분의 옷을 준비해야 한다.

단어 目前 mùqián 몡 지금, 현재 | 高速铁路 gāosù tiělù 몡 고속철도 | 运营 yùnyíng 동 (차·배 등을) 운영하다 | 里程 lǐchéng 몡 발전 과정, 노정 | 居 jū 동 ~에 있다, 차지하다 | 尚 shàng 부 아직, 여전히 | 博得 bódé 동 얻다, 사다 | 满堂彩 mǎntángcǎi 몡 공연장을 가득 메운 갈채 | 大师 dàshī 몡 대가, 거장 | 甘于 gānyú 동 ~할 각오가 되어 있다, ~을(를) 달가워하다 | 清冷 qīnglěng 형 썰렁하다 | 书房 shūfáng 몡 서재 | 求名 qiúmíng 동 명성을(명예를) 추구하다 | 初春 chūchūn 몡 초봄, 이른 봄 | 晴空 qíngkōng 몡 맑은 하늘 | 狂风暴雨 kuángfēngbàoyǔ 성 세찬 폭풍우(비바람) | 随时 suíshí 부 수시로, 언제나 | 增减 zēngjiǎn 동 증감하다, 변동하다

해설 B에서 '刚才'는 '지금 막, 방금'이라는 시간 명사로 얼마 지나지 않은 과거의 시간을 나타내는 것으로 지금 이 문장에서는 사용할 수 없다. 이 문장은 동작, 행위, 상황이 얼마 전에 발생했다는 것을 나타내는 것으로, 동사와 변화를 나타내는 형용사를 수식할 수 있는 '刚刚'이 와야 한다. 즉, '便选了一首刚刚流行的歌唱了起来'라고 해야 한다.

정답_B

Tip 刚(刚) vs 刚才

刚(刚)	刚才
1. 부 바로 지금, 막 → 동작, 행위, 상황이 얼마 전에 발생했다는 것을 나타냄. 刚吃晚饭。 지금 막 저녁 밥을 먹었다. 他刚走，你快去，还能追上他。 그는 바로 지금 갔으니까 네가 빨리 가면 그를 따라잡을 수 있을 것이다.	1. 명 지금 막, 방금 → 시간 명사로 얼마 지나지 않은 과거의 시간을 나타냄. 刚才有个电话找你。 방금 너를 찾는 전화가 있었어.
2. 부 마침, 꼭 → 기준에 많지도 적지도 않게 딱 맞는다는 것을 나타냄. 这次考试我一分不多一分不少，刚及格。 이번 시험에 1점도 많지도 적지도 않게 딱 맞게 합격했다.	2. '刚才' 뒤에는 부정사가 올 수 있지만 '刚' 뒤에는 올 수 없다. 你刚才不去，现在想去也晚了。 네가 방금 안 갔으니 지금 가고 싶어도 이미 늦었다.
3. '刚' 뒤에는 시간을 나타내는 말이 올 수 있지만 '刚才' 뒤에는 올 수 없다. 我刚来一会儿。(O) 我刚才来一会儿。(X)	
4. '刚'과 '刚刚'은 거의 같이 쓰이지만 '刚~就~'는 반드시 '刚'만 사용할 수 있다.	

055

A 人与大雁虽不是同类，但在生命意义上是相通甚至是相等的。
B 据了解，由于动物园长期拖欠员工工资，连日来很多员工停止了工作。
C 我要她回老家做舒适的公务员的工作，而她却喜欢在外奔波。
✓D 只要按动按钮，子弹便会射出去，包围在身边的各个匪徒就会被击中而丧命。

A 사람과 기러기는 같은 부류는 아니지만 생명의 의미에서는 상통할 뿐만 아니라 심지어는 서로 같다.
B 알려진 바에 따르면 동물원이 장기간 직원의 월급을 주지 않아 며칠 간 많은 직원들이 일을 멈췄다고 한다.
C 나는 그녀가 고향에 돌아가 편안한 공무원이 되기를 원했지만 그녀는 오히려 밖에서 바쁘게 뛰어다니는 것을 좋아한다.
D 스위치를 누르기만 하면 탄두가 발사되어, 포위된 강도들이 명중되어 생명을 잃을 것이다.

단어 大雁 dàyàn 명 기러기 | 同类 tónglèi 명 동류(의 사람·사물), 같은 무리 | 相通 xiāngtōng 동 (사물 사이가) 서로 통하다, 상통하다 | 长期 chángqī 명 장시간, 장기간 | 拖欠 tuōqiàn 동 빚을 질질 끌다, 질질 끌면서 빚을 갚지 않다 | 工资 gōngzī 명 월급, 임금 | 停止 tíngzhǐ 동 멈추다, 중지하다 | 公务员 gōngwùyuán 명 공무원 | 奔波 bēnbō 동 분주히 뛰어다니다, 바쁘다 | 按钮 ànniǔ 명 버튼, 스위치 | 子弹 zǐdàn 명 '탄두(枪弹)'의 낮은말 | 射出 shèchū 동 내쏘다, 쏘아내다 | 包围 bāowéi 동 포위하다, 에워싸다 | 匪徒 fěitú 명 강도 | 击中 jīzhòng 동 명중하다 | 丧命 sàngmìng 동 목숨을 잃다, 죽다

해설 D에서 '各个匪徒'의 '各个'가 틀렸다. '各个'는 '每一个'의 뜻으로 '각각'이라는 개체 하나 하나의 특징을 강조할 때 사용한다. 하지만 이 문장에서는 개체 하나 하나의 특징을 말하는 것이 아니고 '匪徒' 전체를 말하는 것이므로 '个个'를 사용해야 한다. 즉, '包围在身边的个个匪徒就会被击中而丧命'이라고 해야 한다.

정답_ D

056

A 我对此事的态度由二十年前的愤慨，变成了二十年后的一声叹息。
B 高三读文科的他，每次模考的数学分都在及格线上下起伏。
✓ C 对于我来说，中国历史的确非常感兴趣。
D 你的歌让我很开心，我就把我的女儿许配给你吧。

A 이 일에 대한 나의 태도는 이십 년 전의 분노에서 이십 년 후의 탄식으로 변했다.
B 고3 문과에 다니는 그는 매번 모의고사 수학 점수가 합격선에서 아래를 밑돈다.
C 나에게 있어 중국 역사는 확실히 매우 흥미가 있다.
D 네 노래가 나를 기쁘게 해주었으니, 내 딸을 너와 혼약 시켜 주겠다.

단어 态度 tàidu 명 태도 | 愤慨 fènkǎi 형 분개하다 | 叹息 tànxī 동 탄식하다 | 文科 wénkē 명 문과 | 及格 jígé 동 합격하다 | 起伏 qǐfú 동 기복을 이루다 | 的确 díquè 부 확실히, 분명히 | 兴趣 xìngqù 명 흥미, 취미 | 开心 kāixīn 형 기쁘다, 유쾌하다 | 许配 xǔpèi 동 (여자가) 혼약하다, (부모가) 딸의 혼약을 허락하다

해설 C에서 '中国历史'는 '感兴趣'의 동작의 주체가 될 수 없다. '感兴趣'는 '对于(对)~感兴趣'로 '对于' 다음에 관심 있어 하는 대상이 와야 하는데 이 문장에서는 '对于' 다음에 주어가 왔기 때문에 틀렸다. 즉, '对于+대상+感兴趣' 어순으로 해서 '我对于中国的历史的确非常感兴趣' 또는 '对于中国的历史, 我的确非常感兴趣'라고 해야 한다.

정답_ C

Tip 对 vs 对于 vs 关于

1. 사람과 사람 사이의 관계는 '对'만 쓸 수 있다.
   大家对我都很热情。
   모두들 나에게 친절하게 대한다. (≠对于)

2. '对'는 조동사, 부사 앞이나 뒤, 주어 앞에도 올 수 있지만, '对于'는 조동사, 부사 뒤에는 쓸 수 없다.
   大家都对这个问题很感兴趣。
   모두 이 문제에 대해 흥미가 있다. (≠对于)

3. '对于'는 주어 뒤에 올 수 있지만, '关于'는 주어 뒤에 올 수 없다.
   我对于语法学知道得不多。
   나는 어법에 대해 많이 알지 못한다. (≠关于)

4. '对于'는 대부분 '对'로 바꿀 수 있다.

5. 대상을 말할 때는 '对于'를 쓰고, 관련된 사물이나 언급된 사실에 대하여서는 '关于'를 쓴다.
   对于他的学习方法，老师很满意。
   그의 학습 방법에 대해 선생님은 만족한다.
   关于他的死，当时有很多不同的说法。
   그의 죽음에 대해 당시에 다른 많은 의견들이 있었다.

6. '关于~的+명사'의 형태로 동사 뒤에 목적어로 올 수 있다.
   我买了一本关于中国历史的书。
   나는 중국 역사에 관한 책을 샀다. (≠对于, ≠对)

057

A 周五这天下班时，金普给妻子打电话说晚上要跟几位同事聚一聚，不回家吃饭了。
B 大学毕业的时候，余红先后经历过几次应聘，但是都失败了。
C 为了保证自己每天能准时起床，每天晚上临睡前，她都给自己定三个闹钟。
✓ D 那时我是队里最高的球员，于是当我们到达后，所有的镜头都随时随地地对准了我。

A 금요일날 퇴근할 때 진푸는 아내에게 전화를 걸어 저녁에 동료 몇 명과 모이기로 해서 집에서 밥을 먹지 않을 거라고 말했다.
B 대학을 졸업할 때, 위홍은 잇따라 몇 차례의 입사 시험을 봤지만 모두 실패했다.
C 스스로 매일 정시에 일어날 수 있도록 하기 위해서 매일 저녁 잠들기 전에 그녀는 알람 시계를 세 개나 맞춰 놓는다.
D 그 당시 나는 팀에서 가장 키가 큰 선수였기 때문에 우리가 도착한 후에 모든 카메라는 언제 어디서나 나를 향해 있었다.

단어 聚 jù 통 모이다, 모으다 | 先后 xiānhòu 튀 계속, 잇따라 | 应聘 yìngpìn 통 초빙에 응하다, 지원하다 | 失败 shībài 통 실패하다 | 准时 zhǔnshí 튀 정시에, 제때에 | 临 lín 통 (어떤 시기에) 임하다, 막 ~하려고 하다 | 闹钟 nàozhōng 명 자명종, 알람 시계 | 球员 qiúyuán 명 (구기 운동의) 선수 | 镜头 jìngtóu 명 (카메라, 촬영기 따위의) 렌즈 | 随时随地 suíshísuídì 언제 어디서나, 형편에 따라 | 对准 duìzhǔn 통 겨누다, 조준하다

해설 D에서 '于是'는 인과관계를 나타내는 접속사로, '于是' 앞은 원인이고, 뒤는 결과를 나타내거나 혹은 선후 관계를 강조할 때 사용된다. 그러나 이 문장에서는 우리가 도착했다는 것이 앞 문장의 결과를 나타내는 것은 아니고 그냥 논리상 뒤에 오는 두 문장이 전체적인 결과를 나타내는 것이므로 '所以'를 사용해야 한다. 즉, '所以当我们到达后'라고 해야 한다.

정답_ D

058

A 上个星期我去他家了，此后的几天我一直没去找他。
B 雨一直下得特别大，好像从昨天开始就没停过，刚到下午天就黑透了。
✓ C 事实上，有些废物是有毒的，如果不把它们按时从血液中清除掉，就会对人体产生危害。
D 昨天，电视台就讲"风雪就在阳光后"。确实，昨天北京还是艳阳天；今早天空就飘起了雪花。

A 지난 주에 나는 그의 집에 갔었고, 그 이후 며칠 동안 나는 줄곧 그를 찾아가지 않았다.
B 비가 계속해서 심하게 내린다. 어제부터 시작해서 그친 적이 없는 것 같다. 오후가 되어서는 하늘이 완전히 어두워졌다.
C 사실상 어떤 노폐물은 독성이 있다. 만약 그것을 혈액에서 제때 제거하지 못하면 인체에 해를 끼칠 수 있다.
D 어제 방송국에서 "맑다가 눈보라가 있겠습니다."라고 말했는데 정말로 어제 베이징은 화창했는데, 오늘 아침은 하늘에 눈송이가 날렸다.

단어 好像 hǎoxiàng 튀 마치 ~와 같다(비슷하다) | 透 tòu 형 충분하다, 대단하다 | 事实上 shìshíshang 명 사실상 | 废物 fèiwù 명 폐품 | 按时 ànshí 튀 제때에, 시간에 맞추어 | 血液 xuèyè 명 혈액, 피 | 清除 qīngchú 통 깨끗이 없애다 | 危害 wēihài 명 손상, 위해 | 电视台 diànshìtái 명 텔레비전 방송국 | 确实 quèshí 튀 정말로, 확실히 | 艳阳 yànyáng 명 밝은 태양 | 雪花 xuěhuā 명 (흩날리는) 눈송이, 눈꽃 | 飘 piāo 통 (바람에) 흩날리다, 날아 흩어지다

해설 C에서 '按时'는 '제때에, 시간에 맞추어'라는 뜻으로 정해진 시간에 맞춰서 행동을 할 때 사용하는 것이다. 하지만 이 문장에서는 일어난 상황에 맞춰서 빨리 행동을 해야 할 경우에 사용하는 '즉시, 곧바로'의 뜻인 '及时'가 와야 한다. 두 단어를 예를 들어 비교하면 '按时吃药'라고 하면 정해진 시간에 맞춰서 약을 먹으라고 하는 것이고, '及时吃药'라고 하면 증세에 따라 그 증세가 나타났을 때 바로 약을 먹으라고 하는 것이다. 이 문장에서는 독성이 있는 것이 나타났을 때 바로 즉시 없애야 한다는 의미이므로 '及时'를 사용해야 한다. 즉, '如果不把它们及时从血液中清除掉'라고 해야 한다.

정답_ C

059

✓ A 新思想、新技术、新科技的产生，让保守和落后的思想统统删除，因此，精神文明发展得更快，社会也跟着进步了。

B 据了解，"华杯赛"是1986年始创的全国性大型少年数学竞赛活动，比赛成绩可作为重点中学录取新生的参考依据。

C 中国妇联最新公布的调查数据显示，九成以上的女大学生求职时，感受到性别歧视。

D 家长也不要对高考赋予更多不必要的内容，这不仅会增加考生的心理负担，更会让自己心神不定。

A 신사상, 신기술, 신 과학기술의 탄생이 보수적이고 낙후된 사상을 전부 없애고, 이로 인해 정신문명의 발전은 더욱 빨라졌고 사회도 함께 진보했다.

B 알려진 바에 따르면 '화베이싸이'는 1986년에 시작된 전국 규모의 소년수학경시대회이다. 경시 대회 성적은 명문 중·고등학교에서 신입생을 뽑는 참고 근거가 된다.

C 중국 전국 부녀 연합회가 최근 발표한 조사 데이터에 따르면 90% 이상의 여대생이 구직할 때 성별에 따른 차별대우를 느낀다고 한다.

D 학부모들도 대학 입학 시험에 더 많은 불필요한 내용을 부여하는 것을 원하지 않는다. 이것은 수험생의 심리적 부담을 증가시킬 뿐 아니라 자신들의 심리도 불안하게 만든다.

단어 统统 tǒngtǒng 부 전부, 모두 | 删除 shānchú 동 삭제하다, 지우다 | 精神文明 jīngshén wénmíng 명 정신문명 | 跟着 gēnzhe 부 곧 이어서, 계속하여 | 始创 shǐchuàng 동 창시하다, 창건하다 | 竞赛 jìngsài 동 경쟁하다, 시합하다 | 录取 lùqǔ 동 (시험 등을 통하여) 채용하다, 고용하다 | 依据 yījù 명 근거 | 妇联 fùlián 명 '中华全国妇女联合会(중화 전국 부녀 연합회)'의 약칭 | 公布 gōngbù 동 공포(公표)하다 | 调查 diàochá 동 (현장에서) 조사하다 | 成 chéng 양 10분의 1할, 10% | 求职 qiúzhí 동 구직(求職)하다, 직업을 찾다 | 歧视 qíshì 명동 경시(하다), 차별 대우(하다) | 赋予 fùyǔ 동 부여하다, 주다 | 增加 zēngjiā 동 증가하다, 더하다 | 心神不定 xīnshénbúdìng 성 마음이 안정되지 않다, 안절부절못하다

해설 A에서 이 문장의 주어는 '新思想、新技术、新科技的产生'이고, 목적어는 '保守和落后的思想', 서술어는 '删除'가 된다. '让' 뒤에 오는 '保守和落后的思想'이 처치를 가하는 주체가 아닌 처치가 가해지는 대상이므로 '让'을 '把'로 바꿔 능동문으로 만들어야 한다. 즉, '把保守和落后的思想统统删除'라고 해야 한다.

정답 **A**

Tip 把구문

1. 주어+把+목적어+서술어+기타성분
你把你的行李放在这儿吧。
네 짐을 여기에다 둬.

2. '把' 앞에 부정부사(不, 没, 别), 조동사, 시간명사가 오고, 서술어 뒤에 항상 기타성분이 와야 한다. 기타성분으로 올 수 없는 것은 가능보어와 동태조사 '过'이다.
我们要把这个小屋子布置得漂漂亮亮的。
우리는 이 작은 방을 예쁘게 꾸미려고 한다.

我把今天该办的事都办。(✗)
⇒ 서술어 '办' 뒤에 기타성분이 오지 않았으므로 이 문장은 틀린 문장이다.

3. '把'구문의 목적어는 듣는 사람이 이해하고 있는 것, 확정적인 사물만 올 수 있다.
你把那本词典送给我。(○)
너는 저 사전을 나에게 줘. ⇒ '那本书'는 확정적인 목적어
你把一本词典送给我 (✗) ⇒ '一本书'는 확정적이지 않은 목적어

060

✓ A 长辈们受传统观念的影响，往往认为化妆是对学生来说不合适的，即使化淡妆，也是不可取的。

B 无论路途多么遥远，多么坎坷，只要充满信心，我们就一定能到达胜利的彼岸。

C 中国这些年经济虽然发展很快，但由于城乡不平衡、地区不平衡，再加上人口多、底子薄，我们确实还处于发展的初级阶段。

D 随着近年来上海对海归人才的吸引力不断增强，"海鸥"这一代表跨越大洋两边跑的留学人员的新鲜词汇逐渐进入了人们的视野中。

A 어른들은 전통 관념의 영향을 받아, 종종 화장은 학생에게 적합하지 않다고 여긴다. 설령 화장을 옅게 하더라도 받아들일 수 없다.

B 여정이 아무리 멀고 순탄치 않더라도, 자신감만 충만하다면 우리는 반드시 승리의 고지에 도달할 수 있을 것이다.

C 중국은 요 몇 년간 경제가 빠르게 발전했지만 도시와 농촌의 불균형, 지역 불균형, 게다가 인구 과밀와 기반 부족으로 인해 확실히 발전의 초급 단계에 처해 있다.

D 최근 상하이의 해외 귀국파 인재에 대한 흡인력이 끊임없이 높아짐에 따라 '海鸥(갈매기)'는 바다의 양쪽을 넘나드는 유학파들을 나타내는 신조어로 사람들의 시야에 점점 들어오고 있다.

단어 长辈 zhǎngbèi 명 손윗사람, 연장자 | 传统 chuántǒng 형 전통적이다, 대대로 전해진 | 影响 yǐngxiǎng 명 영향 | 往往 wǎngwǎng 부 자주, 종종 | 化妆 huàzhuāng 동 화장하다 | 淡妆 dànzhuāng 명 옅은(가벼운) 화장, 우아한 치장 | 可取 kěqǔ 형 받아들일 만하다, 배울 만하다 | 路途 lùtú 명 이정, 거리 | 遥远 yáoyuǎn 형 요원하다, 아득히 멀다 | 坎坷 kǎnkě 형 인생이 순탄하지 못하다, 불우하다 | 充满 chōngmǎn 동 충만하다, 넘치다 | 彼岸 bǐ'àn 명 이르고자 하는 경지, 동경하고 있는 경지 | 经济 jīngjì 명 경제, 국민 경제 | 城乡 chéngxiāng 명 도시와 농촌, 도농 | 平衡 pínghéng 형 균형이 맞다, 균형잡히다 | 地区 dìqū 명 구역, 지역 | 底子薄 dǐzibáo 기초가 약하다, 기초가 나쁘다 | 确实 quèshí 부 정말로, 확실히 | 初级阶段 chūjíjiēduàn 명 초급 단계 | 随着 suízhe 동 (~에) 따르다, ~따라서 | 海鸥 hǎi'ōu 명 갈매기 | 跨越 kuàyuè 동 뛰어넘다, 건너뛰다 | 大洋 dàyáng 명 대양, 큰 바다 | 新鲜 xīnxiān 형 새롭다, 참신하다 | 词汇 cíhuì 명 어휘 | 视野 shìyě 명 시야

해설 A의 '往往认为化妆是对学生来说不合适的'에서 '是~的'의 위치가 틀리다. '是~的' 사이에 강조하는 부분을 넣어야 한다. 이 문장에서 강조하는 부분은 앞부분의 '不合适'와 뒷부분의 '不可取'이다. 그러므로 '是'를 '对学生来说' 앞이 아니고 '不合适' 앞에 두어야 한다. 즉, '往往认为化妆对学生来说是不合适的'라고 해야 한다.

정답 **A**

第二部分

● 61~70번 문제 : 빈칸에 알맞은 단어를 고르세요.

061

为了缓解供水的紧张局面，许多城市都在寻找措施。西安、武汉、北京等地相继调高水价，上海和成都也准备通过提价来唤醒人们的节水意识，天津则采取果断措施，关闭了100多家洗车场。

A 缓慢　连续　立即
B 和解　接着　迅速
C 缓和　连续　武断
✔D 缓解　相继　果断

물 공급의 긴장된 국면을 완화시키기 위해서 수많은 도시에서 대책을 찾고 있다. 시안, 우한, 베이징 등지에서는 물의 가격이 잇따라 오르고 있고, 상하이와 청두도 물가를 올림으로써 사람들의 물 절약 의식을 일깨울 준비를 하고 있다. 톈진에서는 과단성 있는 대책을 취해서 100여 개의 세차장이 문을 닫았다.

A 느리다/완만하다/즉시, 바로
B 화해하다/이어서/신속하다
C 완화시키다/연속하다/주관적으로〔혼자〕 판단하다
D 완화되다/잇따라/과단성〔결단력〕이 있다

단어 局面 júmiàn 몡 국면, 형세 | 寻找 xúnzhǎo 동 찾다, 구하다 | 措施 cuòshī 몡 조치, 대책 | 武汉 Wǔhàn 몡 우한(후베이(湖北)성의 성도) | 唤醒 huànxǐng 동 깨우치다, 각성시키다 | 节 jié 동 절약하다, 아껴쓰다 | 天津 Tiānjīn 몡 톈진 | 采取 cǎiqǔ 동 채택하다, 취하다 | 关闭 guānbì 동 닫다

해설 첫 번째 칸에는 C, D가 가능하다. A의 '缓慢'은 속도가 느릴 때 주로 사용한다. 두 번째 칸 D의 '相继'는 '잇따라, 연이어'라는 부사로 이 문장에서 주어는 시안, 우한, 베이징 등 여러 도시들이 잇따라 행동했다는 의미이므로 '相继'를 사용할 수 있다. A의 '连续'는 사물, 동작, 행위가 끊이지 않고, 이어서 할 경우에 사용하는 것으로 '连续五年大丰收'처럼 5년간 계속 풍년임을 나타낼 때 사용할 수 있다. B의 '接着'는 한 사람이 한 동작을 하고, 다음 동작을 이어서 할 경우에 사용하는 것으로 이 문장에서 사용할 수 없다. 세 번째 칸에서 C의 '武断'은 부정적인 의미일 경우에 사용하는 것으로 이 문장에서는 사용할 수 없다.

정답 D

062

　　茶是中国人最喜爱的一种饮料，它不仅可以生津止渴、提神醒脑，还有解毒的<u>功效</u>。因为茶叶中含有一种叫鞣酸的有机物质，它可以和金属以及植物发生化学反应生成盐类，所以<u>从事</u>金属工作的人常喝些茶水，就可以<u>避免</u>吸收的微量金属对身体造成伤害。

- A 功能　效力　躲避
- ✓ B 功效　从事　避免
- C 效果　从命　防止
- D 成效　担当　免除

　　차는 중국인이 가장 좋아하는 음료 중에 하나이다. 차는 침의 분비를 촉진시켜 갈증을 해소시킬 뿐 아니라, 정신을 깨워 머리를 맑고 또렷하게 하며, 해독하는 <u>효능</u>까지 있다. 찻잎에는 타닌산이라고 하는 유기물질이 함유되어 있어 금속 및 식물과 화학반응을 일으켜 염류를 생성시키는데, 그래서 금속업계에 <u>종사하는</u> 사람들이 자주 차를 마시면 미량의 금속이 인체에 끼치는 해를 <u>피할</u> 수 있는 것이다.

- A 기능/힘쓰다/회피하다
- B 효능/종사하다/피하다
- C 효과/명령에 복종하다/방지하다
- D 효능/담당하다/제거하다

단어 生津 shēngjīn 통 침이나 체액의 분비를 촉진시키다 | 止渴 zhǐkě 통 해갈하다, 갈증을 풀다 | 提神 tíshén 통 정신을 차리게 하다, 상쾌하게 하다 | 醒脑 xǐngnǎo 통 머리를 맑고 깨끗하게(또렷하게) 하다 | 解毒 jiědú 통 해독하다 | 鞣酸 róusuān 명 타닌산 | 金属 jīnshǔ 명 금속 | 盐类 yánlèi 명 염류(각종 소금의 총칭) | 微量 wēiliàng 명 미량, 적은 분량

해설 첫 번째 칸에는 B가 적당하다. 이 문장에서는 차의 기능과 차를 마시면 얻을 수 있는 효과를 설명하고 있으므로 '功能'과 '效果'의 뜻을 모두 포함하는 '功效'를 써야 한다. D의 '成效'는 노력을 해서 얻는 결과를 말하는 것으로 이 문장에서는 적합하지 않다. 두 번째 칸에는 B만 가능하다. 금속업계에 '종사하다'의 의미이므로 '从事'를 써야 한다. D의 '担当'은 직업이 아니라 '任务'일 경우에 쓰는 것이므로 적합하지 않다. 세 번째 칸에는 B, D가 가능하다. '避免, 免除'는 안좋은 상황을 피하려고 할 경우에 사용하므로 여기에 적합하다. C의 '防止'는 뒤에 오는 일이 아예 일어나지 않도록 막는 경우에 사용하는 것이므로 적합하지 않다.

정답 B

063

20世纪70年代末期__以来__，为适应社会发展和市场供求的__需要__，我国开始对瘦肉型猪进行大量引种、__改良__、试验与推广工作。特别是近十余年来，规模化、工厂化养猪业的蓬勃兴起，才把我们瘦肉型猪的生产与发展推向一个新的历史__阶段__。

A	以前	需求	改进	层次
B	后来	要求	优化	阶层
C	以后	必须	改善	时期
✓D	以来	需要	改良	阶段

20세기 70년대 말 이래로, 사회의 발전과 시장의 수요 공급 요구에 적응하기 위해서 우리나라는 살코기형의 돼지고기에 대해 대량 번식과 개량, 실험과 보급 작업을 시작하였다. 특히 최근 10여 년간 규모화, 공장화된 양돈업계는 활기를 띠고 있어 살코기형 돼지고기의 생산과 발전은 새로운 역사의 단계로 나아가고 있다.

A 과거/수요/개선하다/단계
B 그 후/요구/최적화하다/계층
C 이후/반드시 ~해야 한다/개선하다/시기
D 이래/요구/개량하다/단계

단어 适应 shìyìng 동 적응하다 | 供求 gōngqiú 명 공급과 수요 | 瘦 shòu 형 (고기류의) 비계가 적다 | 瘦肉 shòuròu 명 지방질이 없는 살코기 | 引种 yǐnzhǒng 동 자기 지역의 조건에 적합한 다른 지역의 (동식물) 우량 품종을 가져다 번식시키다 | 推广 tuīguǎng 동 널리 보급(확대·확충)하다, 일반화하다 | 规模 guīmó 명 규모, 영역 | 蓬勃 péngbó 형 번영(번창)하다, 크게 발전하다 | 推向 tuīxiàng 동 일정한 방향으로 밀다(추진하다)

해설 첫 번째 칸에는 D만 가능하다. 이 문장은 70년대 말부터 지금까지라는 의미이므로 '以来'만 사용할 수 있다. 두 번째 칸 A '需求'는 빈칸 앞에 '供求'가 이미 '供给'와 '需求'의 의미를 가지고 있는 단어이기 때문에 바로 뒤에 '需求'가 올 수 없다. 그래서 '为适应~的需要(~의 요구에 맞추기 위해)'는 호응 관계를 이루므로 D가 가능하다. 세 번째 칸에는 품종을 개량할 경우에 사용할 수 있는 D '改良'만 사용할 수 있다. A의 '改进'은 '进步'의 의미가 포함된 것으로 '方法, 态度'의 단어들과 호응 관계를 이룬다. C '改善'은 원래 있는 상황보다 더 좋아지게 하는 것으로 '关系, 生活, 条件' 등이 목적어로 자주 온다. 네 번째 칸에는 새로운 역사의 시기를 나타내는 것이므로 '时期, 阶段'이 가능하다.

정답_D

Tip 后来 vs 以后

后来	시작점은 비교적 모호하며, 말할 때까지의 시간을 나타내는 것으로 과거에 발생한 일을 말할 때 사용한다. 他一直追问我后来发生了什么事。 그는 그 후에 무슨 일이 있었는지 나를 계속 추궁했다.
以后	시작하는 시간이 일반적으로 명확하다. 예를 들어 '下班以后, 放学以后, 星期三以后' 등으로 사용한다. 从今以后, 我再也不想见到你了。 오늘 이후로 나는 더 이상 너를 보고 싶지 않다.

064

悉尼市市长Clover Moore向全球各地的市长们发出呼吁："无论是乡村小镇还是繁华都会，每一个人都应该积极响应'地球一小时'的活动。'地球一小时'活动将给全球那些密切关注气候变化，并期待他们的政治领袖采取行动的人们发出强烈的信号"

A	呼喊	尽管	活跃	盼望
B	号召	哪怕	活泼	期盼
✓ C	呼吁	无论	积极	期待
D	呼唤	不论	踊跃	期望

시드니 시장 클로버 무어는 전 세계 각지의 시장들에게 원조를 구했다. "농촌의 마을이든 번화한 대도시든지 간에 모든 사람이 적극적으로 '지구를 위한 한 시간' 활동에 호응해야 합니다. '지구를 위한 한 시간' 활동은 전 세계가 기후 변화에 세심한 관심을 갖게 하여, 그들의 정치 지도자들이 행동을 취하기를 기대하는 사람들에게 강력한 신호를 보냅니다."

A 외치다/비록(설령) ~라 하더라도/활동적이다/간절히 바라다
B 호소하다/설령(비록) ~라 해도/활발하다/기대하다
C 구하다/~을(를) 막론하고/적극적이다/기대하다
D 외치다/~을 막론하고/열렬하다/소망하다

단어 悉尼 Xīní 명 시드니 | 乡村 xiāngcūn 명 농촌, 시골 | 镇 zhèn 명 비교적 큰 장거리 마을, 중국의 지방 행정 구획의 하나 | 繁华 fánhuá 형 (도시·거리가) 번화하다 | 响应 xiǎngyìng 동 대답하다, 응답하다 | 密切 mìqiè 형 세심하다, 꼼꼼하다, 밀접하다 | 领袖 lǐngxiù 명 영수, 지도자 | 采取 cǎiqǔ 동 채택하다, 취하다 | 信号 xìnhào 명 신호, 사인

해설 첫 번째 칸 '发出'의 목적어를 찾는 것으로 C '呼吁'만 가능하다. 두 번째 칸에는 C, D가 가능하다. '无论, 不论'는 어떠한 조건이 되더라도 변함이 없다는 의미를 나타내며, 뒤에 의문문의 형태를 갖는 문장이 와야 한다. 빈칸 뒤에 오는 문장이 '还是'를 사용한 의문문 형태의 문장이 왔으므로 C, D가 적합하다. 세 번째 칸에는 C, D가 가능하다. 적극적으로 호응해야 한다는 의미를 나타내야 하므로 A, B는 '활발하다'의 뜻으로 '响应'을 수식할 수 없다. 네 번째 칸에는 B, C, D가 가능하다. A '盼望'은 오랜 시간에 걸친 간절한 소망일 경우에 사용하는 것이므로 이 문장에서는 적합하지 않다.

정답 C

065

今天西方人常称知识分子为"社会的良心",认为他们是人类的基本价值的<u>维护者</u>。知识分子<u>一方面</u>根据这些基本价值来批判社会上的一切不合理的现象,<u>另一方面</u>则努力推动这些价值的<u>充分</u>体现。

✓ A 维护者	一方面	另一方面	充分
B 保卫者	一边	一边	充沛
C 袒护者	一来	二来	充实
D 保护者	一面	一面	充足

오늘날 서양인은 늘 지식인을 '사회의 양심'이라고 칭하고, 그들은 인류의 기본적 가치의 <u>수호자</u>라고 여긴다. 지식인은 <u>한편으로는</u> 이러한 기본적 가치에 근거하여 사회의 모든 불합리한 현상을 비판하면서도 <u>다른 한편으로는</u> 이러한 가치의 <u>충분한</u> 구현을 힘써 추진한다.

A 수호자/한편으로~/다른 한편으로는~/충분하다
B 보위자/~하면서/ ~하다/충족하다
C 비호자/첫째는~/둘째는~/충실하다
D 보호자/~하면서/ ~하다/충분하다

단어 知识分子 zhīshi fènzǐ 명 지식인, 인텔리 | 良心 liángxīn 명 양심 | 基本 jīběn 형 기본의, 기본적인 | 批判 pīpàn 동 비평하다, 장단점을 분석하다(지적하다) | 一切 yíqiè 형 모든, 온갖 | 推动 tuīdòng 동 추진하다, 촉진하다 | 体现 tǐxiàn 동 구현하다, 체현하다

해설 첫 번째 칸은 A '维护者'가 파괴되지 않도록 지키고, 보호하는 사람을 나타내는 말로 문맥상 가장 적합하다. B의 '保卫者'는 '祖国, 领土' 등 침입을 받지 않기 위해 보호하는 사람을 의미할 때 주로 사용한다. C의 '袒护者'는 부정적인 의미를 가진 단어로 지나치게 보호하는 사람의 의미이므로 적합하지 않다. 두 번째, 세 번째 칸에는 A만 가능하다. B, D의 '一边, 一面'은 '~하면서 ~하다'의 뜻으로 두 가지 동작을 동시에 할 경우에 사용한다. C의 '一来, 二来'는 순서를 나타내는 것으로 '첫째는, 둘째는'의 의미이므로 적합하지 않다. A의 '一方面, 另一方面'은 '한편으로는 ~하면서, 또 다른 한편으로는 ~하다'의 의미이므로 이 문장에 적합하다. 네 번째 칸 A '充分'은 동작이나 행위가 최고점에 도달했다는 의미를 나타내며 주로 '体现, 利用, 认识' 등과 호응한다.

정답_ A

Tip 充分 vs 充实 vs 充足

充分	정도상의 충분함과 최대 한도에 도달함을 강조한다. 주로 추상적인 사물에 많이 사용한다. ⇒ ~调查/~研究/~发展/~发挥/~利用/~思考/~休息/~的理由/~的条件 他能够充分利用时间来学习。 그는 시간을 충분히 이용해서 공부를 한다.
充实	충분하고 풍부함을 강조하며 '内容, 精神' 등 추상적인 사물을 형용할 때 주로 사용한다. ⇒ 生活~/内心~/思想~/~内容/~自己/尽量~ 虽然我的生活很忙碌,但是日子过得很充实。 비록 나의 생활은 바쁘지만 충실하게 보내고 있다.
充足	수량상의 충분함을 강조하며 비교적 구체적인 사물에 많이 사용한다. ⇒ 阳光~/水分~/体力~/经费~/时间~/营养~ 你好好休息,才能保持充足的体力。 너 잘 쉬어야 해. 그래야 충분한 체력을 유지할 수 있어.

066

俗话说"有云未必有雨"。近年来，随着旱情的不断加剧，我们气象部门也抓住一切有利的气象条件，频繁地利用飞机来实施人工增雨，以缓解旱情。

	A	不一定	深化	一律	频率
	B	不见得	加强	一概	经常
✓	C	未必	加剧	一切	频繁
	D	不定	加深	所有	频频

'구름이 있다고 반드시 비가 내리는 것은 아니다'라는 속담이 있다. 요즘 가뭄이 계속 심해지면서, 우리 기상청도 모든 유리한 기상 조건을 파악하여 빈번하게 비행기를 이용해서 인공 강우를 실시해 가뭄을 완화시킨다.

A 반드시 ~한 것은 아니다/심화되다/일률적으로/빈도
B 반드시 ~한 것은 아니다/강화하다/전부/언제나
C 꼭 ~하다고 할 수 없다/심해지다/모든/빈번하다, 잦다
D 단정할 수 없다/깊어지다/모든/빈번히

단어 随着 suízhe 통 ~에 따라서, ~에 따라 | 旱情 hànqíng 명 가뭄의 상태(상황·정도) | 不断 búduàn 통 끊임없다 | 抓住 zhuāzhù 통 (손으로) 잡다 | 气象 qìxiàng 명 기상 | 实施 shíshī 통 실시하다, 실행하다 | 人工 réngōng 형 인공의, 인위적인 | 缓解 huǎnjiě 통 (정도가) 완화되다, 호전되다

해설 첫 번째 칸에는 '不见得, 未必, 不一定' 모두 '반드시 ~한 것은 아니다'라는 뜻을 가지고 있으며 A, B, C 모두 가능하다. 두 번째 칸에는 '旱情'과 호응 관계를 갖는 단어를 찾는 것으로 상황이 점점 심해질 경우에 사용할 수 있는 것은 '加剧'가 가능하다. 세 번째 칸에는 '条件'을 수식할 수 있는 것은 '一切, 所有'가 가능하다. A의 '一律'는 일반적으로 주어가 복수를 나타내는 사람이 온다. 즉, 여러 사람들이 일률적으로 어떤 공통된 행위를 할 경우에 사용하는 것으로 이 문장에는 적합하지 않다. B의 '一概'는 부사로 '条件'을 수식할 수 없다. 네 번째 칸에는 C만 가능하다. B의 '经常'은 부사이기 때문에 '经常地利用'이라고 할 수 없다.

정답_ C

067

　　早在诺贝尔奖首次颁奖的前32年，俄国科学家门捷列夫发现了元素的周期排列<u>规律</u>。从此以后，世界<u>上所有</u>的科学课堂都讲授这个内容，这是多么巨大的科学发展。可是，诺贝尔奖评委会<u>始终</u>没有授予他任何荣誉。1907年，他告别人世，给诺贝尔奖留下无法弥补的<u>遗憾</u>。

A 定律　一切　依旧　缺憾
B 规则　全部　一直　惋惜
C 规范　一律　仍然　可惜
✓ D 规律　所有　始终　遗憾

　　오래 전에 노벨상이 처음 수상되기 32년 전, 러시아 과학자 멘델레예프는 원소의 주기 배열 <u>규칙</u>을 발견하였다. 그 뒤로 세계의 <u>모든</u> 과학 수업에서 이 내용을 강의하며, 이것은 참으로 거대한 과학의 발전인 것이다. 하지만 노벨상평가위원회는 줄곧 그에게 어떠한 영예도 주지 않았다. 1907년 그는 세상과 이별을 고했고 노벨상은 보상할 방법이 없는 <u>유감</u>을 남겼다.

A 법칙/일체/여전히/유감스러운 점
B 규칙/전부의/계속/애석해하다
C 규범/일률적으로/변함없이/섭섭하다
D 규칙/모든/시종일관/유감이다

단어 诺贝尔奖金 Nuòbèi`ěrjiǎngjīn 명 노벨상(전 세계에서 최고 권위의 국제적 문화상) | 颁奖 bānjiǎng 통 상을 주다 | 元素 yuánsù 명 '화학 원소(化学元素)'의 약칭 | 排列 páiliè 통 배열하다, 정렬하다 | 从此以后 cóngcǐ yǐhòu 부 이후로, 그 뒤로 | 课堂 kètáng 명 교실 | 讲授 jiǎngshòu 통 강의하다, 수업하다 | 授予 shòuyǔ 통 수여하다 | 荣誉 róngyù 명 명예, 영예 | 告别 gàobié 통 헤어지다, 작별 인사를 하다 | 人世 rénshì 명 이 세상, 인간 세상 | 弥补 míbǔ 통 메우다, 보충(보상·보완·벌충)하다

해설 첫 번째 칸에는 이 문장에서는 원소의 주기 배열 규칙을 발견한 것이기 때문에 D '规律'만 가능하다. A '定律'는 어떤 환경에서 필연 관계에 의한 법칙을 말한다. 즉, 환경이나 시대에 따라 정하는 것이기 때문에 달라질 수 있다. B의 '规则'는 '交通规则'처럼 문서상으로 사람들이 만들어 놓은 규칙을 말하는 것으로 이 문장에서는 적합하지 않다. 두 번째 칸에서는 '课堂'을 수식할 수 있는 것으로 '所有'를 사용할 수 있다. 세 번째 칸에는 '시종일관, 계속'의 의미로 '一直, 始终'을 사용할 수 있다. '依旧, 仍然'은 동작의 지속성을 강조하는 것이기 때문에 적합하지 않다. 네 번째 칸에는 A, D가 가능하다. C '可惜'는 '아쉽다'는 의미를 강조하는 것으로 기준에 못미쳐 아쉬울 경우에 주로 사용한다.

정답 **D**

Tip　惋惜 vs 可惜 vs 遗憾

惋惜	다른 사람에게 닥친 불행이나 갑작스런 변화를 안타까워하거나 동정을 나타내고, 감탄문에서는 사용할 수 없다. ⇒ 为某人而~/感到~/觉得~ 看着他一天天变坏，我们都感到惋惜。 그가 날이 갈수록 나빠지는 것을 보며 우리는 모두 애석해한다.
可惜	사람이나 사물이 뜻밖의 변화를 부딪쳐서 기회를 놓치거나 상황이 이상에 미치지 못할 때 사용하는 것으로 사물에 많이 사용하며 감탄문에 사용할 수 있다. ⇒ 觉得~/错过了机会/~时间不够/~身体不好 这件衣服很漂亮，可惜我太胖了，穿不了。 이 옷은 예쁘지만 안타깝게도 내가 너무 뚱뚱해서 입을 수가 없다.
遗憾	불만족스러운 일이 일어난 것에 대해 미안함을 나타내거나 애석한 마음을 나타낸다. 외교 석상에서는 불만이나 항의를 나타내기도 한다. ⇒ 终生~/感到~/深表~/表示~ 很遗憾，我今天晚上不能参加你的生日晚会。 정말 유감스럽게도 나는 오늘 저녁에 네 생일 파티에 참석할 수가 없어.

068

加拿大北英属哥伦比亚大学的政治学教授亚历克斯·迈克罗斯发现，那些脚踏实地、实事求是的人往往比那些好高骛远、不切实际的人快乐得多。因此，要想生活快乐，就要学会根据自己的实际情况来调整奋斗目标，适当压制心底的欲望。

✓ A 实事求是　因此　根据　适当
　B 有名无实　由此　按照　适合
　C 徒有虚名　所以　凭据　合适
　D 一技之长　因而　遵照　恰当

캐나다 브리티시 컬럼비아 대학의 정치학 교수 Alex Michaelroth는 착실하고 실사구시적인 사람이 주제 넘게 높은 곳만 바라보고, 현실에 부합하지 못하는 사람보다 훨씬 더 즐겁다는 것을 발견했다. 그래서 즐겁게 생활하려면 자신의 실제 상황에 근거해서 목표 달성을 위해 분투하는 것을 조절하고, 마음속에 있는 욕망을 적절하게 억제해야 한다.

A 실사구시/그래서/~에 의거하여/적절하다
B 유명무실하다/이에 따라/~에 의해/적합하다
C 헛되이 명성만 가지고 있지 실제는 그렇지 못하다/그래서/증거/적당(적합)하다
D 뛰어난 재주/그러므로/~에 따르다/알맞다

단어 加拿大 Jiānádà 명 캐나다(Canada) | 脚踏实地 jiǎotàshídì 성 일하는 것이 착실(견실)하다 | 好高骛远 hàogāowùyuǎn 성 비현실적으로 이상만 높다, 주제넘게 높은 데만 바라보다 | 不切实际 búqièshíjì 실제에 맞지 않다, 현실에 부합되지 않다 | 调整 tiáozhěng 동 조정하다, 조절하다 | 奋斗 fèndòu 동 분투하다 | 压制 yāzhì 동 억제하다, 억누르다 | 心底 xīndǐ 명 마음속 | 欲望 yùwàng 명 욕망

해설 첫 번째 칸에는 비교문으로 뒤에 오는 '不切实际'와 반대되는 내용이 와야하므로 문맥상 '实事求是'가 적합하다. 두 번째 칸에는 뒤에 결과가 오는 것으로 '因此, 所以'가 올 수 있다. 세 번째 칸에는 '根据~情况'과 호응 관계로 A '根据'만 가능하다. 네 번째 칸에는 B, C, D는 모두 동사 '压制'를 수식할 수 없고, A '适当'만 가능하다.

답 **A**

Tip 适合 vs 合适

适合	동사로써 서술어로 사용할 때는 목적어를 동반할 수 있고, 부사어가 될 수 있다. ⇒ ~当前情况/~需要/~条件/~要求/~特点/非常~ 老师这份工作很适合你。 선생님이라는 이 직업이 너에게 아주 잘 어울린다.
合适	형용사로써 문장에서 서술어로 많이 사용하고 관형어나 보어가 될 수 있지만 부사어는 될 수 없다. ⇒ 很~/比较~/感~/~的条件/~的方法/~的要求/~的机会 你应该找合适的办法来解决这个问题。 너는 적당한 방법을 찾아서 이 문제를 해결해야 한다.

069

千百年前，九寨沟隐藏在川西北高原的崇山峻岭中，人类的活动微不足道。这里的藏民几乎与世隔绝，过着自给自足的农牧生活。由于山高路远，九寨沟一向鲜为人知。

A	隐瞒	引人注目	简直	总是
✓B	隐藏	微不足道	几乎	一向
C	隐蔽	不值一提	差一点	一贯
D	躲藏	朝气蓬勃	差不多	一直

수천 수백 년 전, 주자이거우는 쓰촨 서북쪽 고원의 높은 산속에 숨겨져 있어 사람들의 활동은 보잘것없이 미미했다. 이곳의 티베트 사람들은 거의 세상과 단절되어 자급자족의 농목(농업, 방목)생활을 했다. 산은 높고 길은 요원하여 주자이거우는 내내 사람들에게 알려지지 않았다.

A 숨기다/사람들의 주목(이목)을 끌다/완전히/늘
B 숨기다/하찮아서 말할(언급할) 가치도 없다/거의/줄곧
C 은폐하다/언급(제기)할 가치가 없다/가까스로/한결같다
D 숨다/생기가 넘쳐흐르다/대체로/계속

단어 九寨沟 Jiǔzhàigōu 명 주자이거우 | 崇山峻岭 chóngshānjùnlǐng 성 높은 산과 우뚝 선 봉우리, 높고 가파른 산봉우리 | 藏民 zàngmín 명 티베트 사람 | 隔绝 géjué 통 단절시키다, 차단하다 | 自给 zìjǐ 명·통 자급(하다) | 山高路远 shāngāolùyuǎn 성 멀고 험한 여정 | 鲜为人知 xiǎnwéirénzhī 성 사람들에게 잘 알려지지 않다

해설 첫 번째 칸에는 B만 가능하다. A, C는 고의로 '숨기다, 은폐하다'의 뜻이므로 적합하지 않다. 두 번째 칸에는 사람들의 활동이 너무 적어서 말할 가치도 없다는 의미가 와야 하므로 B '微不足道'가 가능하다. 세 번째 칸에는 문맥상 '거의, 대부분'이라는 의미를 가진 단어가 와야하므로 '几乎, 差不多'를 사용할 수 있다. 네 번째 칸에는 '줄곧, 계속'의 의미로 '一向, 一直'를 사용할 수 있다. A '总是'는 '일이 일어날 때마다 언제나 같다'라는 의미로 일이 일어난 횟수를 강조할 때 주로 사용되며, C '一贯'은 사상, 정책, 태도 등이 한결같이, 변함없을 때 사용하는 것이므로 이 문장에는 적합하지 않다.

정답_B

070

一个地区是否成为干旱区和沙漠，最根本的是由这一区域的降水量决定的，因此从这个角度说，如果大的气候条件不变，沙尘暴或者沙漠是不具有侵略性的，因为自然已经为其划定了界限，用不着担心沙漠会逼近北京城。

A	地域	不然	侵犯	决定
B	领域	假如	入侵	划分
C	局域	假设	侵占	区分
✓D	区域	如果	侵略	划定

한 지역이 건조 지대와 사막이 되는 것의 여부는 가장 근본적으로 그 구역의 강수량으로 결정된다. 따라서 이러한 측면에서 봤을 때, 만일 큰 기후 조건이 변하지 않는다면 모래 폭풍 또는 사막은 침략성을 가지고 있지 않다. 왜냐하면 자연이 이미 경계를 확정지었기 때문에 사막이 베이징까지 접근하는 것은 걱정할 필요가 없는 것이다.

A 지역/그렇지 않으면/침범하다/결정하다
B 영역/만약/침입하다/나누다
C 구역/가정/타국을 침략하여 점령하다/구분하다
D 구역/만약/침략하다/확정하다

단어 旱区 hànqū 명 한재(旱灾)를 입은 지역, 한재(旱灾)를 당한 곳 | 沙漠 shāmò 명 사막 | 降水量 jiàngshuǐliàng 명 강수량 | 沙尘暴 shāchénbào 명 모래폭풍 | 界限 jièxiàn 명 경계 | 用不着 yòngbuzháo 통 필요치 않다 | 逼近 bījìn 통 접근하다, 가까워지다

해설 첫 번째 칸에는 A, D가 가능하다. B의 '领域'는 학술, 사상, 사회 활동 등 추상적인 사물일 경우에 사용한다. 두 번째 칸의 이 문장은 가정문이기 때문에 '假如, 假设, 如果'가 모두 가능하다. 세 번째 칸에는 B, D가 가능하다. A의 '侵犯'은 권리를 침범할 경우에 사용하는 것으로 이 문장에서는 적합하지 않다. 네 번째 칸에는 B, D가 가능하며, '划分界限, 划定界限'으로 호응할 수 있다.

정답_D

第三部分

● 71~80번 문제 : 빈칸에 알맞은 문장을 고르세요.

071-075

宽容是美德。古语云："宰相肚里能行船，将军额头跑得马"，"海纳百川有容则大，山高万仞无欲则刚"说得就是这个道理。蔺相如三让廉颇是宽容，诸葛亮七纵孟获是宽容，鲍子牙不计前嫌举荐孙叔敖更是宽容。前苏联教育家苏霍姆林斯基说："71 有时宽容引起的道德震动比惩罚更强烈。"台湾作家林清玄写过这样一个故事，有一位在深山中参禅的老和尚，有一天从半夜里从茅厕中出来，见一个小偷从自己房中出来，便说："你深夜来探望我，不能空手而归，送你这件袈衣路上御寒吧。"说着，就把自己的袈衣披在了小偷身上。第二天，他发现衣服叠得整整齐齐地放在院中，他高兴地说，他送给小偷一轮明月。

作为教育工作者，我们要学会宽容。教师是人，学生也是人，72 是人就有不完美的地方，"人非圣贤孰能无过。"允许他们有缺点和错误，承认学生间存在着差异，关键是对这些差异和错误是狂轰滥炸呢，还是宽容引导？

宽容别人就是善待自己。教师不仅要有渊博的知识，还要有一颗爱心。教育的最高境界是自我教育，处罚不是目的，而是一种手段。苏霍姆林斯基说："73 教师的职业意味着他放弃了个体喜怒哀乐的权利，应使自己胸怀宽广。"

教师要学会换一种方式教育自己的学生，学会宽容和理解。要学会善待学生的失误，允许他们犯错。74 要懂得学生是成长中的尚不成熟的生命个体，需要教师的耐心呵护和引导。"75 多一个评价学生的角度就能多一批好学生。"一位教育家的话很值得我们品味。

法国著名诗人雨果认为："世界上最宽阔的是海洋，比海洋更宽阔的是天空，比天空更宽阔的是人的胸怀。"

让我们都来锻造这种胸怀吧，送给每一个学生一轮明月。

관용은 미덕이다. 옛말의 "재상의 뱃 속에서는 배를 저을 수 있고 장군의 이마에서는 말도 뛸 수 있다.", "바다는 많은 강물을 크게 받아들이고, 매우 높은 산은 되려 강건해지고자 하지 않는다."는 말은 바로 이 도리에 대해서 말하고 있다. 인상여가 염파를 세 번 사양한 것도 관용이고, 제갈량이 맹획을 일곱 번이나 놓아준 것도 관용이다. 포자야가 과거의 원한을 셈하지 않고 손숙오를 추천한 것도 관용이라 할 수 있다. 구소련의 교육자 Cyxomjnhcknn는 71 "때로는 관용이 야기시킨 도덕적 충격이 징벌보다 더 강렬하다."라고 말했다. 대만의 작가 린칭쉬엔은 이런 이야기를 썼다. 어느 깊은 산속에서 참선을 하는 노스님이 있었는데, 어느 날 한밤중 화장실에서 나와 도둑이 자신의 방에서 나오는 것을 보고 "이렇게 깊은 밤중에 나를 보러 오셨는데 빈손으로 돌아가게 할 수는 없지요. 이 가사라도 드릴 테니 가시는 길에 추위라도 피하세요."라고 말하며 자신의 옷을 도둑의 몸에 걸쳐주었다. 이튿날, 그는 옷이 가지런히 방에 개켜 있는 것을 발견하고 기뻐하며 도둑에게 밝은 달을 선물했다고 말하였다.

교육에 종사하는 사람으로서 우리들은 관용을 배워야만 한다. 교사도 사람이고 학생도 사람이며, 72 사람은 불완전한 점을 가지고 있다. "사람이 성현이 아닌데 누가 잘못이 없을 수 있겠는가." 그들에게 결점과 잘못이 있다는 점을 수용하고, 학생 간의 차이점이 있다는 것을 인정해야 한다. 관건은 이런 차이와 잘못에 대해 '무차별적으로 폭격할 것인가' 아니면 '관용으로 인도할 것인가'이다.

다른 사람을 너그럽게 용서하는 것이 바로 자기 자신을 우대하는 것이다. 교사는 해박한 지식을 가지고 있어야 할 뿐 아니라, 사랑하는 마음도 가지고 있어야 한다. 교육의 최고경지는 자아 교육이며, 벌은 목적이 아니라 하나의 수단이다. Cyxomjnhcknn는 73 "교사라는 직업은 개인의 희로애락의 권리를 포기하고 반드시 자신으로 하여금 넓은 도량을 갖추는 것을 의미한다."라고 했다.

교사는 자신의 학생을 교육하는 방식을 바꿔야 하고, 관용과 이해를 배워야 한다. 학생의 실수를 잘 대해 주고 그들의 잘못을 용서해 주는 것을 배워야 한다. 74 학생은 아직 성장하고 있는 미숙한 생명체라는 것을 이해해야 하며, 교사의 인내력 있는 보호와 인도가 필요하다. 75 "학생의 관점에서 많이 평가하는 것이 바로 좋은 학생들이 많아질 수 있다는 것이다." 이 교육자의 말은 매우 생각해 볼 만한 가치가 있다.

프랑스의 저명한 시인 위고는 "세상에서 가장 광활한 것은 바다요, 바다보다 더 광활한 것은 하늘이며 하늘보다 더 광활한 것은 사람의 도량이다."라고 했다.

우리는 이런 넓은 도량을 키워 학생들 한 명 한 명에게 밝은 달을 선물해야 한다.

단어

宽容 kuānróng 형 너그럽게 받아들이다(용서하다), 관용하다 | 美德 měidé 명 미덕, 좋은 품성 | 古语 gǔyǔ 명 고어, 옛말 | 宰相 zǎixiàng 명 재상 | 行船 xíngchuán 동 배를 운행하다, 배를 몰다 | 将军 jiāngjūn 명 장군 | 额头 étóu 명 (사람의) 이마 | 纳 nà 동 받아들이다 | 仞 rèn 양 길(길이의 단위) | 欲 yù 동 바라다, 하고 싶어 하다 | 刚 gāng 형 단단하다, 강하다 | 让 ràng 동 사양하다, 양보하다 | 纵 zòng 동 석방하다, 놓아주다 | 前嫌 qiánxián 명 과거의 개운하지 않았던 감정, 이전에 품고 있던 원한 | 举荐 jǔjiàn 동 (사람을) 추천하다, 추거하다 | 苏联 Sūlián 명 구 소련 | 台湾 Táiwān 명 타이완, 대만 | 参禅 cānchán 동 참선하다 | 和尚 héshang 명 중, 승려 | 茅厕 máocè 명 화장실 | 小偷 xiǎotōu 명 도둑, 좀도둑 | 深夜 shēnyè 명 깊은 밤, 한밤 | 探望 tànwàng 동 방문하다, 문안하다 | 袈衣 jiāyī 명 장례 때 상여꾼들이 입는 옷, 가사 | 御寒 yùhán 동 어한(방한)하다, 추위를 막다 | 披 pī 동 (겉옷을) 걸치다 | 叠 dié 동 (옷, 종이 따위를) 개다, 접다 | 整整齐齐 zhěngzhěngqíqí 형 가지런한 모양 | 圣贤 shèngxián 명 성인과 현인, 성현 | 孰 shú 대 누구 | 过 guò 명 잘못, 과실 | 允许 yǔnxǔ 동 허가하다, 윤허하다 | 缺点 quēdiǎn 명 결점, 단점 | 错误 cuòwù 명 착오, 잘못 | 差异 chāyì 명 차이, 다른 점 | 狂轰滥炸 kuánghōnglànzhà 성 무차별 폭격하다, 마구잡이로 폭격하다 | 引导 yǐndǎo 동 안내하다, 지도하다 | 善待 shàndài 동 잘 대접하다, 우대하다 | 渊博 yuānbó 형 (학식이) 박식하다, 박학다식하다 | 境界 jìngjiè 명 경지, 경계 | 处罚 chǔfá 명동 처벌(하다), 징벌(하다) | 失误 shīwù 동 실수를 하다, 수를 잘못 쓰다 | 耐心 nàixīn 형 참을성이 있다, 인내심이 강하다 | 呵护 hēhù 동 보호하다, 가호하다, 애지중지하다 | 品味 pǐnwèi 동 체득하다, 이해하다 | 宽阔 kuānkuò 형 아량이 넓다 | 胸怀 xiōnghuái 명 포부, 도량 | 锻造 duànzào 명동 단조(하다)

071

| C 有时宽容引起的道德震动比惩罚更强烈 | C 때로는 관용이 야기시킨 도덕적 충격이 징벌보다 더 강렬하다 |

단어 道德 dàodé 형 도덕적이다 | 震动 zhèndòng 명 충격, 진동 | 惩罚 chéngfá 명동 징벌(하다)

해설 빈칸의 앞부분에 관용에 대한 여러 가지 옛말에 대해 언급되고 있고, 빈칸 바로 앞에 구 소련의 교육자가 이렇게 말했다는 내용이 나오므로 빈칸에는 관용에 대해 언급한 '有时宽容引起的道德震动比惩罚更强烈'가 와야 가장 적절하다.

정답 _ C

072

| E 是人就有不完美的地方 | E 사람은 불완전한 점을 가지고 있다 |

해설 빈칸 앞에 '教师是人, 学生也是人'으로 교사도 사람이고, 학생도 사람이라는 내용이 왔으므로 다음에 오는 문장은 사람의 특징에 대해서 설명하는 문장이 와야 한다. 그러므로 '是人就有不完美的地方'이 오는 것이 적절하다.

정답 _ E

073

A 教师的职业意味着他放弃了个体喜怒哀乐的权利，应使自己胸怀宽广	A 교사라는 직업은 개인의 희로애락의 권리를 포기하고 반드시 자신으로 하여금 넓은 도량을 갖추는 것을 의미한다

단어 喜怒哀乐 xǐnùāilè [성] 희로애락, 기쁨과 노여움과 슬픔과 즐거움 | 权利 quánlì [명] 권리 | 宽广 kuānguǎng [형] (면적, 범위가) 넓다

해설 빈칸 앞부분의 내용이 교육자가 갖추어야 할 것에 대해 설명하고 있으므로 빈칸에는 교육자에 대한 의의를 말하고 있는 내용인 '教师的职业意味着他放弃了个体喜怒哀乐的权利, 应使自己胸怀宽广'이 오는 것이 적당하다.

정답_ **A**

074

B 要懂得学生是成长中的尚不成熟的生命个体	B 학생은 아직 성장하고 있는 미성숙한 생명체라는 것을 이해해야 한다

단어 尚 shàng [부] 아직, 또한 | 个体 gètǐ [명] 인간, 개체

해설 빈칸 앞 내용이 학생들이 실수를 저질렀을 때 잘 대해 주고, 용서해야 한다는 것이다. 그러므로 빈칸에는 학생이 아직 성숙하지 않아서 잘못을 저지를 수 있다는 내용인 '要懂得学生是成长中的尚不成熟的生命个体'가 오는 것이 적절하다.

정답_ **B**

075

D 多一个评价学生的角度就能多一批好学生	D 학생의 관점에서 많이 평가하는 것은 바로 좋은 학생들이 많아 질 수 있다는 것이다

해설 교사가 학생들을 대하는 태도에 대해 앞 문장에서 설명하고 있다. 따라서 빈칸에는 그에 대한 결과를 나타내는 '多一个评价学生的角度就能多一批好学生'이 와야 한다.

정답_ **D**

经过十几年的打拼，他终于拥有了自己的大型集团公司。为了进一步把事业做大、做强，后来公司又招聘了一批新员工，76 并打算把他们全部充实到各个子公司去。

消息传来，新员工们不满意了。他们都是本科及以上的学历，不理解公司为什么把他们发配到那些子公司去。

信息反馈到他那里，他思索了一下，把新员工召集到了一起，问道："我记得你们当中有一位是专修园林专业的，能不能出来回答我一个问题？"我就是那个学过园林专业的新员工，等我站起来后，他微笑着说："请您给大家介绍一下，天牛幼虫在树木里取食时，77 它的行走方向有什么特征？"

我不假思索地说："按照天牛幼虫行走的规律，78 它应当是自上而下在树木的身体里穿行的。也就是说，如果一根树枝上有好几个虫眼，我们完全可以断定，这个天牛幼虫一定隐藏在最下方的一个虫眼里。"

这时，他把话接了过去："说得非常好！大家想一想，79 天牛幼虫为什么要自上而下地行走？因为它要永远取食最新鲜的木质啊。这样羽化出来的天牛成虫，才是最棒的、最有活力的。从这个意义上来讲，越是在高层就越容易破坏掉你们的创造力，而基层可以使你们不断地保持活力，成长为最棒、最有发展前途的员工……"

时间一年年地过去了。如今，我们那一批新员工，80 有很多人已占据了公司绝大部分的高层职位。

10년이 넘는 필사의 노력 끝에 그는 드디어 자신의 대기업을 갖게 되었다. 사업을 더 크고 강하게 발전시키기 위해서 회사는 신입 사원을 채용하여 76 그들을 모두 각 자회사로 보내 보강할 계획이었다.

소식이 전해지자 신입 사원들은 불만을 가졌다. 그들은 모두 4년제 대학 및 그 이상의 학력인데 회사가 왜 그들을 그런 자회사로 배치시키려는지 이해가 되지 않았다.

소식은 그에게까지 전해졌다. 그는 심사숙고한 뒤 신입 사원들을 소집했다. "저는 여러분들 중에서 누군가가 조경을 전공한 것으로 기억합니다. 나와서 제 질문에 답해 줄 수 있나요?" 내가 바로 조경을 전공한 신입 사원이었다. 내가 일어나자 그는 미소 지으며 말했다. "모두에게 소개해 주세요. 뽕나무하늘소 유충이 나무에서 먹이를 구할 때 77 그것의 이동 방향에는 어떤 특징이 있죠?"

나는 생각할 필요도 없이 바로 말했다. "뽕나무하늘소 유충의 이동 규칙에 따르면, 78 그것은 당연히 위에서부터 아래로 내려오며 나무의 몸통을 지나갈 것입니다. 바꾸어 말하면, 만약 나뭇가지에 여러 개의 벌레 먹은 구멍이 있다면 우리는 이 뽕나무하늘소 유충이 분명히 가장 아랫부분의 벌레 구멍 안에 있을 것이라고 단정지을 수 있습니다."

이때 그가 말을 이어 나갔다. "굉장히 잘 말했어요! 여러분 생각해보세요. 79 뽕나무하늘소 유충은 왜 위에서 아래로 이동할까요? 뽕나무하늘소 유충은 영원히 가장 신선한 나무를 먹이로 구하려고 하기 때문입니다. 이렇게 우화되어 나온 뽕나무하늘소 성충이야말로 비로소 가장 멋지고, 가장 활력이 있습니다. 이런 의미에서 말하면 가장 높은 곳에 있을수록 여러분들의 창의력은 쉽게 파괴됩니다. 그리고 말단은 여러분으로 하여금 계속해서 활력을 유지하게 할 수 있으며, 가장 멋지고 가장 전도유망한 직원이 되게 하며……"

시간이 일 년 일 년 흘러갔다. 지금 우리 신입 사원 중 80 많은 사람들이 이미 회사의 대부분의 고위 직급을 차지하고 있다.

단어 打拼 dǎpīn 동 최선을 다하다, 필사적으로 싸우다 | 终于 zhōngyú 부 마침내, 결국 | 集团 jítuán 명 (기업) 집단, (기업) 그룹(group) | 招聘 zhāopìn 동 (공모의 방식으로) 모집하다, 채용하다 | 一批 yìpī 수량 한 무리, 한 떼 | 消息 xiāoxi 명 소식, 편지 | 发配 fāpèi 동 범죄자를 군무·노역에 종사시키기 위해 변방으로 유배시키다 | 子公司 zǐgōngsī 자회사 | 反馈 fǎnkuì 동 되돌아오다 | 思索 sīsuǒ 동 사색하다, 깊이 생각하다 | 召集 zhàojí 동 소집하다, 불러 모으다 | 园林 yuánlín 명 원림, 정원 | 微笑 wēixiào 동 미소 짓다, 웃음 짓다 | 天牛 tiānniú 명 뽕나무하늘소 | 幼虫 yòuchóng 명 유충 | 树木 shùmù 명 나무, 수목 | 不假思索 bùjiǎsīsuǒ 성 생각할 필요 없이 바로 반응하다 | 按照 ànzhào 전 ~에 의해, ~에 따라 | 行走 xíngzǒu 동 걷다 | 规律 guīlǜ 명 규칙, 규율 | 虫眼 chóngyǎn 명 벌레 먹은 구멍 | 隐藏 yǐncáng 동 숨기다, 숨다 | 永远 yǒngyuǎn 부 영원히, 언제나 | 新鲜 xīnxiān 형 깨끗하다, 신선하다 | 本质 běnzhì 명 본성 | 羽化 yǔhuà 명동 우화(하다) | 棒 bàng 형 (성적이) 좋다, (수준이) 높다 | 破坏 pòhuài 동 손상시키다, 해치다 | 发展前途 fāzhǎn qiántú 발전 전도 (Promising), 발전 가능성

076

C 并打算把他们全部充实到各个子公司去 | C 그들을 모두 각 자회사로 보내 보강할 계획이었다

단어 充实 chōngshí 동 보강하다, 강화하다

해설 빈칸 뒷 문장에서 신입 사원들을 자회사로 보내려 하자 사원들이 불만을 가졌다는 내용이 온다. 그러므로 빈칸에는 신입 사원을 자회사로 보내려 한다는 내용이 와야 하므로 '并打算把他们全部充实到各个子公司去'가 와야 한다.

정답_ C

077

E 它的行走方向有什么特征 | E 그것의 이동 방향에는 어떤 특징이 있나요?

해설 빈칸 뒷 문장에서 뽕나무하늘소 유충의 이동 방향에 대해 설명하고 있다. 이 말이 나온게 된 이유로 사장이 뽕나무하늘소 유충의 이동 방향의 특징에 대해 질문하는 내용이 와야 하므로 '它的行走方向有什么特征'이 적절하다.

정답_ E

078

D 它应当是自上而下在树木的身体里穿行的 | D 그것은 당연히 위에서부터 아래로 내려오며 나무의 몸통을 지나갈 것이다

단어 自上而下 zìshàng'érxià 성 위로부터 아래로 (내려오다) | 穿行 chuānxíng 동 지나다니다

해설 빈칸은 뽕나무하늘소 유충의 이동 규칙에 대해 설명하는 부분이 와야 하므로 그것에 대한 특징에 대해 설명하고 있는 것은 '它应当是自上而下在树木的身体里穿行的'이다.

정답_ D

079

B 天牛幼虫为什么要自上而下地行走 | B 뽕나무하늘소 유충은 왜 위에서 아래로 이동하는가?

🔍 **해설** 앞 단락에서 뽕나무하늘소 유충의 이동 방향이 위에서부터 아래로 간다는 것을 설명하고 있고, 빈칸 바로 뒤에 그 이유를 설명하는 문장이 나오므로 빈칸은 그것이 왜 그런지 물어 보는 문장이 와야 한다. 그래서 '天牛幼虫为什么要自上而下地行走'를 넣어야 한다.

정답 B

080

A 有很多人已占据了公司绝大部分的高层职位 | A 많은 사람들이 이미 회사의 대부분의 고위 직급을 차지하고 있다

📘 **단어** 占据 zhànjù 동 점거하다, 차지하다 | 职位 zhíwèi 명 직위

🔍 **해설** 이 글의 결론 부분으로 신입 사원들이 결국에는 어떻게 되었다는 내용이 오는게 자연스럽다. 따라서 신입 사원들이 결국 고위 직급을 차지하게 되었다는 내용인 '有很多人已占据了公司绝大部分的高层职位'가 와야 한다.

정답 A

第四部分

● 81~100번 문제 : 알맞은 답을 고르세요.

081-085

凌晨三点，要么是四点，我第六次提醒自己，今天可不能迟到！昨天领导已经很严肃地做出指示，上班一定要准时，八点！不得迟到！看了看表，还早，我还是再睡一会儿。

81 再次醒来时，已经是七点整，洗漱穿衣之后，这才发现，自行车的钥匙不见了，衣兜里、腰带边、沙发角落、存钱罐里……我把家里的角落找了个遍，仍然不见它的踪影。挂在墙上的表，已经七点半了，82 从家里到单位还有半小时的路程。只好抓起一把铁锤出了家门，"当当当"几下之后，车锁无奈地垂在了一边。出门骑上我的自行车，心想，今天是不会迟到了。忽然"咔嚓"一声，从脚下传来，我立刻意识到：车子的链条断裂了……左瞧瞧，右看看，找不到修车的。距离公交车站还要走六十米，我一路飞跑过去，大口大口地喘着气，公交车却懒散地迟迟不来，看看手腕的表：七点三十七分。

84 公交车终于来了，路上一共遇到了六个红灯，三个绿灯。我看了六次表。第一次红灯时，我帮一个上学的孩子拿出夹在座椅缝里的围巾。第二次红灯时，我为一个晨练的老人从车里的地面上拾起他的宝剑。第三次红灯时，我把座位让给一个老太太……终于到站了，一下车，我以百米冲刺的速度一直跑到办公楼的门口。

83 低头看了一下手表：七点五十八分。还好，没有迟到。

一向很严肃的保安，在门口看见我，很惊讶地笑着对我说："早晨好，星期天也加班！"

보다 | 飞跑 fēipǎo 동 쏜살같이 달리다, 날쌔게 도망치다 | 喘气 chuǎnqì 동 헐떡거리다, 숨차다 | 懒散 lǎnsǎn 형 게으르다, 나태하다 | 迟迟 chíchí 형 꾸물거리는 모양, 느릿느릿한 모양 | 手腕 shǒuwàn 명 팔목, 손목 | 遇到 yùdào 동 마주치다, 맞닥뜨리다 | 红灯 hóngdēng 명 빨간 신호등, 적신호 | 夹 jiā 동 끼우다, 집다 | 座椅 zuòyǐ 명 의자 | 缝 féng 명 틈, 갈라진 자리 | 围巾 wéijīn 명 목도리, 스카프 | 晨练 chénliàn 동 (아침에) 단련하다, 운동하다 | 拾 shí 동 줍다, 집다 | 宝剑 bǎojiàn 명 보검 | 手表 shǒubiǎo 명 손목시계 | 百米冲刺 bǎimǐchōngcì 100미터 스퍼트 | 保安 bǎo'ān 동 보안하다, 치안을 유지하다 | 惊讶 jīngyà 형 놀랍고 의아하다

Tip 시량보어

1. 시량보어는 동작이나 상태가 지속되는 시간의 길이를 나타낸다.
我在北京住了五年了。
나는 베이징에서 5년째 살고 있다.

2. '了'가 동사 뒤, 문장 뒤 동시에 오면 현재도 하고 있는 진행을 나타내며, 동사 뒤에만 올 경우에는 완료를 나타낸다.
他看书看了两个小时了。
그는 책을 두 시간째 보고 있다. (지금도 보고 있음)
他唱歌唱了三十分钟。
그는 노래를 30분 동안 불렀다. (지금은 노래를 부르지 않음)

3. 목적어의 위치
① 일반사물이나 추상사물의 명사가 목적어 일 때 보어 뒤에 오고, 사이에 '的'를 넣어 시간이 길다는 것을 나타낼 때도 있다.

동사+시량보어+(的)+일반명사 목적어
我今天写了二十分钟(的)汉字。
나는 오늘 20분 동안 한자를 썼다.

② 목적어가 확실한 사람의 명사나, 인칭대사, 장소일 때는 보어 앞에 쓴다.
동사+인칭대사, 장소의 목적어+시량보어
小金等了你一个小时。
샤오진은 너를 한 시간 동안 기다렸다.

③ 동사를 두 번 반복해도 된다.
我们坐车坐了四十多分钟。
우리는 차를 30여 분 동안 탔다.

081

早晨，我几点钟起床?

A 三点
B 四点
C 六点
✓ D 七点

아침에 나는 몇 시에 일어났는가?

A 3시
B 4시
C 6시
D 7시

 '再次醒来时，已经是七点整，洗漱穿衣之后'에서 다시 깨어났을 때 정각 7시였고, 세수하고 양치했다는 것으로 보아 7시에 일어났음을 알 수 있다.

정답_ D

082

我的家离单位有多远?

A 走路需要半个小时
✓ B 骑自行车需要半个小时
C 坐公交车需要半个小时
D 开车需要半个小时

나의 집은 회사에서 얼마나 먼가?

A 걸어서 30분 걸림
B 자전거를 타고 30분 걸림
C 버스를 타고 30분 걸림
D 운전해서 30분 걸림

'从家里到单位还有半小时的路程'에서 회사까지 30분 걸리고, 자전거를 타려고 했으므로 집에서 회사까지는 자전거를 타고 30분 걸린다는 것을 유추해 볼 수 있다.

정답_ B

083

今天我从家到单位，用了多长时间?
- A 大约10分钟
- B 大约17分钟
- ✓ C 大约28分钟
- D 大约40分钟

오늘 나는 집에서 회사까지 얼마나 걸렸는가?
- A 대략 10분
- B 대략 17분
- **C 대략 28분**
- D 대략 40분

🔍 해설 '低头看了一下手表：七点五十八分。还好，没有迟到。'에서 회사에 도착한 시간이 58분이고, 집에서 30분에 출발했으므로 회사까지 28분 걸렸다는 것을 알 수 있다.

정답 **C**

084

今天我是怎样上班的?
- A 步行
- B 骑自行车
- ✓ C 坐公交车
- D 坐班车

오늘 나는 어떻게 출근했는가?
- A 걸어서
- B 자전거를 타고
- **C 버스를 타고**
- D 통근 버스를 타고

🔍 해설 원래는 자전거를 타고 출근을 했지만 도중에 자전거 체인이 고장 났고, '公交车终于来了'를 통해 버스를 타고 출근했다는 것을 알 수 있다.

정답 **C**

085

根据上文，下列哪一项是错误的?
- A 今天我提前两分钟到达单位
- B 我用铁锤砸开了自行车的锁头
- ✓ C 从我家到单位要经过六个路口
- D 今天是休息日

윗글에 근거해서 보기 중 틀린 것은?
- A 오늘 나는 2분이나 일찍 회사에 도착했다
- B 나는 망치로 자전거의 자물쇠를 부숴 버렸다
- **C 집에서 회사까지 6개의 길목을 통과해야 한다**
- D 오늘은 쉬는 날이다

📖 단어 砸 zá 图 때려부수다, 깨뜨리다 | 锁头 suǒtou 圐 자물쇠의 잠금 구멍이 있는 쪽 | 路口 lùkǒu 圐 갈림길, 길목

🔍 해설 '路上共遇到了六个红灯，三个绿灯'에서 여섯개의 빨간 신호등과 세개의 녹색 신호등을 만났다고 한 것으로 보아 총 아홉개의 신호등이 있다는 것은 알 수 있으나, 몇 개의 길목을 통과해야 되는지는 알 수 없다.

정답 **C**

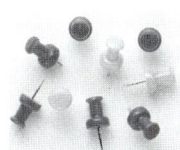

公司接待室里，等待面试的陈露很紧张，88 悄悄地用一枚硬币为自己占卜，正面表示成功背面表示失败，结果连抛三次都是正面，心里便存一份侥幸和欣慰。

终于轮到陈露面试了，当她走进总经理办公室的时候，突然鼻子有些不舒服，"阿嚏"打出个喷嚏。总经理听到这声音，不由得皱起了眉头。陈露感到很不好意思，慌乱极了，想好的话也忘得一干二净，结结巴巴地谈了一通，总经理就委婉地拒绝了她。

走出办公室的门，陈露真想嚎啕大哭一场，这该死的喷嚏来得真不是时候，眼看有些希望的受聘机会被它搅黄了。到深圳闯世界两个月里，86 这次是第九次求职失败，她现在精神沮丧得连下楼梯的劲都没了。

87 陈露脑袋一阵眩晕，急忙扶住楼梯才没跌倒。她想起来了，89 因为昨天晚上失眠，今天早晨连早餐也没顾得吃就来公司应聘了。她定了定神，低头的瞬间，忽然看见一枚闪光的图钉躺在地上，陈露怕图钉扎伤行人的脚，便顺手把图钉拾起来，扔进旁边的垃圾箱。

这时，总经理办公室的门开了，秘书小姐笑呵呵地走出来，喊道："陈小姐，请留步，总经理请你进去！"陈露一愣，疑惑地随秘书小姐走进了总经理办公室。

总经理说："恭喜你陈小姐，你被公司聘用了！"

陈露简直不相信自己的耳朵。

总经理说："你一定感到奇怪，我为什么突然改变主意吧？因为你通过了我的特殊考试！"见对方还是充满疑惑，就让秘书播放了一段闭路电视，屏幕立即出现陈露拾起图钉并把图钉扔进拉圾箱的镜头。

xuànyùn 동 현기증이 나다, 어질어질하다 | 扶 fú 동 짚다, 기대다 | 跌倒 diēdǎo 동 넘어지다, 쓰러지다 | 顾得 gùde 동 ~에 주의하다, ~을(를) 보살피다 | 定神 dìngshén 동 주의를 기울이다, 정신을 가다듬(차리다·집중하다) | 瞬间 shùnjiān 명 순간, 눈 깜짝할 사이 | 闪光 shǎnguāng 동 번쩍이다, 빛나다 | 图钉 túdīng 명 압정(押釘), 압핀 | 躺 tǎng 동 옆으로 드러눕다, 가로눕다 | 扎 zhā 동 찌르다 | 拾起 shíqǐ 동 줍다 | 扔 rēng 동 내버리다, 던지다 | 垃圾箱 lājīxiāng 명 쓰레기통 | 愣 lèng 동 멍해지다, 어리둥절하다 | 疑惑 yíhuò 동 의심하다, 의심을 품다 | 秘书 mìshū 명 비서 | 恭喜 gōngxǐ 동 축하하다 | 聘用 pìnyòng 동 초빙하여 임용하다, 초빙하여 직무를 맡기다 | 简直 jiǎnzhí 부 그야말로, 정말로 | 耳朵 ěrduo 명 귀 | 播放 bōfàng 동 방송하다 | 闭路电视 bìlùdiànshì 명 CCTV, 폐쇄 회로 텔레비전 | 屏幕 píngmù 명 영사막, 스크린(screen) | 镜头 jìngtóu 명 장면, 화면

086

陈露一共参加了几次应聘?

A 一次
B 两次
C 三次
✓ D 九次

천로우는 모두 몇 번의 채용 시험에 참가했는가?

A 한번
B 두번
C 세번
D 아홉번

해설 '这次是第九次求职失败'에서 천로우가 9번 채용 시험에 참가했다는 것을 알 수 있다.

정답_ D

087

下列哪一项不是陈露面试时出现的情况:

A 打个喷嚏
B 很慌乱
C 和总经理的谈话不流利
✓ D 一阵眩晕

아래 보기 중 천로우가 면접을 볼 때 나타난 상황이 아닌 것은?

A 재채기를 했다
B 매우 당황했다
C 사장과의 대화에 유창하지 않았다
D 순간 어지러웠다

해설 '陈露脑袋一阵眩晕, 急忙扶住楼梯才没跌倒'에서 천로우는 순간 어지러워 급히 계단을 잡아 넘어지지 않았다고 했다. 이 상황은 면접 후의 상황으로 면접 때의 상황이 아니다.

정답_ D

088

在接待室里，陈露用硬币做什么？

　　A 想知道硬币的数目
　　B 研究硬币的图案
✓ C 用硬币测试自己的运气
　　D 抛给别人

응접실에서 천로우는 동전으로 무엇을 했는가?

　　A 동전의 개수를 알고 싶었다
　　B 동전의 도안을 연구했다
　　C 동전으로 자기의 운을 시험했다
　　D 다른 사람에게 던졌다

단어 测试 cèshì 동 시험하다, 테스트하다 | 运气 yùnqi 명 운세, 운수

해설 '悄悄地用一枚硬币为自己占卜'에서 '占卜'는 '점치다'라는 뜻으로 천로우는 조용히 동전으로 자신의 운을 시험해 보았다는 것을 알 수 있다.

정답 _ C

089

陈露差点摔倒，为什么？

　　A 因为没有被录用，精神沮丧
✓ B 因为昨天晚上失眠，早上又没吃早餐
　　C 突然病了
　　D 因为踩到了图钉

천로우는 왜 넘어질 뻔 했는가?

　　A 채용되지 않아 너무 낙담해서
　　B 어제 저녁에 잠을 잘 못 잤고 아침도 먹지 못해서
　　C 갑자기 병이 나서
　　D 압정을 밟아서

단어 摔倒 shuāidǎo 동 엎어지다, 자빠지다 | 录用 lùyòng 동 채용하다, 고용하다 | 踩 cǎi 동 밟다, 짓밟다

해설 '因为昨天晚上失眠，今天早晨连早餐也没顾得吃就来公司应聘了'에서 어제 저녁에 잠을 잘 못 잤고, 아침도 먹지 못해서 어지러워 넘어질 뻔 했다는 것을 알 수 있다.

정답 _ B

090

陈露为什么被录用了？

　　A 她运气好
　　B 她工作经验多
　　C 秘书小姐帮了她的忙
✓ D 她拾起了地上的图钉

천로우는 왜 채용되었는가?

　　A 운이 좋아서
　　B 경력이 많아서
　　C 비서가 그녀를 도와줘서
　　D 그녀가 바닥에 있는 압정을 주워서

해설 마지막 단락에서 천로우가 본인이 채용됐다는 사장의 말에 믿을 수 없다는 표정을 짓자 사장은 그녀가 압정을 줍는 장면이 담긴 CCTV를 틀어 주었다. 이로써 채용된 이유가 바닥에 있는 압정을 주웠기 때문이라는 것을 알 수 있다.

정답 _ D

091-095

　　一对小夫妻来到民政局婚姻登记处要求离婚。婚姻登记处的苏慧接过结婚证一看，大吃一惊：91 <u>二人竟然是今天上午刚刚登记结婚的一对</u>，难怪看着有些眼熟。苏慧看着这对小夫妻，真想笑，刚刚登记结婚的一对新人，没超过一天就互相争吵。从二人相互地指责中，苏慧感到更不可思议的是，92 <u>二人竟然是为了今晚吃什么菜而争吵</u>，然后升级到性格不合，感情破裂，最后返回到婚姻登记处要求离婚。

　　这时，苏慧灵机一动，轻言细语对他们说道："对不起，你们上午登记结婚的数据，还在内部网络中传送，无法马上登记离婚。如果真要离婚，必须等到第二天，你们明天再来吧。"

　　二人你看看我，我看看你，都没有吭声。看着夫妻二人走出婚姻登记处，95 <u>苏慧觉得尽管自己撒了谎，但也许可以使事情发生转机</u>。

　　第二天，这对小夫妻没有来登记离婚。第三天、第四天……一直都没有来。

한 쌍의 부부가 민정혼인등기소에 이혼을 하러 왔다. 혼인등기소의 쑤후이는 혼인증을 건네 받아 보고 크게 놀랐다. 두 사람은 오늘 오전에 막 혼인 신고를 마친 부부였기 때문이다. 어쩐지 익숙하더라니. 쑤후이는 이 어린 부부를 보면서 웃고 싶었다. 막 혼인 신고를 한 신혼부부가 하루도 지나지 않아 서로 싸웠다니 말이다. 두 사람이 서로를 질책하는 중 쑤후이가 이해할 수 없다고 느낀 점은 두 사람이 오늘 저녁 무엇을 먹을 건지로 싸웠다는 것이다. 그리고는 성격이 맞지 않는다는 것으로까지 확대되었고 감정이 틀어져서 결국 혼인 신고서에 이혼을 하러 돌아온 것이다.

이때 쑤후이가 기지를 발휘하여 그들에게 작은 소리로 속삭였다. "미안합니다. 당신들이 오전에 신고한 혼인데이터가 아직 내부 네트워크에 전송되는 중이예요. 당장 이혼 등록을 할 수가 없네요. 만약 정말 이혼하고 싶다면 다음날까지 기다려야 합니다. 내일 다시 오세요."

두 사람은 서로를 보더니 아무 말도 하지 않았다. 부부가 혼인등기소를 나가는 것을 보며 쑤후이는 비록 거짓말을 했지만 아마도 상황이 호전될 수 있는 기회라고 생각했다.

둘째 날 이 부부는 혼인등기소에 오지 않았다. 셋째날, 넷째날…… 계속 오지 않았다.

단어 登记 dēngjì 동 등기하다, 등록하다 | 大吃一惊 dàchīyìjīng 성 무척(크게) 놀라다, 깜짝 놀라다 | 难怪 nánguài 부 어쩐지, 과연 | 眼熟 yǎnshú 형 낯익다, 눈에 익다 | 新人 xīnrén 명 신랑 신부 | 超过 chāoguò 동 초과하다, 넘다 | 争吵 zhēngchǎo 동 말다툼하다, 큰 소리로 언쟁하다 | 指责 zhǐzé 동 질책하다, 비난하다 | 不可思议 bùkěsīyì 성 이해할 수 없다, 상상할 수 없다 | 竟然 jìngrán 부 뜻밖에도, 의외로 | 争吵 zhēngchǎo 동 말다툼하다 | 升级 shēngjí 동 (전쟁이) 확대되다, (사태가) 심해지다 | 破裂 pòliè 동 사이가 벌어지다, 끊어지다 | 返回 fǎnhuí 동 되돌아가다(오다) | 灵机一动 língjīyídòng 성 갑자기 어떤 생각을 떠올리다, 기지를 발휘하다 | 轻言细语 qīngyánxìyǔ 성 조용하고 부드럽게 말하다 | 数据 shùjù 명 데이터(data), 통계 수치 | 吭声 kēngshēng 동 입을 열다, 말하다 | 尽管 jǐnguǎn 접 비록(설령) ~라 하더라도, ~에도 불구하고 | 撒谎 sāhuǎng 동 거짓말을 하다, 허튼소리를 하다 | 转机 zhuǎnjī 명 전기, 호전의 조짐

091

这对小夫妻是什么时候登记结婚的?

✓ A 当天上午
B 当天下午
C 两天前
D 四天前

이 어린 부부는 언제 혼인 신고를 했는가?

A 그날 오전
B 그날 오후
C 이틀 전
D 나흘 전

해설 '二人竟然是今天上午刚刚登记结婚的一对'에서 이 부부가 그날 오전에 혼인 신고를 했다는 것을 알 수 있다.

정답 **A**

092

夫妻二人为什么吵架?

  A 二人性格不一样
✓ B 晚餐吃什么菜
  C 已经没有感情
  D 互相埋怨

부부는 왜 싸웠는가?

  A 두 사람의 성격이 달라서
  B 저녁에 무엇을 먹을 것인지 때문에
  C 이미 감정이 사라져서
  D 서로 원망해서

단어 埋怨 mányuàn 동 탓하다, 원망하다

해설 '二人竟然是为了今晚吃什么菜而争吵'에서 두 사람이 저녁에 무엇을 먹을 것인지로 싸웠다는 것을 알 수 있다.

정답_B

093

夫妻二人结婚多长时间了?

✓ A 没超过一天
  B 一天
  C 两天
  D 三天

부부는 결혼한 지 얼마나 되었는가?

  A 하루도 지나지 않았다
  B 하루
  C 이틀
  D 삼일

해설 그날 오전에 혼인 신고를 하고, 오후에 이혼 신고를 하러 온 것으로 보아 결혼한 지 하루도 지나지 않았음을 알 수 있다.

정답_A

094

关于本文，哪一项是正确的?

　　A 苏慧马上答应给他们班离婚手续
　　B 小夫妻第二天办理了离婚手续
✓ C 苏慧在婚姻登记处工作
　　D 苏慧很早以前就认识这两位小夫妻

본문에 관해서, 다음 중 맞는 것은?

　　A 쑤후이는 그들의 이혼 수속 처리에 바로 동의하였다
　　B 신혼부부는 둘째 날 이혼 수속을 처리했다
　C 쑤후이는 혼인등기소에서 일한다
　　D 쑤후이는 신혼부부를 일찍부터 알고 있었다

해설　쑤후이가 혼인 신고와 이혼 수속을 처리하는 일을 하고 있으므로 혼인등기소에서 일하고 있음을 알 수 있다. 쑤후이는 이혼 수속 처리를 하지 않고, 거짓말을 했으므로 A의 '苏慧马上答应给他们班离婚手续'는 틀린 것이다. 그리고 '第二天, 这对小夫妻没有来登记离婚。第三天、第四天……一直都没有来'에서 신혼부부는 둘째 날, 그 다음날에도 계속 이혼 수속을 하러 오지 않았기 때문에 B도 틀렸다. 쑤후이는 이 부부를 오전에 봐서 눈에 익다고 한 것이지 그전부터 알고 있다고는 하지 않았으므로 D 역시 틀렸다.

정답　C

095

关于本文，哪一项是错误的?

　　A 小夫妻只是一时生气, 感情没有真正破裂
　　B 夫妻二人和好了, 不再离婚
　　C 苏慧编造了一个善意的谎言
✓ D 结婚当天不可以离婚

본문에 관해서 다음 중 틀린 것은?

　　A 부부는 단지 잠시 화가 난 것이지 감정이 정말로 틀어진 것은 아니다
　　B 부부는 화해하고 다시는 이혼하지 않았다
　　C 쑤후이는 선의의 거짓말을 꾸몄다
　D 결혼한 날 이혼할 수 없다

해설　'苏慧觉得尽管自己撒了谎, 但也许可以使事情发生转机'에서 쑤후이가 선의의 거짓말을 했다는 것을 알 수 있으며, 이는 혼인 신고를 한 날 이혼 신고가 가능하다는 것을 말하는 것이다.

정답　D

96 小李在电脑市场买了个二手笔记本电脑，价钱非常便宜，可是用了不到三天，电脑就出了问题，当初为了使价钱更低些，老板和他说好了，电脑是不退不换的。他只好把电脑拿到维修店去维修，98 没想到人家说他的电脑是个冒牌货，100 修好得需要几千块钱。修一下比买一台新的还贵，小李当然不干，闷闷不乐地往回走。

路过工业大学的时候，他突然想起来一件事情，前段时间在路上碰到一个朋友，带了个女孩，当时朋友介绍说女孩是自己的女朋友，叫小鹃，他记得那个朋友介绍小鹃的时候说她是在工业大学做电脑工作的。

想到这里，小李决定去碰碰运气，要真能找到小鹃，可以让她帮着修理一下，说不定不要花钱就能解决问题。

于是，小李进了工业大学的校门，从计算机系的办公大楼找到电脑维修房，可是都说这里没有叫小鹃的人，小李开始怀疑"小鹃"是不是那个女孩的小名。

99 正当小李要走出校门，准备返回的时候，身后有人叫了他一声。回头一看，这不正是小鹃吗？小李擦了一把汗，说："我可找到你了，你这是要到哪里去啊？""快到开饭时间了，我正要到食堂去做工呢。"小李一听就懵了："你不是搞计算机的吗？"

97 小鹃笑了起来，说："咳，你别听他胡说，我哪是搞计算机的，我在食堂工作，不过有一点他说得也没错，最近食堂实行电脑打卡了，我就负责操作打卡机。"

단어
二手 èrshǒu 형 여러 사람의 손이나 혹은 여러 장소를 거친, 중고의 | 笔记本 bǐjìběn 명 노트북, 노트북 컴퓨터의 약칭 | 价钱 jiàqian 명 값, 가격 | 当初 dāngchū 명 애초, 맨 처음 | 退 tuì 동 (샀던 물건 따위를) 반환하다 | 维修 wéixiū 동 (기계 등을) 간수 · 수리하다, 손보다 | 冒牌货 màopáihuò 명 모조품, 위조 상품 | 闷闷不乐 mènmènbùlè 형 마음이 답답하고 울적하다, 몹시 우울해하다 | 路过 lùguò 동 (일정한 곳을) 거치다, 통과하다 | 修理 xiūlǐ 동 수리하다, 고치다 | 说不定 shuōbudìng 동 아마 ~일 것이다, ~일 지도 모른다 | 系 xì 명 학과 | 怀疑 huáiyí 동 의심하다, 의심을 품다 | 擦 cā 동 문지르다, (천이나 수건 따위로) 닦다 | 开饭 kāifàn 동 (식당에서) 배식을 시작하다 | 懵 měng 형 멍하다, 흐리멍덩하다 | 搞 gǎo 동 하다, 다루다 | 胡说 húshuō 명동 허튼 소리(를 하다), 터무니 없는 소리(를 하다) | 打卡 dǎkǎ 동 자기 카드를 인식기에 긁다(대다 · 집어 넣다) | 负责 fùzé 동 책임지다 | 操作 cāozuò 동 조작하다, 다루다

Tip	说와 관련된 주요 가능보어
说不定	단언하기가 어렵다, ~일지도 모른다
说不出来	(괴로움 따위를) 이루 다 말로 표현할 수 없다, 말주변이 없다, 말솜씨가 없다
说不到	언급되지 않다, 의견이 일치하지 않다
说不过	말로는 이겨낼 수 없다, 설복시킬 수 없다
说不过去	말이 되지 않는다, 사리에 어긋나다
说不好	잘 표현하지 못하다, 모른다, 잘 알 수 없다
说不来	(서로 의가 좋지 않아) 같이 말할 수 없다, 의견이 맞지 않다, 말이 안 될 정도로 심하다, 말이 아니다, 말할 수 없다
说不上	~라고 할 정도는 아니다, (잘 몰라서) 분명하게는 말할 수 없다, 단언할 수 없다
说不通	아무리 말해도 통하지 않다, 납득할 수 없다
说不准	단언하기가 어렵다, ~일지도 모른다

096

根据文章判断，下面哪一项说法是错误的?

✓ A 小李买了一台非常便宜的新电脑
B 小李买的电脑是个冒牌货，质量不好
C 小李的电脑使用了不到三天就坏了
D 修好小李的电脑需要几千元钱

윗글에 근거하여 아래 보기 중 틀린 것은?

A 샤오리는 매우 싼 새 컴퓨터를 샀다
B 샤오리가 산 컴퓨터는 위조 상품이고 품질이 좋지 않다
C 샤오리의 컴퓨터는 사용한 지 3일도 되지 않아 고장이 났다
D 샤오리의 컴퓨터를 수리하려면 몇 천 위안이 든다

해설 '小李在电脑市场买了个二手笔记本电脑,价钱非常便宜'에서 싼 중고 노트북을 샀다는 것을 알 수 있으므로 새 컴퓨터를 샀다고 한 A '小李买了一台非常便宜的新电脑'는 틀린 것이다.

정답 A

097

关于小娟，说法正确的是:

A 小娟是小李的女朋友
✓ B 小娟在工业大学工作
C 小娟会维修电脑
D 小娟的男朋友是维修电脑的

샤오쥐엔에 대해 맞는 것은?

A 샤오쥐엔은 샤오리의 여자친구이다
B 샤오쥐엔은 공업대학에서 일을 한다
C 샤오쥐엔은 컴퓨터를 수리할 줄 안다
D 샤오쥐엔의 남자친구는 컴퓨터를 수리할 줄 안다

해설 '我在食堂工作'에서 그녀가 공업대학에 다니는 것이 아니라 공업대학 내의 식당에서 일한다는 것을 알 수 있다.

정답 B

098

小李买的电脑为什么很便宜?

A 因为小李经常去那儿买电脑
B 因为小李买的电脑是坏的
✓C 因为小李买的电脑是冒牌货
D 因为老板和小李是朋友

샤오리가 산 컴퓨터는 왜 가격이 저렴했는가?

A 샤오리가 항상 그곳에서 컴퓨터를 사서
B 샤오리가 산 컴퓨터가 고장난 것이어서
C 샤오리가 산 컴퓨터가 위조 상품이어서
D 사장과 샤오리는 친구이기 때문에

 '没想到人家说他的电脑是个冒牌货'에서 샤오리가 산 컴퓨터가 위조 상품이라서 가격이 쌌다는 것을 알 수 있다. 중고시장에서 가격을 더 깎기 위해 교환 및 반품을 하지 않기로 했으나, 주인이 더 깎아 준 것은 위조 상품이었기 때문이라는 것을 유추해 볼 수 있다.

정답 C

099

小李在哪里遇到了小娟?

A 电脑维修店
B 计算机系的办公大楼
C 工业大学的电脑维修房
✓D 工业大学的校门附近

샤오리는 어디에서 샤오쥐엔을 만났는가?

A 컴퓨터 수리점
B 컴퓨터학과가 있는 건물
C 공업대학의 컴퓨터 수리실
D 공업대학의 교문 부근

'正当小李要走出校门,准备返回的时候,身后有人叫了他一声'에서 막 공업대학 교문을 막 나가려고 할 때 뒤에서 그녀가 불렀다는 것을 알 수 있다.

정답 D

100

小李为什么没有在电脑维修店修理电脑?

✓A 需要花很多的钱
B 维修店的师傅修不好这台电脑
C 小李要请小娟免费修电脑
D 小李的朋友帮他修

샤오리는 왜 컴퓨터 수리점에서 컴퓨터를 수리하지 않았나?

A 돈이 많이 들어서
B 수리점의 기사가 이 컴퓨터를 잘 수리하지 못해서
C 샤오리는 샤오쥐엔에게 부탁해서 공짜로 고치고 싶었기 때문에
D 샤오리의 친구가 수리해 준다고 해서

'修好得需要几千块钱。修一下比买一台新的还贵'에서 수리하는데 몇 천 위안이 들고, 고치는 것이 새로 사는 것보다 비싸기 때문에 수리하지 않았음을 알 수 있다.

정답 A

三、书写

101 다음 글을 읽고 내용을 400자 내외로 간략하게 정리하여 쓰세요.

제목 짓기

이 글 전체에서 가장 포인트가 되는 문장은 '共同经历了一场普通却又不同凡响的爱情故事.'로 이 문장을 이용하여 '共同经历的爱情(함께 경험하는 사랑)'이라고 제목을 지을 수 있다. 혹은 맨 마지막 문장인 '爱情很美好, 比爱情更美好的, 是向往爱情的心.'에서 '向往爱情的心(사랑을 그리워하는 마음)'이라고 제목을 만들 수도 있다.

101-1 버스에서 우연히 만난 그

　　她是一家公司的销售员，每天要坐一个多小时的公交车去公司上班。这是一段漫长而乏味的旅程。直到某一天，一切忽然改变了。
　　那天，像往常一样，她漫不经心地上车，找了一个空位子坐下。公交车缓缓地继续行驶，她一抬头，坐在她侧前方的一位小伙子，一下子将她震住了。
　　她的心怦然而动。
　　随着车子的颠簸，她又忍不住偷偷瞄了他几眼，越看越帅，越瞅越觉得像她非常喜爱的一位明星。她的心禁不住一阵狂跳。像传说中的一见钟情，她遏止不住地喜欢上了他。

그녀는 한 회사의 판매사원인데, 매일 한 시간 정도 버스를 타고 회사로 출근을 한다. 이것은 길고 지루한 재미없는 여정인데 어느 날 모든 것이 갑자기 변했다.

그날도 평소와 같이 그녀는 아무 신경도 쓰지 않은 채 차에 올라 빈자리를 찾아 앉았고 버스는 느릿느릿 계속 운행되었다. 그녀가 고개를 들자 그녀 맞은 편 옆자리에 앉아있던 한 남자가 그녀를 뒤흔들어 놓았다.

그녀의 가슴은 두근거렸다.

차의 흔들림에 따라 그녀는 또 참지 못하고 몰래 몰래 그를 주시하였다. 보면 볼수록 멋지고, 보면 볼수록 마치 그녀가 매우 좋아하는 유명 스타처럼 느껴졌다. 그녀의 마음은 참지 못하고 미친듯이 요동쳤다. 전설 속의 첫눈에 반한다는 말처럼, 그녀는 그를 좋아하게 된 마음을 억제할 수가 없었다.

단어 销售 xiāoshòu 명 판매, 매출 | 漫长 màncháng 형 (시간·공간이) 멀다, 지루하다 | 乏味 fáwèi 형 재미 없다, 무미건조하다 | 游程 yóuchéng 명 여정, 유람의 일정 | 往常 wǎngcháng 명 평소, 평상시 | 漫不经心 mànbùjīngxīn 성 전혀 아랑곳하지 않다, 조금도 마음에 두지 않다 | 缓缓 huǎnhuǎn 형 느릿느릿하다 | 行驶 xíngshǐ 동 통행하다, 달리다 | 抬头 táitóu 동 머리를 들다 | 侧 cè 명 옆, 곁 | 小伙子 xiǎohuǒzi 명 젊은이, 청년 | 震 zhèn 동 놀라다, 뒤흔들다 | 怦然 pēngrán 형 두근거리다, 두근대다 | 随着 suízhe 동 ~뒤이어, ~에 따라 | 颠簸 diānbǒ 동 (뒤)흔들리다, 요동하다 | 偷偷 tōutōu 부 남몰래, 슬쩍 | 瞄 miáo 동 겨누다, 주시하다 | 瞅 chǒu 동 보다 | 明星 míngxīng 명 샛별, 스타(star) | 禁不住 jīnbúzhù 동 참지 못하다, ~하지 않을 수 없다 | 一见钟情 yíjiànzhōngqíng 성 첫눈에(한눈에) 반하다 | 遏止 èzhǐ 동 저지하다, 억제하다

해설 이 단락의 중심 내용은 평범한 회사원인 그녀가 출근하는 버스에서 멋진 남자를 만나 첫눈에 반했다는 내용으로 그녀가 버스에서 그를 만나는 장면을 자세하게 묘사하고 있다. 본문에서 '这是一段漫长而乏味的旅程。直到某一天，一切忽然改变了。那天，像往常一样，她漫不经心地上车，找了一个空位子坐下。公交车缓缓地继续行驶，她一抬头，坐在她侧前方的一位小伙子，一下子将她震住了。她的心怦然而动。 随着车子的颠簸，她又忍不住偷偷瞄了他几眼，越看越帅，越瞅越觉得像她非常喜爱的一位明星。她的心禁不住一阵狂跳.'라는 부분은 그녀가 그를 보고 가슴이 뛰는 과정을 자세하게 묘사하였고, 전체적인 줄거리를 파악하는데는 불필요한 문장들이기 때문에 모두 과감하게 생략해도 된다. 그녀가 그 남자를 보고 반했다는 요점만 본문 그대로 '像传说中的一见钟情，她遏止不住地喜欢上了他.'라고 적어도 되고, '第一次见面，她就喜欢上了这个小伙子.'라고 표현해도 좋다.

✏️ 她是一家公司的销售员，每天都坐公交车去上班。有一天，她在公交车上遇见楼一个帅气的小伙子。第一次见面，她就喜欢上了这个小伙子。

101-2 그를 관찰하다

此后几天，她又在公交车上几次遇到他。她用心留意了一下，公交车每隔15分钟一班，只要赶上早上7点半钟的那辆公交车，就一定能遇见他。于是，每天，她会早早地赶到公交车站，却一直等到那班车来才上车。

그로부터 며칠 동안 그녀는 또 버스에서 몇 차례 그를 만났다. 그녀가 유심히 살펴보니, 버스는 매일 15분 간격으로 오고, 아침 7시 반 차를 타야만 그를 만날 수 있었다. 그래서 매일 그녀는 아침 일찍 버스 정류장에 갔지만 그 차가 오기만을 기다린 후에야 비로소 차에 올랐다.

단어 留意 liúyì 〔동〕 주의를(관심을) 기울이다, 주의하다 | 赶上 gǎnshàng 〔동〕 따라잡다, 시간에 대다 | 遇见 yùjiàn 〔동〕 우연히 만나다, 마주치다 | 赶到 gǎndào 〔동〕 서둘러 가다(도착하다), 서둘러 행동하다

해설 이 단락의 주요 내용은 그녀가 그를 보기 위해 일부러 7시 반에 오는 버스를 탄다는 내용으로 이 부분은 그녀가 그를 보기 위한 행동을 설명하는 부분이므로 거의 그대로 표현하는 것이 좋다.

✏️ 此后几天，她又在公交车上几次遇到他。她用心留意了一下，这个小伙子每天都坐7点半的公交车。于是，每天，她都会早早地赶到公交车站，却一直等到那班车来才上车。

101-3 네티즌들에게 도움을 청한 그녀

但是问题来了，因为，她不知道怎样接近他，怎样才能和他搭上话，怎样才能认识他。焦灼难耐之下，她将自己的故事发在了小城的网络论坛上，希望有人能帮她出点主意。

没想到，她在网上发的帖子很快引起了网友们的关注，短短半个多月，点击率达到50多万人次。

그러나 문제가 생겼다. 그녀는 어떻게 그에게 접근하고, 어떻게 해야 그와 이야기를 나누고, 어떻게 해야 그를 알 수 있는지를 몰랐기 때문이다. 애타는 마음을 참지 못하고 그녀는 누구라도 그녀를 도와 아이디어를 내 주기를 기대하며 자신의 이야기를 인터넷 게시판에 올렸다.

그녀가 인터넷 게시판에 올린 글은 예상외로 아주 빠르게 네티즌들의 관심을 모았다. 보름이 조금 넘었는데 조회수가 50만 이상에 달했다.

단어 接近 jiējìn 〔동〕 접근하다, 다가가다 | 搭上 dāshàng 〔동〕 입을 열다, 관계를 맺다 | 焦灼 jiāozhuó 〔형〕 애타다, 몹시 초조하다 | 难耐 nánnài 〔형〕 참을 수 없다, 견디기 어렵다 | 论坛 lùntán 〔명〕 논단, 칼럼 | 出主意 chū zhǔyi 〔동〕 생각을 생각해 내다, 아이디어를 내다 | 帖子 tiězi 〔명〕 쪽지, 메모지 | 点击 diǎnjī 〔동〕 클릭(click)하다

해설 이 단락의 주요 내용은 그녀가 어떻게 그에게 말을 걸지 몰라서 자신의 이야기를 인터넷에 올렸고, 네티즌들의 주목을 끌었다는 것이다. 이 부분은 그녀가 인터넷에 올리게 된 동기와 네티즌들의 반응을 말하는 것이므로 줄거리를 전개하는데 꼭 필요하다. 따라서 최대한 외워서 적는 것이 좋으며, '焦灼难耐之下'라는 단어는 그대로 적어도 되지만 원뜻을 살리면서 대체 가능한 '无奈之下'로 바꿔서 표현해도 된다.

✏️ 可是，她不知道怎样才能和他搭上话，怎样才能认识他。无奈之下，她将自己的故事发在了网络论坛上，向大家求助。没想到，她在网上发的帖子很快引起了网友们的关注，短短半个多月，点击率达到50多万人次。

101-4 네티즌들의 아이디어

人们纷纷帮她出主意。

有人说，他不是戴着手表吗？向他问时间，然后自然而然地搭上话。有了第一次问时间，以后就可以打招呼了。

有人反对，说问时间太老套了，其实可以来点小计谋。哪天上车，从他身边经过时，故意不小心踩他一脚，然后跟他说"对不起"，并顺手拿一张餐巾纸递给他。这样，既可以认识他，又可以借机考察一下他的人品。如果他对你也有好感，故事就可以继续发展了。

有人说，不如跟他借手机，一般情况下，女孩子向男孩子借手机打，都会成功的。

有人补充说，对，就借手机。先把自己的手机设置为静音，然后，装作手机不见了，很着急的样子；然后，请他帮忙，让他用手机打一下你的手机，这样，不但搭上话了，而且，还互留了手机号码。如果他也有感觉的话，这就算对上暗号了。

有人说，干脆直接走到他身边，盯着他，告诉他，你喜欢上他了。

大家想出了各种各样五花八门的办法，老套的、实用的、浪漫的、机灵的、新潮的……应有尽有。

사람들이 연이어 그녀에게 아이디어를 내놓았다.

어떤 사람은 이렇게 말했다. "그가 시계를 차고 있나요? 그에게 시간을 물어보세요. 그러면서 자연스럽게 말을 거세요. 일단 처음 시간을 물어보게 되면 이후에는 인사를 할 수 있을 거예요."

어떤 사람은 반대했다. "시간을 물어보는 건 너무 고리타분해요. 사실 작은 술수를 써 봐요. 어느 날 차에 올라 그의 곁을 지나갈 때 일부러 실수한 것처럼 그의 발을 밟으세요. 그리고 그에게 "미안해요"라고 말하면서 휴지 한 장을 그에게 건네세요. 이렇게 하면 그를 알 수 있을 뿐만 아니라 기회를 빌어 그의 인품을 살펴볼 수도 있답니다. 만약 그가 당신에게 호감이 있다면 이야기는 계속 발전될 거예요."

어떤 사람은 이렇게 말했다. "차라리 그에게 핸드폰을 빌리세요. 일반적인 상황에서 여자가 남자에게 핸드폰을 빌리면 모두 성공하거든요."

어떤 사람은 추가로 덧붙여 말했다. "맞아요. 핸드폰을 빌리세요. 먼저 본인의 핸드폰을 무음으로 해놓고 초조한 표정으로 핸드폰이 없어진 척을 해요. 그리고 그에게 도움을 요청하는 거죠. 그의 핸드폰으로 당신의 핸드폰에 전화를 거세요. 이렇게 하면 말을 걸 수 있을 뿐만 아니라 서로의 핸드폰 번호가 남게 되죠. 만약 그가 센스가 있다면 이게 서로에게 암호인 셈이죠."

어떤 사람은 말했다. "차라리 직접적으로 그에게 다가가서 그를 바라보며 말하세요. 당신을 좋아한다고……"

여러 사람들이 각양각색의 여러 방법을 생각해 냈다. 고리타분한 것, 실용적인 것, 낭만적인 것, 재치 있는 것, 최신 유행하는 것…… 모두 있었다.

단어 纷纷 fēnfēn 부 잇달아, 계속해서 | 自然而然 zìrán'érrán 성 자연히, 저절로 | 打招呼 dǎ zhāohu 동 (말이나 행동으로) 인사하다 | 老套(子) lǎotào(zi) 명 진부한 방식, 상투적인 수법 | 计谋 jìmóu 명 책략, 계략 | 故意 gùyì 부 고의로, 일부러 | 踩 tǎ 동 (발로) 밟다, 디디다 | 顺手 shùnshǒu 부 겸사겸사, 하는 김에 | 餐巾纸 cānjīnzhǐ 명 종이 냅킨 | 递给 dìgěi 동 건네다, 건네주다 | 借机 jièjī 부 기회를 이용하여, 기회를 (틈)타 | 设置 shèzhì 동 설치하다, 놓다 | 装作 zhuāngzuò 동 ~한 체하다 | 着急 zháojí 동 조급해하다, 초조해하다 | 暗号 ànhào 명 암호 | 干脆 gāncuì 부 아예, 차라리 | 盯 dīng 동 응시하다, 시선을 한 곳에 집중하다 | 五花八门 wǔhuābāmén 성 각양각색, 다양하다 | 浪漫 làngmàn 형 낭만적이다, 로맨틱하다 | 新潮 xīncháo 형 유행의, 새로 유행하는 | 应有尽有 yīngyǒujìnyǒu 성 온갖 것이 다 있다, 없는 것이 없다

해설 이 단락의 주요 내용은 네티즌들이 그에게 말을 걸 수 있는 여러 가지 방법들을 제시하고 있다. 그 방법을 모두 나열할 필요는 없으며, 맨 마지막에 있는 '大家想出了各种各样五花八门的办法，老套的，实用的，浪漫的，机灵的，新潮的……应有尽有.' 이 문장만으로 전체 내용을 요약하는데 충분하다.

有人说，跟他借手机；有人说，向他问时间。大家想出了各种各样五花八门的办法，老套的，实用的，浪漫的，新潮的……

101-5 이루어진 그녀의 사랑

人们热切地关注着她的进展。

她终于鼓足勇气，迈出了重要一步，和他对上话了！

那天，相同的时间，坐上了相同的公交车，遇上了相同的他。她忽然发现，自己的手机没电了(真没电了，不是装的)，于是，她给自己打气，勇敢地向他借手机。正当他翻找手机的时候，她旁边的一个乘客，主动将手机借给了她(这份好心，来得可真不是时候啊)。不过，没关系，她和他终于说上话了。

她及时将这一重大消息，发布在了网络上。网上一片赞美和祝福。

他们真的恋爱了。

她不断地在网络论坛里向人们讲述他们的故事。人们热切地关注、跟帖、祝福……

사람들은 간절히 그녀의 진전을 주시했다.

그녀는 마침내 용기를 얻어 중요한 한 걸음을 내딛었다. 그와 대화를 한 것이다!

그날, 같은 시간 같은 버스에 타 그를 만났다. 그녀는 문득 자신의 휴대폰 배터리가 없다는 것을 알았다(배터리 나간 척이 아니라 진짜 나갔다). 그녀는 자신에게 화가 났지만 용감하게 그에게 휴대폰을 빌렸다. 그가 뒤적거려 휴대폰을 찾으려고 할 때 마침 그녀 곁에 있던 한 승객이 먼저 휴대폰을 빌려주었다 (이 호의가 하필 이럴 때 오다니). 하지만 괜찮았다. 그녀가 드디어 그와 대화를 했다.

그녀는 이 중대한 소식을 즉시 인터넷상에 발표했고, 인터넷에는 찬미와 축복이 가득했다.

그들은 진짜 연애를 하게 된 것이다.

그녀는 계속해서 사람들에게 그들의 이야기를 올렸다. 사람들은 열렬히 관심을 갖고, 리플을 달았으며, 축복해 줬다.

단어 热切 rèqiè 형 열렬하다, 간절하다 | 鼓 gǔ 동 북돋우다, 고무하다 | 迈 mài 동 큰 걸음으로 걷다, 성큼성큼 나아가다 | 打气 dǎqì 동 격려하다, 기운을 북돋우다 | 勇敢 yǒnggǎn 형 용감하다 | 翻 fān 동 (물건을 찾기 위해) 뒤지다, 헤집다 | 好心 hǎoxīn 명 호의, 친절한 마음 | 发布 fābù 동 선포하다, 발포하다 | 赞美 zànměi 동 찬양하다, 칭송하다 | 祝福 zhùfú 동 축복하다, 기원하다 | 讲述 jiǎngshù 동 서술하다, 이야기하다 | 跟帖 gēntiě 동 리플을 달다

해설 이 단락의 주요 내용은 사람들이 간절히 그녀의 진전을 주시하고 있고, 그녀가 용기를 내어 그와 말을 하게 되었고, 정말로 연애를 하게 되었으며 이 이야기를 네티즌들에게 알리자 모두 리플을 달아 축복해 주었다는 내용이다. 그러므로 그녀가 그에게 말을 거는 장면을 자세하게 묘사한 '那天，相同的时间，坐上了相同的公交车，遇上了相同的他。她忽然发现，自己的手机没电了(真没电了，不是装的)，于是，她给自己打气，勇敢地向他借手机。正当他翻找手机的时候，她旁边的一个乘客，主动将手机借给了她(这份好心，来得可真不是时候啊)。不过，没关系，她和他终于说上话了。她及时将这一重大消息，发布在了网络上。网上一片赞美和祝福。' 이 부분은 줄거리를 파악하는데 불필요하므로 과감하게 생략해도 된다. 하지만 '他们真的恋爱了。她不断地在网络论坛里向人们讲述他们的故事。人们热切地关注，跟帖，祝福……' 라는 부분은 그녀가 그에게 말을 걸어서 얻은 결과와 그에 따른 네티즌들의 반응이므로 반드시 요약해야 하는 부분이다.

✏️ 人们热切地关注着她的进展。 她终于鼓足勇气，迈出了重要一步，和他对上话了！后来，他们真的恋爱了。 她不断地在网络论坛里向人们讲述他们的故事。人们热切地关注，跟帖，祝福……

101-6 함께 경험하는 사랑

我也是其中的一个网友。每天，我都会打开那个网页，关注着她的进展。人到中年，我早已没有激情，我的爱情，那已是很久远以前发生的事情了。今天，我却像个浪漫的少年一样，关注着一个我并不认识的她的故事。网络，将几十万人聚集在一起，共同经历了一场普通却又不同凡响的爱情故事。

나도 그 네티즌들 중 한 명이다. 나는 매일 그 웹페이지를 열고 그들의 진전에 관심을 기울였다. 중년이 된 나는 이미 열정적인 감정이 사라졌고 나의 사랑은 아주 오래 전 일이 되었다. 오늘 나는 낭만적인 소년과 같았다. 나는 전혀 알지 못하는 그녀의 이야기에 관심을 갖고 있다. 인터넷에서 수십만 사람들이 한데 모여 일반적이지만 평범하지 않은 사랑 이야기

一位网友说得好：爱情很美好，比爱情更美好的，是向往爱情的心。

를 함께 경험하고 있다.
한 네티즌이 좋은 말을 했다. "사랑은 매우 아름답다. 사랑보다 더 아름다운 것은 사랑을 그리워하는 마음이다."

단어 网友 wǎngyǒu 명 네티즌, 인터넷 친구 | 网页 wǎngyè 명 인터넷 홈페이지 | 激情 jīqíng 명 격정, 열정적인 감정 | 聚集 jùjí 동 한데 모이다(모으다), 집중하다 | 不同凡响 bùtóngfánxiǎng 형 (문예작품 따위가) 평범하지 않다, 특색이 있다 | 爱情故事 àiqínggùshì 러브 스토리

해설 이 단락의 주요 내용은 작가 자신에 대한 소개로 자신도 네티즌 중의 한 명으로 전혀 알지 못하는 그녀의 이야기를 보면서 느낀 내용이다. 이 단락은 전체 글의 포인트가 되는 단락으로 대부분 그대로 살려서 요약하는 것이 좋다. 특히 '网络，将几十万人聚集在一起，共同经历了一场普通却又不同凡响的爱情故事。一位网友说得好：爱情很美好，比爱情更美好的，是向往爱情的心。' 이 부분은 작가 자신과 인터넷상의 사랑 얘기를 연결시켜 주기 때문에 반드시 적어야 한다.

我也是其中的一个网友。人到中年的我却像个浪漫的少年一样，关注着一个我并不认识的她的故事。网络，将几十万人聚集在一起，共同经历了一场普通却又不同凡响的爱情故事。爱情很美好，比爱情更美好的，是向往爱情的心。

共同经历的爱情

　　她是一家公司的销售员,每天都坐公交车去上班。有一天,她在公交车上遇见了一个帅气的小伙子。第一次见面,她就喜欢上了这个小伙子。

　　此后几天,她又在公交车上几次遇到他。她用心留意了一下,这个小伙子每天都坐7点半的公交车。于是,每天,她都会早早地赶到公交车站,却一直等到那班车来才上车。

　　可是,她不知道怎样才能和他搭上话,怎样才能认识他。无奈之下,她将自己的故事发在了网络论坛上,向大家求助。

　　没想到,她在网上发的帖子很快引起了网友们的关注,短短半个多月,点击率达到50多万人次。

　　有人说,跟他借手机;有人说,向他问时间。大家想出了各种各样五花八门的办法,老套的,实用的,浪漫的,新潮的……

　　人们热切地关注着她的进展。

　　她终于鼓足勇气,迈出了重要一步,和他对上话了!后来,他们真的恋爱了。

　　她不断地在网络论坛里向人们讲述他们的故事。人们热切地关注,跟帖,祝福……

　　我也是其中的一个网友。人到中年的我却

像个浪漫的少年一样，关注着一个我并不认识的她的故事。网络，将几十万人聚集在一起，共同经历了一场普通却又不同凡响的爱情故事。爱情很美好，比爱情更美好的，是向往爱情的心。

新HSK 모의고사 6級

5회 해설

一、听力

第一部分

● 1~15번 문제 : 들려주는 내용과 일치하는 것을 고르세요.

001

一对外国夫妇到美国旅行。他们住的地方据说常常闹鬼。一天夜里他们果然被奇怪的声音吵醒了。妻子要丈夫去看看，可是丈夫却说："亲爱的，还是你去好了。你的英文说得比我好些。"

A 丈夫很勇敢
B 丈夫英文更好
✓ C 妻子英文更好
D 夫妻都不会英文

한 외국인 부부가 미국으로 여행을 갔는데 그들이 묵은 곳은 들리는 소문에 의하면 귀신이 자주 나타난다고 했다. 밤에 그들은 과연 이상한 소리에 잠을 깼다. 부인이 남편에게 가서 보고 오라고 하자, 남편은 도리어 "여보, 역시 당신이 가는 게 좋겠어. 당신이 나보다 영어를 더 잘하잖아."라고 말했다.

A 남편은 매우 용감하다
B 남편이 영어를 더 잘한다
C 부인이 영어를 더 잘한다
D 부부 모두 영어를 못한다

단어 据说 jùshuō 동 다른 사람의 말에 의하면 ~라 한다, 전해지는(들리는) 말에 의하면 ~라 한다 | 闹鬼 nàoguǐ 동 귀신이 나타나다, 귀신이 조화를 부리다 | 果然 guǒrán 부 과연, 아니나다를까, 생각한대로 | 奇怪 qíguài 형 기이하다, 이상하다 | 吵醒 chǎoxǐng 동 시끄러워 (잠을) 깨(우)다

해설 '你的英文说得比我好些'라고 남편이 부인에게 말했기 때문에 부인이 영어를 더 잘한다는 것을 알 수 있다.

정답_ C

002

一次，孔子在路上看见一个人哭，便问他为什么哭。他说："我从前没有孝敬父母，对朋友不友善，工作也不努力。现在我想要弥补，可是父母过世、朋友离去、我也老了，真是想起来就让人伤心啊。"

A 他十分孝顺父母
B 他工作很努力
C 他还年轻
✓ D 朋友离开了他

한번은 공자가 길에서 울고 있는 사람을 보고, 그에게 왜 우는지 물었다. 그는 "저는 예전에 부모님에게 효도한 적이 없고, 친구와의 사이도 좋지 않았으며, 일도 열심히 하지 않았습니다. 지금 제가 보상하고 싶지만, 부모님께서는 돌아가셨고, 친구는 떠나갔으며, 저도 늙었습니다. 생각해보니 정말 마음이 아픕니다."라고 말했다.

A 그는 부모에게 아주 효성스럽다
B 그는 열심히 일한다
C 그는 아직 젊다
D 친구는 그를 떠났다

단어 孝敬 xiàojìng 동 웃어른을 잘 섬기고 공경하다, 효도하다 | 友善 yǒushàn 형 사이가 좋다, 다정하다 | 弥补 míbǔ 동 메우다, 보충하다 | 过世 guòshì 동 죽다, 돌아가시다 | 孝顺 xiàoshùn 동 효도하다

해설 '父母过世、朋友离去'에서 지금 보상하고 싶지만 지금 부모님은 이미 돌아가셨고, 친구는 그를 떠났음을 알 수 있다.

정답_ D

Tip 让 vs 叫 vs 使 vs 令

1. '令'은 단독으로 서술어로 올 수 없고, 일반적으로 가리키는 '人'을 겸어로만 사용할 수 있다. 사람과 사람 간의 감정을 나타내는 동사 '讨厌, 兴奋, 激动, 反感, 生气, 吃惊, 惊讶, 羡慕, 嫉妒, 失望, 担心, 担忧' 등의 단어들과 사용해야 한다.
   他的成绩令人羡慕。
   그의 성적은 사람으로 하여금 부러워하게 한다.

2. 명령이나 부탁을 나타낼 때는 '让, 叫'는 사용할 수 있지만 '使'는 사용할 수 없다.
   他让(叫)我明天早点儿来。
   그는 나에게 내일 일찍 오라고 했다.

3. '让, 叫'의 주어는 일반적으로 사람을 가리키고, 사물일 경우에는 '使'를 사용한다.
   你让我好好想想。
   내가 생각 좀 하게 해줘.
   谦虚使人进步，骄傲使人落后。
   겸손은 사람을 진보하게 하고, 교만은 사람을 뒤떨어지게 한다.

003

　　儿子对爸爸说："我长大以后要去北极探险。"爸爸称赞道："好啊！你真有志气！"儿子接着说："那么我现在就要训练，适应环境。"爸爸问："怎么训练呢？"儿子回答："每天给我买10美元的冰淇淋！"

　　A 儿子很有志气
　✓ B 儿子想吃冰淇淋
　　C 爸爸喜欢探险
　　D 探险必须吃冰淇淋

　　아들이 아빠에게 "저는 커서 북극 탐험을 할 거예요."라고 말했더니 아빠는 칭찬하며 "좋아! 넌 정말 패기가 있구나!"라고 했다. 아들은 이어서 "저 환경에 적응하도록 지금 훈련할래요."라고 말했고, 아빠는 "어떻게 훈련을 하니?"라고 물었다. 아들은 "매일 10달러짜리 아이스크림을 사 주세요."라고 대답했다.

　　A 아들이 패기가 있다
　　B 아들은 아이스크림을 먹고 싶어 한다
　　C 아버지는 탐험을 좋아한다
　　D 탐험할 때는 반드시 아이스크림을 먹어야 한다

단어 北极 běijí 명 북극 | 探险 tànxiǎn 동 (자연계를) 탐험하다 | 称赞 chēngzàn 동 칭찬하다, 찬양하다 | 志气 zhìqì 명 패기, 포부 | 适应 shìyìng 동 적응하다 | 冰淇淋 bīngqílín 명 아이스크림

해설 '每天给我买10美元的冰淇淋'을 통해 아들이 아이스크림이 먹고 싶어서 북극 탐험을 하겠다고 말했음을 알 수 있다.

정답 **B**

004

　　几乎每个人都有正在等待的东西。因此我们常常盼望时间过得快一点，让期待的那一天早些到来。时间就这样在期待中悄悄地流走了。如果让你每天扔掉100元，你肯定不干。但是我们却常常这样轻易地扔掉了更加宝贵的时间。

　　A 期待可以让时间变快
　　B 期待在时间中流走了
　　C 应该每天扔掉100元
　✓ D 我们常常浪费时间

　　모든 사람은 기다리고 있는 것이 있다. 그래서 우리들은 종종 시간이 빨리 흘러가서 기대하는 그 날이 일찍 오기를 바란다. 시간은 이렇게 기다림 속에서 조용히 흘러간다. 만약 당신에게 매일 100위안을 버리게 한다면, 당신은 감히 하지 못할 것이다. 그러나 우리는 오히려 훨씬 소중한 시간을 늘 이렇게 쉽게 버린다.

　　A 기대는 시간을 빨리 가게 할 수 있다
　　B 기대는 시간 속에서 흘러간다
　　C 매일 100위안을 버려야 한다
　　D 우리는 늘 시간을 낭비한다

단어 等待 děngdài 동 기다리다 | 盼望 pànwàng 동 간절히 바라다 | 悄悄 qiāoqiāo 부 은밀히, 몰래 | 流走 liúzǒu 동 흘러가다 | 扔掉 rēngdiào 동 버리다, 던져 버리다 | 不干 bùgān 동 관계가 없다, 상관이 없다 | 轻易 qīngyì 형 경솔하다, 함부로 하다 | 宝贵 bǎoguì 형 귀중하다

해설 '但是我们却常常这样轻易地扔掉了更加宝贵的时间'에서 우리는 100위안을 버리라면 감히 버리지 못하지만, 이보다 더 귀한 시간은 쉽게 낭비하고 있다는 것을 알 수 있다.

정답 **D**

005

元宵节是中国传统的节日之一，是春节之后第一个重要的节日。每年的正月十五，家家户户都会挂上灯笼、燃放烟花。元宵节的习俗在各地不尽相同，其中吃元宵、赏花灯、猜灯谜等是必不可少的节日活动。

✓ A 元宵节会挂灯笼
B 春节在元宵节之后
C 元宵节不能外出
D 元宵节只吃元宵

원소절은 중국 전통 명절 중 하나로, 춘절 이후 첫 번째 가장 중요한 명절이다. 매 년 정월 15일이면 집집마다 모두 등롱을 걸고, 폭죽을 터뜨린다. 원소절 풍습은 각 지역마다 완전히 서로 같진 않지만, 그중 위안샤오를 먹고, 꽃등을 구경하고, 등에 붙여놓은 수수께끼를 알아맞히는 것은 빠져서는 안 될 명절 행사이다.

A 원소절에는 등롱을 걸 것이다
B 춘절은 원소절 이후이다
C 원소절에는 밖으로 나가면 안 된다
D 원소절에는 원소만 먹는다

단어 元宵节 yuánxiāojié 명 원소절, 정월 대보름 | 传统 chuántǒng 형 전통적이다, 대대로 전해진 | 家家户户 jiājiāhùhù 명 집집마다, 매 집마다 | 挂 guà 동 걸다 | 灯笼 dēnglong 명 등롱, 초롱 | 燃放 ránfàng 동 터뜨리다 | 烟花 yānhuā 명 폭죽, 불꽃놀이 | 习俗 xísú 명 풍속, 습속 | 元宵 yuánxiāo 명 위안샤오[정월 대보름에 먹는, 찹쌀가루로 만든 소가 들어 있는 새알심 모양의 떡] | 花灯 huādēng 명 정월 대보름의 관상용 꽃등 | 灯谜 dēngmí 명 등롱 수수께끼[음력 정월 보름이나 중추절 밤, 초롱에 수수께끼에 문답을 써넣는 놀이]

해설 '家家户户都会挂上灯笼'에서 원소절에는 집집마다 등롱을 건다는 것을 알 수 있다. '元宵节是中国传统的节日之一，是春节之后第一个重要的节日。'에서 원소절은 춘절 이후의 명절임을 알 수 있다.

정답 A

006

仅从售价来看，公共汽车贵还是轿车贵？答案是公共汽车贵。但是坐公共汽车的是穷人还是富人呢？显然是穷人。为什么穷人反而坐更贵的车呢？不是因为他们有钱，恰恰是因为他们没钱，所以只好合伙消费。

A 轿车比较贵
B 穷人只能坐轿车
C 富人不能坐轿车
✓ D 穷人只好合伙消费

단지 판매 가격으로만 본다면, 버스가 비쌀까? 승용차가 비쌀까? 답은 '버스가 비싸다'이다. 그러나 버스를 타는 사람은 가난한 사람일까? 부유한 사람일까? 분명히 가난한 사람이다. 왜 가난한 사람이 오히려 더 비싼 차를 타는 것일까? 그들이 돈이 있기 때문이 아니라, 바로 돈이 없기 때문에, 어쩔 수 없이 그들이 모여서 함께 소비를 하게 되는 것이다.

A 승용차는 비교적 비싸다
B 가난한 사람은 승용차만 탈 수 있다
C 부유한 사람은 승용차를 탈 수가 없다
D 가난한 사람은 어쩔 수 없이 함께 소비를 해야 한다

단어 售价 shòujià 명 판매가(격) | 轿车 jiàochē 명 승용차, 세단(sedan) | 显然 xiǎnrán 형 명백하다, 분명하다 | 恰恰 qiàqià 부 바로, 꼭 | 合伙 héhuǒ 동 한패가 되다, 동료가 되다 | 消费 xiāofèi 동 소비하다

해설 '不是因为他们有钱，恰恰是因为他们没钱，所以只好合伙消费'에서 그들이 버스를 타는 이유가 돈이 있어서가 아니라 돈이 없기 때문에 어쩔 수 없이 모여서 함께 소비를 하는 것임을 알 수 있다. 여기서 '他们'은 가난한 사람을 가리킨다.

정답 D

007

　　植物体内最多的是水分。一般的植物在其生长期间所吸收的水量相当于它自身重量的300到800倍。一株向日葵，一个夏天要喝掉500斤左右的水。一株玉米，一个夏天也要消耗400多斤水。蔬菜需要的水就更多了。

✓ A 植物体内含量最多的是水
　B 玉米夏天不需要水
　C 玉米冬天不需要水
　D 蔬菜需要的水少

식물의 체내에 가장 많은 것은 수분이다. 일반적인 식물이 생장 기간 동안 흡수하는 수분은 자기 중량의 300~800배에 상당한다. 여름 한 철에 해바라기 한 그루는 250kg정도의 물을 마셔 버리고, 옥수수 한 그루도 200여 kg의 물을 소모한다. 채소가 필요로 하는 물은 훨씬 많다.

A 식물의 체내 함량이 가장 많은 것은 물이다
B 옥수수는 여름에 물이 필요 없다
C 옥수수는 겨울에 물이 필요 없다
D 채소가 필요로 하는 물은 적다

단어 相当于 xiāngdāngyú 동 ~에 상당하다, ~에 맞먹다 | 自身 zìshēn 대 자신, 본인 | 向日葵 xiàngrìkuí 명 해바라기 | 玉米 yùmǐ 명 옥수수 | 消耗 xiāohào 동 소모하다 | 蔬菜 shūcài 명 채소, 야채

해설 '植物体内最多的是水分'에서 식물의 체내 함량이 가장 많은 것이 물이라는 것을 알 수 있다.

정답 _ A

008

　　幽默不单单是引人发笑。它是一种人生智慧，一种力量，一种高度文明的象征。幽默用它独特的穿透力，把生活中那些不便轻易说出口的道理采用轻松有趣的语言表达了出来，使人们享受到非同一般的精神快感。

✓ A 幽默是一种智慧
　B 幽默不便说出口
　C 幽默只为引人发笑
　D 幽默不能说明道理

유머는 사람을 웃게 할 뿐만 아니라 인생의 지혜이자 힘이며, 고도 문명의 상징이다. 유머는 그 독특한 관통력을 이용하여, 생활 속에서 쉽사리 꺼낼 수 없는 도리를 가볍고 흥미있는 말을 이용하여 표현해 내고, 사람들로 하여금 특별한 정신적 쾌감을 만끽하게 한다.

A 유머는 일종의 지혜이다
B 유머는 입 밖으로 꺼내기가 어렵다
C 유머는 단지 사람을 웃게 하기 위한 것이다
D 유머는 도리를 설명할 수 없다

단어 幽默 yōumò 형 유머(humor)러스하다 | 发笑 fāxiào 동 웃다, 웃기다 | 智慧 zhìhuì 명 지혜 | 象征 xiàngzhēng 명 상징, 심벌 | 独特 dútè 형 독특하다, 특이하다 | 穿透 chuāntòu 동 관통하다, 꿰뚫다 | 不便 búbiàn 동 ~하기에 적당하지 않다, ~하여서는 안 된다 | 轻易 qīngyì 부 가볍게, 쉽사리 | 采用 cǎiyòng 동 채택되다, 적합한 것을 골라 쓰다 | 快感 kuàigǎn 명 쾌감

해설 '它是一种人生智慧，一种力量，一种高度文明的象征'에서 유머가 일종의 지혜이자 힘이며, 고도 문명의 상징이라고 말하고 있음을 알 수 있다.

정답 _ A

009

　　一个小偷半夜出来偷东西。他轻手轻脚地进入一间漆黑的房子，结果翻了半天却一无所获。小偷正打算离开的时候，主人醒过来了。他看见小偷后说："请关好门。"小偷不屑地说："你家根本就不用关门。"

A 主人家没有灯
B 小偷偷了很多东西
C 主人没发现小偷
✓ D 主人很穷

한 도둑이 한밤중에 물건을 훔치러 나왔다. 그는 깜깜한 방으로 살금살금 들어갔지만, 결과는 한참을 뒤져도 아무것도 얻을 것이 없었다. 도둑이 막 떠나려고 할 때, 주인이 깼고 그는 도둑을 본 후 "문 잘 닫아요."라고 말했다. 도둑은 무시하며 "당신 집은 전혀 문 닫을 필요가 없소."라고 말했다.

A 주인 집에는 등이 없다
B 도둑은 많은 물건을 훔쳤다
C 주인은 도둑을 발견하지 못했다
D 주인은 아주 가난하다

단어 小偷 xiǎotōu 명 도둑, 좀도둑 | 偷 tōu 동 훔치다, 도둑질하다 | 轻手轻脚 qīngshǒuqīngjiǎo 성 살금살금 행동하다 | 漆黑 qīhēi 형 칠흑같이 어둡다, 캄캄하다 | 半天 bàntiān 명 한참 동안 | 一无所得 yìwúsuǒdé 성 일무소득, 하나도 얻을 만한 게 없다 | 醒过来 xǐngguòlái 동 잠에서 깨어나다 | 不屑 búxiè 형 경시하다

해설 '结果翻了半天却一无所获'에서 훔칠 게 하나도 없다는 것으로 보아 주인이 가난하다는 것을 알 수 있다.

정답_D

010

　　从轻松的假期生活重新投入到快节奏的工作中去，上班族们也许会觉得很难调整。这时候，人们常常会想到咖啡，因为它可以抗击疲劳、激发创造力。但同时，咖啡又令很多办公室女性谈之色变。原因是有研究成果证明：经常喝咖啡的女性极易神经衰弱。

A 咖啡有毒
B 只有男性可以喝咖啡
✓ C 一些女性害怕喝咖啡
D 上班族喜欢假期喝咖啡

홀가분한 휴가 생활에서 빠른 템포의 업무 속으로 다시 뛰어 들게 되면, 샐러리맨들은 아마도 조절하기 힘들다고 느낄 것이다. 이때 사람들은 흔히 커피를 생각한다. 커피는 피로를 풀어 주고, 창조력을 불러일으키기 때문이다. 그러나 동시에 커피는 많은 사무실의 여성들로 히여금 말하기만 해도 안색을 변하게 한다. 연구 결과에 따르면 자주 커피를 마시는 여성은 쉽게 신경 쇠약에 걸리기 때문이다.

A 커피에는 독이 있다
B 오로지 남성만이 커피를 마실 수 있다
C 일부 여성들은 커피 마시기를 겁낸다
D 샐러리맨들은 휴가 기간에 커피 마시는 것을 좋아한다

단어 假期 jiàqī 명 휴가(휴일·방학) 기간 | 投入 tóurù 동 돌입하다, 뛰어들다 | 节奏 jiézòu 명 리듬, 템포 | 上班族 shàngbānzú 명 샐러리맨, 봉급 생활자 | 调整 tiáozhěng 동 조정하다, 조절하다 | 抗击 kàngjī 동 저항하며 반격하다 | 疲劳 píláo 형 피곤(피로·노곤)하다, 지치다 | 激发 jīfā 동 (감정을) 불러일으키다, 분발시키다 | 色变 sèbiàn 동 안색이 변하다 | 神经衰弱 shénjīngshuāiruò 명 신경쇠약

해설 '咖啡又令很多办公室女性谈之色变'에서 많은 여성들이 커피를 말하면 안색이 변한다는 것을 알 수 있으며, '色变'은 무서워하다라는 뜻을 나타낸다.

정답_C

011

中国的茶文化有4700多年的历史，先后传播到40多个国家。茶的种类有很多，比如绿茶、红茶、花茶等。中国人喜欢清饮红茶，品味茶香；英国人喜欢在红茶中加奶加糖，享受其中的香甜滋味。但无论怎样饮用，红茶都很受欢迎。

- A 茶文化传播得很慢
- B 英国人不喜欢绿茶
- C 中国人喜欢红茶加奶
- ✓ D 中国人喜欢清饮红茶

중국의 차 문화는 4700여 년의 역사를 가지고 있으며, 잇따라 40여 개의 국가에 전파되었다. 차의 종류는 매우 많다. 예를 들어 녹차, 홍차, 화차 등이 있다. 중국인은 홍차를 맑게 마시며, 차 향을 음미하는 것을 좋아한다. 영국인은 홍차에 우유와 설탕을 넣어, 향기롭고 달콤한 맛을 즐기는 것을 좋아한다. 그러나 어떻게 마시는가에 관계없이 홍차는 매우 인기가 있다.

- A 차 문화는 전파가 느리다
- B 영국인은 녹차를 좋아하지 않는다
- C 중국인은 홍차에 우유를 넣는 것을 좋아한다
- D 중국인은 홍차를 맑게 마시는 것을 좋아한다

단어 传播 chuánbō 통 전파하다, 널리 보급하다 | 绿茶 lǜchá 명 녹차 | 红茶 hóngchá 명 홍차 | 花茶 huāchá 명 화차, 꽃차 | 品味 pǐnwèi 통 맛을 보다 | 香甜 xiāngtián 형 향기롭고 달다, 맛있다 | 滋味 zīwèi 명 맛 | 受欢迎 shòu huānyíng 환영을 받다, 인기가 있다

해설 '中国人喜欢清饮红茶'에서 중국인은 홍차를 맑게 마시는 것을 좋아한다는 것을 알 수 있다.

정답 _ D

012

由于工作过程要非常直观地展示在客人面前，因此调酒师需要很高的专业水准。不但要精确地掌握各种酒的产地、特性、口感和制作工艺等，而且要能够准确地鉴定出酒的质量和年份。

- ✓ A 调酒师需要高专业水准
- B 调酒师要求不高
- C 调酒师必须会酿酒
- D 调酒师必须了解客人

일의 과정이 매우 직관적으로 손님의 눈앞에서 분명하게 보여지기 때문에, 술 감별사는 아주 높은 전문적인 수준을 필요로 한다. 각종 술의 산지와 특성, 맛과 제작 방법 등을 정확하게 파악해야 할 뿐만 아니라, 술의 품질과 연도를 정확하게 평가해 낼 수 있어야 한다.

- A 술 감별사는 높은 전문적인 수준을 필요로 한다
- B 술 감별사의 요구는 높지 않다
- C 술 감별사는 반드시 술을 빚을 수 있어야 한다
- D 술 감별사는 반드시 손님을 이해해야 한다

단어 直观 zhíguān 형 직관의, 감각 기관으로 직접 느끼는 | 调酒师 tiáojiǔshī 명 술 감별사 | 精确 jīngquè 형 정밀하고 확실하다, 정확(精確)하다 | 掌握 zhǎngwò 동 정통하다, 파악하다 | 口感 kǒugǎn 명 입맛 | 准确 zhǔnquè 형 확실하다, 정확하다 | 鉴定 jiàndìng 동 감정(鑑定)하다 | 年份 niánfèn 명 해, 연도 | 酿酒 niàngjiǔ 동 술을 빚다, 술을 담그다

해설 '由于工作过程要非常直观地展示在客人面前, 因此调酒师需要很高的专业水准'에서 술 감별사는 일의 과정이 직관적으로 손님들의 눈앞에서 바로 보여지기 때문에 높은 전문적인 수준을 필요로 한다는 것을 알 수 있다.

정답 _ A

Tip 점층관계를 나타내는 접속사

1. 不但(不仅, 不光, 不只, 不单~)A, 而且(也, 还)B : A뿐만 아니라 B도 ~하다
   这部电影不但自己看，还推荐给别人看。
   이 영화를 그는 봤을 뿐만 아니라 다른 사람에게 보라고 추천도 했다.

2. 不但不(不但没)A, 反而(反倒)B : A하지 않을 뿐만 아니라 오히려 B도 ~하다
   这样做不但不会解决矛盾，反而会增加矛盾。
   이렇게 하면 모순을 해결할 수 없을 뿐만 아니라 오히려 더 증가시킨다.

3. '不但'과 의미가 유사한 접속사 – 不仅, 不光, 不只, 不单

4. '不但'의 위치
   小王不但会说汉语，也会说英语。
   샤오왕은 중국어를 할 수 있을 뿐만 아니라 영어도 할 수 있다.(주어가 한 개일 경우에 '不但'은 주어 뒤에 옴)
   不但小王会说汉语，他妹妹也会说汉语。
   샤오왕은 중국어를 할 수 있을 뿐만 아니라 그의 여동생도 중국어를 할 수 있다. (주어가 두 개일 경우에 '不但'은 주어 앞에 옴)

013

中国国家体育场"鸟巢"是2008年北京奥运会的主体育场。它于2001年设计,2008年完工。设计者们对体育场进行了精心设计,保证观众无论坐在哪个位置,和赛场中心点之间的视线距离都能保持在140米左右。

A "鸟巢"是在2001年完工的
✓ B "鸟巢"是北京奥运会的主体育场
C "鸟巢"设计于2008年
D 坐在"鸟巢"后排看不清楚

중국의 국가 체육 운동장 '냐오차오'는 2008년 베이징올림픽 주경기장이다. 그것은 2001년에 설계하여 2008년에 완공되었다. 설계자들은 경기장에 대해 심혈을 기울여 설계하였는데, 관중이 어느 자리에 앉아도 경기장 가운데 지점과의 시선 거리가 모두 140m정도를 유지할 수 있다고 한다.

A '냐오차오'는 2001년에 완공되었다
B '냐오차오'는 베이징올림픽 주경기장이다
C '냐오차오'는 2008년에 설계되었다
D '냐오차오'의 뒷줄에 앉으면 잘 보이지 않는다

단어 鸟巢 Niǎocháo 명 베이징올림픽 주경기장(원래의 뜻은 '새둥지'이며, 여기에서는 새둥지 모양을 본떠 만든 베이징올림픽 주경기장의 의미로 쓰임) | 奥运会 àoyùnhuì 명 올림픽(경기) | 精心 jīngxīn 형 정성을 들이다, 몹시 조심하다 | 保证 bǎozhèng 동 보증하다, 담보하다 | 赛场 sàichǎng 명 경기장 | 视线 shìxiàn 명 시선, 눈길 | 保持 bǎochí 동 (지속적으로) 유지하다, 지키다

해설 '中国国家体育场"鸟巢"是2008年北京奥运会的主体育场'에서 '냐오차오'가 베이징올림픽 주경기장이라는 것을 알 수 있다.

정답 **B**

014

2月25日,沈阳出现了55年一遇的冻雨天气。一夜之间,大街小巷到处都挂满了晶莹的"树挂"。气象部门称,冻雨严重影响了交通,一些百年老树被"树挂"拦腰压折。当然,冻雨也给人们带来了罕见的视觉奇观。

A 冻雨让视力受到影响
✓ B 冻雨让交通受到影响
C 冻雨持续了5天
D 树苗被压断了

2월 25일, 선양에 55년만에 우박이 떨어졌다. 하룻밤 사이에, 거리마다 곳곳에 영롱한 '무송'이 가득 걸렸다. 기상청에서는 우박이 교통에 심각한 영향을 주었으며, 몇몇의 백년 된 오래된 나무들이 무송에 의해 부러졌다고 했다. 물론 우박은 사람들에게 보기 드문 기이한 풍경을 가져다 주기도 했다.

A 우박은 시력에 영향을 준다
B 우박은 교통에 영향을 준다
C 우박이 5일간 계속되었다
D 묘목이 압력에 의해 부러졌다

단어 沈阳 Shěnyáng 명 선양(라오닝(辽宁)성의 성도) | 冻雨 dòngyǔ 명 우박(지면에 닿으면 곧 얼어붙는 비) | 大街小巷 dàjiēxiǎoxiàng 성 거리와 골목, 온 거리 | 晶莹 jīngyíng 형 빛나고 투명하다, 반짝반짝 빛나다 | 树挂 shùguà 명 무송, 수빙(추운 날에 안개가 나뭇가지나 전선 등에 응결되어 붙은 백색의 결정체) | 拦腰 lányāo 동 중간에서 저지(절단)하다 | 奇观 qíguān 명 기관, 기이한 풍경 | 树苗 shùmiáo 명 묘목

해설 '冻雨严重影响了交通'에서 우박이 교통에 심각한 영향을 주었다는 것을 알 수 있다.

정답 **B**

015

　　一位记者向爱因斯坦询问他成功的秘诀。爱因斯坦回答："我二十二岁时发现了成功的公式，那就是A=X+Y+Z！A是成功，X是努力工作，Y是懂得休息，Z则是少说废话！这个公式对我有用，我想对许多人也一样有用。"

A 爱因斯坦在22岁时很成功
B 记者今年22岁
C 爱因斯坦的成功公式没有用
✔ D 爱因斯坦的成功和他的努力有关

한 기자가 아인슈타인에게 성공의 비결을 물었다. 아인슈타인은 "저는 22세에 성공의 공식을 발견했는데 그것은 바로 A=X+Y+Z입니다. A는 성공이고 X는 열심히 일하는 것, Y는 쉴 줄 아는 것, Z는 쓸데없는 소리를 적게 하는 것이죠. 이 공식은 저에게는 유용했습니다. 많은 사람들에게도 똑같이 유용하다고 생각합니다."라고 답했다.

A 아인슈타인은 22살에 성공했다
B 기자는 올해 22살이다
C 아인슈타인의 성공 공식은 쓸모가 없다
D 아인슈타인의 성공은 그의 노력과 관련 있다

단어 记者 jìzhě 몡 기자 | 爱因斯坦 Àiyīnsītǎn 몡 아인슈타인(1897~1955년, Albert Einstein) | 询问 xúnwèn 통 알아보다, 물어 보다 | 秘诀 mìjué 몡 비결 | 公式 gōngshì 몡 공식 | 废话 fèihuà 몡 쓸데없는 말(소리) | 有用 yǒuyòng 통 쓸모가 있다, 유용하다

해설 'A是成功, X是努力工作, Y是懂得休息, Z则是少说废话'에서 아인슈타인이 말한 성공 공식은 성공에는 노력과 휴식, 쓸데없는 소리를 적게 하는 것이라고 했으므로 그의 성공이 노력과 관련 있음을 알 수 있다.

정답_ D

第二部分

● 16~30번 문제 : 들려주는 내용을 잘 듣고, 알맞은 답을 고르세요.

016-020

主持人: 今天我们请到的是著名的小品演员赵本山老师。赵老师，现在你还能回想起你当年第一次上春晚时的情形吗？

赵本山: 记得。16 第一次上春晚的作品是我跟黄晓娟合作的《相亲》。导演组差点把我换掉，因为他们都特别不看好我，就觉得这个人怎么脏兮兮的。

主持人: 从第一次上春晚到现在，你的作品有什么变化吗？

赵本山: 17 改变就是内容越来越深刻了。从《相亲》、《我想有个家》等作品一直到《昨天今天明天》是我创作思路的一个转折点，到《卖拐》系列，就是另外一种形式的作品了，寓意很深刻，有点像寓言式的作品。

主持人: 听说宋丹丹之前上春晚的时候总爱哭，能告诉我们是因为什么吗？

赵本山: 18 因为压力大啊！

主持人: 听说去年你的作品修改了很多遍？

赵本山: 是。19 去年的作品一共写了17遍。这是在我上春晚的19年里从来没有过的，无法形容当时心中的压力。其实好作品都是在很短时间内完成的，就像《昨天今天明天》。我的进步在于我的审美标准更高了。

主持人: 宋丹丹说过"这么多年来，只有赵本山是两脚落地的。"这句话应该怎样理解？

赵本山: 20 宋丹丹这句话就是说我没有忘本。我是喝着二人转奶水长大的，后期，当我枯竭的时候，我又回去寻找二人转，再次回到了二人转里，再次找到了自己。我觉得我的进步在于我的审美标准更高了，而我的徒弟们还没能完全被大文化所接受，他们正在经历着考验。

사회자: 오늘 우리가 모신 분은 유명한 단막극 연기자 짜오번산 씨입니다. 짜오 씨, 아직도 첫 설맞이 특별 공연 때의 상황을 기억하시나요?

짜오번산: 기억하죠. 처음 공연했던 설맞이 특별 공연 때의 작품은 저와 황샤오쥐엔이 합작한《맞선》입니다. 연출팀은 저를 거의 바꿔 버리려고 했어요. 왜냐하면 그들은 저를 매우 안 좋게 보았기 때문에, 이 사람이 지저분하다고 생각한 것이죠.

사회자: 처음 무대에 올랐던 설맞이 특별 공연부터 지금까지, 당신의 작품에는 어떤 변화가 있나요?

짜오번산: 변화는 바로 내용이 점점 강렬해진다는 것입니다. 《맞선》,《집이 있었으면 좋겠다》등의 작품부터《어제 오늘 내일》까지, 제가 글을 창작하게 된 하나의 전환점입니다.《지팡이를 팔다》시리즈는 다른 형식의 작품이었는데, 함축된 의미가 매우 깊어, 약간 우화 형식 같은 작품이지요.

사회자: 듣자하니 송딴딴은 설맞이 특별 공연 저녁 무대에 오르기 전이면 항상 울었다는데, 저희에게 그 이유가 무엇인지 알려 주실 수 있습니까?

짜오번산: 스트레스가 너무 심했기 때문이에요!

사회자: 작년에 당신의 작품이 여러 번 수정됐다고 들었습니다.

짜오번산: 네, 작년의 작품은 모두 17번 쓰여졌죠. 이것은 제가 설맞이 특별 공연 무대에 오른 19년 동안 한 번도 없었던 것인데, 당시의 정신적 스트레스를 표현할 방법이 없네요. 사실 좋은 작품은 모두 짧은 시간 내에 완성된 것들이거든요. 바로《어제 오늘 내일》처럼요. 저의 진보는 저의 심미적 기준보다 훨씬 높아요.

사회자: 송딴딴이 "이렇게 오랜 세월 동안, 단지 짜오번산만이 두 다리를 땅에 딛고 있다."고 말한 적이 있는데요, 이 말은 어떻게 이해해야 하나요?

짜오번산: 송딴딴의 이 말은 제가 근본을 잊지 않았다는 것을 말하는 겁니다. 저는 '이인극'이라는 우유를 마시면서 자랐는데요, 후에 제가 고갈됐을 때, 저는 다시 돌아가서 '이인극'을 찾았고, 거기에서 제 자신을 찾았습니다. 저의 진보는 저의 심미적 기준보다 높다고 생각합니다. 그러나 제 제자들은 아직 큰 문화에 의해 완전히 받아들여질 수 없어서 그들은 지금 시련을 경험하고 있습니다.

단어

小品 xiǎopǐn 명 소품, 수필 따위 | 情形 qíngxing 명 정황, 상황 | 记得 jìde 동 기억하고 있다, 잊지 않고 있다 | 导演 dǎoyǎn 명 연출자, 감독 | 兮兮 xīxī 조 어떤 단어 뒤에 쓰여 모양·형편·꼴·상태 등을 나타냄 | 改变 gǎibiàn 동 고치다, 바꾸다 | 深刻 shēnkè 형 (인상이) 깊다, (느낌이) 매우 강렬하다 | 思路 sīlù 명 글의 구상, 문장의 맥락 | 转折点 zhuǎnzhédiǎn 명 전환점 | 系列 xìliè 명 시리즈, 계열 | 寓意 yùyì 명 언외의(함축된) 의미 | 寓言 yùyán 명 우언, 우화 | 形容 xíngróng 동 형용하다, 묘사하다 | 审美 shěnměi 명형 심미(적) | 标准 biāozhǔn 명 기준, 잣대 | 落地 luòdì 동 (물체가) 땅에 떨어지다, 땅에 (발을) 디디다 | 忘本 wàngběn 동 근본을 잊다, (처지가 좋아진 후에) 옛날의 처지를 잊어버리다 | 枯竭 kūjié 형 (수원이) 고갈되다, 바싹 마르다 | 寻找 xúnzhǎo 동 찾다, 구하다 | 徒弟 túdì 명 도제, 제자 | 考验 kǎoyàn 동 시험하다, 시련을 주다

Tip   好의 여러 가지 용법

1. 형 좋다, 훌륭하다, 만족하다
   好人 좋은 사람 / 好办法 좋은 방법
   他说得太好了。 그는 정말 말을 잘한다.

2. 친하다, 사이가 좋다
   好朋友 친한 친구
   刚吵了架，又好起来了。 방금 싸웠었는데 또 사이가 좋아졌다.

3. 완성하다(결과보어)
   你的毛衣还没打好，得再过两天。
   네 스웨터 아직 다 안 짰어. 이틀은 더 있어야 돼.

4. 부 수가 많거나 시간이 오래되었음을 강조하거나 정도가 심함을 강조함.
   他念了好几年外语。
   그는 몇 년 동안 외국어를 공부했다.
   眼睛好大好大的。
   눈이 정말 크네.

5. ~하도록, ~할 수 있도록
   你留个电话，到时候我好通知你。
   전화번호 남겨 놔. 그때 가서 내가 너한테 알려 줄 수 있게.

016

赵本山第一次上春晚的作品是什么？
짜오번산의 첫 설맞이 특별 공연의 작품은 무엇인가？

- ✓ A 《相亲》
- B 《我想有个家》
- C 《昨天今天明天》
- D 《卖拐》

- A 《맞선》
- B 《집이 있었으면 좋겠다》
- C 《어제 오늘 내일》
- D 《지팡이를 팔다》

 '第一次上春晚的作品是我跟黄晓娟合作的《相亲》'에서 첫 설맞이 특별 공연에 올랐던 작품이 《맞선》임을 알 수 있다.

정답_ A

017

赵本山的作品有什么样的改变？
짜오번산의 작품에는 어떠한 변화가 있는가？

- A 没什么改变
- B 语言越来越简单
- ✓ C 内容越来越深刻
- D 表演时间越来越长

- A 변화가 없다
- B 언어가 갈수록 간단해지다
- C 내용이 갈수록 강렬해지다
- D 표현 시간이 갈수록 길어지다

'改变就是内容越来越深刻了'에서 내용이 갈수록 강렬해진다는 것을 알 수 있다.

정답_ C

018

为什么宋丹丹之前上春晚的时候总爱哭?

- A 因为犯错误了
- B 因为她爱哭
- C 因为练习得不好
- ✓ D 因为压力大

왜 송딴딴이 설맞이 특별 공연에 무대에 오르기 전에 자주 울었는가?

- A 실수를 했기 때문에
- B 그녀는 잘 울기 때문에
- C 연습을 잘 못했기 때문에
- **D 스트레스가 심했기 때문에**

해설 '因为压力大啊'에서 스트레스가 심했기 때문에 울었다는 것을 알 수 있다.

정답_ D

019

赵本山去年的作品修改了多少遍?

- A 13遍
- B 15遍
- ✓ C 17遍
- D 19遍

짜오번산의 작년 작품은 몇 번 수정되었는가?

- A 13번
- B 15번
- **C 17번**
- D 19번

해설 '去年的作品一共写了17遍'에서 작년 작품을 모두 17번 수정했음을 알 수 있다.

정답_ C

020

"这么多年来，只有赵本山是两脚落地的"，怎样理解这句话?

- A 说赵本山的两只脚一直在地上
- ✓ B 说赵本山没有忘本
- C 说赵本山爱唱二人转
- D 说赵本山一直没有进步

"이렇게 오랜 세월동안, 단지 짜오번산만이 두 다리를 땅에 딛고 있다."라는 말을 어떻게 이해해야 하는가?

- A 짜오번산의 두 발이 줄곧 땅 위에 있음을 말한다
- **B 짜오번산은 근본을 잊지 않았음을 말한다**
- C 짜오번산이 '이인극' 부르기를 좋아한다는 것을 말한다
- D 짜오번산은 계속 발전이 없음을 말한다

해설 '宋丹丹这句话就是说我没有忘本'에서 짜오번산이 근본을 잊지 않았음을 말하고 있음을 알 수 있다. 그 뒤의 내용에서도 짜오번산이 힘들 때 자신의 첫 연기 시작인 이인전에서 힘을 얻고 자기 자신을 찾는다는 것을 부연 설명하고 있다.

정답_ B

记者：	陈萍老师，现在已经是第八轮课程改革了。这次改革的重点是什么？	기자：	천평 선생님, 현재 제8차 교육과정을 개혁하셨는데, 이번 개혁의 중점은 무엇인가요？
陈萍：	21 重点是培养学生的创新意识。虽然以前已经有过七轮课程改革，但是学生们还是不能完全脱离旧的学习方法和思维方法。所以这次改革，我们要重点培养学生们的创新意识。	천평：	중점은 학생의 창의성을 배양하는 것입니다. 비록 이전에 7차 교육과정의 개혁이 있었지만, 학생들은 여전히 낡은 학습 방법과 사고 방법에서 완전히 벗어날 수가 없었습니다. 그래서 이번 개혁은 우리가 학생의 창의성을 배양하는데 중점을 두려는 것입니다.
记者：	通过这次改革，课堂里最大的变化是什么？	기자：	이번 개혁을 통한 교육과정 내의 가장 큰 변화는 무엇이죠？
陈萍：	22 最大的变化就是赞美的声音越来越多了。不管在什么课堂，不管是年纪大的老师还是年纪小的老师，都尽可能多地去鼓励学生。	천평：	가장 큰 변화는 바로 칭찬의 소리가 점점 많아진다는 것입니다. 어느 과목에 상관없이, 나이가 많은 선생님이든 젊은 선생님이든 모두가 가능한 한 많이 학생들을 격려할 것입니다.
记者：	学校有什么变化呢？	기자：	학교에는 어떤 변화가 있나요？
陈萍：	23 学校变得更加民主了。具体的表现就是教师开始尊重学生的发展了，很多局长和校长也开始思考怎样促进教师发展，所以很多地方开始关注"教师职业生涯"这个主题。	천평：	학교가 한층 민주적으로 변할 것입니다. 구체적으로 표현하면 선생님이 학생의 발전을 존중하기 시작하고, 많은 국장과 교장들도 어떻게 교사의 발전을 촉진시킬 지에 대해 생각하기 시작하므로, 매우 많은 곳에서 '교사 직업 생활'이라는 이 주제를 주목하기 시작할 것입니다.
记者：	不管是哪一次课程改革，教师都起着非常重要的作用。在这次改革中，教师起的是什么作用呢？	기자：	몇 차 교육과정의 개혁인지에 관계없이 교사들은 모두 가장 중요한 역할을 하고 있는데요. 이번 개혁에서 교사는 어떤 역할을 합니까？
陈萍：	起的是 24 课程建构者的作用。新课改促进了校园文化的改变。过去教师不会思考学校的课程，会觉得自己是课程的执行者，但课程改革推动"校本课程"，教师也承担起了建构课程的任务。	천평：	교육과정 구축자로서의 역할을 합니다. 새 교육과정은 학교 문화의 변화를 촉진시킵니다. 과거의 교사들은 학교의 교육과정에 대해서 생각할 수 없었고, 자신이 교육과정의 수행자라고만 생각했죠. 하지만 교육과정의 개혁이 '학교 기본 교육과정'을 추진하며 선생님 또한 교육과정 구축의 임무를 맡습니다.
记者：	听说这次课程改革还促进各个学校老师之间的交流？	기자：	듣자하니 이번 교육과정의 개혁이 각 학교 선생님간의 교류도 촉진시킨다고 하던데요？
陈萍：	对。25 为了更好地提升自己，老师们组成了一些专业的团队。第八次课程改革促进教师去学习、去研究，因为只有这样，才能具备参与课题研究的能力。教师都渴望加入一个专业的团队，通过专业团队，教师队伍从个体到整体都得到了提升。	천평：	맞습니다. 자신을 더 향상시키기 위하여 선생님들은 전문적인 단체를 조직했습니다. 제8차 교육과정 개혁은 선생님이 학습하고, 연구하는 것을 촉진시킵니다. 이렇게 해야만 과제 연구에 참여하는 능력을 갖출 수 있기 때문입니다. 선생님들은 모두 전문적인 단체에 가입하기를 바라고, 전문적인 단체를 통하여 교직원들은 개인에서 전체에 이르기까지 모두 향상될 수 있는 것이죠.

단어

轮 lún 양 순환되는 사물 또는 동작을 헤아리는 데 쓰임 | 过程 guòchéng 명 과정 | 改革 gǎigé 명 개혁 | 创新 chuàngxīn 명 창의성, 창조성 | 脱离 tuōlí 동 벗어나다, 떠나다 | 思维 sīwéi 명 사유 | 赞美 zànměi 동 찬미하다, 찬양하다 | 课堂 kètáng 명 교실 | 鼓励 gǔlì 동 격려하다, (용기를) 북돋우다 | 尊重 zūnzhòng 동 존중하다 | 生涯 shēngyá 명 생애, 생활 | 建构 jiàngòu 동 구성하다, 형성하다 | 执行 zhíxíng 동 집행하다, 수행하다 | 推动 tuīdòng 동 추진하다, 촉진하다 | 承担 chéngdān 동 맡다, 책임지다 | 提升 tíshēng 동 진급시키다, 향상시키다 | 团队 tuánduì 명 단체, 팀 | 参与 cānyù 동 참여하다, 가담하다 | 渴望 kěwàng 동 갈망하다, 간절히 바라다 | 队伍 duìwu 명 집단, 단체 | 整体 zhěngtǐ 명 전부, 전체

Tip	已经 vs 曾经

已经	曾经
1. 동작이나 변화가 말을 할 때도 계속 존재한다는 것을 나타낸다. 我已经来了。 나는 이미 왔다. 2. 부정형: (还)+没+동사/已经+不 这本书我还没看过呢。 나는 이 책을 아직 본 적이 없다. 他已经不学汉语了。 그는 이미 중국어를 배우지 않는다.	1. 동작이나 변화가 말을 할 때는 존재하지 않는다는 것을 나타낸다. 我曾经来过韩国。 나는 이미 한국에 와 본 적이 있다. 2. 부정형: (从来)+没+동사+过/不+曾/未曾 这本书我从来没看过。 나는 이 책을 지금까지 본 적이 없다. 他不曾在这里住过。 그는 여기에 산 적이 없다.

021

第八轮课程改革的重点是什么？	제8차 교육과정 개혁의 중점은 무엇인가?
A 检查学生的学习方法 B 检查学生的思维方法 ✓C 培养学生的创新意识 D 以上都正确	A 학생의 학습 방법을 조사한다 B 학생의 사고 방법을 조사한다 C 학생의 창의성을 배양한다 D 위의 내용 모두 맞다

해설 '重点是培养学生的创新意识'에서 제8차 교육과정 개혁의 중점이 학생의 창의성을 배양하는 것임을 알 수 있다.

정답_ C

022

通过这次改革，课堂里最大的变化是什么？	이번 개혁을 통한 교육과정의 가장 큰 변화는 무엇인가?
✓A 赞美的声音多了 B 老师的年纪大了 C 老师的年纪小了 D 回答问题的声音大了	A 칭찬의 소리가 많아진다 B 선생님의 나이가 많아진다 C 선생님의 나이가 어려진다 D 문제에 대답하는 소리가 커진다

해설 '最大的变化就是赞美的声音越来越多了'에서 가장 큰 변화가 칭찬의 소리가 갈수록 많아질 것임을 알 수 있다.

정답_ A

023

学校有什么变化?	학교에는 어떤 변화가 있는가?
A 下课时间提前了	A 수업 끝나는 시간이 앞당겨지다
B 不用写作业了	B 숙제 할 필요가 없어지다
C 更加漂亮了	C 더 아름다워지다
✓ D 更加民主了	D 더 민주적으로 되다

해설 '学校变得更加民主了'에서 학교가 더 민주적으로 변한다는 것을 알 수 있다.

정답_ D

024

在这次改革中，教师起的是什么作用?	이번 개혁에서 선생님은 어떤 역할을 하는가?
A 课程执行者的作用	A 교육과정 수행자의 역할
✓ B 课程建构者的作用	B 교육과정 구축자의 역할
C 教科书的作用	C 교과서의 역할
D 布置作业的作用	D 숙제 할당의 역할

단어 布置 bùzhì 명동 안배(하다), 할당(하다)

해설 '课程执行者的作用'에서 선생님은 과거에 교육과정의 수행자 역할을 했지만, 지금은 '起的是课程建构者的作用'라는 문장을 통해 이번 개혁에서 선생님은 교육과정 구축자의 역할을 한다는 것을 알 수 있다.

정답_ B

025

老师们为什么组成专业的团队?	선생님들은 왜 전문적인 단체를 조직하는가?
A 为了显得更专业	A 더 전문적으로 보이기 위해서
B 为了课程改革	B 교육과정을 개혁하기 위해서
✓ C 为了更好地提升自己	C 자신을 더 잘 향상시키기 위해서
D 学校规定的	D 학교의 규정 때문에

해설 '为了更好地提升自己, 老师们组成了一些专业的团队'에서 자신을 더 잘 향상시키기 위해서 전문적인 단체를 조직했다는 것을 알 수 있다.

정답_ C

主持人：	26 我们这次节目的主题是改革开放三十年。为此我们特意请到了万科集团董事局主席王石先生。他将结合自身和他所领导的万科公司的发展轨迹，来谈一谈改革开放30年的个人感受。王先生，您好。	사회자：	우리의 이번 프로그램 주제는 개혁개방 30년입니다. 이 때문에 우리는 특별히 완커그룹의 이사회 이사장이신 왕스 씨를 모셔서 그와 그가 경영하는 완커회사의 발전 행적을 결합하여, 개혁개방 30년의 개인적인 감회를 이야기해 보려고 합니다. 왕 선생님 안녕하세요.
王石：	大家好。	왕스：	여러분 안녕하세요.
主持人：	我们先从一些具体的问题开始切入。回顾一下30年前，您个人是处于什么样的状态？刚刚大学毕业吗？	사회자：	우리 우선 구체적인 문제에서부터 파고 들어가 보죠. 30년 전을 회상해 보면 당신은 어떠한 상태였나요? 대학을 막 졸업했나요?
王石：	不是刚毕业。27 30年前，应该是1978年，我刚好大学毕业一年。但是那时候已经是27岁了，虽然大学刚毕业，但是在上大学之前，我当过工人，当过兵，经历还是很丰富的。	왕스：	대학을 막 졸업한 것은 아닙니다. 30년 전이면 1978년이겠죠. 대학을 막 졸업한 지 1년이 되었을 겁니다. 하지만 그때는 이미 27살이었어요. 비록 대학을 막 졸업했지만, 대학 들어가기 전에 저는 기술자도 되었다가, 군인도 되었다가, 경험이 아주 풍부했습니다.
主持人：	听说您是第一批去深圳的人？	사회자：	당신이 처음으로 선전에 간 사람이라고 들었는데요?
王石：	第一批倒是算不上。28 深圳1981年改为特区，我是1983年去的。应该算是比较早的一批吧，但是不是第一批。因为那个时候深圳的建设已经轰轰烈烈了。	왕스：	처음 갔다고는 할 수 없습니다. 선전은 1981년 특구로 바뀌었는데, 저는 1983년에 갔죠. 비교적 일렀다고 할 수는 있지만, 첫 번째는 아닙니다. 그 당시 선전의 건설은 이미 활기찼기 때문이죠.
主持人：	当时为什么想去深圳？	사회자：	그 당시에 왜 선전에 가고 싶었나요?
王石：	29 因为当时深圳的变化很大。这些变化让我一下子就觉得这是一个很有趣的地方，这才产生了要去深圳的想法。	왕스：	그 당시 선전의 변화가 대단했기 때문입니다. 이러한 변화들은 순간 저에게 이곳이 아주 흥미로운 곳이라는 생각이 들게 했고, 비로소 선전에 가고 싶다는 생각이 생겼어요.
主持人：	能不能跟我们说一下，当时的深圳到底有怎样的变化？	사회자：	당시의 선전에는 도대체 어떤 변화가 있었는지 저희에게 이야기해 주실 수 있으신지요?
王石：	30 如果用两个字概括当时深圳的变化，那就是"热闹"。原来冷冷清清的深圳，突然就成了一个大工地，到处尘土飞扬，都是塔吊、八吨的翻斗车，整个是烟尘滚滚的一个大工地，让人感觉有一种兴奋，有一种新的事情在发生。突然就觉得这个地方我应该来了。	왕스：	만약 두 글자로 당시 선전의 변화를 요약한다면, 그것은 바로 '热闹(번화)'입니다. 원래는 적막했던 선전이 갑자기 하나의 대형 공사 현장이 되어 도처에서 흙먼지가 날아오르고, 여기저기가 모두 타워크레인, 8톤 덤프차였어요. 전체가 먼지와 매연이 밀어닥치는 대형 공사 현장이라 사람으로 하여금 일종의 흥분과 새로운 일이 일어나고 있다는 것을 느끼게 했죠. 갑자기 이 지역이 제가 반드시 와야만 하는 곳이라고 느껴졌습니다.

단어 集团 jítuán 명 (기업) 집단, (기업) 그룹(group) | 董事 dǒngshì 명 이사(理事), 중역 | 主席 zhǔxí 명 주석, 위원장 | 领导 lǐngdǎo 명 책임자, 경영자 | 轨迹 guǐjì 명 행적, 지나온 발자취 | 切入 qiērù 동 깊이 들어가다 | 回顾 huígù 동 회상하다, 돌이켜 보다 | 状态 zhuàngtài 명 상태 | 丰富 fēngfù 형 많다, 풍부하다 | 深圳 Shēnzhèn 명 선전 | 算不上 suànbúshàng 동 ~라고 할 수 없다 | 特区 tèqū 명 (정치 · 경제 등에서의) 특구, 특별 구역 | 一批 yìpī 수량 한 무리, 한 떼 | 轰轰烈烈 hōnghōnglièliè 형 활기차다, 기운차다 | 有趣 yǒuqù 형 흥미가 있다, 흥미를 끌다 | 到底 dàodǐ 부 도대체 | 概括 gàikuò 동 요약하다, 간추리다 | 热闹 rènao 형 번화하다, 시끌벅적하다 | 冷冷清清 lěnglengqīngqīng 형 적막하다, 한산하다 | 工地 gōngdì 명 (작업, 공사) 현장 | 尘土 chéntǔ 명 먼지, 흙먼지 | 飞扬 fēiyáng 동 높이 오르다 | 吨 dūn 양 톤 | 翻斗车 fāndǒuchē 명 팁카트(tipcart), 덤프차 | 烟尘 yānchén 명 연기와 먼지 | 滚滚 gǔngǔn 형 끊임없는 모양 | 兴奋 xīngfèn 명 형 흥분(하다)

026

这次节目的主题是什么?	이번 프로그램의 주제는 무엇인가?
A 万科集团	A 완커그룹
B 王石先生	B 왕스 선생
C 王石在深圳的生活	C 왕스의 선전에서의 생활
✓ D 改革开放三十年	D 개혁개방 30년

해설 '我们这次节目的主题是改革开放三十年'에서 이번 프로그램의 주제가 개혁개방 30년이라는 것을 알 수 있다.

정답_ D

027

30年前王石处于什么样的状态?	30년 전에 왕스는 어떤 상태에 처해 있었는가?
A 刚刚大学毕业	A 대학을 갓 졸업했다
✓ B 刚好大学毕业一年	B 대학을 졸업한 지 1년이 되었다
C 在当工人	C 기술자가 되어 있었다
D 在当兵	D 군인이 되어 있었다

해설 '30年前, 应该是1978年, 我刚好大学毕业一年'에서 30년 전인 1978년에 그는 대학을 졸업한 지 1년이 되었다는 것을 알 수 있다.

정답_ B

028

深圳是哪一年改为特区的?	선전은 언제 특구로 바뀌었는가?
A 1978年	A 1978년
✓ B 1981年	B 1981년
C 1983年	C 1983년
D 1985年	D 1985년

해설 '深圳1981年改为特区, 我是1983年去的'에서 선전이 1981년에 특구로 바뀌었다는 것을 알 수 있다.

정답_ B

029

王石当时为什么想去深圳?

- ✓ A 因为当时深圳的变化很大
- B 因为没去过深圳
- C 因为喜欢深圳
- D 因为大学毕业了

왕스는 당시에 왜 선전에 가고 싶어했는가?

- A 당시 선전의 변화가 대단했기 때문에
- B 선전에 가 본 적이 없었기 때문에
- C 선전을 좋아하기 때문에
- D 대학을 졸업했기 때문에

해설 '因为当时深圳的变化很大'에서 당시 선전의 변화가 대단했기 때문에 왕스가 선전에 가고 싶어했다는 것을 알 수 있다.

정답_ A

030

王石用哪两个字概括当时深圳的变化?

- A 冷清
- B 干净
- ✓ C 热闹
- D 兴奋

왕스는 어떤 두 글자를 이용해 당시 선전의 변화를 요약했는가?

- A 적막
- B 깨끗
- C 변화
- D 흥분

해설 '如果用两个字概括当时深圳的变化, 那就是"热闹"'에서 당시 선전의 변화를 한 마디로 표현한다면 '번화' 이 두 글자로 나타낼 수 있음을 알 수 있다.

정답_ C

第三部分

● 31~50번 문제 : 들려주는 내용을 잘 듣고, 알맞은 답을 고르세요.

031-034

有一天，31 一只老虎抓住了一只狐狸，正要将它作为自己的午餐时，狡猾的狐狸编出了一个谎言，它对老虎说："32 我是上天派到山林中来当百兽之王的，你要是吃了我，上天是不会饶恕你的。"老虎不太相信狐狸的话，便问："你当百兽之王，有什么证据？"狐狸赶紧说："你如果不相信，可以跟我到山林中走一走，我就能让你亲眼看到百兽害怕我的样子。"于是老虎就跟在狐狸身后，一起向森林中走去。

森林中的野兔、山羊、花鹿、黑熊等 33 动物们远远地看见老虎来了，一个个都吓得半死，纷纷逃命。狐狸洋洋得意地对老虎说道："现在你知道森林中的动物都怕我了吧？"

这就是"狐假虎威"的故事。现在，34 人们用它来比喻倚仗别人的势力来欺负人。

어느 날 호랑이 한 마리가 여우 한 마리를 잡아서 막 점심으로 먹으려 할 때, 교활한 여우는 거짓말을 꾸며 내어 호랑이에게 말했다. "나는 상제가 숲속으로 내려보낸, 모든 동물의 왕인데, 네가 만약에 나를 먹는다면, 상제가 너를 가만두지 않을거야." 호랑이는 여우의 말을 그다지 믿지 않아서 "네가 모든 모든 동물의 왕이라는 무슨 증거가 있느냐?"라고 물었다. 여우는 황급히 말했다. "네가 만약 믿지 않는다면, 나와 함께 숲속으로 가서 한번 걸어 보자고. 모든 동물들이 나를 무서워하는 모습을 너에게 직접 보여 줄 수 있어." 그래서 호랑이는 여우의 뒤를 따라서 함께 숲속으로 걸어갔다.

숲속의 산토끼, 산양, 꽃사슴, 흑곰 등의 동물들은 멀리서 호랑이가 오는 것을 보고 모두 깜짝 놀라 잇달아 도망갔다. 여우는 득의양양하게 호랑이에게 말했다. "산속의 동물들이 모두 나를 무서워한다는 것을 이제 알겠지?"

이것이 바로 '호가호위'의 이야기이다. 사람들은 다른 사람의 권력을 이용하여 타인을 괴롭히는 것을 이 이야기를 이용해 비유한다.

단어

老虎 lǎohǔ 명 범, 호랑이 | 抓住 zhuāzhù 동 (손으로) 잡다 | 狐狸 húli 명 여우 | 狡猾 jiǎohuá 형 교활하다, 간교하다 | 谎言 huǎngyán 명 거짓말 | 派 pài 동 파견하다, 임명하다 | 山林 shānlín 명 산림, 숲 | 百兽之王 bǎishòu zhī wáng 백수의 왕 | 饶恕 ráoshù 동 (처벌을) 면해 주다, 용서하다 | 证据 zhèngjù 명 증거 | 赶紧 gǎnjǐn 부 서둘러, 황급히 | 亲眼 qīnyǎn 부 직접 자신의 눈으로 (보다) | 野兔 yětù 명 산토끼 | 山羊 shānyáng 명 염소, 산양 | 鹿 lù 명 사슴 | 吓 xià 동 무서워하다, 놀라다 | 半死 bànsǐ 형 죽을 지경이다, 거의 죽다 | 纷纷 fēnfēn 부 (많은 사람이나 사물이) 잇달아, 연달아 | 逃命 táomìng 동 목숨을 건지기 위해 달아나다, 생명의 위험에서 벗어나다 | 洋洋得意 yángyángdéyì 형 득의양양하다, 득의만면하다 | 狐假虎威 hújiǎhǔwēi 성 남의 권세를 빌어 위세를 부리다 | 比喻 bǐyù 동 비유하다 | 倚仗 yǐzhàng 동 (어떤 힘이나 유리한 조건에) 의지하다, 기대다 | 势力 shìlì 명 세력 | 欺负 qīfu 동 얕보다, 업신여기다

Tip 꼭 알아 두어야 할 한자성어 3

天伦之乐 tiānlúnzhīlè 가족이 누리는 단란함
统筹兼顾 tǒngchóujiāngù 여러 방면의 일을 통일적으로 계획하고 돌보다
无动于衷 wúdòngyúzhōng 아무런 느낌이 없다, 마음에 전혀 와 닿지 않다
无可奉告 wúkěfènggào 드릴 말씀이 없다, 얘기해 줄 만한 것이 없다
无微不至 wúwēibúzhì 사소(세세)한 데까지 신경을 쓰다
无忧无虑 wúyōuwúlǜ 아무런 근심(걱정)이 없다
小心翼翼 xiǎoxīnyìyì 엄숙하고 경건하다
欣欣向荣 xīnxīnxiàngróng (초목이) 무성하다, 무럭무럭 자라다
兴致勃勃 xìngzhìbóbó 흥미진진하다
悬崖峭壁 xuányáqiàobì 깎아지른 듯한 절벽

031

老虎抓住了什么动物?	호랑이는 무슨 동물을 잡았는가?
A 野兔	A 산토끼
B 山羊	B 산양
✓ C 狐狸	C 여우
D 黑熊	D 흑곰

해설 '一只老虎抓住了一只狐狸'에서 호랑이가 여우를 잡았다는 것을 알 수 있다.

정답_ C

032

狐狸说自己是谁派来的?	여우는 자신이 누가 보낸 것이라고 말했나?
A 老虎	A 호랑이
✓ B 上天	B 상제
C 兽王	C 백수의 왕
D 花鹿	D 꽃사슴

해설 '我是上天派到山林中来当百兽之王的'에서 여우가 자신을 상제가 보낸 것이라고 말했음을 알 수 있다.

정답_ B

033

是谁把动物们吓跑了?

　A 狐狸
　B 天帝
　C 黑熊
✓D 老虎

누가 동물들을 놀라 도망가게 했나?

　A 여우
　B 상제
　C 흑곰
　D 호랑이

단어 天帝 tiāndì 명 상제, 하느님

해설 '动物们远远地看见老虎来了, 一个个都吓得半死'에서 동물들이 호랑이가 오는 것을 보고 놀라 도망갔다는 것을 알 수 있다.

정답_ D

034

人们用"狐假虎威"比喻什么?

✓A 倚仗别人的势力欺负人
　B 要懂的运用自己的力量
　C 不要说谎骗人
　D 要保持清醒的头脑

사람들은 '호가호위'를 이용하여 무엇을 비유하나?

　A 다른 사람의 권력을 빌어 남을 괴롭히다
　B 자기의 역량을 이용할 줄 알아야 한다
　C 거짓말로 사람을 속이지 마라
　D 뚜렷한 사고력을 유지해야 한다

해설 '人们用它来比喻倚仗别人的势力来欺负人'에서 사람들이 '호가호위'의 이야기를 다른 사람의 권력을 빌어 남을 괴롭힌다는 것을 비유했음을 알 수 있다.

정답_ A

035-038

35 一个做生意的朋友从加拿大回来，请我吃饭。席间谈起今年的打算，他说想在这个小城开一家极富多伦多风情的酒吧，并且有几乎百分之百的信心和把握能把这个酒吧经营好。他的信心在于：36 他考察过多伦多的十几家酒吧，并且记住了和那些酒吧有关的一切信息，包括桌椅摆设，墙上的挂饰，灯光音乐，酒水口味，营业时间以及经营理念等等。总之，他说多伦多的酒吧里所拥有的一切，自己都可以用半年的时间在这个小城完成。37 但我听了还是有些不放心，我想：在这个小城，就算有多伦多风情的酒吧，可是有多伦多风情的顾客吗？

当你为一个突如其来的创意或想法暗自得意时，你有没有静下心来想想：38 不是只具备表面上的一切就会成功的！

사업을 하는 한 친구가 캐나다에서 돌아와 나를 식사에 초대했다. 올해의 계획을 이야기하는데, 그는 이 작은 도시에 아주 호화로운 토론토 풍의 술집을 차리고 싶다고 말했고, 이 술집을 잘 운영할 수 있다는 거의 100%의 자신감과 가능성이 있다고 했다. 그의 자신감은 토론토의 10여 개의 술집을 조사하고, 그런 술집과 관련된 테이블과 의자의 배치, 벽의 장식, 조명과 음악, 술의 맛, 영업 시간 및 경영 이념 등을 포함한 모든 정보를 파악한 것에서 나온 것이었다. 결국 그는 반 년이라는 시간동안 토론토의 술집 안에 있는 모든 것들을 이 작은 도시에서 완성할 수 있을 것이라고 말했다. 그러나 나는 여전히 마음이 놓이지 않았고, 이 작은 도시에 토론토 분위기의 술집이 있다고 해도, 토론토 분위기의 손님들이 있을까? 하는 생각이 들었다.

당신은 갑자기 생겨난 창의성이나 생각으로 만족스러울 때, 마음을 가라앉히고 생각을 해 보는가? 단지 표면적으로 모든 것이 갖추어졌다고 해서 성공할 수 있는 것은 아니다!

단어 加拿大 Jiānádà 명 캐나다(Canada) | 多伦多 Duōlúnduō 명 토론토 | 酒吧 jiǔbā 명 (서양식) 술집, 바(bar) | 百分之百 bǎi fēnzhī bǎi 100%, 완전히 | 把握 bǎwò 명 (성공에 대한) 가망, 가능성 | 经营 jīngyíng 동 운영하다 | 在于 zàiyú 동 ~에 있다 | 考察 kǎochá 동 고찰하다, 정밀히 관찰하다 | 记住 jìzhu 동 확실히 기억해 두다, 똑똑히 암기해 두다 | 包括 bāokuò 동 포함하다, 포괄하다 | 桌椅 zhuōyǐ 명 탁자와 의자, 책걸상 | 摆设 bǎishè 동 꾸며 놓다, 장식하다 | 墙上 qiángshang 명 벽(에) | 饰 shì 명 장식품 | 酒水 jiǔshuǐ 명 술, 주류 | 理念 lǐniàn 명 신념, 믿음 | 顾客 gùkè 명 고객, 손님 | 突如其来 tūrúqílái 성 갑자기 닥쳐오다, 뜻밖에 나타나다 | 创意 chuàngyì 동 독창적인 의견이나 구상을 제시하다 | 暗自 ànzì 부 남몰래, 속으로 | 具备 jùbèi 동 (물품 등을) 갖추다, 구비하다

Tip 방향보어 下来

1. 동작이 사물을 분리함을 나타낸다.
   把邮票拆下来，保存起来。
   우표를 떼어서 보관한다.

2. 사물을 고정시킬 때 쓴다.
   → 자주 같이 오는 동사: 画, 停, 记, 写, 留, 固定
   我们就在这儿住下来吧。
   우리 여기에서 묵자.

3. 과거에서부터 현재까지 계속되거나, 출현하여 계속 발전하는 것을 나타낸다.
   教室安静下来了。
   교실이 조용해졌다.

035

文中"我的朋友"在加拿大做什么？

A 搞建筑
✓ B 做生意
C 开酒吧
D 搞装修

본문의 '나의 친구'는 캐나다에서 무엇을 하는가?

A 건축을 한다
B 사업을 한다
C 술집을 열다
D 내장공사를 한다

단어 装修 zhuāngxiū 동 집 따위의 내장 공사를 하다

해설 '一个做生意的朋友从加拿大回来'에서 내 친구가 캐나다에서 사업을 한다는 것을 알 수 있다.

정답 B

036

为什么他对开"多伦多风情"的酒吧这么有信心?

- ✓ A 他考察了很多酒吧
- B 他懂得建筑风格
- C 他有很多钱
- D 他有很多朋友帮忙

그는 왜 '토론토 분위기'의 술집을 여는 데 이렇게 자신감이 있는가?

- A 그는 많은 술집을 조사했다
- B 그는 건축 방법을 잘 안다
- C 그는 돈이 많다
- D 그는 많은 친구의 도움을 받았다

해설 '他考察过多伦多的十几家酒吧'에서 그가 많은 술집을 조사했기 때문에 자신감이 있다는 것을 알 수 있다.

정답 A

037

对于他的商业设想,我的态度如何?

- A 大力支持
- B 基本认可
- C 保持中立
- ✓ D 有些怀疑

그의 상업 관념에 대한 나의 태도는 어떠한가?

- A 힘껏 지지하다
- B 기본적으로 인정하다
- C 중립을 유지하다
- D 조금 의심스럽다

단어 认可 rènkě 동 승낙하다, 허락하다 | 怀疑 huáiyí 동 회의하다, 의심하다

해설 '但我听了还是有些不放心,我想:在这个小城,就算他有多伦多风情的酒吧,可是他有多伦多风情的顾客吗?'에서 나는 마음이 놓이지 않았으며, 이 작은 도시에 토론토 풍의 술집이 있다고 해서 토론토 풍의 손님이 있을지 의심스러워 한다는 것을 알 수 있다.

정답 D

038

这篇短文说明了什么道理?

- A 有梦想就要敢于实践
- B 只要善于模仿,就会成功
- ✓ C 看问题不能太表面化
- D 国外的生活经历很重要

이 이야기는 무슨 이치를 설명하는가?

- A 꿈이 있다면 용감하게 실천해라
- B 모방만 잘 하면 성공할 수 있다
- C 문제를 대할 때 너무 표면화해서는 안 된다
- D 해외 생활의 경험이 중요하다

단어 梦想 mèngxiǎng 명 꿈, 이상 | 实践 shíjiàn 명동 실천(하다), 실행(하다) | 模仿 mófǎng 동 모방하다

해설 '不是只具备表面上一切就会成功的!'에서 문제를 대할 때 너무 표면화해서는 안 된다는 것을 알 수 있다.

정답 C

039-042

目前，39 有关人士针对中学生的手机使用情况对某中学进行了深入的调查。调查显示该学校平均每月的手机费在1000元到5000元的学生竟占学生总数的11%！这份以中学生同龄人身份调查出来的数据，让家长们十分惊讶。

而有些孩子认为，41 如果仅仅因为手机有辐射、能浏览不良网站就被禁止使用，那么，为了未成年人的身心健康考虑，应该同样禁止使用电视和电脑。

还有人认为，手机只是一种商品，不能剥夺别人使用手机的权力。任何事物都有两面性：总不能因为菜刀可以杀人就禁止使用菜刀吧？42 这种"菜刀理论"引起了许多家长的强烈不满，她们认为孩子对手机已经成瘾了，必须禁止其使用。

최근 관련 인사가 중·고등학생의 휴대폰 사용 상황에 대해 어느 중·고등학교를 대상으로 철저한 조사를 진행했다. 조사는 이 학교에서 매달 평균 휴대폰비가 1000위안에서 5000위안인 학생이 뜻밖에도 총 학생수의 11%를 차지하는 것으로 나타났다! 이는 중·고등학생 연령대에서 조사해낸 수치라서 학부모들을 매우 놀라게 했다.

어떤 아이들은 단지 휴대폰에서 전자파가 방출되고, 불량한 사이트를 검색할 수 있다는 이유만으로 사용을 금지한다면, 미성년자의 심신 건강을 고려하기 위해서 당연히 텔레비전과 컴퓨터의 사용도 똑같이 금지해야 한다고 생각한다.

또 어떤 사람은 휴대폰은 단지 하나의 상품이기에 다른 사람이 휴대폰을 사용하는 권리를 빼앗을 수는 없다고 생각한다. 모든 사물은 양면성을 가지고 있다. 식칼이 사람을 죽일 수 있다는 이유로 식칼 사용을 금지할 수 만은 없지 않은가? 이런 '식칼이론'은 많은 학부모들의 강한 불만을 야기시켰고, 그들은 아이들이 휴대폰에 이미 중독되었고, 반드시 그 사용을 금지해야 한다고 생각한다.

단어 情况 qíngkuàng 몡 상황, 정황 | 深入 shēnrù 형 깊다, 철저하다 | 调查 diàochá 동 (현장에서) 조사하다 | 显示 xiǎnshì 동 뚜렷하게 나타내 보이다, 보여주다 | 平均 píngjūn 형 평균의, 평균적인 | 同龄 tónglíng 형 동갑의, 동년배의 | 身份 shēnfen 몡 신분, 지위 | 惊讶 jīngyà 형 의아스럽다, 놀랍다 | 辐射 fúshè 동 기계파·전자파·다량의 미립자가 사방으로 방출(방사)되다 | 浏览 liúlǎn 동 대충(대강) 훑어보다, 대강 둘러보다 | 网站 wǎngzhàn 몡 (인터넷) 웹 사이트 | 禁止 jìnzhǐ 동 금지하다, 불허하다 | 考虑 kǎolǜ 동 고려하다, 생각하다 | 剥夺 bōduó 동 박탈하다, 빼앗다 | 权力 quánlì 몡 권한 | 菜刀 càidāo 몡 식칼, 부엌칼 | 杀人 shārén 동 살인하다, 사람을 죽이다 | 强烈 qiángliè 형 강렬하다, 맹렬하다 | 成瘾 chéngyǐn 동 버릇이 되다, 중독되다

039

有关人士调查的对象是哪个人群?

- A 手机销售员
- ✓ B 中学生
- C 家长
- D 小学生

관련 인사가 조사한 대상은 어떤 무리인가?

- A 휴대폰 판매원
- B 중·고등학생
- C 학부모
- D 초등학생

해설 '有关人士针对中学生的手机使用情况对某中学进行了深入的调查'에서 관련 인사가 중·고등학생의 휴대폰 사용 상황에 대해 모 중·고등학교를 대상으로 조사를 진행했다는 것에서 조사 대상이 중·고등학생이라는 것을 알 수 있다.

정답 B

040

家长十分惊讶的原因是什么?

- A 手机的辐射很大
- B 学生利用网络帮助学习
- ✓ C 学生的手机花费很大
- D 手机严重影响了孩子的智力

학부모들이 매우 놀란 이유는 무엇인가?

- A 휴대폰의 전자파 방출이 매우 심해서
- B 학생들은 인터넷을 이용해 공부하는 것이 도움이 되서
- ✓ C 학생들의 휴대폰 소비가 커서
- D 휴대폰은 아이의 지능에 심각한 영향을 줘서

해설 매달 평균 휴대폰 사용료가 1000위안에서 5000위안인 학생이 전체 학생의 11%를 차지한다는 것을 듣고 놀랐기 때문에 학생들의 휴대폰 소비가 크다는 것에 대해 놀랐다는 것을 알 수 있다.

정답_ C

041

下列哪项是文中提到的使用手机的坏处?

- ✓ A 浏览不良网站
- B 影响孩子注意力
- C 影响孩子的视力
- D 浏览每日信息

다음 중 본문에서 제기된 휴대폰 사용의 단점은 무엇인가?

- ✓ A 불건전한 사이트를 검색한다
- B 아이의 주의력에 영향을 준다
- C 아이의 시력에 영향을 준다
- D 매일의 정보를 검색한다

해설 '如果仅仅因为手机有辐射、能浏览不良网站就被禁止使用'에서 만약 전자파 방출과 불건전한 사이트를 검색한다는 이유로 휴대폰 사용을 금지시키려 한다는 것에서 이것이 휴대폰의 단점임을 알 수 있다.

정답_ A

042

家长们对"菜刀理论"是什么态度?

- A 十分支持
- B 不太支持
- ✓ C 强烈不满
- D 漠不关心

학부모들은 '식칼이론'에 대해 어떤 태도인가?

- A 매우 지지한다
- B 그다지 지지하지 않는다
- ✓ C 불만이 강하다
- D 무관심하다

단어 漠不关心 mòbùguānxīn [성] 냉담하게 전혀 관심을 갖지 않다

해설 '这种"菜刀理论"引起了许多家长的强烈不满'에서 학부모들이 '식칼이론'에 강한 불만을 가지고 있음을 알 수 있다.

정답_ C

043-046

世界卫生组织指出：43 每天摄取至少5份蔬菜、水果，就可以降低20%的患癌症风险。研究表明，有十几种水果可以有效地起到降低患癌症机率的作用。44 这些水果包括草莓、橙子、橘子、苹果、哈密瓜、西瓜、柠檬、葡萄、菠萝、猕猴桃等。

虽然水果的抗癌作用明显，但在食用时，45 仍然要根据个人的特点进行选择和合理搭配。经常有人因为吃草莓过量而引起胃肠功能紊乱。因为草莓比较酸，所以消化系统癌症患者更要谨慎食用。

46 吃水果的最佳时间是饭前1小时。水果属生食，饭前吃水果等于吃生食后再进熟食，体内的白细胞就不会增多，有利于保护人体的免疫系统。

세계보건기구는 매일 최소 다섯 번 채소와 과일을 섭취하면, 암 발생 위험을 20% 줄일 수 있다고 지적했다. 연구는 따르면 10여 종의 과일이 암 발생 확률을 효과적으로 낮추는 작용을 할 수 있다고 한다. 이런 과일로는 딸기, 오렌지, 귤, 사과, 멜론, 수박, 레몬, 포도, 파인애플, 키위 등이 포함된다.

비록 과일의 항암 작용이 분명하다 할지라도 먹을 때는 여전히 개인의 특성에 맞추어 선택하고 합리적으로 배합해야 한다. 종종 어떤 사람은 지나치게 많은 양의 딸기를 먹어서 위장 기능에 혼란을 일으킨다. 딸기는 비교적 시기 때문에 소화 계통의 암 환자는 더 신중하게 먹어야 한다.

과일을 먹기 가장 좋은 시간은 밥 먹기 1시간 전이다. 과일은 생식에 속하는데, 식전에 과일을 먹는 것은 생식을 먹은 후 익은 음식을 먹는 것과 같아서 체내의 백혈구는 증가하지 않게 하고 인체의 면역 계통을 보호하는 데 좋다.

단어 世界卫生组织 shìjiè wèishēng zǔzhī 명 세계보건기구 (World Health Organization) | 指出 zhǐchū 동 지적하다, 가리키다 | 摄取 shèqǔ 동 흡수하다, 섭취하다 | 至少 zhìshǎo 부 적어도, 최소한 | 菜蔬 càishū 명 채소, 야채 | 降低 jiàngdī 동 내리다, 줄이다 | 患 huàn 동 병이 나다(들다), 병에 걸리다 | 癌症 áizhèng 명 암의 통칭 | 风险 fēngxiǎn 명 위험(성), 모험 | 有效 yǒuxiào 형 효과가 있다, 효력이 있다 | 机率 jīlǜ 명 확률 | 包括 bāokuò 동 포함하다, 포괄하다 | 草莓 cǎoméi 명 딸기 | 橙子 chéngzi 명 오렌지 | 橘子 júzi 명 귤(나무) | 哈密瓜 hāmìguā 명 (신장(新疆) 하미(哈密) 일대에서 나는) 멜론(melon) | 柠檬 níngméng 명 레몬 | 菠萝 bōluó 명 파인애플 | 猕猴桃 míhóutáo 명 키위 | 搭配 dāpèi 동 배합하다, 조합하다 | 紊乱 wěnluàn 형 무질서하다, 혼란하다 | 酸 suān 형 (맛·냄새 등이) 시큼하다, 시다 | 消化系统 xiāohuà xìtǒng 명 소화(기) 계통 | 谨慎 jǐnshèn 형 (언행이) 신중하다, 조심스럽다 | 熟食 shúshí 명 (가공된) 익힌 음식(고기), 가공육 | 白细胞 báixìbāo 명 백혈구 | 保护 bǎohù 동 보호하다 | 免疫 miǎnyì 동 면역이 되다

043

文中指出每天摄取至少多少份蔬菜、水果，可有效降低患癌症的风险？

A 20份
✓ B 5份
C 10份
D 3份

윗글에서 매일 최소 채소, 과일을 몇 번 먹어야 암 발생의 위험을 줄이는 효과가 있다고 했는가？

A 20번
B 5번
C 10번
D 3번

해설 '每天摄取至少5份蔬菜、水果，就可以降低20%的患癌症风险'에서 매일 최소 5번 채소와 과일을 먹어야 암 발생 위험을 줄일 수 있다는 것을 알 수 있다.

정답_ B

044

以下选项中，哪种水果在文中没有提到？

- A 草莓
- B 苹果
- C 西瓜
- ✓ D 柿子

다음 중 어느 과일을 언급하지 않았는가?

- A 딸기
- B 사과
- C 수박
- D 감

🔍 해설　'这些水果包括草莓、橙子、橘子、苹果、哈密瓜、西瓜、柠檬、葡萄、菠萝、猕猴桃等'에서 암 발생률을 낮추는 과일로 딸기, 오렌지, 귤, 사과, 멜론, 수박, 레몬, 포도, 파인애플, 키위 등을 언급하고 있으나 감은 언급하지 않았다.

정답　D

045

在食用水果时，人们应该怎样选择？

- A 可随意搭配
- ✓ B 根据自己的情况选择
- C 选择最有营养的
- D 选择自己喜欢的

과일을 먹을 때 사람들은 어떻게 선택해야 하는가?

- A 마음대로 조합할 수 있다
- B 자신의 상황에 근거하여 선택한다
- C 가장 영양가 있는 것을 선택한다
- D 자신이 좋아하는 것을 선택한다

📖 단어　随意 suíyì 🅱 (자기)마음대로, 내키는 대로

🔍 해설　'仍然要根据个人的特点进行选择和合理搭配'에서 개인의 특성에 맞춰 과일을 선택하고 합리적으로 배합해야 함을 알 수 있다.

정답　B

046

吃水果的最佳时间是什么时候？

- A 饭前2小时
- B 饭后2小时
- ✓ C 饭前1小时
- D 饭后1小时

과일을 먹기 가장 좋은 시간은 언제인가?

- A 식전 2시간
- B 식후 2시간
- C 식전 1시간
- D 식후 1시간

🔍 해설　'吃水果的最佳时间是饭前1小时'에서 과일을 먹기 가장 좋은 시간이 식전 1시간이라는 것을 알 수 있다.

정답　C

047-050

在过往的岁月中，财富的来源和面貌发生了巨大的变化。**47** 由最初对原始的物质财富—黄金、皮毛、土地、珠宝的占有，或是对权力的直接拥有或间接利用，变为现在通过技术发明、制度创新来倍增电脑中跳动的数字。**48** 但富豪们对财富的渴求和拥有财富后的不安却丝毫没有减退。

从文化方面来讲，财富从来没有得到应有的包容。**49** 一方面，人们希望获取财富，另一方面又从内心中鄙视财富。这种夹缝中的阴暗心理，养成了不恰当的暴民财富观—不论其财富来源正当与否。

50 财富的进化，一直伴随着人类的自我进化。财富，如何获得，如何承续，如何运用，是人类数千年来一直求解的课题。

오고 가는 세월 속에서 부의 기원과 양상에 큰 변화가 생겼다. 최초 원시적인 물질적 부는 황금, 모피, 토지, 보석이 차지했었고, 혹은 권력에 대해 직접적으로나 간접적으로 이용되었지만, 현재 기술 발명, 제도 창조를 통해 변화되어 컴퓨터 속에서 활동하는 숫자를 배로 증가시켰다. 그러나 부호들의 부에 대한 갈망과 부를 소유한 후의 불안감은 오히려 조금도 감소하지 않았다.

문화면에서 말하자면, 지금까지 부에는 마땅히 있어야 할 관용이 없었다. 사람들은 부를 얻길 바라지만, 다른 한편으로는 내심 부를 경시한다. 이런 틈새 속의 침울한 심리는 그 부의 기원이 정당하든 아니든 간에 불합리한 폭도 부의 관념을 만들어낸다.

부의 진화는 인류 자신의 진화를 줄곧 수반하고 있다. 부를 어떻게 얻고, 어떻게 이어받고, 어떻게 운용하는지는 인류가 수천 년 동안 계속 답을 구하고자 하는 과제이다.

단어 过往 guòwǎng 통 왕래하다, 오고 가다 | 岁月 suìyuè 명 세월 | 财富 cáifù 명 부(富), 재산 | 来源 láiyuán 명 (사물의) 기원, 근원 | 面貌 miànmào 명 (사물의) 면모, 양상 | 黄金 huángjīn 명 황금('金'의 통칭) | 皮毛 pímáo 명 털가죽, 모피 | 土地 tǔdì 명 토지, 땅 | 珠宝 zhūbǎo 명 진주와 보석, 보석류 | 占有 zhànyǒu 통 소유하다, 보유하다 | 直接 zhíjiē 형 직접적인 | 技术 jìshù 명 기술 | 创新 chuàngxīn 통 옛것을 버리고 새것을 창조하다 명 창조성 | 倍增 bèizēng 통 배가하다, 갑절로 늘다 | 跳动 tiàodòng 통 활동하다, 약동하다 | 富豪 fùháo 명 부자, 부호 | 渴求 kěqiú 통 갈구하다, 간절히 바라며 구하다 | 丝毫 sīháo 부 조금도, 추호도 | 减退 jiǎntuì 통 감소하다 | 包容 bāoróng 통 관용하다, 수용하다 | 鄙视 bǐshì 통 경시하다, 얕잡아 보다 | 夹缝 jiāfèng 명 틈, 틈새 | 阴暗 yīn'àn 형 침울하다, 우울하다 | 暴民 bàomín 명 폭도, 폭민(暴民) | 伴随 bànsuí 통 따라가다, 수반하다 | 承续 chéngxù 통 이어받다, 계승하다 | 运用 yùnyòng 통 활용하다, 응용하다 | 求解 qiújiě 통 해답을 구하다

Tip 자주 나오는 전치사구

1. 以~为~ : ~을 ~으로 여기다, ~을 ~로 삼다
   韩国人以大米为主食。
   한국 사람은 쌀을 주식으로 여긴다.

2. 为~而~ : ~을 위해 ~하다(원인, 목적을 나타냄)
   为得到HSK六级而努力。
   HSK6급을 받기 위해 노력한다.

3. 拿~来说[来讲/来看] : ~를 갖고 말하자면, ~을 들고 얘기하자면

拿学习成绩来说，他进步很快。
학업 성적을 갖고 말하자면, 그의 진보는 정말 빠르다.

4. 到~为止 : ~까지
   到今天为止，他的病没有好转。
   오늘까지 그의 병세가 호전되지 않았다.

5. 给~以~ : ~에게 ~를 주다
   你应该给孩子以关心。
   너는 아이에게 관심을 주어야 한다.

047

以下哪个选项不属于原始的物质财富?

A 黄金
B 皮毛
C 土地
✓ D 房屋

다음 중 원시적인 물질적 부에 속하지 않는 것은?

A 황금
B 모피
C 토지
D 집

해설 '由最初对原始的物质财富—黄金、皮毛、土地、珠宝的占有'에서 최초의 원시적인 물질적 부로 황금, 모피, 토지, 보석이 차지한다는 것을 알 수 있으며, 집은 언급하지 않았다.

정답 _ D

048

富豪们在拥有财富的同时，伴随着怎样的心理？ | 부호들은 부를 소유함과 동시에 어떤 심리를 동반하는가?

✓ A 感到不安 | A 불안하다고 느낀다
B 感到幸福 | B 행복하다고 느낀다
C 无比喜悦 | C 비할 데 없이 기쁘다
D 十分平和 | D 아주 평화롭다

단어 喜悦 xǐyuè [형] 기쁘다, 즐겁다

해설 '但富豪们对财富的渴求和拥有财富后的不安却丝毫没有减退'에서 부호들의 부에 대한 갈망과 부를 소유한 후의 불안감이 조금도 감소하지 않았음을 알 수 있다.

정답_ A

049

什么原因养成了人们的"暴民财富观"？ | 어떠한 원인이 사람들의 '폭도 부의 관념'을 만들어 내는가?

✓ A 对财富既渴望又鄙视的心理 | A 부에 대해 갈망하면서도 멸시하는 심리
B 人们不愿拥有财富 | B 사람들은 부를 갖기를 원치 않는다
C 拥有财富之后非常小气 | C 부를 가진 후에는 매우 인색해진다
D 人们鄙视"财富" | D 사람들은 '부'를 멸시한다

단어 小气 xiǎoqi [형] 인색하다, 인색하게 굴다

해설 '一方面，人们希望获取财富，另一方面又从内心中鄙视财富'에서 한편으로는 부를 얻고 싶으면서도 또 다른 한편으로는 부를 멸시하는 심리가 있다는 것을 알 수 있다.

정답_ A

050

财富的进化与人类的自我进化有什么联系？ | 부의 진화가 인류 자신의 진화와 무슨 관계가 있는가?

A 完全独立的关系 | A 완전히 독립된 관계
B 有一定的关系，但不十分密切 | B 어느 정도 관계가 있지만, 매우 밀접하지는 않다
C 人类的自身进化早于财富的进化 | C 인류 자신의 진화는 부의 진화보다 이르다
✓ D 财富的进化伴随着人类的自我进化 | D 부의 진화는 인류 자신의 변화를 수반한다

단어 早于 zǎoyú ~보다 이르다

해설 '财富的进化，一直伴随着人类的自我进化'에서 부의 진화가 인류 자신의 변화를 수반한다는 것을 알 수 있다.

정답_ D

二、阅读

第一部分

● 51~60번 문제 : 올바르지 않은 문장을 고르세요.

051

✓ A 除非你亲自体验，否则你会真正理解的。
B 她在我心里留下了完美的形象。
C 把责任看得无足轻重，这是很错误的想法。
D 无论什么方法他都试过了，但每次都以失败告终。

A 오직 당신이 직접 경험해야만 한다. 그렇지 않으면 진정으로 이해할 수 있을 것이다.
B 그녀는 내 마음속에 아름다운 이미지를 남겼다.
C 책임을 대수롭지 않게 여기는 것은 잘못된 생각이다.
D 어떤 방법이든 그는 모두 시도했지만, 매번 실패로 끝났다.

단어 除非 chúfēi 접 오직 ~하여야 (비로소), ~한다면 몰라도 | 体验 tǐyàn 명동 체험(하다) | 否则 fǒuzé 접 만약 그렇지 않으면 | 形象 xíngxiàng 명 (총체적인) 인상, 이미지 | 无足轻重 wúzúqīngzhòng 성 대수롭지 않다, 별로 중시할 것이 못 되다 | 告终 gàozhōng 끝을 알리다, 끝나다

해설 A에서 '除非'는 '오직~해야만'이라는 뜻으로 이 문장은 오직 직접 경험해야만 한다. 그렇지 않으면 이해할 수 없을 것이라는 뒤에 부정형의 문장이 와야 문맥상 적합하다. 즉, '除非你亲自体验, 否则你不会真正理解的'라고 해야 한다. 혹은 '除非~才'를 사용해서 '除非你亲自体验, 你才会真正理解的'라고 해도 된다.

정답 A

Tip 조건관계를 나타내는 접속사

1. 只有A, 才B : A (유일한 조건)해야만 B하다 ⇒ 조건 강조
   只有老王来，才能解决这个问题。
   라오왕이 와야만 이 문제를 해결할 수 있다.

2. 只要B, 就B : A하기만 하면 B한다 ⇒ 결과 강조
   只要大家同意，我就没什么意见。
   모두 동의하기만 하면 나는 별 의견이 없다.

3. 除非A, 才B : A(유일한 조건)해야만 B하다
   除非你来负责这件事，我才放心。
   네가 이 일을 책임져야만 내가 안심할 수가 있다.

4. 除非A, 要不然(否则)B : A해야만 되지, 그렇지 않으면 B한다
   除非你来负责这件事，否则我不放心。
   네가 이 일을 책임져야만 한다. 그렇지 않으면 나는 안심할 수 없다.

5. 不管(不论, 任)A(선택문/의문대사), 都(也)B : A를 막론하고 모두 B하다
   不管天气好不好，他每天都出去散步。
   날씨가 좋든 좋지 않든 그는 매일 산책을 하러 나간다.

052

A 没有经历过痛苦的日子的人是不会真正理解"幸福"的含义的。
B 这只能说明你的阅历太少，对复杂的社会还不了解。
✓C 周围的人都很羡慕他，说他的妻子很实惠，又能干又体贴。
D 这幢楼房历经几百年的风雨至今还相当完好，令人称奇。

A 고통의 나날을 보낸 경험이 없는 사람은 행복에 담겨진 의미를 진정으로 이해할 수 없다.
B 이는 당신의 경험이 너무 부족하여 복잡한 사회에 대해 아직 잘 이해하지 못한다는 것을 설명하고 있다.
C 그의 부인은 매우 실속 있고, 유능하고 자상하여 주위 사람들 모두 그를 부러워한다.
D 이 다층 건물은 몇 백 년의 비바람을 겪고도 지금까지 여전히 멀쩡해서 사람들이 신기해한다.

단어 经历 jīnglì 동 몸소 겪다, 체험하다 | 痛苦 tòngkǔ 명 고통, 아픔 | 含义 hányì 명 함의, 담겨진 의미 | 阅历 yuèlì 명 경험, 체험 | 复杂 fùzá 형 복잡하다 | 周围 zhōuwéi 명 주위, 주변 | 羡慕 xiànmù 동 부러워하다, 선망(羡望)하다 | 实惠 shíhuì 형 실속 있다, 실용적이다 | 能干 nénggàn 형 유능하다, 일을 잘하다 | 体贴 tǐtiē 동 자상하게 돌보다(보살피다) | 幢 zhuàng 양 동, 채 | 楼房 lóufáng 명 다층 건물, 층집 | 历经 lìjīng 동 두루 ~ 경험하다, 여러 번 ~ 겪다 | 至今 zhìjīn 부 지금까지, 여태껏 | 称奇 chēngqí 동 기이하다고 여기다, 기묘함에 탄복하다

해설 C에서 '实惠'는 '실속 있다'라는 뜻으로, 부인이 유능하고 자상하게 돌본다는 현모양처를 설명하고 있는 상황에서 '实惠'를 사용하는 것은 적절하지 않다. '实惠' 대신 현모양처를 형용할 때 사용하는 '贤惠'를 사용해야 한다. 즉, '说他的妻子很贤惠, 又能干又体贴'라고 해야 한다.

정답 C

053

A 我们已经二十多年没有见面了，见了面后谁也不认识谁了。
B 他想把自己的经历描述得再详细一些，可却不知从何说起。
C 放学后，我迫不及待地敲响了老师家那扇简陋的门。
✓D 在北京本来就够苦的了，不让自己放松一时，那还不把自己憋出病来?

A 우리는 이미 20여 년을 만나지 않아서 만난 후 서로를 알아보지 못했다.
B 그는 자신의 경험을 더 상세하게 묘사하려 하지만 어디서부터 말을 시작해야 할지 모른다.
C 방과 후 나는 잠시도 지체하지 않고 선생님 댁의 초라한 그 문을 두드렸다.
D 베이징에 있는 것 자체가 원래 매우 고생스러워, 스스로를 좀 풀어 주지 않으면 스스로 병을 자초하는 것이 아니겠는가?

단어 描述 miáoshù 동 묘사하다, 기술(서술)하다 | 详细 xiángxì 형 상세하다, 자세하다 | 放学 fàngxué 동 학교가 파하다, 수업을 마치다 | 迫不及待 pòbùjídài 성 여유가 없다, 한시도 지체할 수 없다 | 敲响 qiāoxiǎng 동 두드려 울리다, 소리를 내다 | 扇 shàn 양 짝, 장(문, 창문 따위를 세는 단위) | 简陋 jiǎnlòu 형 초라하다, 누추하다 | 放松 fàngsōng 동 이완시키다, 정신적 긴장을 풀다 | 憋 biē 동 참다, 억제하다

해설 D에서 '一时'는 명사로 '잠깐, 잠시 동안'의 뜻을 가지고 있지만 서술어 뒤에 보어로는 사용할 수 없다. '他一时想不起来'처럼 서술어 앞에 와야 한다. 그래서 서술어 뒤에 '잠시, 좀~하다'의 뜻으로 사용할 수 있는 '一下'를 사용하는 것이 적합하다. 즉, '不让自己放松一下'라고 해야 한다.

정답 D

054

✓ A 房主说如果三天之内不让房租付清的话，就要将我赶出门去。
B 他们俩想了半天，终于艰难地做出了决定。
C 一个写作老师，尽搞理论研究是不够的，还得多搞点创作。
D 他身材高大，头发乌黑，说一口地道的北京话。

A 주인이 3일 안에 방 값을 청산하지 않으면, 나를 쫓아낼 것이라고 말했다.
B 그들 둘은 한참을 생각하여 마침내 어렵게 결정을 내렸다.
C 작문 선생님은 이론 연구만으로는 부족하고, 더 많이 창작해야만 한다.
D 그는 키가 크고, 머리카락이 새까맣고, 정통 베이징 방언을 쓴다.

단어 房主 fángzhǔ 몡 집(건물)주인 | 房租 fángzū 몡 집세, 임대료 | 付清 fùqīng 동 청산하다 | 赶出去 gǎnchūqù 동 급히 나가다, 뒤쫓아가다 | 艰难 jiānnán 형 어렵다, 힘들다 | 搞 gǎo 동 하다, 처리하다 | 身材 shēncái 몡 체격, 몸집 | 头发 tóufa 몡 머리카락, 두발 | 乌黑 wūhēi 형 새까맣다, 아주 검다 | 地道 dìdao 형 순수하다, 정통의 | 北京话 běijīnghuà 몡 베이징 말, 베이징 방언

해설 A에서 '让'의 사용이 틀렸다. 여기서 '房租'는 피동이나 사역을 나타내는 것이 아니라 이 문장의 목적어이다. 따라서 '让'이 아니고 '把'나 '将'으로 바꿔야 한다. 즉, '房主说如果三天之内不把房租付清的话'라고 해야 한다.

정답_ A

055

A 别人不诚实可以，但是连医生都这么不诚实了，这还叫人怎么活。
✓ B 校长难为地告诉大家，学校因为经费困难，无法修理，只能请大家暂时谅解。
C 现在这里不仅能够买到日用百货、烟酒茶果，而且还供应很多高档电子产品。
D 在人们看来，似乎他还不知道这件事，其实他早就一清二楚了，只是没有说出来罢了。

A 다른 사람이 불성실한 것은 괜찮지만, 의사까지 이렇게 불성실하면 사람을 어떻게 살리겠는가.
B 교장은 학교 재정이 어려워 수리할 방법이 없으니 모두에게 양해를 구할 수 밖에 없다고 모두에게 난처해하며 알렸다.
C 지금 이곳에서는 일상생활용품, 담배, 술, 차, 과일을 살 수 있을 뿐만 아니라 많은 고급 전자 제품도 제공한다.
D 사람들이 보기에는 마치 그가 아직 이 일을 모르는 것 같지만, 사실 그는 일찍부터 정확히 알고 있었으며 단지 말을 하지 않았을 뿐이다.

단어 诚实 chéngshí 형 진실하다, 성실하다 | 难为 nánwei 동 난처하게 하다, 괴롭히다 | 经费 jīngfèi 몡 경비, 비용 | 修理 xiūlǐ 동 수리하다, 고치다 | 暂时 zànshí 몡 잠깐, 잠시 | 谅解 liàngjiě 동 양해하다, 이해해 주다 | 日用 rìyòng 형 일용의 | 烟酒 yānjiǔ 몡 담배와 술 | 高档 gāodàng 형 고급의, 상등의 | 一清二楚 yìqīngèrchǔ 성 아주 명확(명백·분명·뚜렷)하다 | 罢了 bàle 조 (서술문 끝에 쓰여) 단지 ~일 따름이다

해설 B에서 '难为'는 '난처하게 하다'라는 동사로 일반적으로 서술어 앞에 부사어로 사용할 수 없다. 그러므로 부사어로 사용해서 '告诉'를 수식할 수 있는 '为难'로 바꿔야 한다. 즉, '校长为难地告诉大家'라고 해야 한다.

정답_ B

056

A 中国位于东半球，亚洲大陆的东部，太平洋的西岸，陆地面积居世界第三位。
✓ B 若论农村的改革而言，安徽在全国所有的省、市、自治区中，更具有典型意义。
C "一年之计在于春"，刚起头儿，有的是工夫，有的是希望。
D 江河湖海是天然的游泳场，应当充分利用，可是也要有选择。

A 중국은 동반구, 아시아 대륙의 동부, 태평양의 서쪽 해안에 위치하며, 국토 면적이 세계 3위를 차지한다.
B 만약 농촌의 개혁에 대해 얘기한다면, 안후이 성은 전국의 모든 성, 시, 자치구 중에서 더 전형적인 의미를 갖는다.
C '1년의 계획은 봄에 있다.' 막 시작할 때는 시간과 희망이 얼마든지 있다.
D 강, 하천, 호수, 바다는 천연 수영장이니, 당연히 충분히 이용해야 하지만 또한 선택적으로 이용해야 한다.

단어
位于 wèiyú 동 ~에 위치하다 | 东半球 dōngbànqiú 명 (지구의) 동반구, 동반부 | 岸 àn 명 물가, 해안 | 陆地 lùdì 명 육지, 뭍 | 居 jū 동 (~에) 있다, (~을) 차지하다 | 农村 nóngcūn 명 농촌 | 改革 gǎigé 명동 개혁(하다) | 安徽 Ānhuī 명 안후이 성 | 自治区 zìzhìqū 명 자치구 | 典型 diǎnxíng 명형 전형(적이다) | 一年之计在于春 yìnián zhī jì zàiyú chūn 일년의 계획은 봄에 있다, 한 해 농사는 봄에 달렸다 | 头儿 tóur 명 (사물이나 일의) 기점, 시작 | 江河湖海 jiānghéhúhǎi 강과 하천과 호수와 바다 | 游泳 yóuyǒng 동 수영하다, 헤엄치다

해설
B에서 '论'은 '而言'과 호응하지 않는다. 이 문장은 '就~而言'의 고정형식의 문장으로 여기서 '就'는 '~에 대하여'라는 뜻을 나타낸다. 즉, '若就农村的改革而言'이라고 해야 한다.

정답 _ B

Tip 就의 여러 가지 용법

1. 就 + 동사, 형용사 : 곧, 즉시

2. 就~了 : 이미, 벌써, 일찍이
   他的病昨天晚上就好了。
   그의 병은 이미 어제 밤에 좋아졌다.

3. 一~, 就~ : ~하자마자 곧(바로)
   一听我的话, 他的脸色就变了。
   내 말을 듣자마자 그의 얼굴색이 바로 변했다.

4. 就 + 수량사 : 오직, 단지, 다만
   上次同学聚会就你一个人没参加。
   지난번 동창 모임에 오직 너만 참석하지 않았어.

5. 비교하여 볼 때, 수가 크거나 횟수가 많거나 능력이 상당함을 나타냄.
   我们都解决不了的问题, 他一个人就解决了。
   우리 모두 해결할 수 없는 문제를 그는 혼자서 해결했다.

6. 如果(只要, 既然)~, 就~ : 만약 ~면, 기왕 ~인 이상

7. 바로(사실이 바로 그러하다는 것을 나타냄)
   我的公司就在我家的附近。
   우리 회사는 바로 우리 집 근처에 있다.

8. 전 ~에 대하여, ~에 관하여(동작을 끌어들이는 대상 혹은 범위)
   学生们就这次实习的收获进行了热烈的讨论。
   학생들이 이번 실습의 성과에 대해서 열렬히 토론을 했다.

057

A 学好汉语，当然需要老师的帮助，但更重要的是要依靠自己的努力。
B 中国现行的行政区划是：全国划分为省、县、乡（镇）三级。
C 历经了半个多世纪的发展，我国已成为电视剧生产大国，年年推陈出新，社会影响广泛。
✓D 这家公司确实存在歧视女性的现象，在工资和福利待遇方面对于女员工不公平。

A 중국어를 잘 공부하려면, 당연히 선생님의 도움이 필요하지만 더 중요한 것은 자신의 노력에 의지하는 것이다.
B 중국이 현재 행하고 있는 행정구획은 전국을 성, 현, 향(진)의 3등급으로 구분한 것이다.
C 반세기의 발전을 경험했고, 우리나라는 이미 드라마 생산 대국이 되어 매해 새로운 방향으로 발전시켜 사회에 광범위하게 영향을 끼친다.
D 이 회사는 확실히 여성을 경시하는 현상이 있는데, 임금 및 복리 대우에 있어서 여직원에게 불공평하다.

단어 依靠 yīkào 동 의존하다, 의지하다 | 现行 xiànxíng 동 현재 행하다, 실행 중이다 | 行政区划 xíngzhèngqūhuà 명 행정 구획(구분) | 划分 huàfēn 동 나누다, 구획하다 | 县 xiàn 명 현(중국 행정 구획 단위의 하나, 지구(地區)·자치구(自治區)·직할시(直轄市) 밑에 속함) | 乡 xiāng 명 향(현(縣)이나 구(區) 아래의 농촌 말단 행정 구획 단위) | 镇 zhèn 명 진(현 관할에 속하는 행정 단위) | 推陈出新 tuīchénchūxīn 성 찌꺼기는 버리고 알맹이만 취하여 새로운 방향으로 발전시키다 | 广泛 guǎngfàn 형 광범(위)하다, 폭넓다 | 确实 quèshí 부 정말로, 확실히 | 歧视 qíshì 명동 경시(하다), 차별 대우(하다) | 工资 gōngzī 명 월급, 임금 | 福利 fúlì 명 후생 복지 | 待遇 dàiyù 명 대우, 대접

해설 D에서 '对于'는 '~에 대해서'라는 의미로, 동작이나 행위의 대상 또는 관련된 사물이나 사람을 이끌어내는 전치사이다. 하지만 이 문장에서는 회사가 여직원에게 불공평하게 '대하다'라는 의미로 동사를 써야 하므로 '对'를 사용해야 한다. 즉, '在工资和福利待遇方面对女员工不公平'이라고 해야 한다.

정답_D

058

A 一首歌曲《常回家看看》，唱出了身处不同环境的父母、子女的心情和愿望。
✓B 我们要尽一切力量使我国农业走上机械化、集体化。
C 曾经有位哲人说过："人不光要生活在现实中，也要生活在幻想中。"
D 这种违背道德的行径，搞到最后不但会一无所有，甚至还会付出生命的代价。

A 《항상 집에 가서 보라》는 서로 다른 환경에 처한 부모와 자녀의 마음과 소망을 노래했다.
B 우리는 모든 능력을 다하여 우리나라의 농업이 기계화, 집단화되도록 해야 한다.
C 일찍이 한 철학자는 "사람은 현실 속에서 생활할 뿐만 아니라 환상 속에서도 생활해야 한다."고 말한 적이 있다.
D 이런 도덕에 위배되는 행위는 결국에는 아무것도 갖지 못할 뿐만 아니라 심지어는 생명의 대가를 치뤄야 할 지도 모른다.

단어 歌曲 gēqǔ 명 노래, 가곡 | 愿望 yuànwàng 명 희망, 소망 | 机械化 jīxièhuà 동 기계화하다 | 集体化 jítǐhuà 집단화(collectivization) | 哲人 zhérén 명 철인, 지혜가 뛰어난 사람 | 不光 bùguāng 접 ~뿐 아니라 | 幻想 huànxiǎng 명 환상, 몽상 | 违背 wéibèi 동 위반하다, 위배하다 | 行径 xíngjìng 명 행실, 행위 | 一无所有 yìwúsuǒyǒu 성 가진 게 아무것도 없다, 아주 가난(빈곤)하다 | 付出 fùchū 동 지불하다, 바치다 | 代价 dàijià 명 대가, 물건 값

해설 B에서 서술어 '走上'의 목적어로 '机械化、集体化'가 왔지만 호응이 될 수 없는 것이다. 그래서 '机械化、集体化' 뒤에 '的 道路'를 사용하게 되면 '走路'로 호응 관계가 이루어지게 된다. 즉, '我们要尽一切力量使我国农业走上机械化、集体化的道路'라고 해야 한다.

정답_B

059

A 如今，在改革开放、大力发展市场经济的条件下，人们渴望和追求的是社会和谐稳定、生活富裕美满。

B 读书，这个我们习以为常的过程，实际上是人的心灵和上下古今一切民族的伟大智慧相结合的过程。

✔ C 他默默地展开手里的挂历，一张张地仔细翻看着，时而抚摩一下画面。

D 北大的研究生校区和本科生校区是分开的，研究生在一个名叫万柳的校区上课。

A 오늘날, 개혁개방과 시장경제의 큰 발전의 조건에서 사람들이 갈망하고 추구하는 것은 사회가 조화롭고 안정되며, 생활이 풍요롭고 행복해지는 것이다.

B 독서는 우리가 익숙해져 대수롭지 않게 여기는 과정이지만, 실제로 사람의 마음과 천하 고금 모든 민족의 지혜가 서로 결합한 과정이다.

C 그는 묵묵히 손안의 달력을 펼쳐서 한 장 한 장 자세하게 펴 보며 이따금 그림을 어루만진다.

D 베이징대학의 대학원생 구역과 학부생 구역은 나뉘어져 있는데, 대학원생은 완리유라고 불리는 구역에서 수업을 한다.

단어 渴望 kěwàng 동 갈망하다, 간절히 바라다 | 追求 zhuīqiú 동 추구하다, 탐구하다 | 和谐 héxié 형 잘 어울리다, 조화롭다 | 稳定 wěndìng 형 안정되다 | 富裕 fùyù 형 부유하다 | 美满 měimǎn 형 아름답고 원만하다 | 习以为常 xíyǐwéicháng 성 습관이 생활화되다, 버릇이 되어 예사로운 일로 되다 | 实际上 shíjìshang 부 사실상, 실제로 | 心灵 xīnlíng 명 정신, 마음 | 古今 gǔjīn 명 고금, 예전과 지금 | 智慧 zhìhuì 명 지혜 | 默默 mòmò 부 묵묵히, 말없이 | 展开 zhǎnkāi 동 펼치다, 펴다 | 挂历 guàlì 명 달력(일력) | 仔细 zǐxì 형 세심하다, 꼼꼼하다 | 抚摩 fǔmó 동 어루만지다, 쓰다듬다 | 本科 běnkē 명 (대학교의) 학부(과정)

해설 C에서 '一张张'은 수량사 중첩으로 수량이 많음을 나타낼 때 사용되는데 이 문장에서는 수량이 많음을 나타내는 것이 아니고, 한장 한장씩 자세하게 펴본다는 의미로 동작의 방식을 나타낸다. 이럴 경우 '一张张'이 아니라 '一张一张'이라고 해야 한다. 즉, '一张一张地仔细翻看着'라고 해야 한다.

정답 C

Tip 수량사 중첩

1. ABAB: 一个一个, 两张两张, 一回一回
2. 一BB: 一个个, 一回回, 一遍遍
3. 一B又一B: 一个又一个, 一遍又一遍, 一回又一回
4. 老师把生词一个一个地写在黑板上。
   선생님은 단어를 하나씩 칠판에 쓰셨다.
   → 부사어로 '动作的方式(동작의 방식)'를 나타냄.
5. 我一回又一回地麻烦你，真不好意思。
   제가 당신을 여러 번 귀찮게 하네요. 정말 죄송해요.
   → 부사어로 '次数很多(횟수가 많음)'를 나타냄.

060

A 近几年来，一些地方的广播电台、电视台推出了一些具有地方特色的方言节目，其中有娱乐性的，也有新闻性的。

B 为了引导学生养成良好的书写习惯，提高学生规范字的书写水平，我们举办了这次汉字书写大赛。

✔ C 幸好街角餐厅的老板心地好，总是让他赊欠了每天吃饭的餐费，穷画家也就天天到这家餐厅来用餐了。

D 倘若要我说说总的印象，我觉得苏州园林是我国各地园林的标本，各地园林多少受到苏州园林的影响。

A 최근 몇 년간 일부 지방의 라디오 방송국과 TV방송국에서는 지방 특색이 있는 방언 프로그램을 선보였는데 그 중에는 오락성이 있는 것도 있고 뉴스성이 있는 것도 있다.

B 학생들의 좋은 쓰기 습관을 기르도록 지도하고, 학생들의 규범에 맞는 한자 쓰기 실력을 높이기 위해서 우리는 이번 한자 쓰기 대회를 개최하였다.

C 다행히도 길모퉁이 음식점 사장님이 마음씨가 좋아서 그는 늘 매일 먹은 밥값을 외상으로 해주기 때문에 가난한 화가도 매일 이 음식점에 와서 밥을 먹었다.

D 만약 나에게 전반적인 인상을 말하라면, 나는 쑤저우의 정원이 우리나라 각지 정원의 표본이며, 각 지역의 정원은 쑤저우 정원의 영향을 받았다고 생각한다.

단어 广播 guǎngbō 명 방송 프로그램 | 电台 diàntái 명 라디오 방송국 | 推出 tuīchū 동 상영하다, 공연하다 | 娱乐 yúlè 명 엔터테인먼트(entertainment), (방송 관련 쪽의) 예능, 오락 | 新闻 xīnwén 명 뉴스 | 引导 yǐndǎo 동 인도하다, 지도하다, 유도하다 | 规范 guīfàn 명동 규범(에 맞다) | 举办 jǔbàn 동 개최하다, 열다 | 书写 shūxiě 동 쓰다, 적다 | 大赛 dàsài 명 대형 경기, 큰 경기 | 街角 jiējiǎo 명 길모퉁이 | 心地 xīndì 명 마음씨, 마음 | 赊欠 shēqiàn 동 외상으로 사다 | 画家 huàjiā 명 화가 | 倘若 tǎngruò 접 만약 ~한다면 | 总的 zǒngde 형 전반적인, 전체적인 | 苏州 Sūzhōu 명 쑤저우 | 园林 yuánlín 명 원림, 정원 | 标本 biāoběn 명 (본보기로 삼을 만한) 표본

해설 C의 '总是让他赊欠了每天吃饭的餐费'에서 동태조사 '了'를 사용하면 안 된다. '总是'는 '언제나, 늘'이란 의미를 나타내므로 완료의 의미를 나타내는 동태조사 '了'를 사용할 수 없다. 즉, '总是让他赊欠每天吃饭的餐费'라고 해야 한다.

정답_C

第二部分

● 61~70번 문제 : 빈칸에 알맞은 단어를 고르세요.

061

科学家们发现，快乐是可以遗传的。因此，即将为人父母者要注意了，无论何时，都要学着制造"快乐基因"，好遗传给下一代。

- ✓ A 即将　无论　好
- B 上　　既然　便
- C 立刻　不管　以便
- D 立即　不论　便于

과학자들은 즐거움이 유전될 수 있다는 것을 발견했다. 그래서 곧 부모가 될 사람들은 다음 세대에 잘 유전될 수 있게 하기 위해 언제든지 '즐거움 유전자' 만드는 것을 배워야 한다.

- A 곧/~든지, ~을(를) 막론하고/잘~하다
- B 위/~된 바에야/곧
- C 곧/~을 막론하고/~(하기에 편리) 하도록
- D 즉시/~을 막론하고/(~하기에) 쉽다

단어 遗传 yíchuán 동 유전하다 | 基因 jīyīn 명 유전자, 유전인자

해설 첫 번째 칸에는 곧 부모가 될 사람들을 가리키는 것으로 미래의 짧은 시간을 나타낼 경우에는 A '即将'을 써야 한다. C, D는 행위의 긴박성을 나타내는 것으로 어떤 행위를 바로 할 경우에 사용하는 것이기 때문에 이 문장에서는 적합하지 않다. 두 번째 칸에는 A, C, D가 가능하다. 의문대사가 온 경우에는 접속사로 '无论, 不管, 不论'을 사용할 수 있다. 세 번째 칸에 '유전자를 잘 유전할 수 있도록 하다'는 문장을 만들어야야 문맥상 적합하므로 '잘 ~하다'는 의미의 A '好'를 넣어야 가장 적합하다. B '便'은 '就'의 의미이므로 틀렸고, C, D는 '方便做什么'의 의미로, 무엇을 하기에 편리할 때 주로 사용된다.

정답 A

Tip 以便 vs 便于

以便	접속사로 뒷 문장의 앞에 놓여야 하고 앞 구절에서 말한 조건이 뒷 구절에서 말하는 목적을 쉽게 실현하도록 함을 나타낸다. ⇒ ~完成/~进行/~参加/~安排/~制造/~看清 请靠近点儿，以便让我看得清楚些。 제가 정확히 볼 수 있도록 좀 가까이 와 보세요.
便于	어떤 일이 편하고 힘들지 않음을 나타내고, 뒤에는 이음절 동사나 주술구조의 문장이 목적어로 자주 오며 일반적으로 단독으로 서술어가 되지 않는다. ⇒ ~使用/~理解/~查看/~保存/~观察 老师为了便于学生理解这个词，举了很多例子。 선생님은 학생들이 이 단어를 쉽게 이해하기 위해서 많은 예를 들었다.

062

在中国，旅游业和餐饮业是近年来发展迅速的新兴产业，两者都与人们的生活密切相关。旅游业中的"吃"，依赖于餐饮业的供给水平；餐饮业的发展水平，在某种程度上决定了旅游业的发展水平。

- A 迅猛　亲切　依存
- B 速度　亲密　依靠
- ✓C 迅速　密切　依赖
- D 敏捷　紧密　倚赖

중국에서 여행업과 요식업은 최근 들어 급속히 발전하는 신흥 산업인데, 두 산업은 모두 사람들의 생활과 밀접하게 관련되어 있다. 여행업에서 '먹는 것'은 요식업이 공급하는 수준에 달려 있으며, 요식업의 발전 수준은 어느 정도 여행업의 발전 수준을 결정한다.

- A 갑작스럽고(빠르고) 맹렬하다/친절하다/의존하다
- B 속도/친밀하다/의존하다
- C 신속하다/(관계가) 밀접하다/의지하다
- D 민첩하다/긴밀하다/의지하다

단어 餐饮 cānyǐn 명 요식업, 음식과 음료 | 新兴产业 xīnxīng chǎnyè 명 신흥 산업 | 供给 gōngjǐ 명동 공급(하다) | 程度 chéngdù 명 정도

해설 첫 번째 칸에는 A, C가 가능하다. 빠른 속도로 발전하다는 의미의 문장이므로 '迅猛, 迅速'를 사용할 수 있다. 두 번째 칸에는 '相关'과 호응할 수 있는 것으로 '密切, 紧密'가 가능하다. 세 번째 칸에는 빈칸 뒤에 전치사 '于'를 동반할 수 있는 C '依赖'만 가능하다.

정답 C

Tip 亲切 vs 亲密 vs 密切

亲切	사람에 대한 감정이 진실하고 친근하며 태도가 우호적인 것을 나타낸다. ⇒ ~问候/~慰问/~关怀/~握手/~拥抱/待人~/态度~/感到~ 这个服务员对顾客的态度很亲切。 이 종업원은 고객에 대한 태도가 아주 친절하다.
亲密	친근하고 감정이 좋고, 관계가 밀접한 것을 강조하는 것으로 사람과 사람 사이에만 사용한다. ⇒ ~无间/关系~/~的朋友/~的友谊/~的伴侣 我们之间有亲密的友谊，关系很好。 우리 사이에는 친밀한 우정이 있어서 관계가 좋다.
密切	관계가 가까운 것을 나타내며, 사람과 사람 사이의 관계를 나타내거나 사람과 사물 또는 동식물, 사물과 사물 사이의 관계를 나타낼 수도 있다. ⇒ ~配合/~结合/~合作/~相关/~关注/~注意/关系~/~来往 我们只有密切配合，才能做好这件事情。 우리가 밀접하게 협력해야만 비로서 이 일을 할 수 있다.

063

美国鱼类和野生管理局的海象研究专家乔尔·米勒说："<u>对</u>海象<u>来说</u>，今年是令人伤心的残酷一年。"专家<u>警告</u>说，如果目前的全球变暖趋势<u>持续</u>下去，北极一些地区海冰融化速度将会加快，在这些地区活动的海象处境将越发<u>艰难</u>。

	A	在	看来	警示	连续	困难
✓	B	对	来说	警告	持续	艰难
	C	就	来讲	提醒	延续	艰苦
	D	从	来看	告诫	接连	艰辛

미국 어류 및 야생동물 관리국의 바다코끼리 연구 전문가 조엘 밀러는 "바다코끼리에 대해 말하자면, 올해는 원통하고 잔혹한 1년이다."라고 말했다. 전문가는 만약 현재의 전 세계 온난화 경향이 지속되어 간다면, 북극의 몇몇 곳의 해빙 용화 속도는 더 빨라질 것이며, 이런 지역에서 생활하는 바다코끼리의 처지는 한층 더 어려워질 것이라고 경고했다.

- A ~에(서)/보아하니~하다/경고하다/연속하다/곤란하다
- B ~에 대해(서)/~으로 말하자면/경고하다/지속하다/힘들다
- C ~에 대하여/~에 대하여 말하다/일깨우다/계속하다/어렵고 고달프다
- D ~부터/~에서 보면/훈계하다/연거푸/고생스럽다

단어 鱼类 yúlèi 몡 어류 | 野生 yěshēng 혱 야생의 | 管理 guǎnlǐ 동 보관하고 처리하다, 관리하다 | 海象 hǎixiàng 몡 바다코끼리 | 残酷 cánkù 혱 잔혹하다, 냉혹하다 | 趋势 qūshì 몡 추세 | 融化 rónghuà 동 녹다, 융해되다 | 处境 chǔjìng 몡 (처해 있는) 환경, 상태 | 越发 yuèfā 부 더욱, 한층

해설 첫 번째, 두 번째 칸에는 '对~来说'의 고정 형식으로 '~에게 있어서는, ~의 입장에서 보면'이라는 뜻으로 바다코끼리에게는 잔혹한 일년이라는 문장이므로 B '对~来说'를 사용해야 한다. 세 번째 칸에는 B, D가 가능하다. A '警示'는 뒤에 '说'라는 동사를 같이 동반할 수 없다. 하지만 '警告说, 告诫说'는 가능하다. 네 번째 칸에는 어떤 현상이 지속적으로 나타날 경우이므로 B '持续'를 사용해야 한다. A '连续'는 같은 동작을 이어서 계속할 경우에 사용하는 것이므로 적합하지 않고, C '延续'는 현상이나 추세가 지속되는 것이 아니고, 사람의 행동이 계속될 경우에 사용한다. D '接连'은 부사이기 때문에 뒤에 '下去'가 올 수 없다. 다섯 번째 칸에는 '处境'과 호응 관계를 가질 수 있는 B '艰难'만 가능하다.

정답 **B**

Tip 困难 vs 艰难 vs 艰苦

困难	업무, 학업, 연구 등의 일이 복잡하고 하기 힘들거나 생활이 빈곤하여 지내기 힘든 것을 나타낸다. ⇒ 遇到~/解决~/克服~/生活~/经济~/发生~/~的条件/~的任务 他失业了，经济上很困难。 그는 실업을 해서 경제적으로 많이 어렵다.
艰难	'困难'보다 정도가 심하고, 일을 하는데 더 많은 고생을 하는 경우에 사용하며 대부분이 처해있는 처지, 환경을 나타내며 행동이나 구체적인 동작을 나타낼 때도 있다. ⇒ 处境~/行动~/~困苦/生活~/道路~/岁月~/~的环境 灾区人民的处境艰难，我们要大力帮助。 재해 지역 사람들의 처지가 매우 힘드니 우리는 힘껏 도와야 한다.
艰苦	일을 하는데 고생을 많이 했다는 것을 나타내며 객관적인 조건이 많이 부족하고 생활이 빈곤하다는 것을 강조한다. ⇒ ~朴素/~奋斗/~训练/~创业/条件~/环境~/~的生活/~的工作/~的学习 这份工作条件艰苦，但是报酬不低。 이 일의 조건은 매우 고생스럽지만 월급은 많다.

064

其实每个人都在找一个心目中的完美，当不能实现时，退而求其次，再退而求其次，没办法就渐渐地接受甚至喜欢这个退而求来的。能够心甘情愿地接受，未尝不是一种幸福。

- A 现实　　慢慢　　小心翼翼　　未曾
- B 得到　　逐渐　　理所当然　　何尝
- ✓ C 实现　　渐渐　　心甘情愿　　未尝
- D 完成　　逐渐　　争先恐后　　未免

사실 모든 사람들은 모두 마음속의 완벽함을 찾고 있으며, 실현할 수 없을 때는 물러나서 그 다음을 추구하고, 또 다시 물러나서 그 다음을 추구하면서 어쩔 수 없이 점차 받아들이게 되고 심지어는 이렇게 물러나서 추구해 온 것을 좋아하게 된다. 내심 만족해하며 받아들일 수 있다면, 행복이 아니라고 할 수는 없다.

- A 현실적이다/천천히/조심하고 신중하여 추호도 소홀함이 없다/(일찍이) ~한 적이 없다
- B 얻다/점점/도리로 보아 당연하다/언제 ~한 적이 있었느냐
- C 실현하다/점점/내심 만족해하며 달가워하다/~라고 할 수는 없다
- D 완성하다/점점/뒤질세라 앞을 다투다/~하다고 하지 않을 수 없다

단어 心目 xīnmù 명 생각, 마음속 | 完美 wánměi 형 매우 훌륭하다, 완전하여 흠잡을 데가 없다 | 其次 qícì 명 다음, 그 다음 | 接受 jiēshòu 동 받아들이다, 받다 | 甚至 shènzhì 부 심지어, ~까지도 | 幸福 xìngfú 명 행복

해설 첫 번째 칸에는 앞에 있는 '完美'와 호응 관계가 되는 것으로 '실현되다'라는 의미를 가진 단어가 들어가야 하므로 C '实现'를 써야 한다. 두 번째 칸에는 모두 '천천히, 차츰차츰'의 뜻을 가지고 있는 '慢慢, 渐渐'이 가능하다. B와 D의 '逐渐'은 일정한 순서에 따라 정도가 심함을 강조하므로 적당하지 않다. 세 번째 칸에는 앞에 있는 '这个退而求来的'를 완전히 받아들인다는 의미이므로 C '心甘情愿'을 사용해야 한다. 네 번째 칸에는 C, D가 가능하다. 이 문장은 앞에 설명한 것들이 일종의 행복이다라는 것을 말하는 것으로 뒤에 부정형이 오기 때문에 앞에 '未尝, 未免'을 사용해서 긍정형을 표현해야 한다.

정답 C

065

　　《英国邮报》引述，一项研究发现，9月份出生的儿童学业成绩，<u>往往</u>比其他月份出生的儿童好。现在不少英国中产阶层父母，都会<u>尽量</u>"安排"子女在9月出生。研究也<u>显示</u>，下层家庭的父母，不会像中产阶层父母考虑得那么<u>周密</u>。

	A	常常	只管	表示	周全
✓	B	往往	尽量	显示	周密
	C	一般	即便	显现	精密
	D	通常	尽管	显明	严密

　　《영국 포스트지》는 9월에 태어난 아동의 학업 성적이 <u>종종</u> 다른 달에 태어난 아동보다 좋다고 연구를 통해 발견되었음을 인용하여 말하였다. 지금 많은 영국의 중산층 부모들은 모두 <u>가능한 한</u> 자녀가 9월에 출생하도록 '계획'할 것이다. 연구는 또한 저소득층 가정의 부모는 중산층의 부모같이 그렇게 <u>주도면밀</u>하게 고려할 수 없다는 것도 나타났다.

A 늘/오로지 ~만 돌보다/의미하다/완전하다
B 종종/가능한 한/나타내다/주도면밀하다
C 보통이다/설령 ~하더라도/드러나다/정밀하다
D 일반적이다/비록 ~라 하더라도/명백하다/엄밀하다

단어 引述 yǐnshù 图 인용하여 서술하다(말하다) | 月份 yuèfèn 图 월, 달 | 儿童 értóng 图 어린이, 아동 | 阶层 jiēcéng 图 (공통적 성질을 가진) 계층, 계급 | 安排 ānpái 图 (인원·시간 등을) 안배하다, 준비하다, 계획하다 | 下层 xiàcéng 图 (기구·조직·사회의) 기층, 하층 | 考虑 kǎolǜ 图 고려하다, 생각하다

해설 첫 번째 칸에는 규칙성과 객관성의 의미를 가지고 있으므로 B '往往'을 사용하여야 한다. 예를 들어 '他常常感冒'로 그냥 횟수가 자주 일어남을 나타낼 때는 '常常'을 쓰지만 '他往往一感冒就发烧'라고 감기가 걸리면 열이 난다는 규칙성과 객관성을 가지고 있을 때는 B '往往'을 사용해야 한다. 여기서도 9월에 태어난 아이들이 똑똑하다는 규칙성과 객관성을 가지고 있으므로 '往往'이 적합하다. 두 번째 칸에는 가능한 9월에 낳도록 안배한다라는 의미이므로 B '尽量'이 적합하다. 세 번째 칸에도 B만 가능하다. '研究显示'는 자주 같이 사용된다. 네 번째 칸에도 '考虑得周密'라고 문맥상 가장 적합하므로 B '周密'가 적당하다. C '精密'는 '工艺精密, 仪器精密' 등으로 사용할 수 있다.

정답 B

Tip	往往 vs 常常
往往	'왕왕, 자주, 흔히, 종종, 때때로'의 뜻으로 어떤 상황이 규칙적으로 자주 출현함을 나타낸다. 일반적으로 동작과 관련된 조건, 상황을 명시한다. 他往往（常常）跟朋友一起喝酒。그는 자주 친구와 함께 술을 마신다. → 조건을 명시했으므로 '往往'도 사용할 수 있음
常常	'늘, 항상, 자주, 수시로'의 뜻으로 사건의 발생 주기가 높음을 나타내고, 주관적인 바람이나 미래의 일에 사용할 수 있다. 父母希望孩子常常回家看看。부모들은 아이들이 자주 보러 오기를 바란다. → 주관적인 바람을 나타내므로 '往往'은 사용할 수 없음 他常常喝酒。그는 자주 술을 마신다. → 횟수가 많음을 나타내므로 '常常'만 사용할 수 있음

066

"悉尼的行动向全球传达了一个强有力的信号，那就是我们每一个人都可以采取有意义的行动，去应对气候变化，现在我们将把这个信息传递到全世界每一个角落"WWF 澳大利亚分会首席执行官Greg Bourne 这样表示。

A	传送	实施	面对	宣布	说明
B	传扬	施行	对付	传播	表达
C	宣扬	采用	回应	宣传	表明
✔D	传达	采取	应对	传递	表示

"시드니의 행동은 전 세계에 강력한 신호를 전달하였는데, 그것은 바로 우리 모두가 취할 수 있는 의미있는 행동이다. 기후변화에 대응하는 것, 지금 우리는 이 정보를 전 세계 각지에 전달할 것이다." WWF 호주지부 수석집행관 Greg Bourne가 이렇게 표명했다.

A 전송하다/실시하다/마주 보다/선포하다/설명하다
B 전파되다/행하다/대처하다/전파하다/나타내다
C 선양하다/채용하다/대답하다/선전하다/분명하게 밝히다
D 전달하다/채택하다/응답하다/전달하다/표명하다

단어

悉尼 Xīní 명 시드니 | 强有力 qiángyǒulì 형 강력하다, 유력하다 | 角落 jiǎoluò 명 외딴 곳, 외진 곳 | 澳大利亚 Àodàlìyà 명 오스트레일리아(Australia), 호주 | 分会 fēnhuì 명 분회, 지부 | 首席 shǒuxí 명 수석, 가장 높은 지위(직위) | 执行 zhíxíng 동 집행하다, 수행하다

해설

첫 번째 칸에 D '传达'는 명령이나 보고, 소식 등을 전달하다는 의미로 쓰이며 여기에서는 '信号'를 목적어로 삼아 신호를 전달하다는 의미로 사용된다. 두 번째 칸에는 '办法, 措施, 行动' 등 추상적인 것을 목적어로 올 수 있는 것으로 D '采取'를 써야 한다. A '实施'는 '法律, 政策' 등을 실행할 경우에 사용하며, B '施行'은 어떤 방식이나 방법에 따라 행할 때 사용하는 것으로 '施行方案, 施行治疗' 등으로 쓰인다. C '采用'은 적합하다고 생각되어 사용할 경우에 '采用战术, 采用方式, 采用设备' 등으로 쓰인다. 세 번째 칸에는 A, D가 가능하다. 기후 변화에 대응한다는 것으로 '面对, 应付'를 사용할 수 있다. 네 번째 칸에는 B, D가 가능하다. '信息'와 호응할 수 있는 것으로 '传播, 传递'가 가능하다. 다섯 번째 칸에는 언어로 어떤 사실을 설명했을 때 D '表示'를 사용할 수 있다. '表达'는 감정이나 사상을 말이나 글로 표현할 때 사용하는 것으로 여기에서는 적합하지 않다.

정답 D

Tip 说明 vs 表达 vs 表明 vs 表示

说明	일의 경과나 원인 등의 상세한 상황을 명확하게 말한다는 것을 강조한다. ⇒ ~书/~文/~问题/~情况/~原因/~方法/~要求 我向大家说明一下这次活动的规则。 제가 모두에게 이번 활동의 규칙을 설명하겠습니다.
表达	언어, 시, 노래, 그림, 동작 등의 방식으로 어떤 사상, 생각, 감정을 나타낸다는 것을 강조한다. ⇒ ~感情/~心情/~思想/~决心/用语言~/用文字~ 我感动的心情难以用语言来表达。 나는 감동스러운 마음을 말로 표현하기 힘들다.
表明	언어, 글, 표정, 행동 등을 통해 명확하게 표현하는 것으로 추상적인 사물에서 많이 쓰인다. ⇒ 充分~/明确~/~态度/~决心/~观点/~看法/事实~ 我已经表明了对这件事的看法。 나는 이미 이 일에 대한 견해를 분명히 밝혔다.
表示	언행을 통해 어떤 사상, 태도를 전달하거나 어떤 의미를 전달한다는 것을 강조한다. ⇒ ~谢意/~敬意/~理解/~态度/~支持/~同情/~反对/~不满/~欢迎 他用沉默来表示他的不满意。 그는 침묵으로써 불만을 표시했다.

067

　　美国著名的某大学教授告诫世人，不要因为自己才华<u>平庸</u>而闷闷不乐。他说，对聪明人是否快乐的<u>实证</u>调查做得不多，但经验显示，智慧与快乐并无<u>联系</u>，<u>反倒</u>是"聪明反被聪明误"、"傻人有傻福"的例子到处都是。

	A 普通	调研	关联	相反
	B 平凡	考查	关系	反而
	C 一般	考察	干系	相对
✓	D 平庸	调查	联系	反倒

　　미국의 유명한 어느 대학 교수는 세상 사람들에게 자신의 재능이 평범하다고 해서 답답해하거나 슬퍼하지 말라고 훈계했다. 그는 똑똑한 사람이 즐거운지 아닌지에 대해 실제로 증명하여 조사한 것이 많지는 않지만, 지혜와 즐거움은 아무런 관계가 없으며 오히려 '똑똑한 사람은 되려 똑똑함에 의해 실수를 한다', '어리석은 사람은 어리석은 복이 있다'는 예가 도처에 있음을 경험으로 알려주고 있다고 말했다.

A 보통이다/조사 연구하다/관련(연관)되다/반대로
B 평범하다/조사하다/관계/반대로
C 보통이다/고찰하다/관계/상대적으로
D 평범하다/조사하다/연계/반대로

단어 教授 jiàoshòu 몡 교수 | 告诫 gàojiè 통 훈계하다, 타이르다 | 才华 cáihuá 몡 뛰어난 재능, 빛나는 재주 | 闷闷不乐 mènmènbùlè 셩 마음이 답답하고 울적하다, 몹시 우울해하다 | 是否 shìfǒu 튀 ~인지 아닌지 | 实证 shízhèng 몡 실증 | 经验 jīngyàn 몡 경험, 체험 | 聪明 cōngming 혱 똑똑하다, 총명하다 | 傻 shǎ 혱 어리석다, 멍청하다 | 例子 lìzi 몡 예, 본보기

해설 첫 번째 칸에는 '才华'와 호응될 수 있는 것은 D '平庸'만 가능하다. '才华普通, 才华平凡, 才华一般'이라고 하지 않는다. 두 번째 칸에도 '实证'과 호응될 수 있는 것은 D '调查'만 가능하다. 세 번째 칸에는 A, D가 가능하다. B '关系'는 사람과 사람의 관계일 때 사용하는 것으로 여기서는 '智慧'와 '快乐'의 관계를 말하는 것이므로 적합하지 않다. C '干系'는 책임이나 분쟁을 유발할 수 있는 관계를 가리키는 것이므로 역시 적합하지 않다. 네 번째 칸에는 빈칸 뒷 문장이 앞 문장과 정반대되는 예를 들어서 설명하고 있기 때문에 D '反倒'가 가장 적합하다.

정답_ D

068

　　继去年报考北京高校的考研人数<u>下降</u>之后，2008年报考北京高校研究生的考生数量再次下滑，但这却并不意味着考生由于竞争对手减少可以更<u>轻松</u>地考上研究生，业内人士表示，随着考研热潮的逐渐<u>消退</u>，理性的回归让今年的考验竞争更加<u>激烈</u>。

	A 降下	轻巧	消除	剧烈
	B 降低	松快	消失	强烈
✓	C 下降	轻松	消退	激烈
	D 降落	轻快	消减	猛烈

　　작년 베이징대학의 대학원 응시자 수가 계속해서 줄어든 이후, 2008년 베이징대학 대학원 시험에 응시한 응시자 수가 다시 하락했다. 그러나 이것은 수험생이 경쟁 상대가 적어서 대학원에 더 쉽게 들어갈 수 있다는 것을 의미하지는 않는다. 업계 내 인사는 대학원 응시붐이 점차 줄어듦에 따라, 이성적인 되돌아가 올해의 대학원 시험 경쟁은 더 치열해 질 것이라고 표명했다.

A 떨어지다/경쾌하다/없애다/극렬하다
B 내리다/경쾌하다/자취를 감추다/강렬하다
C 줄어들다/수월하다/점점 사라지다/격렬하다
D 내려오다/경쾌하다/감퇴하다/맹렬하다

단어 报考 bàokǎo 통 시험에 응시하다, 응시 원서를 내다 | 考研 kǎoyán 통 대학원 시험을 보다(치르다), 대학원에 응시하다 | 下滑 xiàhuá 통 아래로 미끄러지다 | 意味着 yìwèizhe 통 의미하다, 뜻하다 | 竞争 jìngzhēng 통 경쟁하다 | 减少 jiǎnshǎo 통 감소하다, 줄다 | 热潮 rècháo 몡 열기, 붐 | 回归 huíguī 통 회귀하다, (원래의 곳으로) 되돌아가다 | 考验 kǎoyàn 통 시험하다, 검증하다

해설 첫 번째 칸에는 B, C가 가능하다. 수량이 떨어졌을 때는 '降低, 下降'을 주로 사용한다. 두 번째 칸에는 힘들이지 않고, 수월하게 어떤 행위를 할 경우에는 C '轻松'을 사용할 수 있다. 세 번째 칸에도 열기, 붐이 점점 사라진다고 할 경우에는 C '消退'를 사용한다. 네 번째 칸에도 '竞争'과 호응할 수 있는 것은 C '激烈' 뿐이다.

답_ C

069

上司对下级给予赞美，是对其工作成绩的肯定，能鼓励下级更努力，取得更大的<u>成果</u>；同事对同事、朋友对朋友给予赞美，能使感情更<u>亲密</u>，友情更纯真；夫妻互相赞美，可以增进恩爱，<u>巩固</u>婚姻；父母适当地赞美子女，既能<u>激励</u>他们更进步，又可增加家庭的凝聚力。

　　A 成就　　亲近　　稳妥　　激发
✓ B 成果　　亲密　　巩固　　激励
　　C 成绩　　亲切　　牢固　　勉励
　　D 收获　　密切　　坚固　　鼓励

상사가 아랫사람을 칭찬하는 것은 그 업무 성과를 인정하는 것으로, 아랫사람을 더 노력하도록 격려하여 더 큰 <u>성과</u>를 얻을 수 있다. 동료가 동료를, 친구가 친구를 칭찬하는 것은 감정을 더 <u>친밀하게</u> 하고, 우정을 더 순수해지게 할 수 있다. 부부 서로 간의 칭찬은 애정을 증진시켜 결혼생활을 <u>견고하게</u> 할 수 있다. 부모가 자녀를 적절히 칭찬하는 것은 그들이 더 진보할 수 있도록 <u>격려하는</u> 것이며, 또한 가정의 응집력을 높일 수 있다.

A (사업상의) 성취/친근하다/온당하다/(감정을) 불러일으키다
B 성과/친밀하다/견고히 하다/격려하다
C (일·학업상의) 성적/친절하다/견고하다/고무하다
D 소득/(관계가) 밀접하다/견고하다/격려하다

단어 上司 shàngsi 명 상급자, 상사 | 下级 xiàjí 명 하급 부서, 하급(자) | 给予 jǐyǔ 동 주다, 부여하다 | 赞美 zànměi 동 찬미하다, 찬양하다 | 肯定 kěndìng 동 인정하다, 긍정하다 | 鼓励 gǔlì 동 격려하다, (용기를) 북돋우다 | 感情 gǎnqíng 명 애정, 친근감 | 纯真 chúnzhēn 형 순수하다, 순결하고 진실되다 | 增进 zēngjìn 동 증진하다, 증진시키다 | 恩爱 ēn'ài 형 (부부간의) 금슬이 좋다, 애정이 깊다 | 婚姻 hūnyīn 명 혼인, 결혼 | 凝聚力 níngjùlì 명 응집력

해설 첫 번째 칸에는 B가 가능하다. A '成就'는 일에 대한 커다란 성과가 있을 경우에 사용하는 것으로 문맥에는 적합하지 않다. 두 번째 칸에는 '感情'과 호응하는 것으로 B '亲密'가 적합하다. 세 번째 칸에도 B만 가능하다. C '牢固'와 D '坚固'는 모두 형용사로 '婚姻' 명사 목적어와 호응하지 않는다. 네 번째 칸에는 B, C, D가 가능하다. A '激发'는 격려하다의 뜻이 아니고 어떤 감정을 불러일으킬 때 사용하는 것으로 문맥상 어울리지 않는다.

정답 _ B

070

克隆技术确实可能和其他已经<u>发明</u>的技术一样，既能给人类带来灾难，也能给人们带来想不到的好处。害怕克隆，<u>不是</u>对克隆技术感到害怕，<u>而是</u>担心对这种技术的错误使用。对克隆人实验采取简单的否定<u>态度</u>是值得进一步考虑的。

　　A 创制　　不是　　就是　　神态
✓ B 发明　　不是　　而是　　态度
　　C 发现　　不但　　而且　　举止
　　D 创造　　既然　　就　　　模样

복제 기술은 확실히 이미 <u>발명</u>된 다른 기술과 같이 인류에게 재앙을 가져올 수도, 생각지 못한 이익을 가져올 수도 있다. 복제를 겁내는 것은 복제 기술에 대한 두려움이 <u>아니라</u>, 이런 기술의 잘못된 사용을 걱정하는 것<u>이다</u>. 복제 인간 실험에 대해 간단하게 부정하는 <u>태도</u>는 한 걸음 더 나아가 고려할 만하다.

A (주로 문자·법률 등을) 창제하다/~이 아니다/~뿐이다/표정과 태도
B 발명하다/~이 아니다/~이다/태도
C 발견하다/~뿐만 아니라/게다가/행동거지
D 창조하다/~된 바에야/바로/모양

단어 克隆 kèlóng 명 클론(clone) | 确实 quèshí 부 확실히, 틀림없이 | 灾难 zāinàn 명 재난, 재해 | 想不到 xiǎngbúdào 동 예상하지 못하다, 의외이다 | 害怕 hàipà 동 겁내다, 두려워하다 | 感到 gǎndào 동 느끼다, 여기다 | 采取 cǎiqǔ 동 취하다, 얻다 | 否定 fǒudìng 동 부정하다 | 进一步 jìnyíbù 부 (한 걸음 더) 나아가, 진일보하여

해설 첫 번째 칸 '克隆技术'는 세상에 없던 것을 새로 만드는 것으로 B '发明'을 사용해야 한다. 두 번째, 세 번째 칸에도 B만 가능하다. A '不是A, 就是B'로 'A이거나 B이다'를 나타낼 때 사용하는 것이다. B '不是A, 而是B'는 'A가 아니고, B이다'를 나타낸다. 문맥에서는 무서워하는 것이 아니고, 잘못 사용할까봐 걱정한다는 문장이므로 '不是A, 而是B'가 와야 한다. 네 번째 칸은 '采取'와 호응할 수 있는 B '态度'가 가장 적합하다.

정답 _ B

第三部分

● 71~80번 문제 : 빈칸에 알맞은 문장을 고르세요.

071-075

上有天堂，下有苏杭。苏州乃"园林之城"，71 素以众多精雅的园林名闻天下。苏州古典园林历史绵延2000余年，在世界造园史上有其独特的历史地位和价值。

苏州园林占地面积小，采用变换无穷、不拘一格的艺术手法，以中国山水花鸟的情趣，寓唐诗宋词的意境，在有限的空间内点缀假山、树木，安排亭台楼阁、池塘小桥，使苏州园林以景取胜，景因园异，72 给人以小中见大的艺术效果。根据记载，苏州城内有大小园林将近200处。其中沧浪亭、狮子林、拙政园和留园分别代表着宋、元、明、清四个朝代的艺术风格，被称为苏州"四大名园"，73 它们各具历代自然的、历史的、文化的、艺术的特色，而且拙政园享有"江南名园精华"的盛誉，另外，网师园也颇负盛名。

苏州地处长江三角洲，气候宜人，交通便利，旧时官宦名绅退休后多到苏州择地造园、颐养天年。明清时期，苏州经济文化发展达到鼎盛阶段，造园艺术也趋于成熟，出现了一批园林艺术家，使造园活动达到高潮。苏州园林是城市中充满自然意趣和文化意蕴的"74 文人写意山水园"。古代的造园者都有很高的文化修养，能诗善画，造园时多以画为本，以诗为题，通过凿池堆山、栽花种树，创造出具有诗情画意的景观，被称为是"75 无声的诗，立体的画"。在园林中游赏，犹如在品诗，又如在赏画。

하늘에는 천당이 있고, 땅에는 쑤저우와 항저우가 있다. 쑤저우는 '정원의 도시'로, 71 전부터 많은 정교하고 우아한 정원으로 유명하다. 쑤저우 고전 정원은 2000여 년의 역사로 이어져 내려오고 있으며, 세계 정원 조성의 역사상 독특한 역사적 지위와 가치를 가지고 있다.

쑤저우 정원은 작은 면적을 차지하고 있지만, 변화무쌍하며, 하나의 격식에 구애되지 않는 예술 기법을 취하고 있다. 중국 산수, 꽃, 새의 정취로 당시송사(唐诗宋词)의 정서가 깃들어져 있다. 한정적인 공간에 석가산, 수목을 장식하고 정자, 누대, 누각, 못, 작은 다리를 만들어서 쑤저우 정원은 경치가 빼어나고 그 경치 때문에 정원이 색다르게끔 하게 해서 72 사람들에게 작은 것을 크게 보이게 하는 예술적 효과를 가져왔다. 기록에 따르면 쑤저우에는 200개에 달하는 크고 작은 정원이 있다고 한다. 그 중에 창랑정, 사자림, 졸정원, 유원은 송, 원, 명, 청 4개 왕조의 예술 풍격을 대표하고, 쑤저우의 '4대 명원'으로 불리며 73 각각 역대의 자연적, 역사적, 문화적, 예술적 특색을 갖추고 있다. 게다가 졸정원의 정자는 '강남 명원의 정화'라는 명성을 얻고 있으며, 그 밖에 왕사원도 명성을 누리고 있다.

쑤저우는 창장 강의 삼각주에 위치하여, 기후가 알맞으며 교통이 편리해서 옛날 관리였던 밍선이 퇴직한 후 쑤저우에 땅을 택하여 정원을 만들고 몸과 마음을 보양하고 수명을 연장하였다. 명청시대는 쑤저우의 경제, 문화의 발전이 한창이었던 시기로 정원 만드는 예술이 완숙되었고, 정원 예술가들이 대거 출현하여 정원을 만드는 것이 최고조에 달했다. 쑤저우의 정원은 도시에 충만한 자연의 의취와 문화가 내포된 74 '문인사의산수원(문인들이 산수를 보고 쓴 글이나 시)'이다. 고대의 정원을 만드는 사람은 모두 높은 문화적 수양을 갖추고 있고, 시와 그림에 능하며 정원을 만들 때 그림을 기초로 하고, 시를 주제로 하여, 연못을 파고, 산을 쌓고, 꽃과 나무를 심어서 시나 그림처럼 아름다운 경관을 창조해 내서 75 '소리없는 시, 입체적인 그림'이라고 불렀다. 정원을 감상하면 마치 시와 그림을 감상하는 것 같다.

단어 天堂 tiāntáng 명 천당, 천국 | 苏州 Sūzhōu 명 쑤저우 | 园林 yuánlín 명 원림, 정원 | 古典 gǔdiǎn 형 고전적이다 | 绵延 miányán 동 길게 이어져 있다, 끊임없다 | 变换 biànhuàn 동 변환하다, 바꾸다 | 无穷 wúqióng 형 무궁하다, 끝이 없다 | 不拘一格 bùjūyìgé 성 한 가지 방식과 규칙에만 구애 받지 않다 | 情趣 qíngqù 명 정취(情趣) | 唐诗 tángshī 명 당시(중국 문학사상 5언시·7언시·고체시·근체시의 최고봉이었음) | 宋词 sòngcí 명 송사(중국 송나라 때 성행한 운문) | 意境 yìjìng 명 예술적 경지 | 点缀 diǎnzhuì 동 꾸미다, 장식하다 | 假山 jiǎshān 명 (정원에 만든) 석가산(石假山) | 亭台楼阁 tíngtáilóugé 명 정자·누대·누각 등 | 池塘 chítáng 명 (비교적 작고 얕은) 못 | 取胜 qǔshèng 동 승리하다 | 根据 gēnjù 개 ~에 의거하여 | 记载 jìzǎi 명 기록, 기사 | 风格 fēnggé 명 성격, 기질 | 盛誉 shèngyù 명 큰 영예, 큰 영광 | 颇 pō 부 꽤, 상당히 | 负 fù 동 향유하다, 누리다 | 盛名 shèngmíng 명 훌륭한 명성, 높은 명성 | 气候宜人 qìhòuyírén 기후가 알맞다 | 旧时 jiùshí 명 지난날, 옛날 | 官宦 guānhuàn 명 관료, 관리, 관인 | 退休 tuìxiū 동 퇴직하다, 퇴임하다 | 颐养天年 yíyǎngtiānnián 성 몸과 마음을 보양하여 수명을 연장하다 | 鼎盛 dǐngshèng 형 바야흐로 가장 융성(흥성·강성·창성)하다, 한창이다 | 趋于 qūyú 동 ~로 향하다, ~로 기울어지다 | 成熟

chéngshú 형 완숙되다, 무르익다 | 高潮 gāocháo 명 (최)고조, 클라이맥스(climax), 절정 | 意蕴 yìyùn 명 함의, 내포 | 凿 záo 동 파헤치다, 파다 | 栽花 zāihuā 동 꽃을 심다(재배하다) | 游赏 yóushǎng 동 유람하며 감상하다, 명소·고적 등을 다니며 감상하다 | 犹如 yóurú 동 마치 ~와(과) 같다

071

| D 素以众多精雅的园林名闻天下 | D 전부터 많은 정교하고 우아한 정원으로 유명하다 |

단어 素 sù 부 이전, 원래

해설 빈칸 앞부분이 쑤저우가 정원의 도시라는 내용과 뒷부분은 쑤저우 정원이 세계 고전 역상상 독특한 위치와 가치를 가지고 있다는 내용으로 빈칸에는 쑤저우가 정원으로 유명하고 예전부터 그랬다는 내용인 '素以众多精雅的园林名闻天下'가 와야 한다.

정답_ D

072

| C 给人以小中见大的艺术效果 | C 사람들에게 작은 것을 크게 보이게 하는 예술적 효과를 가져왔다 |

해설 빈칸 앞부분에서 쑤저우의 정원이 어떤 식으로 만들어졌는지를 설명하고 있다. 빈칸에는 정원에 여러 가지를 장식했고, 이것이 예술적인 효과를 나타낸다는 내용인 '给人以小中见大的艺术效果'가 오는 것이 적합하다.

정답_ C

073

| E 它们各具历代自然的、历史的、文化的、艺术的特色 | E 각각 역대의 자연적, 역사적, 문화적, 예술적 특색을 갖추고 있다 |

해설 빈칸 앞부분은 쑤저우 4대 명원이 송, 원, 명, 청 네개의 왕조의 예술적 풍격을 대표한다는 내용으로 빈칸에는 각 왕조 대대로 자연적, 역사적, 문화적, 예술적 특색을 갖추고 있다는 문장이 와야 가장 적합하다. 그래서 '它们各具历代自然的、历史的、文化的、艺术的特色'를 넣어야 한다.

정답_ E

074

| A 文人写意山水园 | A 문인사의산수원(문인들이 산수를 보고 쓴 글이나 시) |

해설 빈칸 문장의 주어가 '苏州园林'으로 빈칸에는 '쑤저우 정원이 자연의 의취와 문화를 내포한 무엇이다'라는 정의, 즉 쑤저우 정원의 특징을 잘 설명한 내용이 와야하므로 문인들이 자연 산수의 정취를 모방한다는 말로 쑤저우의 정원을 설명하고 있는 '文人写意山水园'이 와야 한다.

정답_ A

075

| B 无声的诗，立体的画 | B 소리없는 시, 입체적인 그림 |

해설 빈칸 앞부분에는 고대 정원이 시와 그림을 바탕으로 어떻게 만들어지는지의 내용이 나오며 빈칸에는 어떻게 불려지는지를 나타내는 문장이 와야 한다. 쑤저우는 시와 그림을 토대로 만들었다고 했으므로 시와 그림을 언급해서 이야기한 '无声的诗, 立体的画'가 와야 적합하다.

정답_ B

蒲松龄从不与官场中的人来往。一日，忽然接到宰相的一份请帖，上面写着，"请吃半鲁"。蒲松龄对此类请帖深恶痛绝：老百姓连饭都吃不上，当官的还只顾吃喝玩乐。于是，对送请帖的人说："我身体不舒服，不能前往，请宰相谅解。"他的妻子在一旁听到丈夫不去赴宴，76 认为不妥，对蒲松龄说："这样做不好。您和宰相曾经是同学，人家当了宰相却没忘记以前的朋友。所以不管从哪个方面说，你都应该去。"蒲松龄沉思了很久，77 最后还是决定赴宴。

来到宰相家里。席宴开始，只见两位使女抬着一盆鱼汤送上桌来。宰相说："请包涵，小弟做官以来，一直注重自身的清白廉洁，今天不过想请尊兄尝试一下怎么混水摸鱼而已，只有领悟这里的奥妙，才能够步入现实的世界。"蒲松龄听到这些话，78 非常不高兴，认为人生就应该出污泥而不染。于是想了个法子，来日回敬宰相。

事隔数日，蒲松龄采用同样的方式宴请宰相。宰相接到"请吃半鲁"的请柬之后，79 欣然前往。看到茅房破屋，心里不由产生一种怜悯感。欲取银两救助，蒲松龄坚决不收。只和宰相叙旧，却不提赴宴一事。

直到太阳偏西，宰相饿得实在憋不住了，问蒲松龄："您打算什么时候设宴呢？"蒲松龄回答说："一日三餐的时间已经都过去了，您又吃足半鲁，为什么还要我设宴呢？"宰相一听，80 恍然大悟："鲁"字的上面是个"鱼"字，而下面就是个"日"字。之前我叫他吃了上头，现在他叫我吃下头，但含义可完全不一样呀！这个"日"字吃进去，就是满肚里的太阳啊！这不是在劝我要当一个怀抱太阳的明官吗？

宰相虽挨了一天的饿，但领悟到了做官的道理。

포송령은 여태껏 관청 사람들과 왕래를 한 적이 없다. 하루는 갑자기 재상의 초대장을 받았는데, 윗면에 '请吃半鲁'라고 써 있었다. 포송령은 이런 류의 초대장을 극도로 혐오했다. 백성은 밥조차 먹지 못하는데, 관리된 사람은 단지 먹고 마시고 노는 것만 신경 쓴다고 생각했다. 그래서 초대장을 보낸 사람에게 말했다. "제 몸이 좋지 않아 갈 수가 없으니, 재상께서는 양해해 주십시오." 그의 부인은 옆에서 남편이 연회에 가지 않는다는 것을 듣고, 76 옳지 않다고 여겨, 포송령에게 말했다. "이러는 것은 좋지 않아요. 당신과 재상은 일찍이 동창이었고, 그 분은 재상이 되었지만 이전의 친구를 잊지 않았잖아요. 그러니 어떤 면에서 말하든지 간에, 당신은 당연히 가야죠." 포송령은 오랫동안 심사숙고하여, 77 결국에는 연회에 참석하기로 결정했다.

재상의 집에 도착했다. 연회가 시작되었는데, 단지 두 명의 시녀가 생선탕 한 그릇을 탁자 위에 올려놓았다. 재상이 말했다. "너그럽게 이해해주시지요. 소인이 관리가 된 이후, 줄곧 본인의 청렴결백을 중시하고 있습니다. 오늘은 단지 존경하는 형님을 청하여 어떻게 혼탁한 물에서 물고기를 잡는지를 보여드리고자 했을 뿐(내포된 의미는 혼탁한 물이라는 것은 혼란한 세상을 뜻하고, 물고기라는 것은 이익을 뜻한다. 즉, 혼란한 세상에서 이익을 챙긴다라는 의미로 말하고 있다)입니다. 이 깊고 오묘한 이치를 깨달아야만, 현실 세계로 들어갈 수 있습니다." 포송령이 이 말을 듣고 78 매우 불쾌했다. 왜냐하면 인생은 흙탕물에서 나와 더러운 것에 물들지 말아야 한다고 생각했기 때문이다. 그래서 훗날 재상에게 답례할 방법을 생각했다.

이 일이 있고 며칠 후, 포송령은 같은 방식으로 재상을 연회에 초청했다. 재상이 '请吃半鲁'라고 쓰여진 초청장을 받은 후 79 선뜻 왔는데 초가에 낡은 집을 보고는 마음속에 연민이 생기지 않을 수가 없었다. 은으로 도우려 했지만, 포송령은 단호하게 받지 않았다. 단지 재상과 옛일을 이야기 할 뿐, 연회와 관련된 일은 언급하지 않았다.

태양이 서쪽에 이르렀고, 재상은 배고픔을 참을 수가 없어서, 포송령에게 물었다. "언제 연회를 베풀건가요?" 포송령이 대답했다. "하루 세 끼 시간은 모두 지났고, 당신은 半鲁를 충분히 먹었는데, 왜 제게 또 연회를 베풀라고 하는 거죠?" 재상이 듣고는 80 문득 크게 깨달았다. '鲁'이라는 글자는 위에는 '鱼(생선)'자가 있고, 아래에는 '日(날)'자가 있다. 일전에 내가 그를 불러 윗머리를 먹게 하고, 지금 그가 나를 불러 아래를 먹게 했는데, 의미가 완전히 다르구나. 이 '日(날 일)'자를 먹는 것은, 바로 뱃속 가득히 태양을 먹는 것이구나! 이것은 내가 태양같이 밝은 명관이 되라는 충고가 아니겠는가?

재상은 비록 하루종일 굶었지만, 관리가 되는 도리를 깨닫게 되었다.

단어 蒲松龄 Pú Sōnglíng 명 포송령(1640~1715년)《요재지이(聊斋志异)》를 지은 청(清)대의 소설가) | 从不 cóngbù 부 일찍이 ~한 적이 없다, 지금까지 ~않다 | 官场 guānchǎng 명 관계(官界), 관리 사회 | 宰相 zǎixiàng 명 재상 | 请帖 qǐngtiě 명 청첩장, 초대장 | 深恶痛绝 shēnwùtòngjué 성 극도로 미워하다 | 老百姓 lǎobǎixìng 명 평민, 백성 | 吃不上 chībúshàng 동 먹을 수 없다, 먹지 못하다 | 只顾 zhǐgù 부 오로지, 그저 | 吃喝玩乐 chīhēwánlè 성 먹고 마시고 놀며 즐기다 | 前往 qiánwǎng 동 나아가다, 향

하여 가다 | 谅解 liàngjiě 동 양해하다, 이해하여 주다 | 一旁 yìpáng 명 옆, 곁 | 赴宴 fùyàn 동 연회에 참석하다 | 忘记 wàngjì 동 (지난 일을) 잊어버리다 | 沉思 chénsī 동 깊이 생각하다, 심사숙고하다 | 使女 shǐnǚ 명 하녀, 여종 | 抬 tái 동 들다, 함께 들다 | 送上 sòngshàng 동 드리다, 보내어 주다 | 包涵 bāohan 동 양해하다, 용서하다 | 小弟 xiǎodì 명 소생, 저(친구 혹은 친한 사람 사이에 자기를 낮추는 말) | 注重 zhùzhòng 동 중시하다 | 清白 qīngbái 형 결백하다, 깨끗하다 | 廉洁 liánjié 형 청렴결백하다 | 尊兄 zūnxiōng 명 (자기 혹은 남의) 형님, 형(친구끼리 사용하는 칭호) | 尝试 chángshì 동 시험해 보다, 시도해 보다 | 混水摸鱼 húnshuǐmōyú 성 혼란한 틈을 타서 한몫 보다, 혼란한 틈을 타서 정당하지 못한 이익을 챙기다 | 领悟 lǐngwù 동 깨닫다, 이해하다 | 奥妙 àomiào 명 철리, 아주 깊고 오묘한 이치 | 污泥 wūní 명 진창, 흙탕물 | 法子 fǎzi 명 방법 | 来日 láirì 명 장래, 앞날 | 回敬 huíjìng 동 (인사 또는 선물에) 답례하다 | 宴请 yànqǐng 동 잔치를 베풀어 손님을 초대하다 | 柬 jiǎn 명 청첩장, 초대장 | 茅房 máofáng 명 (띠·대나무로 지은) 간이 변소 | 破屋 pòwū 명 허물어진 집 | 怜悯 liánmǐn 동 가엾게(불쌍히) 여기다, 동정하다 | 欲 yù 동 ~을(를) 하고자 하다, 희망하다 | 银两 yínliǎng 명 은(청나라 화폐) | 叙旧 xùjiù 동 (친구간에) 옛 일을 이야기 하다 | 偏西 piānxī 동 (태양이) 서쪽으로 기울다 | 憋不住 biēbúzhù 동 참지 못하다, 참을 수 없다 | 设宴 shèyàn 동 연회를 베풀다 | 怀抱 huáibào 동 (마음속에) 품다 | 挨 ái 동 ~을 받다, ~을 당하다

076

D 认为不妥 　　　　　D 타당하지 않다고 여기다

단어 不妥 bùtuǒ 형 타당하지 않다

해설 빈칸 뒷부분은 부인이 포송령에게 연회에 가야한다고 말하고 있는 내용으로 빈칸에는 부인이 남편이 가지 않는다는 것이 타당하지 않다고 생각하는 내용인 '认为不妥'가 와야 한다.

정답_ D

077

E 最后还是决定赴宴 　　　　　E 결국에는 연회에 참석하기로 결정했다

해설 빈칸 앞부분은 포송령이 부인의 말을 듣고 깊게 생각했다는 내용으로 빈칸에는 그 결과인 가기로 결정했다는 내용인 '最后还是决定赴宴'이 오는 것이 가장 적합하다.

정답_ E

078

| B 非常不高兴 | B 매우 불쾌하다 |

🔍 **해설** 빈칸은 포송령이 재상이 한 말을 듣고 느낀 감정이 와야 하는데 빈칸 뒷부분의 내용이 재상의 의견과 반대되는 의견이므로 상대방의 의견에 기분이 나쁘다는 감정 표현인 '非常不高兴'이 와야 한다.

정답_ B

079

| A 欣然前往 | A 선뜻 가다 |

📖 **단어** 欣然 xīnrán 閉 기꺼이, 선뜻

🔍 **해설** 빈칸은 초대장을 받은 재상이 어떻게 했는지의 내용이 와야 하는데 빈칸 뒷부분의 내용이 포송령의 초대에 응한 내용으로 '欣然前往'가 오는 것이 문맥상 가장 적합하다.

정답_ A

080

| C 恍然大悟 | C 문득 크게 깨닫다 |

📖 **단어** 恍然大悟 huǎngrándàwù 閉 문득 모든 것을 깨우치다

🔍 **해설** 빈칸은 포송령의 말을 듣고 난 후의 결과의 내용이 와야 한다. 뒷부분에 관리의 도리를 깨닫게 되었다는 내용이 나오므로 '恍然大悟'가 오는 것이 적합하다.

정답_ C

第四部分

● 81~100번 문제 : 알맞은 답을 고르세요.

081-085

目前生态学家谈论最多的话题是：81, 83 温室效应将使地球气温急剧上升，造成南北极冰雪融化，沿海大片土地将全被淹没。有人则认为，二氧化碳浓度增加，导致气温上升，将使植物光合作用的能力相应提高，可以促进农业的发展。再者，由于绿色植物反馈调节的影响，结果也绝不会那样严重。

学者们通过精密的实验后，对以上说法持如下观点：按照一般的理论，大气中二氧化碳含量的增加，会促进光合作用，植物因此生长加快并净化环境将是情理之中的事。但事实却是：在二氧化碳聚集的环境中，84 绿色植物的光合作用效率在开始时有所增长，但不久就会缓慢下降，直至接近于二氧化碳正常含量时的状况。

即使光合作用随着二氧化碳的增加而提高，植物生长加快也不一定存在必然性，因为这要受到诸多因素的影响。有的学者还担心，温室效应使得寒冷地区部分冻结着的泥碳解冻后暴露给分解菌，82 经细菌的作用而释放出的二氧化碳数量十分可观。如果算笔总帐，还真有点"得不偿失"呢！

如果学者们的论证是无懈可击的话，那么，把环境保护的希望寄托于绿色植物的自净作用的认识，显然是过于简单且不够客观的。

최근 생태학자들이 가장 많이 토론하는 화제는 온실효과가 지구의 기온을 급격히 상승시켜 남극과 북극의 빙하를 녹여, 연해의 넓은 땅이 모두 물에 잠길 것이라는 것이다. 어떤 사람은 이산화탄소 농도의 증가가 기온 상승을 유발해 식물의 광합성 작용 능력도 그에 맞게 향상되므로 농업의 발전을 촉진시킬 수 있다고 생각하며, 녹색 식물의 피드백 조절 영향으로 그 결과도 그다지 심각하지는 않을 것이라고 생각한다.

학자들은 정밀한 실험을 통해 이상의 견해에 대해 다음과 같은 관점을 주장하고 있다. 일반적 이론에 따르면, 대기 중 이산화탄소 함량의 증가는 광합성 작용을 촉진시킬 수 있고, 이때문에 식물은 생장이 더 빨라지며 환경을 정화시킬 것이라는 것은 이론일 뿐이다. 실제로는, 이산화탄소가 집중된 환경 속에서, 녹색 식물의 광합성 작용 효율은 시작할 때는 조금 증가하지만, 머지 않아 완만히 떨어져 이산화탄소가 정상 함량일 때의 상황과 비슷해진다.

설령 광합성 작용이 이산화탄소의 증가에 따라 올라간다고 할 지라도, 식물 생장이 빨라지는 것에 반드시 필연성이 존재하지는 않는다. 이는 많은 요소의 영향을 받아야 하기 때문이다. 어떤 학자는 온실효과가 한랭 지역의 일부 얼었던 토탄을 해빙시켜 분해균을 드러나게 하는 것을 염려하는데, 세균의 작용을 통하여 방출되는 이산화탄소의 양이 아주 대단하다. 결론적으로 말하면, 여전히 '얻는 것보다 잃는 게 많다'는 것이다.

만약 학자들의 논증에 빈틈이 없다면, 환경 보호의 희망을 녹색 식물의 자정 작용에 의지한다는 인식은 지나치게 간단하며, 아주 객관적이지 않다는 것이다.

단어 谈论 tánlùn 동 담론하다, 논의하다 | 温室效应 wēnshì xiàoyìng 명 (대기의) 온실 효과, 대기 효과 | 急剧 jíjù 부 급격하게, 급속히 | 上升 shàngshēng 동 제고되다, 올라가다 | 冰雪 bīngxuě 명 얼음과 눈 | 融化 rónghuà 동 녹다, 융해되다 | 沿海 yánhǎi 명 연해, 바닷가 근처 지방 | 淹没 yānmò 동 잠기다, 수몰되다 | 二氧化碳 èryǎnghuàtàn 명 이산화탄소(CO_2) | 浓度 nóngdù 명 농도 | 光合作用 guānghé zuòyòng 명 광합성 작용 | 再者 zàizhě 접 또한, 다음으로 | 绿色植物 lǜsè zhíwù 명 녹색식물 | 反馈 fǎnkuì 명 재생, 피드백(feedback) | 调节 tiáojié 동 조절하다 | 绝不 juébù 부 결코 ~이 아니다, 조금도(추호도) ~이 아니다 | 精密 jīngmì 형 정밀하다 | 持 chí 동 주장하다, 품다(가지다·지니다) | 按照 ànzhào 전 ~에 의해, ~에 따라 | 净化 jìnghuà 동 정화하다, 깨끗하게 하다 | 情理 qínglǐ 명 이치, 사리 | 聚集 jùjí 동 한데 모이다(모으다), 집중하다 | 效率 xiàolǜ 명 효율 | 有所 yǒusuǒ 동 다소 ~하다, 어느 정도 ~하다 | 缓慢 huǎnmàn 형 (속도가) 느리다, 완만하다 | 直至 zhízhì 동 쭉 ~에 이르다 | 随着 suízhe 동 (~에) 따르다, ~따라서 | 诸多 zhūduō 형 많다 | 寒冷 hánlěng 형 한랭하다, 춥고 차다 | 冻结 dòngjié 동 (물이) 얼다 | 泥碳 nítàn 명 토탄 | 解冻 jiědòng 동 얼었던 것이 녹아서 풀리다, 해빙하다 | 暴露 bàolù 동 폭로하다, 드러내다 | 细菌 xìjūn 명 세균 | 释放 shìfàng 동 방출하다 | 可观 kěguān 형 볼만하다, 굉장하다 | 总账 zǒngzhàng 명 일반 회계 | 得不偿失 débùchángshī 성 얻는 것보다 잃는 것이 더 많다 | 无懈可击 wúxièkějī 성 대단히 엄밀(치밀)하다, 빈틈이 없다 | 环境保护 huánjìng bǎohù 명 환경 보호 | 寄托 jìtuō 동 의탁하다, 기탁하다 | 自净作用 zìjìng zuòyòng 명 자정 작용 | 显然 xiǎnrán 형 (상황이나 이치가) 명백하다, 분명하다

081

下列哪一项不是"温室效应"的结果?

A 地球气温急剧上升
B 南北极冰雪融化
C 沿海大片土地将被淹没
✔ D 二氧化碳浓度降低

다음 중 '온실효과'의 결과가 아닌 것은?

A 지구 기온이 급격한 상승한다
B 남북극의 빙설이 녹는다
C 연해 지역이 물에 잠긴다
D 이산화탄소 농도가 낮아진다

🔍 해설 '二氧化碳浓度增加'에서 이산화탄소 농도가 증가한다는 것을 알 수 있으며, 또한 '温室效应将使地球气温急剧上升, 造成南北极冰雪融化, 沿海大片土地将全被淹没'에서 온실효과가 기온을 상승시키고, 남북극의 빙하를 녹게 하여 연해 지역을 물에 잠기게 할 것이라고 말하고 있음을 알 수 있다.

정답_ D

082

为什么说"如果算笔总帐,还真有点'得不偿失'呢"?

A 即使光合作用随着二氧化碳含量的增加而提高,植物生长也不会加快
B 地球上温室效应带来的好处远远赶不上其带来的危害
C 细菌作用而释放出的二氧化碳数量虽然十分可观,但仍不能满足植物光合作用对二氧化碳的需求
✔ D 植物光合作用时对二氧化碳的吸收量不如细菌分解作用后释放出的二氧化碳的数量多

왜 "결론적으로 '여전히 얻는 것보다 잃는 게 많다'라는 것이다"라고 말하는가?

A 설령 광합성 작용이 이산화탄소 함량 증가에 따라 높아지더라도, 식물 생장이 빨라질 수는 없기 때문에
B 지구의 온실효과가 가져오는 이점은 그것이 가져오는 손해를 따라잡지 못하기 때문에
C 세균의 작용을 통해 방출된 이산화탄소의 양이 매우 많지만, 여전히 식물 광합성 작용은 이산화탄소에 대한 수요를 만족시킬 수 없기 때문에
D 식물이 광합성 작용을 할 때 이산화탄소의 흡수량은 세균 분해 작용 후 방출되는 이산화탄소 양보다 많기 때문에

📖 단어 赶不上 gǎnbúshàng 통 따라가지 못하다, 따라잡을 수 없다

🔍 해설 '经细菌的作用而释放出的二氧化碳数量十分可观'에서 세균의 작용을 통하여 방출되는 이산화탄소의 양이 매우 많고, 그것은 광합성 작용에 의한 이산화탄소의 흡수량보다 많기 때문이라는 것을 알 수 있다.

정답_ D

083

根据上文，错误的一项是：

✓ A 本文作者完全否定了认为温室效应有益的观点，并同意生态学家的预告
B 学者们认为，大气中的二氧化碳含量增加在一定范围内可以促进光合作用
C 绿色植物的反馈调节对地球环境会产生影响，对这种说法，学者们并不持乐观的态度
D 作者比较客观的引述了有关温室效应的几种认识，同时也表明了自己观点上的倾向

윗글에 근거하여 틀린 것은?

A 본문의 작가는 온실효과가 유익하다는 견해를 완전 부정하면서, 생태학자의 예고에 동의하고 있다
B 학자들은 대기 중의 이산화탄소 함량의 증가가 일정 범위 내이면 광합성 작용을 촉진할 수 있다고 생각한다
C 녹색 식물의 피드백 조절이 세계 환경에 영향을 준다는 이런 견해에 대하여 학자들은 결코 낙관적인 태도를 가지지 않는다
D 작가는 온실효과와 관련된 몇 가지 견해에 대하여 비교적 객관적으로 인용하여 서술하는 동시에, 자신의 관점상의 경향을 나타냈다

단어 预告 yùgào 명동 예고(하다) | 引述 yǐnshù 동 인용하여 말하다 | 倾向 qīngxiàng 명 경향, 추세

해설 본문에서는 온실효과가 유익하다는 것을 부정하고는 있지만, 생태학자의 예고에 동의한다고 할 수 없다. 생태학자의 예고는 본문의 첫번째 단락 '温室效应将使地球气温急剧上升, 造成南北极冰雪融化, 沿海大片土地将全被淹没' 부분으로 작가가 이 말에 대해 자신의 견해를 언급하고 있지 않다.

정답_ A

084

二氧化碳浓度不断增加，光合作用的效率会：

A 提高
B 降低
C 正常
✓ D 先提高再下降直至正常

이산화탄소의 농도가 끊임없이 증가하면, 광합성 작용의 효율은?

A 올라갈 것이다
B 떨어질 것이다
C 정상이 될 것이다
D 우선은 좋아지지만 잠시 후 다시 정상으로 떨어진다

해설 '绿色植物的光合作用效率在开始时有所增长, 但不久就会缓慢下降, 直至接近于二氧化碳正常含量时的状况'에서 녹색 식물의 광합성 작용 효율이 처음에는 좋아지지만 잠시 후 다시 정상으로 떨어진다는 것을 알 수 있다.

정답_ D

085

根据上文，目前学者们比较关注的话题是：

A 什么是温室效应
B 温室效应能否使地球气温升高
C 温室效应如何促进农业生产
✓ D 温室效应引发的后果

윗글에 따르면 최근 학자들이 비교적 관심을 갖는 화제는?

A 무엇이 온실효과인가
B 온실효과는 지구 기온 상승을 높일 수 있는가 없는가
C 온실효과가 어떻게 농업 생산을 촉진시키는가
D 온실효과가 야기시킨 결과

단어 引发 yǐnfā 동 (폭발, 감정, 병 따위를) 일으키다, 야기시키다

해설 본문의 첫 번째 단락에서 여러 학자들이 온실효과에 의한 결과를 예로 들고 있다. 그러므로 온실효과가 야기시키는 결과에 대해 학자들이 관심을 갖고 있다는 것을 알 수 있다.

정답_ D

中国的水资源总储量居世界第五，不少江河上已经建造了大型水坝。87 传统上，修建大坝的目的是变水为宝，不让水白白流掉。86 今天的西部大开发中，怒江上将修建13级大型水坝，大渡河的主流和支流加在一起，将修建大小水坝356座。在河流上建坝，阻断了天然河道，导致河流的流态发生变化，进而引发整条河流上下游和河口的水文特征发生改变，这是建坝带来的最大的生态问题，也是最令人担忧的问题。比如三门峡水利枢纽，就是因为改变了河道的流态，导致坝址上游泥沙淤积。另一方面，施工过程中也可能破坏山坡的平衡而引起滑坡。水坝常常选择在峡谷区，它的谷坡一般说来是不稳定的。例如金沙江虎跳峡，两岸山顶高出江面2500—3000米，江面宽度30—60米，这对于筑坝是有利的一面，但崖高坡陡，容易发生滑坡，虎跳峡就曾因山坡崩坍而引起断流。88 如果坝址的岩层疏松易坍，施工过程中就必须改变坝的位置，造成一定的经济损失。一旦洪水袭来，还易酿成垮坝灾难。1975年，中国河南驻马店地区在一次特大暴雨中就曾出现严重的垮坝事件。

89 修建大坝还会诱发人为地震。至今为止，全世界共有一百多座水库诱发过地震。川西、怒江、金沙江虎跳峡地区本就是地震活动性很高、地质构造运动活跃的地区，这些都是加剧诱发水库地震的高概率因素。

近年来中国的天灾人祸，特别是渭河连年不断的水灾，使得五十年代中国三门峡水库的积极倡导者们终于在2003年10月开始承认三门峡水患。针对2004年洪水并不是太大，泥石流、滑坡、地震却给人民的生命财产造成了极大威胁的状况，国家防总指挥部明确提出：给洪水以出路。这就是一方面要保证河道的畅通，让洪水能够比较顺利地下泻，同时要尽量避免因为要发展经济而去侵占可以调蓄洪水的湖泊、洼地。这种思路与目前国际上很多国家的想法和做法是一致的。

중국의 수자원 총 매장량은 세계 5위를 차지한다. 많은 강과 하천에 이미 대형 댐을 건설했다. 전통적으로 댐을 짓는 목적은 물을 귀하게 여겨, 물이 헛되이 흘러가지 않게 하기 위함이다. 현재의 서부 대개발 중 누장에는 13급 대형 댐을 지을 것이고, 큰 하천의 주류와 지류를 모두 합쳐 크고 작은 356개의 댐을 짓는다. 하천에 댐을 건설하여 천연 하천의 길을 막았고, 하류의 물이 흐르는 형태에 변화를 일으켜 모든 하천의 상·하류와 하천 입구의 물의 각종 변화와 운동 현상 특징에 변화를 가져왔다. 이는 댐 건설이 가져온 최대의 생태 문제이며, 가장 걱정되는 문제이다. 예를 들어 싼먼샤의 대규모 종합수리공사는 물길이 흐르는 형태를 변화시켜서, 둑을 쌓을 장소에 진흙과 모래가 흘러서 침적되게 만들었다. 다른 한편으로는 시공하는 과정에서 산비탈의 평형을 파괴하여 산사태를 일으킬 수 있다. 댐은 항상 협곡 지역을 선택하는데, 그 협곡 비탈은 일반적으로 안정적이지 못하다. 진사장의 후타오샤를 예로 들면, 양안의 산꼭대기는 강 수면에서 2500~3000미터 높고, 강 수면의 너비는 30~60미터이다. 이는 댐을 짓기에는 유리하지만, 절벽이 높고 비탈이 가파르기 때문에, 산사태가 일어나기 쉬워, 후타오샤는 이미 산비탈 붕괴로 물이 끊어졌다. 만약 댐을 지을 장소의 암반이 푸석푸석하여 쉽게 내려앉으면, 시공 과정 중에 반드시 댐의 위치를 바꿔야 하므로 필연적으로 경제적 손실을 가져온다. 일단 홍수가 덮쳐오면, 댐 붕괴 재난은 쉽게 일어난다. 1975년, 중국 허난의 주마뎬 지역에 한 차례의 매우 큰 폭우가 내릴 때 심각한 댐 붕괴 사건이 발생했다.

대형 댐의 건설은 또한 인위적인 지진을 유발할 수 있다. 오늘날까지, 전 세계에 모두 백 여개의 댐이 지진을 유발한 적이 있다. 촨시, 누장, 진사장, 후타오샤 지역은 지진 활동성이 높고, 지질 구조 운동이 활발한 지역인데, 이런 것들이 모두 댐이 지진을 유발할 확률을 높이는 원인이 된다.

최근, 중국의 천재와 인재, 특히 웨이허의 해마다 끊이지 않는 수재는 50년 대의 중국 싼먼샤 댐의 적극적인 지지자들이 2003년 10월 싼먼샤의 수해로 인정하게 만들었다. 2004년 홍수가 결코 그리 크지는 않았지만, 진흙과 돌들이 흐르고, 산사태와 지진이 나면서 국민의 생명과 재산에 심각한 위협을 준 상황에 대하여 국가홍수가뭄방지 총지휘부(国家防汛抗旱总指挥部)는 홍수에 출구를 만들어 줄 것을 명확하게 제시했다. 이것은 한 방면에서는 물길이 막히지 않고 잘 통하게 하여, 많은 물이 비교적 순조롭게 아래로 흘러갈 수 있게 하고, 동시에 경제 발전을 위한 침해를 최대한 피하고 물이 불어난 호수나 저지대의 물을 조절할 수 있을 것이다. 이러한 생각은 최근 국제적으로 많은 국가의 생각과 방법이 일치하는 것이다.

단어 储量 chǔliàng 명 매장량, 저장량 | 江河 jiānghé 명 강, 하천 | 水坝 shuǐbà 명 댐, 둑 | 白白 báibái 부 공연히, 헛되이 | 怒江 Nùjiāng 명 누장 | 渡河 dùhé 동 강을 건너다 | 主流 zhǔliú 명 (강물의) 주류, 본류(本流) | 支流 zhīliú 명 지류 | 阻断 zǔduàn 동 막다, 차단하다 | 河道 hédào 명 강줄기 | 导致 dǎozhì 동 (어떤 사태를) 야기하다, 초래하다 | 水文 shuǐwén 명 (자연계에서 일

어느는) 물의 각종 변화와 운동 현상 | 担忧 dānyōu 통 걱정하다, 근심하다 | 三门峡 sānménxiá 싼먼샤 | 水利枢纽 shuǐlì shūniǔ 명 대규모 종합 수리(水利) 공사, 중추 역할의 수리 센터 | 址 zhǐ 명 (건축물의) 위치, 지점 | 泥沙 níshā 명 진흙과 모래 | 淤积 yūjī 동 침적하다, 퇴적하다 | 施工 shīgōng 동 시공하다, 공사하다 | 破坏 pòhuài 동 훼손시키다, 손상시키다 | 山坡 shānpō 명 산비탈 | 平衡 pínghéng 형 균형이 맞다, 평형하다 | 滑坡 huápō 동 산사태가 나다 | 峡谷 xiágǔ 명 협곡 | 谷 gǔ 명 계곡, 골짜기 | 稳定 wěndìng 형 안정되다 | 两岸 liǎng'àn 명 (강이나 해협의) 양안 | 山顶 shāndǐng 명 산꼭대기, 산 정상 | 宽度 kuāndù 명 폭, 너비 | 筑 zhù 동 건설하다, 건축하다 | 崖 yá 명 절벽, 벼랑 | 陡 dǒu 형 가파르다, 깎아지르다 | 崩坍 bēngtān 동 무너져 내리다 | 断流 duànliú 동 물이 끊기다(마르다) | 岩层 yáncéng 명 암층 | 疏松 shūsōng 형 푸석푸석하다 | 坍 tān 동 무너지다, 무너져 내리다 | 洪水 hóngshuǐ 명 홍수, 물사태 | 袭来 xílái 동 엄습하다, 덮쳐오다(주로 감각적인 방면에 쓰임) | 酿成 niàngchéng 동 (좋지 않은 결과를) 야기하다, 초래하다 | 垮 kuǎ 동 무너지다, 붕괴하다 | 灾难 zāinàn 명 재난, 재해 | 河南 Hénán 명 허난 성 | 加剧 jiājù 동 악화되다, 심해지다 | 诱发 yòufā 동 유발하다, 야기하다 | 为止 wéizhǐ 동 ~을 끝까지 하다, ~까지 하(고 끝내)다 | 水库 shuǐkù 명 저수지, 댐 | 活跃 huóyuè 동 활발히 하다, 적극적으로 활동하다 | 概率 gàilǜ 명 확률, 개연율 | 天灾人祸 tiānzāirénhuò 성 자연 재해와 사람으로 인한 재앙, 천재와 인재 | 连年 liánnián 명 여러 해 계속, 연년 | 倡导 chàngdǎo 동 앞장서서 제창하다, 선도하다 | 承认 chéngrèn 동 승인하다, 인정하다 | 水患 shuǐhuàn 명 수해(水害), 물난리 | 针对 zhēnduì 동 겨누다, 초점을 맞추다 | 泥石流 níshíliú 명 진흙과 모래와 돌 등이 섞인 물사태 | 地震 dìzhèn 명 지진 | 威胁 wēixié 명 위협 | 指挥部 zhǐhuībù 명 임시 지휘부, 현장 지휘부 | 明确 míngquè 형 명확하다, 확실하다 | 保证 bǎozhèng 동 확실히 책임지다, 확보하다 | 畅通 chàngtōng 형 원활하다, 막힘없이 잘 통하다 | 顺利 shùnlì 형 순조롭다, 일이 잘 되어가다 | 下泻 xiàxiè 동 (물이) 아래로 흐르다 | 避免 bìmiǎn 동 피하다, 방지하다 | 侵占 qīnzhàn 동 (침략으로 영토를) 점거하다, (불법으로 타인의 재물을) 침해하다 | 调蓄 tiáoxù 동 저수량을 조절하다 | 湖泊 húpō 명 호수의 통칭 | 洼地 wādì 명 움푹한 지대, 저지(低地) | 思路 sīlù 명 사고의 방향, 생각의 갈래(갈피)

086

根据本文，下列哪项正确？

A 由于修筑大坝导致生态问题，西部大开发没有修建大坝
B ✓ 西部大开发中，将修建大坝三百多座
C 西部大开发中，少量修建大坝，计划修建十多座大坝
D 西部大开发中，不修建大型大坝

윗글에 근거하여 맞는 것은?

A 큰 댐의 건설은 생태 문제를 야기하기 때문에, 서부 대개발은 큰 댐을 건설하지 않는다
B 서부 대개발 중에는 3000여 개의 큰 댐을 지을 것이다
C 서부 대개발 중에는 대형 댐을 적게 건설하는데, 10여 개의 대형 댐을 건설하려고 계획한다
D 서부 대개발 중에는 대형 댐을 건설하지 않는다

 '今天的西部大开发中，怒江上将修建13级大型水坝，大渡河的主流和支流加在一起，将修建大小水坝356座'에서 현재 서부 대개발 중 누장에 13급 대형 댐이 건설되고, 큰 하천의 주류와 지류를 모두 합쳐 크고 작은 댐 356개가 건설될 것임을 알 수 있다.

정답 **B**

087

在传统认识中，修建峡谷大坝的意义在于：

✓ A 不让江河之水白白流掉，充分利用水资源发电
B 开发水资源丰富地区，推动当地经济发展
C 就着峡谷地形建造大坝，可以节省建坝投资
D 保证湖泊、洼地可以调蓄洪水，而不去侵占

전통적인 인식에서 협곡 댐 건설의 의미는 어디에 있는가?

A 물이 헛되이 흘러가지 않게 하여 수자원 발전(發電)으로 충분히 이용한다
B 수자원이 풍부한 지역을 개발하여, 현지의 경제 발전을 촉진시킨다
C 협곡지형에 댐을 건설할 때 댐 건설의 투자를 절약할 수 있다
D 호수, 저수지가 홍수의 흐름을 조절할 수는 있지만, 점유하지는 않는다

단어 推动 tuīdòng 동 추진하다, 촉진하다 | 就着 jiùzhe 전 ~때에, ~에 대해서 | 投资 tóuzī 동 (특정 목적을 위해) 투자하다, 자금을 투입하다

해설 '传统上，修建大坝的目的是变水为宝，不让水白白流掉'에서 전통적으로 댐 건설은 물을 보물처럼 귀하게 여겨, 물이 헛되이 흘러가지 않게 하기 위함임을 알 수 있다.

정답 **A**

088

对于修建大坝的危害理解错误的一项是：

A 影响了河水的天然流向，使河流的流态发生变化，改变水文特征
B 建坝过程会导致峡谷山坡崩坍，建成后会使上游泥沙淤积，影响生态
✓ C 由于岩层土石疏松，大坝建成后需要改变坝的位置，造成经济损失
D 诱发地震，给人民的生命财产造成严重损失

댐 건설의 손해에 대한 이해로 틀린 것은?

A 강물의 자연적인 흐름 방향에 영향을 주어, 강물이 흐르는 모양에 변화가 생기고, 물의 각종 변화와 운동 현상의 특징을 변화시킨다
B 댐 건설 과정 중에 협곡 산비탈의 붕괴를 일으키며, 건실 후에는 상류의 토사와 모래가 침적되어 생태에 영향을 준다
C 암석 토반이 푸석푸석하면, 댐 건설 후 댐의 위치를 바꿔줘야 하므로 경제적 손실을 야기한다
D 지진 유발은 국민의 생명과 재산에 심각한 손실을 준다

해설 '如果坝址的岩层疏松易坍，施工过程中就必须改变坝的位置，造成一定的经济损失'에서 만약 댐을 지을 곳의 암석이 푸석하다면 쉽게 내려 앉아 시공 과정 중에 위치를 바꿔야 하게 되므로 경제적 손실을 가져온다는 것을 알 수 있다. 하지만 C에서는 '大坝建成后需要改变坝的位置'라고 건설 후 댐의 위치를 바꿔야 한다고 했으므로 틀렸다.

정답 **C**

089

下列说法与原文意思相近的一项是：

A 修建大型水坝是为了利用水流发电
B 很多国家关于防治洪水的观点和做法，就是要让洪水能够顺利泻到湖泊和洼地
✓C 大坝和水库有时会诱发地震
D 在严酷的现实面前，三门峡水库的积极倡导者们率先认识到水库大坝的危害

다음의 견해 중 원문과 의미가 비슷한 것은?

A 대형 댐을 건설하는 것은 수류의 발전을 이용하기 위해서이다
B 많은 국가들의 홍수 방지에 대한 관점과 방법은 많은 물이 호수나 저지대로 순조롭게 흘러갈 수 있도록 하려는 것이다
C 댐과 저수지는 때때로 지진을 유발한다
D 가혹한 현실 앞에서 싼먼샤 댐의 적극적인 제창자들은 저수지 댐의 위해를 먼저 인식했다

단어 泻 xiè 동 매우 빠르게 흐르다, 쏟아지다

해설 '修建大坝还会诱发人为地震'에서 댐과 저수지가 때때로 지진을 유발한다는 것을 알 수 있다.

정답_C

090

根据上文，以下推断不正确的一项是：

✓A 由于认识到大坝的危害，在中国西部大开发中，修建大坝的工程或计划将会停止
B 三门峡水利枢纽工程的教训表明三峡工程要高度重视坝址上游泥沙淤积的问题
C 建立大坝的地方，如果加强地震监测，及时作出预报，就有可能减轻灾害
D 水利建设必须充分尊重原先地理条件，尽量避免因经济发展而改造水流、湖泊和洼地

윗글에 근거하여 다음 중 틀린 것은?

A 댐의 위해를 인식했기 때문에 서부 대개발의 댐 건설 공사나 계획이 정지될 것이다
B 싼먼샤 종합수리공사의 교훈은 싼먼샤 공사가 댐이 건설될 곳에 토사가 흘러와 침적되는 문제를 매우 중시해야 함을 나타낸다
C 댐이 건설된 지역에 만약 강한 지진이 감측되면, 즉시 예보를 해서 재난을 감소할 수 있다
D 종합수리건설은 반드시 원래의 지리 조건을 충분히 존중하고, 경제 발전 때문에 물의 흐름, 호수 및 저지대를 개조하는 것을 최대한 피해야 한다

단어 推断 tuīduàn 동 미루어 판단하다, 추단하다 | 枢纽 shūniǔ 명 중추, 주축 | 监测 jiāncè 명 감시(감독)와 측정(측량) | 原先 yuánxiān 명/부 원래, 본래

해설 A의 '修建大坝的工程或计划将会停止'에서 공사를 정지할 것이라는 내용은 본문에 언급되지 않았다.

정답_A

⁹¹ 张三到李四家去取李四还给他的一万元钱。⁹² 李四开了个邮电代办所，早晨顾客很多，李四忙得不可开交。见张三来了，李四打开抽屉，将一捆砖头似的百元大钞扔给张三，说："这是一万块，我刚从信用社小徐那里取的，我也没有点数，你数吧。"张三接过那块"砖"，还是原装的，打着捆。张三掂了掂，说："点啥，信用社的会计成天和钱打交道，不会有错。"

回到家，张三把钱从兜里取了出来，觉得还是有必要点一下。一万块毕竟不是一个小数目。点了一遍，发现少了一张；再点一遍，还是少了一张；又点一遍，仍旧是少一张。

晌午，李四打电话给张三，问张三的钱是不是够数。李四还说，你如果发现少了，打电话告诉我。

张三到信用社存款。他把那捆钱递给信用社的会计小徐，当然那捆钱张三添进去一张。小徐问："多少？"张三说："一万块。"小徐又是点数，又是验钞的，翻来覆去，弄得张三很不耐烦。张三催促道："快一点，我还要赶车呢，这钱还是前天刚从你手里提的呢。"小徐不好意思地说："这是规矩，稍有疏忽就会出差错，就得我赔。前两天，我就多点了一百元钱给李四。李四是熟人，还给了我。要是遇到其他人，恐怕是不会还了。"小徐又说，李四取钱时也没有点数，我们有业务往来彼此信任，回来后李四把钱还给了人家。后来他妻子买菜回来，说她从信用社取的一万元钱里拿了一张到菜市场去了。李四又打电话给那个拿钱的人，那人说数额没有错，李四便把一百块钱还给了我。张三这才知道李四打电话的原因。

小徐抬起头，说："听说李四的钱是还给你的？李四问你，你怎么不趁机说少了一百块钱呢！"

张三迟疑了片刻，说："没少钱我怎么能说少了呢？"

小徐说："李四问你时，你要是说少了一百块钱就好了。他这一还钱，正巧被我们王主任碰上了，主任按照规定，说我工作马虎，扣了我这个季度的奖金呢。"

张三愣在那里，想说什么，终于没有说出来。

장산은 리스가 빌려 갔던 만 위안을 돌려받기 위해 리스의 집으로 갔다. 리스는 체신 취급소를 열었는데, 오전에 손님이 매우 많아서 아주 바빴다. 장산이 오는 것을 보고, 리스는 서랍을 열어, 한 다발의 벽돌 같은 백 위안짜리 고액권을 장산에게 던져주며 말했다. "이거 만 위안이야, 내가 막 신용조합의 샤오쉬에게서 받아 온 건데, 나도 세어보지 않았으니 네가 세어봐." 장산은 그 '벽돌'을 받았고, 원래 포장했던 대로 묶여 있었다. 장산은 손대중을 해보며 말했다. "뭘 세어봐, 신용조합의 회계사는 매일 돈을 만질텐데, 틀릴 리가 없지."

집에 돌아와 장산은 주머니에서 돈을 꺼내, 그래도 한 번 세어 볼 필요가 있음을 느꼈다. 만 위안은 분명 적은 숫자가 아니다. 한 번 세어 보니 1장이 부족하다는 것을 알게 되었다. 다시 한 번 더 세어 봐도 여전히 한 장이 모자랐다. 또 다시 세어 보았지만, 역시 모자랐다.

정오에 리스는 장산에게 전화를 걸어 장산의 돈이 액수가 맞는지 물었다. 리스는 또 만일 모자라다는 것을 알면 자기한테 전화를 달라고 말했다.

장산은 신용조합에 가서 저금을 했다. 그는 그 돈 뭉치를 신용조합 회계사 샤오쉬에게 건넸는데, 당연히 장산은 그 돈 뭉치에 한 장을 보탰다. 샤오쉬가 물었다. "얼마죠?" 장산은 "만 위안이요."라고 말했다. 샤오쉬는 한참동안 반복하여 지폐를 세면서 검사를 했고, 장산을 조급하게 했다. 장산은 재촉하며 말했다. "빨리요, 저 버스 시간에 맞춰야 된단 말입니다. 그리고 이 돈은 그저께 당신 손에서 나온 거라구요." 샤오쉬는 미안해하며 말했다. "이건 규정이예요, 조금이라도 소홀히 해서 실수를 하면 제가 배상해야 돼요. 며칠 전, 제가 백 위안을 더 세서 리스에게 주었는데 리스는 아는 사람이라 저에게 돌려주었죠. 만약 다른 사람을 만났다면, 아마 돌려주지 않았을 거예요." 샤오쉬는 또 말했다. 리스가 돈을 찾을 때 또 세어 보지 않았는데, 그들은 업무상 왕래가 있어 서로를 믿었고, 리스가 돌아와서 돈을 빌린 사람에게 갚아 주었다는 것이다. 그 후에 그의 부인이 채소를 사고 돌아와서 신용조합에서 가져 온 만위안에서 한 장을 꺼내어 시장에 다녀왔다고 말했어요. 리스는 또 그 돈을 가져간 사람에게 전화를 했는데, 그 사람은 액수가 맞다고 말했고, 리스는 백 위안짜리 한 장을 자신에게 돌려주었다고 했다. 장산은 비로소 리스가 전화를 건 이유를 알았다.

샤오쉬는 고개를 들어 말했다. "듣자하니 리스가 돈 돌려 준 사람이 당신이라죠? 리스가 당신에게 물었을 때 왜 백 위안이 부족하다고 말하지 않았어요?"

장산은 잠시 주저하다가 말했다. "모자라지 않은데 어떻게 모자라다고 말할 수 있겠어요?"

샤오쉬가 말했다. "리스가 당신에게 물을 때, 당신이 백 위안이 적었다고 말했으면 좋았잖아요. 그가 이 돈을 돌려줄 때, 공교롭게도 왕주임과 부딪혔는데, 주임은 규정에 의해서, 내가 일을 대충대충 한다고 말하며, 이번 분기의 보너스를 주지 않았단 말이에요."

장산은 멍하니 그곳에 있었고, 무언가를 말하고자 했으나 결국 어떤 말도 하지 못했다.

단어

邮电 yóudiàn 몡 체신, 우편과 전신 | 代办 dàibàn 동 대행하다, 대신 처리하다 | 早晨 zǎochen 몡 (이른) 아침, 오전 | 不可开交 bùkěkāijiāo 성 벗어날 수 없다, 눈 코 뜰 새 없다 | 抽屉 chōuti 몡 서랍 | 捆 kǔn 양 묶음, 다발 | 砖头 zhuāntóu 몡 벽돌 | 大钞 dàchāo 몡 고액권 | 扔 rēng 동 던지다 | 原装 yuánzhuāng 형 오리지널 포장의 | 掂 diān 손짐작하다, 손대중하다 | 啥 shá 대 무슨 | 信用社 xìnyòngshè 몡 '信用合作社(신용조합)'의 약칭 | 会计 kuàijì 동 회계하다 | 成天 chéngtiān 하루 종일, 온 종일 | 打交道 dǎ jiāodao 동 (사람이 사물과) 상대하다, 접촉하다 | 兜 dōu 몡 주머니, 호주머니 | 数目 shùmù 몡 숫자, 금액 | 晌午 shǎngwu 몡 정오, 한낮 | 够数 gòushù 동 일정한 수량에 도달하다(차다) | 存款 cúnkuǎn 몡 예금, 저금 | 递给 dìgěi 동 건네다, 건네주다 | 会计 kuàijì 몡 회계, 경리 | 钞 chāo 몡 지폐, 종이돈 | 翻来覆去 fānláifùqù 성 (여러 번) 되풀이하다, 반복하다 | 耐烦 nàifán 형 번거로움을 참다(견디다), 잘 참다 | 催促 cuīcù 동 재촉하다, 독촉하다 | 赶车 gǎnchē 동 차 시간에 대다 | 规矩 guīju 몡 규율, 규정 | 稍有 shāoyǒu 동 약간(조금) ~이(가) 있다 | 疏忽 shūhu 형 꼼꼼하지 않다, 대강대강이다 | 赔 péi 동 변상하다, 보상하다 | 熟人 shúrén 몡 잘 아는 사람 | 遇到 yùdào 동 만나다, 마주치다 | 恐怕 kǒngpà 부 아마 ~일 것이다 | 彼此 bǐcǐ 대 피차, 서로 | 数额 shù'é 몡 일정한 수, 액수 | 趁机 chènjī 부 기회를 틈타서, 기회를 이용하여 | 迟疑 chíyí 형 망설이다, 머뭇거리다 | 片刻 piànkè 몡부 잠깐, 잠시 | 正巧 zhèngqiǎo 부 마침, 공교롭게도 | 按照 ànzhào 동 ~에 따르다, ~의거하다 | 马虎 mǎhu 형 대충(대강·데면데면)하다, 건성으로 하다 | 扣 kòu 동 공제하다, 빼다 | 季度 jìdù 몡 분기, 사분기 | 奖金 jiǎngjīn 몡 장려금, 보너스 | 愣 lèng 동 멍해지다, 얼빠지다

091

是谁欠张三一万元钱?

- A 信用社小徐
- ✓ B 李四
- C 李四妻子
- D 没有人欠张三一万元钱

누가 장산에게 만 위안을 빌렸는가?

- A 신용조합의 샤오쉬
- B 리스
- C 리스의 부인
- D 아무도 장산에게 만 위안을 빌리지 않았다

해설 '张三到李四家去取李四还给他的一万元钱'에서 장산이 리스의 집으로 돈을 받으러 갔다는 것에서 리스가 장산에게 만 위안을 빌렸다는 것을 알 수 있다.

정답 B

092

张三到哪里去取一万元钱?

- ✓ A 李四开的邮电代办所
- B 信用社
- C 银行
- D 李四妻子把钱送还给张三的

장산은 어디로 만 위안을 찾으러 갔는가?

- A 리스가 연 체신 취급소
- B 신용조합
- C 은행
- D 리스의 아내가 돈을 장산에게 보내주었다

해설 '李四开了个邮电代办所, 早晨顾客很多, 李四忙得不可开交。见张三来了, 李四打开抽屉, 将一捆砖头似的百元大钞扔给张三'에서 리스가 체신 취급소를 하는데 바쁘게 일하던 중 장산이 오는 것을 보고 본인 사무실의 서랍에서 돈을 꺼내 주었다는 것에서 장산이 리스의 체신 취급소에 갔음을 알 수 있다.

정답 A

093

张三回到家之后把钱数了三遍，为什么少了一张？

- A 信用社徐会计数错了
- B 李四数错了
- C 张三数错了
- ✓ D 钱确实少了一张

장산이 집에 돌아간 후 돈을 세 번이나 세었는데, 왜 1장이 적었는가?

- A 신용조합의 회계사가 잘못 세었다
- B 리스가 잘못 세었다
- C 장산이 잘못 세었다
- D 돈은 확실하게 한 장이 적었다

해설 본문의 내용을 보면 신용조합의 회계사가 잘못 센 것이 아니고, 리스의 부인이 시장을 가면서 백 위안을 가지고 갔기 때문에 1장이 부족했던 것이다. 그러므로 돈이 한 장이 적었다는 것을 알 수 있다.

정답 _ D

094

谁损失了一百元钱？

- A 徐会计
- B 李四
- C 李四妻子
- ✓ D 张三

누가 백 위안을 손해 보았는가?

- A 쉬 회계사
- B 리스
- C 리스의 아내
- D 장산

해설 장산은 백 위안이 부족하다는 것을 알고, 백 위안을 채워 넣어 신용조합에 갔고, 끝까지 돈이 모자르다는 것을 말하지 않았기 때문에 결국 손해를 본 것은 장산이다.

정답 _ D

095

根据上文，哪一项是错误的？

- A 李四还给张三的钱不是一万元
- B 李四的妻子从一万元里拿出了一百元买菜用了
- C 张三没有数错钱
- ✓ D 因为徐会计多给了李四一百元钱，所以被扣掉了季度奖金

윗글에 근거하여 다음 중 틀린 것은?

- A 리스가 장산에게 돌려준 돈은 만 위안이 아니다
- B 리스의 아내는 만 위안에서 백 위안을 꺼내 채소를 사는 데 썼다
- C 장산은 돈을 잘못 세지 않았다
- D 쉬회계사가 리스에게 백 위안을 더 줘서, 분기 보너스를 타지 못했다

해설 쉬 회계사는 리스에게 만 위안을 주었는데 리스의 아내가 돈을 썼고, 장산이 말하지 않아서 분기 보너스를 타지 못하게 된 것이다. 그래서 '因为徐会计多给了李四一百元钱'라고 말한 D가 틀린 것이다.

정답 _ D

职场中，如果你能够掌握恰到好处的远近距离，做到举止得体，不仅能为自己带来好人缘，更可以借此开辟出职场的新局面。

职场中，与同事间的关系其实是很微妙的，既可以肩并肩地一起去共进午餐，同时又有着保护各自生活隐私的意识。96,97 所以大多数人在与同事或朋友交往时选择0.5米～1米的距离，这样既可以带来彼此间朝夕相处的融洽与亲近感，又能够保持适当的距离。然而，98 从卫生角度考虑，交谈的最佳距离应是1.3米，这样就不至于因交谈而感染到由飞沫传染的疾病，保证健康；并最好有一定的角度，形成30度角为最佳，避免正面相对。这个距离和角度，既无疏远感，又文明卫生。

如果你是新上任的部门领导，免不了要经历与下属谈话，布置工作任务的场面，那么1.5米的距离就最合适不过了。因为这既可以增加领导的威严，又不至于产生过于疏远的冷漠感。

通常情况下，领导为了彰显自己的身份和地位，喜欢选用体积较大的办公桌，2米左右比较常见，所以当你向领导汇报工作时，在有办公桌间隔的基础上再增加一些距离。100 距领导3米左右将会是比较合适的位置，能够显示出你对他的尊敬。

企业与企业之间，甚至是国家与国家之间的会晤、谈判，往往都会以一桌之隔来保持彼此的距离。这样既可以增加一些庄重的气氛，同时也能给各自一个相对宽松的发挥空间来充分展现自己。这时，3米～3.5米是比较恰当的距离。

99 4米这个距离将会是面试场合下不错的选择，既可以让整体氛围严肃正式，也不会影响到问答时声音的清晰度，而且还可以与面试者有适当的眼神交流。

단어 职场 zhíchǎng 명 직장, 일터 | 掌握 zhǎngwò 통 파악하다, 정복하다 | 恰到好处 qiàdàohǎochù 성 아주 적절하다, 지극히 적당하다 | 远近 yuǎnjìn 명 거리, 멀고 가까움 | 举止 jǔzhǐ 명 행동거지 | 得体 détǐ 형 틀에 꼭 맞다, 제격이다 | 人缘 rényuán 명 남과의 관계, 좋은 인상 | 开辟 kāipì 통 통하게 하다, 트이게 하다 | 微妙 wēimiào 형 미묘하다 | 肩并肩 jiānbìngjiān 통 어깨를 나란히 하다, 행동을 같이 하다 | 隐私 yǐnsī 명 개인의 사생활(사적인 일), 프라이버시 | 交往 jiāowǎng 명통 교제(하다), 왕래(하다) | 朝夕 zhāoxī 명 아침저녁, 날마다 | 融洽 róngqià 형 사이가 좋다, 융화하다 | 亲近 qīnjìn 형 친근하다, 친하다 | 保持 bǎochí 통 유지하다, 지키다 | 卫生 wèishēng 명 위생 | 交谈 jiāotán 통 이야기를 나누다 | 不至于 búzhìyú 통 ~에 이르지 못하다, ~까지는 안 된다 | 感染 gǎnrǎn 통 감염되다, 전염되다 | 飞沫传染 fēimò chuánrǎn 비말 전염 | 疾病 jíbìng 명 병, 질병 | 避免 bìmiǎn 통 피하다, (모)면하다 | 疏远 shūyuǎn 통 멀리하다 | 文明 wénmíng 형 현대적인, 신식의 | 上任 shàngrèn 통 부임하다, 취임하다

领导 lǐngdǎo 명 책임자, 경영자 | 下属 xiàshǔ 명 부하, 하급 직원(관리) | 布置 bùzhì 동 계획하다, 할당하다 | 合适 héshì 형 적당(적합)하다, 알맞다 | 威严 wēiyán 명 위엄, 위풍 | 冷漠 lěngmò 형 냉담하다, 무관심하다 | 彰显 zhāngxiǎn 동 충분히 나타내다(표현하다), 잘 드러내다 | 身份 shēnfen 명 신분, 지위 | 体积 tǐjī 명 체적, 부피 | 汇报 huìbào 동 종합하여 (상급자나 대중에게) 보고하다 | 间隔 jiàngé 명 (시간·공간의) 간격, 사이 | 基础 jīchǔ 명 기초, 기본 | 尊敬 zūnjìng 동 존경하다 | 企业 qǐyè 명 기업 | 会晤 huìwù 동 만나다, 회견하다 | 谈判 tánpàn 동 회담하다, 협상하다 | 庄重 zhuāngzhòng 형 장중하다, 위엄이 있다 | 气氛 qìfēn 명 분위기 | 宽松 kuānsōng 형 여유가 있다, 느슨하다 | 恰当 qiàdàng 형 적당하다, 적합하다 | 面试 miànshì 명동 면접시험(하다) | 氛围 fēnwéi 명 분위기 | 严肃 yánsù 동 엄숙하게 하다, 근엄하게 하다 | 清晰 qīngxī 형 또렷하다, 분명하다 | 眼神 yǎnshén 명 눈의 표정, 눈빛

096

如果你的同事来与你商量工作上的事情，你们之间的距离应该在:

A 0.5米以内
✓ B 1米左右
C 2米左右
D 3米左右

만약 당신이 동료와 업무 상 상의를 한다면, 당신들 간의 거리는?

A 0.5m 이내
B 1m 정도
C 2m 정도
D 3m 정도

 '所以大多数人在与同事或朋友交往时选择0.5米~1米的距离，这样既可以带来彼此间朝夕相处的融洽与亲近感，又能够保持适当的距离'에서 동료나 친구들과 교제를 할 때 0.5~1m의 거리가 친근감을 줄 수 있을 뿐 아니라 적당한 거리를 유지시켜 준다는 것을 알 수 있다.

정답_ B

097

根据文章内容，普通朋友之间的交往，应该在什么范围内最合适?

A 0.5米以内最好
✓ B 1米左右最好
C 1.5米以上最好
D 2米以上最好

윗글의 내용을 근거로 통상적으로 친구들끼리 교제할 때, 어떤 범위 안에 있는 것이 가장 적합한가?

A 0.5m 이내가 가장 좋다
B 1m정도가 가장 좋다
C 1.5m 이상이 가장 좋다
D 2m 이상이 가장 좋다

'所以大多数人在与同事或朋友交往时选择0.5米~1米的距离，这样既可以带来彼此间朝夕相处的融洽与亲近感，又能够保持适当的距离。然而, 从卫生角度考虑，交谈的最佳距离应是1.3米'에서 동료나 친구들과 교제를 할 때 0.5~1m의 거리가 친근감을 줄 수 있을 뿐 아니라 적당한 거리를 유지시켜 준다는 것을 알 수 있으며, 또한 위생적인 관점에서 1.3m가 가장 적당한 거리임을 알 수 있다. 그러므로 결론적으로 보기 중 1m정도가 가장 적당한 거리임을 알 수 있다.

정답_ B

098

如果你感冒了，在和朋友同事谈话时，哪一种做法是礼貌的?

A 为了表示亲密，你们之间的距离小于0.5米
B 为了保护对方的健康，你们之间的距离大于2米
✓ C 最好保持在1.3米左右，即文明又健康
D 在能够听清对方话语的情况下，你们的距离越远越好

만약 당신이 감기에 걸린 상태에서 친구나 동료와 이야기할 때는 어떻게 하는 것이 예의인가?

A 친밀감을 표현하기 위해, 당신들 간의 거리는 0.5m보다 가깝게 한다
B 상대방의 건강을 보호하기 위하여 당신들 간의 거리는 2m보다 멀리 한다
C 1.3m 정도를 유지하는 것이 교양 있고, 위생적이다
D 상대방의 말을 잘 알아들을 수 있는 상황에서 당신들 간의 거리는 멀수록 좋다

해설 '从卫生角度考虑，交谈的最佳距离应是1.3米，这样就不至于因交谈而感染到由飞沫传染的疾病，保证健康'에서 이야기를 할 때 위생적인 관점에서 1.3m 정도의 거리를 유지하는 것이 타액으로 인한 질병의 전염을 막을 수 있어 건강에 좋다는 것을 알 수 있다.

정답_ C

099

如果你为公司布置面试会场，下列安排不合理的一项是哪个?

A 应该使整体氛围庄重以体现面试的严肃性
B 主考人员与应试者的距离应该在能够相互听清的范围内
✓ C 为了避免应试者紧张，主考人员应该尽量不与应试者进行目光交流
D 主考人员与应试者的距离以4米为最佳

만약 당신이 회사를 위해 면접장소를 배치한다면, 다음 중 틀린 것은 어느 것인가?

A 전체적인 분위기를 장중하게 하여 면접의 엄숙성을 나타내야 한다
B 면접관과 응시자 간의 거리는 서로 잘 알아들을 수 있는 범위 내여야 한다
C 응시자가 긴장하지 않도록 하기 위해, 면접관은 최대한 응시자와 아이컨텍을 하지 않아야 한다
D 면접관과 응시자의 거리는 4미터가 가장 좋다

해설 마지막 단락에서 '而且还可以与面试者有适当的眼神交流'라고 응시자와 면접관이 아이컨텍을 할 수 있는 거리가 4m라고 언급했으므로 C에서 면접관이 최대한 응시자와 아이컨텍을 하지 않아야 한다는 것은 틀렸다.

정답_ C

100

以下各项不符合原文意思的是：

A 职场中的合适的距离可以增进同事之间的关系

B 如果你为领导购买办公桌，最好选用体积较大的

✓ C 向领导汇报工作时，你应该站在领导的办公桌前

D 新上任的部门领导为了增加自己的尊严，布置工作任务时，与下属距离1.5米比较合适

다음 중 본문의 의미와 부합하지 않는 것은?

A 직장에서 적절한 거리는 동료 간의 관계를 증진시킬 수 있다

B 만약 당신이 사장을 위해 사무용 책상을 구입한다면, 부피가 비교적 큰 것을 선택하는 것이 가장 좋다

C 사장에게 업무 보고를 할 때, 당신은 사장의 사무용 책상 앞에 서야 한다

D 새로 부임한 부서의 사장은 자신의 존엄을 증가시키기 위해, 업무를 할당할 때 부하와의 거리가 1.5m인 것이 비교적 적당하다

단어 尊严 zūnyán [명] 존엄, 존엄성

해설 '距领导3米左右将会是比较合适的位置, 能够显示出你对他的尊敬'에서 사장과의 거리가 3미터가 적당하다는 것을 알 수 있다.

정답_ C

三、书写

101 다음 글을 읽고 내용을 400자 내외로 간략하게 정리하여 쓰세요.

제목 짓기

이 글 전체 줄거리를 이끄는 키워드인 '金色的小提琴(금색 바이올린)'을 직접 제목으로 삼을 수 있다. 또한 헤일리가 아버지의 사랑을 표현하는 마지막 문단에서 말한 '终身感激的感情(평생 감사해야 할 감정)'을 제목으로 삼을 수 있으며, 바이올린을 통해서 아버지의 사랑을 확인하게 됐으므로 '父亲的小提琴(아버지의 바이올린)'이라고도 제목을 지을 수도 있다.

101-1 헤일리 가족과 금색 바이올린

从海利记事开始，每天吃过晚饭，在乐团工作的父亲都会拿起那把金色的小提琴，拉一曲悠扬的《爱的女神》。这时，母亲会抱着海利，轻轻地跟着父亲的节奏唱歌……

海利7岁那年，母亲因为肺病而永远地离开了他们。父亲好像在一夜之间变成了另一个人，他那双深邃的蓝眼睛充满了忧郁的神色。好几次夜深人静的时候，海利还看见父亲在房间里默默地擦拭着那把金色的小提琴，一遍又一遍。

不久，父亲所在的乐团因为资金周转不灵而解散了，一家人的生活开始变得窘迫不堪。

헤일리의 기록에서 시작한다. 매일 저녁을 먹으면, 악단에서 일하는 아버지는 그 금색 바이올린을 들고 잔잔한《사랑하는 여신》을 연주할 것이다. 이때 어머니는 헤일리를 안고, 아버지의 리듬에 맞춰서 가볍게 노래 부를 것이다……

헤일리가 7살 되던 해, 어머니는 폐결핵으로 영원히 그들 곁을 떠났다. 아버지는 마치 하룻밤 사이에 다른 사람으로 변한 것 같았고, 그의 그윽한 푸른 눈은 침울한 기색으로 가득했다. 깊은 밤 몇 번이나 헤일리는 아버지가 방 안에서 묵묵히 그 금색 바이올린을 반복해서 닦는 것을 보았다.

머지않아, 아버지가 속한 악단은 자금 운용이 잘 되지 않아 해산되었고, 가족의 생활은 매우 궁핍해지기 시작했다.

단어 记事 jìshì 동 일을 기록하다 | 乐团 yuètuán 명 악단 | 提琴 tíqín 명 4현(絃) 악기 | 拉 lā 동 (악기 등을) 켜다, 연주하다 | 悠扬 yōuyáng 형 (가락 등이) 높아졌다 낮아졌다 하며 조화롭다 | 轻轻 qīngqīng 형 조용하다 | 节奏 jiézòu 명 리듬, 박자 | 肺病 fèibìng 명 폐결핵 | 永远 yǒngyuǎn 부 영원히, 길이길이 | 深邃 shēnsuì 형 깊다, 심원하다 | 忧郁 yōuyù 형 우울하다, 침울하다 | 神色 shénsè 명 안색, 기색 | 夜深 yèshēn 형 야심하다, 밤이 깊다 | 夜深人静 yèshēnrénjìng 성 밤이 깊어 인기척이 없다(조용하다) | 默默 mòmò 부 묵묵히, 말없이 | 擦拭 cāshì 동 닦다 | 周转 zhōuzhuǎn 명 (자금의) 회전 동 (자금, 물건 따위가) 운용되다 | 不灵 bùlíng 동 (기능이나 역할을) 잘 하지 못하다, (성능이나 작동이) 나쁘다 | 解散 jiěsàn 동 해산하다, 해체하다 | 窘迫 jiǒngpò 형 매우 궁핍(곤궁)하다 | 不堪 bùkān 동 감당할 수 없다

해설 이 단락의 주요 내용은 헤일리 가족에 대한 소개와 금색 바이올린의 존재이다. 첫 번째 문단에서 아버지가 바이올린을 연주하는 곡명과 곡을 들으면서 어머니와 헤일리가 한 행동, 그리고 어머니가 돌아가시고 아버지가 한 행동을 나타낸 부분은 줄거리를 파악하는데 불필요한 부분이므로 생략하고, 금색 바이올린의 존재를 알리며 아버지가 바이올린을 연주했다는 것과 어머니의 죽음을 서술하면 된다. 마지막 문장인 '不久，父亲所在的乐团因为资金周转不灵而解散了，一家人的生活开始变得窘迫不堪.'은 꼭 필요한 문장으로 그대로 적어도 되지만 그렇지 않다면 본래의 뜻을 훼손시키지 않는 선에서 간단하게 '不久，父亲也失业了。生活变得很艰辛.'라고 표현해도 된다.

✏️ 从海利记事开始，他的父亲每天晚饭后都会拿起一把金色的小提琴为他和母亲拉上一曲。海利7岁时，母亲因病去世。不久，父亲也失业了。生活变得很艰辛。

101-2 여자친구 티나

日子一天天过去，海利也长大了。海利18岁那年，考取了剑桥大学。在一次舞会上，他结识了一个有钱又漂亮的女朋友——蒂娜。当海利告诉她，他母亲的外祖母是欧洲王室的公主时，蒂娜的眼睛里立刻闪烁出兴奋的神色，但海利没有继续给她讲自己现在的家庭，讲那个破旧的小院和父亲那有点儿微驼的背。

海利把自己有女朋友的事情告诉了父亲，他说恋爱的开销很大，所以他不得不去打好几份工。父亲很快来信了，他说自己最近已被提升为主管，加了薪水，以后可以给海利寄更多的生活费了。

시간은 하루하루 흘러 헤일리도 컸다. 헤일리가 18살 되던 해, 캠브리지대학에 합격했다. 한 무도회에서 그는 부자인 아름다운 여자친구 티나를 사귀게 되었다. 헤일리가 그녀에게 자기 어머니의 외할머니가 유럽 왕실의 공주라고 말했을 때, 티나의 눈이 바로 흥분한 표정으로 반짝거렸다. 그러나 헤일리는 이어서 자신의 현재 가정과 그 낡고 오래된 작은 정원, 아버지의 약간 굽은 등을 그녀에게 이야기 하지 않았다.

헤일리는 자신이 여자친구가 있다는 사실을 아버지에게 말했고, 그는 연애 비용이 너무 많이 들어서, 어쩔 수 없이 몇 개의 아르바이트를 해야 한다고 했다. 아버지는 바로 답장을 보냈고, 최근 자신이 이미 매니저로 승진해서 월급이 올랐으니, 앞으로 헤일리에게 더 많은 생활비를 보낼 수 있을 것 같다고 말했다.

📘 **단어** 考取 kǎoqǔ 동 시험에 합격하다, 시험으로 채용되다 | 剑桥 Jiànqiáo 명 캠브리지 | 舞会 wǔhuì 명 무도회 | 结识 jiéshí 동 사귀다, 교제하다 | 外祖母 wàizǔmǔ 명 외조모, 외할머니 | 欧洲 ōuzhōu 명 유럽주 | 公主 gōngzhǔ 명 공주 | 闪烁 shǎnshuò 동 반짝이다, 번쩍거리다 | 破旧 pòjiù 형 낡다, 오래 되어 허름하다 | 微 wēi 부 약간, 살짝 | 驼 tuó 형 등이 굽다 | 恋爱 liàn'ài 명동 연애(하다) | 开销 kāixiāo 명 비용, 지출 | 提升 tíshēng 동 진급하다, 진급시키다 | 薪水 xīnshui 명 봉급, 급여

🔍 **해설** 이 단락의 주요 내용은 헤일리가 티나라는 여자친구를 사귀게 되었고, 부잣집 딸인 그녀에게 자신의 현재 상황을 자세히 말하지 않았으며 여자친구 때문에 돈을 많이 쓰게 되어서 아버지가 그에게 더 많은 생활비를 부쳐 주었다는 내용이다. 이 부분은 짧은 문단 안에 여러 가지 일을 서술하고 있다. 역시 수식하는 부분이나 부연 설명하는 부분인 '讲那个破旧的小院和父亲那有点儿微驼的背.'는 생략해도 되지만 일어났던 일, 즉 대학에 들어가 여자친구를 만났고, 여자친구 티나에게 엄마에 관한 얘기를 했으며, 연애를 하다보니 돈이 많이 든다 등의 일은 순서에 맞게 간략하게 설명해야 한다.

✏️ 海利18岁考上了大学，并在一次舞会上结交了女朋友蒂娜。海利告诉蒂娜，他母亲的外祖母是欧洲王室的公主，但没有讲家庭的现状。海利告诉父亲自己有了女朋友。父亲很快来信说自己已经升职加薪，可以给海利更多的生活费了。

101-3 티나의 집에 초대된 헤일리

暑假到了，海利随蒂娜去了在伦敦的她家。当蒂娜高兴地向父母介绍海利是贵族的后代时，蒂娜父亲的眼中露出了怀疑的神色，他说："相信你的家庭也能为我女儿提供舒适的生活环境。明天晚上来参加我们的宴会吧！"海利的心沉了下来。

여름 방학이 되어 헤일리는 티나를 따라 그녀의 런던 집으로 갔다. 티나가 아버지에게 헤일리가 귀족의 후손이라고 기뻐하며 소개할 때, 티나 아버지의 눈에 의심하는 기색이 비쳤다. 그는 "네 가정도 내 딸을 위해 쾌적한 생활 환경을 제공할 수 있으리라 믿는다. 내일 저녁 우리 연회에 참석하거라."라고 말했다. 헤일리의 마음은 무거워졌다.

단어 暑假 shǔjià 몡 여름 방학, 여름 휴가 | 伦敦 Lúndūn 몡 런던 | 贵族 guìzú 몡 귀족 | 露出 lùchū 동 드러내다, 노출시키다 | 怀疑 huáiyí 동 의심하다, 의심을 품다 | 舒适 shūshì 형 편(안)하다, 쾌적하다 | 宴会 yànhuì 몡 연회

해설 이 단락의 주요 내용은 티나의 아버지가 그를 연회에 초대했다는 것이다. 이 단락에서 티나가 아버지에게 헤일리를 소개하는 부분과 그녀의 아버지의 의심에 찬 태도인 '当蒂娜高兴地向父母介绍海利是贵族的后代时, 蒂娜父亲的眼中露出了怀疑的神色' 부분은 생략해도 되지만 티나 아버지가 말한 부분인 '相信你的家庭也能为我女儿提供舒适的生活环境'은 이로 인해 헤일리가 바이올린을 팔려는 계기가 되는 부분이므로 반드시 적어야 한다.

 蒂娜家很有钱，她的父亲希望海利也能给蒂娜同样舒适的生活，并邀请他参加明晚的宴会。海利的心沉了下来。

101-4 바이올린을 팔기로 결심한 헤일리와 아버지

失落之中，海利忽然想起了那把产自意大利的金色小提琴。那是当年母亲放弃奢华的上流社会而追随父亲时惟一的嫁妆，应该是一件价值不菲的古董。海利激动起来：如果卖了它，说不定可以有一大笔钱，这样就能让他成为上流社会的一员了！

等父亲上班后，海利从父亲的卧室里找出小提琴，来到古董行请人鉴定。"哦，天哪！"古董商激动地说，"它产自300多年前意大利的克利蒙那！这把小提琴价值连城！"

海利把自己的想法告诉了爸爸。"爸爸，蒂娜的家是不会接受平民子弟的。而且，您也好久没有用过它了……"父亲沉默了许久，说"你准备什么时候卖掉它？"

"明天下午！古董商会亲自来我们家取它，支票已经开给我了，足够我们买一栋新房子……"

父亲没有再说什么，转身走进了房间。望着父亲孤单的身影，海利的心中涌出了一股苦涩的滋味。

풀이 죽어 있던 헤일리는 갑자기 이탈리아에서 생산된 그 금색 바이올린이 떠올랐다. 그것은 어머니가 호화로운 상류 사회를 포기하고 아버지를 따를 때의 유일한 혼수이니, 분명 값이 적지 않은 골동품일 것이다. 헤일리는 흥분되기 시작했다. 만약 그것을 판다면 큰돈이 생길 것이고, 이렇게 하면 그는 상류 사회의 일원이 될 수 있을 것이다!

헤일리는 아버지가 출근하기를 기다린 후, 아버지의 침실에서 바이올린을 찾았고, 골동품 가게에 가서 감정을 요청했다. "오, 이럴수가!" 골동품상이 흥분하며 말했다. "이것은 300여 년 전에 이탈리아 클레이몽나에서 생산된 것이야! 이 바이올린은 값으로 헤아릴 수 없을 만큼 매우 귀해!"

헤일리는 자신의 생각을 아버지에게 말했다. "아버지, 티나의 집은 평민 자제를 받아들일 수 없을거예요. 그리고 아버지도 오랫동안 그것을 사용한 적이 없으시잖아요……" 아버지는 오랫동안 침묵했다가 "너 언제 그걸 팔 거니?"라고 말했다.

"내일 오후요! 골동품상이 직접 우리 집에 와서 가져갈 건데 수표를 이미 저에게 줬어요. 우리가 새집을 사기에 충분해요……"

아버지는 더 이상 어떤 말도 하지 않고, 몸을 돌려 방으로 들어갔다. 아버지의 쓸쓸한 그림자를 바라보자 헤일리의 마음속에서는 괴로운 마음이 들었다.

단어 失落 shīluò 형 낙담하다, 풀이 죽다 | 忽然 hūrán 부 갑자기, 문득 | 放弃 fàngqì 동 (권리나 주장·의견 등을) 버리다, 포기하다 | 奢华 shēhuá 형 사치스럽고 화려하다, 호화스럽다 | 上流社会 shàngliú shèhuì 명 상류 사회 | 追随 zhuīsuí 동 뒤쫓다, 뒤따르다 | 唯一 wéiyī 형 유일한, 하나밖에 없는 | 嫁妆 jiàzhuang 명 혼수, 여자가 시집 갈 때 가지고 가는 물품 | 价值 jiàzhí 명 값어치, 가격 | 不菲 bùfěi 형 싸지 않다, 적지 않다 | 古董 gǔdǒng 명 골동품 | 说不定 shuōbúdìng 동 아마 ~일 것이다, ~일지도 모른다 | 卧室 wòshì 명 침실 | 鉴定 jiàndìng 동 감정(鑑定)하다 | 激动 jīdòng 동 (감정 등이) 격하게 움직이다, 흥분하다 | 意大利 Yìdàlì 명 이탈리아(Italia) | 连城 liánchéng 형 물건이 귀중하다, 물건이 특별히 가치가 있다 | 平民 píngmín 명 평민, 일반인 | 子弟 zǐdì 명 자제, 아들딸 | 沉默 chénmò 동 침묵하다, 말을 하지 않다 | 许久 xǔjiǔ 명 오랜 시간, 한참 | 支票 zhīpiào 명 수표 | 转身 zhuǎnshēn 동 몸을 돌리다, 방향을 바꾸다 | 孤单 gūdān 형 쓸쓸하다, 고독하다 | 涌 yǒng 동 솟아나다, 일어나다 | 苦涩 kǔsè 형 괴롭다 | 滋味 zīwèi 명 속마음, 기분

해설 이 단락의 주요 내용은 헤일리가 상류 사회에 들어가기 위해 어머니의 금색 바이올린을 팔려고 한다는 것이다. 금색 바이올린을 팔려고 결심을 하고, 골동품에 가서 가격을 알아보는 과정은 모두 줄거리를 파악하는데 불필요한 부분으로 그냥 '海利想卖掉母亲的嫁妆—金色的小提琴'라고 표현하면 충분하다. 그리고 이 결심을 아버지에게 말하자 아버지가 아무 대답이 없었다는 내용은 적어야 하지만 뒤에 오는 문장인 '转身走进了房间。望着父亲孤单的身影，海利的心中涌出了一股苦涩的滋味。'은 모두 과감하게 생략한다.

> 为了进入上流社会，海利想卖掉母亲的嫁妆—金色的小提琴。当他把这个想法告诉父亲时，父亲没有说什么。

101-5 파티에서 만난 아버지

蒂娜家包下了整个酒店，十分隆重。当西装革履的海利和身穿银色晚礼服的蒂娜走入会场的时候，人们都用羡慕的眼神看着这一对金童玉女，不时有妇人窃窃私语。"他们真是般配，听说蒂娜的未婚夫也是富家子弟呢！"

灯光暗了下来，在悠扬的小提琴声中，海利和蒂娜翩翩起舞。一曲舞毕，司仪向大家介绍道："刚才为我们拉琴的这位老先生在我们酒店工作了4年，每天晚上都让我们享受到美妙的音乐。遗憾的是，明天他就要离开了，今晚是他的最后一次演奏。下面他将为我们演奏动人的《爱的女神》。"

灯光渐渐明亮起来，一位清瘦的老人向四周鞠了一躬，然后拿起一把金色的小提琴开始深情地表演。是父亲！海利的泪水一瞬间夺眶而出。他一下子明白了一切：父亲为供他上大学，白天拼命工作，晚上还要来这里演奏。

티나의 집은 술집 전체를 빌렸고 매우 성대했다. 양복과 가죽구두의 헤일리와 은색 이브닝 드레스를 입은 티나가 무도회장에 들어설 때, 사람들은 모두 부러움의 눈빛으로 이 한 쌍의 천진무구한 남자와 여자아이를 보았고, 이따금 어떤 부인들은 남몰래 소근거렸다. "저들은 정말 잘 어울려, 듣자하니 티나의 약혼자도 부잣집 아들이래!"

조명은 어두워지고, 잔잔한 바이올린 소리 속에서 헤일리와 티나는 나풀나풀 춤을 추기 시작했다. 음악 한 곡이 끝나고, 사회자가 모두에게 소개하며 말했다. "방금 우리를 위해 바이올린을 켜주신 이 선생님은 우리 술집에서 4년동안 일하셨습니다. 매일 저녁 우리에게 아름다운 음악을 감상할 수 있게 했지만, 안타깝게도 내일 그가 떠난다고 합니다. 오늘 저녁이 그의 마지막 연주입니다. 다음은 그가 우리를 위해 감동적인 《사랑하는 여신》을 연주할 것입니다."

조명이 점점 밝아지고, 한 명의 수척한 노인이 주위를 향해 인사를 한 후, 금색 바이올린을 들어 올려 깊은 감정을 표현하기 시작했다. 아버지다! 헤일리의 눈물이 쏟아져 나왔고, 그는 순식간에 모든 것을 이해했다. 아버지가 그를 대학에 보내기 위해, 낮에도 필사적으로 일하고, 저녁에는 또 이곳에 와서 연주를 했다는 것을.

단어 隆重 lóngzhòng 형 성대하다, 성대하고 장중하다 | 西装革履 xīzhuāng gélǚ 양복과 가죽 구두 | 银色 yínsè 명 은색의, 은빛의 |

晚礼服 wǎnlǐfú 명 연회복 | 羡慕 xiànmù 통 부러워하다, 선망(羨望)하다 | 眼神 yǎnshén 명 눈매, 눈빛 | 金童玉女 jīntóngyùnǚ 성 천진무구한 남자아이와 여자아이 | 窃窃私语 qièqièsīyǔ 성 몰래 소곤소곤 속삭이다 | 般配 bānpèi 형 (결혼식에서 신랑과 신부가) 잘 어울리다, 짝이 맞다 | 未婚夫 wèihūnfū 명 (남자) 약혼자 | 灯光 dēngguāng 명 조명 | 翩翩起舞 piānpiānqǐwǔ 나풀나풀 춤추다 | 遗憾 yíhàn 통 유감이다, 섭섭하다 | 演奏 yǎnzòu 통 연주하다 | 动人 dòngrén 형 감동적이다 | 渐渐 jiànjiàn 부 점점, 점차 | 明亮 míngliàng 형 빛나다, 반짝거리다 | 清瘦 qīngshòu 형 수척하다, 야위어 파리하다 | 鞠躬 jūgōng 통 국궁을 하다, 허리를 굽혀 절하다 | 深情 shēnqíng 명 깊은 감개, 깊은 정 | 泪水 lèishuǐ 명 눈물 | 瞬间 shùnjiān 명 순간, 눈 깜짝할 사이 | 夺眶而出 duókuàng'érchū 명 눈물이 쏟아지다 | 拼命 pīnmìng 통 필사적으로 하다, 적극적으로 하다

🔍 **해설** 이 단락의 주요 내용은 연회에 참석한 헤일리가 술집에서 연주를 하는 아버지를 만나 그 동안의 모든 상황을 알게 되었다는 내용이다. 이 단락에서 헤일리가 술집에 갔을 때의 주변 상황을 자세하게 묘사하고 있지만 그 부분은 주제와 관련이 없으므로 과감하게 생략해도 된다. 사회자가 술집에서 연주를 하는 헤일리의 아버지를 소개하는 부분에서도 '每天晚上都让我们享受到美妙的音乐。', '今晚是他的最后一次演奏。下面他将为我们演奏动人的《爱的女神》。'은 모두 생략하고, 간단하게 '主持人向大家介绍了一位在酒店拉了四年琴，明天就要离开的老人。'이라고 표현하면 된다. '灯光渐渐明亮起来，一位清瘦的老人向四周鞠了一躬，然后拿起一把金色的小提琴开始深情地表演。是父亲！海利的泪水一瞬间夺眶而出。'는 아버지의 모습과 상황을 묘사하는 부분으로 생략한다. 이 단락의 마지막 문장인 '他一下子明白了一切：父亲为供他上大学，白天拼命工作，晚上还要来这里演奏。'는 아버지의 사랑을 느낄 수 있는 문장으로 필요하지만 이 글을 읽는 사람에게 굳이 다시 언급하지 않아도 알 수 있는 내용이므로 대부분 생략하고 헤일리가 '모든 상황을 알 수 있었다'라고만 간단하게 정리한다.

✏️ 宴会当天。海利和蒂娜跳完舞，主持人向大家介绍了一位在酒店拉了四年琴，明天就要离开的老人。海利认出是自己的父亲，并一下子明白了一切。

101-6 영원히 간직하게 된 금색 바이올린

海利拨开拥挤的人群，向父亲走去。老人含着眼泪望着儿子，手里还紧紧地握着那把金色的小提琴。在众人诧异的目光中，海利骄傲地挽起了父亲，大声说："这就是我的父亲。这么多年，他安慰我说他在公司里提升了，其实他一直都在这里用这把小提琴为我赚取学费，而我却毫不知情。我不是富家子弟，但我的父亲却让我知道了什么叫富有。那是不带任何功利的感情，也是值得我终身感激的感情！"

说完，他挽着年迈的父亲，背上那把金色的小提琴，昂首走出了酒店的大门。"爸爸"，海利无限感慨地对父亲说，"这把金色小提琴，我会永远替您保存！"

헤일리는 모여 있는 사람들을 헤치고, 아버지를 향해 걸어갔다. 노인은 눈물을 머금은 채 아들을 바라보며, 손에는 황금색 바이올린을 꽉 쥐고 있었다. 사람들의 의아해하는 눈빛 속에서 헤일리는 아버지를 자랑스럽게 부축하며 크게 말했다. "이 분이 바로 저의 아버지이십니다. 이렇게 오랫동안 아버지는 저를 안심시키며 그가 회사에서 승진했다고 말했지만, 사실 그는 줄곧 이곳에서 이 바이올린으로 학비를 번 것입니다. 그러나 저는 아무것도 몰랐습니다. 저는 부잣집 아들은 아니지만, 제 아버지는 저에게 무엇이 부유한 것인지 알게 해 주셨습니다. 그것은 어떠한 실리도 없는 마음이며, 제가 평생 감사할 가치가 있는 감정인 것입니다."

말을 끝마친 그는 연로한 아버지를 부축하며, 금색 바이올린을 등에 지고, 고개를 당당히 든 채 술집 문을 걸어나갔다. "아버지" 헤일리는 매우 감격하며 아버지에게 말했다. "이 금색 바이올린은 제가 당신을 대신해서 영원히 간직할게요!"

📘 **단어** 拨开 bōkāi 통 밀어젖히다, 헤치다 | 拥挤 yōngjǐ 형 붐비다, 혼잡하다 | 含 hán 통 머금다, 포함하다 | 诧异 chàyì 통 의아하다, 이상해하다 | 骄傲 jiāo'ào 형 자랑스럽다, 스스로 자부심을 느끼다 | 挽 wǎn 통 잡다, 잡아 당기다 | 安慰 ānwèi 통 위로하다, 안

심하다 | 赚取 zhuànqǔ 동 획득하다, 벌다 | 知情 zhīqíng 동 (사건의) 내막을 알다, 사정을 알다 | 富家 fùjiā 명 부잣집 | 任何 rènhé 대 어떠한, 무슨 | 功利 gōnglì 명 실리, 공리 | 终身 zhōngshēn 명 일생, 평생 | 感激 gǎnjī 동 감격하다 | 搀 chān 동 부축하다, 도와주다 | 年迈 niánmài 형 연로하다, 나이가 많다 | 昂首 ángshǒu 동 머리를 쳐들다 | 无限 wúxiàn 부 매우, 아주 | 感慨 gǎnkǎi 동 감격하다, 감개무량하다

해설

이 단락의 주요 내용은 헤일리가 사람들 앞에서 당당히 자신의 상황과 아버지를 소개하며 아버지에게 감사함을 표시하고 바이올린을 아버지에게 맡겼다는 것이다. 이 단락에서 '这么多年，他安慰我说他在公司里提升了，其实他一直在这里用这把小提琴为我赚取学费，而我却毫不知情。'은 아버지가 자신의 학비를 어떻게 벌었는지에 관해서는 앞에서 언급한 부분이므로 생략해도 된다. '我不是富家子弟，但我的父亲却让我知道了什么叫富有。那是不带任何功利的感情，也是值得我终身感激的感情' 부분은 아버지의 사랑에 대해 자세하게 풀어서 설명한 부분으로 '并对父亲的爱表示感激'라고만 표현해도 내용을 파악하는데 충분하다. 마지막 문장인 '这把金色小提琴，我会永远替您保存'은 반드시 적어야 하는 부분으로 본문에서 했던 형식으로 헤일리의 말을 부호를 사용해서 직접 인용해도 되고, '海利承诺会永远为父亲保存这把金色的小提琴。'이라고 표현해도 된다.

海利走过去搀起了父亲，向大家介绍了父亲，并对父亲的爱表示感激。走出酒店后，海利承诺会永远为父亲保存这把金色的小提琴。

金色的小提琴

从海利记事开始，他的父亲每天晚饭后都会拿起一把金色的小提琴为他和母亲拉上一曲。

海利7岁时，母亲因病去世。不久，父亲也失业了。生活变得很艰辛。

海利18岁考上了大学，并在一次舞会上结交了女朋友蒂娜。海利告诉蒂娜，他母亲的外祖母是欧洲王室的公主，但没有讲家庭的现状。海利告诉父亲自己有了女朋友。父亲很快来信说自己已经升职加薪，可以给海利更多的生活费了。

蒂娜家很有钱，她的父亲希望海利也能给蒂娜同样舒适的生活，并邀请他参加明晚的宴会。海利的心沉了下来。

为了进入上流社会，海利想卖掉母亲的嫁妆——金色的小提琴。当他把这个想法告诉父亲时，父亲没有说什么。

宴会当天。海利和蒂娜跳完舞，主持人向大家介绍了一位在酒店拉了四年琴，明天就要离开的老人。海利认出是自己的父亲，并一下子明白了一切。

海利走过去挽起了父亲，向大家介绍了父亲，并对父亲的爱表示感激。

走出酒店后，海利承诺会永远为父亲保存

| 这 | 把 | 金 | 色 | 的 | 小 | 提 | 琴 | 。 | | | | | | | | | | | |

금색 바이올린

 헤일리의 기록에서 시작한다. 그의 아버지는 매일 저녁 식사 후에 금색 바이올린으로 헤일리와 어머니를 위해 연주했다.

 헤일리가 7살 때, 어머니는 병으로 세상을 떠났고, 머지않아 아버지도 실직을 하여 생활은 매우 고생스러워졌다.

 헤일리가 18살 때 대학에 합격했고, 한 무도회에서 여자친구 티나를 사귀게 되었다. 헤일리는 티나에게 그의 어머니의 외할머니가 유럽 왕실의 공주라고 말했지만, 현재 상황에 대해서는 말하지 않았다. 헤일리는 아버지에게 여자친구가 생겼다고 말했고, 아버지는 자신이 승진하여 월급이 올랐으니 헤일리에게 더 많은 생활비를 보내줄 수 있을 것이라고 편지를 썼다.

 티나의 집은 매우 부유했고, 그녀의 아버지는 헤일리 또한 티나에게 똑같이 편안한 생활을 제공할 수 있기를 바라며, 헤일리를 다음 날 저녁 연회에 초대했다. 헤일리의 마음은 무거워졌다.

 상류사회에 속하기 위해서 헤일리는 어머니의 혼수인 금색 바이올린을 팔려고 하였다. 그가 이 생각을 아버지에게 말했을 때, 아버지는 아무 말도 할 수가 없었다. 연회 당일, 헤일리와 티나는 춤을 추었고, 사회자는 사람들을 향해 술집에서 4년 동안 바이올린을 연주했지만 다음 날 떠나게 될 한 노인을 소개했다. 헤일리는 자신의 아버지임을 알아차리고, 모든 것을 순식간에 알아차렸다.

 헤일리는 걸어가 아버지를 부축하며 모두를 향해 아버지와 아버지의 사랑에 대한 감사를 표했다.

 술집에서 나온 후 헤일리는 아버지를 위해 영원히 이 금색 바이올린을 간직할 것이라고 말했다.